131

新知
文库

XINZHI

Witnesses of War:
Children's Lives
under The Nazis

WITNESSES OF WAR by Nicholas Stargardt

Copyright: © 2005 by Nicholas Stargardt

This edition arranged with Aitken Alexander Associates Ltd.

through Big Apple Agency, Inc., Labuan, Malaysia.

亲历纳粹

见证战争的孩子们

［英］尼古拉斯·斯塔加特 著　卢欣渝 译

生活·讀書·新知 三联书店

Simplified Chinese Copyright © 2020 by SDX Joint Publishing Company.
All Rights Reserved.

本作品简体中文版权由生活·读书·新知三联书店所有。
未经许可，不得翻印。

图书在版编目（CIP）数据

亲历纳粹：见证战争的孩子们／（英）尼古拉斯·斯塔加特著；卢欣渝译.—北京：生活·读书·新知三联书店，2020.6
（新知文库）
ISBN 978 - 7 - 108 - 06966 - 5

Ⅰ.①亲… Ⅱ.①尼… ②卢… Ⅲ.①德意志第三帝国－历史 Ⅳ.① K516.440.9

中国版本图书馆 CIP 数据核字（2020）第 190287 号

责任编辑	徐国强
装帧设计	陆智昌 康 健
责任印制	徐 方
出版发行	生活·讀書·新知 三联书店
	（北京市东城区美术馆东街 22 号 100010）
网　　址	www.sdxjpc.com
图　　字	01-2018-7532
经　　销	新华书店
印　　刷	北京隆昌伟业印刷有限公司
版　　次	2020 年 6 月北京第 1 版
	2020 年 6 月北京第 1 次印刷
开　　本	635 毫米 × 965 毫米 1/16 印张 31.5
字　　数	435 千字 图 36 幅
印　　数	0,001-8,000 册
定　　价	68.00 元

（印装查询：01064002715；邮购查询：01084010542）

1. 卡林·伊索尔德·莱曼（Kalin Isolde Lehmann），12 岁，《家》，1945 年作

2. 胡戈·R，11 岁，《关于犹太人》，1938 年 11 月作

3. 希特勒青年团成员在制作模型，1942年作

4.《德国青年战争文库》杂志封面，"轰炸考文垂"

5．在战争初期，德国孩子进入空袭掩体

6．波兰孩子所绘的在地窖中避难

7．克日什托夫·亚历山大（Krzysztof Aleksander），13岁，《夜间空袭》，1946年作于波兰琴斯托霍瓦

8. 亚历山德拉·瓦巴诺斯卡（Aleksandra Łabanowska），9岁，《妈妈对拉文斯布吕克的悲伤记忆》，1946年作于波兰伊诺弗罗茨瓦夫

9. 克维亚特科夫斯基（Kwiatkowski），13岁，《处决》，1946年作于波兰华沙

10. 位于罗兹的收容波兰孩子的德国集中营

11. 犹太孩子在玩警察游戏，罗兹犹太人区

12. 犹太孩子在华沙犹太人区克罗玛尔纳大街上玩耍

13. 莉莉安·弗兰克洛娃,11岁,特莱西恩施塔特集中营,《熬汤厨房》

14. 伊洛娜·维索娃,11岁,特莱西恩施塔特集中营,《梦幻之地入口》

15. 玛丽亚·穆尔斯坦诺娃,11岁,特莱西恩施塔特集中营,《售罄》

16. 苏珊娜·温特洛娃,特莱西恩施塔特集中营,《每日例行》

17. 位于德国鲁尔的空袭避难所

18. 德国青年团团员和德国女青年联盟成员在杜塞尔多夫帮助运送炸弹,1942年

19．德国孩子被疏散至小镇马林韦尔德，1941年10月

20．希特勒青年团辅助队的勋章授予仪式，1943年11月9日

21．德国家庭和学校所用的圣诞日历，1943年

22. 德国公民向西逃难,1945年

23. 弗里茨·汪戴尔(Fritz Wandel)的战争绘画,来自1945年10月的柏林画展"孩子们看战争"

24. 人民冲锋队保卫柏林，1945年4月

25. 孩子们归还纳粹学校的图书，1945年

26. 卡林·伊索尔德·莱曼，12岁，1945年圣诞节（注意父亲缺席）

27. 德国汉堡的小男孩在垃圾桶中寻找食物，1946年

28. 战后,波兰女孩在华沙试图画出其家的面貌

29. 卡尔曼·兰道1945年在瑞士所绘其集中营生涯组画，16岁，《点名》

30.《组织》

31.《三个囚犯被处以吊刑》

32.《死亡行进》

33.《毒气室》

34.《布痕瓦尔德的解放》

35. 托马斯·格夫，16 岁，《集中营告诫我们的死亡》，1945 年

36. 耶胡达·培根，16 岁，《纪念捷克人被送入毒气室》，1945 年

新知文库

出版说明

在今天三联书店的前身——生活书店、读书出版社和新知书店的出版史上，介绍新知识和新观念的图书曾占有很大比重。熟悉三联的读者也都会记得，20世纪80年代后期，我们曾以"新知文库"的名义，出版过一批译介西方现代人文社会科学知识的图书。今年是生活·读书·新知三联书店恢复独立建制20周年，我们再次推出"新知文库"，正是为了接续这一传统。

近半个世纪以来，无论在自然科学方面，还是在人文社会科学方面，知识都在以前所未有的速度更新。涉及自然环境、社会文化等领域的新发现、新探索和新成果层出不穷，并以同样前所未有的深度和广度影响人类的社会和生活。了解这种知识成果的内容，思考其与我们生活的关系，固然是明了社会变迁趋势的必需，但更为重要的，乃是通过知识演进的背景和过程，领悟和体会隐藏其中的理性精神和科学规律。

"新知文库"拟选编一些介绍人文社会科学和自然科学新知识及其如何被发现和传播的图书，陆续出版。希望读者能在愉悦的阅读中获取新知，开阔视野，启迪思维，激发好奇心和想象力。

生活·讀書·新知三联书店
2006年3月

目　录

关于名字的说明　　　　　　　　　　1
本书主要人物　　　　　　　　　　　5
导　言　　　　　　　　　　　　　　7

第一部分　大后方　　　　　　　27
第一章　战争中的德国人　　　　　29
第二章　受管制的年轻人　　　　　67
第三章　医学谋杀　　　　　　　　94

第二部分　种族战争　　　　　119
第四章　生存空间　　　　　　　121
第五章　伟大的东征　　　　　　158
第六章　驱逐犹太人　　　　　　191
第七章　家庭集中营　　　　　　223

第三部分　战争打到了德国境内　255
第八章　大轰炸　257
第九章　被赶回老家　289
第十章　最后的牺牲　320

第四部分　尾　声　347
第十一章　战败的德国　349
第十二章　解放的人们　385

注　释　419
地名对照表　484
致　谢　487
译者的话　493

关于名字的说明

拥有自己的名字是个人身份的最基本形式之一。对奥斯维辛集中营的囚犯来说，他们前臂上刺青的数字取代了他们的名字；而大量的大屠杀纪念关注于如何为纳粹种族灭绝的众多受害者找回名字：只有这样，他们才能作为人被恰当地召回。有时他们的名字会随着语言和管辖权的改变而出现不同的版本。但凡有可能，我都会采纳人们当年使用的名称，比方说，玛丽·伯格（Mary Berg）1945年在纽约出版了个人日记，自此成了名人，但在本书里她的名字为米丽娅姆·瓦滕伯格，这是她在华沙犹太人区生活时用的名字。

我当然希望本书呈现的所有孩子都以他们的本名出现，不过，事实上并非如此。根据西德信息披露和个人档案管理法，个人和直系亲属在世时，其身份信息受法律保护。对于倾注全副身心公平对待每个人物的历史学家来说，禁止披露相关个人的真实姓名，直接导致了许多问题。不能出现在媒体里的不仅有前希特勒青年团成员的名字，还有少儿精神疾病患者的名字，他们死在第三帝国的各收容所里，成了大屠杀时期的匿名受害者。在一本大量呈现孩子姓名的书里，许多孩子的名字相同，如果仅仅列出名字，不列姓氏，读者一定会摸不着头脑。所以，在本书里，我必须为真实身份受法律保护的孩子们起假名，主要是德国孩子和奥地利孩子。在这种情况下，我在书里保留了人物的原名，然后选一个首字母相同的，源自德国同一地区的家族姓氏。刨根问底的读者只需查询一下本书的尾注，即可知道书里哪些名字是化名。例如，迪克·西韦特在尾注里成了"迪克·S"，这表明，正文里的名字是个化名。在极少数情况下，我也无法查出某一具体人物的姓氏，这通常是因为，此人在其他出版物里同样以匿名形式出现，因而我只好随大流，采用相同的姓氏。

我还认识到，在书里呈现地名之复杂无异于呈现人名的复杂。我经常遇到如后情况：一些城镇在数个世纪里会有好几个不同的名称，它们会随着当地多种民族在不同时期所说语言的不同而改变，或追随人们所处政权的改变而改变。如果因人因地制宜，追随书中人物自身的语言及其嘴里的地名为具体地点命名，注定会给读者带来混乱，尽管如此，换成当时的官方名称——例如德国人嘴里的"波兹南"在波兰人嘴里就成了"波森"——同样会让读者不得要领。总体上说，我遵循的原则是，采用当时执政者所使用的名称。因而，1945年，"特莱西恩施塔特"（Theresienstadt）就改回了它的捷克语名称"特雷津"（Terezín）。处理波兰地名尤其困难，因为，在历史上，列强多次划分波兰，它的边界在1939—1945年反复变迁，我在书里使用的一些波兰地名是德国占领前和波兰解放后的名称。德国占领期间，对波兰"全民政府"治下的波兰中部一小块领土上的那些城市，我基本上用的都是波兰语地名，对正式并入大德意志帝国的那些地方，我所用的是德语名称。然而，本书也有两个与前述规则相悖的例外，一个是罗兹（Łódź），另一个是格丁尼亚（Gdynia），本书自始至终用的都是它们的波兰名称，因为纳粹名称利茨曼施塔特（Litzmannstadt）和格滕哈芬（Gotenhafen）没有历史可循。格丁尼亚大部分城区建于20世纪20年代，为的是给波兰一个面向波罗的海的出海口，还有，1939年前，德国少数族裔一直将罗兹称作罗彻（Lodsch）。20世纪二三十年代波兰统治时期，立陶宛城市维尔纽斯（Vilnius）的名称为维尔诺（Wilno），在本书里，我一直用大部分历史时间段占主导地位的意第绪语名称维尔纳称呼该城。简单起见，我也没有试图将1939—1941年苏联占领期间波兰东部城镇的名称俄罗斯化。实际上，大多数的困惑都会通过查阅地图和地名词汇表来澄清，我只能为任何挥之不去的错误道歉。名字不是中立的，在写这本书的过程中，我发现人名和地名的命名权仍然是第二次世界大战遗产中非常重要的一部分。

本书主要人物

耶胡达·培根（Yehuda Bacon），捷克犹太男孩，先后被关入特莱西恩施塔特集中营和奥斯维辛集中营

马丁·贝尔高（Martin Bergau），东普鲁士帕姆尼肯的德国青少年

洛塔尔·卡斯滕（Lothar Carsten），德国乌珀塔尔的希特勒青年团成员

雅尼娜·戴维（Janina David），华沙犹太人区的犹太女孩

托马斯·格夫（Thomas Gève），柏林犹太男孩，被关入奥斯维辛集中营

莉泽洛特·京策尔（Liselotte Günzel），柏林社会民主党家庭的女学生

雅尼娜（Janina），博罗瓦-戈拉村的波兰女孩

万达·普日贝尔斯卡（Wanda Przybylska），华沙波兰女孩

克劳泽·塞德尔（Klaus Seidel），希特勒青年团成员，汉堡防空辅助队成员

达维德·瑟拉科维奇（Dawid Sierakowiak），波兰罗兹的犹太男孩

迪克·西韦特（Dierk Sievert），战争开始时德国奥斯纳布吕克的中学六年级学生

弗里茨·泰伦（Fritz Theilen），科隆青少年，"雪绒花海盗"团伙成员

乌韦·蒂姆（Uwe Timm），先后居住在汉堡和科堡的小孩

米丽娅姆·瓦滕伯格（Miriam Wattenberg），华沙犹太人区的犹太女孩

导　言

每次回顾自己的童年，凯特琳·蒂勒（Katrin Thiele）都无法将幸福的记忆与有关纳粹德国的报道画等号，她无法相信："所有我曾经认识的纳粹党人都是我曾经热爱过的人呢，真的是人们后来描述的让人憎恶的野蛮人吗？"像身边许多同龄孩子一样，凯特琳完全无法将确凿的集体屠杀证据与纳粹主义理想画等号，她曾经被"灌输必须有一颗敬畏心，勇于为责任自我牺牲和奉献等观念"。[1]

就凯特琳的情况来说，战争的结束将一个稳定舒适的家庭瞬间撕裂。过去十二年，她父亲一开始是个纳粹公务员，后来成了德国国防军军官，因此遭到美国军警和德国民警双重追捕。逮捕和拘押父亲的那些原因，凯特琳根本弄不懂，随后三年，父亲从她的生活里消失了。与此同时，凯特琳的母亲——第一次世界大战前出生在伦敦——和两个孩子一起被"遣返"到他们成长期间一直想当然的敌国。1946年，年仅10岁的凯特琳离开德国，前往英国生活。一夜之间，她完成了从凯特琳·蒂勒到凯伊·诺里斯（Kay Norris）的转变。随着名字的变更，凯伊还得学会如何做个英国在校女生，在语言、民族认同、闲聊话题、社会关系诸方面迎来彻底改变。战争爆发时，凯特琳只有3岁，她大部分记忆与战争有关，那些记忆必须紧锁在内心深处，直到她可以比较安全地回溯和一探究竟。

尽管后来父母离了婚，凯特琳仍然得到两次机会，前去看望父亲，她试图弄清一家人突然四分五裂的原因。1949年圣诞节假期，当时13岁的凯特琳和哥哥乌多（Udo）与父亲及其新婚妻子一起过了个周末。从许多方面说，这是一次幸福的重聚，同时也让她深为震撼。早在三年前，告别德国之际，她对德语的掌握和对父亲的眷恋已经终止。这几年在英国学到的新概念和新想法，她已经无法用德语表达，而父亲好像更愿意接受最后一次见到她时她那种小女孩的样子。父亲的真容与她许多回忆和各种想象里的样子相去甚远。那个棱角分明、思维敏捷、一身戎装、嘴边总是挂着为了主义献身的男人不见了。她曾经想象，服刑两年的父亲会垂头丧气，一脸无望，还好，他不是那样。相反，和以前的父亲相比，眼前的男人头发开始稀疏，更加世故，体重超标，不过，他好像不需要凯特琳帮助。他已经重新组织起自己的生活，找到一份好工作，在哈尔茨（Harz）山区有个漂亮的房子，还跟一个美丽的女人住在一起——世交家庭的一员——长期以来，那女人一直很崇拜他。

凯特琳意识到，她已经无法猜透父亲的信仰，父亲曾经非常用心地将思想深处的观念灌输给孩子们，那些观念都到哪去了？1956年，在牛津大学上学期间，凯特琳利用第一个暑假前去看望父亲，她发现，双方不约而同地、动情地再次回到"爸爸和小女孩"的状态。至于父亲从前的纳粹背景，凯特琳发现，他仅仅对第三帝国留有深深的眷恋，尤其是在军队那个阶段，但他断然否认对犹太人实施的大规模的屠杀。那时父亲已经在加拿大定居，好像已经有了一系列新目标，成了德国移民群体中一个努力工作、雄心勃勃的新成员。凯特琳感觉自己被误解了，父亲似乎意识不到，自己的女儿依然真心相信他曾经灌输给她的那些美德。当时她仍然认识那一串德文说教，例如Pflicht、Treue、Wille，为Volk服务——义务、忠诚、意志、为国民服务——这些行为准则用日常英语解释就是责任担当、为人正直、意志坚定、让世界变得更美好，而父亲却嘲讽女儿是个爱做梦的理想主义者！正如身在大西洋两岸两个英语国家的这对彼此牵挂的父女一样，造出纳粹德国的一代人和纳粹德国造出的一代

人已经渐行渐远。²

与凯特琳想象的不一样,从某些方面说,她的体会与留在德国的同代人没什么不同。许多战时的德国孩子同样觉得很难与父母沟通。一些父亲经历过1939—1945年的战争,或经历过战俘营,与这样的父亲交流感情尤其困难。许多话题成了20世纪50年代德国家庭的禁忌,第三帝国在孩子一代身上刻下的标记最深。回顾童年记忆时,将纳粹十字标记带往欧洲各国的那些男女反倒不受纳粹符号和口号的束缚。与凯特琳的父亲一样,许多人认为,在战后的生活中,只要不为追求功名,与他人分享这些价值和追求,并没什么大不了。在人生成长最快的年月,除了总会有人在耳边反复唠叨,如好好洗干净、穿衣要整齐、说话要礼貌,反倒是这些人的孩子没见过大世面,还经常接受纳粹各种价值观和说法的洗礼。不足为奇的是,这代人中的一些成员必定会认为,每次与父母那代人大力打造的战后世界严重对立,都会威胁到他们的身份认同,即,他们自认为负有责任。对许多人来说,留在东德和西德的新政府机构里尽职尽责,继续为他人服务,这么做理所应当。³

实际上,20世纪90年代初,凯特琳才开始回溯和调查自己的身世。在同代人里,像她这么做的人并不少。无论是纳粹同党的孩子,还是在各犹太人区和集中营里亲历过"最终解决方案"幸存下来的犹太人孩子,往往退休后才开始思索,平常对儿女们闭口不谈的那些事,以什么方式讲给孙辈们最好,他们这才开始撰写回忆录。

1988年,西德的标志性事件是"水晶之夜"五十周年纪念,以纪念1938年11月9日晚间纳粹党人针对德国犹太人的大屠杀,那晚发生了群体暴力和屠杀,烧毁了许多犹太教堂,抢劫了许多民居和商店,那次事件导致近百人死亡,25000犹太男性被送往集中营关押。1988年,西德政府以一种畏首畏尾、笨头笨脑的方式发动全国纪念这个周年祭日,导致全国许多地方跟风。纪念期间,德国南方著名记者洛雷·沃尔布(Lore Walb)深受困扰,她梦见犹太人的频次比平常高出许多。在一个反复出现的梦境里，她再次成了年轻的学子，回到了战时的海德堡（Heidelberg）。一个学生时代的犹太同学突然出现在她家门口，哀求要到她家待一两天。每次都没来得及做出决定，洛雷·沃尔布就醒了。她是纳粹党徒的女儿，这确凿无疑，走出战争时，她没受过任何伤害，很快便在德国南方找到一份广播行业的职业。

到了1988年11月27日，也就是纪念"水晶之夜"各种重要活动过后不到三周时间，洛雷·沃尔布开始在日记里讲述一个完全不同的梦境。她又一次成了青年女子，与一个脸形消瘦、面容端庄、留着显眼的山羊胡、身穿长大衣、头戴宽檐帽、年龄较长的男子并排走在大街上。她伸出一只手，搭在那人瘦骨嶙峋的肩膀上，头枕在手背上，内心夹杂着解脱和喜悦，几乎带着哭腔说："真高兴看见你回来。"犹如许多搭载着希望的梦境，洛雷·沃尔布的睡梦提出了问题，而非解决方案。犹太人并没有回来，她无法请求他们谅解，也没有完成自我评估或原谅自己，这名69岁的退休人士不仅没有将生命中这一篇翻过去，反而用沉重的、试探性的口吻道出一句：搭上车"一站又一站驶向回忆的旅程"。[4]

洛雷·沃尔布的旅程等于借助媒介公开承认内心深处的自我剖析，通过这件事，这名上年纪的女士重读了自己青年时代的日记，并加以评论。家庭影集里有一张1932年的照片，它记录了那一傲人的时刻，那时，当地体育馆挤满了人，在25000人注视下，她站在元首前边，当时她还是个13岁的少年。接着是1933年11月，她又一次在大庭广众中抛头露面，在希特勒啤酒馆暴动十周年庆典上，她背诵了一首诗，当时教育界几名最高官员都是现场听众。战争爆发时，洛雷·沃尔布开始了大学学业。1940年6月，像身边的每个人一样，她也庆贺了法国战败，当年她也认同对英国的普遍仇恨，因为英国人毫无必要地拖延战争。"这一次，元首不该太仁慈，"这是当年6月17日她日记里的原话，"应当向英国人发出最后一次强烈警告——已经有这么多国家被卷进来，所有不幸和苦难都是他们的罪过。"

重读过去的日记时，洛雷·沃尔布意识到，当年她接纳和使用一些重要的纳粹宣传口号，内心深处并无抵触。对苏联的进攻开始后，在朋友圈里评论男孩们的战死，她多少有些轻描淡写，反而重点落笔他们为之赴死的事业在军事和政治两方面的重要性。她的日记页面上充斥着各种老生常谈，例如"布尔什维克""俄国准人类"、对抗美国太平洋舰队的"日本难以置信的胜利"，以及她自己的一些想法，例如怎样赢得妈妈的欢心，妈妈才会同意她攻读博士；她对东线挨冻的德国士兵们的同情，等等。在每次转折点，她都会从媒体上抄录一些她需要的，紧扣历史事件的关键句，将戈培尔的口号和警句稍加修改，就成了她自己想出来的句式。半个世纪后，经过另一个时代截然相反的价值观和真理的熏陶，与她亲历的表面波澜不惊的纳粹过往形成了对立，让她在道德层面深感震惊。[5]

凯特琳·蒂勒认为，战后，摆脱原有的名字、国籍、语言远不如摆脱内心的道德绑架那么困难，洛雷·沃尔布的日记提供了大量佐证这一点的证据。战争即将结束时，闻说为避免进一步流血，自己的老家向法国人投降了，洛雷·沃尔布在日记里表达的是失望，而不是解脱。无论她笔下写出了什么，她内心深处仍然崇尚忠诚和为国牺牲那样的浪漫。各地方当局最终挂出白旗时，她感到"无比丢人和受辱"。在1945年4月26日的日记里，她记述如下：她为"在前线漫无目标浴血奋战好几年目前仍在战斗的上千万士兵"感到悲哀。那一刻，一切都失去了意义。[6]

每当洛雷·沃尔布尝试反思战后数十年了解到的情况，可惜她日记里没有这类记载——例如战时最后几个月，成千上万集中营营员被他们的"捉拿人"驱赶进"死亡队列"，这么做越来越没有意义——她总会一个接一个想起那些侥幸活下来的幸存者所处的困境。不过，每次回想战争，记忆唤回的总是那些死去的德国男青年的面庞，例如鲁尔夫（Rolf）、京特（Günther）、格哈德（Gerhard）和海因茨（Heinz）兄弟俩，以及她曾经的男友瓦尔特（Walter），他在战争最后一周死去。不仅如此,像 1909—1929 年出生的众多女性一样,洛雷·沃尔布还有一个记住他们的理由,她们无人可嫁。⁷

1988 年 3 月,马丁·贝尔高(Martin Bergau)前往科隆(Cologne),参加战时的孩子们组织的一场平静的周末聚会,他们都已届中年。那是一年一度的家庭聚会,成员都来自位于桑兰半岛(Samland Peninsula)的帕姆尼肯(Palmnicken),那地方曾经是东普鲁士的一个镇。1945 年,他们中的多数人在苏联红军抵达前逃到了西方,其他人随后逃了过来。这群人里的一个女人让马丁·贝尔高回想起 1945 年初,在生死攸关的最后几天亲眼见证的那些事,当时他还是 15 岁的希特勒青年团团员。那女人的母亲是贝尔塔·普尔沃(Bertha Pulver),那名母亲曾经藏匿过一个犹太女人,后者是集中营营员——主要是犹太人——大屠杀事件幸存者。在地方军事组织民兵协助下,党卫军将这些人带到冰封的波罗的海沿岸。后来,党卫军和地方军还一起追捕过抵达海边后逃跑的一些犹太女人。作为受党卫军指挥的武装民兵成员,马丁·贝尔高和一些希特勒青年团朋友在一座废弃的矿山协助看守列队的犹太女人,那些女人成双成对被带往房子背后。马丁·贝尔高可以听见两个负责杀人的党卫军人员开枪的声音。末了,队列变得特别短,跟随队伍移动的 15 岁的马丁·贝尔高也来到房子背后,他往行刑场望去,看见一个希特勒青年团同伙手握一把左轮手枪,在横陈的尸体中走来走去,向每具有动静的尸体开枪。少数逃过寒地屠杀的女人躲过追捕,最终活了下来,其中一名正是贝尔塔·普尔沃曾经藏匿的青年女子。⁸

偶遇贝尔塔·普尔沃的女儿,促成马丁·贝尔高动手撰写自己的回忆录,以记述那些战争岁月,以及他在苏联战俘营度过的三年。在如今的德国,有一种说法是,从未听说也从未见过真正的集中营和杀戮,这种说法依然盛行,与这样的反射性反应相反,专门针对集中营囚犯的屠杀无论多么不堪,马丁·贝尔高执意将其收入他的记述。他还给位于耶路撒冷的以色列大屠杀纪念馆(Yad Vashem)

档案馆写信，索要幸存者证词，他把这些证词都列进了回忆录一个专门的附录里。他的书没有进入畅销行列。

在三位德国回忆录作者中，马丁·贝尔高是唯一在残酷的战争收尾阶段依然是懵懂少年的人，他的成就是，按照纪年记述自己参与德国事业时的内心感受，而非深入探其究竟。洛雷·沃尔布的负罪感源于如下认识：当年还是天才少年和年轻女人的她竟然将自己的全副身心奉献给了纳粹的各种教导和众多目标，直到战争结束仍然执迷不悟。随着年龄的增长，凯特琳·蒂勒的负罪感越来越深重，这并非由于战争期间还是小孩的她做了什么，而是因为她想到，真没准儿父亲是因为做了什么事才遭到逮捕。20世纪80年代，历史学家们开始约谈第三帝国时期的孩子们，他们最关注的也是探索马丁·贝尔高、洛雷·沃尔布、凯特琳·蒂勒试图说清的罪恶感。然而，他们更有兴趣打听孩子们对父亲们在战争期间所作所为的反应，而非孩子们自己的各种体会。[9]

在所有战争中，孩子总是受害者。与其他战争唯一的不同是，第二次世界大战规模空前，这毋庸置疑。反映大屠杀的最著名的照片有好几幅，其中之一是某个孩子在枪口下高举双手走向位于华沙犹太人区的乌姆斯拉格（Umschlag）广场。那孩子只是因"最终解决方案"消失的110万孩子之一，在被占的波兰和苏联境内，成千上万的孩子遭到士兵和民兵枪杀。在整个欧洲各被占地区，尤其在欧洲东部，饥荒和疾病还杀死了高龄的人和年龄特别小的人。1945年，在汉堡（Hamburg）、德累斯顿（Dresden）、埃尔伯费尔德（Elberfeld）、达姆施塔特（Darmstadt），以及其他许多德国城市，孩子和母亲们一起死于熊熊燃烧的城市大火，要么就冻死在德国平民大逃亡期间从西里西安（Silesia）绵延到东普鲁士沿线冰天雪地的道路上。

随着战争记述的增加，孩子们遭受的那些苦难渐渐为人们熟知，相对来说，其他方面却依然不为人知。不过，20世纪90年代成了分水岭，退休后以及自己的孩子们成人后，许多人写出了回忆录。奥地利的孩子们如此，犹太人的孩子们亦如此，整个战争期间，前者一直和母亲们厮守在一起，后者在大屠杀期间失去了所有家庭成员，对于战时年龄更小那代孩子来说，20世纪最后十年也是他们讲述战时经历的时代。

　　通过2002年问世的三本书，德国人遭受苦难的规模重新成为德国公众的主流话题。安东尼·比弗（Antony Beevor）所著《柏林：帝国覆灭记》(Berlin: The Downfall)让战争末期苏联士兵对女性的野蛮行径成了街头巷尾的热议；京特·格拉斯（Günter Grass）的小说《横行》(Crabwise)让人们看到了大逃亡的场景；约尔格·弗里德里希（Jörg Friedrich）所著《火焰》(The Fire)则聚焦于对许多城市的轰炸。三本书的主题都不是第一次出现，不过，这一次，每本书都抓住了德国公众的想象力，一定程度上，以前的同类书籍从未遇到这种情况。仅以约尔格·弗里德里希为例，他用来描述德国人战时遭受苦难的词语可与其他人描述大屠杀使用的词语类比，他还把温斯顿·丘吉尔（Winston Churchill）描绘成"战犯"，将令人窒息的地下防空洞比作"毒气室"，提到英国皇家空军轰炸机司令部特别行动队时，那些队员好像都成了党卫军杀手。屠杀犹太人，德国人罪责难逃，这是长期以来形成的公众舆论，因而大多数评论家认为，约尔格·弗里德里希使用的词语不可接受，他们强烈反对所有将德国人的苦难与犹太人的苦难画等号的企图。不过，约尔格·弗里德里希使用的其他词语，尤其是反复强调德国人无辜、受害、创伤的词语，却得到广泛认同。这给新近出版的基于采访战时的孩子们的一小批书籍定了调。采访者第一次希望战时的孩子们讲述自己的经历，而非他们对父亲们所作所为的反应，如今父辈中的多数已经离世。在一片"打破沉默"的呼唤中，新书突出的内容已经变成经历战争、轰炸、逃亡、饥饿的孩子们的至暗时刻。让无辜的德国孩子们就遭受的苦难发声，可以让他们的回忆类似于大屠杀幸存者的回忆，还可以通过"授予"受害者更高的道德站位和政治认同开辟一片新天地。[10]

从许多方面说，祭出无辜的孩子们遭受的苦难，这事不像看起来那么浪漫。西德的情况是，早在20世纪50年代，东部州平民大逃亡和苏联军人的野蛮行径已经大范围见诸文字。在西德，虽然这个国家新英美同盟（British and American allies）实施大轰炸之类标题很快销声匿迹，在东德却成了"冷战"纪念活动的特征。20世纪50年代初，作家们在战后世界寻找希望的象征时，孩子的看法成了海因里希·博尔（Heinrich Boll）之类西德作家的热衷。不过，正如华沙犹太人区幸存者、文学评论家马塞尔·赖希－拉尼基（Marcel Reich-Ranicki）在评论海因里希·博尔的早期作品时尖刻地指出的那样，孩子视野的局限性是个很好的理由，可以避免所有人更加广泛地涉入纳粹在东方实施的战争灭绝。[11]

20世纪50年代，新的民族认同得到鼓励期间，在波兰、以色列、西德，无辜受难往往会从道德层面给关于新生的比喻提供令人振奋的素材。在波兰，这种审视战争时期和德国占领时期国家遭受各种巨大损失的方法，与看待国家的古老传统如出一辙，也即用基督的临终受难比喻国家的殉难和复兴。不过，这也是遭到斯大林主义执政党批判的传统，该党更加关注抵抗时期的英雄主义，与此同时，该党还需打击势力更大的民族主义武装力量"波兰地下祖国军"。在西德，那些遭到东欧驱逐的德国籍人士，以及曾经在苏联战俘营忍饥挨饿的战俘，有时人们会把他们的经历描述成一种新教徒式的赎罪。20世纪50年代，许多德国人认为，通过这些人遭受的苦难，他们已经还清了他们的——普遍没做明确标识——道德欠债。以色列刚刚建国，正是种族灭绝事实导致了这个国家的建立。以色列视军事力量为存在的根本，正是在以色列这样的国家，许多人也认为，欧洲犹太人被动的默许导致自身遭到大屠杀，如下事实就是例证：战后第一个十年以及后来的几个十年，纪念活动专门指向诸如华沙犹太人区抵抗行动之类英勇的抵抗行为。战后不久，在波兰和德国，孩子们的文章全都被收集起来，他们的图画得到公开展示。在以色列，这类纪念活动是很久以后的事：灾难的程度让人们想一想都觉得过于痛苦！[12]

　　直面此种类型的受难，为理解它的影响，人们自然会转向某一概念，例如"创伤"。毫无疑问，许多孩子必定会因为亲身经历受到伤害，许多成年人亦如是。不过，让创伤指向过去也相当困难。与它的同义词"受害人"一样，人们常常将受难当作一种心理的——也是道德的——绝对伤害。这类词汇排除过去，在实际观看前就告诉人们将要看见什么。创伤也是刻意用来理解个人的概念，而非刻意用来理解整个社会的概念。犹如研究其他课题的口述史学家们偶然听到某个讲述和安排好的访谈，深思熟虑到极致的人已经意识到，他们的工作与心理分析师和心理治疗师的工作有很多相同；不过，这没有让他们掉以轻心，反而促使他们更加谨慎地对待受访者的讲述究竟有多少权威性和确定性。这样的谨慎对本书的形成很有启迪。[13]

　　不过，自20世纪60年代以来，西德国内形成了一种强大的趋势，把公开辩论当作一种社会疗法，好像公开谈论纳粹的过往、大屠杀、与"斯塔西"（Stasi，前东德国家安全局）勾结，或者——就在不久前——德国人在战争中承受的苦难等，这种谈论本身即可净化和治疗社会的负面影响。犹如洛雷·沃尔布和马丁·贝尔高提出谁该对纳粹主义和大屠杀负责之类问题一样，这些人还向自己提出一些非常难以回答的问题，其中涉及在他们难忘的童年记忆和成人的道德立场之间达成脆弱的平衡。与之形成对比的是，一旦童年的受难被冠以"幸存者证词"，便有了毋庸置疑的身份，几乎就不再需要对证据本身进行自我考问。这很容易形成受难即是赎罪的观念，这在20世纪50年代一度很流行。它的形成基于如下观念，通过帮助人们自我改造，受难让人们变得高尚。这种说法令人生疑，因为它基于毁灭性如同第二次世界大战那样的人类冲突。[14]

　　讲述对孩子们造成的伤害时，过分强调无辜受难也可能让孩子们显得异常被动，他们是历史研究的对象，而非历史研究的话题。无论有多难，大多数孩子依然能适应所处的环境，在战争期间交织的社会关系中生存下来，就是说，如果后人有意了解孩子们自己对各种事情的希望和反应，关注这个方向才对。从历史的视角看，最好对"创伤"一词的使用加以限制，不要将其用于极端的、在其他任何场合都无法解释的例子，例如那个一门心思在自家房子的废墟里翻找自己鞋子的德国小女孩，或者，教给那个从集中营里救出的5岁波兰女孩重新开口说话。[15]

借助重大事件，也就是说，孩子们自己的战争变为真实的那一刻，他们会建立自己的战争纪年表。准确说是这样的——他们无忧无虑的世界崩塌了，那一关键时刻将战争和以前的"黄金岁月"区分开了。几乎可以肯定，对身在德国、奥地利、捷克斯洛伐克国土上的犹太孩子来说，那一刻早在战前就到来了，往往与移居海外，特别是涉及与家人分离的时刻同时到来。对波兰孩子们来说，那种时刻往往存在于1939年到1940年间，伴随大规模枪杀和驱逐出境，以及——对波兰犹太人来说——强行划片居住同时到来。对莱茵兰（Rhineland）地区和鲁尔（Ruhr）地区各城市的德国孩子来说，那一刻随着1942年开始的狂轰滥炸同时到来。对德国东部各州的孩子来说，那一刻通常指的是1945年的历次大逃亡。对前边没提到的德国的和奥地利的许多孩子来说，盟军占领期间和第三帝国垮台后，平安的和完整的世界才宣告结束，对他们来说，让他们对时间有感的那些事件与其说是纳粹时期本身，不如说是1945年5月8日的投降协定，以及随后而来的饥荒岁月。

孩子们对纳粹德国的记忆分为记忆中那是个正常的年代，或者，那是个充满害怕和恐惧的年代，他们记住的具体事件决定了他们会如何划分这两种年代。一些日期和一些事件成了情感的分界线，而且事情会是这样的：跨越分界线往往意味着，那一刻孩子们必须从家长们手里接过责任，从那往后必须照顾好弟妹和父母，为养活全家甘当乞丐和走私者。在某些时间节点——例如犹太人区的家长们因饥饿而倒下，或者1945年红军到来前在冰天雪地里逃亡，或者空中轰炸期间躲藏在地窖里——许多孩子还没长大，便承担起各种责任。这样的责任担当让他们与家人长久地联结在一起，特别是与母亲们联结在一起，正常情况下，他们早就出门闯荡了。[16]

经历这种事的时候，大多数孩子并不是孤身一人，尤其是小孩子们，他们对这些决定性时刻的记忆都是别人事后讲给他们听才形成的。对多数犹太孩子来说，情况却不是这样。生存到战后还有近亲在世的犹太孩子少之又少，他们中的多数会离开欧洲大陆，移居海外，促使他们踏上各种自我认知的征途，也就是说，他们一定会融入不熟悉的语言和文化。不过，对大多数欧洲孩子和他们的家人来说，战后重建是个全民的和全家的事务，他们的记忆以及引起他们共鸣的大部分能力是战时与本国和本民族的人们共度时艰之际独有的亲身经历造就的，因为，1939年、1940年、1941年或者1945年究竟意味着什么，究竟什么才能称作胜利、失败、解放，欧洲原本就没有统一舆情。第三帝国的全面影响可以用如下方法衡量：尽管它外在的各种标志和机构很久以前已经解体，人们的思维习惯却原封不动地保留下来。

纳粹的首要目标是种族主义和民族主义，不过，将担当如此重任寄托在孩子身上，这两个目标就成了长期目标。在实现纳粹的乌托邦愿景方面，孩子们成了至关重要的一环。纳粹党人将纯种的、受过良好教育的、正直的德国孩子视作国家的未来种族，他们十分清楚，这是他们可以从婴幼儿时期培养和塑造的第一代人。战时，这种培养和塑造涉及一整套措施，包括安排10岁的孩子加入希特勒青年团和德国女青年联盟（Band of German Maidens）的下级组织少年团（Jungvolk）和少女团（Jungmade），派遣他们到野外采集草药，在疏散安置期间让他们住在儿童招待所里，为他们提供特殊补充食品。纳粹政权更为普遍的做法是，固守大后方，使其看起来尽可能"正常"。

培养德国年轻人还意味着保护这代人不受有害影响，德国失学儿童和少年犯必须与社会隔离，接受再教育，直到他们在生活中变得有责任心和勤奋，才能重返社会。残疾儿童必须排除在社会之外，1939年夏，希特勒出台一项政策，指使医护人员杀死国家各收容所的残疾儿童。纳粹党在处理孩子问题上抛弃了其他所有伦理标准，衡量价值观和实用性的唯一尺度是能否培养出未来的德国种族。

东线的历次战役开启了德国人的殖民定居方法，这必定会成为白种人在美洲、澳大拉西亚（Australasia）、非洲南部那样的永久性定居。1939年，这种做法首先始于波兰，从1941年往后扩展到了苏联。大于10岁的少年有可能都喜欢阅读关于殖民非洲之类异域小说，不过，德国女青年联盟、希特勒青年团、学生联盟、劳工团的少男少女都协助警察和党卫军驱赶过波兰农民，然后让德国种族定居在他们的土地上。每逢所在国的国家节庆日，疏散到波兰西部、波希米亚（Bohemia）、摩拉维亚（Moravia）等新扩充领土上的小学生们都会在波兰和捷克各城镇组织自己的游行队伍，象征性展示德国的存在。每逢少年团或希特勒青年团的队伍高举旗帜，高唱"德意志，德意志高于一切"路经某地时，那些忘记脱帽致敬的当地民众注定会霉运当头。

对波兰孩子和波兰犹太孩子来说，殖民化毁掉了原有的法律规范构架，以随意的行政命令取而代之。孩子们眼睁睁看着大人们受辱，冬天被强制扫除积雪，夏天被强制修整道路。他们越来越熟悉的不是教育，而是基于种族的配给制和隔离制。在非犹太人和犹太人越来越深的裂痕之间，孩子们走私食品，做黑市交易，犹太小孩走私者在华沙和其他城市建立的各种网络成了他们隐藏身份的少数方法之一。1945年1月，马丁·贝尔高在帕姆尼肯亲眼见证屠杀犹太女人之际，在东普鲁士偏远的乡下，德国孩子们对极端的纳粹种族暴力情景渐渐变得见怪不怪了。

穷途末路之际，纳粹政权吞噬的正是它曾经竭力呵护、免受种族污染和空中轰炸的那些孩子。在战争最后关头，纳粹政权常常号召10岁以上的德国孩子们牺牲自我，以进入"国家英雄纪念堂"，分派大于10岁的女孩们进入弗拉克高炮阵地，分派男孩们攻击苏联坦克。利用哥特式浪漫主义，纳粹党将自杀祭仪做到了极致，它精心打造的青年理想主义是纳粹政权的压箱法宝，它将其翻出来，让年轻人为其送死。德意志民族何以成了纳粹的牺牲品,年轻人的蓄意毁灭为这个战后谜团播下了一些待解的种子。不过,洛雷·沃尔布的日记内容证实,从位于柏林的元首地堡发出的召唤英雄和死士的姿态,效果极好。随着国家权力储备全都调动起来,根本不可能发生的毁灭降临了,如果没有广大民众的默许和配合,包括这些男孩亲友的默许和配合,按常理,这些都不会发生。

这种观念转变是如何发生的?有足够多的德国人渐渐开始相信,让大孩子们在为国斗争中付出生命,这么做值得,怎么会这样?一个可能的答案是,他们本不相信,仅通过胁迫,纳粹政权就把人们俘虏到了可悲的结局。这其中不乏真相:纳粹德国时期执行的 1.6 万例死刑,超过 1.4 万例发生在 1941 年以后。不过,主要目标为波兰人和捷克人,而非德国人。而且,被执行死刑的德国人多为轰炸过后在抢劫现场抓获的刑事犯里的小人物,而非政治对手和失败主义者。从战事爆发算起,德国军纪之严苛,远超西方列强,以及第一次世界大战期间德国自己的做法:战争期间,大约 3.3 万名德国士兵遭到枪决;他们中多数为逃兵,大约半数是最后一年半枪决的。在战争最后数个月,为保卫德国领土,纳粹政权及其军官在一个又一个地区作战时,恐惧成了最大的支撑,这与德国军人和老百姓的想法相反。不过,仅凭恐惧不足以支撑德国人继续战斗:在纳粹垂死阶段,成年士兵和大孩子兵经常是小分队作战,除了自己的指挥官和同伙,没人能阻止他们逃跑。在战争最后四个月,超过 100 万德国军人战死,第三帝国始终屹立不倒,一直坚持到军事上被打败。[17]

战争刚爆发那几年,从德国人的反应看,没人能预见德国人会誓死抗争到底。1939 年到 1940 年,对波兰、丹麦、挪威、荷兰、法国、比利时、卢森堡等国的一系列胜利易如反掌,不仅让人们有理由狂欢,还让人们放下心来,战争的持续会比人们担忧的要短,伤亡也远比人们担忧的低。1942 年底,盟军的轰炸和东线的战争改变了这一切,让德国社会直面痛苦的和令人恐惧的忍耐力测试。对德国北部和西部的大规模轰炸影响到了生活在轰炸机飞行线路下方各城镇的所有人,每天夜晚,防空警报常常会哀鸣数次,致使人们拖家带口跌跌撞撞涌向幽闭的和拥挤的地窖。每遇此情此景,人们会在等待中竖起耳朵,以弄清这一次飞机会不会丢炸弹。对许多成人和大孩子来说,随着一个又一个德国城市燃起大火,变成废墟,军人和平民死亡人数上升,眼前的战争似乎成了那些不可调和的敌人发动的灭绝德国民众的战争。在历次演讲中,希特勒反复强调的"成者王侯败者寇"犹如启示录,它比以往任何时候都更加适合眼下的"全面战争"环境。像洛雷·沃尔布一样的大于10岁的孩子和年轻人在平民日记里大谈信仰和大表忠心之时,许多长者认为,他们无力改变人们与国家共存亡的命运。因政见不同,许多人没有支持1938年11月的反犹太屠杀,如今他们却与德国媒体一唱一和,将大轰炸归咎于华盛顿和伦敦的那些犹太人施加的影响。他们也清楚,"全面战争"必将导致各种牺牲。早在1943年2月,家长已经认可年龄大于15岁的儿子们奔赴北海沿岸,以及埃森(Essen)、柏林、汉堡那样的城市,补充高炮阵地的兵员,其中许多人在纳粹恐怖笼罩德国大后方之前已经死于作战行动。

  纳粹的"民族共同体"意识被各种现实的和修辞的对立撕得粉碎。纳粹政权要求绝对的流血奉献和战场牺牲,面对全民士气时,这个政权却特别谨小慎微。为全力确保不再发生1918年那样的大后方全面失守,希特勒政权竭尽全力维持一种虚假的常态,一直保持着战时欧洲最高的民间配给量。来自东方的强制劳工和集中营营员必须忍受越来越"残酷的无报酬劳作",为大后方服务,德国平民则什么都不做。当年拍摄的许多照片显示,在那些被炸的城市,许多穿制服的德国男性站在一旁,监督集中营营员和强制劳工清理被炸现场。战争持续得越久,情况也越糟,公开枪决外籍劳工就越多,早期的行刑人是安全部队成员,战争最后几周的行刑人成了街头暴徒。纳粹种族主义需要人们害怕战败,害怕"恐怖轰炸",以此奉劝他人相信其摩尼教境界:杀人或者被杀。在一个为自身生存奋斗不息的社会，由于天天暴露在纳粹种族主义暴力下，20世纪30年代德国纳粹化程度最低的那些地区——包括北方地区、鲁尔地区、萨克森地区的众多工业城市——也渐渐吸纳了这样的价值观，它是希特勒一贯倡导的种族征服理念的核心。[18]

感受到战火延烧进德国境内时，孩子们将其看作从未见过的一系列物理事件，一会儿壮观，一会儿吓人。与成人感到危险和威胁不同，小孩子们往往惊叹于他们所在城市四面八方燃烧的火势。第二天一早，在上学路上，十多岁的男孩们会争先恐后捡拾碎弹片。由于年龄和能力不同，孩子们对亲眼所见的认知会截然不同。小孩子们记住的好像都是些鲜活的，然而破碎的形象，年龄稍大的孩子们则试图对发生在身边的一切形成抽象概念，例如，从广播里，希特勒青年团那里，自己的父母那里，以及老师们那里，他们悟出了国家困境的深层含义，因而在帮助扑火的行动中，或是搭建临时厨房，帮助轰炸后无家可归的人们时，他们会倍加努力。人们常说，纳粹党向青少年提供了一套现成的独断专行规范，以阻止他们变得有责任感。也可以这样说，纳粹党不厌其烦地向人们反复灌输一种绑架道德的理念，个人的责任就是为战争胜利做奉献，这种做法的巅峰时刻最终成为，在战争最后几个月，大于10岁的孩子们乐于献出自己的以及他人的生命。[19]

第一次听说纳粹党人时，我还是个孩子，我哥哥用孩子式的先见之明将那帮人称作"那脏党人"（the nasties）。我父亲出生在柏林一个社会主义者家庭，这是个归化的犹太人家庭。1939年，我父亲以移民身份永久地离开了柏林，那座城市却一直是他的挚爱。我们常常打听20年代末30年代初他如何度过的童年。他对政治的记忆始于安安静静地坐在他爷爷的书房里，倾听屋里的大人们——包括社会民主党的高层人士——讨论如何应对1932年冯·巴本（von Papen）在普鲁士发动的政变，如何保卫共和。希特勒掌权时，我父亲正值青春期的巅峰，他的一个叔伯兄弟加入了左翼抵抗组织，有一次，他去见这位仁兄，爬楼梯时，他吹了一段《马赛曲》口哨，因为这一无心的举动，他遭到严厉斥责。像许多难民和流放者一样，他的大部分道德修养和学术修养都完整地保留了下来，他在余生继续与左翼事业，与1933年没有将选票投给纳粹党的"另一个德国"同步前行，这正是20世纪70年代以来社会历史学家们做过大量工作试图再现的历史。[20]

我哥哥和我经常用玩笑的口吻说，如果没有希特勒，我们根本不会出生，如果真是那样，20世纪50年代，我们的父母不会在澳大利亚相遇。我们也清楚，从概率上说，我们的父亲活不过希特勒时期。不过，阅读完对德国军事损失的数据分析，我才真正意识到，对我父亲那一代的非犹太人来说，活过希特勒时期究竟意味着什么。像我父亲一样出生在20世纪20年代的那群德国男人，40%死于那场战争，其中半数死在1944年和1945年。在20世纪的德国，最糟糕的出生年头是1920年。本书讲述的事始于我父亲离开德国以后，也是他最要好的留在德国的非犹太人朋友——正是和这名朋友一起，他们在希特勒所著《我的奋斗》书里用红笔标出了所有语法错误——进入德国军队服役以后。1945年初，他的那名朋友因踩中地雷身亡。不过，充满本书页面的内容并非以他们这代人为主。

我父亲的经历唤醒了我身上某种挥之不去的东西：求索历史的本真，正确地理解历史。我发现，越让我钟情的那些对象，投入研究精力时，我越会在所不惜。天道酬勤，必当收获满满。研究受害的知名人士，资料唾手可得，然而，很难想象有人能进入如下所列孩子的思想深处：整天奔波于黑市，忙着做生意的男孩，或脑子里灌满时刻准备为"国家英雄纪念堂"献出自己的以及弟弟的生命的女孩。看守等候处决的犹太女人的男孩才15岁，人们很难想象他脑子里在想什么。

第二次世界大战期间，德国统治下的孩子究竟会有什么样的感受，急于弄清如何才能再次体验这种感受期间，我意识到，有必要对当代资料里那些成人对自己儿童时代的回忆去伪存真。我们如何鉴别什么是完整记住的，什么是忘掉后找补回来的？我们如何知道孩子们对当初那些事件都赋予了什么意义和价值，或者，当初孩子们身边的成人都鼓励他们作何种感想？过去十年间，我一直在努力搜寻和研究孩子们的作业、青少年的日记、疏散营地寄出的信件、写给在前线作战的父亲们的信件、从少管所和精神病院寄出的信件、捷克特莱西恩施塔特犹太人区和德国黑森林地区村庄里的孩子们制作的艺术品，以及大人对孩子们玩游戏的描述。这类资料往往是碎片式的，它们活灵活现地映亮了孩子们活动的某些侧面，而其他方面依然龟缩在阴影里。这些东西尤其珍贵，因为它们嵌入的是以当年的形式展示的经历和情感——而非人们事后记住的形式。

小说家们可以"感知"创作对象经历的各种事情，历史学家们却不可以。小说家可以操控作用在角色身上的感情逻辑，历史学家却需要牢记，真实世界的主人公们的生活究竟公开了多少真实。另外，面对铺天盖地的不完整的资料，小说家们没必要检测自己鉴别真伪的各种直觉是否靠得住。这里提到的局限性让历史学家们用完全不同的品位理解历史，另外，我早就认识到，必须时常提醒自己，各种证据不是用来恰到好处地支撑历史学家们想要的那些论点，而是用来不断地质疑我们以为已经掌握的事实。这些都至关重要，如若不然，后人无法用战争经历和大屠杀经历撕碎的各种社会残片拼凑出合适的形态。

前述大部分毁灭完全是有意为之：纳粹党人启动的是乌托邦式的德国殖民化愿景，孩子们在其中会得到拯救还是诅咒，需根据他们的种族价值决定。不过，先不管孩子们到底经历了什么，"重建"在他们身上究竟发生了什么，这本身就是复杂的和精细的任务。它还包括打破学术禁忌。鉴于对历史本真和道德公正的追求，很久以来，研究大屠杀的历史学家们普遍各有专攻，要么研究那些受害者，要么研究那些加害者。不过，正如研究纳粹主义的历史学家们后来渐渐认识到的，当年大屠杀弥漫德国社会之际，像洛雷·沃尔布一样的人竟然对其几乎完全视若无睹。除非我们将殖民者和被殖民者的生命和观点置于同一个框架内,我们无法理解战争强加给这些人的转变达到了什么程度。由于第三帝国如此深刻地影响了孩子们的命运,对于那样一段历史,孩子们是特别合适的研究对象。孩子们将"异常"当作"正常",这种能力揭示,纳粹主义深入社会有多深,这一政权将孩子们划分为注定会统治他人以及注定会服侍他人的两拨人,这背后的实质是,什么人可以生存,什么人必须死亡。孩子们的各种经历值得后人透过种族和民族划分去理解,这么说并不是因为其中的相同,而是因为其中的极端反差,这会帮助我们认清纳粹的整体社会秩序。就这场战争而言,孩子们既不是沉默的见证者,也不是受伤的见证者,更不能轻言是无辜的受害者。他们也生活在战争中,在战争期间玩耍和坠入爱河,这场战争侵入了他们的想象空间,这场战争让他们怒由心生。

第一部分

大后方

第一章
战争中的德国人

1939年9月1日，上午，雅尼娜（Janina）仰着头走出厕所，两架飞机正在她头顶的天空盘旋，厕所位于爷爷奶奶家花园的边缘。听见飞机机关枪开火的声音，爸爸妈妈、爷爷奶奶和弟弟们全都冲出屋子，来到她身边。然后，他们又一窝蜂跑回屋里收听收音机里的广播，刚好赶上播报德国进攻波兰的公告。进攻始于黎明，收音机的声音越来越小，电池没电了。"爷爷看着满脸痛苦的我们，把旋钮拧到关机位置。"漫长的一天行将结束时，当年只有10岁的雅尼娜在日记里写下了后边这些话："他在耶稣基督画像前跪下，开始大声祷告。"全家人跟爷爷一起念诵主祷文。雅尼娜一家趁着夏季，来到爷爷奶奶居住的小村博罗瓦-戈拉（Borowa-Góra）度假，她早就盼着从村里返回华沙，学校9月4日开学，家人答应为她买一套新教材，她一直沉浸在幸福的期盼中。这个10岁的小人儿清楚，刚刚发生了重大的事情，不过，她无法想象战争会是什么样。那些在波兰亲历过第一次世界大战的成年人甚至也无法对第二场战争形成什么概念。[1]

那年9月，在整个欧洲，秋季学期的开学被严重打乱了。夏季结束时，德国各学校仍未开学，学校都成了临时动员中心，学生们则聚集在校门外，驻足观望那些涌进学校登记注册的预备役军人。在莱茵河西岸以农业为主的埃菲尔（Eifel）丘陵地区，在祥和的氛围里，两个小姑娘让身边的所有朋友艳羡不已，经允许，她们得以站在村里的广场上，从苹果袋里掏苹果，扔给排队经过的士兵们。不幸的是，对许多年龄稍大的孩子来说，激动人心的时刻很快就过去了，在西墙战役（West Wall）中，法国人根本没开枪，格蕾特尔·贝希托尔德（Gretel Bechtold）已经 16 岁，像她那么大的女孩很快都得返回学校。[2]

每当路灯熄灭，人们将窗户遮得密不透光，德国各小城镇就会陷入漆黑的夜色中，自前工业时代以来，人们从未经历过这些。在德国埃森市，小女孩们开始假扮沿街巡逻的守夜人，一边高喊"灯火管制！灯火管制！"一边提醒人们遮挡好窗户。很快，学校又恢复了上课。上学路上，孩子们的双肩书包上吊着防毒面具，到校的许多孩子发现，家庭作业里多了灯火管制和其他民防措施等针对空袭的内容。在没有路灯的街上，有轨电车和卡车会撞到一起，从路沿走下来的行人会找不着落脚点，开战四个月后，一个汉堡男孩感触最深的变化是，交通事故迅速增加。[3]

1939 年 9 月，在德国，无论公众的狂喜氛围事实上多么短暂，多么局部，让人联想到 1914 年 8 月那样的喜庆已经无处可寻。纳粹党家属们更强烈地感到的是，究竟应当如何看待战争的爆发。一如身在德国中部图林根州（Thuringia）的 14 岁的莉泽（Liese），从收音机里听到元首的国会演说，她激动得尖叫起来。不过，战争刚刚进行两周，她已经开始向爸爸讨教，让事情尽快结束的可能性究竟有多大。她问道：

> 如果我们真的跟英国打仗，您觉得战争会不会拖上至少两年？因为英国人一开战就会不惜一切，动员整个帝国，因为英国人打仗从来没输过。[4]

对此，父亲表示同意。父亲是个预备役军官，也是现政权的坚定支持者。父亲经历过可怕的、血腥的第一次世界大战，是那种可以指望的人。父亲告诉她，关键是法国。也正是在那段时间，莉泽的妈妈买了一台高质量的收音机，一台德律风根（Telefunken）超级款，他们在收音机旁边挂了一幅波兰地图——这与第三帝国各学校的做法一样——每次新闻广播后，他们会用印有纳粹十字标记的小旗子标出德国军队的推进地点。[5]

9月1日黎明，德国的攻击行动开始之际，德国国防军发现，波兰军队的动员进程刚刚过半。波兰空军拥有400架老旧战机，凭借突然袭击的优势，纳粹空军将许多波兰飞机摧毁在地面，立刻取得了制空权。自那往后，从波兰北边的东普鲁士，南边的斯洛伐克和刚刚占领的捷克，以及西边从西里西安延伸到波美拉尼亚（Pomerania）广阔的前线，装备精良的60个纳粹整编师大举跨过各条边界线，与此同时，纳粹空军的2000架战机实施新战术，为德军提供战场支持。既然已无可能守住各条边界，9月6日，波兰最高统帅部放弃了守边想法。对波兰人而言，即便试图守卫几个重要的工业区和城市中心区，也需要分散部署40个装备落后的师和150辆坦克，而德国国防军可以任选战场，集中部署2600辆坦克。[6]

每当德国人涌进电影院，他们的情感世界总会遭受某种全新的刺激感官的轰炸。他们更愿意看战争新闻报道，也即《电影新闻周报》（*Wochenschau*），而不是随后播放的正片。第一次世界大战期间，已经有人尝试空中摄影，不过，眼下观众感受的是每秒超过150米的速度，以及机头朝下的疯狂俯冲。借助德国俯冲轰炸机飞行员的视角，观众看到了波兰的战事，在警方的各种记录中，终于出现了"满意的观众"一类描述。埃森城里的小孩子总会排着队爬上鸡笼，嘴里不停地模仿轰炸机的轰鸣，往下跳时，他们会高喊一声"斯图卡"（Stuka，俯冲轰炸机）。1939年9月末，消息灵通的美国记者威廉·夏伊勒（William Shirer）报道了柏林人的看法："即便那些不喜欢纳粹政权的人，也会认为德国灭掉波兰没有任何错。"[7]

许多大孩子喜欢写战时日记，埃森市的玛丽安娜·卢宾（Marion Lubien）是其中之一。9月3日，她在日记里记述了占领琴斯托霍瓦（Częstochowa），后边的引语摘自她9月6日的日记："上西里西安工业区实际上完好无损地落到了德国人手里。"她9月9日的日记类似政府公告:"攻占罗兹(Łódź)。元首到达罗兹。"但凡涉及大后方,这个14岁的女孩总会模仿德国军方公告那种简略的和僵化的句式。像德国其他地方的大多数人一样,她也许会整天收听收音机,痴迷于新闻影片里最先出现的几个人物,也会短暂性陶醉在胜利的喜悦里——不过,战争本身既遥远又无情。直到1940年10月,她家不远处落下第一批炸弹,她记述战争的编年史才改用第一人称"我"。[8]

10月5日,华沙投降,让各种敌对情绪宣告结束。另外,到了10月中旬,在德国,波兰已经沦为非主流话题,为德国社会民主党效力的秘密记者已经"很难找到将胜利挂在嘴边的人"。一些人甚至希望,随着波兰的解体,关于这个国家的争论已经盖棺论定,与西方列强的和平交往也就可以恢复了。10月6日,希特勒在德国国会发表演说时流露了这样的情绪。元首再次坚称,他对英国和法国没有领土要求,他还提出,随着波兰的灭亡,交战理由已不复存在。与法国人和英国人相比,德国公众似乎更赞赏这一说法。法国总理达拉第和英国首相张伯伦拒绝了希特勒伸出的橄榄枝,因而许多德国民众站到了莉泽和她父亲一边,他们的结论是,主要是因为英国人不妥协,才未能达成和解。到了10月中旬,街上的孩子们已经开始哼唱有关张伯伦的小曲,还模仿他出了名的随身带伞习惯。[9]

无论纳粹政权如何坚称挑起冲突的原因并非德国对波兰的进攻,而是英国和法国9月3日的宣战,其实德国政府非常急于结束冲突,一切都无法掩盖的事实是:这场战争在德国国内并未赢得人心。一些德军指挥官甚至公开警告希特勒,不能指望打败法国和英国。战前三年,在重组公众观念方面,希特勒已经用外交政策的诸多胜利做了许多铺垫,不过,这些都不足以消除人们对战争本身的恐惧。1936年,德国军队跨过莱茵河,推进到对岸,那些工人阶级主导的地区第一次挂出了印有纳粹十字标记的旗帜,而那些地区早前因充斥着反纳粹情绪闻名于世。1918年,德国和奥地利战败后,盟军强加给这两国许多条件，反对撤销这些条件的人极少。希特勒成功地颠覆了前首相俾斯麦1871年的"小德国"，将奥地利拉回大德意志帝国版图，这是德国和奥地利两国社会民主党双双乐见的成就。毕竟两党在第一次世界大战结束时曾经尝试这么做，最终被盟军挫败了。"泛德国信条"包括：一、通过并入第三帝国让所有德国人"回家"；二、以牺牲东欧世袭宗主国为代价，恢复18世纪和19世纪普鲁士和奥地利的领土；三、不过是认同纳粹通过殖民拓展"生存空间"的诉求。无论德国人相信其中哪一条，到了1938年和1939年，几乎没有哪个德国人原则上反对希特勒针对捷克斯洛伐克或波兰的要求。"成功"滋润了绝大多数德国人的野心和不断增长的自满。[10]

不过，捷克危机久拖不决——从1938年5月拖到10月——充分显示德国人多么害怕新冲突会达到"一战"的规模。1938年9月27日，在危机的紧要关头，纳粹政权在柏林上演了一场大规模阅兵，以此给世界留下德国无所不能的印象。然而，现场没有观摩人群，偶尔路过的人也会赶紧躲进楼道里，以免他人看见。三天后，《慕尼黑协定》签字生效，希特勒或许真的在背地里咆哮过他受了"欺骗"，因为战争没了，不过其他所有人差不多都大大地松了口气。世界因幸免于战争普世同庆，与此氛围相反，戈培尔不得不出面向德国媒体下达明确指示，提醒公众注意"世界史性质的"慕尼黑成就。

1938年9月让德国人感到害怕的事，1939年9月仍然让德国人感到害怕。9月1日，希特勒前往国会大厦发表演说，从帝国总理府到克罗尔歌剧院（Kroll Opera House）沿途，大街两侧站满了列队的帝国冲锋队队员，却不见旁观群众的踪影。其他大城市的情况亦是如此：条条大街空旷得不见人影，这是因为，"没有痛苦的、爱好和平的元首奇迹时期"突然结束了。不过，无论在工作场所、在学校、在家里，德国人全都围拢在收音机旁边。[11]

第一次世界大战中的血腥场面和长期物资短缺的情况在德国人的意识里挥之不去，在关于社会舆情的一份秘密报告里，一名社会民主党人不无挖苦地说,各行各业的人"谈论更多的是供应,而不是政治。每个人整天忙于如何拿到自己的配给,以及如何才能得到更多"。配给制刚刚实行数周,各趟周日火车就坐满了前往远离城镇的乡下"打"野食的人。大孩子们甚至顾不上脱下希特勒青年团制服就出发了。如何在科隆过上不愁吃不愁穿的生活,地方长官约瑟夫·格罗厄(Josef Grohé)试图树立一个良好的榜样,但关于他彻底失败的传言不胫而走。邻里们开始感到害怕,指不定本街区的什么人会向警方告发自己成功地藏匿了肥皂、衣服,或者——当时最好的——鞋子。此前曾经两次损失储蓄的人们极其担忧战时通胀,急于将手里的现金变换成未来可以交易的任何东西。所有无法配给的奢侈品很快销售一空,例如皮毛制品。到了1939年10月,一种说法开始四处传播:国家这次肯定撑不了上次战争那么长时间,"因为吃的东西已经没了"。人们一致认为,只有当兵的人才能吃饱穿暖。[12]

社会怨言和社会焦虑不会导致社会革命,不过,盖世太保(Gestapo,意为秘密警察)却不愿冒任何风险,很快便逮捕了所有左倾的前国会议员。过去六年来,社会主义者曾经满怀希望,战争会把纳粹独裁政权拖垮,1939年10月末,他们都被迫承认,少数几种物资短缺没有任何作用,必须有多得多的物资短缺才行:"除非大饥荒笼罩全国,让他们的神经崩断,当然,最好是西方列强在西线获得一些胜利,占领大片德国领土,社会革命开始成熟的时机才会到来。"1945年初,这类条件广泛存在时,一场让德国走出战争的革命为时已晚,其间已经发生太多事情。就此而论,至少希特勒实现了他的愿望——肯定不会出现"第二个1918年"。[13]

如今,纳粹政府已经倾全力向国民证明,战争至今几乎没让人们的生活发生变化。反观英国,战争为媒体提供了生动的第一手人物形象,伦敦的孩子们脖子上挂着硬纸板做的牌子,手里紧紧地攥着小箱子和防毒面具,排着蛇形长队。而德国各城市却没有出现大规模疏散孩子的行动。赫尔曼·戈林(Hermann Göring)对他一手打造的纳粹德国空军的战斗力信心满满,他用玩笑口吻说,哪怕只有一个德国城市遭到轰炸，人们就可以称呼他"小女人"。希特勒仍然认为，有希望与英国谈判出一个和平解决方案，他明确表示，何时开始他称之为针对平民大众的"恐怖轰炸"，最终决定必须由他本人做出。[14]

由于惧怕纳粹德国空军的空中优势，唯恐激起德国人报复，英国政府没打算对德国平民和工业目标实施空袭。所以，战后第一个冬季，尽管有充分的证据证明德国对波兰各城市实施了狂轰滥炸，英国皇家空军对德国的主要行动仅限于空投上千万份传单，解释引发战争的各种原因，以赢取德国人的思想和内心。卡萝拉·莱斯纳（Carola Reissner）在埃森市捡到过几份传单，她原来的困惑反而变成了愤怒。"他们显然是在民众中煽风点火。"摘自她写给亲友的信，她还意味深长地补充道："这些显然是犹太人的伎俩。"她这么想很自然，因为，多年以来，舆论都在说，犹太人一直在操控德国的权力机关和要害部门，通过阴谋诡计进入这些机关和部门。在大量出版物中，包括图片数量超多的影集《注定灭亡的岛屿》（The Doomed Island）里，德国宣传机器将如下形象强加在英国头上，以揭露犹太人的兜售伎俩：他们刚刚成为都市金融贵族，是真正的敌人，正是他们在忙着给英国摇摇欲坠的等级制度上紧发条，在北海彼岸剥削德国人的"血亲兄弟"。[15]

1939年11月9日，一条消息传遍了整个德国，前一天晚上，有人试图剥夺元首的生命。那晚9点20分，一枚炸弹在慕尼黑啤酒馆地下室爆炸，当时纳粹运动的"老战士"庆祝1923年政变的年度聚会刚刚散场。为赶上返回柏林的火车，希特勒10分钟前刚巧离开现场。不过，炸弹炸死了8人，另外还炸伤64人。许多雇主在工厂召集专门会议，各学校则召开特别集会，为感恩元首幸运逃生，孩子们在集会上高唱为庆祝"三十年战争"结束创作的路德宗赞美歌《齐来谢主歌》。[16]

许多宗教界的人和工人阶级的人原本有理由憎恨纳粹党，出于惊讶、惊恐、愤怒，连这些人也团结到了纳粹政权周围。对于这次袭击，人们推断"英国人和犹太人"罪责难逃，还胡乱往他们身上泼脏水，还希望对这两种人实施报复。仅仅一年前，纳粹老党员在同一家啤酒馆重聚之际，戈培尔曾经对犹太人发起全国性屠杀，理由是德国驻巴黎领事馆官员死于波兰犹太人的谋杀，所有犹太人罪责难逃。在"水晶之夜"大屠杀过程中，91 名犹太人当场遇害，2.5 万犹太男人被送往集中营，另有上千人在那里惨遭杀害。眼下有人策划直接置元首于死地，却什么也没发生。两个英国情报员在荷兰边境遭到逮捕，媒体则自我陶醉在指控英国对此负责的氛围。1939 年 11 月，没有发生针对犹太人的新的屠杀。法兰克福和柏林都有规模庞大的犹太人区，一年前，这类城市曾经由于无节制的暴力和破坏让公众感到震惊，眼下犹太人却不再是物理靶标。相反，当时德国人集结成一个民族参战，犹太人不属于这场战争，因而他们于无声中遭到邻里的排斥。[17]

到了 1939 年，德国 16 周岁以下的犹太孩子有 82% 移居海外。甚至那些保守的、民族主义的德国犹太人也意识到：在 1938 年 11 月的大屠杀和接踵而至的没收犹太人的企业这两件事发生后，犹太人在德国作为独立存在已无可能。《纽伦堡种族法》曾经让一些虔诚的犹太教徒深信，他们不同的文化认同会得到尊重，但这个幻想彻底破灭了。借助名为"儿童撤离行动"的拯救措施，上万名来自德国、奥地利、捷克斯洛伐克的未成年犹太人来到了英国。[18]

1939 年 9 月 2 日，下午 4 点，克劳泽·郎格尔（Klaus Langer）离开了埃森市，随身物品仅有一个大箱子和一个背包。那天早上，他收到"犹太青年援助计划"组织发来的一封电报，通知他赶往柏林，准备第二天登船前往丹麦。他的双亲——眼下只能放弃一起移居海外的各项计划——只好跟他们的独子匆匆道别。年满 15 岁的克劳泽·郎格尔在日记里记述分手的用语是"短暂和不舍"。由于完全不知道什么时候才能再次见到父母，他情绪低落地想道："作为犹太人，战争期间待在德国，意味着只能做最坏的打算。"第二天，从德国瓦尔讷明德（Warnemünde）穿过波罗的海前往丹麦小城盖瑟

（Gedser）的短途摆渡让他心旷神怡。克劳泽·郎格尔事后才知道，船上拉的是最后一拨离岸的德国人，因为英国和法国数小时后就宣战了。安全抵达丹麦后，9月8日，克劳泽·郎格尔再次提起笔，他的思绪转到了远在埃森市的父母和奶奶身上。那时他才意识到，自己"脑袋里全是悲哀的想法"。[19]

1939年，犹太人移居海外达到高峰，由于1938年大屠杀和重新出现的对战争的恐惧，7.8万犹太人离开了德国。必须艰难地克服官僚门槛和经济门槛才能离境，才能拿到其他国家的入境签证，并非所有人都能做到这些。战争爆发时，滞留第三帝国的登记过的犹太人计有18.5万，大约为1933年犹太人口的40%。这一老龄化的、迅速趋贫的族群主要集中在各城市里，特别是柏林和法兰克福，后来又有2.1万人赶在1941年10月禁止移居海外前成功离境。不过，出国征战的德国军队又追回了3万已经逃离的犹太人。"最终解决方案"出台前夜，2.5万犹太孩子和未满25岁的犹太年轻人仍然被困在1937年德国"老帝国"各条边界线以内。[20]

1939年8月28日，配给制开始实施，犹太人成了引人注目的对象。他们的衣服上都有代表"犹太人"（Jude）的字母"J"，他们的配给卡会时时提醒邻居、店主、店员，以及其他从业人员，刚出台的新规必须落实，其中规定了什么地方允许犹太人购物，什么样的食品禁止犹太人购买。各地方当局还出台了本地的限制措施，以防犹太人给德国店主找麻烦。在布雷斯劳市（Breslau），犹太人只能在上午11点到中午1点间购物。柏林规定犹太人的购物时间是下午4点到5点间，一个拿着购物袋试图离开楼区的小女孩被其中一名邻居堵在路上。大街斜对面，正对药店的地方有个大钟，上面的时间显示，还差一丁点儿才到4点，女人指着钟，坚持让女孩转回去，她说："现在不许你出去买东西，我不会让你从这里走出去。"[21]

许多商店会在通告栏写上如下警示语："禁止向犹太人销售紧缺食品"，与此同时，吞噬犹太人每日生活的规矩越来越多。从1938年11月的大屠杀到战争爆发，德国颁布了229条反犹法规。从战争爆发到1941年秋，针对每项管理德国大后方的新举措，各机构还出台了专门的反犹细则，另外还颁布了525条约束犹太人每日生活的法规。甚至还禁止他们为10多岁的处于成长期的孩子购买内衣、鞋子、服装。家养宠物、各型收音机、各种唱机等全都限购。托马斯·格夫的爷爷发现，离开晶体检波收音机和耳机，他的日子非常艰难。他以前是军医，在第一次世界大战中失明，他再也无法跟上形势了。他是个最爱国的普鲁士人和改信犹太教的德国人，心情好的时候，他会给10岁的孙子哼唱经典军歌《我有一位同志》，从外界获悉的消息越来越少，让他变得与世隔绝，这位失明的老人已经无法获知祖国变成了什么样。[22]

年幼的托马斯·格夫依旧觉得生活让他激动不已。在他生活的地方，同一街区的男孩们不愿意跟他这样的犹太男孩一起玩耍。不过，只要走到另外几个没有熟人的街区，他就能跟不认识的柏林孩子们一起玩各种游戏，与其他孩子在街头享受疯玩的乐趣，那些有一半犹太血统的朋友也会帮助他寻找玩伴儿。对大多数柏林男孩来说，战争并没有对他们玩游戏的日常规律产生太大影响。随着圣诞节的临近，孩子们经常前往商店趴橱窗，最好玩的是前往各大百货商场。数次前往柏林最大的商场卡迪威（KaDeWe）百货公司，看见橱窗里布置的几部电影里的场景，托马斯·格夫惊叹不已。不过，大多数孩子爱去那家百货公司的原因是，那里有整套跟真人一样大的童话里的人物，以及阵容庞大的玩具兵，这些全都远超柏林所有商家。奥托·普雷舍尔（Otto Prescher）住在以劳动阶层为主的柏林克鲁兹伯格区（Kreuzberg），人行道上的冰雪融化后，他和玩伴儿们会立刻跑到街上抽陀螺，让陀螺在一块块相邻的巨型铺路石上跳来跳去。夏季，他们会继续在街上光着脚追逐洒水车，躲避滋出的水花，其实他们真心希望水雾喷到自己身上。如果拉水的平板拖车没有将路沿石槽里的水抽干净，孩子们就用人们丢弃的报纸叠纸船，放到石槽的水面上玩。[23]

在一阵吸引男孩远超吸引女孩的换物狂潮中，在每所学校的游乐场上，人们总能看见孩子们交换香烟卡的疯狂场面，成双成对的男孩勾着头，面对一堆堆烟卡，伴着嘈嘈切切的满意的口头语，直到找出足够多可以交易和交换的新烟卡。甚至像迪克·西韦特那样的六年级学生都拥有三大本德国利是美（Reemtsma）烟草公司以文艺复兴和巴洛克艺术为内容的烟卡，他还拥有让人兴奋无比的、内容为"德国复兴"和"阿道夫·希特勒"的烟卡。这方面，托马斯·格夫与其他德国男孩无异，此外，战争爆发前数个月，他还有弄到英国烟卡的渠道。1939年夏，托马斯·格夫的爸爸提前赶到英国，为全家人前往英国团聚做准备，在此期间，他通过邮寄印有精选百科知识的烟卡与儿子保持着联系。关于世界的知识可以被分割成如此碎片化的信息，这一想法对后来的托马斯·格夫影响深远，战争结束时，身陷布痕瓦尔德（Buchenwald）集中营的他试图找出一种方法，将亲历的生活片段串联到一起，与父亲分享自己的见闻，当时他再次想起了从前的想法。不过，记载他曾经的世界的烟卡已不复存在，他只好自己动手制作。[24]

1939年，在寻找德国玩伴儿时，虽然托马斯·格夫必须小心掩盖自己的犹太人特性，能继续与犹太人直接接触的德国孩子少之又少。1935年出台的《纽伦堡种族法》将犹太人排除在"德国人"学校之外，不过，那之前，为躲避种族歧视和欺凌，许多犹太小学生已经离开。反犹太主义也迅速扭转了犹太人与犹太族群以外的人通婚的趋势，魏玛时期，这种趋势已经变得如此强大，尤其是德国年轻人，他们已经开始放眼犹太族群里的青年团队和犹太族群的友谊。紧随1938年大屠杀而来的犹太人移民海外大潮，让大多数犹太年轻人出走了，德国孩子与同龄犹太孩子接触的机会也就更少了：在大城市里，德国孩子见到的主要是犹太老人，以及迅速贫困化的犹太男人和女人。1938年圣诞节，纽伦堡的胡戈·莱德雷尔（Hugo Riedl）以犹太人为题写了一篇获奖文章，当年11岁的他在文中不厌其烦地重复刚刚学到的陈词滥调，对地方长官尤利乌斯·施特赖歇尔（Julius Streicher）和疯狂反犹的报纸《先锋报》（*Der Stürmer*）

赞不绝口。在文章开篇处，他描述犹太人的用词是"狡诈""欺骗""嗜血成性"，他宣称，"德国希望永久和平"之际，"犹太人却到处兜售战争"，文章接着说："一个犹太人在巴黎枪杀使馆秘书后，全国同志们怒不可遏，他们捣毁了犹太人的商店，现在犹太人只能捆好行李搬到国外去。"胡戈·莱德雷尔笔下的犹太人穿着睡衣，一手提着袋子，另一只手拿着手绢，不停地揩着秃头，这样的描述极有可能直接源自《先锋报》的文章。[25]

对纳粹花样繁多的反犹太主义，并非所有孩子都赞赏，的确存在一点儿小小的抗拒。在学校里，希特勒青年团内，收音机里，常常也包括孩子们家里，但凡提到犹太人，孩子们得到的都是否定的关联。1939年1月，韦斯穆勒（Weissmuller）一家搬到慕尼黑时，他们留意到，周围有几家犹太邻居。每天下午，10岁的鲁道夫（Rudolf）身穿少年团制服从学校回家之际，和蔼的老太太沃夫施海姆（Wolfsheimer）总会在楼梯间向他问好，他也总是回以"你好，沃夫施海姆太太"。如果是冬季，他还会从头上摘下帽子，每逢此种场合，老太太会伸出手，拍拍他的头，而他会在心里往后一缩，好像老太太的碰触带有传染性。让鲁道夫嫉妒不已的是，哥哥赫尔穆特（Helmuth）早在1933年就加入了希特勒青年团为10—14岁的孩子办的下级组织少年团，当年鲁道夫只有4岁，在接下来六年里，他一直垂涎哥哥那身制服，以及制服上的流苏，最让他垂涎的是短佩刀。如今他全都拥有了，与此同时，两个男孩都知道，在学校的音乐课上，他们不能演奏费利克斯·门德尔松（Felix Mendelssohn）的曲子，"因为犹太人不会像德国人一样想问题"。无论鲁道夫多么喜欢沃夫施海姆太太，他知道，他们之间隔着一道物理障碍。[26]

战争给希特勒青年团的日常活动打了鸡血，使之有了更强的目的性，孩子们被派往所在城市周边，为工业循环利用搜集物资，要么就通过纳粹的"冬季送温暖"计划向困难户发放物资。他们还前往树林里大量搜集草药，尤其是甘菊和荨麻，他们被告知，这些东西的用处是做药膏。由于各学校与希特勒青年团联手，这些都成了每周的固定活动，星期六上午和下午也都充分利用起来，孩子们因此感到，他们也为战争尽了绵薄之力。汉堡的汉斯于尔根·哈纳克（Hansjürgen Harnack）总是跟同学们一起前往各邻居家搜集骨头，这些骨头会送往吕纳堡（Lüneburg）一家工厂加工成骨粉。在学校布置的一篇作文里，他严肃地解释道：这么做完全必要，因为"世界大战爆发后，德国失去了许多殖民地，因为英国将它们占领了。因此，我们必须为自己搜集各种原材料"。战争第一年，汉堡另一所学校的学生们搜集了 2054 公斤骨头，逃避活动的学生无疑会遭到老师们痛打。到了 1940 年 4 月，各政府机构甚至开始担心，为表示"向元首表忠心"的意愿，在搜集废金属活动中，人们将价值不菲的艺术品都捐了出来。[27]

与此同时，托马斯·格夫和他的街头玩伴儿们开始搜集其他东西，他们在街上拦住行人，索要对方别在翻领上的饰品。每次善意的搜集物资过后，孩子们会送出木质的微雕，有娃娃、飞机、枪炮、炮弹等，让认捐人别在外衣上，以证明佩戴者已经捐出过物资。每当男孩们在街上拦下行人，索要这类徽章和别针，许多成年人会认为，他们的要求不过是又一轮循环利用物资的组成部分。[28]

1939 年 3 月，所有 14—18 岁的孩子必须成为希特勒青年团团员，天主教各青年组织是纳粹党最后一批主要竞争对手，如今这些组织全都被摧毁了。1940 年 4 月，所有年满 10 周岁的男孩和女孩必须加入希特勒青年团和德国女青年联盟的下级组织少年团和少女团，向元首宣誓效忠是入队仪式的组成部分。入队誓词见下：

> 元首，我们的总司令！
> 我誓死捍卫你的名义；
> 帝国是我奋斗的目标，
> 是生命的起点和终极。[29]

许多父母对孩子们加入组织的热情没那么高涨，尤其是那些有着很强的天主教倾向、社会民主倾向、共产主义倾向的父母。然而，归属感和身穿制服对孩子们形成了强大的吸引力。全班同学都加入少女团后，一个柏林女孩对于父母拒绝给她购买制服悲伤不已。班里的女生都扎着金黄色的粗辫子，个个脸上洋溢着幸福、自信、成功，她稀疏的深色头发根本无法与之相比，这本身已经糟得不能再糟了。[30]

信奉天主教的父母和反纳粹的父母惧怕希特勒青年团，原因或许是意识形态对年轻人的影响。让家长和教师双方愤愤不平的是，这个组织对他们的权威形成了挑战。不过，恰恰是这些东西，往往能满足年轻人的追求。纳粹的价值观好像是专为青少年设计的，适合年轻人非好即坏的二分法、跟着感觉走的追求、对道德承诺的要求。第二次世界大战期间，在构成德国人口的这一青年群体里，纳粹的号召力持续时间最久。暑期露营游和自行车游常常是孩子们最开心的项目，对基层团队来说，则更是如此，因为它们与古代理想"年轻人领导年轻人"最贴切。无论在家还是在学校都不必服从成年人，那种感觉让常规的午后训练和晚间会议内容具有了结构紧凑的归属感和已经成人的感觉。[31]

德国女青年联盟的女孩们开始用毛毯为军方各医院缝制拖鞋，或者用麦秸秆编制拖鞋。她们还前往各火车站，向乘坐军列的士兵们分发咖啡、汤、包好的三明治。她们还帮助纳粹福利组织经营的幼儿园解决困难，以教学助理身份顶替长期缺课的教师。如今，图林根州的莉泽在德国女青年联盟从事领导工作，她骄傲地向身在前线的父亲汇报，她已经组织过好几轮搜集"旧报纸、废金属、旧衣服、野玫瑰果和草药"的工作。除了罗列学校的学业，她还罗列了所有工作报告，还用双重抬头调侃父亲如下："亲爱的爸爸（最令人尊敬的首长阁下）"，并且用如下方式签下自己的名字"特派记者莉泽"。莉泽当然会提到妈妈总是参加各种咖啡派对和婚礼，对这种轻浮，她不会直接置评，不过，她清楚地向父亲表明，她与父亲的严肃事业多么贴合。德国女青年联盟的工作与在军中服役的爸爸的成年男性世界一样重要，她用一个词即可概括，这个词是"服务"。父亲则从自己的角度建议她学习速记打字，那样一来，她会对国家更有用——也会让爸爸更骄傲。[32]

除了社交和应酬，许多母亲还有其他大量事情要做。虽然政府没有征召女性参与战时经济的打算，劳动力短缺很快便凸显。已婚女性返回课堂，代替应征年龄段的男人们，劳动阶层的女性开始在兵工厂工作，在几个传统女性就业领域——待遇极低——劳动力突然变稀缺了，例如农业领域和家政领域。虽然希特勒1943年前坚决拒绝征召女佣进入军工厂，对中产阶级女性来说，"佣人问题"已经变得显而易见。无论政府付出多少努力，试图让大后方避开像第一次世界大战那样的耐心消耗过度，避免引起民间士气崩塌，从日常活动的微小错位以及一系列微调中，人们很快就感受到了战争。排队争购短缺物资期间，前往地方政府机构办公期间，或者代为经营家庭企业期间，母亲们会越来越频繁地让年龄稍大的孩子看管年龄幼小的孩子。[33]

学校的上课时间变得毫无规律可循。即使各学校不再是军方临时动员中心，课程往往也是扎堆安排，因为一些教室被征用，成了急救站，成了发放配给卡的办公室，成了搜集回收纸的站点。由于缺少教室，防空设施空间有限，许多学校被迫削减授课时间，采用轮班制，分成上午和下午开展教学，其中低龄学童受影响最大。为照顾孩子们，学校每调整一次课表，母亲们也得相应改变规律，整个战争期间，军工厂的经理们不停地抱怨德国女工经常旷工，时间毫无规律。往往是母亲们尚未适应学校的新课表，学校又再次停课了。1939年和1940年冬季还出现了长期燃煤短缺，实际上，1940年1月28日到3月28日间，柏林所有学校因此停了课。孩子们或许会因为"缺煤假"兴高采烈，不过，母亲们却不那么高兴。[34]

一些孩子转向业余爱好，以打发多出来的空闲时间。男孩们往往能沉浸在绘画里，沉浸在制作等比例滑翔机模型和飞机模型的手工课里——柏林劳动阶层聚集的施潘道区（Spandau）的一名老师回忆说,在这一领域,普通公立小学的男孩能胜过文法学校吃得肚子溜圆的学生。通过制作模型,从兴趣班出来的男孩们可以加入希特勒青年团航空预备队,那里的孩子们依据相同原理制作真正的滑翔机。[35]

在希特勒青年团内,有些人通过艺术,而非标准的常规射击和常规列队实现了自我。挚爱音乐的埃布雷希特(Ermbrecht)来自东普鲁士柯尼斯堡(Konigsberg),他成了电台合唱团的成员;14岁的赫伯特·K(Herbert K.)有演奏手风琴的天分,有人在柏林男孩夏令营发现了他,邀他加入了帝国青年领袖广播乐队。为参加晚间现场直播节目,这个14岁的孩子得到一张特别通行证,这样一来,他半夜回家就不会违反新颁布的针对青少年的宵禁规定。赫伯特·K的母亲变得特别担心,她怀疑儿子逃出家的真正目的是悄悄密会女朋友,一天晚上,她尾随前往电台的儿子,跟踪了一个来回。实际上,她没必要担心,对儿子来说,这些新机会以及他加入的单性别组织的自由程度足以迷住他。[36]对那些实际为单身母亲的女性来说,战争期间,由这类活动组成的儿童教育往往很受欢迎。许多母亲曾担心会失去对孩子们的影响力,好在希特勒青年团也必须尊重德国家庭的完整性,这包括家长们有权拒绝孩子们出席晚间集会。就其自身而言,希特勒青年团常常提醒孩子们在公开场合表现谦恭和礼让,对待母亲们更需要如此。关于后来流传的神话,即孩子们被迫监视自己的父母,相关证据似乎少得微乎其微。实际上,源自家庭矛盾的报警非常少,几乎没有。年轻人或许非常乐意充当基层侦探,不过,就嗅探邻里来说,他们好像并不比成年人更有兴趣。[37]

尽管整个社会都在大谈紧缩和责任,战争非但没有减少人们的自我放纵,反而让人们有了更多机会自我放纵。有机会逃离千篇一律的最后几年学业,逃离10—14岁的男孩们在少年团接受的培训,让迪克·西韦特开心不已。到了1940年4月,他夜晚出门泡在剧院和影院的次数远比参加希特勒青年团活动的次数多。仅在一周时间里,他就成功地实现了在歌剧院看一场易卜生的《培尔·金特》(*Peer Gynt*)，在电影院看一场浪漫电影《你的生命属于我》(*Your Life Belongs to Me*)，在市属剧院看一场歌德的《伊菲革涅亚》(*Iphigenie*)。军队生活本身的诱惑之一是名正言顺地逃避家长的严管，大哥京特不定期从前线回家休假期间，给迪克·西韦特带来了各种全新的生活体验和放松体验，还让他见识了开怀豪饮和扑克牌技巧。京特跟朋友们以及女朋友一起进城时，也会捎带上弟弟，甚至让童年的弟弟打破针对未成年人的宵禁。在1940年12月21日的日记里，迪克·西韦特不无悲伤地记述，京特正在让"家里的每个人都变成酒鬼"。[38]

劳动阶层的男孩们即使完全脱离希特勒青年团，即使离开学校，仍会感到这一组织的影响力。13岁的弗里茨·泰伦想在科隆的福特汽车公司（Ford）工作，结果他发现，希特勒青年团把控着工厂的学徒部门。回家休假的父亲亲自介入，威胁年轻的青年运动官员时甚至挥舞起了军用左轮手枪，而那名本地负责人仍未做出让步。父亲的老同事之一是车间技术主管，他向其求情，这一招反而更管用，弗里茨·泰伦不仅很快再次加入了希特勒青年团，还加入了福特汽车公司技工云集的自动化车间的学徒队伍。[39]

不在家的父亲们最多只能通过家信影响孩子们的言谈举止。理查德9岁，他父亲希望启发他的男子汉气概。这名父亲要求这个男孩学习补袜子，为将来当兵做好准备，还信誓旦旦地说，他自己"在这边就是这么做的，如果你也能这么做就好了"。父亲们写信时总会问起孩子们在学校的进步。孩子们往往不知道该向父亲们说些什么，常常急于找到一些父亲们感兴趣的现成话题。汇报内容包括：为无法继续弹钢琴表示歉意，因数学、英语、拉丁语成绩优异感到骄傲。一些孩子汇报说，为祝贺他们的成功，妈妈们如何如何带着他们去郊游。一些父亲会想到寄钱回家，以示奖励。理查德的父亲甚至安排他将家庭作业寄过去，以便他过目。由于孩子喜欢绘画，父亲认为，自己有责任"修改"他的画作，以便教会儿子适当掌握比例关系。[40]

父亲们写信时还必须解释，为什么每逢家人过生日、圣诞节、圣灵降临节等，他们无法回家，为什么不能说他们到底在干什么。正在准备应对"重大事件"等含糊说辞，几乎无法满足孩子们的好奇心，孩子们觉得，很难想象自己的父亲究竟在哪里，或究竟在做什么。10岁的德特雷夫（Detlef）对战争的爆发兴奋不已，他请求父亲画一张他驻守的地堡的草图，以便他按照想象自己画一个地堡，然后加上如下题图："地堡看起来是这个样子吗？"[41]

鉴于无法在碉堡内部拍照，另一名父亲建议女儿找几份杂志，翻翻里边的照片。在"非实战"时期，从西线寄回的家信内容像是各种游记。罗丝玛丽（Rosemarie）的父亲写信描述的是黑森林地区那些白雪覆盖的山峰，他的信是从与法国相望的莱茵河沿岸休战的炮兵阵地上寄出的。随着气温骤降到零下25摄氏度，稀有鸟类会从树上掉下来，他和战友赛普（Sepp）一起行动，开始在碉堡的窗台上投喂食物。这名父亲想，这一景象变得如此祥和，偶尔从此路过的人很难想象，他可以让隐蔽良好的大炮3分钟内做好开火准备。幸运的是，到目前为止，那些"风度翩翩"的法国人没开过火，要知道，他们的狙击手就在200米开外，可以轻而易举地爆头。或许对方也喜欢观看那头鹿从他手里吃东西。[42]

整个第二次世界大战期间，孩子们一直都在玩打仗游戏。12岁的罗丝玛丽是住校生，学校位于克伦巴赫（Krumbach），开战后第一个冬季，她给长驻炮台的父亲写信，以狂喜的心情汇报了她在战斗中的表现。一次，孩子们全都在校体育馆里，没人监管，男孩们用课桌椅搭起一堵墙，将女孩们关在里边，最后反遭女孩们痛殴。10岁的德特雷夫住在威斯特伐利亚（Westphalia）的一个小镇上，他在信里向服役的父亲讲述了几次战斗中让他兴奋的一些事，这孩子描述了他那一方如何在"要命的火力"掩护下夺回了阵地。他那一方用木棍当手榴弹，敌人向他们扔来好多石头。后来德特雷夫高举"军刀"，带头冲锋，让敌人临阵逃命。他在信里以胜利者的口吻向父亲汇报："我们谁都没哭，我们赢了。"[43]

年幼的孩子们战前嫉妒年长的哥哥们缀有流苏和穗带的希特勒青年团制服，彼一时此一时，如今他们垂涎的是敌军的战利品和军服饰品。8岁的克里斯托弗·迈耶（Christoph Meyer）给年长的哥哥维尔纳（Werner）写信，求哥哥寄回家一顶法国平顶军帽和一副肩章，那样一来，他就可以把自己穿戴成正儿八经的"将军"。"求你了，尽可能立马给我弄一套吧，"摘自他的信，"我早就盼着这些了。"两年后，在写给哥哥的信里，克里斯托弗·迈耶仍在谈论他率领埃塞尔多夫（Eisersdorf）男孩们进攻"伦杰斯多夫（Rengersdorf）的战争"。44

孩子们都像克里斯托弗·迈耶一样急着让打仗游戏升级换代，不过，他那样的男孩仍然在传承优良传统，也就是同村的男孩同仇敌忾，攻击外村的男孩们。城里劳动阶层的男孩们则以有轨电车线路和隧道划界，他们的打仗游戏就是搭帮结伙抢夺对方领土。数百年来，城里的和乡下的打仗游戏都是这样打来打去。无论在哪里，这类没有大人带领的游戏都是年龄大的男孩领头。随着时间的流逝，变换的唯有孩子们争抢的角色。1810年那会儿，科隆的孩子们都想当"国王"或"匪首"，两次世界大战之间，德国的和奥地利的孩子们玩的打仗游戏变成了强盗和宪兵，也就是如今的警察和小偷。45

跟朋友们一起玩游戏时，只要增加一些战争装备，即使不按克里斯托弗·迈耶的喜恶调整角色，也会让他感觉良好，例如平顶军帽会让他觉着很有面子。自从男孩们争当"国王"和"匪首"的年代以来，角色扮演和各种游戏的套路基本没变。"二战"行将结束时，在德国，角色扮演中的角色本身肯定会改变；在被占的波兰，这类游戏的形态已经彻底被改变。46

与此同时，绝大多数德国孩子通过如下几种方式感受到了这场战争：插在地图上的彩色小旗、收音机播报的公式化的军方战报、耳闻成人的谈话、写给远离家乡的父亲们和兄长们索要物件的家信，他们索要的都是些特殊物件，例如真正的钢笔，用以替换溅得满纸都是墨水的玻璃笔尖。父亲应征还不到两个月，德特雷夫就黏上了一个医疗部队的士兵,他骑马骑得特别好,有时候会给德特雷夫一些糖吃,或者分一些军队配给的面包香肠给德特雷夫。一些小孩子会让列队经过的士兵们忍俊不禁,因为他们看见当兵的就会大喊"爸爸、爸爸"。[47]

不久后,向老师打探战争消息,成了让难对付的老师免掉家庭作业、免掉拼写测验的高明手腕,并且屡试不爽。玛莎·雅恩(Martha Jahn)在上西里西安的兴登堡(Hindenburg)上学,她的英语老师不苟言笑,一只脚是木头的假脚,她和同学们就用这种方法对付老师。一般来说,战争消息没那么有意思,远离家乡的父亲们也会越来越远,遥不可及。上德语课时,老师们往往会留出时间,让孩子们给前线的父亲们和兄长们写信。不过,这看起来更像一种烦人的事,孩子们常常想不出几句话。有些老师干脆将写信弄成了听写课,老师说一句,孩子们写一句。于无形中,孩子们渐渐丧失了与父亲们沟通的能力。[48]

各高中也会安排10多岁的女孩们给军人写信,鼓励她们开拓新的人际关系。这么做不过是始于第一次世界大战时期派送爱国的"爱的礼物"的翻版,当年的做法是,德国的和奥地利的女孩为身在前线打仗的男人们织袜子织手套。这种以笔会友的尝试一部分开了花,延续成了活跃的鸿雁传书,促成军中的热血男儿和大后方的女孩之间萌生浪漫情怀。战争期间的军事休整期让士兵们有机会以军旅生涯的荣光吸引平民百姓,军队在德国各城镇的真实存在让个人崇拜变成了群体崇拜——往往与性无关——现象。在东普鲁士拉斯滕堡(Rastenburg)附近的一个村子里,多萝西娅·丹戈尔(Dorothea Dangel)和她的一个女孩朋友花费大把时间在街上朝过路的士兵们招手和抛撒鲜花,这让她父亲非常不高兴。[49]

在靠近荷兰边境的菲尔森(Viersen),那里的人们不记得有过这样的事。1939年冬季到1940年春季,一批又一批部队轮流到此驻扎,让当地酒吧、剧院、咖啡屋人头攒动,也让当地的女孩们频频回首。第一批来的是步兵,莱姆克(Lemke)中尉在赫塔·斯兰德斯（Herta Slenders）家的大房子里分到一间客房，他的勤务兵罗比（Robby）很快与这家的客厅女仆玛莎（Martha）打得火热。步兵离开后，又来了两批先遣队；然后是莱温斯基坦克团，他们在那里驻扎了六个月。尽管上校住在客房里，他却喜欢在客厅里安安静静地阅读和写作，勤务兵则喜欢泡在厨房里。住在这家的另一名指挥官是个中校，大家渐渐习惯性喊他"老板"，因为他麾下有一个营，他经常进厨房，与女仆们说说诨话，逗逗孩子们。后来，"老板"的小弟弟马克斯（Max）也来了，他很快与这家人打成一片，这家的孩子们不久都学会了直接喊他"马克申"（Maxchen），这是他在老家的昵称。赫塔·斯兰德斯的小妹妹乌拉（Ulla）只有4岁，所有男人很快都成了她摆布的对象，无论什么军官什么男人，只要她爬上他们的膝盖，偎进他们怀里，他们都得扮演大哥或大叔。这些从波兰战役撤下来休整的男人，养精蓄锐后个个变得精神饱满。让年龄稍大的孩子们感兴趣的是，马克申兄弟两个人如果回来太晚，常常会翻越凉台栏杆，手里提着鞋子，蹑手蹑脚地爬楼梯。一天晚上，赫塔·斯兰德斯的母亲发现，那些当兵的男人正在玩那套电动火车，他们在阁楼的地面发现了那套玩具。赫塔·斯兰德斯和她的兄弟们很快就熟悉了一些军歌片段。唯有一件事让赫塔·斯兰德斯伤心不已，她把头发剪短后，没有一个人拿她当大人看。那些男人最后一次像10多岁的男孩们一样玩耍时，13岁的赫塔·斯兰德斯只能站在一旁观望，梦想着自己比实际年龄大许多的样子。[50]

  1940年5月10日凌晨，德国向荷兰发起进攻，坦克团随之向边境转移。那些人离开前，在花园里照了最后一张集体像，乌拉坐在马克申膝盖上。马克申将照片寄给了老家的母亲，他家的产业在东部州。接下来几天，大批前往荷兰的士兵途经菲尔森，穿城而过，整个城市变成了为他们提供食物和饮水的场所。行进中的男人们累得不愿多说话，也没时间停下脚步，所以，孩子们跟在他们身边，追着他们跑，以便收回他们用过的杯子。赫塔·斯兰德斯很快就听说了，他们的第一个房客莱姆克中尉率领陆军发起进攻，越过了荷兰边界。5月16日，运送军人的长军列一趟接一趟往前线驶去，孩子们坐在木桩顶上，不停地向站在敞开的车门口的军人们挥手。那些军列常常临时停车，等候增加一个机车头，以便拉动排成长列的闷罐车，每节车厢顶的小斜面上都伪装着绿色植物。

每逢这种时刻，孩子们会跑下斜坡，给那些人送些喝的东西。5月17日，孩子们收到一封电报，内容为马克申背部受伤，正在德国亚琛（Aachen）一家军医院接受治疗。当时所有火车由军方严格管控，马克申的母亲无法探视，只能依靠赫塔·斯兰德斯的母亲传递他的伤情和康复情况，这让两家人的关系得以深化。5月24日的消息是，马克申度过了危险期。当月28日，赫塔·斯兰德斯在日记里记述了比利时投降，6月4日，她用兴高采烈的言辞记述了攻陷敦刻尔克（Dunkirk），以及盼望坦克团回国时途经菲尔森。6月14日，大军越过荷兰边境仅仅五周后，赫塔·斯兰德斯听说，德国国防军已经进入巴黎，从那时开始，她就扳着手指计算坦克团回归的日期。不断地有零星的军人途经城里，还出现过几次假消息，终于，12月初，坦克团到访，在市政厅办了个庆祝胜利的音乐会，演奏的是贝多芬（Beethoven）、威尔第（Verdi）、瓦格纳（Wagner）、秃鹰军团（Condor Legion）进行曲。第一营指挥官弗里茨·费希纳（Fritz Fechner）中校在中场休息时就坦克团"在法国的经历"做了简短介绍。对赫塔·斯兰德斯来说，当晚最精彩的时刻是陪伴马克申，以及第二天上午名正言顺地旷课。[51]

整个20世纪20年代，长辈们一直教导德国在校生，法国是"传统敌人"。如今，法国像个神话中的巨人被彻底打趴下了。在每座电影院，《电影新闻周报》让德国国内观众见证了军装笔挺的德国军人列队从巴黎凯旋门的阴影里走进阳光里——过去两年，观影人数增加了一倍。人们暂时忘却了英国还没有战败，忘却了对物资短缺以及纳粹高层和基层官员们傲慢贪腐的抱怨，人们将欢欣和狂喜全都聚焦在希特勒本人身上，恰如士瓦本（Swabia）地区行政长官所说，人们"充分地，欢欣鼓舞地，心怀感激地认可元首超人般的伟大和伟业"。与奥地利实现"德奥合并"后，肢解捷克斯洛伐克后，仍然抱有怀疑的那些人，如今终于可以见证全民救赎了。希特勒曾经没完没了地教诲德国人民，不断地告诫人们，1918年的投降协议让众多敌人像铁桶一样围住了德国。即使征服波兰后，也少有德国人感觉想要庆祝一番，如今人们强烈要求多看元首的影像，对他的表情、他的样子、他是不苟言笑还是经常大笑，人们加以热烈的讨论。人们认真观看《电影新闻周报》，从中寻找元首的身影，如果现身的只是其他几个领导人，人们走出影院时会感到失望。[52]

仅仅九个月前，希特勒取得的成就不会有人认为可能实现：他让德国人民从"一战"那种规模的世界大战中解脱出来。"闪电战"使战争变得很短，让平民百姓摆脱了1914—1918年经历的那种可怕的贫困。最重要的是，德国的人员死伤率一直很低。这次法国战役，德国国防军上报的死亡人数为2.65万，而1914—1918年有200万人战死。德国国防军未来肯定会提高死亡人数，即便如此，如果战争在那年夏季结束，当时每个人都认为会那样，在征服捷克斯洛伐克、波兰、丹麦、挪威、荷兰、比利时、卢森堡、法国的战争中，整个德国仅仅会损失6万人。所以，当希特勒下令让钟声敲响整整一周，让旗帜飘扬整整十天，大多数人会满腔热情地响应。[53]

格蕾特尔·贝希托尔德的母亲属于极少数没有参与狂欢的人。在她眼里，儿子瓦尔特战死的阴影遮蔽了胜利，儿子是炮兵，死在比利时兰格马克（Langemarck）附近。儿子死在1914年11月的传奇战场附近，人们都赞誉她儿子"为了民族的伟业和永续，为了元首和战争，死得其所"。无论哪种说辞都无法让她得到慰藉。贝希托尔德太太再也没有悬挂过旗子，实际上，这么短一场战役，伤亡人数相对来说很高。从那往后，贝希托尔德太太像着了魔一样从当地报纸上剪下各种死亡通知书。瓦尔特是第四个在同一地点倒下的人，妹妹格蕾特尔·贝希托尔德上一次写信给他是5月16日，妹妹在信里语无伦次地叙述的是新出世的鸽子，英国皇家空军第一次短暂轰炸期间，爸爸堆在地窖里的杂物如何堵住了路。如今她意识到，她已经对家人失去信心。[54]

即便影片制作人已经竭尽最大努力，避免呈现人类遭难场景，那年6月，在克伦巴赫，罗丝玛丽通过电影《进军荷兰和比利时的德国人》(The German March into Holland and Belgium)看到了战争场面，尽管是通过屏幕观看，她仍然对眼前的毁坏场面震惊不已。精心剪接的镜头对她来说"非常逼真"。反观德国南方，玉米成熟和畜草制备已经开始，"如果那些弹坑，那些炸烂的村庄，尤其是那彻底毁坏的国土，如果那是德国"，她说什么都无法容忍。她憧憬着战争会很快结束，满心欢喜地想象着未来自己在殖民地的景象。虽然许多德国孩子像她那样对殖民地感兴趣，那年夏季，极少有人像她那样忧心忡忡。对许多孩子和成年人来说，纳粹德国空军战机引擎的轰鸣，驾驶舱里的歌声和战友情，空中的令人惊叹的技术实力，让他们陶醉其中。在击中和炸毁波兰道路前，那些以慢镜头坠落的炸弹竟然有交响曲伴奏！电影再次确认，正是在英国和法国命令下，波兰挑起了这场战争。观影期间，灰头土脸的法国战俘们刚刚在镜头里现身，影院里的观众便群情激愤，齐声高喊马上杀死他们。[55]

在整个德国，无论是孩子还是成人，大家都特别喜欢听前线归来的老兵们讲述战争经历。那年夏季，在德国波鸿（Bochum），卡尔－海因茨·博德克（Karl-Heinz Bodecker）在街上遇见了父亲的一名朋友，他把这名朋友领回了家。让13岁的卡尔－海因茨惊讶和惊喜的是，"普鲁士人"真有办法，这名粗心大意的男人居然成了风度翩翩和得过勋章的军人。让这个男孩印象深刻的还有，男人还像从前那样客气和细心。卡尔－海因茨的妈妈提出为那人准备洗澡热水，铺好过夜的床，他没答应，下午倾听几张专为他播放的唱片期间，他整个人已经困得东倒西歪。卡尔－海因茨的父亲回家后，高度酒端了上来，那人开始讲述战争经历时，每个人都安静下来。他说，在一次进攻时，他如何在一瞬间害怕被打中，还给大家看了他的伤口。卡尔－海因茨是学生典范，老师批阅他复述的战争故事时，给他的评语是"良"。[56]

那时,各军备巡视小组争相向上级报告,重点保留岗位的工人们甚至都迫不及待地想当兵打仗。在德国奥斯纳布吕克(Osnabrück),迪克·西韦特自告奋勇加入摩托化步兵团,17岁的他被告知,他年龄太小,另外还有,他尚未完成强制劳动定额。他和他的伙伴早已厌倦为毕业证而学习,早已厌倦为希特勒青年团尽义务,因此他们前往帝国劳工团软磨硬泡,他们只想知道,什么时候能得到军职。军队拥有各型动力强大的摩托车、各种自动武器、各类望远镜,还有首屈一指的战无不胜的坦克,这些让其他一切黯然失色。年龄偏大的大孩子们声声抱怨被迫做拉丁语作业,被迫带领少年团10—14岁的孩子参加集体讨论,而他们内心的感觉是,他们做的一切都是在为这一刻做准备,目前他们似乎已经处于彻底错过这场战争的危险境地。军威和军事技术的诱惑力如此强大,一些人认为,德国的战争不道德,甚至他们都难以抗拒。收缴的法国战时物资展示会禁止犹太人进场,为混入会场,柏林的托马斯·格夫身穿希特勒青年团制服,将自己伪装起来。[57]

1940年夏季,学校的假期都延长了,以便孩子们出远门,下乡帮忙收庄稼。对许多孩子来说,通过以下歌词即可概括这些带有目的性的夏令营:

> 走出灰色的城墙,
> 穿过树林和田野;
> 留守的唯有遭殃,
> 我们则遨游世界。[58]

不管怎么说,对少数待在家里不参加活动的人,希特勒青年团会造个花名册,秋季开学时,花名册会转交给各学校,以便各学校给予这种人相应的纪律处分。被"志愿"帮忙收割庄稼的人不仅有德国女性和大孩子们,那年夏季和秋季,120万法国和英国战俘被送到德国,大多数人刚进战俘营就被发配到各农场和建筑工地。这一轮操作进展顺利,此前一年秋季和冬季,安置完大约 30 万波兰战俘后,最高统帅部、劳工部、德国劳工阵线、警察部门、各地方党政机构已经学会如何协调工作。1940 年 7 月,另有 31.1 万波兰民间工作者入列。[59]

各劳工部门还制定了一份意愿清单,将没人愿意干的适合劣等种族波兰人的工作自上而下划分为伐木、采矿、建筑、搬砖、采石、挖煤,全部是惩罚性的"艰苦劳作",都是党卫军强迫集中营囚犯们干的活。对适宜从种族上划分为"主人"和"奴隶"的德国人和波兰人,纳粹和警方官员们整天忙着限制他们发展社会关系。到那时为止,纳粹的政策目标是打造单一种族的"德国人"民族国家,不过,当时的情况是,整个德国充斥着各种思潮和政策,那之前,这些主要都在海外殖民地强制实施。1940 年,从春季到秋季,德国官僚机构拼凑了一个经济的和社会的种族隔离政策,这一政策很快扩大范围,将西欧民间工作者也囊括进来,警方的各种规定、种族排序、各种小优惠、各种严惩措施,让整个事情一团糟。纳粹曾经承诺将德国打造成种族纯洁的"民族共同体",也即由共同利益驱动,由实体公民构成的真正的民族共同体。实际情况正相反,那时,街头说外国话的人比以往任何时候都多。[60]

许多波兰人因失业而焦头烂额,深受困扰,只好接受德国人反复保证的工钱和条件,1940 年 1 月和 2 月,大批波兰人搭乘火车离家前往第三帝国。到了当年 4 月,由于德国各级政府将要更多地依赖强制劳动,从德国传回波兰的削减招聘人数的消息特别多。所有达到工作年龄的孩子必须到波兰地方行政机构登记,门槛为年满 15 岁。1941 年 9 月,在新建的瓦尔特兰(Wartheland)——以前属于波兰——针对 10 岁以上孩子的工作年龄线下调到了 14 岁。不过,德国的实际情况已经超出他们自己做出的规定,在波森州(Posen),12 岁的海伦妮·B(Helene B.)直接被人从课堂上带走,然后被关进昏暗的货车车厢里,火车开往柏林,在沿线的小村庄也会停车,以便农夫直接从火车上购买女孩下地干活；海伦妮记得，那些人都是按人头付钱。[61]

1940年3月，卡佳·F（Katya F.）和她堂妹在大街上被人带走，然后直接送到了德国，当年她只有13岁。她被人带到了哈勒地区（Halle）的一家农场，干活时间很长，也很苦，不过，她在那里受到了良好的对待。除了挤牛奶、喂猪、喂鸭、喂鸡、喂鹅、收拾院子，她还要干屋里的活，每星期，她要把所有房间打扫一遍。让她与这家人真正打成一片是因为看孩子，格哈德（Gerhard）刚开始上学，她要帮助这孩子完成家庭作业，为此她还自己学会了德语，并且与这个男孩建立了恒久的关系。4岁的艾丽卡（Erika）和五个月大的布里琪特（Brigitte）对卡佳更是百依百顺，因为她给她们洗衣、喂饭、洗澡。[62]

卡佳·F刚到德国那个月，德国政府颁布了一系列新的法律法规，波兰劳工们必须在衣服上用黄色的大写字母"P"和紫色衬底做个标记，禁止他们乘坐公共交通工具，禁止他们出入德国人的娱乐场所，天黑以后禁止他们出门，神职人员收到的指示是，不许波兰人参加德国的宗教活动。政府全力阻止雇主与波兰人建立友善关系，尤其不允许他们与雇主同桌用餐。由于担心波兰人的家信有损劳工招聘，雇主必须制止他们写信。在农村地区，各农业社团往往可以自行认定波兰人在多大程度上服从现政权。卡佳所在的德国家庭不仅允许她与全家人一起吃饭，还允许她陪伴女雇主参加当地的天主教活动。他们还允许她给家人写信。她与这家人一起生活到战争结束。

大部分新增劳动力都用于保障向德国人口提供充足的口粮，另一个完成的目标是，欧洲所有被占国都足额缴纳了粮食配额。战争初期，脂肪、蛋白质，以及一长串其他基础物资曾经严重短缺长达九个月，这个暂且放下不说，与战前十八个月疯狂的军备竞赛阶段相比，眼下，德国在欧洲大陆的胜利，使得面向第三帝国公民的粮食供应立马见了成效。新鲜果蔬仍然难觅踪影，不过，就现阶段而言，德国人是战争期间吃得最好的民众。如此好的运气直接建立在大量购买物资，损害各被占国的利益之上，即使是法国人和比利时人，他们的口粮也会下降，尽管还没有到波兰人的水平。[63]

汤米·昂格雷尔（Tomi Ungerer）年龄尚小，他难以磨灭的记忆是，列队进入法国阿尔萨斯大区的友善的德国士兵们在洛吉巴赫（Logelbach）街区各商店买空所有商品的速度。驱逐犹太人之前，他们就这么做了。1940年7月21日，迪克·西韦特在德国奥斯纳布吕克登上早7点28分开行的火车，他要前往下莱茵地区的腓特烈斯费尔德（Friedrichsfeld），前去看望哥哥京特，后者驻守在那里的弗兰克高炮阵地。他把哥哥之前在荷兰购买的各种好吃的东西都带回了家，包括塞克特气泡酒、葡萄酒、肥皂饼和可可粉。两个月后，京特从德国格雷文（Greven）寄了个邮包回家，包里有猪油、黄油、一只鸡。作为机械化部队的成员，在各被占国，京特的驻地都特别便于往家里邮寄各种货物，他好不容易为自己买到一台硕大的期盼已久的菲利普收音机。人们尤其将法国视为名副其实的天府之国，各种高质量的东西，从袜子到精美的酒庄酒，那里应有尽有。1942年4月，马兰扎·梅琳（Maranja Mellin）的父亲从巴黎回到家，她家桌子上堆满了"奢侈品"，恨不得将桌子压塌，计有杏仁、梨子、肉桂、肉酱、火腿，同时带回家的还有缝纫用品、信笺、长袜、手套、皮带、肥皂、香皂、鞋子、床单等。惊讶于琳琅满目的东西之余，马兰扎在日记里记述道："如今这成了德国的日常，那些人无论走到哪里，都会买买买，无论在荷兰、比利时、法国、希腊、挪威等国家，都会这样。"[64]

随着父亲、兄弟、叔伯们将各种短缺的配给物品寄回德国，例如肉类、果类、布匹、鞋子，以及质量上乘的香皂，小型黑市随之发展起来。香烟变成了简单的汇兑票据，成了以物易物的币种，秘密警察早就注意到了这情况，他们发现，切实将配给的香烟抽得精光，手头仍然有香烟的女性比想象的要多。随着战争的延续，黑市注定会变得越来越细分，一端的动力是各种货物流向德国各个家庭，另一端的动力是上千万海外劳工渴望工作。许多在农场干活的强制劳工发自内心感到释怀的是，他们可以通过为孩子们修理玩的东西，通过雕刻木头玩具讨好雇主。[65]

由于黑市、工作、宗教仪式、家庭进餐、异性吸引、看管孩子、影院观影等，三教九流的外国人和德国人走到了一起。然而，警方的各种规矩、隔墙有耳式的盯梢、在公开场合吊死波兰人等，都在尽全力让雇主和奴隶们拉开距离。在巴拉丁领地（Palatinate），依然可见身穿希特勒青年团制服的男孩带着波兰女孩出入电影院。无论在哪里，德国孩子都会往波兰人身上丢石块和雪球。不过，对于说外国话和沿袭外国习惯的外国人来说，1940年夏季的这一切注定会昙花一现。做德国人真好，唯有英国人认识到，德国已经输掉了这场战争。[66]

1940年春季，在争夺挪威的海战中，英国皇家海军击沉了半数德国水面战舰，到了7月1日，德国可以投入战斗的战舰只剩1艘重型巡洋舰和2艘轻型巡洋舰，以及4艘驱逐舰。7月3日，英国舰只在凯比尔堡（Mers-el-Kebir）重创并击沉了法国舰队，以免它落入德国人之手。在英吉利海峡各港口列队的德国军队唯一有效的跨海行动是纳粹德国空军赢得制空权，从空中轰炸皇家海军。因而，从8月3日开始，驻扎在挪威、法国、荷兰各基地的德国轰炸机中队开始猛烈轰炸英国各机场，以及各雷达控制中心。[67]

随着交战双方损失的攀升，英国皇家空军的防御能力绷到了极限，此时突然发生了一个意外，1940年8月24日，上百架战机轰炸了伦敦东区，第一次将战火延烧到英国城市。这种做法没有得到——确实也违背了——希特勒的命令，元首曾经明确表示，他知道这么做必定会导致战争升级，最合适的轰炸时间也许是与地面入侵同时进行，就像轰炸华沙和鹿特丹（Rotterdam）时做的那样，因而他才保留由他本人亲自做出这项决定。与皇家空军攻击德国相比，虽然纳粹德国空军从欧洲大陆各新基地飞往英国更容易些，丘吉尔仍然下令立即做出反应。8月25日到26日间那个夜晚，22架汉普顿轰炸机和惠灵顿轰炸机空袭了柏林,造成了轻微的破坏。不过,心理的和战略的影响非常巨大。1940年9月4日,在柏林体育宫(Berlin Sportpalast),希特勒对挤得满满的人群誓言:"我们将把他们的城市夷为平地!我们要终止这些夜盗的活路。"截止到1941年5月,德国第一轮狂轰滥炸,也是最严重的狂轰滥炸逐渐接近尾声时,英国平民死亡人数达到4.3万,不过,英国赢回了制空权。[68]

赫尔曼·戈林曾经许诺,炸弹不会落到德国,如果真的那样,人们可以叫他"小女人",虽然他的名声一直如日中天,人们也开始嘲笑他,"小女人"之名开始流行。随着德国当局开始在第三帝国首都兴建深入地下的地堡系统,新出现的不多几处轰炸现场反而成了旅游热点。托马斯·格夫发现,至少它们像收缴的战时物资展示会一样引人关注。为隐藏犹太特征,他再次穿上希特勒青年团制服,在首都各处走走看看,像个12岁的偷窥者一样画出草图,编制了一套被炸建筑名单,还注上如下启示:"所有内部情况暴露无遗。"[69]

德国孩子们想象中的敌人五花八门,这与年长于他们的人想象的敌人无异。1939年9月30日,在写给父亲的信里,满腔激情追求事业的德特雷夫夹了两张画,一张画了个飞人,另一张画了个炸弹。他在信里写道:"用它可以在那些英国人的犹太鼻子上留下点什么。"接着,他兴奋地追问了一句:"那么,你已经见到黑人啦?"学校老师所说世界犹太人阴谋的力量给学生们留下了深刻的印象,整个战争期间,同一批老师也教孩子们英语,让他们形成了对英国文化、文学、崇高理想的极大尊重。孩子们嘴里只说"英国人",绝不说"不列颠人",这或许是因为,凯尔特族裔外缘人口会让他们看起来不太像日耳曼族裔,如果他们弄不太清楚"英国血亲兄弟们"是怎么回事,一点儿都不值得大惊小怪。纳粹政权想象中的"德语大陆帝国"(大部分灵感源于"英语世界帝国",所指不仅是魏玛德国)时期见证了"盲目崇英"遍地开花,纳粹政权也特别渴望在英国社会得到承认,同时与英国组成有形的联盟。等待向法国发起进攻期间,罗丝玛丽的父亲竟然想到了她的未来,还建议她学习英语。"就算英国人是我们的敌人，"他解释道，"虽然如此，学习他们的语言不仅必要，而且有用。这是因为，据我所知，说英语的人有3亿（想一想美洲，再想想我们可能会在非洲得到殖民地，而那里的人只会说英语）。"这名父亲没必要担心，女儿的英语成绩一向保持优秀。随着不列颠之战烈度攀升，孩子们得到了一种人们称之为"斯图卡俯冲轰炸"的新的棋盘游戏，人们还鼓励孩子们高唱："向英格兰投弹，投弹！"纳粹德国时期上演最多的剧目仍然出自英国人莎士比亚。[70]

更让人觉得怪诞的是，1940年2月，汉堡举办了个摇摆舞节，吸引了超过500名年轻人。播放的都是英国人和美国人的音乐，而且，现场只允许跳摇摆舞和吉特巴舞。除了对纳粹敏感问题的攻击，有钱的10多岁的男孩们身穿英式简易西装，扣眼上缀着一颗衬衫扣，头戴安东尼·艾登（Anthony Eden）首相帽，形状怪异的张伯伦首相雨伞也变成了时尚配件。女孩们都留着长发，染了指甲，描了眉毛，为诋毁纳粹平庸的，脚穿平底鞋的，理想化的德国女性形象，她们还抹了口红。现场的人们还试着用英语交谈，不过，最终结果证明，这过于困难，一些围桌交谈的人自然而然说起了法语。好像这些还坏得不够，"那些跳舞的，"参加舞会的一个希特勒青年团成员愤怒地说，"更让人不堪入目！"他看到的是，两个男孩缠着一个女孩跳舞，其他跳舞的人后脑勺挨在一起蹦跳着，随着长发遮住他们的面孔，他们又把身子窝成大虾米状。乐队突然奏起了伦巴舞曲，那些跳舞的人显然都进入了"癫狂的撒野状态"，还断断续续唱起了英语歌。随着乐队的节奏越来越快，所有人都站起来开始跳舞。舞台上还有几个一起跳舞的男孩，每人的两个嘴角各叼着一支香烟。[71]

让希特勒青年团领导层和党卫军领导层惊愕的是，私人摇摆舞俱乐部在其他城市如雨后春笋般冒了出来，例如汉堡，而这个城市早就对英国和法国形成了传统看法，像基尔（Kiel）、汉诺威（Hanover）、斯图加特（Stuttgart）、萨尔布吕肯（Saarbrücken）、卡尔斯鲁厄（Karlsruhe）这类城市，有钱的大孩子们全都被爵士乐和英国人酷酷的样子俘虏了。柏林、德累斯顿、哈勒、法兰克福等城市甚至也如是。尽管愤怒，当局并没有一概严禁这种事，这些俱乐部经常与希特勒青年团和警察发生暴力冲突。同一时期，在英国，说德语和身穿纳粹制服的年轻人的晚会毫无疑问命运相同。一些摇摆舞狂热爱好者被人送进了新建的青年集中营。[72]

在一些特殊时刻，例如1939年11月试图谋害希特勒性命的时刻，或者1940年夏季，战争仍在持续，反英情绪变得尤其尖锐。不过，这些都是例外。《慕尼黑协定》后，德英双方关系转坏，英国的宣传鼓噪将德国人变成了军国主义形象，德国的宣传鼓噪将英国等级制度残忍的麻木不仁扯得粉碎，尤其是它强加给布尔人、爱尔兰人、英国工人阶级的各种邪恶。英国广播公司招募作家乔治·奥威尔（George Orwell）参与战时播音后，德国宣传机构重印了他充满争议的对贫困的深入调查，还为反失业反饥饿的贾罗游行（Jarrow March）摇旗呐喊。不过，仇英心态远不如崇拜英国文化的潮流那么深入人心，或者，往最低说，还不如崇拜英帝国力量那么深入人心。极少数德国人亲身经历过生活在英国，不过，他们的耳朵的确被陈词滥调磨出了茧子。[73]

在伦敦，当权的是犹太"财阀"，这种想法让纳粹政权得以在打击英格兰和仇恨英国人之间划出一条明确的界限。纳粹宣传机器非但没有试图扭转盲目崇英，反而在充分利用它。德国人觉得，他们正在从事的战斗是为了将英国人从"财阀"和"犹太"主子手里解放出来。且不说德特雷夫那样的10岁的孩子希望德国将炸弹全都扔到"他们像犹太人一样的鼻子上"，到了1939年9月，前述宣传中的一些重点早已在孩子们的思想里扎根，还会在接下来数年无休无止地重复。

由于英国是个值得尊重的对手，轰炸一定会导致战争，这种极度的恐惧在德国民众中挥之不去，英国的情况亦如是。战争爆发前，在德国，人们从未成规模兴建过地堡和防空洞等，不过，大多数楼区和独立房屋都附带有地窖。1940年5月，第一批炸弹落到德国盖尔森基兴（Gelsenkirchen）和鲁尔地区后，人们将地窖都清理出来，在里边安置了条凳、椅子、双层床等。1940年下半年，每逢空袭警报响起，明斯特（Münster）的市民总会不情愿地长时间待在地窖里，直到1944年11月，这种状况才结束。不过，1940年一整年，这座城市报告的死亡总数一共才6人。汉堡报告的死亡总数为19人，威廉港（Wilhelmshaven）为4人。在鲁尔工业带中心区域的埃森市，卡萝拉·莱斯纳在1940年11月的信里记述道，轰炸没造成什么破坏，没有一家工厂停产。尽管如此，那年夏季和秋季，克虏伯（Krupp）军火帝国的首府配备了密集的高炮阵地，并且开工兴建一个地堡建筑工程，这座城市因而会成为德国守卫最严密的几座城市之一。另外，私人避难所的修建也在迅速铺开。[74]

官方将第一批次孩子疏散到乡下之际，民众的担忧以特别强烈的反应体现出来。战争初起时，英国各城市的大规模疏散即已开始，反观德国，直到1940年秋季，空战升级后，疏散行动才开始。1940年9月27日，希特勒的党务秘书马丁·鲍曼（Martin Bormann）向纳粹党高官和政府高官散发了一份保密通知，下令"扩大将孩子们送往乡下的范围"。即使在该政权最高层，任何人都不许谈论"疏散"，唯恐这么做会引发群体恐慌。该政权毫无来由地相信如下传闻：1918年，德国民众在军队背后捅了一刀，因而该政权根本不相信民众的道德顺应力，还因此认为，必须将真相包藏起来。丘吉尔向英国人民信誓旦旦地说"鲜血、热土、眼泪、汗水"之时，德国政府却在鼓励人们喝咖啡吃蛋糕时做出想象：胜利手到擒来。

英国人让疏散孩子们成为必须，希特勒拒绝沿用这种方式，生怕这么做会在很大程度上向广大民众透露负面信息。在德国，虽然疏散费用由政府承担，实施疏散并非政府行为。相反，国家社会主义人民福利组织、希特勒青年团、国家社会主义教师协会三家机构经过整合，成立了一家半官方机构。它的德语名称为"少年儿童下乡运动"——或者简称为"送孩子下乡"，后来这一名称广为人知——最早源于第一次世界大战前后由教会和社会民主党等社会福利机构主办的，针对大城市工人阶级的孩子们的夏令营——纳粹党直接接手了这一项目，自 20 世纪 30 年代一直沿袭下来。如今，"受空袭威胁地区"的孩子们都必须送出城，前往乡下，为期六个月。沿用早前的名称的确会让人感到宽慰，尤其是因为，鲁尔地区的一些孩子原本也会被送往巴伐利亚阿尔卑斯山脉"康复"，这种做法最终延续到 1944 年夏秋之交。[75]

颇具讽刺意味的是，对特别在乎安抚民心的政权来说，疏散计划的成功有赖于家长对孩子们生命的担忧。战争前期，对轰炸的恐惧可以用如下方法衡量：同意孩子离家意愿强烈的家庭必须克服的担忧包括：骨肉分离、孩子们在农场疯玩没人管、大孩子接触性等。最初两个月，参与的城市仅为柏林和汉堡，疏散的孩子计有189543 人。随着范围扩大到德国西北易受攻击的一些城市，疏散人数不断攀升，截止到 1941 年 2 月 20 日，达到 32 万人，3 月末达到 412908 人，6 月下旬达到 61.9 万人。为了让孩子们避开直接挨打的风险，家长们不顾一切了。在不算太远的德累斯顿市，早期曾有传言说，柏林彻底完蛋了，由于英国人的细菌战，孩子们都受了感染。[76]

希特勒将起草指导方针和组织"送孩子下乡"交由巴尔杜尔·冯·席拉赫（Baldur von Schirach）全权负责。冯·席拉赫是希特勒青年团前领导人，他把这次战时疏散当作一次机会，20 世纪 30 年代以来，他一直盼望各学校和教育部靠边站的机会，以实现他自己的教育计划。他的看法是，学校应当男女分开，应当是 10—14 岁的孩子们的家园或"营地"。调用人民福利组织和希特勒青年团拥有的一些青年招待所和建筑物，再征用一些招待所、女修道院、修道院、儿童之家等，冯·席拉赫的手下很快掌控了 3855 座建筑，其空间足以容纳 20 万—26 万个孩子。英国的疏散计划无法与冯·席拉赫的集中管理模式相提并论，他构思的是永久性青年教育规划愿景，这一愿景必将在战后纪元得到延续。这样一来，既可摆脱教师、家长、各教会的约束，让希特勒青年团得以无限强化对年轻人的掌控。[77]

无论组织者的野心有多大，他们足够聪明，也经受过足够的历练，因而他们清楚，对他们倾心投入的项目而言，成功的关键有赖于"良好的和丰富的后勤供应"；除了每个孩子的常规配给和补充食品，他们还为孩子们争取到每人每天2帝国马克的基本开销。国家社会主义人民福利组织有自己的专列，他们会安排为孩子们支付医疗费，孩子们的家长希望前往中心为孩子们洗衣服，他们甚至也会做出安排。除了找到14万套男孩的制服、13万套女孩的制服、8.5万条毯子、13.9万个草垫子，最初阶段，由于人们正在宿舍房间里加紧制作床铺，人民福利组织只能安排孩子们睡在松软的麦秸草上，如今一切都已改观。按照要求，每个孩子从家里带了两双鞋，脚丫长大到穿不进鞋里的孩子只好打赤脚，或者从人民福利组织最初两年预备的11万双木头鞋里找一双凑合着穿。[78]

1941年4月27日，伊尔莎·普法尔（Ilse Pfahl）和另外17名同班的女孩离开埃森市，她们的目的地是摩拉维亚城市克罗梅日什（Kremsier），她们在那里遇到一个由当地少年团和少女团成员组成的团队。他们一起列队穿过这座捷克城市，来到一幢高大的、现代化的五层大楼，那是个女修道院，修女们一直在等候这些德国女孩，准备为她们做饭。这里的东西似乎比"古老的第三帝国"的东西更让人感到贴心。像所有新营员一样，伊尔莎·普法尔和她的舍友们必须自己整理床铺，打扫宿舍，叠好衣服放进柜子里，穿戴整齐后出席早上的升旗仪式，准点赶到课堂上课，熄灯后保持安静，虽然如此，根据新修订的希特勒青年团党规，任何一名老师都不许打她们。[79]

伊尔莎·普法尔挨过的惩罚种类繁多，包括第二天不给布丁吃、被迫反复抄写押韵的和对偶的良好行为条例和纪律条例、邮件扣押三天才交给本人等。各种惩罚集中实施，为的是形成集体凝聚力和纪律性。有一次，女孩们在主干道上被人领着来回行军8公里，途中任何人不许说话。这些做法无法阻止从埃森市过来的伊尔莎和她的朋友们寻开心。克罗梅日什是个有驻军的城市,到那里几天后,前往影院观看电影《西线的胜利》(The Victory in the West)时,她们遇见了德国军人。每周日下午,伊尔莎和她的朋友们会前往城堡公园散步,每次因害羞拒绝和那些当兵的闲聊,接下来一整周,她们都会想,下次如何才能引起那些当兵的注意。5月下旬,校方安排她们穿上短袖制服,前往公园晒太阳,与疏散来的男孩们踢足球。6月上旬,校方安排她们身穿泳装,前往公园唱歌和做游戏。"那些当兵的,"当晚,伊尔莎兴奋地喊道,"是最热心的观众。"7月中旬,她们前往公园为那些当兵的采野花,与现身公园的一名中校攀谈起来。后来,在一次军事演习中,中校将自己的望远镜借给女孩们,甚至安排她们轮番骑在某军官的一匹马的背上,"在众目睽睽之下"穿过操场。[80]

至于与捷克当地人交流,除第一次见面会,伊尔莎和德国女青年联盟的同伴们做了番表态——为方便购物,伊尔莎买了本词典——她们沿袭了一种固定模式:只要有机会,她们就会参加在城里四处走动的"宣传游行"。她们还会列队前往火车站欢迎老师,以及德国女青年联盟的领导们,然后还会列队为他们送行。在圣枝主日(Palm Sunday),宗教游行队伍的民众队列里也会有她们的身影。听说与俄国人爆发了战争,一周后,她们参加了穿城而过的自发游行。在6月29日的运动会上,她们的队伍排在一支军乐队后边。伊尔莎在日记里开心地记述道:"捷克人满脸都是怒气。"在美好的某一天行将结束时,伊尔莎她们在法国公园里喝着咖啡,她估计,有人给她拍了40张照片。克罗梅日什的城堡公园是个任何人——除了犹太人——可以随意进出的地方。不过,那里的德国士兵随时警惕着,不让捷克男人靠近德国女青年联盟的姑娘们。[81]

11月中旬,终于轮到伊尔莎·普法尔回家了。姑娘们将头发洗得干干净净,为家人买好了礼物,跟城堡公园里的人们说了再见,进入修道院餐厅时,她们才发现,为了这告别之夜,所有餐桌都铺上了白桌布，桌面还摆放了松枝。到了 1941 年秋季，前往"送孩子下乡"驻地的大孩子们的数量已经进入急剧减少状态。可能的情况是，家长们对希特勒青年团管理的机构原本就有许多严重质疑，第一批孩子驻守六个月后回了家，他们的说法证实了这些怀疑。另外，送孩子们离家的理由更少了：对轰炸的担忧已经消退。[82]

实际上，未成年疏散人员至少三分之二根本没有前往这样的疏散点，而是投亲靠友，或者被安置到他人家里。6—10 岁的孩子集体行动，由督导人员带队，婴幼儿和年龄小的孩子由各自的母亲陪伴。一些专门编组的列车载着迁徙的母亲和小孩子以及大量年龄稍大的孩子从德国西北部城市前往东南方农村地区，随之而来的是，与德国东部相比，南方很快变成了人口迅速增长的迁徙目的地。巴伐利亚、巴登、捷克等地都有传统旅游业，以及一整套照顾旅游者的基础设施，然而，波美拉尼亚、东普鲁士不具备这些。那里的种种现实条件与城里来的组织者和孩子们的各种期望立刻产生了冲突。在城市和乡村的冲突中，在西部和东部的冲突中，那些嘲笑"东部垃圾文化"的孩子几乎找不到朋友，在诺伊马克（Neumark）地区的波美拉尼亚城市诸如弗里德堡（Friedeburg），将所有盗窃和毁坏他人财物的行为都怪罪于从波鸿来的男孩，成了当地人的共识。西格弗里德·尼古拉（Siegfried Nicolay）13 岁，来自鲁尔地区某重工业中心，当地农夫嘲笑他们过于温文，他和杜塞尔多夫（Düsseldorf）的同班同学们立刻奋起反击。[83]

即便在人口密度较大的德国南方，并非所有地方都热情接纳孩子们。1941 年 2 月，鲁道夫·伦茨（Rudolf Lenz）和一群男孩来到了梅格斯海姆（Meggesheim），他们来自鲁尔地区的两个城市黑尔德克（Herdecke）和韦特（Wetter）。这个 10 岁的男孩和其他男孩一起在村里的学校前边站好队，他们未来的临时妈妈们就这样将他们审视了一遍。"奴隶市场"般的挑选结束后，孩子们融入了各自家庭的日常生活。鲁道夫后来才听说，当地连哄带劝农夫善待这些孩子，条件是，他们都是强壮的和健康的男孩，可以弥补庄稼地里的劳动力短缺。幸运的是，与读书相比，鲁道夫更喜欢收割牧草、麦子，起获土豆。在混杂着忏悔和相当世俗的地区成长，作为新教徒被带大，鲁道夫对梅格斯海姆地区深入人心的和原汁原味的天主教深感震撼。鲁道夫的临时妈妈每天一早做弥撒，这没什么大不了的，然而，在教堂以外也要做神圣的事让他觉得新鲜。看到她无论身在何方，无论是在大街上还是在田间地头，无论是在夜半还是在晚间，只要听见教堂的钟声响起，她都会立刻跪到地上做祈祷，这让鲁道夫万分震惊。不管怎么说，鲁道夫变了，没几个月工夫，他已经是一口浓重的巴伐利亚口音，连他父母都快听不懂他说话了。[84]

德国人对轰炸的恐惧渐渐地，然而真真切切地淡去了。对于英国人推进这场战争的态度究竟有多严肃，他们有过各种各样的担忧，显然他们弄错了。1940年还没过完，每当埃森市刺耳的防空警报响起，卡萝拉·莱斯纳再也不会从床上爬起来。除夕夜那天，在奥斯纳布吕克，熬夜的迪克·西韦特注视着圣诞树上烧得只剩烛头的蜡烛，满心欢喜地回想着德国在挪威和法国的一连串胜利。虽然他自告奋勇参军，为此做了很多努力，至今无一实现，看来所有努力在接下来一年注定会实现。"不过有一件事我不会忘，"这个17岁的大孩子当时身在温暖的室内，处于微醉状态，他在努力让自己保持清醒，这里的引语摘自他当天的日记，"就是防空警报。每当我想到，战前我们对空袭那么恐惧，它们到来后竟是这样！可以说，它们也就是那么回事。"总而言之，跟1940年说再见时，迪克·西韦特想到的是："如果战争像这样打下去，也没什么大不了的。"他对未来一年的期盼是"胜利与和平"，以及"至于我自己，就是能为战争做出贡献"。[85]

第二章
受管制的年轻人

虽然纳粹政权笃定要团结全国民众整体参战，这一政权确实没料到，迎接1940年一连串胜利的是全民狂欢。希特勒认为，德国在第一次世界大战中失败，原因是大后方崩溃，持此看法的人不在少数。希特勒急于避免历史重演，他常常对希望推进战时紧急措施的那些人加以限制，无论他们的目标是强行从各城市疏散孩子们，还是为军工厂招募女性，都要加以限制。希特勒渴望德国人民赞誉他为民族大救星，除此而外，他也担忧德意志民族的脆弱性。他特别害怕德国人民不愿意承受痛苦的牺牲，如果各种损失变得过大，他们会轻易抛弃历史使命——同时也抛弃他。

如何形成社会共识，纳粹政权如此精于计算，已经影响到它对暴力和恐怖的依赖：到了1934年末，关押在各集中营的人已经不足4000，纳粹当政以来，在头十五个月里，计有10万人进过集中营。随着工团主义者和社会民主党人的被释放，随着他们返回各自的组织，媒体开始努力改变人们对余下的集中营的印象。到了1936年，对各集中营的描述变成了：对一小批不可救药的顽固的极少数刑事犯、娈童癖者、共产主义者"实施再教育"的"野蛮然而恰当的"方法，作为至关重要的政治恐怖工具，它对确保独裁尤为重要。报纸上刊登了通过审查的达豪（Dachau）集中营的囚犯们排队走向工作地点的照片，刊登这些照片的目的，就是引起阅读纳粹插图报纸的读者共鸣。大德意志帝国开战以来，德国全国在国家监狱里关押了10.8万名囚犯，另有2.1万人关押在各集中营里。战争接近尾声时，各监狱关押的人数增加了一倍，而集中营关押的人员达到了714211人。不过，为了与纳粹政权的种族优先政策以及监督外籍劳工的各种努力保持一致，绝大多数集中营营员不是德国人。这是纳粹政权力量的标志，在德国囚犯里，占支配地位的是那些轻罪刑事犯，而非纳粹政权的政治对手。犯罪会削弱德国的战争进程，在努力防止犯罪领域，警方变得越来越关注刑事犯罪、公共秩序，而非政治革命。

　　第一次世界大战期间及其战后，青少年犯罪曾经困扰德国，为防止这类犯罪再次爆发，一系列措施开始实施，因而德国的小孩和大孩子们全都觉得自己被困在了确保社会秩序的混战中。除了体制内的青少年法庭和青少年监狱，各成人法庭也被授予了量刑权，得以对年满16岁的"罪行严重的刑事犯"判刑。事实上，战时对各个地方的压力让青少年监狱的在押人数稀少。反观青年福利理事会下属的代管家庭和少管所，这些地方的小孩和大孩子们的数量一直在持续上升：到了1941年，数量达到了10万，这可能是这些地方的最高容纳量。德国各监狱人满为患，多为成年轻罪犯人，与此不同，前述小孩子和大孩子里的大多数没有犯罪：总之，送他们到这种地方，目的是预防犯罪，或者，仅仅因为人们认为，他们对社会构成了威胁。

　　为了将孩子的行为标准定得很高，纳粹党人吸纳了流行于欧洲、北美洲和澳大利亚的一整套专家观点，也即，青少年易受伤害，如果放任他们在堕落的环境自由成长，定会导致各种固有的社会退化风险。各地方当局不仅要打击青少年犯罪，重点是预防犯罪，也就是说，只要还有一丁点儿机会拯救他们于堕落，在他们变为不可救药的罪犯前，最好将他们从社会中移除。这么做也是将年轻人从他们的家庭以及他们自己的状态里"拯救"出来。更重要的是，在"任性的"孩子们腐蚀同辈们之前，必须将他们拔除。战争让一些信念得到强化,若想避免大后方崩溃,需要不惜一切代价防止食物短缺,以及盗窃、黑市交易、青少年犯罪。各地方当局坚信,保护孩子们就是保护德意志民族的未来种族,因而他们主动承诺,对"民族共同体"的未来有可能形成危害的一些人,必须切割于社会之外,允许这类孩子返回社会前,他们首先必须证明自己已经完成"再教育"。[1]

关于完善民族和种族,一些高高在上的想法有可能以某种方式转变成世俗的,实际的,以及社会的保守行动。1940 年 3 月,警方颁布了一个"保护"年轻人的法规,禁止他们夜晚 9 点以后现身舞会、夜总会、游乐场,禁止他们天黑以后"闲逛",还禁止他们吸烟、喝酒。这些措施并非对所有人都强制执行。迪克·西韦特心里清楚,在奥斯纳布吕克,他和朋友们以及哥哥京特经常外出喝酒,这些都违反宵禁规定。出生在中产阶级家庭的他很幸运,成长期间,他学习拉丁语和希腊语,就是希望拿到毕业证。他没有获得任性少年酒鬼的称号,相反,他最终成了上级信任的希特勒青年团的地方领导。并非每名德国少年都能适应这样的"民族共同体"体制。青年福利理事会官员们被授予新的强制执行法规,以及维护良好秩序的权力,其实他们早就这么做了,如今只是在延续而已。他们一直在关注道德败坏的端倪,他们希望将一切犯罪和混乱消灭在萌芽状态。无论谁旷课逃离学校,在大街的各个角落晃荡,都极有可能引起他们注意。他们认为,那些在各条大街上闲逛的女孩极有可能是淫乱的女孩,如此一来,她们会走上沾染和传播性病之路。例如,基于此,哈瑙(Hanau)青少年法庭于 1939 年 5 月将艾米·克劳泽(Emmi Krause)送进了少管所。因为,调查发现,她远不止因病离校那么简单,"她总是和当兵的以及其他青年男子在外边鬼混到深夜,和他们一起进出舞厅"。[2] 根据青少年法庭和福利理事会的记录分析,像艾米·克劳泽那样的女孩呈现"一种针对社会的威胁和危险,给在校的伙伴树立了"坏榜样。那些辍学的男孩显然都走上了成为小偷和"惯犯"之路。战争爆发后这些年,正如驻留人们观念里的淫乱的成年女孩那样，偷盗成性的男孩骑着偷来的自行车四处乱窜的形象一直鲜活地存在于人们的头脑里。[3]

即便纳粹德国也没有足够的地方和资金铲除所有针对社会的潜在威胁，限制人员数量给全德国各地带来了某种程度的随意性，例如：如果警方夜间在火车站发现离家出走的大孩子，在确保家长支付长途话费的情况下，警方通常不会启动任何调查程序，而是直接让孩子与家人团聚。至于哪些流氓孩子该送少管所，哪些不该送，如果影响最终决定凭的是运气——当然也会有社会阶层因素——一旦做出决定，针对孩子们的矫正教育会按既定路线走下去。[4]

位于黑森州北部的布莱特瑙少管所是看管最严的少管所之一，它位于富尔达（Fulda）河一个转弯处，坐落在错落有致的丘陵地带。该少管所最初是个本笃会修道院，1874年以后改为成人劳教所，1903年往后兼具少管所功能，专门接收屡教不改的少年犯。具有巴洛克风格的几座建筑房顶尖耸，直插云霄，硕大的正门后边是个大院子，可谓无比壮观和令人生畏。新来的小孩子和青少年的入所登记程序与成年囚犯和劳教人员相同。他们必须脱掉自己的衣服，交出各种物品，然后穿上单调的土灰色粗布衣服。卫兵穿的是被淘汰的普鲁士军官服，原来的纽扣和标志都换成了卡塞尔市公共事务管理局的纽扣和标志。卫兵都佩有短刀，每次率领囚犯们外出干活，他们会携带装有刺刀的卡宾枪。纳粹掌权后，他们第一次配备了左轮手枪，还进行了射击训练，1937年，禁止向非武装逃犯开枪的限制也得到解除。[5]

布莱特瑙少管所创建于俾斯麦时代，自那时以来，卫兵和经费一直都源自一些经费有限的社会机构。在工作日，所有人的工作时长至少在十一二个小时，第二帝国时期，工作时长更长，高达十四五个小时。收容的人员包括乞丐、流浪者、刑事犯、失业人员、无家可归者，监狱的刑期即将结束时，他们会来到劳教所，以便这里的人帮着"教会"他们过有道德、守纪律、努力工作的生活。少管所的"学生们"住在劳教所的女犯区。收入低和缺乏训练的管理人员如果上班迟到，同样会挨罚；对被收容人员的惩罚是延长关押期，非正式拷打，或者，经官方核准在禁闭室关押一个时期。这一机构是依据普鲁士军方的想象打造的，管理方都是军队的退役人员，他们几乎没什么特权，所以，他们特别在意自己的地位，以及委托他们"教育"的那些人的地位，任何微小的变化都会让他们突然变得特别严厉。

18世纪，"劳动和饥饿"几个字曾经镌刻在维也纳劳教所大门的门楣上。布莱特瑙劳教所创建于1874年，自建所以来，这两个词指代的方法一直是该所最重要的管理方法。利用饥饿和劳动压垮监管对象的意志，就此而言，各个地方的管理者不一定非得是狂热的纳粹党人，或饱览群书的种族主义卫生管理员。巧合的是，第三帝国时期，布莱特瑙劳教所前后两任所长都是纳粹执政前入党的老党员。海因里希·克利默（Heinrich Klimmer）与其他青年福利理事会官员没什么两样，从1933年起，他开始管理这个劳教所；1940年，他调任被占的波兰，接管一家类似机构；他的继任者格奥尔格·沙乌比艾尔（Georg Sauerbier）是从地方官僚机构中层岗位提拔来的。既然德国各劳教所、少管所、精神病院自创建以来从未真的拥有过宽裕的资金，它们悄无声息的管理以及医疗状况鲜为人知。在青年福利理事会任职的同行们都没有资格证书，像他们一样，先后前往布莱特瑙劳教所赴任的海因里希·克利默和格奥尔格·沙乌比艾尔都来自州级官僚机构。在专业培训方面，他们可能有缺失，不过，他们具有保守的、粗放的纳粹主义视野，通过坚守国家的独裁使命，坚守家长式的道德秩序，他们既为元首服务，也为大众服务。[6]

1940年8月23日，刚在布莱特瑙走马上任的格奥尔格·沙乌比艾尔给马尔堡精神病院（Marburg Psychiatric Asylum）院长和精神病学教授写了封信，请其推荐一个配方，以便少管所将药物搅拌进女孩们的餐食里，抑制她们的"性冲动"。马尔堡精神病院头目的回信让人背心透凉，他解释说，从治疗这类"精神变态的"女孩过程中，他认识到，任何药方都不管用。不过，他接着给出了如下建议：

整治这类女孩唯有用如下方法训练她们：如果同样的事出现在我这里，我们会让她们躺在床上，只给她们菜汤喝，用最严格的方法限制她们的饮食，直到她们变瘦变丑。然后，相当长一段时间，事情会很顺利，直到下一次同样的事再轮回一圈。根据我的经验，用药物根本不解决问题。我还有个建议，处理这种事，对付这些女孩时，一定要用尽所有严厉手段，下手时绝不能犹豫再三。唯有如此才能很快见效。

顺祝一切顺利，希特勒万岁！[7]

殴打人犯违规，然而，人犯的各种轻微违纪行为通常会招来痛殴，严重违规行为注定会遭到的惩罚是禁闭——单独关押，减扣伙食定量。从理论上说，唯有法院送过来"矫正"的诸如乞丐和流浪者那样的成年人才能单独关押，最长可关押四周，没有睡觉的铺位，每三天有两天只给面包和饮水。针对青少年的最严厉的禁闭形式为十四天，伙食定量按四分之三配给。战争时期，布莱特瑙教所将青少年的禁闭时间延长为四周，等同于成年人的顶格处置，两倍于该机构自己制定的处置条例。[8]

禁闭惩罚必须经常中途停顿，随后再接续。1943 年 12 月，莉泽洛特·威尔特（Liselotte Wildt）被送回布莱特瑙少管所，她因为企图逃跑被判禁闭三周。她立刻被关了两周，随后被认定"无法"承受第三周，直到 1944 年 5 月才恢复关押。其他人可没那么幸运，1942 年夏季，瓦尔特劳德·费伊尔（Waltraud Pfeil）试图逃回卡塞尔市，被送回布莱特瑙少管所不足一个月，她就丢了性命。1942 年 10 月，鲁特·费尔斯曼（Ruth Felsmann）的十四天"夜间禁闭"刚刚过去四天，他也丢了性命。梅尔松根市（Melsungen）地方医院 1944 年 8 月的诊断书记载，莉泽洛特·施米茨（Lieselotte Schmitz）的体重从 124 斤骤减到 76 斤。她在布莱特瑙少管所染上了肺结核，很快也丢了性命。[9]

这些死亡案例的背后隐藏着一段世俗的，毫无人性地缩减公共开支的历史，这是纳粹特有的追求所致。世界经济大萧条时期，金融危机期间，德国的儿童福利支出由1928—1929年的4520万马克下降到1932—1933年的1440万马克，许多社会福利机构只好让自己的雇员们离职。20世纪30年代，各少管所人满为患，所有管理者都清楚，必须把成本降下来。1937年，送进布莱特瑙少管所的孩子达到创纪录的44人；接下来那年，关押的孩子达到124人，其中101人为女孩。为平衡账目，布莱特瑙少管所做到了有计划削减按人头计算的每日开销，从1934年的0.48马克降到了1939年的0.35马克。病号的特殊配给也随之取消了。与此形成对照的是，疏散下乡的孩子每人每天的基本配额为2马克。曾在布莱特瑙少管所关押过的女孩多拉·Z（Dora Z.）回忆道，将这样的开销换算成没有油水的每日食谱，就是"早上两片面包，中午和晚上有汤（汤里若是有东西，太阳就会从西边出来）"。难怪卡尔·巴赫（Karl Bach）的母亲言之凿凿地说，她15岁的儿子因为太饿，这才从布莱特瑙少管所逃出来，这么说不足为奇。这事发生在1939年10月，当时，后边列出的这些都没有出现：作为战时紧缩政策的一部分，配额进一步削减了，每日工作时长首先延长到11小时，随后进一步延长到12小时。食物配给让单独关进冰冷的"小号"一事从囚犯和看守之间的心理斗争变成一种极限生存试验。[10]

直接跟布莱特瑙少管所领导层对抗的那些家庭等于在冒犯对方，很可能会遭到如下指控威胁：竟敢用"如此下作的方式"写信！拆阅进出少管所的信件是例行公事，所长没准儿会直接写信警告父母们，如果他们想跟自己的儿女"保持通信往来"，就得"换一种措辞方式"。[11]如果某个母亲站在女儿的立场上说，仍然坚信她无辜，进而采用基督蒙难一说劝导女儿耐心忍受苦难——这等于含蓄地指控少管所扮演的是基督迫害者的角色，见如下实例：

家里就我一人，总是想你，无辜的孩子，因为你在受难，我眼泪都哭干了。不过，先耐心忍忍吧。他们所有人终将遭到惩罚……他们不知道自己在做什么，你也得这样想。[12]

不过，力量的天平完全倒向所长一方，那女孩从未收到母亲的信。六个月后，布莱特瑙少管所将她释放时，她母亲已经完全认输：这个母亲给所长写了封感谢信，信里还夹了两支雪茄。作为管理方，他们早已被告知应当如何理解这类家庭。在这些女孩的档案里，心理评估栏目里有关父母的内容通常将这样的母亲描述为"生物学领域的弱者"，或将这样的父亲描述为"弱者，易受刺激的男人"。[13]

像这样与众多家长打交道，恰好让德国各地青年福利理事会以及各劳教所所长更加坚信，唯有将孩子们交给机构看管，才能重新教育这些家长，以及这些孩子。如果有必要，他们乐于利用法院完全取消家长们的法定监护权。家长们取胜的唯一希望是，设法让国家的其他领导或党的领导出面，严肃地质询孩子们生病和死亡的原因。即便如此，像布莱特瑙少管所这样的地方，也会安排管理层出面作如下辩解：女孩们不吃配给食物，主动放弃伙食，或者，仅仅因为烟瘾太大。往往这么做即可阻止进一步调查。[14]

布莱特瑙少管所还有一种向第三帝国证明自己具有财政活力的方法：出租劳动力。随着军备竞赛的开始，军方消除了失业人口，1935年，布莱特瑙少管所——像其他刑事监禁场所一样——再次开始向德国农民们和各企业出租廉价劳动力。到了1940年，由于劳动力极度短缺，各管理当局将干活的人犯逐日计算的费率由1马克提高到4马克。劳教所和少管所的人犯们收到的报酬微乎其微：布莱特瑙劳教所1941年收到138707马克，人犯们仅仅拿到6645马克。尽管如此，1942年春，安妮·纳格尔（Anni Nagel）给妹妹写了封信，她在信里表示，希望到"劳教所"以外的地里干活：

> 亲爱的莉娜（Lina），我真高兴是你们当中唯一能像这样坐在室内的人。我多希望有人对我好，帮我安排像别人一样到室外工作。[15]

实际上，除了赶路需要花时间，尽管在布莱特瑙劳教所外工作一天的时间比正常的 12 小时长得多，许多人仍然喜欢到外边干活，原因是有机会在农场找到吃的东西，或者，有机会从各工厂的普通工人那里得到少量额外食物。[16]

回归"民族共同体"的大多数道路障碍重重，困难重重。重要的是服从、工作、谦恭。少管所里的人不知道自己会在里边待多久，或者说，不知道何时才有希望得到释放。各地方当局行使"再教育"权力，将那些青少年关在里边，直到他们成年。甚至在少年达到 19 岁时，仍可进一步提出申请——莉泽洛特·舍雷尔（Lieselotte Scherer）的案例即是证明——将其从大孩子年龄段关押到 21 岁。由于不知道刑期会有多长，那些大孩子和小孩子走进布莱特瑙少管所的大门，将衣物和财物上交后，认定自己与已知世界脱节的感觉愈加强烈。在写给家人的信里，安内利泽·格林（Anneliese Grimm）表示，如果不能很快得到释放，她一定会疯掉。14 岁的鲁道夫·施拉姆（Rudolf Schramm）虽然备受想家和懊悔煎熬，随着 1943 年圣诞节的临近，他也只好认命，父母不值得花费 30 马克和长时间旅途劳顿过来看他。[17]这种稀有的来访——少管所的"学生们"仅有资格享受每六周与家人见面 15 分钟——对战时的家庭来说很难实现，因为父亲们都不在家，母亲们由于工作和照管其他孩子负担过重。让鲁道夫·施拉姆害怕的是，甚至爸妈都不要他了，以下内容摘自他所写的信：

> 亲爱的爸妈，别因为我写不好信把我往坏里想，这里实在太冷，我的手指都冻僵了。我刚刚进入悲催的屋里，相信我亲爱的爸妈我肯定不像你们可能想象的那样。[18]

12 月 3 日，好不容易写完信之际，鲁道夫·施拉姆已经接受眼前的现实：他得在布莱特瑙少管所过圣诞节了。他半文盲一样的家信内容包含的既有悲伤，又有提示，以便家人记住他的强烈愿望：

……现在我也不能在家过圣诞节了请别在圣诞那天忘了我别忘给我寄点东西。终于可以看看你们能不能弄到半块偷来的［德国圣诞蛋糕］和一些美味面包和几块圣诞饼干和几块糖……[19]

这些都是饥饿和孤独中的梦想。1942年5月25日，离世1周前，安妮·纳格尔给妹妹写了封信，恳求妹妹给她寄点吃的东西：

再给我寄点吃的东西，莉娜，主要是这些——糖、面包、果酱、黄油、蜂蜜、柠檬、香肠、奶酪、猪头肉、粗面粉、杏仁油。[20]

安妮·纳格尔的身体正在流失关乎生命的维生素和脂肪，正是此时，她的梦境飞向了果酱、香肠，她尤其渴望的是柠檬。表面上，她在恳请妹妹邮寄食物过来，暗中显示的却是情感的生命线，是对营养品和爱有形的流露，那一刻，她对两者都极度渴望。1943年11月，鲁特·布赫霍尔茨（Ruth Buchholz）寄给母亲一个愿望清单，开列的计有圣诞日历、圣诞饼干、燕麦片、粗面粉、汤料包、肉汁包、苹果、蛋挞、白糖、胡椒、葱头、茶叶、咖啡、蜂蜜、黄油、肥肉、香肠、面包、蛋卷、醋、盐、牙膏。当她意识到，笔尖带出的梦想已经飞得过高，她赶紧补充道："真希望这次你们至少帮我实现写出来的这些愿望，不过我也知道，你们东西不多，必须省吃俭用。"即便如此，她仍然扛不住饥饿，在圣诞节前最后一封愿望信里，她写道："最最重要的是，我还是想吃。"这一次，她想象自己会收到越橘，以及多汁的绿色纯肉馅黑森汤团。[21]

少管所庆祝圣诞节的举措纯属应景，倒是有一棵树，还专门安排将信件和包裹分发给大家，信件和包裹都经过审查。尽管如此，节日与家庭氛围相结合，让与世隔绝的人感到时间特别难熬。渴望回家，加上嫉妒他人收到了礼物和信件，各种感情形成了爆炸性的混合。多拉·Z仍然记得圣诞除夕夜女犯区的氛围——青少年犯也住在那一区——特别糟糕，在整个德国，那个时间段正是庆祝的高潮，那一刻，每个家庭的大多数成员会围着一棵小树，唯有主厅——或唯一的厅——才有灯光，大家唱着颂歌，将礼物放到树下。因为想家，女人们哭成一片，吵架声突然响起，随之，大孩子们打了起来。所里派了些男卫兵到女犯区恢复秩序，他们推行的是典型的野蛮方式，将在场的所有女性暴打一顿。[22]

许多孩子扛不住这样的压力。对付如此可怕的和高压的管理体制，最简单的反应就是逃走；不过，逃跑几乎均以失败告终。清早，出门干活的队伍走出布莱特瑙少管所大门之际，赫伯特·普夫劳姆（Herbert Pflaum）趁机溜了，他花费三天时间，偷了四辆自行车，终于来到了位于施默尔恩（Schmolln）的妈妈的公寓。他刚到家10多分钟，一个警察就过来将他逮捕了。家是当局首先关注的地方。1942年5月，鲁道夫·施拉姆从位于霍亨洛伊本（Hohenleuben）的少管所逃了出来，警察最终将躲在妈妈衣柜里的他揪了出来。两个月后，他再次逃回妈妈家，福利组织的两名女性官员对他实施逮捕时，导致他受了相当严重的伤害，必须住院治疗。[23]

在德国，警察通过身份证和登记在册的家庭住址识别逃亡者，欧洲其他地方亦如此。据认为，无论是受雇于森林机构、铁路系统、邮政系统，或各市政机构，各个行业的所有官员都必须与警方合作。实践证明，对在逃人员来说，无论是面临盖世太保和党卫军倾全力追踪的深藏不露的犹太人，还是逃离少管所的普通逃犯，最难于摆脱的往往就是这类简单的、普遍存在的管控。逃亡者面临的选择是浪迹天涯，或直接回家。一些人没有选择，只能浪迹天涯，因为他们已经无家可归。尽管瓦尔特劳德·费伊尔从布莱特瑙少管所得到释放，她也面临着同样的命运，原因仅仅是，她的养父母正处在离婚的混战状态，谁都不愿意收留她。经过四个月游荡，她先后到过慕尼黑、因斯布鲁克（Innsbruck），甚至还到过元首山间别墅所在的那座山下的城市贝希特斯加登（Berchtesgaden），最终，她在纽伦堡的大街上遭到逮捕，随后被立即送往布莱特瑙少管所。在每处地方，在有能力前往下个地方前，瓦尔特劳德·费伊尔都得依靠陌生人，任人宰割的她受制于打黑工、运气、他人的怜悯，还有——尤其如此——各种短暂的性关系。[24]

也就是说，虽然家庭生活不尽完美，许多人宁愿依靠家人，这丝毫不让人觉得意外。有时候，当局甚至完全没必要派遣福利机构的工作人员登门做工作，一封信足以解决问题。瓦尔特劳德·布兰德（Waltraud Brand）从位于巴德克斯特里茨（Bad Kostritz）的少管所逃跑当天，所长给他父母写了封信，警告他们如下："如果瓦尔特劳德和你们在一起，或者，如果你们知道她在哪里，必须通知有关的青年福利理事会，并通知我们，不然你们就犯了不可饶恕的罪。"结果，瓦尔特劳德·布兰德在埃尔福特（Erfurt）火车站遭到警方羁押，因为她乘坐火车时假装丢了车票。显而易见，前边说的信件的确有效，因为，瓦尔特劳德·布兰德再次逃跑后——回到巴德克斯特里茨当天，她又跑了，这次她从厕所的窗子里翻了出去，身上只穿了内衣——正是她父亲将她送了回来。她档案材料里的说明如下：她的描述"口吻平淡，她逃跑时只穿了衬裙，好像什么对她都不重要……她一路坐的是快车，人们盯着她的方式，以及到家后父亲如何把她打了一顿"。如此家暴总会得到官方一成不变的赞许，因为家教松懈的危险让官方头疼不已。[25]

当然，一些家庭会倾尽全力阻止他们的孩子被带走重新关押。1939年7月22日，青年福利理事会秘书长、社会工作者，以及一名高级警长前往玛丽亚·格贝尔（Maria Gerber）家，准备将她带离，她"躲进了厨房，躲在身材矮小，然而强壮、身板结实的母亲背后"。她13岁的弟弟瓦尔特，她的男朋友，最后还有她27岁的哥哥海因里希，他们全都出来护着她，迫使几名官员退了出去，在外边等候赶过来增援的警方搜捕队。她母亲是个法兰克福商人，一个月前，正是她母亲策划了利用汽车帮着她从洪堡（Homberg）少管所逃跑，他们还成功地躲过了警方在新公路上专门设置的堵截卡。[26]

1938年5月，玛丽亚·格贝尔的父母最初同意官方带走她并看管她,当时她眼看就到16周岁生日了,也许正是那时,她已经开始显出身孕。1939年1月,她诞下一个孩子,官方允许少年母亲最初10周哺乳新生儿,然后将她与孩子分开,将她送往洪堡少管所。到了7月中旬,阿尔弗雷德·布卢姆(Alfred Brum)承认是孩子的父亲,同意支付孩子的抚养费,甚至表面上同意迎娶玛丽亚。不过,作为处在监管中的孩子,玛丽亚必须经过法定监护权法院批准才能结婚。然而,同意玛丽亚、阿尔弗雷德、他们的孩子重聚前,遗传健康法院必须考虑为玛丽亚实施绝育手术的申请,据信申请由青年福利理事会提出。听证日期定在7月18日,当时玛丽亚仍然藏身法兰克福。7月22日,玛丽亚遭到逮捕,首先被送到莫妮卡儿童院(Monika Home),这一次,该院首先要确认,她没有再次事实上怀孕。随后,她被带到位于哈达马尔(Hadamar)的收容所。按照遗传健康法院的要求,一名医生对她进行了全面评估,随后该院才能对绝育申请做出判决。对玛丽亚案例起关键作用的是"智商测试",其中包括许多死记硬背题、心算题,以及正确使用语言的能力。测试还包括常规历史问题,以及政治知识——例如"俾斯麦是谁?他是从前的人,就像如今我们的元首"——另外还有对道德提问的判断:

(为什么不许散布谣言?)因为谣言越传越邪乎。
(你能当间谍吗?)不能。
(为什么不能?)因为那是对祖国的背叛。[27]

玛丽亚的常规言谈举止——医生的评价为"配合、友好、精力集中"——以及她在心算方面的天资,让评估医生印象深刻;另外,她的家人都没有遗传病史,此前她家尚无任何人进过监管机构。这名精神病学医生不仅没发现玛丽亚有任何"低能"的遗传征兆,"低能"的定论将证明对其实施绝育合理,医生的结论反而是,玛丽亚曾经受过"青春期伤害",不过是"精神错乱"而已。[28]

相对来说,玛丽亚是幸运的。许多少管所将其他孩子送进精神病院的原因无非是尿床。位于克罗斯特黑纳（Kloster Haina）的精神病院的病历披露，翻转玛丽亚绝育案例可能易如反掌，医疗判官的印象至为关键。为实现绝育，必须找到遗传基础，医生们常常公然打破诊疗常规，将不同的疾病混为一谈，将诊断对象远亲的偶发疾病与精神和遗传特质生拉硬扯到一起。即便通过智力测试的那些孩子，仍有可能因为"不合群的行为方式"遭遇不利判决。玛丽亚不仅没有被实施绝育，1939 年 8 月下旬，她因为"不可救药"被送回布莱特瑙少管所，随后九个月，她一直待在那里。由于她试图——而且是两次——逃跑，她的关押期包括冬季到来后的四周禁闭。1941 年 6 月，随着她年满 19 岁，对她实施看管的命令终于撤销。她最终得到了自由，得以独立生活，不过，没有令人信服的证据证明她找到过第一个孩子。[29]

在一份关押人员档案里，如实记载着后边的内容：逮捕然后送回布莱特瑙少管所，随之而来的必然是严厉惩罚，分时段单独关押，饮食唯有面包和水。对于身体强壮，在此种管理体制下仍然能够生存的那些人，以及足够勇敢或足够愚蠢，再三尝试逃跑的那些人而言，逮捕、逃跑、再逮捕和严惩这类凶险的循环可能会持续数年。工作时间说话也会被当作反抗和不服。像布莱特瑙少管所这样的机构承袭了 19 世纪的监禁传统，本着道德顺从理念，心心念念试图打碎和重塑每个人的思想，向往着从某种程度上控制青年监管对象，到头来，这些永远都不可能真的实现。

在监禁机构的档案材料里，还留存有一些情书：当然，这些仅仅是人们发现的书信。犹如经过审查的孩子们与父母们往来的信函，这类情书为后人打开了一扇窗，通过它，人们得以观察孩子们的情感世界。坠入爱河提供了一种深入情感的内心逃逸形式，而这正是布莱特瑙少管所的工作管理体制和配额短缺管理体制决意剿灭的，至少是这种体制决意打压的。"醉心于爱"是一种特殊的浓郁品质，这家机构骇人的和令人沮丧的特质反而让这种品质在高墙内遍地开花。"写"这种行为恰恰是在藐视布莱特瑙少管所自我标榜的"完整"建制。用钝铅笔潦草地写在报纸剪报上的情书必须在众目睽睽下偷偷传给所爱之人，或者抛到隔墙另外一侧，一堵隔墙将男孩和女孩分隔开来。

1942年8月，16岁的伊丽莎白·巴赫迈尔（Elisabeth Bachmeier）被关进"小号"，对她实施"十四天严厉的禁闭"。有人发现，她"偷偷给少管所的学生M写了几封信，然后把信扔出窗外"。她正要将一封信偷偷转出去时，被抓了现行，她在信里发誓爱上少管所的一个男孩。作为信物，她承诺将自己的食物全都省下来，从隔开他们的那堵墙的上边扔给对方。"知道吗，"她在信里接着表示，"为了你，我愿意做任何事。"她以歌德为榜样发誓如下："心爱的人，对你，我是真心的，至死不渝。"伊丽莎白深知她付出的爱情信物的价值。早在一个月前，因为试图将几封信弄到少管所外，她两度被关禁闭。通过从家里送来的食物，这些稚嫩的青少年可以衡量出父母们对孩子的感情，他们也照猫画虎，以食物印证自己的爱。[30]

另一名16岁的女孩汉内洛蕾·比希纳（Hannelore Büchner）用手工缝制了两个棉布口袋，里边保存了一小摞信，这些信——她的纪律惩治记录对此没有记载，因而可以推断如下——似乎在她获释后才被发现：可能她故意将它们遗忘在身后，因为伴随着释放，会有最后一道脱衣检查关，她不想冒险让布莱特瑙少管所的人发现它们。[31] 汉内洛蕾给海因茨写过信，她学着电影《爵士歌王》（*The Jazz Singer*）男主角艾尔·约翰森（Al Johnson）的样子，将后者称为"我的阳光男孩"，还送给对方一张妈妈的照片，还专门说，希望这照片能给对方带来欢乐。[32] 汉内洛蕾还给同住一个楼的女孩洛蒂（Lotti）写过更多热情洋溢的信，信中写道：

> 整个这段时间我一直在等卡蒂（Kathi）离开。我的小太阳！我的愿望是带上你，我一直期盼有朝一日能实现。多希望你知道，你和另一个女人在一起时，我的心在流血。那么，难道你不相信，

亲爱的？？？你想要什么，我都会给你，因为我要给你我的一切。不仅在这里这样，在外边也会这样。[33]

称谓所爱之人时，汉内洛蕾·比希纳总是用英语"我的阳光男孩"以及"亲爱的"，她写给这两个人的信里充满了各种爱意、承诺、性渴望，以及被抛弃的恐惧。她常对洛蒂说"忠诚到海枯石烂和爱到地老天荒"，她还常常问洛蒂能不能听到"我内心深处的召唤"；她向海因茨承诺，"我真的说不清我爱你爱得多疯狂"。她还说，她已经知道海因茨很快会得到释放；她反复对洛蒂说，她们之间的爱不会仅仅停留在这里，"还会延续到外边"，她还让洛蒂回信时谈一下对此作何感想。我们无法获知洛蒂是怎么回复的。海因茨的回信则充满了男性的自豪，他谈到了"事实真相"，还借用官场上的说法警告她不要再跟另一个男孩见面，还威胁她，如果不理睬他的警告，必将"霉运当头"。海因茨决意强迫她离开"鲁"（Lu）——估计是另一个男孩的名字——他有足够的证据怀疑她所说对他"爱得多疯狂"不是真心话。海因茨似乎不知道洛蒂的事，对隔墙另一侧女孩们所处的女犯区发生的事，他也不知情。海因茨警告她说："你必须忠于我。如果你跟别人搞事，霉运一定会砸到那人头上。你也会走背字。"[34] 好像布莱特瑙少管所高墙内的那些相互怀疑还不够糟糕，对每个关押人员来说，真正的考验是，得到释放后，这种关系能否延续。少管所的标记会否导致各方互相否认曾经的朋友和情人们？

少女汉内洛蕾·比希纳所做的各种爱情表白或许只是老生常谈，她的举止颇有些颐指气使的味道，不过，她有千般理由找一个真心对她好的伴侣。她孤身一人，是个独生女，小时候被乱伦的爷爷糟蹋过。父母离婚后，她与父亲彻底失去了联系。她也知道，在布莱特瑙少管所这样的机构里，女孩们真有可能因爱而死。如果让人发现，至少会导致在没有供暖的"小号"里关上十四天，配给的口粮仅够不至于饿死，战时那些年，这足以杀死关在布莱特瑙少管所里的女孩。

汉内洛蕾·比希纳绝不是关进管教机构里的唯一性乱伦受害人，这里将要讲述的安妮·纳格尔同样在社会上一路下滑到了底层。她的档案材料始于1932年9月，刚好在她8岁生日之前。图林根州小城阿波尔达（Apolda）——杜宾犬（Dobermann）的老家——的青年福利理事会开始调查安妮住的小区里跟她一起"玩儿"过的一些男孩。每个轮到的被调查对象都矢口否认有关指控。其中一个男孩声称："我从来没做过那么让人讨厌的事。"他接着指出，有好几个男孩和一个女孩互相之间有性关系，或者和安妮有性关系。每次发生这种事的地点，他都说得非常清楚。"他们就在那儿干，就在步行街附近。也在基希贝格（Kirschberg）。大家都知道，每次都是安妮·纳格尔挑头。"尽管他比安妮大三岁，青年福利理事会那些官员对他所说安妮在性方面的主动没有提出质疑。另一个年龄更大的男孩被人带过来面对质询时，同样矢口否认所有性乱伦指控。1933年2月13日，希特勒成为总理十四天后，青年福利理事会传唤了安妮本人。问到"哪个成年人跟她一起玩过"时，安妮说出了姐姐的丈夫埃里希·H（Erich H.），由于不断地有人问她说的是不是真话，安妮坚持说："跟埃里希叔叔是真的，是真的。不然的话，除了弗雷迪·F（Fredi F.），没人跟我做过这事。只是我说不准，埃里希叔叔超过18岁了没，还是不到这岁数？其他都是真的。"[35]

实际上，"埃里希叔叔"已经32岁。面对警方各种性乱伦指控时，他甚至不屑于否认，这与小区里其他男孩不一样。不过，与那些男孩此前所说相同，埃里希叔叔坚称是安妮·纳格尔来到他住的劳动阶层的狭小的公寓里，用乱性说法诱惑了他。尽管他的说法前后不一，尽管他承认让安妮染上了淋病，尽管他有过婚外性行为记录，包括一段曾经的情缘让他有了个私生女，青少年法庭依然采信了埃里希的说法，还给安妮加了个"彻头彻尾的骗子"标签。1934年10月，法庭调查最终结束，青少年法庭给出了自己的裁决。他们将安妮安置在少管所接受"福利组织的短期教育"。虽然刑事法院将埃里希叔叔判刑入狱，这也没能阻止青少年法庭引用安妮的谎话以及鼓动"她叔叔进行交媾"作为指控她的最有效的证据。[36]

安妮·纳格尔的案例实在太典型,必须将她带离学校和街面。青少年法庭用法律文本给出的解释为,必须将安妮安置到一家管制机构"经过严格的纪律管制,她的成长将回归正轨。眼下这孩子不仅对那些成年人危险,对她的同学们同样相当特殊"。[37]

州级地方政府或许缺少资源,对那些屡教不改行为导致的潜在案例无法全面惩治,不过,当局可以做到制止其他人效仿。在这种情况下,这种处置方法的确能迫使当局就保守的道德价值观拿出一种植入式的和让人无地自容的真实场景再现,这意味着全体民众接受教育。

从官方文字材料里,几乎看不出安妮·纳格尔提出过什么希望和期望。向青年福利理事会那些不相信她的中年男性证实自己性乱伦,这样的折磨几乎不会让她对外泄露自己的内心活动。颇具讽刺意味的是,或许因为魏玛共和国的维新派成员,安妮才终于有勇气第一次透露关于性乱伦的内心想法。魏玛共和国见证了青年福利方面一些富于想象力的实验以及人道的实验,跨度很大,从雇用一些顾问和治疗师深入家庭到前往少管所为年轻人提供咨询。20世纪20年代,布莱特瑙少管所甚至有了个女性社会工作者,尽管如此,这家机构传统的劳教所氛围让任何人都不会在这个职位上干多久。到了1933年,合格的德国社会工作者90%以上为女性。在每次面对面调查中,如果面对的是个女性,而非男性,每到关键节点,安妮都会向地方当局的社会工作者倾诉埃里希叔叔如何糟蹋她。由于出发点是发自内心的信任,安妮会坚持讲真话——即便这意味着必须收回以前她对男性调查人员作的陈述。大多数青年福利理事会官员和雇员是男性,他们缺乏社会福利和教育学方面的培训,只不过都在宗教慈善机构和地方政府行政机构任过职。安妮有所不知,在所有这些事当中,她如此信任的女性社会工作者没有多大权力,她也不知道,对方不会试图保护她。恰恰是这名社会工作者首先采信了男孩们的断言:安妮是个骗子。对她而言,这最终将证明是致命的。

从那往后,每次她出现在青年福利理事会那些人面前,他们总是一成不变地用这个说法数落她。[38]

安妮·纳格尔的案例是个极端的例子,致使体制内的官员们开始假定,女孩们更像是性的唆使者,而非受害人。青年福利理事会的首要职责不是保护孩子,而是保护社会。一个道德被腐化的女孩怎么说都算不上受虐儿童,反倒对身边的人们遵守秩序和遵从道德构成威胁。少管所第一阶段关押结束后,安妮来到一家农场服缓刑。1939年10月,回家看望家人时,她再次屈服于性乱伦,这一次是跟她的继父。她再次向一名女性社会工作者承认了关于乱伦的事,而她再次被指撒谎。如今的安妮已经15岁,她再次怀孕了。她的私生子一出生便委托给了小城阿波尔达的一家儿童院,而她自己则被送到了布莱特瑙少管所,该所所长对外大肆宣称,他们那里实行"封闭的,严厉的管教"。[39]1942年2月,所长向小城阿波尔达青年福利理事会建议,不要在安妮离开少管所后过早给她安排工作,他说:

> 一般来说,对这类女孩,有必要至少空出一年期限,以便她生出某种恐惧,害怕被送回这里。因为,唯有这种恐惧才能让她成为对民族共同体有用的成员。[40]

就安妮·纳格尔的例子来说,人们永远无法知道,这么做能否将她"再教育"好。1942年6月1日,她死于肺结核——原因毫无疑问是挨罚,在布莱特瑙少管所潮湿的、没有供暖的"小号"里遭到拘禁——她活了十七年,其中十年在"看管"中度过。

安妮·纳格尔的人生可谓骇人,对纳粹德国来说,她的经历并非孤例。宗教保守派、自由改革派、法学家、心理学家,这些人全都不愿意接受卷入性乱伦案例的孩子们的证词。自19世纪末到20世纪50年代,从北美洲到西欧、澳大利亚,全都使用相同的"任性"行为分类,人们广泛达成了如下统一认识:有必要将那些"难管的"孩子送进某些机构,以便将他们和整个社会从险恶的道德沦丧怪圈中拯救出来。相同的家长式传统管理方式在各种儿童院，以及私人经营的儿童福利机构里很常见，例如英国的巴纳多医生收容所（Dr Barnardo's Homes）即如此，这些往往是宗教机构和慈善机构与地方政府合作的项目。[41]

犹如发生在其他许多政府领域的事一样，纳粹党人非但不反对，反而采纳了许多专业人士凭借各种直觉做出的判断。1933年，纳粹掌权后，他们意识到，受世界经济大萧条影响，公众的和私人的福利要求早已转向，更便宜和更粗放的救济方法反而更好。纳粹党人置专家广泛的和争论不休的各种想法于不顾，反而采纳了基督教慈善机构的许多保守建议，以及许多世俗的和进步的建议，为各种惩治措施开了绿灯。20世纪20年代，诸如鲁特·凡·德莱恩（Ruth van der Leyen）和维尔纳·菲林格尔（Werner Villinger）之类魏玛时期的主要进步人士帮助人们形成了观念转变，他们的理由是，那些特别难以管教的孩子应当被定性为"非正常人"和"精神变态者"。优生学家们的观点是，那些"不可教的"孩子是多重社会危险，而天主教保守派则号召制定法律，允许无限期的机构管制，或强制收容，纳粹党人将双方的观点结合了。在一个满是优生和吝啬观点的健康和福利体制内，为挑出可能对社会有益之人，改革家们在挑选过程中变得越来越残忍，反而获得了回报，这犹如在数不清的麦粒和麸皮当中将"可教的"人从"不可教的"人里分离出来。[42]

伴随纳粹政策的措施总是在其他地方大规模应用的最极端的一些措施，例如在美国某些州以及斯堪的纳维亚半岛国家实行的强制绝育措施。与前述瓦尔特劳德·费伊尔、鲁特·费尔斯曼、莉泽洛特·施米茨一样，导致安妮·纳格尔之死的原因是，她在布莱特瑙少管所遇到的对待，而她的死因经证实为：对机构纪律措施实行的检查锐减，在纳粹国家时期，这很典型。这些拘押期内的死亡事件也向人们道出了其他一些事：无论纳粹党多么担心食物短缺对德国民间士气的影响，对于被排除在"民族共同体"之外的，以及关押在封闭式机构里的那些年轻人，当初也有确保其不至于饿死的有效

限制，而战争让这些都结束了。⁴³

　　1939年12月22日，海因里希·希姆莱（Heinrich Himmler）的副官莱因哈德·海德里希（Reinhard Heydrich）在帝国安全总局召开会议，讨论授权刑事警察将青年罪犯们送往新建的"青年保护营"的设想。1940年2月1日，希姆莱拿到了内阁批准的文件，同年8月，位于汉诺威附近莫林根（Moringen）的一家前政府福利系统的劳教所被改造成收留16岁以上男孩的集中营。两年后，乌克马克（Uckermark）专门收留女孩的集中营投入运营，不祥的是，它位于专门收容成年女性的拉文斯布吕克（Ravensbrück）集中营附近。这些新营地让传统福利体制下的儿童收养所直接过渡到了纳粹别出心裁的集中营体制。⁴⁴

　　位于莫林根和乌克马克的两个集中营成了犯罪种族生物研究院的实验室，该院隶属于柏林的帝国安全总局，由种族主义教授罗伯特·里特尔（Robert Ritter）负责。两个集中营会根据"学生们"的状态将他们分类，然后发配到不同的区域：在乌克马克，女孩们被发配到三个区，一些人前往"待评估"区，另一些人前往"可教育"区，绝大多数人前往"犯了无可挽回之事"区；在莫林根，男孩们被分为六大类。各机构负责人倒退回传统的分析方式，用女孩们性滥交的趋同性与男孩们偷盗和暴力行为的多样性相比较，以解释各集中营分类方式的不同。到了1945年3月，1386名13—21岁的男孩被送往莫林根集中营；截止到1944年底，至少1000名女孩和青年女子被送往乌克马克集中营。少数人后来得到释放；大多数人只是转移到了其他关押机构，例如精神病院或成人集中营，许多人在那些地方失踪了。莫林根集中营和乌克马克集中营一直是实验场所，布莱特瑙少管所作为旧福利体制下最严苛的少管所之一，曾经被选为一些"第一次"的实施地。曾经开张的青少年集中营唯有前述两家，而且它们从未收容大量人员，尽管如此，它们足以展示帝国党卫军元首的如下意图：将集中营体制保留到战后，以便"再教育"年轻的"闲散人员"。不过，由于时间和资源等竞争压力，以及更为重要的种族优先制度，希姆莱及其手下更操心的已经不再是德国青少年们。[45]

罗伯特·里特尔和他手下的研究人员也在寻找其他孩子做研究，1942年，他们的研究对象是士瓦本天主教儿童院的"吉卜赛"孩子，当时，孩子们的父母都被送进了拉文斯布吕克集中营和布痕瓦尔德集中营。罗伯特·里特尔的研究生之一是爱娃·尤斯廷（Eva Justin），年轻和敏锐的她来到圣约瑟夫护理院（St Josefspflege），对那里的孩子们做了一年多研究。一些年龄稍大的孩子仍然记得，他们的父母被送进集中营之前，那女人就过来观察他们了。最初他们从集中营断断续续收到的是明信片，后来收到的是盛有父母骨灰的罐子。在圣约瑟夫护理院期间，爱娃·尤斯廷测量了护理院里的吉卜赛孩子的头颅，记录了他们眼睛的颜色，还为他们拍了照。她还给踢足球和玩闪避球的孩子发奖品。修女们想尽办法让孩子成为衣着整洁和干净的德国孩子，与此相反，她则鼓励孩子们爬树，到林子里撒野，好像他们都是野人。的确，爱娃·尤斯廷认为，通过对148名处于监护中的"吉卜赛"孩子进行研究，她证实了如下理论：与留在父母身边的孩子们相比，以及与游牧的族人在一起的孩子们相比，这些孩子的道德修养"甚至更差"。她的结论是，同化不会有任何改变，唯一的解决方案是，对他们所有人实施绝育，包括大多数"吉卜赛混血儿"。截至那时，其他解决方案已经付诸实施，爱娃·尤斯廷对圣约瑟夫护理院的孩子做研究，实实在在推迟了将他们彻底驱逐出"老"帝国的日期：他们一直在护理院待到1944年，那时候，这位有着淡黄偏红色头发的种族健康学者已经完成博士论文，已经不再需要这些孩子。5月9日，他们当中的39人登上了一辆大巴车，前去做一次特殊的"郊游"：斯图加特警方将他们送到了一个叫作奥斯维辛（Auschwitz）的地方，最终从那里生还的仅有4人。[46]

我们再回到布莱特瑙少管所，在希姆莱主管的领域，其他方面的进展对德国少管所学生们的生活有着更为直接的影响。1940年，格奥尔格·沙乌比艾尔担任所长不久，他就把布莱特瑙少管所纳入了新的"劳动教育营"体制，该体制的目标是，让外国强制劳工们短期内受到强烈冲击。接下来四年，大约8400人会进出那里的大门，很快将成为该所最大的单一群体，与德国少管所的"学生"和劳教所的成人一待就是数月数年相比，他们是在那地方居留时间最短的群体，停留时间一般不超过数周。大多数外籍劳工出去后被交还给原来的德国雇主，不过，确有五分之一的人被送往一些集中营，例如布痕瓦尔德集中营和拉文斯布吕克集中营。[47]

布莱特瑙少管所很快便爆满了，有限的空间挤进了超过1000人，包括前修道院老旧的长方形会堂高处那些小阁楼，马厩和附属建筑都挤满了人，甚至关单身禁闭的那些专用"小号"有段时间都挤进了6个人。新体制意味着，负责"教育"外籍奴隶劳工的党卫军卫兵间或也会干涉德国的劳教所和少管所。盖世太保每周在大院里进行一次审讯，布莱特瑙少管所常规时期配备的卫兵从他们的做法里学会了如何才能更残忍，几乎与此相同，战争期间，德国监狱管理团队将各集中营的暴力管理方式照猫画虎搬了过来。随着德国对强制劳动力的需求不断攀升，送进布莱特瑙少管所的人的年龄在不断降低：1943年和1944年，上万名苏联孩子被驱赶到德国，他们在那里受到劳动管理条例管制，其严厉程度等同于成人管理条例。1943年，布莱特瑙少管所的德国和苏联少年被派往卡塞尔市清理被炸现场，一个16岁的苏联男孩从废墟里翻出一些窗帘布，用它们裹住了冻僵的双脚。一个来自荷兰的前受害人至今仍然记得后来发生的事：前房主大喊有人偷东西，一个卫兵立刻逮捕了那男孩。第二天，卫兵让孩子们站成一圈，看着那男孩自掘墓坑，然后强迫他跪在坑边，等候致命的一枪。卫兵用左轮手枪对准他瞄了三次才扣动扳机，最终收起枪放回枪套里。[48]

各种最严厉的措施指向的是阻止各种"污染种族"的新尝试。从一开始，波兰男性就受到威胁，如果他们与德国女人发生性关系，定会面临死刑。由于中立国家公众舆论和西方公众舆论的敏感性，德国当局似乎有所收敛，战胜法国后，情况发生了变化。不过，1940年夏季往后，上千波兰人在德国被绞死，许多人是在公开场合被绞死，包括至少3名来自布莱特瑙劳教所的囚犯。见过这种场景后，那些被迫旁观的波兰普通工人被吓坏了，默不作声地回到了各自的驻地；而那些选择到现场的德国当地人则三五成群地就如下话题议论开来：像这样在公开场合行刑是否得当，那女人是否得到了应有的惩罚，尤其是，如果人们认为，女性在其中主动"诱惑"了男人。每个地方往往会把当地羞辱人的方式强加到女性头上，她们被拿来游街，剃光头，脖子上挂个布告，声明她们犯了种族罪。游街后通常会有一段拘留期，许多人被送到布莱特瑙劳教所的女犯区。[49]

纳粹政权的态度一贯都是家长式的，不过，对于波兰女性和德国男性发生性关系，惩罚却相当宽容。边远地区有上万家农场，那些地方的德国人和波兰人不分你我生活在一起，警方无法实施管控，只好依靠多嘴饶舌的人向他们通风报信。盖世太保的做法与此大致相同，1935年，禁止"德国人"和"犹太人"发生性关系的纽伦堡种族法颁布后，他们便依靠告密者抓捕犯有"种族污染罪"的犹太人。尽管涉及外国人的案例——尤其是涉及波兰男性和德国女性性关系的那些案例——占用了盖世太保大部分时间，涉案的总人数一直特别少：1942年，外籍劳工总数达到300万人，警方逮捕的只有区区1200人；做到这一水平的要点为，通过特殊的威慑行动实施控制，而非全面监督和控制所有外籍劳工。[50]

在布莱特瑙劳教所，各阶层的囚犯走到了一起，这就好比德国劳教所收容人员以及青少年管教学校的"学生们"与他们种族的和国家的"敌人"关在了一起。对波兰强制劳工，以及后来的苏联强制劳工们来说，这等于残酷地和短暂地体验某种特定的集中营。即便这么做让他们逃脱了一辈子待在集中营里，即使他们被送回原来干活的工厂，他们返回的世界也充满了饥饿、营房、强制劳动，以及德国工头的虐待。对他们来说，整个德国就是一片充满敌意的国土，既排外又潜藏着致命的危险。布莱特瑙少管所的男孩和女孩自己就是社会偏见的对象,不过,总体来说,他们一点儿都不想与朝夕相处一起劳作的外国人融为一体。莉泽洛特·舍雷尔什么农活都干,有一次,她完全无法忍受雇主对待她像对待那个波兰女人一样,她用如下说法表达了自己的愤懑:"自愿来干活的少管所的学生竟然被当成了强制劳工!"无论莉泽洛特的地位多么低下,她仍然自认为是德国"主人"中的一员。作为德国男孩和女孩的管教地,布莱特瑙的确是"民族共同体"的最后一站,过了这一站——对外籍劳工来说,一旦身在修道院高墙内,就没有了下一站——就不会有归途了。[51]

对大多数男孩和女孩来说,从少管所得到释放是分阶段的,要经过缓刑安置考核,通常安排在少管所外那些农场。这一阶段,这些青少年干活都得特别卖力气,如果出现任何争议,农夫和他们的老婆会立刻念叨孩子们过去在少管所如何如何。任何抱怨都足以引发如下正式威胁:将他们再次送回少管所云云。女孩与士兵谈情说爱会导致性病筛查,男孩周日下午忘了给奶牛添草料会引来"蓄意破坏战争进程"之类正式警告。让孩子们害怕的是,自己的家人也会像社会上其他人一样反感他们。[52]六年来,经过各种管教机构的关照和农场缓刑劳作,18岁的莉泽洛特·舍雷尔迫不及待地向几乎已不认识的母亲表白如下:

> 我离开你时还是孩子,如今我已长大成人,你不知道我成了什么样的人……忘了所有我对你的不好,我想尽我所有补偿你。借此我向你保证,出于对你的爱,我要改变我的方式。[53]

莉泽洛特·舍雷尔唯恐母亲对自己的看法与官方一致,这揭示了深藏的社会常识和社会偏见基石,各宗教慈善机构、基层官员、福利专家、医生,凡此等等,都在这一基石上打造各自的纳粹国家版本。他们知道,大多数人会支持他们与青少年扰乱社会秩序做斗争。在全民就业时期,"不愿工作的"以及"不合群的"人破坏了社会契约。的确，迟至20世纪80年代，对公众舆论的研究揭示，人们回顾纳粹主义对"不合群的"人们实施的惩戒措施，这种做法反倒成了受欢迎的和正面的东西。战后，为古克斯哈根（Guxhagen）小镇通往布莱特瑙的街道命名时，小镇的市民们认为，没有哪个名字比海因里希·克利默更合适，他是20世纪30年代纳粹时期的州长。[54]

走出布莱特瑙少管所高墙的唯一捷径是爱国主义，在这一点上，青少年内心的情感世界与教官们的公共价值观最终交织在了一起。对女孩们来说，爱国热情无非就是强化与社会保持一致的决心，以适应"民族共同体"。不过，真正让少管所所长印象深刻的是男孩们的爱国主义，司法部业已批准，青少年可以在前线完成缓刑。他们可以自愿报名参军，一旦博得所长尊重，即可撤销对他们的"矫正教育"指令。1941年和1942年，由于征兵额满员，德国武装部队有理由拒绝少管所的男孩自愿加入海军和空军那样的精英部队。一般来说，他们必须耐心等待，年满18岁才能应征入伍，他们最有希望加入的部队是装甲师（Panzer division）。[55]

随着犯罪的和任性的孩子们摇摇晃晃游走在"民族共同体"边缘，他们有可能从悬崖上彻底摔下去，随着纳粹的政策变得愈加野蛮和具有惩罚性，这样的掉落很可能会致命。这可能意味着：关进"小号"挨饿、送往青少年集中营、发放绝育通知或送进精神病院。采取如此严厉的措施对待少年犯，国家会收获广泛的舆论赞誉。纳粹美誉"工作"，从多方面树立了一种衡量德国国民成员的简单标准。战前那些年，充分就业帮助人们强化了对待"不愿工作的人"以及"不合群的人"的态度。在盛大场合，工作本身被誉为"劳动之美"，的的确确是一种美德；在日常工作场所，熟练工人的积极主动受到人们的持续尊重。在各集中营，工作分配的不同，直接意味着生与死。在各监狱，工作将"不合群的人"和"共同体以外的人"与可能回归社会的人犯们划分得清清楚楚。[56]

各少管所划分"可教之人"和"不可教之人"的标准是：能否

勤奋工作。如果少年犯们的档案材料里还有点儿内容，必是少管所的学生们历尽千辛万苦得到的唯一教训：勤奋工作，绝不抱怨，饥饿、嘲弄、挨打都不算事。无论少管所的孩子们内心渴望的是什么，无论他们从其他孩子身上学到了什么技巧，他们必须掌握的技巧不仅有如何向教官们和雇主表现"可取的态度"，在写给家人的信里，他们也得如此表现。颇为讽刺的是，官方拆阅家信的原因是，孩子们的悔罪态度似乎不够虔诚，而这常常揭示出，当局更深层次的共识是瞧不起他们。

第三章
医学谋杀

1939年7月,希特勒安排卡尔·勃兰特(Karl Brandt)前去拜访一对夫妻,几个月前,这对夫妻请求希特勒安排人处死他们严重残障的孩子。勃兰特是希特勒的随行医生之一,他见了这家人,男方是个农场劳工,路德宗教徒,他妻子住在萨克森地区的波姆森(Pomssen)。后来的情况是:7月25日,当地教堂的登记簿上记录了五个月大的格哈德·赫伯特·K(Gerhard Herbert K.)死于"心脏衰弱"。这不过是医学杀人的开始,后来的情况是:一个月内,"帝国严重遗传性和先天性疾病登记委员会"做出安排,强制医生们报告所有罹患缺肢、唐氏综合征、中枢性瘫痪、小头畸形、脑积水、痴呆症的新生儿。登记表都提交给三名医学专家,其中之一是莱比锡(Leipzig)的维尔纳·卡特尔(Werner Catel)教授,其实他早就被招来,曾对格哈德·赫伯特·K一案发表过意见。裁决婴儿们的命运时,三名判官并不亲自参与诊断,只是在他们的登记表上作标记,"+"号为死,"-"号为生,自此,死亡结局便名正言顺了。[1]这一开创性研究导致的结果是,大约5000个孩子被杀,设立所谓的"儿童部"或"儿童专属区"收容所的数量在逐渐增加,大约30家机构卷入了甄别和杀戮孩子们。[2]

德国年轻人都想达到希特勒著名的体质标准,成为"像皮革一样柔韧,像克虏伯钢铁一样坚硬,像梗犬一样矫健"的人,孱弱者和白痴必须消灭。在大德意志帝国内，如果美丽必须遍地开花，畸形人便永无立锥之地。虽然一些人认为，"儿童部"是个长期措施，战争结束很久以后，仍需用其清除本该用绝育和堕胎措施阻断其出生的那些人，当务之急是，对战争进程无法做出贡献的那些患者，应当从收容所里清除出去。希特勒委托卡尔·勃兰特和菲利普·布勒（Philipp Bouhler）两个人准备一份新的、规模更大的提案，后者的办公室每天收到2000份来自格哈德·赫伯特·K那样的家庭的情愿，正是他从中选出了格哈德·赫伯特·K一家作为案例。1940年12月，卡尔·勃兰特和菲利普·布勒两个人有了新的办公地点，他们将谋杀收容所成年患者的秘密行动简称为"T-4行动"，这一名称源自他们在柏林的新地址：蒂尔加藤（Tiergarten）大街4号。[3]

战争初期，在头六个月里，随着党卫军和警察的两个特殊部门横扫波美拉尼亚和波兰西部，大约3000名收容所患者被就地枪杀或毒杀。在战前原属老帝国的其他地区推进医学谋杀，走的是官僚路线，尽管如此，依然是快捷路线。随着一些顶级精神病学家和儿科专家加入协助决策的"T-4行动"判官队伍，他们处理的个案卷宗数量迅速攀升。1940年1月，勃兰登堡（Brandenburg）前强制劳动监狱展示的"毒气室杀人"开发出一个批次至少杀死20名患者的方法。接下来十八个月，通过在帝国各地建立疗养院和收容所，例如在士瓦本阿尔卑斯山的格雷芬内克（Grafeneck）、林茨（Linz）的哈特海姆（Hartheim）、贝恩堡（Bernburg）等地，以及德累斯顿附近的索尼斯坦收容所（Sonnenstein），患者遭到了屠杀。1941年1月，即"T-4行动"开始一年后，为替换格雷芬内克收容所，哈达马尔建立了第六家运作中心。[4]

哈达马尔收容所坐落在高于哈达马尔小镇的山脚下，流经马尔堡和法兰克福之间的拉恩（Lahn）河在此冲刷出一条人迹罕至的、盘桓曲折的山谷，收容所正好俯瞰那个山谷，那里遍布小锡矿，充满了天主教规矩，是一片贫困的农村。1906年，位于哈达马尔的收容所开门营业，当时那一地区早已深陷经济萧条。收容所占用了19世纪末期一家劳教所的部分建筑，第二次世界大战爆发时，为将其改造为军医院，收容所将主体建筑里的患者清理一空。鉴于威斯巴登（Wiesbaden）政府给予积极支持，这么做有利于这次改变。原管理人员有25人留任，其他人有的来自格雷芬内克，有的来自柏林，还有的来自当地招聘。一些患者搭乘支线列车，首先到达位于山脚下城里的火车站，或搭乘社区患者交通服务公司经营的灰色大巴车直接来到收容所所在地。新来的患者通过一个侧门进入建筑物一层的一个房间，几扇大窗户让屋里非常明亮，患者在那里脱掉随身衣服，核对身份。经过一次草率的体检，一名医生从单子上的61条处死理由里找出最合适的理由与眼前的患者配对。随后有人给他们拍照，智力障碍患者面部照片的保有量在持续增加。然后，会有人带领他们分批离开，拐弯处有一截窄楼梯，通往低处一个白色的小淋浴间，房间里铺满了地砖，靠墙处摆满了木质条凳。正是在这里，有人用一氧化碳毒杀他们，然后将其尸体投入地下室另一端的两个焚尸炉焚化。1941年1月到8月，总计10072人在此遭到毒杀。[5]

  对各地方当局来说，不幸的是，火葬烟囱会喷出浓密的羽状黑烟，这确认了搬运尸体的劳工们传出的小道消息。位于士瓦本阿尔卑斯山的格雷芬内克城堡收容所毒杀了9839人，当地公众的不安立马导致这种作业转移到哈达马尔收容所。由于经手的数量过大，导致医生们开具死亡证明时粗枝大叶，例如，一些家属被告知，患者的死因是阑尾炎，而这些人很早以前已经切除这个器官！交给家属的一些纸质骨灰盒也会有漏洞，一些家属在男人的骨灰盒里发现了女人的发卡，有一家人收到了儿子的骨灰盒，不过，他们早在两周前已经将儿子从收容所转移出来！家属们提出了各种质疑。在各收容所周边，毒气杀人早已不是秘密。林堡（Limburg）主教安东尼乌斯·希尔弗里奇（Antonius Hilfrich）致信帝国司法部部长——部长本人是天主教教友——提出抗议，他引用当地孩子们表演的一个剧情，每当灰色的大巴车穿过小城哈达马尔，孩子们都会唱起："又来

了几个杀人盒子！"⁶

1941年8月3日，明斯特的天主教主教加伦伯爵克莱门斯·奥古斯特（Clemens August Count）在位于兰贝蒂教堂（Lamberti church）的布道坛布道时公开反对安乐死。他就自己所知揭露了对患者的屠杀，对老年人、身体虚弱者、因战争致残的老兵们，他提出如下警告："如果允许任意屠杀'不会带来效益的'人类，一旦这个原则得到确立和应用"，后果不堪设想。他的布道在明斯特教区各教堂广泛宣读，在偏远地区影响深远，英国皇家空军还以传单形式将其广泛投放。⁷

在晚餐过程中，希特勒数次发表长篇大论，私下里点名要加伦伯爵的人头，好在他认识到，因强制关闭修道院，已经与教会对抗了整整一个夏季，再就此问题激怒明斯特的天主教徒，则很不明智。小人物们就没那么幸运了。保拉·F（Paula F.）在哈达马尔收容所后勤部门工作，因为手里有一份加伦伯爵的布道宣讲稿，她遭到盖世太保盘问，随后被送到拉文斯布吕克集中营关了六个月。犹如在第三帝国其他地区实施的政治控制，在这一地区使用恐怖和威胁手段，既有残忍的一面，也经过精挑细选，目的是拆散和重组持不同政见者，而不是将他们斩尽杀绝。返回哈达马尔的保拉意识到，她不仅丢了工作，小城里的人全都躲着她。⁸

"T-4行动"后来被叫停，随后被彻底终止。为除掉犹太人，党卫军在波兰贝尔泽克（Bełzec）开发出一套崭新的、规模更大的毒杀计划，"T-4行动"主要参与人很快便出现在那里，同时还带去了经验。到了那年8月，"T-4行动"终止时，该行动已超越原定杀掉7万名患者的目标。"T-4行动"团队正忙于计算为第三帝国等价节省了多少鸡蛋、果酱、奶酪、土豆，还额外除掉了2万名集中营囚犯。不过，这只是医学杀戮一个阶段的结束。⁹

"T-4行动"项目医学负责人之一，撒克逊人保罗·尼奇（Paul Nitsch）曾经试验过其他杀人方法，他在莱比锡－道森（Leipzig-Dösen）收容所工作，他给自己管理的患者服用鲁米那（Luminal，一种安眠药）。"T-4行动"毒杀进行得如火如荼时，在格罗斯威德尼茨（Grossschweidnitz），另有5000名患者遭到药品和饥饿双管齐下的杀害。1941年8月，"停止令"下达后，哈达马尔毒气室停用，焚尸房遭到拆解。将近一年后，即1942年8月，哈达马尔收容所重组了管理团队，由61岁的阿道夫·沃曼（Adolf Wahlmann）博士和行政主管阿尔方斯·克莱因（Alfons Klein）担任领导。成年患者抵达收容所后，当即被分为两组，能工作的为一组，不能工作的为另一组。不能工作的人每周仅有三次进食机会，只给他们喝刺荨麻汤，直至饿死。1942年8月到1945年3月，送到该所的患者超过90%死亡，死亡人数至少达到4400例。看到焚尸炉冒出显眼的羽状黑烟，当地的人们不再感到惊讶，那些人的骨灰就地掩埋。

那一阶段的医学杀戮集中在波美拉尼亚、黑森－拿骚（Hesse-Nassau）、萨克森和巴伐利亚。坐落在波美拉尼亚的梅瑟里兹－奥布洛瓦德（Meseritz-Obrawalde）收容所和坐落在黑森－拿骚的哈达马尔收容所成了第三帝国最有名的两个中心。虽然其他州如今都把自己的患者送往这些收容所，在各州的众多收容所里，饥饿杀人已经泛滥成灾。在这一医学谋杀阶段，接近半数患者死在那些并非专业杀人的收容所里，死因仅仅是饥饿。根据估算，第三帝国杀戮的精神病患者高达216400人，虽然如此，还有更多人——一种估算为87400人——成了毒杀以外众多伪装杀人形式的牺牲者。所谓毒杀即1939年到1941年的"T-4行动"。[10]

杀害残障儿童一直在持续，从未停止。与毒杀成年人不同，杀害孩子们也是从一开始就有伪装，医生们和护理团队采用各种药物混合搭配，例如：将粉末状鲁米那掺进晚餐食物里，给孩子们注射吗啡、东莨菪碱，或者，直接让他们服用鲁米那药片和曲砜那（trional，另一种安眠药）药片。出现急性肺炎和支气管炎症状后，死亡既不会很快，也不会没有痛苦，有可能会拖上好几天。阿尔弗雷德·弗尔克尔（Alfred Völkel）是个犹太混血男孩，1943年被送进哈达马尔收容所，分给他的任务是在其中一个阁楼里挑拣孩子们的衣服。前往阁楼时，他肯定会路过屋门紧闭的病房，里边关着二三十个饥肠辘辘、筋疲力尽的孩子，他们因药物发作拼命喘息，他会听到他们发出"临死的怪叫"。至今仍待确认的是，医学杀戮的受害者总数里有多少孩子，不过可以肯定的是，不会少于数万人。[11]

　　一直以来，参与医学杀戮的那些人都决意三缄其口，对那些受害家庭，他们更是避之唯恐不及。凭借对烦琐程序的常规操控，这些努力大部分很成功，通过收容所中转网转移患者时，抵达哈达马尔收容所那样的杀人机构前，尽可能在各阶段拖延通知家属的信息，直到纸包不住火方才作罢。卡尔门多夫（Kalmenhof）收容所位于伊德斯坦因（Idstein），像这样的一些收容所长期阻挠家属们来访，惯用的借口是铁路运输军事优先。导致 1941 年抗议潮的大多数信息源自国家官僚机构的泄密，以及各地方的内情。随着杀戮于 1942 年再度开启，官僚体系内部下大力强调保密，送走患者的政府机构也无法获悉患者前往的收容所的准确名称。收容所省下的预算也需要做手脚，上千万马克以"建设基金"的名义藏匿起来，其他余款用其他日常开销形式重新利用，从购买纪念品，到拿骚图书馆建设，以及莱茵河-美因河的交响乐团建设，不一而足。[12]

　　极少数家属能做到最终战胜管理机关的繁文缛节，在孩子们下葬前赶到收容所，用药品杀人的本意正是为了安抚这些家属，让他们看到孩子死于自然原因。尸体下葬前，这些孩子至少还有象征性的仪式。从伊德斯坦因前往墓地的车子总会从地方牧师的房前经过，牧师曾经怀疑，车上拉的孩子的棺材怎么永远是一个样。实际情况的确如此。一个智力轻度残障的大孩子总是为镇上的卡尔门多夫收容所做一些奇怪的事，有人安排他在墓坑底板上装了个活动门，以便尸体落入墓穴，棺材随后被带走，重新加以利用。[13]

　　"安乐死行动"成了公开的认知，它深深地撕裂了公众的观念，导致一些针对战争的最直接的抗议。甚至有人威胁要埋葬纳粹政权和那些著名的健康专家，因为他们背离了德国社会绝大多数人的意见，让"社会的有用性"与生命神圣不可侵犯两种对立观点波翻浪涌。医学判官们裁决应当给患者"+"号还是"-"号时，将他们的工作能力作为决定性因素，这不过是顺应了其他地方的官僚标准。作为方法之一，监狱、少管所、集中营等机构借助工作意愿将"民族共同体"里可"再教育"的成员与"不合群的人"以及"共同体以外的人"进行切割，这些机构里发生的事却没能引发公众的愤怒。以没有工作能力作为处死精神病患者的标准，这是完全不同的事，从一开始，医学杀戮的实施便基于如下假设：德国公众不会同意这样的举措。人们喜欢将其称作"安乐死行动"，虽然这一行动能号召包括新教和天主教专家在内的广大专业人士一起合作，在整个战争时期，执政者必须容忍它带来的最尖锐的和最广泛的批判。

20世纪30年代，各收容所对食物开销和其他开支的削减至少像各劳教所和少管所一样大刀阔斧，创造了一种充满资产负债表的行政管理文化氛围。为一些患者实施强制绝育，也许会保护德国社会免于"堕落"成"白痴国家"，不过，这么做不会减少患者数量，也不会为军方腾出多少床位。第一次世界大战期间，德国精神病学家们眼睁睁看着多达7.1万患者死于饥饿和与之相关的疾病，他们已经学会考虑问题要以民族事业和国家为立足点，而不是仅仅考虑患者个体。卡尔·宾丁（Karl Binding）和阿尔弗雷德·霍赫（Alfred Hoche）两个人于1920年出版了小册子《对销毁无价值生命的准许》，他们四处宣扬，这应当是社会摆脱"无用的负重存在"的一种合法方式，两个人试图通过激进方式重新定义"无痛死亡"概念。不过，20世纪20年代，主流医学观念依然阻止协助个体自杀，甚至这样的想法都不该存在。虽然社会广泛认同如下观念：许多精神病患者过的就是植物人的、毫无意义的生活，人们依然无法接受这种对个人权利的侵害。在经济大萧条重锤的不断敲击下，越来越多健康专家愿意以战时国家紧急状态名义大声疾呼，他们迫不及待地试图直接拥抱"无痛死亡"概念。更为激进的是一些收容所所长，例如赫尔曼·普凡米勒（Hermann Pfannmüller）和弗里德里希·门内克（Friedrich Mennecke），以及一些州级高官，例如威廉·特劳佩（Wilhelm Traupel）等人。一批批党卫军和希特勒青年团成员前往位于巴伐利亚的收容所参观时，赫尔曼·普凡米勒之流总会借机宣扬自己的这类观点，然而，此类争议并未广泛流入社会。[14]

戈培尔意识到，德国社会还没有准备好全面支持如此极端的关于生命权利的实用主义。但凡涉及"无痛死亡"，早期纳粹伪纪录片的宣传路线是，将资源用在"白痴"身上是浪费，强制绝育有各种实惠，戈培尔一笔勾销了给这类影片的所有拨款。纳粹教育家们极可能提议为在校的孩子们解决数学问题，这与花费在婚姻贷款和收容所患者身上的税收收入形成鲜明的对比。不过，大多数人坚持认为，残障是人生的不幸。恰如公众对强制绝育相反的反应所揭示的，无论人们觉得残障多么丢人，社会上广泛存在着一种恐惧，这种事可能发生在任何人身上。所以，加伦伯爵决定公开号召人们反对秘密处死收容所的患者，这绝非偶然，他特别强调的正是这一点。"无痛死亡"瞄准的是那些不能工作的人，因而没有一个人是安全的。在战争中严重受伤的士兵、为战争进程牺牲自身健康的工人、需要他人照顾的老人，没有一个人是安全的。德国公共政策最明显的进步之一是一整套复杂的、规模庞大的公共健康综合体系，社会民主党的工人运动曾经与宗教慈善机构一起在其中起了积极作用。关爱的权利以及深入人心的生命神圣不可侵犯的伦理道德规范已然确立，对那些满脑子都是配给，整天沉浸在种族健康文化氛围的官僚以及健康专家而言，含蓄地打破这种社会契约，多少还有些意义。[15]

戈培尔的反应是，用渐进方式影响公众舆论，他找人拍了一部电影，内容为一个患有"多发性硬化症"，正在渐渐地，痛苦地死去的女人接受辅助自杀。巨资投入的电影《我控诉》（*I Accuse*）由沃尔夫冈·利本艾纳（Wolfgang Liebeneier）执导，震撼人心的音乐由诺贝特·舒尔策（Norbert Schultze）执笔，演员为全明星阵容，该片于1941夏季公映。到了1945年1月，已有1530万人看过这部电影。战争时期，关于人的有用性和资源配给话题，片中的众多陪审员有一通精彩的辩论，虽然如此，真正吸引人的还是其中的感情部分。片中的女人自己选择死亡的权利，医生们帮助她赴死的权利，观众就这一心理学领域万众瞩目的话题展开了讨论，许多人也在思考安乐死的可倡导性，或法律的可通过性。不过，当时没有人将已经流行的非常另类的医学杀戮与这一议题广泛衔接。在一封教区内部的通信里，帕绍（Passau）的康拉德主教（Bishop Konrad）详细解释了这种相关性，在加伦伯爵因布道赢得广泛信众的明斯特地区，人们也将自己所知与医学杀戮联系在一起。这部影片在这一点上彻底失败了。[16]

除了1940年和1941年的几次公开抗议，人们对医学杀戮的认知非常迥异。大多数残障孩子的家长住的地方离收容所不够近，无法获知收容所里都发生了什么，许多家长住的地方相对与世隔绝，他们甚至有可能对其他残障孩子的家庭情况毫不知情。1943年3月12日，林登（Linden）太太在死去的儿子迪特里希（Dietrich）的遗物清单上签了名，她怀疑儿子非正常死亡，可她并未在当场表态。儿子的遗物直接送回了家。收容所邻里对所里情况的了解因人而异。此前与收容所工作人员打交道的经验往往会误导不抱怀疑态度的家长。哈达马尔收容所管理团队的任务之一正是敷衍家属们的各种诉求，尽管如此，极少会有家长提出什么非分要求。[17]

对收到的假冒死亡证明，为什么极少有家长提出质疑？难道他们害怕提出质疑？抑或家长们——恰如许多"安乐死"医生战后接受审判时所言——因摆脱残障孩子如释重负，不想受真相打扰？从一些家庭收到电报时的反应看，的确有一些证据表明，前两个因素都起了部分作用。不过，若想了解这样的家庭到底经历了什么，仅仅知道战后那些官方说法，或者，了解到突然听说孩子们死讯那一刻，那些家庭究竟发生了什么，这些都是不够的。有些事几天几夜都说不清，其中包括此前许多年将孩子委托给一些机构看管，在此期间，孩子和家人们双方早已知道，交给机构看管会有什么后果。

这类机构之一是位于拿骚附近绍伊尔恩（Scheuern-bei-Nassau）的新教内部任务团所属的收容所。绍伊尔恩（Scheuern）收容所所长卡尔·托德（Karl Todt）是符合条件的第一人选。他身上的压力来自三个不同方向，内部任务团中央委员会主席康斯坦丁·弗里克（Constantin Frick）牧师是"安乐死"的热心倡导者，对敢于抗命的所长们，他有的是办法让他们就范。1941年3月20日，柏林，在参与项目的地方收容所所长们参加的一次新闻发布会上，卡尔·托德被告知，希特勒签署了一项命令，授权进行杀戮。截至那时，他和他的手下已经深度卷入"安乐死行动"，将自己看管的孩子送到其他地方杀戮，先期是送到艾希贝格（Eichberg）疗养院，后来是送到哈达马尔收容所。绍伊尔恩收容所看管的370个孩子，有228人送到哈达马尔收容所杀害，其中89人在1941年1月到8月间遇害，另外139人在1942年8月到1945年3月间遇害。绍伊尔恩收容所还成了收容所中转网的一部分，接收从莱茵兰地区和汉堡地区向哈达马尔收容所转移途中的患儿。[18]

让绍伊尔恩收容所就范的主要角色是威斯巴登州行政部门扮演的。负责管理各收容所的州级官僚弗里德里希·贝尔诺塔特（Friedrich Bernotat）是医学杀戮的热心支持者，为了让同行就范，他什么手段都用，奉承、威胁、勾引，全都不在话下。移除挡住前路的人，对弗里德里希·贝尔诺塔特来说过于简单，他是个来自东普鲁士的德国骑兵，第一次世界大战后才来到州政府官僚机构，他喜欢利用自己的纳粹党关系和党卫军关系，将竞争对手和有敌意的人招进德国国防军，以此确保一个老对手——他的同行，"安乐死"的热心支持者——弗里德里希·门内克被派往东部前线。他总是威胁对方，国家资助的患者一个都不给，像绍伊尔恩收容所这种宗教基金支持的民办收容所因此会面临资金灾难。早在1937年，卡尔·托德就已经同意，将收容所置于弗里德里希·贝尔诺塔特控制之下。[19]

医学杀戮让弗里德里希·贝尔诺塔特之流将职业晋升和思想

热情结合在了一起。不过，大多数参与其中的公共健康官员似乎并不过多提出质疑，当然，他们也不会有任何热情投入。像弗里德里希·贝尔诺塔特这类官僚帮助中央政府与各州政府，国家管理机关与地方长官进行各种沟通。1943年，接管州级青年福利事务和少管所事务管理职务未久，在弗里德里希·贝尔诺塔特治理下，在各收容所、少管所、儿童之家之间寻找关联性的努力开始了。当年5月，他的第一个机会来了，他把42个半犹太血统混血儿从儿童之家送到了哈达马尔收容所，帮助柏林内政部（Interior Ministry）官员们摆脱了这些孩子。由于外部介入，阿尔弗雷德·弗尔克尔极为幸运地成了获得释放的五个人之一。他仍然记得，每周有那么一两次，一些孩子会被叫到"办公室"，然后再也没回来。有人让他挑拣那些孩子的衣服，那时他才意识到，那些孩子身上发生了什么。虽然仅有极少数少管所的"雅利安"学生被人送到哈达马尔收容所处死，1943年和1944年，弗里德里希·贝尔诺塔特开始创建一种机制，让一些少管所与医学谋杀机器融为一个整体。那些没有显出"改善"症候的人如今可以送到为年轻人开设的"劳动教育营"，也即希姆莱在莫林根和乌克马克两地开设的青少年集中营，或者送到哈达马尔收容所直接处死。如此一来，加上根除新生残障儿童的方法，"安乐死"看来注定会成为纳粹"社会福利"体制永远存在的一个部分。[20]

家长们被告知他们的孩子已经亡故时，对精神病医生和护士的话，多数时候他们已经变得毋宁相信。毫无疑问，与送孩子们进入托管机构之际相比，家长们此时的信任常常建立在更为坚实的基础上，其间的过渡阶段往往会延续数年，通过间或拜访，更多的是信函往来，家人们与收容所工作人员的交往会得到发展，由此带来他们自身才会有的由焦虑、希望、愤怒、信任组成的复杂的交往方式。对那些家庭实施的欺骗大都建立在来之不易的信任上。所有有严重残障的孩子的身世都涉及家庭悲剧史，有时候这些悲剧就发生在受伤的或者有严重智力缺陷的孩子出生前。有些单身母亲在孩子出世之际就放弃了,即使大多数父母意识到孩子有问题,他们依然试图亲自抚养孩子们。孩子们变得越来越暴力时,例如毁坏东西,随便打人,家长们才认识到,他们无法背着其他健康的孩子们,以平衡残障孩子的要求。[21]

战争也让许多家庭付出了代价,让大多数母亲真的像单亲家庭一样负重前行。必须出门工作的那些人面对的负担更重,许多贫困的城市家庭面临的正是这种状况。对某些家庭来说,将孩子送进收容所是一种战术性让步,完全有希望在战争结束时将孩子再次领回家,这与18世纪以来穷人临时利用孤儿院的做法别无二致。1937年12月,来到位于绍伊尔恩的收容所时,威利·洛伦茨(Willi Lorenz)才1岁半。那年年初,他母亲在拉恩河洗衣服时淹死了,他父亲生活贫困,虽经尝试,显然无法凭一己之力抚养儿子。不过,1941年2月,这名父亲——此前已经再婚——试图重新获得威利的监护权。其时绍伊尔恩收容所管理方早已深深涉足儿童"安乐死"项目,他们拒绝了来自地方福利机构的请求,理由是"这孩子属于高度低能(白痴),因而是个需要纯正专业护理的重要病例"。管理方的结论是:"因此,他完全不适合由家庭抚养,这当然包括他父亲的家庭。永久性由机构护理的必要性或许无法避免。"两年后,威利·洛伦茨被人送到了哈达马尔收容所,在那里遇害。像其他许许多多收容所患者的家庭一样,威利家是个贫困家庭。这些孩子的母亲们很可能在孕期坚持工作时遭遇了事故,或者,从怀孕到婴幼儿早期各阶段,她们很少得到良好的医疗护理。总之,由于时间、金钱、信息渠道均少于同时代的中产阶级,劳动阶层家庭的选择少之又少。另外,正由于下等阶层的孩子们在各少管所占了大多数,如果某名医生正在寻找"低能"或"白痴"的证据,这些孩子很有可能引起旁人注意。[22]

父母总会尽最大努力与孩子保持联络。大约在1944年秋季,一个身为医生的母亲给9岁的儿子写了封信,整封信从头至尾都是大写字母,内容如下:

亲爱的小彼得：

我们不住在汉诺威了。因为飞机起降太吵，我们搬到了施里姆（Schrimm）这边你爷爷家。我给你送去一把牙刷，还有姜汁饼。——很长时间没收到你的信了。千万记住给我写封信。

爱你的
妈妈[23]

回信的孩子极少，留存下来的此类回信更少。更为常见的联络形式为，给孩子们寄包裹，通常会有糖果和其他甜点。为庆祝阿尔弗雷德·肯佩（Alfred Kempe）12 岁生日，父母给他寄了一盒蛋糕。阿尔弗雷德是钢铁工人的儿子，是个真哑巴，虽然如此，他可以借助手语与他人交流，他还经常跟上午查房的医生打招呼，用手势表达对两耳和心脏的检查。有一次，他再现了亲眼所见的癫痫发作，他的表演如此逼真，医疗小组的人都认为，他可以准确地向公众表达心中所想。从 10 岁开始，他的饭量就大得出奇，为阻止他吃东西狼吞虎咽，护士们总是尝试将他的配给量分成小份。颇具代表性的是，其中一名护士给他生日蛋糕，也是一块一块给。不过，由于阿尔弗雷德既不会读信，也不会写信，给他父母回信汇报他多么喜欢工作人员的服务，总是由收容所的工作人员代笔：

你们寄给阿尔弗雷德的生日包裹正好在 17 号他生日那天到达。阿尔弗雷德看见包裹特高兴。他甚至说包裹是"爸爸和妈妈"给的。舒尔茨（Schulz）太太每天给他一部分蛋糕。他收到口琴也特高兴，还喜欢每天吹口琴。[24]

虽然各收容所所长不提倡家长直接写信给各自孩子的看护，但许多家长急于了解孩子的情况，执意这么做。在写给管理方的公函里，尽管家长们会神经质般添加许多"希特勒万岁""顺致德国式问好""顺祝安祺"等，他们给看护们写信的风格则温婉和直接许多，因为这些人一般具有和他们自身同样贫寒的社会背景。

安排看望孩子很困难，战争年月尤其如此。家长们申请免费车票，难免总是不成功（其中涉及像撒胡椒面一样向各个不同的政府部门递交申请），而各政府机构总是向家长们的此类要求泼冷水，借口是军事运输需要。甚至一些家长真的见到孩子们之际，结果极可能是五味杂陈。所以，1940年，阿尔弗雷德·肯佩的母亲接他回家过圣诞节时，按照管理团队的说法，这名母亲"非常激动和兴奋，却对一切都不满"。看到患者身上只穿一件肮脏的长衬衫，在没有暖气的房间里跑来跑去，她有坚实的理由感到吃惊。海伦娜·唐纳休（Helena Donnahue）一家是从荷兰搬过来的，1942年5月中旬，她母亲来绍伊尔恩收容所看望她，那时她已经不会说话，不停地流哈喇子，也认不出妈妈了，而6岁的她来到收容所不过六个月。显而易见的是，这名母亲"非常愤怒，还说她对孩子的状况感到震怒"，不过护士接着简要记述道："自收容所接收她以来，她各方面都没出现任何变化。"实际上，至少从1937年以来，当患者的每日开销定格在每天0.46马克以来，他们就已经处在饥饿配给线上，后来的情况是：战争第一年，各州级收容所有三分之一的收容人员死亡。[25]

不过，也会有其他问题。阿尔弗雷德·肯佩回家过年似乎一切正常，这个总体上快乐以及合群的男孩甚至还在家多待了一星期，虽然如此，母亲来接她时，他却没能认出母亲，其中一名护士对此记录如下："看见母亲到来，阿尔弗雷德没有表现出任何特别的高兴劲儿，好像无法正常认出她了。"[26]

并非所有家长的反应都像前述家长一样，也并非所有家长都认为，收容所应当对孩子的状况负责。1940年12月，6岁的罗丝玛丽·罗特（Rosemarie Roth）的父母也来看望她。这对父母同样也对护理护士们流露出"非常急切的印象"，这名父亲对收容所照顾罗丝玛丽的方法很是不满，他觉得收容所对他女儿做的事不是太少，而是太多。父亲雅克·罗特（Jakob Roth）告诉护士，在家里，他们只给这孩子一块湿布，她会把湿布放在嘴里嚼一整天。"那样一来，"他给的解释为，"她真的会变得相当安静。"罗丝玛丽的父亲的愤怒针对的并非医生和护士，而是他妻子。妻子不在场时，他还诅咒妻子，他说："她不是个好妻子，如果换个人，这孩子肯定会完全不同。"最初家里人都认为，罗丝玛丽的残障全都是由于她妈妈在孕期为了不中断送奶业务不断地骑自行车，以及臀位分娩所致。像往常一样，分诊医生当初就没有理睬这名父亲的说法，他诊断出，这女孩的"低能"是"先天的"。是年12月，作为父亲的雅克·罗特在收容所阴冷和冰凉的病房里诅咒孩子她妈时，他恰恰是在借助纳粹和医疗界对"种族卫生"以及内在的"遗传"的热衷，发泄他对婚后家庭生活中各种争吵和各种苦难的不满。尽管如此，身在西部前线的丈夫，以及留在家里的妻子，两个人都在不停地写信，内容非常明显地充满了对他们独生孩子的牵挂，以及希望了解孩子情况的渴望。罗丝玛丽死后，她母亲甚至成功地来到哈达马尔，参加了入殓。[27]

对收容所的孩子们来说，生活是鲜明地分为白天和晚上的。每天晚上，各种掌管黑夜和安静的规矩强化了孩子们的孤独，宿舍生活根本无法缓解这种孤独。许多孩子一到晚上就哭，有些孩子完全控制不住。一些精神病医生一开始就事论事对某个具体的孩子记录如下：没有显出任何想家征兆；尽管如此，同样是这些医生，他们事后常常会记录如下：随后几个月，或许由于这孩子开始感到安全了，晚间的哭闹减轻了，偶尔会出现一些尿床情况。不良的饮食习惯，以及为防止影响其他孩子，每晚给许多孩子服用镇静剂，同样会导致普遍程度的小便失禁。[28]

一些孩子明显认为，送他们到这种地方是一种惩罚。卡尔·奥托·弗雷穆特（Karl Otto Freimut）将此事与他在另外一家收容所弄坏一个足球联系起来。许多残障儿童无法控制自己的大便，还有一些儿童尿裤子是因为焦虑。所以，格特鲁德·迪特马尔（Gertrud Dietmar）7岁时，护士在她的病历里这样记述道："每次挨打，她很快就会尿裤子。如果有人说，没她什么事，她就不尿裤子。"²⁹ 不过，各封闭机构里的生活、配给短缺、工作人员素质低下等都差不多，尽管如此，身在收容所的孩子和身在少管所的孩子的生活依然有着天壤之别。

绍伊尔恩收容所将孩子们分为两类：一类孩子不过是智力轻度缺陷，他们有能力在收容所附属的特殊儿童学校（Hilfsschule）上学，另一类是残障程度较深的孩子。前述学校具备较强的性别歧视，在"安乐死"项目第二阶段，男孩的比例大大超过女孩，为5∶2，在输送到哈达马尔收容所的孩子们当中，情况至少如此。人们认为，轻度残障的女孩留在家帮助母亲更管用，因而不需要将她们送进特殊学校。依性别分类也许会挽救她们的生命。³⁰

1941年5月下旬，来到绍伊尔恩收容所时，弗里德里希·布劳尔（Friedrich Brauer）快11岁了。由于患有痉挛性步态，这个孩子3岁以后才学会走路和说话，而且他从未上过学。尽管如此，他到达收容所时，为判断他是否该上学，所里为他做了标准的智力测验。弗里德里希能说清自己在什么地方，来自哪里，也知道当天是星期几，还可以从1数到20。虽然他记住的月份数量没超过全年的一半，也说不清圣诞节在哪个月，人们问他重要的政治问题，他都能毫不犹豫地回答。见下：

（我们领袖的名字是什么？）阿道夫·希特勒。

（赫尔曼·戈林是谁？）那个胖子，长得像这样（说着，他把两只手放在脸的两侧，将两个腮帮子捏鼓）。

（我们在和谁打仗？）和英国人。³¹

设立这样的测验是为了检测人们的知识，远超测试智力，这得以从反面映衬执政当局期盼德国小学在校生们都学会些什么，例如弗里德里希这样的孩子，即使他们完全不懂任何一个问题字面背后的含义也罢。这类测试相当典型的例子是，有智力缺陷的孩子们回答不了其他诸多问题，即便如此，他们却可以毫不犹豫地说出元首的名字。多数人还知道，当前正在进行战争，目前的对手是英国，将来的对手是俄国，尽管如此，旁的事他们一概不知，例如这些地方在哪里，谁在统治这些地方等。³²

绍伊尔恩收容所的大多数孩子残障程度太深，无法参与任何一种智力测试。他们感知不到战争这类较大的事件，何况绍伊尔恩这地方离真实的轰炸太远。在这种情况下，医生们将注意力集中在为数不多几项评估标准上，例如身体的协调性、对语言的把控力、受上厕所训练的能力、玩简单玩具的能力、对其他孩子的态度、与收容所管理人员的关系等。一定程度上，这类观察具有一种简单的、约束性的功效。有个时期，收容所工作人员的数量和资金都压缩到了最低限度，具有攻击性和破坏性的孩子，以及上厕所训练不成功的孩子，这类孩子反而大受欢迎。1940年，来到绍伊尔恩收容所时，玛格丽特·京特（Margarethe Günther）已经12岁半，她如此具有攻击性——不仅伤害自己，还伤害其他孩子——以至于大白天，工作人员也得将她捆在"夜椅"上。一年半过去了，绍伊尔恩收容所观察记录簿里针对她的最后一条记录为，她仍然"坐在小椅子上乱晃，必须把她绑在椅子上；因为她随时会从椅子上掉下来"。每个白天，总会有一些孩子不能够或者不愿意参加任何活动。艾达·布劳恩（Edda Braun）一生的三十二个月全都在位于马尔堡的贝瑟尼儿童院（Bethany Children's Home）度过，她的身体没有任何残疾，自1942年9月来到绍伊尔恩收容所，她就没理睬过任何人，永远独自一人在墙角面壁而立。相应地，护理人员对她也就没有任何兴趣了。³³

那些杀戮前戛然而止的病历条目，读起来让人痛心疾首。一些文件揭示，观察孩子们死亡过程的医生和护士在某一节点竟然会责怪孩子们。医疗记录的突然中断必然意味着某个孩子的命运已经最终决定。在每个被害孩子的病历里，最后几行记录总是死亡托词，其中混杂着事实和谎言，例如到达哈达马尔收容所的日期以及——

极有可能——死在那里是由于致命的疾病,这显然是编造的。从一些病例可以明显看出,最终处死患者前,会有一次新的高度负面的评估,这意味着,曾经有过某种医学"筛选"。因而,绍伊尔恩收容所关于沃特劳德·布卢姆(Waltraud Blum)的最后一条记录如下:

> 1942年11月1日:精神方面如体质上一样无明显改善,无进一步改善希望,仅能给予简单护理。[34]

与这一条目形成对比的是,此前的一些条目为沃特劳德·布卢姆刻画出一条缓慢却稳定上升的学习曲线,从没有任何能力,到认识自己的名字,或把玩各种物体(两岁时),到六个月后学习走路,到学习怎样玩木头块和叠纸(3岁时),到1941年初与其他孩子们一起站成圈玩游戏。绍伊尔恩收容所最后一条如此乐观的条目出自1942年2月15日的记录,该条目描述她"持续文静、友好,懂礼貌,没有特别的坏习惯,极少在房间里惹事"。关于沃特劳德,绍伊尔恩收容所接下来的条目内容为:"她还是不说话,至少没说有意义的话,只是自顾自嘟囔。除此再没有可见的智力方面的进步。"最后这句话用的是不同的字形,很可能是后来补写的,或许是1943年2月19日集中补写的最后一个条目,当天收容所准备将沃特劳德和其他23个孩子以及3个成人一起送往哈达马尔收容所。诸如"仅能给予简单护理"和"无进一步改善希望"两句话的作用犹如医学选项中的死刑宣判密码。[35]

沃特劳德离开四天前,工作人员还赞誉她是个"文静、友好,懂礼貌"的孩子,对于即将发生的事,他们没有做出任何表示。极有可能的是,写病历的护士当时并不知情,由她看管的孩子们也没有显现任何异常。可能护士们训练不足,待遇不高,士气低落,看护的患者过多,而且,她们将主要心思放在上级身上,而不是放在照顾对象身上。没准儿她们已经注意到,所有患者长期营养不良,她们在艾希贝格疗养院和卡尔门多夫收容所的同行们因为买卖患者的衣物和配给卡，从配给中捞好处，很可能已经遭到警方调查。尽管如此，护士们常常也逐项记录孩子们能力方面小小的进步，犹如一系列微不足道的胜利，好像这是她们的天职，这么做能让她们守护住一些信仰。[36]

来到绍伊尔恩收容所头三个月，除了坐在椅子上嘬手，转动套在几根手指上的赛璐珞环，沃特劳德·布卢姆不会做其他任何事。那时她已经两岁半，不会走路，喊她名字不会答应，对其他物体也没反应，例如给她个娃娃或者皮球，她都没反应。她只会说"妈妈"和"爸爸"。六个月后，1940年3月中旬，她开始推一把小椅子，以此为支撑，四处转悠着学走路。到了6月下旬，她已经可以不要支撑物，随意在花园里走动，搭积木和玩纸。卡尔－海因茨·科赫（Karl-Heinz Koch）的护士在他的病历里记录如下："用积木块搭积木，还可以说出搭好的应该是个什么。"保罗·埃格（Paul Egger）来到绍伊尔恩收容所时已经3岁，他到达那天，病历里对他的描述为"没有一点儿希望，有时会没有任何来由和善地微笑"。三个月后，他仍然不能走动，不会说话，进流食也困难。8岁以后，在身体协调性和对待人与物两方面都有一定程度进步，可以看到他玩球，玩可爱的玩具，将它们藏到枕头下，被子里，然后又拿出来。[37]

收容所的规矩既鼓励集体玩耍也鼓励单独玩耍，尤其鼓励围成圈的游戏。观察孩子们参与这类游戏的程度有多深，是精神病学评估大脑和身体协调性的组成部分。对那些暴力倾向十足的孩子来说，集体游戏，尤其是那些没有复杂规矩，需要合作的游戏，例如围成圈的游戏，毫无疑问也被用来当作培养他们相互交流的方法。暴力的起因往往是他人打扰了个人的游戏，或争抢某些玩具。[38]甚至在这一阶段，许多残障儿童的音乐天赋引起了人们的注意。总体上说，与倾听相比，这些孩子对表演更感兴趣，他们集中注意力的时间总是很短，对其他孩子的存在没什么感觉，尽管如此，他们瞎唱、瞎哼哼，吹口琴，总是能制造出一些温柔的情感状态。许多残障孩子只能单独演奏，或与其他成年人一起演奏。[39]

位于布莱特瑙的少管所反而鼓励年轻的"被看护者"对工作人员和少管所本身产生一种"确切的恐惧",因而他们会学着"变成民族共同体有用的成员";然而,绍伊尔恩收容所的残障孩子们渐渐将收容所当成了家。少管所的孩子们将家人当作生命线,相互之间有着非常深的关系;不过,许多残障孩子开始忘掉家人,再也无法与家人一起玩耍。对严格的纪律管教和引发饥饿的配给,少管所的孩子们的反应是尝试逃跑;残障孩子们则严重依赖他们的护士。

接近9岁时,卡尔-海因茨·科赫演绎了一出精心制作的梦幻游戏。他会走进医生办公室,拿起桌子上的电话听筒,大声说"你好",然后与想象中打电话的人聊天,有时候,他还会用一只手捂住话筒,好像他正在说的话不应该让屋里的人听见。接着,他会继续电话交谈,连说好几次"对",最终说"再见",以及挂断电话前,他还会提到一个喷壶。如果有人问,刚才他在跟谁说话,他会回答:"对,卡尔-海因茨在跟埃玛(Emma)护士说话。"这是照顾他的护士助理的名字。像本书此前描述的阿尔弗雷德·肯佩在医生上午查房时扮演哑剧角色一样,卡尔-海因茨出演角色时会扮演医生,他想象中的交谈对象"埃玛护士"至少对他非常重要。实际上,"艾米"(Emmi)和"艾达"(Ida)是他在绍伊尔恩收容所最先学到的两个名字,它们不是护士的名字,而是两个年轻女子的名字,一个为孩子们做饭,另一个打扫卫生。到收容所三个月后,尽管卡尔-海因茨知道埃玛的真实姓名,但他已经开始喊她"妈妈"。[40]

患唐式综合征的孩子不在少数,他们尤其易于对这些下级护理人员形成特别强的依赖性。这些女性总是随叫随到,正是她们接管了母亲才做的亲昵的事,例如给孩子们喂饭、洗漱、穿衣,带他们到花园里散步,或者,首先需要肯定的是,在许多情况下,给了他们来之不易的信心,让他们自己独立行走。埃玛经常出现在孩子们的病历里,孩子们最先学会的正是这女人的名字。对当年仅有4岁的威利·巴斯(Willi Barth)而言,来到绍伊尔恩收容所不到一个月,去找"埃玛"意味着从令人不安的医学检查环境回到有人看管的熟悉环境。在赫法塔神经学医院住院六个月后,某天晚上,阿尔弗雷德·肯佩突然感到疼痛,护士一溜小跑往他床边赶去,他指着自己的头,告诉对方疼痛的位置。他管护士叫"妈妈",转到绍伊尔恩收容所后,他把这种依赖也带了过去:

> 1940年5月17日:在收容所里四处走动时,阿尔弗雷德对所有新东西都感兴趣,只要看到没见过的东西,他就会激动地对陪伴他的人跳脚,指着看见的东西,浑身上下满是兴奋,每当看见陪伴他的人也像他一样有兴趣,他才会安静下来。[41]

哈拉尔德·贝尔(Harald Baer)已经接近5岁,几个月后,人们看到他总是学其他孩子,别人玩什么,他就玩什么;不过,轮到在花园里散步,档案记录里的表述为,他"喜欢去那里",以及"在花园里四处乱跑,采摘鲜花,将摘下来的花交给护士"。[42]

这种情感的转换并非总是这么直白,对某些孩子来说,圣诞节没有意义,因为,总体上说,他们无法将圣诞节与礼物和玩具衔接,圣诞树也不会引起任何反响。对其他孩子来说,收到家里寄来的包裹总会引起强烈的,然而含混不清的反响。1940年圣诞节,档案材料对格特鲁德·迪特马尔的描述如下:

> ……收到妈妈寄来的包裹,她很高兴,不过她没问包裹来自哪里。护士告诉她这是"妈妈"寄来的,格特鲁德答:"哦,是妈妈。"[43]

就格特鲁德·迪特马尔的情况来说,她与妈妈的分离早已发生。她的病历条目记载,早在两年半前,她就没收到过信件,也没收到过包裹,生日和圣诞节亦如是。也许她父母没钱做这些事;也有可能是,头一年圣诞节,母亲探望她时,她没表现出热情,让母亲心灰意冷。与格特鲁德·迪特马尔相比,卡尔·奥托·弗雷穆特的态度好像更为矛盾，人们发现，相同的状况也发生在后者身上。1940年同一个圣诞节，卡尔·奥托——仅比格特鲁德·迪特马尔小三个月——也从家里收到一个包裹。以下是档案材料里的描述：

（里边是什么？）"苹果，玩具……还有衣裳。"
（你说谢谢了吗？）"说了。"
（怎么说的？）"祈祷。"
（为谁祈祷？）"为尊敬的上帝。"
（你写信了吗？）"写啦。"
（什么？）……[原文如此]
（信是自己写的吗？）"马尔辰（Malchen）护士写的。"
（她都写了什么？）"我在起居室也戴着帽子。"⁴⁴

卡尔·奥托·弗雷穆特几乎没有视力，这让他无论如何也写不了信，不过，早在两年前，即1938年8月，他就显露出对家在何方的疑惑。他妈妈曾经把他领回家，显然，他曾经在"妈妈来的时候表示过高兴，对妈妈友好，充满爱，问候时还亲了妈妈"。有人问他还回不回来，他回答："会的，我会回来。"从家里返回后，他显然心神不宁，总是玩妈妈来接他的游戏。从前他会说："我就要去过节了……我妈妈明天就来……"如今，跟妈妈在家过了一段时间后，他有足够的信心说："我再也不会回来了。"说过这话后，他"甚至会因为这段自言自语开心地大笑"。这种矛盾、大笑、回家，以及注意力中心从收容所转移到父母家，然后又回来，这些全都揭示他内心的不安，以及他对于其他人如何看待他的焦虑。⁴⁵

随着孩子们对收容所的护士及其助手产生依恋，她们代替了母亲，真正的母亲们只好学着给指定的护士写信，以便了解孩子的情况。这在家长与收容所等级最低的那些人之间形成了信任纽带。当初将残障孩子交给公共健康系统时，家长们有过各种担忧，借助这样的信任，家长们渐渐学会了信任收容所的领导层。

1943 年，林登太太在死去的儿子迪特里希的遗物清单上签了名，当时她并未对假冒的死亡证明提出质疑。迪特里希 1938 年 7 月出生，被诊断患上了"白痴"，两岁便进了绍伊尔恩收容所。在随后两年半里，他妈妈定期给所长卡尔·托德写信，询问关于儿子的情况。为赢得她的信任，收容所通过回信方式迅速答复，每次都给了她让人放心的消息。所长 1941 年 5 月 5 日的回信见下：

尊敬的林登夫人：

关于你的质疑，在此我正式告知，迪特里希眼下表现非常好。身体方面总体上非常健康，至于其他，和朋友们在一起，他非常快乐。在行走方面，他还取得了小小的进展，只要身边有桌子和椅子，他能走很远。他喜欢这里的饭菜。迄今他一直在奥蒂（Otti）护士的儿童病房里，由于机构改组，这一病房解散了，因此，迪特里希由另一名护士接手。不过，新护士同样会非常精心、非常有爱心地照顾好他，看了都让人感动。我以迪特里希的名义祝你一切顺利。

希特勒万岁！

（所长签名）[46]

这封信从各方面都非常经典——乐观的语句；人们将这里的孩子们当作一小群"朋友"，他们差不多总是"快乐的"；从那些显而易见的细节里，可以看出她儿子在不断进步；尤为重要的是，信里还令人欣慰地提到直接负责他儿子的护士；最后还有，官方一丝不苟地做出了安排，收到质疑第二天就给予回复。不过，通过最后一个正式句子"以迪特里希的名义"传达的也许才是这封信最重要的成分。恰如管理层在早前的一封信里披露的，迪特里希几乎不会说话，内容见后："他动不动会喊一声妈妈；除此而外，他根本不说话。以他的名义，祝一切顺利。"[47]

医疗组必须——或者，至少是主动——代表孩子进行表达。不在孩子身边的家长们特别需要知道孩子的情况，而孩子们基本上无法直接跟家长交流，所以，管理层自然而然扮演了中间人角色。借助邮政系统的居间调停，以及更为稀罕的、严格控制的对孩子的探视穿插其间，这种信任关系成了来自家长的爱流淌其间的重要渠道。家长们必须绝对相信得到的消息；不相信意味着他们将完全丧失与孩子的联系。将信任托付给管理层，这些家庭不仅容易受骗，他们还必须学会战胜自己的疑心。

在医学谋杀项目构建师们的头脑里，信任显然是个要素。为了在艾希贝格收容所那样的中心杀害孩子们，在标注着1940年7月1日的一份内部传阅的备忘录里，帝国内政部部长确定了去中心化的系统，他还专门谈到如何规劝家长们放弃残障孩子的问题。推荐的解决方案是，让医生们不断地劝导家长，给他们的希望增加如下内容："通过对特定疾病的治疗，没准儿会出现一些可能性，取得成功的治愈，包括迄今人们认为毫无希望的病例……"[48]

从一开始，医学谋杀项目构建师们的工作就基于如下假设：一些家长可能会同意安乐死，即便是他们，也不愿承担知情的责任。这一假设源于20世纪20年代中叶埃瓦尔德·梅尔策（Ewald Meltzer）对家长观点实施的一项调查，他是位于萨克森地区的卡塔林霍夫（Katharinenhof）收容所的所长。梅尔策尤其注意到，家长们宁愿被告知，孩子们死于某种疾病。1939年夏，希特勒的私人医生特奥·莫雷尔（Theo Morrell）提交了数份落实安乐死的提案，其中再次重点提及了梅尔策的发现。[49]

相比于国家收容所，长期以来，家长们或许更愿意信任像绍伊尔恩收容所那样的宗教机构。不过，他们的信任也是由如下体验形成的：及时回复他们的去信、各种探访，以及来信告诉他们收到圣诞节包裹的经过。他们对看护孩子们的机构的信任成了社会常态，反而让人们更易于将涉及杀戮的医学欺诈链条完整地串联起来。官方在其中也发挥了作用，甚至照顾到了如下细节，将衣物返还，弟弟妹妹们可以接着穿，还可省下布票。负罪、解脱、无助等感觉在其中说不定也起了作用，不过，残障孩子的家长分散在全国各地，除家庭成员之间，在社会上，孩子的残障是免谈的话题。在无法习惯屠杀本国公民的社会，上万孩子遭到屠杀，这种消息一定会对本国公民大面积封锁。不足为奇的是，几乎没有哪名家长想到过站出来质疑自己孩子死亡的原因是假的。

  孩子们也需要在托管的地方看见家长们的身影，这一事实让收容所工作人员扮演监护人、养父母、中间人角色显得更加从容。在孩子们成长过程中，以及家长们不间断的联络过程中，他们进入了角色，在一个时期内，甚至有可能让他们自己都以为，这些特殊的孩子不会被送往哈达马尔收容所。孩子们无人理睬，没有温暖，没有合适的衣服，没有充足的食物，他们究竟多绝望，病历记述没有披露。不过，病历里确实有如下记述：即使在最穷困，最让人沮丧，最让人感到无力的环境，孩子们会本能地转向可以在希望中给他们带来爱的那些人。

第二部分
种族战争

第四章
生存空间

1939年9月，波兰许多道路涌动着难民，给德国电影观众留下深刻印象的斯图卡轰炸机尖啸的嚎叫和令人眩晕的俯冲在难民中播撒着恐惧。逃往华沙、波兹南（Poznań）、克拉科夫（Cracow），古代朝圣之城琴斯托霍瓦，盛气凌人的纺织品之都罗兹之际，进入各城市的波兰人都学会了竖起耳朵倾听重型轰炸机低沉的嗡嗡声。战争伊始，德国人几乎无差别对待军事目标和民用目标，他们教会全世界一个新词——闪电战。9月2日，德国对罗兹的空袭变得愈发猛烈。14岁的达维德·瑟拉科维奇在城外重黏土地上挖掘防御壕，与一帮在市政府周边游手好闲的10多岁的孩子混在一起，让身心疲惫的他依然亢奋异常。在防空洞躲避期间，他还不停地模仿一天前希特勒在德国国会的演讲，让在场的每个人忍俊不禁。不过，防空洞空间不足，大多数人进不去，进城卖农产品的几个农民帮着小孩瓦茨瓦夫·马约尔（Wacław Major）和他的朋友彼得雷克（Pietrek）躲进土豆堆里。瓦茨瓦夫8岁，是个笃信天主教的男孩，他抬头仰望天空，想知道那些炸弹来自何方，他的结论是，上帝"生气"了：因为他朦朦胧胧看见，一连串黑色的十字架映衬在天空之下。[1]

9月6日，下午1点，结束工作的达维德·瑟拉科维奇发现，由于警察和其他所有政府机构放弃了城市，城里到处弥漫着恐慌。他还发现，由于市民们争先恐后逃亡，他的家人和邻居们全都丢了魂,因为"将要遭到屠杀,精神错乱地慌作一团。父亲没了头脑——他不知道该做什么"。瑟拉科维奇一家和犹太邻居们一起开了个会,他们决定留在城里,这下达维德没事可做了,只好旁观人群大逃亡。首先离城的是应征的士兵们和预备役军人们,然后是"背上扛着大包小包的女人们——包里装着床上用品、服装、食物。小孩们甚至也离开了"。达维德和朋友们不动声色地自封了角色,以取代所有逃跑的指挥官。到了傍晚,波兰军队排着整齐的队列穿过城市,队伍后边还跟着一些宝贵的波兰坦克。第二天,达维德和朋友们来到通往南方城市帕比亚尼采(Pabianice)的路上查看情况,他们心中怀着一线希望,有这么好的军事部署,一定预示着一场足以遏止德国进攻的战斗,重现1914年法国人在马恩河地区以及1920年波兰人在维斯杜拉河(Vistula)沿岸——达维德乐观地想道——创造的那些改变命运的奇迹。14岁的达维德·瑟拉科维奇政治上早熟,在日记作者里,他具有罕见的天赋,有能力精准地记录历次事件中人们的感情脉络。在未来三年半里,长期观察自己的命运变迁,必将成为他的主要任务。[2]

  米丽娅姆·瓦滕伯格及其家人加入了拥挤的出城人流。像大多数人一样,他们要去的地方是华沙。只是到后来,他们才听说,在通往布热济内(Brzeziny)的公路上,追随波兰军队的大多数人遭到了斯图卡轰炸机的猛烈轰炸。他们一家四口只有三辆自行车,好不容易从一个过路的村民手里买到了第四辆车,"付出的是200兹罗提(złoty)的天价。"在夏季的燠热里,干渴将他们折磨得够呛,不过,由于索哈契夫(Sochaczew)当地传说德国特务们已经在井里下毒,他们不敢喝井里的水。米丽娅姆的父亲看到路边一所房子的烟囱冒出袅袅上升的青烟,便上前讨水喝,结果他发现,几个窗户已经被子弹打得稀烂,躺在床上的房主也被打死了,父亲从厨房里拿了个装满水的皮囊。他们继续前行,挂在自行车上的皮囊一路摇晃着。他们在路上遇到第一队德国战俘时,那些男人对他们粗鲁地笑着,脸上仍然是信心满满的表情。[3]

刚到华沙，瓦滕伯格一家就意识到掉进了包围圈，他们在兹埃纳（Zielna）大街31号的一套公寓里安了家，原房主已经逃离，不过，留下来的女仆为他们做了一顿晚餐，像战前一样，桌子上铺了白桌布，晚餐有鲱鱼、土豆、黄油、白面包。这是他们离开罗兹以来第一顿正餐。很快，他们就得在德国人轰炸的间歇排队领取面包，然后赶紧跑回住所的地下室——处于与电话交换中心为邻的危险地带。后来地面的房子直接被炸弹命中，他们只好再次搬家。[4]

罗兹不战而降的消息传来时，达维德·瑟拉科维奇正坐在公园里为一个女朋友画素描像。已经有人在皮奥积高华斯卡（Piotrkowska）大街见到德军巡逻队，为迎接德军参谋部的到来，大饭店（Grand Hotel）已经摆满鲜花。达维德眼睁睁看着罗兹的6万名德裔少数民族成员冲出住所，迎接第一批进城的德国军队，"老百姓——男孩们和女孩们——跳进过路的军车，幸福地大喊'希特勒万岁！'"。与此同时，达维德以及其他信奉基督教和犹太教的波兰人都躲进了屋里。占领第一天行将结束时，达维德看了看自己身边，他看到，同时也感到："人们的面孔和内心掩饰的都是忧郁、冷峻、敌意。"星期六，大部队进了城；星期日，德国占领期间第一批次行动开始了："他们到处抓犹太人去挖坑。"[5]

博罗瓦-戈拉村距离华沙不过30多公里，雅尼娜在村里即可听见炮击首都的声音。可以在日记里写下让人欣慰的消息前，她忍气吞声地记述的全是失败、失败、失败。终于，9月11日那天，传来了英国军队在欧洲大地登陆的消息。这个10岁的孩子大喊起来："英国人终于来啦！"她漂亮的婶婶安妮拉（Aniela）开始动手制作一种甜点坎坎波尔卡（can-can polka）。雅尼娜开始想象，自己身穿黄色的欧根纱连衣裙，脸上挂着友好的微笑，手里端着盛满面点的大盘子，穿梭在一群英国军人当中。"我会对他们说你好。"——安妮拉婶婶早已开始教孩子们说英语——"他们肯定会说，我的英语棒极了。"9月16日，期盼已久的消息来得正是时候：德国人"在西线被击退"。不过，法国和英国指挥官们没有履行政府对波兰人做

出的承诺，另外，从西边入侵的法国军队止步于渡过莱茵河以后的德国边陲小镇克尔（Kehl）。⁶

从军事上讲，早在苏联入侵前，波兰已经被打败。9月17日，苏联红军跨越东部边界时——根据不到四周前希特勒的外交部部长约阿希姆·冯·里宾特洛甫（Joachim von Ribbentrop）在莫斯科签署的秘密协议——已经有效切断波兰军队撤退到森林和沼泽地等自然屏障后边的退路，不给它重新集结的机会。眼下，向东撤退的部队面临的危险是落入苏联红军之手，华沙对德国人僵化的抵抗已经没有任何战略意义。随着苏联红军向西推进，到达与德国人划定的分界线，他们几乎没遇到抵抗，仅仅损失了2600人，德国国防军作战的伤亡高达4.5万人，而波兰方面的死伤高达20万人。截止到1938年，大部分波兰军官的指导思想源于1920年与苏联作战时的经验的更新，而眼下苏联的入侵是突然袭击。许多村民以为，红军是前去和德国人作战的，仅仅是路过本地而已。许多人还以传统礼仪面包和盐、各种鲜花，以及匆忙竖起的"胜利拱廊"等欢迎红军到来。事实上，一些地方政府的头头还告诉本地的人们，要善待红军，因为他们是波兰的同盟。⁷

9月18日，在波兰小城扎里茨基（Zaleszczyki），亨里克·N（Henryk N.）从父母的公寓的几扇窗子向外张望，金秋时节已经成为过去，淅淅沥沥的秋雨已经开始，街角处拐过来两辆咔咔作响的坦克，占领了标志着波兰和罗马尼亚边界的那座桥。当地人开始跟士兵们交谈，他们跟红军士兵聊天用的是乌克兰语。士兵们不停地对人们说，在苏联，火柴特别便宜，显然他们受命对其他东西不作任何比较。一天时间转瞬即逝，双方相安无事，红军士兵的供应迟迟未到，他们松懈了，开始享用宾馆提供的食物。"后来我们才知道，"四年以后，亨里克回忆道，"他们的部队从来不提供牛奶和鸡蛋，他们不停地要求我们给他们'蜂蜜'，他们管这东西叫果酱。"甚至在贫穷的波兰东部，人们很快意识到，他们的新主人将他们看作有特权的人和富裕的人。⁸

到了 9 月 20 日，消息从前方传回位于博罗瓦 - 戈拉村的 10 岁的雅尼娜的耳朵里，俄国人和德国人在布列斯特 - 立陶夫斯克（Brest-Litovsk）会师了！"我们被懊悔彻底击垮了，"这是她在日记里吐露的心声，"华沙已经奄奄一息。"那天，人们将土枪掩埋到雅尼娜家的花园里，而她则跑进地里旁观德国人排队进村，结果遭到对方射击。她赶紧趴到地面，在草丛里往家的方向爬去，一头受伤的母牛把她吓了一跳，她跳起身，一路狂奔，母亲看见她平安到家，终于放下心来。她把女儿痛打了一顿，然后让她回到屋里。[9]

与此同时，对华沙的炮击越来越猛烈——不留任何死角——中央政府放弃了首都，成了流亡政府，而华沙市长在人们心中树立了英勇的先例，他一直在组织人们进行抵抗，这座城市一周后被迫认输，从那往后，他的榜样帮助波兰人建立了地下军。在被炸毁的建筑物拥挤的地下室里，14 岁的米丽娅姆·瓦滕伯格和父母一起度过了重围中的最后一夜。躺在她身边水泥地上的小男孩不停地抽搐，那孩子身上被炮弹炸开的伤口周边已经爆出难闻的坏疽味。9 月 27 日，在可怕的宁静中，投降的消息不胫而走。从地下室爬出来后，他们看到，一些志愿救援队已经开始工作，人们在瓦砾堆里搜寻幸存者的同时，将已经死亡的人装到几辆平板车上。一些人正忙着从几匹死马身上割肉，其中几匹马仍在抽搐，瓦滕伯格一家身上裹着毯子，从那些人身边挤出一条路。他们发现，他们最后住过的公寓居然完好无损，守门人还邀请瓦滕伯格一家到他那里共进晚餐，他们一起吃掉了克拉辛斯基公园（Krasinski Park）仅存的几只天鹅里的一只。[10]

苏联人和德国人从东西两个方向侵入年轻的波兰共和国，与此同时，他们还利用两次世界大战之间的各种积怨和仇恨煽动种族内战烟火，以图最大限度摧毁波兰的国家地位。第一次世界大战后，在普鲁士西部许多小城镇里和村庄里，在准确划分各段国界线的全民投票中，波兰人在数量上刚好超过德国人。投票活动在双方准军事力量不断上升的暴力冲突中进行，这导致所有民间协会沿着僵化的民族路线走向长期分裂。在波兰东部，波兰族裔是少数民族。1921年，波兰曾经从苏联和立陶宛攫取过土地，并且开始殖民几个新到手的东部地区。如同此前普鲁士人和奥地利人屡试不爽的做法，波兰人也给予波兰军人各种补贴和土地证明，鼓励他们成为定居者。即便如此，到了1939年，在如今苏联红军占领的东部各州，人口总数为1300万，其中波兰族裔不超过520万。

在波兰东部，占人口绝大多数的乌克兰人几乎不用教唆就会秋后算账。在波兰军事殖民者和乌克兰人之间，曾发生过纵火、殴打、一对一杀人等事件，各种冲突层出不穷。1930—1936年，波兰军队进入占领区，发动了一系列平定战役。而眼下，在苏联地面部队推进前，苏联红军空军开始大量空投传单。兹齐斯瓦夫·贾戈津斯基（Zdzisław Jagodziński）在克热米涅克（Krzemieniec）捡到一些传单，里边有如下内容："号召农民们占领地主们的土地，痛打他们。"亨里克·N仍然记得"许多乌克兰团伙如何攻击回乡的波兰士兵，剥光他们的衣服，给他们一顿痛殴，然后让他们光着身子回家"。为逃避抓捕，波兰军队里一些较大的部队宁愿绕道罗马尼亚和匈牙利边境，在中立国遭到拘禁。一路上，他们在乌克兰人占绝大多数的波莱西（Polesie）地区焚烧了一系列村庄，杀戮村里的居民作为"报复"。对许多人来说，苏联统治者的到来意味着秩序的恢复。[11]

苏联占领者很快便证明了波兰人对自己文化优越性的信心。无论在哪里，波兰男孩都讶异于俄国士兵靴子上的焦油味，诧异于街头高音喇叭播放的宣传歌曲，以及新近迅速出现在所有公共场所的污秽和腐烂。"不到一星期，"摘自男孩弗拉基米尔·沃林斯基（Włodzimierz Wołyński）的记述，"我们的小镇完全变了：到处都是脏东西，没人关心让它保持干净，军队在街上到处堆垃圾，都烂在街上了。人行步道、树木、草地全都被卡车和拖拉机弄坏了。"由于卢布和兹罗提的汇率为1∶1——更重要的是——没有了苏联实施的配给制管控，红军士兵在波兰东部掀起了抢购潮。对士兵、军官，以及追随他们而来的警察来说，波兰东部广大乡村地区代表着一种崭新的资产阶级奢侈世界。当他们扑向似乎没有限制的供应，例如酸奶油、奶酪、黄油、肉类、香肠、鸡蛋等，不加选择地抢购衣服、鞋子、手表等，他们很快将各种存货扫荡一空。官方政策在这方面也起了作用，例如比亚韦斯托克（Białystok）的纺织工业设施实际上整体拆除了，然后装船运到了东方。政府大楼、医院、学校的瓷砖、木门、炉子、木地板、铜质和铁质手柄等同样如此。与此同时，按照苏联和德国达成的贸易协议，石油、谷物、牲畜等都装船运到了西方。由于来自波兰西部的难民大量涌入，不出数月，各小城镇迅速膨胀，人们只能在官方商店里买到储备的食盐、火柴、土豆、煤油等。好在人们还能拿无处不在的苏联内卫军官员的太太插科打诨，说她们身穿粉色睡衣前往剧院，以为这就是正装。城里人全都带着旧衣裳前往乡下，采用易货方式与农民交换食物。[12]

波兰西部许多地区即将被纳粹纳入第三帝国，在这些地区，一轮暴力活动吞噬了波兰人、德国人、犹太人混杂的一些居民区。在西普鲁士小城柯尼兹（Konitz），德裔民兵——同时也是新教徒——立刻将矛头指向了波兰天主教和犹太教邻里。9月26日，他们射杀了40名波兰人和犹太人。第二天，他们杀死了一位波兰神父；又过了一天，他们在柯尼兹医院杀死了208名精神病患者。10月和11月，他们又枪杀了附近另一机构的200名患者。转过一年的1月，在德国国防军和盖世太保帮助下，当地民兵又枪杀了柯尼兹和附近几个村庄的900名波兰人和犹太人。

1900年，柯尼兹曾经是德国人和普鲁士人占绝对多数的小城。正是那年，各德国人和波兰人社区联合在一起，对城里欣欣向荣的犹太人区实施了一次大屠杀，原因是，历史上曾经出现过活祭指控，人们相信，一些犹太人杀死了几个基督教孩子，用他们的鲜血从事宗教祭仪，在波兰一些地区，人们对此深信不疑。不过，1919年，西普鲁士犹太人区协会明白无误地公开宣称效忠"德国贵人"，同时谴责"波兰人的霸道和偏狭"。二十年后，杀害他们的偏偏是作为邻里的德国人。[13]

前述屠杀多次出现在从前属于西普鲁士的布龙贝格（Bromberg）周边地区。由于缺少完整的数据，有人依据事实提出了某种数量级，仅计算战争最初几个月里规模较大的、单次死亡上千人的屠杀，就有 6.5 万人遭到杀害。当地德裔民兵实施了将近半数屠杀。在战争初起的日子里，像布龙贝格那样的城市见证了一些撤退的波军部队攻击德裔民众事件，通过耸人听闻的、极为夸张的德国宣传故事煽风点火，许多类似的杀戮散发着野蛮的恐怖。在里缤（Rippin），波兰囚犯们在返回牢房的路上受尽了各种折磨，有人将钉子钉进他们背部，有人用刺刀挖出他们的眼球。随着许多波兰男人逃进森林，一些当地德国人反而将手伸向波兰女人和孩子们。在布龙贝格本身，为波兰军队送过信，做过侦察的波兰童子军在位于城中广场的耶稣会教堂隔壁靠墙站成排，神父依次为他们做临终圣礼时，他们一个接一个遭到了枪杀。[14]

随着"德国秩序"的建立，恐怖活动不降反升，大规模处决由帝国安全总局进行协调，这是新成立的位于柏林的党卫军和警察中央机构。从 1939 年 10 月下旬到 1940 年初，这些人开始将希特勒——包括他们自己——对波兰殖民地的设想付诸行动之际，他们组织了"针对知识分子的行动"。在这个单一标题下，包括教师、学者、神父、地主、前记者、前政治家、前政府军官和官员在内，全都成了草率处决的对象，或驱赶到各集中营实施大规模处决的对象。在追求意识形态共识过程中，民兵和党卫军特别行动队通常不会做任何深入调查核实，便将犹太人和精神病患者作为"行动"对象。战后，在特里申（Trischen）城外森林里看见过大规模枪杀的少数几个波兰见证者之一对调查人员说，那些受害人还包括一些穿校服的男孩。对他来说，"最糟糕的场面是开来一辆卡车，上面有二三十个 16—18 岁的、身穿女童子军（Girl Guide）制服的波兰女孩。她们面色苍白，身形消瘦，很可能因为饥饿站立不稳"。她们同样必须脸朝下趴在沟里，有人朝她们后脑开枪，将她们打死。枪杀一直在持续，直到五星期前开挖的阻遏德军进攻的壕沟全都变成了坟墓。[15]

随着这些业余民兵学会如何将数量众多的受害人分成容易掌控的小组，学会如何让受害人实实在在脸朝下趴在自己的坟墓里，学会如何瞄准后脑以下的后颈，他们还发明了一些精湛的技术，后来，这些技术由党卫军特别行动队以及辅助人员传承到了战争年代。正如发生在波兰的事一样，在乌克兰、白俄罗斯、波罗的海国家、南斯拉夫，党卫军、党卫军地方分支、德国军方、德国警方延续了同样的大规模处决方法：由杀人小组一枪一枪解决受害人。这些首先在波兰西部完善的技术直接导致了 220 万犹太人以及上千万苏联士兵和平民的死亡。正如下来发生在苏联的事情一样，在战争初起的波兰，当时的行凶者永远无法决定的是，无论他们多么想让自己的行为成为永久的秘密，都是徒劳。在许多城镇和乡村，他们必须费尽心机对付一批又一批吓坏的以及着魔的德军士兵。其中一些人乐于助他们一臂之力，其他人则因为震惊和厌恶抗议他们的行为。许多人只是站在一旁拍照。随着这类消息流传回德国，戈培尔的宣传机构出面做出保证：世人普遍认为，这类杀戮是对波兰人屠杀德国族裔的正当回击。[16]

20 世纪 30 年代中期，由于纳粹政权忙于征服一些国内对手，又要顾及国外舆论，党卫军的"集中营帝国"曾经很小，反犹行动范围也受限制。发动战争未久，希特勒便放出最激进的种族征服大招，在海因里希·希姆莱一手组建的党卫军和秘密警察机构里，他们推出了一轮民间杀戮，这在他们满是血腥的历史上也没有先例。布拉斯科维茨（Blaskowitz）将军直接向希特勒提抗议时，元首站在了党卫军一边。1939 年 11 月，拥有 10 多万人的波兰德裔民兵组织被解散，其中许多人加入了党卫军或警察组织，党卫军特别行动队的几个领导接管了波兰盖世太保和秘密警察的新办公楼。波兰人过去是国家的敌人，如今则成了民族的敌人，德国国内对纳粹暴力活动的限制在这里没有作用，因而幼儿和他们的母亲一道惨遭屠杀。[17]

极少看见或从未见过暴力活动的波兰孩子们甚至也很快见证了恐怖的规模和程度。1939年9月，收音机里以及成年人嘴里总是在重复一个词：战争，它开始让人们感到害怕。像其他地方的男孩一样，波兰男孩从前扮演士兵角色时也喜欢将自己想象成胜利者；一些孩子真的参加过战争，或者在战争中送过信。不过，对大多数孩子来说，战争是个全新的概念和体验。9月头两周，在博罗瓦-戈拉村，10岁的雅尼娜的战争发生在收音机里，其中穿插着爷爷的祈祷、婶婶的舞蹈，以及她自己幸福地等候法国人和英国人到来期间学习的英语课。对万达·普日贝尔斯卡来说，"战争"是与玫瑰花结合在一起的。这个9岁的孩子无法理解的是，父母的花园里开满了花香浓郁的白玫瑰，"战争"这个奇怪的词汇为什么总会让妈妈泪流满面。一天晚上，妈妈走进万达和妹妹的寝室，对她们说，一切都完了。五年后，万达回想起当初那个时刻，她印象最深的是，当时她什么都没弄懂。1939年，她无法理解"战争"这个词语，也无法理解妈妈的眼泪。不久后，德国人占领了他们位于布龙贝格和库特诺（Kutno）之间的皮奥科夫·库贾沃斯基村（Piotrków Kujawski），抓走了在当地当教师的爸爸。[18]

德国人拿下博罗瓦-戈拉村那天，雅尼娜开始知道什么是害怕。不过，她日记里记述的噩梦中并没有出现那头嚎叫的受伤的母牛，甚至也没有出现她在草地上连滚带爬回家时子弹在身边横飞的场景。相反，她梦见一个死去的德国士兵。圣诞节前，她和村里的其他孩子们在林子里看见了倒在雪地上的尸体。就在几天前，他们还兴奋无比地堆了个样子像希特勒的雪人，然后把它砸了个稀巴烂。眼下，想到德国人如果在林子里发现那士兵的尸体，随之而来的必定是各种报复，恐惧油然而生。趁着黑夜，村里的男人们偷偷回到林子里，掩埋了那具尸体。父亲严禁谈论此事，雅尼娜对此印象极深，她的恐惧因身边那些成年人的反应无限放大了。那天夜里，她开始在梦里见到那个死去的士兵。"我梦见自己在深深的雪地里使劲跑，然后被死去的士兵的靴子绊倒了。昨天夜里，同样的梦我做了三遍。"摘自她10岁时的日记，标注日期为12月22日。"我每次醒来，全身都湿透了。"春天来了，雪化了，每次走进林子，看着脚下铺满一地的长着青苔的松针，雅尼娜总会想起那死去的士兵，也不知那个人究竟被埋在哪里。占领本身比军事行动更能让孩子们领教恐惧意味着什么。他们最先从以前似乎非常强大的成年人身上意识到了这一点，那些人突然变蔫了。[19]

很快，男孩们玩的传统战争游戏也变了样，德国孩子只要添个法国平顶军帽和肩章就能玩爽的传统战争游戏，波兰男孩玩的时候，规则就得由每天的现实做主。孩子们学会了区分左轮手枪和机关枪。在布龙贝格，4—6岁的孩子们开始表演城市广场的行刑场景，对临死之际高呼"波兰没有亡！"口号的那些孩子欢呼雀跃。在华沙，男孩玩的游戏包括解救囚犯，不过，也有人看见孩子们扮演审讯中的盖世太保，在这种"野蛮的"游戏里互扇耳光。随着现实对虚构的侵蚀，看到英勇抵抗的榜样和占领者的力量孰弱孰强，孩子们彻底蒙了。[20]

恐惧、嫉妒、仇恨等加速侵入了社会的各个毛孔，在波兰中心地带，它们的侵入标志不是大规模屠杀，而是一些小事件。随着德国国防军抵达罗兹市，犹太人成了作弄对象。达维德·瑟拉科维奇通过自家窗户看到，光天化日下，犹太女人在街上挨打受辱，男人当街被抓走强制劳动。瓦滕伯格一家从华沙返回后，德国国防军军官们一个接一个来到米丽娅姆·瓦滕伯格家，说是从她父亲手里"购买"绘画藏品，她父亲是知名古董商。不过，最勤快的、最无耻的来访者是他们的德国邻里，一个铁路员工带着一家人来"索要"床上用品和其他家居用品。[21]

10月的某个星期天上午，达维德·瑟拉科维奇家大门上传来敲门声，门开后，一家人看见，来的是一个德国军官和两个警察，他们是来搜查公寓的。达维德的父亲做祷告刚做到一半,他吓得浑身像筛糠一样抖起来,因为他正身穿大披肩,盖住了两只胳膊,前额还顶着经匣,亦称经文盒,那些人径直向他走去。出乎全家人意料的是,那些人没有把父亲怎么着,而是查看了几张床,还问床上有没有臭虫,家里有没有收音机。显然,军官对全家人的住处感到失望——达维德在日记里以挖苦的口吻记述道,他甚至没找到"任何值得带走的东西"——他们一起离开了。[22]

接下来那个星期天,达维德·瑟拉科维奇正在潜心阅读一本书,妈妈跑回家说,德国军官们又在搜查犹太人家的收音机了。11月中旬以前,尚未明令禁止犹太家庭拥有收音机,虽然如此,搜查提供了抢劫私人物品的借口。前往瑟拉科维奇家的那些人再次认识到,这家人没有值得带走的东西,这家人的居住条件如此差劲,没有哪个德国人想借住这里。不过,他们却带走了达维德,让他跟着干活,为他们搬运从雷蒙特(Reymont)广场犹太富裕家庭没收的各种物品。篮子里装满从一名医生家搜出的东西,达维德提不动篮子,只能拖着走。这一次,陪着警方官员同来的是个和达维德年龄差不多的男孩。三天以后的10月31日,那孩子又来了,那一次,他带来一个党卫军军官,一个德国国防军军官,一个军警。他们把衣柜翻了个底朝天,拿走了达维德的剃须刀和两个刀片,然后朝他们要钱和内衣。"那个雅利安少年,"达维德在日记里记述道,"带路的正是他,他小声对失望的军官说,至少应当把我抓去干活,可军官根本没理他。"那些人离开后,达维德的母亲浑身哆嗦了很长时间。那男孩显然喜欢骚扰犹太人,每天都会给新的搜查者带路。[23]

母亲让达维德吃了些东西,手脚利落地为他收拾好学习用具,送他去了学校,让他远离伤害。不过,在学校,事情也没好到哪里。由于没交学费,校长立马将达维德和另外9个男孩除名,直到他家的一名女性世交翻出所有随身带的钱,为他交齐了12月放假前的学费,校长才同意他回到班里。与校长之间的争执是公开的,达维德离开时,心里填满了怒火和羞辱。"我在内心深处用最恶毒的语言诅咒他，发誓将来某天'在另一种社会制度下'和他算这笔账。"这是达维德暗自立下的誓言，他的报复延后到了共产党取得胜利时。[24]

11月8日，达维德体验了一段奇怪的经历，他前往"学校穿的是常服，而且没佩戴校徽（在校男生们骄傲的饰物）"。波兰西部的罗兹市成了属于大德意志帝国的地区，头天的报纸还刊登了新颁布的各种限制。禁止犹太人现身通衢大道皮奥积高华斯卡大街，禁止人们穿各种制服，甚至连条纹裤和钉有闪亮纽扣的校服也不允许。11月10日，也即波兰国庆节前夕，犹太人区委员会的22名成员遭到逮捕——当时达维德对此并不知情——并处死。11月15日，众多犹太教堂中的一个教堂被彻底焚毁，因为犹太人区委员会没有按规定上缴2500万兹罗提保护费。达维德原本害怕德国士兵和第三帝国调来的管理人员，不过，他听说当地德国人都应召加入了民兵组织，如果占领军当局精简机构成功，他们究竟会做什么，想到这些，他更加恐惧。[25]

11月18日，罗兹市全体犹太人被迫佩戴黄色袖标，达维德没有参加街头抗议，而是待在家里。第一批报告尚能让人感到欣慰："一看见佩戴袖标的犹太人，那些波兰人就低下头，连招呼也不打；朋友们向我们保证，'这种情况延续不了多久'。"12月上旬，学校再也不值得去了。在大规模搜捕中，老师们消失了，几乎没有哪个班还能开课。我们现在谈论的这个孩子笔下的每页日记几乎满满都是对读书和对知识的渴望，到了12月11日，连他都彻底灰心丧气了："甚至连我都不想继续上替换的阅读课和其他缩水的课了。"那天，一个恐怖的新消息吓坏了达维德一家。父亲慌慌张张跑回家，他带回的消息称，当晚6点，罗兹市要开始驱逐犹太人。他们学着众多邻里的样子，开始收拾行装。只有达维德不信邪，认为那是疯传的谣言，他睡觉去了。不过，12月13日晚，犹太人区委员会确认，驱逐所有犹太人口将在四天内开始。像达维德叔叔那样的人有能力在汽车上和板车上买到位置，他们向南逃往的地方是波希米亚和摩拉维亚，或者沿着更加危险的途径向东逃往苏联控制区。然而，瑟拉科维奇一家甚至买不起光明节用的烛台，他们连逃亡的钱都没有。好在他们挖空了一个土豆，用棉花纤维捻了个灯芯，点燃了第一束亮光。[26]

罗兹市犹太人的生活分裂了，不过，达维德听到的消息越来越好。11月19日，人们在传说，英国广播公司已经连续七小时播报俄国人和德国人在利沃夫（Lwów）附近打了几仗。头一天，据说2000架英国飞机轰炸了柏林，将其变成了第二华沙。12月1日，人们不停地传说，英国空降部队占领了汉堡，柏林燃起了大火，莱茵兰地区已是瓦砾一片，但泽（Danzig）全城都是火。这一次，达维德显得更为理智，他的说法是："多美的图景。"他忧伤地评论道："问题是他们能怎么帮到我们？"随着食物价格水涨船高，燃煤越来越稀缺，街道越来越危险，驱逐消息越来越具威胁性，收音机秘密拥有者仍在传递新希望。希特勒10月初在德国国会发表演说以来，人们再也没听到他发声，他肯定死了，要么就是被人夺了权。[27]

随着谣言和反谣言在城里肆虐，不仅犹太人感到一头雾水，刚刚成立的党卫军安置办公室也陷入了两难。1939年11月，罗兹区划归其他几个波兰行政区，一同并入新成立的德国瓦尔特兰大区。其结果为，俄国在19世纪统治了整整一个世纪的一大片区域的30万犹太人加入了大德意志帝国。12月1日到17日，党卫军从瓦尔特兰西部——从前属于普鲁士——驱逐了所有犹太人。尽管党卫军费尽心机做了各种努力，冬季燃煤短缺迫使他们缩小了行动规模，只好让罗兹市的犹太人留在原地。作为权宜之计，党卫军安置办公室于1940年1月19日做出决定，建立一个犹太人区，安置罗兹市的犹太人。拥有16万犹太人口的罗兹市建成了波兰第一个大型犹太人区，未来两年，它一直是欧洲第二大犹太中心。新建的犹太人区位于罗兹市破败的北部，达维德·瑟拉科维奇和父母被迫来到拥挤不堪的留在罗兹市的犹太人限制区内，直到1940年4月30日该社区彻底关闭，他从未离开那里。[28]

那时，德国人将罗兹市称作利茨曼恩市（Litzmannstadt），它位于发展速度极快和处于极度暴力过程中的德国殖民安置区数条分界线东部。历史上,这是波兰在德国和俄国之间第四次遭到瓜分,很快,在德国区域内,它被进一步打包划分。作为大规模运输军队的手段,当时牲畜运输车成了"转移人口"的手段。在苏联政府唆使下,巴格(Bug)河以东掀起了四次强制驱逐浪潮,直接导致88万人被运往苏联境内各劳改营、孤儿院、集体农庄。在苏联当局抓捕的来自西方的难民里,以及强征财产的商人里,遭驱逐的犹太人占了大约30%。孩子的比例同样过高,占抓捕人数的四分之一,最终送入苏联各孤儿院的那些孩子,如果其中有人说波兰语,或者相信西方的上帝,必将受到惩罚。[29]

被驱赶到苏联的人们承受苏联化改造折磨之际,德国人正忙于驱逐波兰人和犹太人,以便为安置德国人腾出地盘。纳粹一改此前数十年从德国东部各州向海外移民的做法,如今他们在集中精力吸引回归的德国定居者,尤其欢迎从苏联控制的领土迁过来的德国人,以便为新设立的但泽－西普鲁士和瓦尔特兰两个大区增加人口,前者从波罗的海沿岸往南延伸到布龙贝格和索恩(Thorn)地区,后者包括波森、罗兹市、卡利什(Kalisch)、卡托维兹(Kattowitz)。波罗的海国家的一些社区已有七百年历史,计有6万德裔人口从这些社区整体搬迁,"送回了老家第三帝国"。紧接着,又有数万人从以波兰语为主的沃利尼亚(Volhynia)和加利西亚(Galicia)搬迁过来。一年后,比萨拉比亚(Bessarabia)、布科维纳(Bukovina)、多布罗加(Dobruja)的德裔人口也被带回了"家",其中许多人在德国临时营房里度过了数个月,备受煎熬,他们等待"家"的同时,营房外有人为他们清理出许多农场和经营场所。为定居者寻获的坚固的永久性住所无非通过应急手段直接拿来的一些现成建筑。德国人与天主教会达成过协议,唯有这一宗教可以正常存在于古老的帝国境内。为确保协议,许多神父和修女被派往各集中营,与此同时,专业杀害精神病患者的一些党卫军机构清空了许多收容所。[30]

党卫军中央安置办公室的秘密指导方针曾发出如下警示:德国

农民即将接管波兰人的一些农场，为确保牲畜的喂养和挤奶不至于中断，他们必须身处那些农场附近，同时又不能让他们看到驱逐行动。"这一点，"一名德国官员意识到，那些来自苏联占领区的波兰德国人都会说流利的波兰语，这里的引语摘自他的记述，"对来自沃利尼亚和加利西亚的德国人的心理尤为重要。"[31]

从附属德国的领土驱逐波兰人和犹太人，做这种具体事的不仅有党卫军、警察、军队里的男性，他们还得到来自德国各女性组织众多新人的协助，以及学生志愿者、德国女青年联盟组织者、为帝国劳工团做义工的女孩们的协助。但泽-西普鲁士女性劳工团的领导甚至发表过一篇文章，详细追溯了长期以来如何在各次安置行动中将4名领导以及50名女孩安插到相同数量的党卫军成员身边。一些青年女子前往火车站欢迎德国定居者，其他人则协助党卫军驱逐波兰人，接着还要监督那些波兰女性做后续扫除工作。1942年，同一名女性在另一篇文章里称，观看党卫军在一次相同的清理行动中将波兰村民们赶进一个棚子后，一名德国女学生分析了自己的反应：

> 对这些生物表示同情？——不会，这世上竟有这样的人存在，我最多只有无以言表的震惊！对我们来说，这些具有人形的人极其陌生，无法理解，根本没法与他们交往。在我们一生中，我第一次感觉到，这些人的生与死是一件无关紧要的事。[32]

1939年11月，在一个濡湿的傍晚，梅利塔·马施曼（Melita Maschmann）来到了波森市。她在柏林一个兴旺、保守的大家庭长大成人，刚从柏林来的她急于投身德国女青年联盟分配的工作中：重新拿回古代德国东部的，现为普鲁士和奥地利的两块领土，将德国文化带到那里。这座城市到处都是巨大的城堡，显得阴冷和昏暗，不讨人喜欢。刚刚到来的梅利塔分到了住宅楼里最好的房间，虽然如此，除了神经兮兮、一脸奉承的波兰女房东，她没有看见其他任何人。不过，许多隔墙的另一侧以及屋门的里边传出嘈嘈切切的声音,以及人们的低语,她逐渐意识到,楼里其他房间肯定住满了许多不肯露面的人。这是 21 岁的她第一次出远门,对即将投身其中前去感化的世界,她感到害怕。[33]

梅利塔回忆说,由于"那些人衣服上特别浓的体味、面包的馊味、不洗澡的孩子们的臭味、廉价香水的味道",她的各种感官深受困扰。从臭气熏天的院子里出来的孩子们都用烂布条裹住双脚,许多孩子出门只为了讨饭。她的梦里经常出现明显是饿瘦的脸庞和身子骨。因为从未见到波兰人里的知识分子和上等人,梅利塔很快确定了自己的假设:波兰人——他们自己没有能力产生统治阶级——注定会永远受外国人统治。假如她知道当时正在进行的对波兰知识分子的大规模枪杀,20 世纪 60 年代初,她"提交报告"时就不会这么说了。通向城堡的大街上有几个煤堆,冬季的几个傍晚,走在大街上的她停了下来,因为她看见,几个孩子正偷偷摸摸从煤堆里偷煤。他们往小桶里和口袋里塞宝贵的燃料时,带枪的卫兵会跑过来驱赶他们,朝他们扔煤块,或警告性开一两枪。被逮住的孩子会挨一顿暴揍。

亲眼所见,让梅利塔深感震撼,她只好向当地希特勒青年团和德国女青年联盟的一些同事寻求精神支持。她还记得,纳粹时代以前,早在她童年时期,民族主义的父亲给她看了一幅色彩鲜艳的人口标示图,针对波兰人口结构的威胁,还给她讲了一大堆道理。由于出生率低,德国由一块蓝色代表,蓝色斑块上坐着一个吓坏的小女孩。紧挨蓝色的右边是黄色的斑块,上面有个极富攻击性的健壮的小男孩,正手脚并用往德国边境方向爬行。父亲的警示为,有朝一日,那个波兰男孩会"欺负那个小女孩"。那张标示图深深地扎根在梅利塔的记忆里,"波兰人对德意志民族是一种威胁的想法"始终挥之不去。这类形象不仅成了纳粹的宣传素材,由于德国在第一次世界大战中败北,失去了众多海外殖民地,这些形象彰显德国更加广泛的民族主义的和保守的统一认识:国家的命运寄托在殖民那几片东方国土上。梅利塔试图控制自己的各种感情流露,她负责指挥一些波兰人和德国女孩从事义务劳工服务,她必须确保在她颐指气使的外表下,没人能看出她内心有一丝一毫害怕。[34]

与此同时,新来的定居者的孩子们也需要再教育和重新德国化。定居的孩子们身穿肮脏破旧的衣服,冬天在雪地里也不穿鞋,他们长头虱,张口就是谎话,从"老帝国"派来的老师,以及德国女青年联盟的积极分子千篇一律地将这些都归咎于他们在"波兰受的教育"。一名校长看惯了第三帝国希特勒青年团团员们笔挺的站姿,他在报告里提到,他面前那些孩子站没站姿,歪戴着帽子,两手揣在裤兜里,上课期间除了乱叫,吹口哨,乱扔纸条,根本不动脑子。对于给新来的定居者划拨土地,给予资金援助,当地村子里的原有德国人常常表示不满。他们将立陶宛德国人称为"共产主义者",从布科维纳来的人则称为"吉卜赛人",当地德国孩子常常和比萨拉比亚来的孩子打架。[35]

运送驱逐人口的列车满载波兰人和犹太人,货车车厢里没有暖气,越过大德意志帝国东部新边界和德占波兰地界之间那些边检站之后,列车停在那里已经数天。对齐格蒙特·吉塞拉（Zygmunt Gizella）来说,最深刻的印象莫过于耻辱。人无论男女,都被迫在同一节运送牲畜的车厢内另外 38 人注视下大小便,这就好比童年最初学到的所有不可逾越的禁忌在每个人面前瞬间化为乌有。[36]

遭德国驱逐的人们居住在沿途的废弃工厂建筑里,没有暖气,也没有卫生设施。那些稍有工作能力的人会分流到德国各地的农场和工厂,孩子们则留下来,睡觉时既没有床,也没有寝具,冬天只能睡在潮湿的水泥地上,仅有一层稀松的秸秆做铺垫,有时会一连数月如此。在波图里斯（Potulice）、波森州、索恩地区、罗兹市的各"安置营"里,唯有虱子和细菌繁衍兴旺。孩子们深受肺炎、麻疹、猩红热、斑疹伤寒困扰。正如目击者向波兰流亡政府提交的报告所称:"咳嗽声和濒死孩子令人心碎的抽泣成了这些营地的背景音乐。"[37]

到了 1940 年，已有 30.5 万波兰人——其中有 11 万犹太人——被输送到仅存的波兰领土上，那里由德国人委派的"全民政府"管辖。为了给德国人腾出地盘，最终有 61.9 万波兰公民被"安置"到那边。绝大多数人——大约 43.5 万——来自瓦尔特兰，当地新上任的地方长官阿瑟·格赖泽尔（Arthur Greiser）与希姆莱是一丘之貉，是个激进的殖民安置狂热分子。[38]

1939 年到 1940 年的冬季，前述运输特别残酷，遭德国驱逐的人们被驱赶到列车上，得不到充足的食物、饮水和衣物。一个波兰人曾经看见其中一列车的车门全部打开，里面那些人连滚带爬，刚出车门就跪倒在地，开始吃地上的积雪。一些爬出车厢的女人拽着捆成卷的冻僵的东西不肯松手，那些东西曾经是她们的孩子，最终有人强迫她们将死孩子扔进其中一节敞篷车里。在迪比（Deebice）、克拉科夫、桑多梅日（Sandomierz），各车站的工作人员发现，有些车厢的门拉开后，所有挤在里边的母亲和孩子早已冻死。卢布林（Lublin）省胆大包天的党卫军和警察头目奥迪罗·格洛博奇尼克（Odilo Globočnik）早在 1940 年 2 月就提出了如下建议："应当允许饿杀"犹太疏散人员，在冰天雪地的冬季，为鼓励"自然减员"，他还规划过降低各趟列车的车速。与此同时，布拉斯科维茨将军从波兰致信希特勒，提出了如下警示：这种场景会加剧波兰人的反感，"成为刻骨的仇恨"。[39]

遭强行"安置"的波兰人数量巨大，唯一超越这一巨大数量的是进入德国从事强制劳动的波兰人。截止到 1941 年 1 月底，输入德国的波兰人达到 79.8 万，他们中许多人来自附属德国的几片领土。岁数非常小和非常大的人，以及体质上和种族上"不合格"的人，全都不断地输送给了"全民政府"，为第三帝国各农场和各工厂大规模招聘劳工的事也在同时进行。1943 年春，为庆祝征招劳工前往德国成功，某列车离开华沙前，汉斯·弗兰克（Hans Frank）为第 100 万名"志愿者"颁发了一只金手表。希特勒认为波兰人应该像在土著保留地或巨大的营地一样被关押在"全民政府"中,以便为德国经济提供非技术性的劳动力,这一信念实际上得到了实现。[40]

对波兰人而言,成为附属国的教训一个个接踵而至。尽管在不同的行政大区,在被吞并领土和"全民政府"之间,现行的确切措施各不相同,但总的意图是相似的。在许多地方,路遇德国人时,波兰人和犹太人必须让路;在某些地方,比方瓦尔特兰和波美拉尼亚东部,1940年10月出台了强制规定,但凡遇到军人,波兰人和犹太人必须脱帽。为强制执行新出台的规定,一些政府官员甚至配备马鞭和狗鞭,然后才上街巡逻。一系列德国法规还禁止波兰各学校正常教学,包括不能讲授德国语法,免得"波兰人以假乱真冒充德国人"。波兰学校全面禁止教授体育、地理、历史、民族文学等纳粹德国的核心教育内容。在瓦尔特兰,讲授波兰语甚至也遭到禁止。醉心于枪杀和驱逐波兰教师和神父的瓦尔特兰行政当局允许学校每天上大班课一到两个半小时,然后将孩子们交给德国农场主的太太以及士官们管教,按照新条例规定训练他们,使之"衣着整洁、秩序良好、行为端庄、服从德国人领导"。波兰孩子受训学习的内容包括课堂起立、向侧一步、挺胸而坐、保持安静、迅速和有礼貌地回答提问,保持衣服、头发整洁,保持双耳、双手、嗓音干净利落,还有最重要的,接受纪律约束。[41]

许多被驱逐到"全民政府"的波兰教师最终去了华沙,帮助建立了波兰地下国。他们将所有努力全都集中到一个方向,扭转德国占领期间对年轻人的各种影响。最重要的是,通过地下教学,他们骄傲地"强化了年轻人的爱国主义情怀"。截止到1942年,15万小学生参加了被禁止的国家历史和地理补习课。在技术培训的幌子下,文法和初高中课程也相继开课,其结果是,占领期间,6.5万学生从高中毕业,上万人从大学毕业。参加非法课程令人激动,对小学生们来说,国家历史方面的非法教育很容易引导他们加入波兰童子军的灰色游骑兵,男孩们开始接受秘密军事训练,雅尼娜那样的女孩们则学习护理技术。与此同时,他们所有人都得投身一系列与希特勒青年团和德国女青年联盟一模一样的对社会有好处的工作,如为 1939 年的孤儿搜集服装和食物,为出生在监狱里的婴幼儿缝制衣服,帮助强制"安置"的人们寻找住所。其中最根本的不同是,做这些事有风险,会受到德国人的惩罚。[42]

从整个波兰社会看,那些秘密波兰学校无法消除德国占领期间对波兰文化的破坏,原因是受教育的人数量太少,甚至在"雅利安人"占多数的华沙,大多数孩子根本不上学。新成立的行政大区的德国官员看到孩子们在街头闲逛,让他们忧虑的是,如何才能控制这些孩子。1942 年 7 月,在写给家人的信里,德国女青年联盟的一个积极分子将那些孩子描述为"无耻到极点,看我们的样子就好像在看世界奇观"。她提到的解决方案为让他们工作。的确,从 1941 年 10 月起,在新设立的行政大区,年满 12 岁的孩子必须进行工作登记。另外,1941 年春,在某些地方,强制劳动扩大了范围,为的是将 10 岁的孩子们纳入其中。在某些地区,每个学龄儿童——在战前的波兰,年龄段为 7—14 岁——每天必须工作六小时,在街道和公园扫卫生。有时候,一些孩子刚出校门就被装上卡车,前往采石场或修路工地干活,几乎不考虑他们的体能、服装,也不管天气是否合适。[43]

来自"老帝国"的德国孩子们自然而然地认为,他们刚到达的那些地方也是"优等种族"的势力范围,他们理应与他人保持距离。索尼娅·盖姆斯(Sonia Games)是中产阶级犹太家庭的孩子,在西里西安种族混杂区长大成人,一直崇拜德国文化,在不太长一个时期,像她那样的孩子很享受于住宅附近有一些德国家庭。她的玩伴儿包括一个德国官员的女儿安娜·魏纳(Anna Weiner),放学后,她甚至会到安娜家吃午饭。不过,索尼娅仍然记得,自从犹太人被迫在衣服前边和后边各缀上一个黄色的星星,"小安娜就再也不来我家了"。另外,迟至 1942 年,包括霍恩萨尔扎(Hohensalza)在内,波兰在校生和德国在校生必须共用教学楼,为"保护"德国孩子不接触社会的脏东西,楼内外的空间都被人为隔开了。[44]

约斯特·赫曼德（Jost Hermand）是1940年秋季从柏林疏散的第一批孩子里的一员。他们学校的学生前往的是希特勒青年团在瓦尔特兰开设的"送孩子下乡"营地。当年，10岁的他是学校送去的年龄最小的男孩之一。那年复活节，他刚刚加入希特勒青年团下设的少年团。由于自我感觉是年龄最小和最容易受害的男孩之一，他在营地的经历蒙上了一层阴影。他有点儿口吃，身材瘦弱，参加团队运动时，他总是最后一个上场，每次上场参加闪避球比赛——一种排球运动，双方球员都以对方球员为目标——大男孩们越过中网抛出的球总是以他为目标，他只有躲闪的份儿。他所在宿舍的男孩都严格按照社会等级获得相应的铺位。体育项目强者睡上铺，弱者——例如约斯特自己——只能睡下铺，晚上熄灯后，睡下铺的人几乎无法抵御各种骚扰。"每个人都心知肚明，"约斯特痛苦地回忆道，"自己该给谁擦鞋，谁该给自己擦鞋；也知道自己该给谁做作业，谁该给自己做作业；甚至还知道夜里自己该动手满足哪个男孩，哪个男孩该满足自己。"他的所有愿望全都集中到如何在这个封闭的等级世界往上爬。在三年里，约斯特前后经历了五个营地，大部分时间段，班里的同学是同一批人，他做的事唯有一件——往上爬。[45]

约斯特几乎很快就注意到，当地没有实行食物配给，与柏林不同，那里的肉类、蛋类、水果都没有短缺。他立即动用从家里带来的一部分钱，买来好几磅食糖，塞进两双袜子，回寄给在家的妈妈。包括拉尔夫·达伦多夫（Ralf Dahrendorf）在内，其他男孩很快意识到，他们可以在商店里偷东西，不会受惩罚。约斯特如此不幸地踏进了波兰人生存的世界，在很大程度上，人们对他视而不见。[46]

所有德国男孩女孩都必须参加某些固定活动，例如排队前往乡下，穿过波兰的一些城镇和乡村，象征性占领公共空间。人们认为，波兰人不能做出希特勒举手礼，或接受该礼致意，同时还禁止他们唱德国国歌。虽然如此，如果有人在波兰人附近唱德国国歌，他们必须脱掉头上的帽子。对希特勒青年团团员来说，利用进行曲和旗帜作为合理借口，对没有及时摘掉帽子的人群起而攻之，这是不容错过的好机会。[47]

1940年5月,许多德国人前往华沙新建的"犹太人居住区"参访,让其中一人大吃一惊的是,他路遇的那些人,没有人主动脱帽致敬。由于不清楚瓦尔特兰实施的措施尚未覆盖"全民政府"辖区,他开始怒斥那些人,随后引来一阵恐慌。正在此时,一群群驻足观看的犹太人区的孩子做出了某种让那个德国人始料不及的事。一大帮孩子聚集在他面前,个个脸上挂着装出来的敬意,他们深深地鞠躬,不停地脱帽,许多孩子故意从他面前经过好几次,因而得以一遍又一遍重复同样的致敬。随着人们恐惧心态的消退,一群成年人也围过来驻足观看,德国人最终离开时,那些人发出了响亮的欢呼和一阵嘲讽的大笑。目光敏锐的犹太人区纪年史作者哈伊姆·卡普兰(Chaim Kaplan)辛辣地嘲讽道:"这么做正是犹太式的报复!"[48]

嘲弄并非弱者的唯一武器,实践证明,许多仇恨无法直接表达,而幻想是宣泄的沃土。在占领期的大部分时间段,当地人一直不敢招惹德国人,其结果是,各种波兰式诅咒显著增加,从可憎的"血腥的刽子手",到短命的"当季的主人",不一而足。抗拒很可能会以许许多多公园、泳池、体育馆、影剧院、儿童游乐场的禁止通告为范本,例如将"仅供德国人使用"的字迹涂抹于绞刑架上。但凡真正的德国人从旁经过,人们的开怀大笑会戛然而止。[49]《为德国人祈祷》的祷文宣泄的是各种复仇的梦境,文中满是挖出的眼球和斩断的双手,并祈求上帝将所有可能的灾难带到敌人的土地上。祷文还包括降临德国人身上的精心制作的各种梦幻般的复仇和施暴场景,同时也表达了对日复一日受软弱无力折磨的无奈,祷文还模仿《天主经》结尾的叠句,将其倒置如下:

> 他们因无以复加的杀戮、残忍、暴行,
> 罪孽深重,绝无宽恕,更无原谅可言。[50]

唯有上帝能主宰波兰人的命运,至少在当时,在诗歌和祷文之外,波兰人绝无实现复仇的可能。在那段时间,德国人一直维持着强势和吸引力。一群群当地小伙身穿军官马裤,脚踏考究的长马靴,在华沙各条大街上招摇过市。"打扮成这样,是成心让其他人都知道,"卡希米尔斯·科兹涅夫斯基(Kazimierz Koźniewski)在抵抗组织的杂志《半上流世界》(Demi-monde)中发文不无挖苦地说道,"穿这种衣裳的年轻人是彻头彻尾的游击队员和战士,在这身宽松的外衣里至少藏了两支冲锋枪。"没准儿他们的榜样是负责组成波兰地下军的前骑兵军官,不过,他们也在重复德国人对马裤和长马靴的喜爱。大男孩们明目张胆地昭告天下,他们已准备好抵抗纳粹统治,这让他们很容易成为盖世太保的目标。先不管普通皮鞋的价格,长马靴也放到一边,当许多人唯有木底鞋可穿的时候,德国人控制的"马屁精媒体"给这样的年轻人挂上"纨绔子弟"(jeunesse dorée)标签绝非孤例。一些华沙工人显然赞成这一说法。尽管带有明显的缺陷,但整个占领期,这样的时尚一直在延续。[51]

尤其对大男孩们来说,失败和占领往往会深深地挑战他们的男子汉气概和国家责任,在学校的每间教室里,这些都特意灌输给了他们,即他们必须保护自己的女人和孩子。大街上随处可见男性的失败和国家的战败,从战俘营回来的那些波兰男人身穿褴褛的大衣和用毯子缀在一起的不成形的衣服。与此形成对比的是,光鲜亮丽的女性迈着坚定的步伐从街上走过,赢得很高的回头率。在占领区各城市,女性时尚也总是处在变幻中。女人们将男性外衣和大衣剪短穿在自己身上,与此同时,女性的化妆着色也变得越来越男性化,并偏爱短发。尤需提及的是,华沙女人让德国男人印象深刻,因为她们身穿皮毛外衣,这是一种在帝国境内难得一见的东西。经德国人批准的一些杂志开始刊文教给人们如何自己动手制作香皂、鞋油、墨水、染料、化妆品、清洁剂、消毒液等。这是一条通往成功的道路,能够获得人们的青睐,帮助他们顺利通过监管,或者让他们获得大量限制性商品。[52]

对德国人的力量、意志、衣着等的嫉妒是不自觉的,也是不可避免的；男性青少年还把对德国人的嫉妒和仇恨迁怒于女性，形成了厌女症。波兰妇女和女孩经常成为他们的目标，她们因为有了德国情人而受到关进妓院的威胁，或者被挑出来对待，因为她们打破了抵抗组织徒劳的抵制，观看了在波兰电影院被德国人授权的低端爱情故事、冒险和战争电影。[53] 在这方面，德国人的政策是，给那些与波兰人和犹太人发生性关系的德国女人剃光头；对于"解放"到来时，欧洲各抵抗运动应当如何指导暴力活动，德国人早已做出表率。另外，在整个欧洲，许多最渴望这么做的人在战争结束时还是未成年的孩子。[54]

华沙众多电影院和酒吧的新客户里充斥着大量大孩子和幼儿，明显暴露出他们新近在华沙大街小巷从事买卖获得的经济独立。由于年轻人都变得惯于撒谎、偷窃、花钱、喝酒和寻花问柳，抵抗组织曾哀叹他们"道德水准堕落"，这反映了被占期间的民众生活的一项成功之处——黑市交易——对社会有影响。[55]

1940年和1941年，波兰农村地区还没有出现饥荒，运往德国的农产品相对来说数量不大，与即将到来的情形相比更是如此。不过，华沙以及其他城市的居民已经开始挨饿，各犹太人区已经陷入极度饥荒。德国占领期间头六个月，华沙的波兰人婴儿死亡率增加了一倍，城市犹太人的这一比例上升了三倍。官方的配给量——启动之后——是波兰人为生存而消耗的粮食的将近半数，而犹太人的粮食在官方配给量和维系生命之间的缺口有90%需要填补。由于供求关系的不可避免的矛盾，超越官方限制的黑市应运而生。黑市价格可以预见地急升，控制越严的地方价格越高，例如犹太人区。[56]

华沙各趟支线列车挤满了母亲和孩子们，他们前往乡下，以物易物换取食品。年龄大的孩子们出门买卖全靠自己做主。为了挂香肠和肉类，他们在大衣领子下钉上钩子；为了装黄油和鸡蛋，他们在大衣皱褶处缝上口袋。为应付警察突击检查，铁路工人还提供提前预警服务，不过，有时候，走私者必须面对预料之外的检查，必须在扔掉所有货物和设法买通德国人之间做出抉择。为绕开德国人设在华沙中央车站的关卡，许多人选择提前一两站下车，换乘有轨电车进城，或者坐船穿过维斯杜拉河进城。[57]

所有这类活动会占用大量时间，好在与官方过低的工资收入相比，人们会得到更高的收入。雇员们几乎没有选择，只能忍受缺勤，到了1943年，波兰官方统计的缺勤率高达30%。与图书馆窘困的学者的收入相比，贩卖家具、生活用品，尤其是华沙牲畜市场售卖的二手服装，赚钱更多。在各趟列车、各火车站以及城里各处市场，警方的突击检查不计其数，尽管如此，德国施政当局不得不承认，他们无法控制黑市交易。华沙地方长官甚至还认可如下说法："对当地的供应来说"，黑市非常重要。[58]

1941年1月，斯坦尼斯瓦夫·斯罗科夫斯基（Stanisław Srokowski）和其他前往华沙城里务工的人搭乘同一趟市郊列车进城，乘客们都在倾听一个11岁左右的男孩唱歌，他唱的是，敌人摧毁了他们的城市，不过波兰美好的未来依然可期。那孩子唱得信心满满，歌声好听，乘客们泪流满面，没有人伸手抹泪，大家都慷慨解囊，因为，返回令人沮丧的日常生活前，孩子的歌声唤回了他们的梦。对鼓舞士气而言，唤醒这类梦非常重要；这也会给那孩子带来家庭开支所需的钱。[59]

华沙犹太人区的孩子们也像这样唱歌，人们已经习惯见到孩子们演奏乐器，或者直接伸出小手，口里念念有词："犹太人的心，可怜可怜我吧！"1942年1月4日，哈伊姆·卡普兰在记述里称，他注意到，很少有人继续随时行善，见到衣不蔽体、光着两脚的幼儿站在充满垃圾的水沟里，可怜兮兮地号啕大哭，虔诚的人们也会加快脚步离开。"每天早上，"他的记述里满是忧郁，"人们都会在犹太人区的大街上看见冻死孩子的小身子。这已经成为日常景观。自我保护让人们的心变得坚硬，让人们对他人遭受的苦难无动于衷。"米丽娅姆·瓦滕伯格领着一群女孩举办艺术展期间，即使绕路，人们也成群结队过来观看，但凡画里有乞丐——"乞丐不会给人们带来任何启示",米丽娅姆记述道——他们就会把头扭向一边,人们更愿意"大饱眼福的是画得栩栩如生的苹果、胡萝卜,以及其他食品"。[60]

在歌曲《请买犹太人区百吉饼》里,词曲家赞誉了青少年小贩们。准备到犹太人区以外打工者清早出发前会集合到一起,小贩会在人群里转悠,兜售食品和香烟。歌里的父亲在为自己的女儿歌唱,用意第绪语演唱的歌曲模仿的是街头小贩吆喝的韵律:

> 亲爱的爸妈,兹哈梅尔(Zshamele)兄弟,
> 我的孩子内哈梅尔(Nekhamele)不在这里;
> 我唯一的女孩,身穿小红衣,
> 她正在这里,售卖百吉饼。
> 买几个犹太人区百吉饼吧……[61]

这首歌让人想起饥饿的少女小贩转瞬即逝的欢乐,奉劝各位买家享受当下的各种小乐子,为的是促成买卖。"唱犹太人区的歌,拉犹太人区的琴",只要他们遵从副歌部分,"买几个犹太人区百吉饼……"饥饿会迫使孩子们在大白天梦见食物。罗兹的女孩们表演自己的母亲排队领取配给蔬菜,队伍移动到一个假想的窗前,人们开始吵架,抱怨得到的配给量太少。女孩们的一名老师在现场观看之际,一个梳着金黄色短辫、一张长脸只剩皮包骨头的女孩一下进入了角色,她哭喊着:"这是什么日子呀!没法过啦!他们骗了我,这些强盗!他们给我的都是烂土豆,全都是。我拿什么养活孩子们哪?"[62]

犹太人区再也无力提供救济了,好在犹太小孩可以从围墙底下钻出去,或者从墙头翻过去,前往"雅利安"城区的街道上乞讨。占领当局和地下抵抗组织的记者发现,在冬季满是烂泥和浓雾的人行道上,瑟瑟发抖的孩子成千上万。那年冬季,随着问题越来越严重,党卫军命令波兰市政福利机构对乞讨儿童做一番调查。1942年

1月，波兰人包围了一群孩子，经证实，在街头抓获的这批孩子中，一多半——96人里有49人——是犹太人。官方让他们洗干净，填饱肚子，将他们送回了犹太人区。那些波兰孩子则留下来接受询问和体检，他们来自36个家庭，只有一个家庭还有挣钱养家的人。这种状况的成因是战死、失业、残疾、集中营，以及遣往德国等。这些孩子绝大多数体重远不达标，他们皮肤都有疥疮、真菌感染，都患有龋齿，所有人都显出肺结核征候。没有哪个孩子在上学，被抓住后，他们最担心的是，谁来养活他们的家人，因为这些孩子都是养家糊口的主力，都是自告奋勇为患病更严重、身体更虚弱的弟弟妹妹们寻找食物的人。华沙的德国行政当局认可了波兰人的报告，再也没有过问儿童乞讨问题。[63]

在越来越不相容、越来越相互仇恨的非犹太世界和犹太世界之间，正是这些小走私者建起了关键的接触点。因为所有参与者都身处险境，面临各种各样的严厉惩罚，孩子们的各项活动有赖于某种程度的信任，以及一定数量的波兰人网络。甘愿在"雅利安"城区藏匿犹太人的网络正是在青少年走私者相互接触中出现的。装有食品的包裹有时候会翻过墙头扔进去，有时候会经过大门走私进去——往往由卫兵提供便利——有时候会从有轨电车上扔下来，有时候会由清洁工夹带进来。清洁工将垃圾运往社区以外，倾倒在沃尔斯卡街（Wolska）上，返回时往往会拉一些干草，趁机夹带些东西。正是这样，一些波兰人在帮助犹太人，德国人控制的《新华沙信使报》（Nowy Kurier Warszawski）奚落这些人即将变成犹太人的仆人。不过，帮助犹太人也是一门好生意。雅尼娜·普瓦德克（Janina Pładek）的父亲为德国地方机构工作，与此同时，他还从尤得罗瓦斯（Judrowice）的德国农场购买农产品带往罗兹的犹太人区。父亲每次挑战德国的控制，总会心慌意乱大汗淋漓，雅尼娜全都看在眼里，一旦父亲失误，德国人可轻易将他送进集中营。父亲却向她指出，犹太人需要食物。另外，与其他所有地方相比，向犹太人区销售食品的回报更高。[64]

华沙犹太人区的走私活动主要依靠的是孩子们的各种努力。哈丽娜·格拉博夫斯卡（Halina Grabowska）住在"雅利安"城区，她手里留存有朋友万达·卢贝斯卡（Wanda Lubelska）从华沙犹太人区寄来的一些信件。在最后一封信里，万达描述了孩子们穿过她工作的仓库，从她眼皮底下溜进社区的情况。"整个事情的经过是，"万达在信里告诉波兰朋友，"幼儿们的衣服里缝着装土豆和葱头的口袋，他们在那些汽车和警察身边跑来跑去。"让万达忧虑的是，在犹太人区墙里墙外跑来跑去的孩子们每天都遭到枪杀，但愿死亡率不会像六个月前那样让她心神不宁。这些孩子也吸引了米丽娅姆·瓦滕伯格的注意力，当时她已经17岁，她注意到，放哨的是那些年龄稍大的孩子，一旦感到安全，他们会发出信号，让年龄稍小的孩子们赶紧跑回来。在她眼里，那些冒险闯关的幼儿们瘦得"就像包着黄色天鹅绒皮肤的小型人体骨架"。[65]

大多数德国门卫是有家有室的中年男人，隶属于第304警察营，华沙的"雅利安人"和犹太人之间进行交易，他们在其中扮演着极为重要的角色。每处大门由三名警察把守，一个德国人，一个犹太人，一个波兰人。为弄清那些德国人是否怀有敌意，犹太警察往往会凑近德国人，试探对方是否会躲开，或者，由于欧洲中部的冬季实在寒冷和百无聊赖，凑近德国人也是为了试探对方是否乐意聊上几句。一名前犹太警官表示，如果他们乐意交谈，那么，最好的步骤是，引导对方聊聊留在后方的家人，以建立基本的人际关系。这样一来，在非法买卖货物和人员进出方面，他们很可能会合作。不过，通过米丽娅姆·瓦滕伯格的观察，我们可以确信，他们中的多数会毫不犹豫地开枪，然后让犹太同事"抬走鲜血横流的、像受伤的鸟一样倒下的受害人，将他们扔到路过的人力车（rickshaw）上"，这是犹太人区里的两轮手拉车。[66]

亨里卡·瓦佐沃特（Henryka Łazowert）是一位波兰诗人，被迫住到华沙犹太人区后，她才开始以犹太人为主题进行创作，她曾经在诗里赞誉青少年走私者充满冒险的努力：

> 穿过墙壁、窟窿、瓦砾,
> 通过铁丝网,也有办法。
> 克服饥饿、口渴、赤脚,
> 我像一条蛇,溜进溜出。

她让读者看到孩子们穿过墙壁、窟窿和瓦砾,迫于生活的"痛苦和艰辛",为母亲分忧解难,孩子心里明白,迟早有一天"我的生命会终结"。

> 我永远不想再回家里去,
> 妈妈,留下你孤身一人,
> 空旷的街道很快会吞没,
> 你那可爱的孩子的哭泣。
>
> 只有一事让我担忧不已,
> 并非贫穷、痛苦、艰辛,
> 妈妈,我只是担心明天,
> 谁为你带回活命的口粮?[67]

亨里卡·瓦佐沃特笔下各种戏剧化的动机和困境反映的是生活的真实。因为,对许多孩子来说,走私让他们成为养活家人的顶梁柱。杰克·拉曼(Jack Klajman)将8岁的弟弟带在身边,有时他和有组织的帮派一起干,有时他自己单干。对他来说,代替爸爸是一件值得骄傲的事,战前爸爸经营着一家企业;对父亲来说,做出让步,依靠幼小的儿子维持生计,是巨大的痛苦。到了1941年9月,杰克父母双亡,当年只有10岁半的杰克成了养活妹妹和两个弟弟的生活支柱。[68]

在每个关键节点,德国人都试图夺走犹太人的财产;黑市亦是如此，生活在犹太人区的犹太人手里可交换的各种财物，有意无意间都让黑市吸干了。为战胜眼前的饥饿，犹太人穷尽了各种努力，正是这些努力迫使他们渐渐造就了自身的经济毁灭和物质毁灭：为换取食物，他们出售的大多数货物都不可替代。到了 1941 年 10 月，斑疹伤寒在华沙犹太人区肆虐；到了 1942 年 5 月中旬，哈伊姆·卡普兰估计，犹太人区 60% 的人处于饥饿状态，另有 30% 的人处于赤贫状态。同样无法阻挡的是诞生于极度贫困的社会新秩序。上升到犹太人区等级制最顶层的人包括：黑市的主要经营者、行政管理人员、警察、医务工作者、物资管理人员。随着亲朋好友们都在利用亲属关系获取享有特权的以及受保护的工作岗位，华沙和罗兹两地犹太人区的行政机构变得臃肿了。所谓特权，包括超标配给，犹太人委员会在华沙开设的一些特殊餐馆，以及犹太精英的专有别墅宅邸，它们坐落在罗兹主要犹太人区以外的马里辛（Marysin）。许多犹太人区官员精英来自中产阶级职场人士，以及暴发户，后者经营各种走私团伙，在犹太人区的咖啡馆里和音乐厅里与官员精英混在一起，他们的发家背景往往不清不楚，不可告人。[69]

雅尼娜·戴维的父亲曾经很成功，如今他加入了华沙犹太人区警察队伍，拼尽全力确保全家越来越萎缩的财富。男孩们成群结队在有台阶的地方玩惨烈的模拟打仗游戏，父亲禁止她和那些男孩一起玩。她所在小区的一些女人组织孩子们表演《白雪公主》，10 岁的雅尼娜获得了白雪公主角色，她的狂喜达到了无以复加的程度，她还得到一套紫色的演出服——一件剪短的 20 年代的晚礼服——上面有一条绿色腰带，还缀有许多亮片。演出本身大获成功，孩子们边跳边唱，大致模仿 1937 年版瓦尔特·迪士尼公司（Walt Disney）的同名电影，赢得了成年观众的鼓掌欢呼。[70]

犹太人区的街道充满各种危险，住宅楼下的院子里散布着各种垃圾，为了让雅尼娜远离这些，母亲弄到足够的钱，在一家私人游乐场为她报了名。女孩们每周有三个下午在那边排队玩无板篮球。由于母亲禁止她带书去那边阅读，雅尼娜——当时已经 11 岁——组织起一个艺术体操小组，还找了个芭蕾舞演员教她们，教会她们轻轻松松完成劈叉、倒立和下腰。人们认为，暂且放下肺结核病不说，在防止孩子们产生压抑方面，让他们参与运动，远离犹太人区四处弥漫的"恶臭的空气"，不失为一种英明的斗争方式。1940年，时间已是深秋，母亲们依然需要在人行道上找一块有阳光的地方，让自己的婴儿晒晒太阳。翻过一年，随着春季转入初夏，有2兹罗提闲钱的成人可以从被炸地段新开的"童话"咖啡馆租一个晒太阳的帆布躺椅，穿上泳装，与那里推出的"海岸"主题保持一致。[71]

雅尼娜·戴维认为，她的好运远不只父亲在犹太人区警察机构上班那么简单。1940年11月，华沙犹太人区刚刚关门，父亲的旧情人之一莉迪娅（Lydia）突然登门造访。在昏暗逼仄的房间的一端，雅尼娜望着另一端的莉迪娅，那名身材高挑的美女将淡黄色的长发盘在头顶，犹如戴着一顶皇冠，她蓝色的大眼睛满满都是笑，雅尼娜跑过去，将脸贴在莉迪娅的大衣上。违反宵禁规定，大摇大摆第一次造访后，莉迪娅又来了，这次是接雅尼娜到她所在的"雅利安"城区过圣诞节。时尚就是一切，这一点再次得到证实。两个人手拉手走出犹太人区的大门时，莉迪娅身上的皮毛大衣足以让守门的警察将眼睛扭向另一边。[72]

雅尼娜发现，自己闯入的正是成年人的世界，里面充斥着欲望、欺骗、忠诚。想当初，父亲在全城都称得上是个富人，父亲和莉迪娅都被对方所吸引。如今的莉迪娅已婚，嫁给了出生在德国的理发师埃里克（Eric），德国占领期间，埃里克站在波兰人一边，而且坚决拒绝德国人才享有的那些便利。莉迪娅目前的情人是个德国军官，他个头高挑，一头金发，帅气，有一双翠绿色的眼睛，两个人早已规划好，一旦德国战胜，他们就离开波兰，一起前往意大利定居。埃里克有一双忧郁的眼睛，个头矮小，身材为桶状，说话还口吃，无论雅尼娜多么同情他。像其他人一样，雅尼娜为莉迪娅的热情奔放和永无止境的活力所吸引。在位于犹太人区的只有一个昏暗房间的家里，雅尼娜的父母经常吵架，妈妈总是谴责爸爸不忠，基于此，雅尼娜也能明白，前边说到的一对人的紧张关系同样会反复上演。雅尼娜被拉进一个充满成人的信任和秘密的复杂网络中，她很快知道了，爱情、美丽、妒忌多么强大，多么具有毁灭性。

米丽娅姆·瓦滕伯格和雅尼娜·戴维是少数几个相对享有特权的犹太孩子，如果大多数犹太孩子都那样就好了，华沙"雅利安"城区的父母们有更多机会保护自己的孩子。万达·普日贝尔斯卡的父亲出狱后，全家人住在了一起，万达还有了自己的房间。离开皮奥科夫·库贾沃斯基村后，普日贝尔斯卡一家去了华沙，在一个曾经的大学生公寓里，他们和其他难民一起找到了栖身之所。到这里来的父母有能力保证女孩们的教育，最终在一所秘密公立学校为她们报了名。他们享受的是自由主义，在许多方面，也是宽容的民族主义。[73]

学校放假期间，万达·普日贝尔斯卡在华沙乡下度过了数个月，对她来说，这至关重要。在阿宁（Anin），她和最好的朋友达努塔（Danuta）以及她妹妹一起玩排球，爬树，看落日。姑娘们相互倾诉梦境里的情景，在林子里漫步时，她们压低声音轻轻说话，以便不破坏静谧之美。万达完全没有办法预知，两年后，在华沙起义期间，她会遭到杀害。当年12岁的万达正在试着创作关于自然、美丽、真理的赞美诗。父母收藏了几位爱国主义诗人的作品，她也是这些诗人的忠实读者。在罗曼·克瓦尼基（Roman Kłoniecki）和亚当·米茨凯维奇（Adam Mickiewicz）的作品里，她自己也感受到了那种被树林的沙沙声所唤起的浪漫的忧郁情绪，这种情绪是有道德目的的。但想象战士们为祖国英勇地牺牲是一回事，学会憎恨德国人是另一码事。华沙人民见到受伤的德国人便发出胜利的欢呼，看到这些，万达却感到尴尬、困惑，还有深深的不安，对伤员的虚弱，她也动了感情。在万达短暂的一生中，若想超越父母灌输给她的普遍人道主义，真的学会仇恨，她还有一段很长的路要走。[74]

万达和她父母的思想意识算不上典型。早在战前，波兰民族主义右翼分子就围在罗曼·德莫夫斯基（Roman Dmowski）身边，大力推进将犹太人和乌克兰人完全排斥在外,政府则推行秘密配额制,限定进入各大学的犹太学生数量,许多波兰人已经开始信奉"应当弱化宽容的价值观"。包括万达在内,与父母那代人相比,大多数学生与犹太人的关系越来越少,对犹太人的看法则更多地依赖受到的教诲。德国占领期间长大的孩子学习新的道德说教比长辈们快了许多。正如达维德·瑟拉科维奇通过自己的努力发现的那样,在德国占领初期那些日子里,有人以折磨犹太人为生计,和他年龄相仿的一些波兰男孩在其中扮演了积极角色。许多孩子整天无所事事,在街上游荡。对于青少年犯罪攀升的现象,抵抗力量变得越来越充满担忧。对某些人来说,无论是在犹太城区还是"雅利安"城区,参与地下网络的不同活动可能没什么区别,比方说走私、敲诈勒索、为德国人工作。其他人的看法是,应当用更理想化的词汇描述他们为生存进行的斗争,甚至有人开玩笑说,应当在战后为那些"无名走私者"竖立一尊雕像。对青少年走私者自身而言,冒着生命危险养家糊口并不能保证一定成功。即便从未被逮住,一些人也无法拯救家人的生命。每当某人的父母和兄弟姐妹死去,有时候他们干脆就与走私过程中认识的其他孩子住在了一起。像他们那样相互依存和相互支持,其他任何人都无法给予,由此形成了一些小帮派,其脆弱的适应力建立在孩子们的坚韧和相互信任之上。[75]

  随着波兰中产阶级卖光了战前的服饰,以前的资产阶级秩序眼看就分崩离析了,古老的道德规范也日渐遁形。占领期间,德国人刻意捣毁了业已存在的信任和团结等社会关系,同时将拆散的社会重新组合,形成胆小的以自我为中心的利己主义群体,他们唯一的希望就是服从德国主子。社会体系由配给、禁例、罚款、惩罚组成,形成了细分的层级制度,覆盖了来自"老帝国"的德国人、当地的德国族裔、"重新德国化"的波兰人、几乎同处一个层级的捷克人,以及下一层级的乌克兰人、波兰人,最后是所有人之下的犹太人。将权利分成这么多层级,其意图就是强化种族和民族的不平等,煽动人们互相妒忌和仇恨。[76]

纳粹党人没有如其希望的那样大获成功。黑市的运作恰好与社会的破旧立新相背离，暴露了行政官员们的一手遮天和贪赃枉法，什么都能禁止，什么都能售卖。数量众多的走私者需要大量德国通行证，以便出动运输车辆保障各面包店的面粉供应；还需要大量人情便条，以便弄到汽油，让车辆跑起来。德国军方卖给波兰黑市商家的军需品包括粮食、服装，有时甚至包括武器。这些商家的经营规模和品类时不时会露出令人咋舌的马脚，没有人能一口吞下他们手里的货物，例如，一个时期以来，华沙各市场乌龟泛滥，都是从希腊或保加利亚运往德国途中因"误操作"流入华沙的。[77]

德国地方当局贪污腐败，无论是军方还是民间，各方都选择性地弱化了他们的冷酷无情。从 1941 年伦敦方面公开的一组数据看，一个雅利安证件卖给波兰人的价格为 500 兹罗提，卖给混血儿或者说半犹太人的价格为 1200 兹罗提。从盖世太保手里捞一个人出来的价格最低为 1 万兹罗提，往上能达到 1 万美金。调查发现，克拉科夫的一名德国官员乐意向犹太人出售各种外国护照。早在 1940 年 2 月，路德维克·兰道（Ludwik Landau）曾经披露这种收受贿赂的倾向，盖世太保各基层机构被委以推行德国"秩序"和"正确性"的重任，恰恰是这些机构普遍存在收受贿赂。波兰"蓝装"警察和犹太人区警察有样学样，把事情做到了极致。1942 年 3 月，罗兹犹太人区警察头目萨洛蒙·埃尔克贝格（Salomon Hercberg）最终遭到逮捕，德国警方在他的三处公寓里发现了一大批皮毛外衣、食物、珠宝，还有 2955 德国马克的现金。生活在一个深受各种不可能的规矩束缚的社会，贪污腐败必不可少，因此，那些握有某种"影响力"的人自己动手营造了各种秘密的利益输送渠道。[78]

彻底砸烂社会不过是乌托邦一样的梦想，德国占领期间，培育不同人群之间互相恐惧和怨恨，无疑取得了成功。犹太人憎恨波兰人，因为波兰人抢走了他们"雅利安化"的生意，还利用德国人呈现的阴影虐待、袭击、劫掠他们。从波兰方面说，一些波兰人声称，正是犹太人在军事行动期间开始对德裔波兰人施暴，进而还想象出，犹太人掌握了大量皮毛、黄金、钻石等财富，他们还对犹太人在德国免于强制劳动心生不满。认真思索这些真实的和想象的对立后，派驻波兰流亡政府伦敦办事处的记者之一警告说："无论是波兰人还是犹太人，同样都具备人类的典型倾向，在相同场合，眼里只有对方占尽各种便宜，自己正在经历各种吃亏和困难。"双方的立场不同。早在1940年冬季，扬·卡尔斯基（Jan Karski）——亲眼见证华沙犹太人区的实情让他惊诧不已——就认为，无论如何，他都得向波兰流亡政府解释清楚舆情的真实状况。他警告说：通过给予波兰人更多超越犹太人的特权，纳粹将犹太人问题变成了"类似于一座狭窄的桥梁，德国人和波兰社会的很大一部分人在上面达成了一致"。波兰政府正急于对外展示一种自由的和开放的形象，它做出的反应是，把卡尔斯基报告的这些部分从分发给盟军的版本中删掉。在波兰国内，这种相互仇恨助长了两大社会群体相对的、永远扯不平的无助。[79]

犹太家长和老师能告诉孩子们什么？很难说清什么样的理想，或什么样的未来可能是他们想要的。"二战"前，保利娜·布劳恩（Paulina Braun）是波兰戏剧界的作曲家，生活在犹太人区期间，她专为歌唱家黛安娜·布卢门菲尔德（Diana Blumenfeld）创作了几首歌。后者当年在费米娜剧院（Femina Theatre）主厅引吭高歌了一段大受欢迎的唱词，她在剧中扮演了一名正在回答孩子一系列提问的母亲，问的是身为犹太人意味着什么，以下是歌词里的回答：

亲爱的妈妈，请告诉我，
身为犹太小孩，难道是罪过？……

——亲爱的孩子，身为犹太人就是磨难，
亲爱的孩子，身为犹太人就是负担，
亲爱的孩子，身为犹太人就绕不开
随时会爆发的仇恨，和命运的悲惨。

亲爱的孩子，身为犹太人一生忠诚，
身为犹太人意味着永不放弃的胆略。

请相信我，孩子，犹太人自带圣洁，
犹太人是世上唯一遍尝永无止境的
泪水、迫害、麻烦、磨难的民族。[80]

不过，这几句歌词摘自一段挽歌，主要是为成年观众创作，体现的是成年人对"灾难时刻"的各种担忧。另外，保利娜·布劳恩承认，看她演出的孩子可以从中理解许多，极少有什么事能瞒过他们。饥饿和无助可以唤醒犹太孩子心中的所有愤怒，伊曼纽尔·林格布卢姆（Emmanuel Ringelblum）曾经听到所有这一切集中在一个8岁孩子歇斯底里的哭喊里："我就要偷，我就要抢，我要吃饭，我要当德国人。"[81]

第五章
伟大的东征

"难以置信,巨大的好消息!"达维德·瑟拉科维奇兴高采烈地说,时间是1941年6月22日,星期日。他刚刚听说,那一天,德国对苏联发动了战争。达维德怀着无比兴奋的心情在日记里记述道,罗兹犹太人区的所有人"听到这消息像触了电一样兴奋"。这好像是第一次,希特勒开辟了一条注定会迅速走向失败的战线。去年夏天,法国沦陷后,纳粹的军力似乎不可撼动,占领期最初几个月流传的所有乐观谣言渐渐淡去。达维德早已学会冷静地看待犹太人区流传的好消息,直到星期一,德国控制的报纸确认了苏联战争爆发,他才敢相信。直到那时,他才开始希望,胜利的红军将给他带来解放。[1]

达维德的所有希望最终都会得到满足,红军最终会胜利。不过,1941年,德国国防军摧毁了红军大部分有生力量,随后又蹂躏了苏联西部,那之前,他希望的这些都不会发生。1945年1月18日,苏联军队才来到罗兹城下,那时候,犹太人区已经被彻底摧毁。那里先后关押过19万人,从藏身处现身迎接解放者的仅有数百人。达维德本人没活下来,无法见证那一天的到来。[2]

德国猛攻苏联的速度和成功很快将达维德逼入了绝望。"从昨天开始,我完全看不明白了,"摘自他7月1日的日记,"难道德国所向披靡的胜利没有尽头?这个神话早晚有一天会破灭!必须的!"[3]7

月 19 日，达维德听说，德国人完全征服了白俄罗斯，夺取了斯摩棱斯克（Smolensk），打开了通向莫斯科之路。他必须找点事情做，让脑子不再想这些。他着手做翻译，将希伯来语诗歌翻译成犹太人区的意第绪语土话，他选择的是索尔·切尔尼科夫斯基（Saul Tschernichowsky）1902 年发表的诗作《马琴卡的巴鲁赫》。描述中世纪时期令人痛心的针对犹太人的一次大屠杀时，切尔尼科夫斯基使用了圣洁之词，抚慰了他们的殉难：

> 哎呀，我的上帝，您已将
> 乖乖的绵羊，像痛恨的东西
> 给予了陌生人，任其宰割。[4]

1941 年 6 月，德国集结了 300 万兵力，准备发起进攻，其中许多人感到责任在肩，即将创造一段历史。暴力反共运动让纳粹分子和主流的基督教保守党同污合流，1939 年签署的《苏德互不侵犯条约》对根除这种暴力几乎没起任何作用。甚至纳粹政权里最爱发声的保守分子和宗教评论家如今都站到了纳粹一边。由于纳粹政权关闭了明斯特教区的一些修道院和女修道院，由于对杀害德国精神病患者的犯规不断升级，明斯特主教加伦伯爵与纳粹政权的不睦难以调和，尽管如此，他依然联合了一些天主教主教，主动提出为"成功抵制布尔什维克对我国人民的威胁"做祈祷。[5]

罗伯特·R（Robert R.）是个笃信天主教的老师，来自德国南方，如今在东线服役。法国战役期间他忘了记笔记，这次他决心记好日记，将德国征讨布尔什维克的画面完整记录下来。战役打响第三天，他跨过了分割德国和苏占波兰地区的巴格河，卡车途经之处，掀起浓密的烟尘，模糊了远方的乡村景象。6 月 25 日，时值中午，两声枪响将正在打盹的罗伯特惊醒，他愤然想到，肯定是什么人在开枪打狗，他站起来，往车外观望，看见一群士兵围着一个墓坑，里边趴着两个被迫自掘坟墓然后被射杀的俄国囚犯。那些人说，这两个人里的一个投降后还开枪，另一人用了达姆弹。有那么一阵，回填的土壤铺满墓坑之际，其中一人仍然无望地伸出一只胳膊，试图从墓坑里爬出来。罗伯特还看见，另有四个人正在挖另一个墓坑，让他惊讶的是，当天早上，他给一个受伤的人端过一杯茶，那人正被带到坑边，然后被迫躺进坑里，随后，一个士官向他开了一枪。罗伯特听见，那些人开始争论如此杀人是否合法，有人插了一句，那伤员是个政委。罗伯特是个笃信宗教和喜欢动脑子的人，当时他意识到，那次战役发生的许多事不能写进给妻子的信里。好在他把那些事都如实写进了日记，他当时的想法是，有朝一日他会和妻子以及儿子赖纳（Rainer）分享这一切。[6]

第二天，罗伯特所在的机枪组向最前线运动。途经一个村庄时，罗伯特看见一些男性平民正在挖一个大坑，一些女人和孩子站在旁边观望。"总共有 20 人吧"，摘自他的日记。卡车一路向前开去，他自问道："执行死刑？"很快，他们来到一条笔直地通向远方的路上，路两侧的沟里堆满了战争物资，以及被炸烂的汽车和遭肢解的马匹。可以看见，路两边的田野里，死人越来越多，许多还是平民。傍晚时分，他们的移动方向转向明斯克（Minsk）后，路两侧出现了许多德国士兵的新坟墓，路的右侧还有一座集体墓坑。有人说，那里埋着 50 个德国人，另一些人说，里边都是俄国人。[7]

6 月 28 日，罗伯特的机枪组第一次参加实战，他们以路边战壕作掩护，试图突破斯托普塞（Stołpce）和柯达诺夫（Koidanov）之间的加固防线，却遭到强大的火力压制。罗伯特发现，他张开嘴，想跟战友说话时，嘴里灌满了泥土，这都是他跳进一个个壕沟时灌进嘴里的。他们前方遍地都是高耸的金黄色玉米植株，侦察部队必须借助它们作掩护；他们身后的路上，一辆油罐车燃起了熊熊大火。后来，他们计算伤亡情况时，罗伯特发现，一群小鸡和小鹅正围着不远处一座木屋乱跑，这引起他的不安。他小心翼翼地走进屋里，看见几个孩子脖子上勒着绳子，目光里透出因窒息而死的无奈。一个小男孩和一个小女孩高举双手从庄稼地里跑过来，他们苍白的脸上满是泪痕，他们的眼神分明在问，能不能让他们进屋。罗伯特好像被打了一闷棍，他用法语回答了两个孩子，这是他在上一次战役中使用的语言。[8]

在当年记述的日记里，罗伯特透露，同一天，他听说了元首的命令，禁止就地处决战俘。"我感到高兴，终于有了命令！"这是他当年的感触，"我看见许多躺在地上的人举着双手，他们没有武器，甚至没有皮带，还是被打死了。我至少看见上百人像那样躺着被打死。"仅仅最初两周，在比亚韦斯托克和明斯克附近的两次包围战中，罗伯特·R所在的德国中央集团军就抓获了超过30万俘虏。[9]

罗伯特·R错了。元首的确下达了一些命令，不过，这些命令与他的想象相背离。希特勒不止一次告诫高层指挥官们，这场战争是一次征服和毁灭，在战斗中，德国士兵绝不能将红军战士当作值得尊重和尊敬的"同志"。自战役之初开始，如果士兵们犯下针对平民或战俘的罪行，绝不允许各部队指挥官强行起诉他们。他还命令特别行动队对所有政治委员以及党务和政务部门的犹太人格杀勿论，至于如何把握这些命令的尺度，解释权在各部队的指挥官。针对吉卜赛人，一些特别行动队队员根本没接到命令就大开杀戒了。[10]

1939年9月，德国宣传机器将波兰人对德裔族群的大规模屠杀灌输给了德国公众和德国国防军，眼下，媒体集中报道的是，需要对苏联人的暴行进行报复，例如，苏联人撤退时，内卫军对利沃夫的囚犯实施了大规模屠杀。在写给家人的信里，许多德国士兵私下里证实，媒体的报道属实。亲眼见证"犹太人、布尔什维克施暴的证据，像这样的事以前我根本没法相信……可以想见，人们为什么呼吁报复，我们毫无疑问也会报复"。这段引语摘自某人的记述："这一次，人们毫无疑问会制止这股上帝都憎恨的力量。"在大后方，人们的反应相同，社会各界要求采用秘密警察乐见的"极端手段对付国内的犹太人问题，以应对关于东部前线犹太人-布尔什维克的恐怖行径"。[11]

第五章 伟大的东征

宣传家们还鼓捣出另外一种超强形象：女枪手，一个违背自然规律的共产党人，女汉子。苏联的确有一些由女性组成的前线部队，1941年夏季，她们作为俘虏出现时，德国士兵们里三层外三层围过来看她们，给她们拍照。德国军人常将她们当作非正规军，随手杀死了她们中的许多人。由于德国国内宣传机器塑造的贤妻良母操持家务的美好形象与桀骜不驯的俄罗斯草原女性形象形成鲜明对比，德国国防军的军人们几乎被镇住和迷倒了。一名在第105警察营服役的前不来梅（Bremen）中年推销员告诉妻子，一个女汉子移交给了他所在的警察营看管，他对那女子的描述为"一个20岁的人，皮肤黝黑，让人害怕，一身军装，脚蹬高勒靴……向这些东西让步的女人，真可怕"。在写给家人的信里，他相当确定，同伴们会杀死她。苏联战役开始后，在电影院的德国观众面前，《电影新闻周报》播放一个被抓的女红军战士那一刻，所激起的反应之强烈，自1940年放映法国俘虏纪录片里出现黑人士兵以来从未有过。向秘密警察报信的一些人称，颇具代表性的观点是，这样的女人"不应当允许她们活在世上"。[12]

1941年10月27日，罗伯特·R首次收到亲自参与"绥靖行动"的命令。他这边的人用枪逼迫平民百姓走向大草原，然后向他们的草房子发射火箭弹，让那些村庄变成一片片火海。在此过程中，罗伯特·R发现，由于恐惧，他浑身抖个不停，还不停地祈祷。他喊着各种驱赶那些女人和孩子的口令，感觉自己"像是在号啕"。第二天，在写给玛丽亚的信里，他真有一种向对方哭诉所有这一切的强烈愿望，而他只能将行动细节写进日记。玛丽亚完全感觉不出，他突然流露的柔弱暗示着什么样的行为。[13]

东征期间，对德国的各种过分做法，罗伯特的羞耻感越来越深，不过，他仍然深信不疑，这一切的根基是正当的。只要看看那些被自己的同志丢弃在战场上的俄国伤兵，想想生命在俄国多么不值钱，也就明白了。的确，他曾经反复琢磨这样的想法，参战不仅仅是尽自己的爱国义务，更要尽做父亲的义务。只要能让两岁的儿子赖纳将来不必到这里作战,那么,让他反复来这里参战,来几次都行。6月22日,像所有德国人一样,罗伯特听到的说法是,德国国防军向苏联发动了进攻,为的是阻止布尔什维克即将发起的攻击。像大多数人一样,他似乎相信这一说法,不过,正如他需要不断重复这一点所示,为自圆其说,他需要投入太多感情能量,这很说明问题。在信里,他告诉过玛丽亚,他的部分问题是,他在所有俄国女人和孩子的脸上看见了她和儿子。8月20日,他的部队夺取了名为波切普(Pochep)的村子,然后他再次被羞耻感压垮,因为他告诉那些上年纪的男人、女人以及孩子,他们不会被杀死,也不会被烧死,他们都过来亲吻他的双手,拥抱他的双腿,对他感激涕零。[14]

  罗伯特内心深处的道德自责与不断增长的对死亡的期盼以及对死去的同志们的愧疚混在了一起。对波切普村采取行动前,他不断地从睡梦中惊醒。他梦见自己在艾希施达特(Eichstatt)的教堂里,正在跟玛丽亚一起出席一场追思会,他说了一句话,提示玛丽亚,那边有许多坟墓——"看,那边的坟墓真多!"然后,他在祭坛前跪了很长时间,后来有人对他喊,赶紧走开。他与人争论之际,玛丽亚不见了,他反而看见教堂里多出一家邮局,人们在争先恐后办理邮寄给军人们的信件。他在人堆里寻找玛丽亚时,人们问他,他是不是真的也死啦。"没有。"他在睡梦中回答,"你看我这不是活着哪!"罗伯特走到第一排,在椅子上跪下——"我以为这是专门留给我的"——这是他当时的想法,"哦,眼下我再也见不着玛丽亚了。"罗伯特的梦境充满了对死亡的各种预见,同时也传递出别样的东西,这在他的日记里和写给妻子的信里变得越来越明显:他感到这场残酷无比的战争将他和家庭以及邻里切割开来,他感到无着无落。拼命冲破自身的道德困境之际,他自己的廉耻、忧伤、内在压力等感觉与日俱增,因而他把各种希望集中到妻子和年幼的儿子身上。罗伯特·R在家信里频繁地询问关于儿子赖纳的情况,儿子蹒跚学步的样子曾经带给他无限的欢乐,儿子却从未出现在他的梦境里。这孩子出生于1939年德国士兵们开动员会那天晚上。后来罗伯特在他罕见的休假期间突然出现时，儿子赖纳正在往属于妈妈屋里陌生男子的一双大靴子里藏东西！ 15

11月4日，在卡希拉（Kashira）附近，罗伯特受了致命伤，战友们抬着他走了将近9公里，终于找到一处适宜入土的地方。不知是出于适当的尊敬或是无意的讽刺，他们选择的是一所学校的入口处。有人将四本写满日记的普通练习册带回国内，交给了玛丽亚。罗伯特的遗愿之一最终未能实现：他的日记没有成为家族日志。半个世纪后，玛丽亚同意让当地两位历史学家将他的日记结集出版，她甚至也没让儿子赖纳看过那几本日记。 16

德国军人究竟希望自己的家人知道多少他们在东方参与的战争，因人而异，差异极大。罗伯特·R的做法值得称道，他写了一系列家信和记载内心独白的日记，两者同时进行，将自己的平民身份和军人身份勾连在一起。将前线和后方划分得如此清晰，绝大多数人做不到。越来越深入东方之际，军人们意识到，有必要向所爱之人解释自己的所作所为。在写给妻子的信里，前不来梅中年推销员一本正经地谈到，他所在部队到那一地区参与了一系列"彻底灭绝犹太人"的行动，灭绝对象包括"男人、女人、孩子"，不过，后来——好像良心有所发现——他请求她"不要再想这件事"。他还不厌其烦地提醒妻子，不要将这样的事告诉女儿。同时，他还在信里骄傲地宣称，他用家里的电影机为他们拍摄了部队在俄国的历次行动。他的战友们多次滥杀无辜，末了，这个自私的、无情的、弱不禁风的前职员鼓起勇气旁观了一场滥杀。在写给妻子的信里，他说，这个他也用家里的电影机记录下来了，随后，像往常一样，他犹犹豫豫地补充一了句，不过最好先等一等，"以后"再看。在道德和美学取向上，像他这类人和罗伯特截然不同。在道德压力下，罗伯特将什么内容可以透露给家人，什么内容只能留给自己分得一清二楚；这些人则不然，究竟哪些信可以给孩子们看，他们将决定权交给了妻子们！这类人对前线和大后方根本不加区分，他们将这一任务交给了大后方的家人：在大后方，成年人和孩子们是有区别的。[17]

一开始，枪决的仅仅是犹太男人，至于他们有没有职业，是不是共产党员，则不加区分。不过，从8月末开始，一部分党卫军和警察部队将女人和孩子们也包括进来，其他部队没这么做。1941年8月22日，大约下午3点，一辆拖拉机拉了个板车来到乌克兰小城贝里亚·特沙科夫（Belaya Tserkov）郊外树林旁边一处安静的地方，那地方离基辅（Kiev）77公里。在党卫军二级突击队中队长奥古斯特·哈夫纳（August Hafner）指挥下，一群乌克兰民兵围在他身边。他回忆说，当时那些人全都浑身发抖。拖拉机拉过来八九十个孩子，年龄从几个月到六七岁，没有成年人。哈夫纳仍然记得，坟墓是事先准备好的，有人将孩子们带到墓坑边缘的高处，让他们站成一排，开枪后他们会倒进墓坑里。那些乌克兰人根本没有——也许是做不到——瞄准孩子们身体的具体部位，许多孩子连中四五枪才死。"我还清楚地记得……哭喊声无法形容，"这是哈夫纳受审时的证词，"一个金黄头发的小女孩抓住我的一只手，后来她也被处决了。"[18]

两天前的8月20日，在小城贝里亚·特沙科夫一座背街的房子里，有人在一楼的两间小屋里发现一些躺在地上的孩子。孩子们的呜咽声和哭闹声打扰了驻扎在周边几座房子里的德国士兵，孩子们比德国人早到一天。几个德国人走进房子才发现，两间屋子的地面都是孩子，他们或躺或坐，满地都是他们的大小便。那些士兵隶属于第二九五步兵师，震惊之余，他们问计于新教和天主教的随军教士。后者转而将孩子问题逐级上报给新教师级教士科的牧师科尔曼（Kornmann）和他的天主教同仁罗伊斯博士（Dr Reuss）。当天下午，两个人来到那座房子查看情况。罗伊斯在当天提交的报告里称：

> 那里大多数孩子的双腿和私处爬满了苍蝇，一些孩子光着屁股。几个大点的孩子（两岁到四岁大）正在从墙上抠灰泥吃。两个

第五章　伟大的东征

看起来像犹太人的男子正在清理房间。恶臭难以忍受。那些小点的孩子，尤其是那些几个月大的孩子，他们的哭闹和呜咽一直没停。

那里"没有一滴饮用水"，纳粹国防军高级随军教士科尔曼对此非常肯定，"由于高温，孩子们苦不堪言"。在提交给驻贝里亚·特沙科夫步兵师参谋部军官赫尔穆特·格罗斯库特（Helmut Groscurth）中校的报告里，罗伊斯称："像我们一样，看到这些难以置信的情况，驻扎在这里的士兵们明显很震惊，还表达了对此的愤怒。"

这些孩子都是犹太孩子，战争刚开始的十一天里，他们的父母都被党卫军就地处决小组（Einsatz Kommando）第四组第一分队枪杀了。头天夜里，三卡车孩子已经被拉走和处决。赫尔穆特·格罗斯库特立即跟随罗伊斯博士、军械官、一个翻译，一行四个人一起前往那座房子，他们当时所见与罗伊斯的描述一致。格罗斯库特在场时，秘密警察二级小队长耶格尔（Jäger）也到了现场，他确认："这些孩子的亲属都已经被枪决，这些孩子同样要被消灭。"为全力阻止这件事，格罗斯库特建议首先去见当地的军事指挥官，战地宪兵指挥官莱德雷尔（Riedl）中校。莱德雷尔表示，他支持党卫军就地处决小组的行动，随后，格罗斯库特决定越过他的顶头上司，直接打报告给正在第六集团军司令部的德国中央集团军总司令，即陆军元帅冯·赖歇瑙（von Reichenau）。与此同时，格罗斯库特让自己的手下阻止党卫军开动一辆已经装满孩子的卡车，还遣散了乌克兰民兵，当时他们正在阻拦人们将食物和饮水送给那座房子里的孩子们。

向冯·赖歇瑙汇报这件事之际，格罗斯库特并不十分清楚对方的立场。他可以告诉冯·赖歇瑙，他已经"问过战地宪兵指挥官，是否认为二级突击队中队长同样收到了最高层的如下命令：不仅要清除成年人，还要清除孩子们"，除此，他不太敢明确表示，保护这些孩子是人道问题。或者，说白了，在纳粹体制内，非人道定义已经不能直接与杀戮画等号。通盘考虑此事时，格罗斯库特想到，还有其他路子进行干预。首先，让已经规划好的对孩子们行刑一事大白于天下。他说过,真的,听说孩子们遭受如此对待,驻扎在附近的军人们非常愤怒,正在"等待自己的指挥官们介入此事"。与这种非常实用的理由并行,人道理由也非常凸显,然而只能低调体现。"为避免这种对非人道的愤怒,"摘自格罗斯库特8月21日提交的报告的结尾,"早该当即清除婴儿们和孩子们。"提交报告前,按照哈夫纳和秘密警察的要求,冯·赖歇瑙已经清楚地表明,他支持"清除那些孩子的必要性"。在党卫军和秘密警察,以及军方行政部门和自己的总司令双重压力下,被逼入绝境的格罗斯库特仍然心有不甘,他指出,对自由射手行刑和对妇女、儿童行刑道德上有所不同。他坚持认为,这样的措施"与长期以来灌输给部队的'敌人实施的各种暴行'没有任何区别。难以避免的是",这里的引语摘自格罗斯库特的报告,"这些事件最终都会传回国内,人们会拿它们与利沃夫暴行进行对比"。

陆军元帅冯·赖歇瑙一定会怒不可遏,这早在意料之中,元帅还特意指出,格罗斯库特所说道德指控等同于布尔什维克恐怖纯属无稽之谈,他还狠批其"极端不准确、不合适、不恰当"。他警告说,报告已经多人传阅,他的结论是:"如果这份报告从未出台,情况会好得多。"五周后的9月28日,特别杀戮队(Einsatzgruppe)三中队从前线发回一封电报,内容为:"登记所有犹太人的各项措施到位,至少处决5万犹太人的规划到位。所有请求极端行动的措施受到德国国防军欢迎。"在接下来两天里,乌克兰武装民兵和特遣队(Sonderkommando)第四分队第一组一同将33771名基辅犹太人驱赶到巴比亚尔(Babi Yar)峡谷,对准他们的后颈将他们一个接一个处决。10月10日,陆军元帅冯·赖歇瑙通令全军将士与灭绝犹太人计划全面合作。两天内,南方集团军司令、陆军元帅冯·伦德施泰特(von Rundstedt)将冯·赖歇瑙的通令下达给了麾下所有指挥官。希特勒对赖歇瑙"卓越的"通盘计划表示欣喜,随后,最高统帅部指示下辖各司令部按照同样的思路下达命令。赫尔穆特·格罗斯库特继续在第六集团军服役,最后死在了斯大林格勒(Stalingrad)。布拉斯科维茨将军曾经越级直接致信希特勒，抗议党卫军1939年在波兰采取的一些行动，格罗斯库特的快速遏止性干预与其完全不同。这是一种不同类型的战争。[19]

1941年11月9日，白俄罗斯米尔镇（Mir）的几条街上响起了枪声，惊醒了列夫·阿布拉莫夫斯基（Lev Abramovsky）。在妈妈的大喊大叫中，全家人冲到街上，人们都在惊慌失措地逃命，他们和邻居们也狂奔起来。原本光着两脚的列夫仅仅来得及穿上一双胶套鞋。他的大姐兹拉塔（Zlata）和丈夫抱着刚会走路的两个男孩，妈妈抱着两个3岁大的双胞胎妹妹丽（Lea）和布朗代尔（Briandel）。列夫和另外一个妹妹以及三个弟弟自己能跑。全家人一起朝犹太人墓园跑去。在奔跑中，许多人被当地警察射杀。在墓园附近，列夫躲进一个谷仓，爬上了干草棚，从那里，他可以看到外边，清晰地映入眼帘的有：犹太人墓园和鞑靼人墓园的轮廓，以及废弃的米尔斯基伯爵（Count Mirsky）城堡。[20]

同一天上午，波兰校长的女儿雷吉娜·贝丁斯卡（Regina Bedynska）曾经看见德国士兵们乘卡车从斯托普塞来到这里。与比亚韦斯托克地区以及波罗的海沿岸国历次大屠杀不一样，当地人没有群起屠杀本地犹太人，德国人只好亲自过来动员。不过，实际杀人是当地警方一群志愿者干的，占领期最初两周，当地的白俄罗斯人纠集几个波兰人和鞑靼人，组成了一个大约30人的队伍。他们当中一些人的亲属在苏联统治下遭到驱逐，其他人被称之为好斗的仇犹分子。雷吉娜看见他们在屠宰场杀戮犹太人。13岁的雅各布·利普兹克（Jacob Lipszyc）和家人被德国士兵们和当地警方驱赶到城市广场，警方开始射击时，他留意到妈妈的乞求，撒腿跑起来。架设在广场两个角落的两挺机枪打死了妈妈、哥哥、姐姐，身材瘦小的雅各布刚好能钻进已成废墟的药房的楼梯板底下，他眼睁睁看着上千人在拥挤的广场上像没头苍蝇一样四处乱窜。一辆盖着苫布的卡车倒进广场，防水帆布刚刚掀开，露出藏在里边的机枪，一个警察就开始向惊慌失措的犹太人群开火了。[21]

城堡附近有个深坑,建筑商们通常从里边挖沙子,躲在干草棚上的列夫·阿布拉莫夫斯基看见,被押送的犹太人排成的长队从坑边一直蜿蜒到村里的天主教教堂那边。他亲眼看见家人在犹太人墓园里被杀,包括妈妈、爸爸、两个弟弟莫迪亚(Motia)和埃利亚(Elia)、姐姐兹拉塔和丈夫耶希夫·兰达(Yeisif Landa),他还亲眼看见那些人抓住姐姐的两个小孩的双腿,将他们磕死在墓碑上。当天下午晚些时候,白俄罗斯警察和德国宪兵来到谷仓,他们站在底层,用装在枪上的刺刀往草堆里一通乱扎,干草棚上的列夫和仍然活着的弟弟贝拉(Bera)被发现了,他们被带到城堡附近的沙坑旁边,塞进排队等死的犹太人队伍里。

由于盯得太紧,无法从队伍里出来,他们被驱赶着,一路挨着打,脚步沉重地往前挪动,方向是列夫早前在干草棚上尽收眼底的行刑场。从前方传来四五挺重机枪开火的声音,他们身边被驱赶着迈向死亡的人们发出一片呜咽声、求情声、祈祷声。接近行刑场时,列夫看见,前方扬起一片烟尘,他还看见,一些犹太人被迫往一层层尸体上铲土,其中一个名叫"疯子耶希尔(Yeshil)"的人突然转过身子,端起铁锹,向一个警察冲去,还没等他靠近,对方先开了枪,他一头栽进集体墓坑里。列夫和弟弟排在最后一拨人里,两个人肩并肩站在墓坑边缘,等待身后的机枪开火,他们往坑里看去,只见已经死去和将要死去的人们堆在一起,每次蠕动,都会有鲜血喷涌而出。列夫的弟弟当即死了,他和弟弟一起倒进坑里,后边的人砸在他身上,他身上大概叠了五六层人,他昏了过去。

列夫苏醒过来,身边都是温暖的尸体和温暖的鲜血。在黑暗中,他往一缕冷空气透进来的方向爬去,穿过纠缠在一起的死人,他终于爬到了最上边,爬出了深坑。天上飘着小雪,警察早已离开,远处站着一个正在祈祷的人,猛然看见列夫,那人拔腿就跑。列夫感到头昏,止不住哭泣,瞬间还感到一阵寒意,他开始用积雪擦拭身子,大口大口呕吐在坑里时吞进嘴里的鲜血。后来他发现,此前穿在脚上的胶鞋不见了,他从地上捡起一件夹克,将两只脚包裹起来,最后，他沿着出城的路走去。他躲进父亲从前认识的一个护林员的谷仓里，第二天，他们给他洗净身子，换上干净的衣裳，还让他坐在传统的俄式取暖炉的炉台上。列夫像抽风一样不停地哭泣，他们给他喝了一种草药水，这才止住他的哭泣。为了让他吃东西，护林员甚至用獾油为他搓了双脚，可他依然咽不下任何东西。随后两天，列夫住在护林员家，护林员则外出打探米尔镇究竟发生了什么。他带回的消息是，活下来的人们又返回了犹太人区，人们又能平静地生活了。还有，列夫的大哥扬克尔（Yankel）——大屠杀那天，他刚好离开犹太人区——也回来了。列夫回到了米尔镇，和幸存者重聚在一起，他还在幸存者里找到了另外两个妹妹埃尔卡（El'ka）和丽。

列夫在犹太人区一直待到1942年8月。这一次，犹太人对大屠杀有了预警，在限定犹太人活动的社区内，一小群带武装的犹太人趁着夜色在城堡的石墙上凿了个洞。当时，列夫刚好在那些人凿洞的楼梯平台上睡觉，在永远逃离犹太人区前，他已经没时间寻找两个妹妹。那些带武器的人试图将列夫那样的没武器的人全都赶回去，大约20个没武器的人又形成一个群体，向鞑靼人墓园方向跑去，然后进入了森林。列夫在林子里加入了游击队。

到了1941年11月，德国军方报告，白俄罗斯农村地区到处都是犹太人，因而军队定期对前苏波边境地区和明斯克—布列斯特铁路沿线进行搜索。与此同时，巴拉诺维奇（Baranovici）那样的犹太人区里的犹太人根本不相信来自格罗迪斯（Gorodišče）、拉科维斯（Lachoviče）、安索维奇（Ansoviči）的幸存者讲述的大屠杀经历，甚至德国人前来甄别犹太人时，他们还希望自己能得到幸免。在波兰斯洛尼姆（Slonim），一名当地俄国教师注意到，工匠们和会说德语的人自认为，德国人同样离不开他们的技能。1941年8月，在巴拉诺维奇一地，157人在围捕中遭到逮捕，其中140人有官方证件，他们希望秘密警察认可这些证件，对方却没这么做。大屠杀过后，像列夫·阿布拉莫夫斯基一样返回犹太人区的人不在少数。迟至

1943年新年，仍有许多犹太人区居民自称"我相信德国人的承诺"，自愿从森林里返回了犹太人区。[22]

平坦的白俄罗斯乡村地区拥有一些不宜居住的沼泽地，无论是追逐者还是逃亡者，都不敢涉足其间。不过，犹太人却能在这些地区的原生森林里找到避难所。弗里达·诺尔道（Frida Nordau）及其家人在林子里挖了两个洞穴，他们在其中一个里边居住，另一个空着，不过，空洞穴也用树枝做了伪装，以诱骗搜捕方认为，住在里边的人们已经离开。森林里满是逃亡者，尤其是红军队伍里的逃兵，或关禁闭期间逃出来的人。各支队伍依然比较弱小，组织比较涣散时，德国人并不担心，为争夺食物和争夺森林控制权，各小群体相互构成威胁。驻守波兰东部和白俄罗斯的德国秘密警察上报过发生在波兰群体和犹太群体间的许多次战斗，吃败仗一方通常遭遇的是彻底被歼灭。德国人组建了白俄罗斯管理机构、警察和其他民族主义组织，在占领期最后阶段，这些机构和组织的许多成员投奔了各游击队，他们还强化了长期以来就有的几种反犹观点，例如犹太人是间谍，也是往水井里投毒的人。情况变得越来越糟，几支共产党游击队的领导人向苏联上级机构报告说，唯有动用死刑，他们才能阻止自己队伍里人们对犹太人的仇恨。[23]

迫使众多犹太人返回各犹太人区的原因往往是饥饿。除此而外，村民们还得竭力保护自身免受众多森林盗匪团伙的抢劫。随着德国占领期间的形势越来越严峻，盗匪团伙也越来越强大，而游击战的特点是，各种报复和反报复循环往复不断升级，众多村庄被裹挟其中。村里的长者常常必须在以下两方面起主导作用：一、挑选前往德国的强制劳工；二、作为对地方抵抗活动的报复，必须向德国人交出一些人；因而，长者渐渐从中间人变成了强制执行者。[24]

一些犹太战士加入了前述游击队伍——1944年3月，白俄罗斯第四游击大队共有578名成员，犹太人和俄国人的数量几乎同样多——虽然如此，犹太人区其他一些逃亡者却独立组建了自己的犹太队伍，1942年和1943年之交，森林里的犹太队伍已经强大到可以与苏联游击队联合行动。不过，双方的目的往往不尽相同，像别尔斯基（Bielski）游击队这种拥有超过1200名成员的大型队伍就是自行组建的，他们不仅想打击德国人，更想拯救生命。像其他队伍一样，这支队伍里的战士都有很高的地位，不过，他们还收留并且供养老年人、病人、森林里的野孩子。图维亚（Tuvia）是这支队伍的领袖，他以身作则，在行军途中将自己的口粮分给孩子们。1943年，随着德国势力开始衰落，各犹太人区最后几批突围者让别尔斯基游击队得到了加强。通过一条秘密通道逃脱后，诺沃格鲁多克（Novogrudok）犹太人区的150人加入了游击队，一些新成员还随身带去了工具。很快，曾经害怕各种队伍的农民们也以各种方式进入森林寻找犹太工匠，请他们打造各种金属器具和皮具，这样的犹太工匠在别处已经难觅踪迹。[25]

常有大群大群成为"流浪儿"的孩子四处追随波兰、乌克兰、苏联各游击部队。这些流浪儿都是反犹和反游击队行动中遭到摧毁的各犹太人区和各村庄的幸存者，森林里到处是他们的身影，他们以干果、蘑菇、梅子，甚至树皮为生。无家可归的孩子成群结队尾随在队伍后边，许多游击队唯恐失去机动性，因而会驱赶他们，孩子们面临的风险来自两方面，不仅德国人会射杀他们，苏联和波兰游击队也会射杀他们。一些孩子努力让自己成为对游击队有用的人，穿越德国人的重重障碍送情报和武器，或侦察德国人的位置和行动。这类孩子会带来种种风险，德国人会通过他们发现游击队，除此而外，也有人出卖信任他们的游击队员们的生命——游击队一旦怀疑存在背叛行为，报复会针对他们的亲属。恰如犹太人区某些青少年走私团伙一样，为了生存，这些森林里的孩子往往会相互依存，如果森林里的各团伙成了他们的新家庭成员，那么，双方极有可能像家长和孩子一样行事。[26]

别尔斯基游击队里的孩子们喜欢模仿成人的行为，喜欢身穿剪短的和没人要的成人服装，还喜欢搭帮结伙找地方玩扮演德国人和游击队员的游戏，还会花费大量时间盯梢成人，观看他们在树下翻云覆雨。在别尔斯基游击队的孩子群里，一个名叫加芬克（Garfunk）的小男孩某天上午跳到图维亚面前，吸引了后者的注意，也吸引了所有人的目光，只听他大声报告："报告司令员，咱们的地窝子里正在发生淫乱情况。"的确，唯一能在纳利博基（Naliboki）森林各游击部队之间自由活动的人是别尔斯基游击队的希尔舍医生（Dr Hirsch）。各部队都需要他完成数不胜数的流产手术。[27]

躲进森林的白俄罗斯犹太幸存者竭尽全力拯救包括自己的生命在内的重要东西时，在各城镇和乡村，曾经存在过的诸多犹太人痕迹以极快的速度被人为抹掉了。德国人像蝗虫大军一样，所到之处，片瓦不留。他们到处谩骂共产党人和犹太人抢劫和剥削当地人口，然后自己却杀戮和抢劫当地人口。这既是官方政策，也是私事。作为圣诞节礼物，中部俄罗斯党卫军和警察最高首长埃里希·冯·德姆·巴赫-热勒维斯基（Erich von dem Bach-Zelewsk）搜刮了1万双儿童袜子和2000双儿童手套，通过帝国党卫军元首的私人助理团队转交给了众多党卫军成员的家庭。随着战地邮政服务和回家休假的人们将一包包食物和抢来的犹太人的物品作为战利品带回国内，德国"毁灭"带来的物质副产品散布到了广阔的和遥远的地方。对于孩子们能知道多少这些物品的出处，不必心存侥幸，他们并非完全不知情。在加利西亚的多恩菲尔德（Dornfeld）幼儿园，孩子们学会了区分"犹太供货商提供的"的铜勺和利沃夫政府机关提供的铝勺，孩子们的老师报告说，一个3岁的孩子喝汤时，一定要用亮晶晶的铝制"德国勺子"。对这个蹒跚学步的孩子来说，铜勺和铝勺的区别极可能是通过诸如环境和成人的喜恶确立的。[28]

从1939年1月30日起，希特勒就不断地做出"摧毁欧洲犹太种族"的"预言"，1941年9月，纳粹党将元首的预言制作成海报，作为"本周口号"到处张贴。《帝国》（*Das Reich*）是模仿《观察家》（*Observer*）创立的高档周刊，1941年11月16日，戈培尔在该杂志发表了一篇文章，标题为《犹太人有罪》。他在文章里发出如下警告："人们已经体验到，我们正在实现这一预言。"戈培尔接着表示："引发这场战争时，全世界犹太人完全错误地高估了自己掌控的实力，眼下他们已经体会到，毁灭正渐渐向他们逼近，而这正是他们企图让我们遭受的，假如他们有实力做到让我们受苦，他们绝不会心慈手软。"两天后，在一次新闻发布会上，阿尔弗雷德·罗森堡（Alfred Rosenberg）说得更加露骨，他脱离官方的说法"驱逐犹太人"，不加掩饰地说出了"从生物学意义上灭绝全欧洲的犹太人"。终于释放出期盼已久的反犹战争，那些人似乎兴奋得有些发狂，面对公众的反应，他们已经顾不上政治谨慎，他们内心更有一种强烈的表达愿望：那些重大决定的形成，他们都出过力。不过，即便是如此直白的表达，眼尖的读者仍然需要动脑筋才能理解，这个政权各种老掉牙的隐喻在现实中的意义已经改变。[29]

随着犹太人、其他平民、战俘等在集体墓坑里遭射杀的消息传回德国国内，人们不想知道却已经知道的消息确实太多。从休假的士兵们的言谈中，从家信的字里行间，讲给妻子、父母、单身母亲们，甚至——不经意间——讲给孩子们的那些事中，流露的有兴奋，有忏悔，有事实，也有吹牛，而正式渠道从来不透露这些。1941年，在德国宣传部正式出版物的士兵来信栏目里，甚至提及了犹太人被处决前自掘坟墓的信息。[30]

戈培尔发表前述文章前不久，德国已经开始驱逐犹太人。想知道实情的成年人其实有好办法知道究竟发生了什么。米夏埃多·迈斯特（Michael Meister）在慕尼黑市政府经济部门工作，他是个律师，纳粹党的普通一员，为记录他的部门在清理城里的犹太人方面做出的贡献，他小心翼翼地拍摄了许多照片，内容包括驱逐城里的犹太人，以及犹太人在米尔伯茨霍芬（Milbertshofen）火车站附近的临时营地和长期关押地从事设施建设。1941年11月底和12月初，在比勒费尔德（Bielefeld）附近的明登（Minden）镇，人们都在谈论镇子里的犹太人出了什么事。他们离开时是乘坐旅客列车前往华沙，人们带回的消息称，"从那里开始"，他们乘坐的是"运牲口的列车……到俄国后，犹太人都必须到工厂里做工，犹太老人以及生病的人，都会被枪毙……"接下来一年半，大规模杀戮的消息源源不断地传回德国，各级政府都注意到了这一点，却没办法阻止，原因是分散的行动太多，旁观者和见证者太多。1939年秋，数万德国士兵在波兰见证了许多屠杀场面，眼下又有成千上万人，甚至上百万人亲眼见证了屠杀过程。将这些现场拍成照片和写进家信的愿望极其强烈。[31]

当时的青少年是否知道社会上究竟发生了什么，很大程度上得看他们的父母都知道什么，以及父母都告诉过他们什么。1943年8月31日，柏林一名社会民主党党员15岁的女儿莉泽洛特·京策尔在日记上写道："最近妈妈告诉我，大多数犹太人在集中营里被杀，可我无法相信。"似乎是为了印证现实与她的道德认知没有脱节，她真诚地表示："他们离开德国终归是件好事，比真的把他们杀了好！"说到这事，另一个柏林女孩仅仅记得，每当她走进屋里，原本大声说话的父母总会戛然而止，她父亲是个纳粹党员，还是个牧师。数十年后，仍然让她感到悲伤和困惑的是她对伦哈特（Leonhardt）伯伯的想念。他们同住一幢公寓楼，他是个年事已高的犹太人，常常给她念童话故事。一天，他离开了那里，将《安徒生童话》留给了女孩。[32]

许多当父亲的人完全没办法用文字向自己的孩子描述战争本身，只好借助一些非常奏效的技巧，为父亲不在家圆个理由，那些技巧在第一个非实战状态的冬季曾经用过的。为维持感情，他们会坚持不定期写信，说到战争，就好像在说某种形式的出差。1941年，吉塞拉（Gisela）的父亲38岁，在莱比锡一家印刷厂工作，应征后，他被派往西普鲁士的格鲁琼兹（Graudenz），在那里看管苏联战俘。1942年10月，在写给12岁的女儿的信里，他描述的是坐在河边，在一派宁静祥和中观看过往的平底货船和岸边的垂钓者。[33]

英格博格（Ingeborg）的家在莱茵兰地区，1943年，她父亲被派往东部前线，正赶上德国从苏联撤退。在写给家人的信里，父亲谈的是黎明炙人的阳光、不通自来水的农村草房子，他还把脏乱的环境改写成异域旅游见闻，其他写信人粗暴地将这些描述成共产党人和犹太人剥削的证据。而父亲描述自己在夏日晨曦的温暖中等候"土库曼士兵"为他提几桶水，以便有足够的水洗漱和刮胡子，还近乎不可避免地表示，因为活着，浑身透着高兴。像许许多多旅游见闻一样，父亲没有描述从远处的井里打不干净的水，以表明俄国的原始——"眼下你就可以想象，我们多渴望像在家的你一样拧开水龙头接一杯水。祖国有让人喜爱的干净水，为此你真该感谢上帝。"——而是通过欧洲人的眼睛，看到落日掉进遍地野花里，感叹异域大草原的壮美。他摘了些野花，将它们压瓷实，然后寄回家。这是一项单独完成的和平行动，就像写信一样，通过提醒他对家人和家庭的依恋，使他摆脱了被迫的依赖和亲密。34

在回给父亲的信里，当年只有 11 岁的英格博格谈到了照顾弟弟妹妹们，尤其是照顾小妹妹洛蒂（Lotte），每当她在炉子旁边落座和写信，洛蒂都会依偎在她身上。蹒跚学步的洛蒂玩各种公主游戏和强盗游戏，她们在花园时，几只小狗围着她们转，洛蒂对着小狗汪汪叫，这些内容一定会让父亲有一点点在家的感觉。父亲非常珍视英格博格的来信，部队在罗马尼亚遭围捕前，他一直将那些来信带在身上。打击俄国人的战争结束前，他把那些信件埋到一棵树下。那些信对他如此重要，20 世纪 50 年代，他返回那里，将信件挖了出来。吉塞拉的家在萨克森地区的莱比锡，她在信里告诉身在格鲁琼兹的父亲，自己如何穿着睡衣寻找复活节彩蛋，兴奋之情溢于纸面。不过，由于很长时间没有她的音讯，父亲难以避免地谴责她"懒惰"。穷尽一切办法保持接触的父亲终于想到一个主意，让 12 岁的女儿代行秘书职责，派她出门给母亲买个礼物，以庆祝父母的结婚纪念日。35

由于俄国的战役，荷兰边境附近的学校教学再次陷入混乱。太多的老师应征入伍，以致 11 岁的特鲁迪（Trudi）再次常常在 11 点回家。她在信里还安慰父亲，除此而外，其他一切正常。老家这边，少数值得说的事情有：为士兵们收集的物品、学校新挂出的彩色的前线地图、发落到当地工厂干活的大量俄国战俘。孩子们对战俘们充满好奇，还对别人说，这些人看起来"很傻"。不过，特鲁迪知道，他们也很危险。在写给父亲的信里，她在字里行间流露出，他们好像是动物园里的野兽，她还在信中给父亲描述了其中一个人如何"突然破门而入杀死小区里的一个女人。他被逮住了，当然很快就被枪毙了"。在1941年9月的信里，她安慰父亲，家里一切都好，吃的东西也足够。[36]

1943年，希特勒终于同意各级劳工部门征召德国国内的仆人们从事与战争有关的工作。与纳粹党、各劳工部门有关的许许多多家庭，或者迁往各被占领土的那些家庭，这类家庭的仆人很快由来自波兰、俄国、乌克兰等国的10多岁的女孩取代。1943年夏，与数百万德国外籍劳工相比，50万强制保姆在社会等级阶梯上处于相对有利的地位。与经常在大街上遭遇希特勒青年团奚落的工厂工人相比，她们与德国孩子的接触也更为亲密。保姆和家长们看得非常清楚的那些界限，孩子们由于太年幼，常常无法察觉。战争行将结束时，蹒跚学步的埃迪特·P（Edith P.）印象中的弗兰齐斯卡（Franziska）是个温馨的、可人的存在，后者是父亲从拉文斯布吕克集中营带回家的一名斯洛文尼亚少女。埃迪特的母亲脾气暴躁，说翻脸就翻脸，常常在夜里将哭闹的女儿丢在卫生间，转身就走，弗兰齐斯卡总会过来抱起她，然后一通抚慰。[37]

对德国孩子来说，他们口中的这种关系往往从家门口来了个玛丽·波平斯（Mary Poppins）开始，这是电影《欢乐满人间》里的主角。不过，德国孩子的保姆来自大草原，身穿鼓鼓囊囊的衣服，脚蹬木底鞋或高勒靴，头上扎着辫子。保姆不会说德语，从未见过室内洗手间或洗澡间，而母亲的第一个行动往往是将保姆洗刷干净，然后给她灌输德国卫生观念。对那些10多岁的保姆来说，村庄被烧毁后躲进密林深处，遭受带狗的军队追击，被装上运送牲畜的卡车，长途旅行中仅有不足量的食物和饮水，而结束这一切的是虱子和肮脏。1943年,纳斯塔西娅(Nastasia)来到安德烈亚斯·G(Andreas G.)家替换以前的保姆,当时安德烈亚斯只有7岁,纳斯塔西娅可能只有十四五岁。不过,在安德烈亚斯眼里,纳斯塔西娅好像已经成年,很有女人味。她来自乌克兰,安德烈亚斯很喜欢她。与前几名德国保姆不一样,她住在安德烈亚斯家,接下来那年,她重新分配到一家军工厂上班,每逢周日,她都会来家里做客。她和这家人一起在餐厅进餐,而不是在厨房吃饭,这打破了约束德国人和"劣等人"交往的所有规矩。纳斯塔西娅通过身体接触与安德烈亚斯变得亲密无间,她把安德烈亚斯放在澡盆里,给他洗头,让他扑腾水,直到两个人浑身湿透。她还偷偷教给他说另一种语言,即俄语。她天生快活,而安德烈亚斯的妈妈是个不苟言笑的、与外人保持距离的军官夫人。[38]

一天,两个人在地上玩士兵玩具,安德烈亚斯突然用俄语喊了句"举起手来",这把纳斯塔西娅吓了一跳。纳斯塔西娅从未教给安德烈亚斯这句话。更糟糕的是,她还发现了安德烈亚斯的父亲送来的政委的红星。这样的时刻对纳斯塔西娅意味着什么,7岁的安德烈亚斯不懂,红星不过是他玩的战争游戏里的最新装束,不过是1940年身在埃塞尔多夫的克里斯托弗·迈耶的平顶法国军帽的1943年版本。安德烈亚斯后来承认,通过家人和学校,他早已形成一种印象,"俄国人"就是"布尔什维克",不过,这与纳斯塔西娅没有任何关系。对他来说,纳斯塔西娅是个温馨的、好玩的伴侣。纳斯塔西娅的确教给他说俄语,不过,她不是"俄国人"里的一员。他们一起争论过哪一方最终会赢得战争,而他没有告发过纳斯塔西娅。[39]

"跟俄国人打仗"可以帮助小男孩们在越来越女性化的环境凸显他们的男性特征。卢茨·尼特哈默尔(Lutz Niethammer)的父亲从白俄罗斯寄给他一个木质火车头,他别提有多高兴了。从斯图加特疏散到黑森林地区时,他仅仅带了为数不多几件玩具,其中就有这个火车头。火车头色彩亮丽,正面有几个黑色的德文"莫吉廖夫"

（MOGILEV），这个火车头代表着卢茨在"满是女性的窝里"度过的童年。父亲休假回到满是女性的家里，并不会妨碍 4 岁的卢茨说出这样的话："现在他该走了。"卢茨反而更喜欢爸爸不在家，这样他就可以扮演家里的"男人"。[40]

19 岁的卡尔-海因兹·蒂姆（Karl-Heinz Timm）听说，他的小弟弟乌韦·蒂姆想"枪杀所有俄国人，然后把他们摞起来"，还要和他一起干。他家在汉堡，他写信给 3 岁的弟弟，答应回家休假时跟弟弟一起玩。三天后，在写给父母的信里，这名年轻的骑兵有点儿惊讶地描述道，他所在的部队刚刚在康斯坦丁诺夫卡（Konstantinovka）受到乌克兰姑娘们的热情欢迎。"很明显，这里的人们到现在为止还没有接触党卫军。"看到一个俄国哨兵孤独的身影时，卡尔·海因兹立刻将其当成了"机关枪的活靶子"，他所在的部队是党卫军骷髅师，与他 3 岁的弟弟玩的游戏相比，他玩的是一场完全不同的战争；不过兄弟两个人都在思想里将对方理想化了。与此同时，其他男孩都在升级他们玩的战争游戏。他们玩的是对准囚犯们的后颈开枪。他们装扮的不是特别行动队成员——这个名称只有极少数人听说过——而是令人生畏的苏联秘密警察，即苏联内卫军。对准后颈开枪已经成为布尔什维克恐怖的终极象征，在想象敌人的残忍时，它也成了不可抗拒的话题。[41]

随着战火在俄国境内延烧，在东部前线，像"英雄一样战死"的死亡者名单越拉越长。统计数字可以隐藏，不过，刊登在各家报纸上的死亡通知专栏也越来越长，例如：1940 年，瓦尔特·贝希托尔德战死，从那往后，他母亲便开始剪下各家报纸刊登的死亡名单。俄国战役开始时，人们曾经表示的最大担忧，眼下正变为现实：如今，这场战争开始变长，变得代价高昂。对幼儿们来说，近距离感受死亡，理解起来相当困难，不过，从远距离感受失去某人，而那人的缺失成了人们生活的日常，主要成了长辈们的痛苦和哀伤，这些都会深刻地影响孩子们。格特鲁德·L（Gertrud L.）收到丈夫死讯一个月后，家人为他办了个追思会，地点在八年前夫妇俩举办婚礼的同一家教堂，牧师还是当初主持婚礼的那个牧师。在拥挤的教堂里，在布道过程中，到场的人们默默流泪时，格特鲁德注视着远方，眼睛里却没有泪。牧师库罗夫斯基（Kurowski）的提问直接戳中了她的信仰。"你必须问问自己，"牧师说，"上帝竟然允许如此年轻的女士失去可爱的丈夫，还让四个孩子失去父亲，真有这样的我主上帝吗？"其他寡妇真有可能产生怀疑，而牧师接下来的一席话将在场的人们拉回了大家熟悉的信仰和崇拜形式，也让格特鲁德释然。"上帝，"牧师对所有在场的人说，"绝不会让我们承担不可承受之重。"那天是5月3日，教堂里装点着许多月桂树。随着参会者鱼贯走出大门，他们经过一处地方，那里有斜靠在一起的几支步枪，枪尖上顶着一个钢盔，象征着倒下的士兵和不在场的战友。这些东西提醒着参会者，那名士兵为之赴死的斗争是高贵的，他们理应为他哀悼，也应当为他的死感到骄傲。[42]

随着家庭成员、邻居、朋友们走出家门，参与追思活动，表达悲伤，也就创造了一种共同参与集会的机会。这些葬礼没有尸体需要掩埋，人们必须身穿呆板的、让人不舒服的正装，纹丝不动地默默坐着，毫无疑问，这经常会让孩子们感到压抑。格特鲁德·L的小儿子曼弗雷德（Manfred）觉得，父亲死后的阴晦让他忍无可忍，他开始拉扯塞尔玛（Selma）姑妈的胳膊，还对姑妈说，他们全都应该唱《我的所有小鸭》，以及其他儿歌。这种事真的乏味儿，或许还会吓着他，唯有母亲会感到宽慰。[43]

战争初起那几年，"英雄纪念日"的许多活动充满了感情色彩和冲击力，听到歌曲《我有一位同志》的演奏，或参与为逝者点燃蜡烛的仪式，那些没有失去亲人的孩子也会感动到泪流满面。不过，1942年，随着德国在东线失利越来越多，执政当局决定，人民需要打气。戈培尔命令，在彻底重组原有播音时间表基础上，将更多时间用于播放轻音乐。尽管来自逝者家庭的抱怨不绝于耳，戈培尔仍然决定，将更多时间安排给该政权更有冲击力的节目。[44]

在努力搭建联结后方和前线远隔千里的联络线方面，通过海军广播节目"故乡的信号灯",或普通广播节目"家乡的问候",以及战时所有广播节目中最受欢迎的节目,即每周日为所爱之人点播的广播节目"音乐会"等,德国各广播电台将后方家人的问候送达了前线的人们。为增强母亲节和圣诞节的氛围,广播电台还为母亲和儿子,以及丈夫和妻子开通了实时连线节目。每日广播节目"同志之情"每天早上5点到6点播出,该节目第500期播出时,为了庆祝,广播电台甚至依照童话故事里的幸运数为12对新娘和新郎举办了一场婚礼。通过无线电广播描述妻子们的婚纱以及手捧的百合花,实时信息立即传给了在远方岗位的丈夫们,妻子们的结婚誓言也实时广播了出去。[45]

前线的士兵经常收听德国广播节目,他们既能从煽情的轻音乐节目中得到慰藉,有时候也会写信投诉,他们尤其不满"年轻的女士们"将他们称为"同志",好像"大后方"对独一无二的男性荣耀完全没有感觉,失去了应有的礼节和尊重。前线的男人和后方的家人之间裂开了一个想象的感情深渊,而广播是唯一听得最清楚的跨越这道深渊的回声。如今这道深渊比战争初期那几年扩大了许多。战争中的男人看到的和做出的太多太多,而他们的解释却让人无法接受。[46]

在东部的那几片领土上,将犹太人的衣服、家具、农耕用具等给予当地人,直接效果似乎是,他们也串谋了屠杀。在斯洛尼姆那样的城镇,即便犹太人的非犹太邻居不赞成那些人的迫害,事情过去后,他们同样也占据了犹太人区空出来的公寓。德国占领期间小心谨慎安排的各种捐赠,尤其是捐赠服装和鞋袜,一定程度上缓解了工业制成品的短缺。早在战役开始前,德国的政策就是扼杀苏联各城镇。1940年11月,入侵苏联的头几批计划刚刚出台,德国农业部便提出过:不必顾及3000万苏联市民的死活,饿死就饿死,以便养活德国大军,同时还不至于给大后方带来压力。需要保护的仅仅是那些能给德国带来利益的富饶的农业产区和矿业地区。[47]

进攻苏联战役第一个冬季，德军各部队被大雪围困，他们在广袤的乡间大肆搜刮牲畜、粮食、马匹、雪橇、冬装、雪靴、滑雪板、皮衣、靴子等。眼下，当地人口都在忍饥挨饿，在第105警察营服役的前不来梅中年推销员却在给后方的家人邮寄食物，这带给他最大的快乐。他小心翼翼地将托寄物品分装成小包裹，以免引起过分关注。他分时段分别邮寄了好几十个一两公斤的包裹。在远离家乡和让人如此生厌的环境，仍然能保有养家糊口的地位，作为父亲，他毫无疑问能得到一丝慰藉。[48]

　　随着人们劝诫回到德国的"国民同志"放弃他们的皮毛大衣以及滑雪板，希特勒青年团和德国女青年联盟的行动本身揭示，全德国的人口在多大程度上遭遇了危机。与此同时，圣诞节期间，在华沙犹太人区，强制征收皮毛大衣正在进行，其结果是，收上来16654件皮毛大衣和毛领大衣、18000皮毛上衣、8300个暖手筒、74446条毛领。波兰地下组织兴奋地制作了许多海报，描绘德国士兵缩着脖子，围着一条女用狐皮领，双手插在女用暖手筒里。[49]

　　战役初期那几个月，随着德国电影观众通过新闻片看到长长的红军战俘队列，他们担忧过谁来养活这些人，还担心过德国的配给会被迫减少。到了1942年初，抓获的330万苏联战俘，计有250万死亡。数万人在臭名昭著的要塞里遭到射杀，例如考纳斯（Kaunas）的艾克斯要塞（Fort X）。不过，大多数人死于强制性饥饿。从1942年4月开始，"老帝国"连续五个月减少了德国平民的配给，这立刻压制了全国的斗志。这是为了支援德国国防军，而不是为了战俘们。像第三帝国通常发生的事情一样，这一最大的负担落到了别处。[50]

　　由于波兰工人流失到德国，波兰农业已经遭到重创，尽管如此，从那往后，波兰仍然得承担大量德国分派的配额，在整个东欧和西欧的被占领土上，这已经成为不断重复的趋势。日益严重的短缺导致了黑市通胀和饥饿，受影响最严重的是受困在监狱、福利机构、犹太人区、战俘营里的人们，他们没有直接前往乡下的机会，常常还无法直接接触黑市。与德国专家当初设想的不一样,由饥饿导致的死亡,数量最多的不是东部大规模挨饿的城镇人口,而是各类被关押囚禁的人口。由于重要的动植物油料稀缺,无论在什么地方,婴儿的死亡率迅速攀升;在1942年到1943年,这导致了波兰人口的绝对下降。[51]

为了给马里辛特权区的孩子们带来更新鲜的空气,波兰罗兹市"犹太政治领袖"哈伊姆·鲁姆考斯基(Chaim Rumkowski)开启了配给模式。有时候,他会为在校的孩子们申请额外配给。不过,达维德·瑟拉科维奇的日记条目里反复出现了"看不见尽头的饥饿",同样的描述越积越多。为补贴家用,在放学回家路上,或者在自家拥挤的屋子的窗台上,他总是尽最大努力私下里教学生们波兰语、法语、德语、希伯来语、数学等,物价却总是在攀升。随着富裕的、穿着考究的犹太人的流入,通胀有增无已。1941年10月和11月,罗兹新来了2万人,他们是第三帝国驱逐过来的,他们带来了"漂亮的行李和整车整车的面包"。但随后他们学会适应波兰犹太人区的生活,迅速买空当地的供应,在此过程中,他们很快也让自己以及当地大多数居民变得越来越穷。

尽管如此,德国一连串胜利带来了一种怪异的平静:为满足德国的需求,更多的工厂开工了,关于战争的闲言碎语销声匿迹。达维德甚至也意识到,他的思想全都集中到了自己的人生大事上,他从犹太高级中学毕业了,除了体育,他各科成绩都是最高分。在学校的最后一天,他感觉自己内心充满了怀旧的忧郁,至少在当时,他放下了终日对战争和社区命运的担忧,让自己为"如此微不足道的事而感动……因为这关系到我,我生命中一个新纪元开始了"。他依然想继续读书,不过,由于各学校都在继续招收捷克人、奥地利人、德国犹太人,工作竞争日益激烈,他最好的选择是,利用关系在马具店找一份工作。"种族"标签影响着每个人,德国犹太人的到来为犹太人区的讽刺作家和吟游诗人提供了丰富的新素材。另有随他们而来的5000名吉卜赛人,他们独立生活在犹太人区管理当局管控的附属营区内。没过几周,这些人开始挨饿,染上了斑疹伤寒,他们的孩子开始大量死亡。[52]

在苏联战役中暴露的问题不只反映了希特勒的军事傲慢,它同时也暴露出,大规模实施种族殖民政策不可行。德国国防军可能无法用闪电战在一次战役中击败红军,不过,它已经攫取到远超德国人居住区的生存空间,因而必须找到更多德国人。早在1941年9月,海因里希·希姆莱已经派出一些德国种族生物学小组,前往白俄罗斯各孤儿院进行筛查,不仅要找出隐藏的犹太孩子,还要找出一些适合"德国化"的孩子。帝国党卫军元首解释说,这么做的目的是,从东欧各国种族的混杂中"提炼"每滴"纯种血",无论家长同意与否,都要将孩子带走。这标志着一次全新的再出发。从1939年到1941年,德国统治波兰第一阶段,党卫军安置办公室曾利用运送牲畜的卡车集中精力将波兰人和犹太人运出去,将德国人运进来,以改变种族统计数据。实施种族区分制度应当严谨到什么程度,不同的德国行政机构曾经对此争论不休,究竟有多少波兰人变成了德国人,从一个大区到另一个大区,区别极为明显,直到进攻苏联后,党卫军才开始实施一项野心勃勃的计划:"德国化"儿童当中每一个体。党卫军屠杀犹太人的借口是,他们种族不纯,与此同时,他们也在稀释自己的"德国高贵人"标准。[53]

瓦尔特兰省曾经集中用于德国人定居,安全起见,许许多多德国青少年也曾经疏散到那里,大多数"德国化"行动也发生在同一片领土上。上级命令青年福利理事会与党卫军种族和安置办公室的专家合作,还命令党卫军将自行管理的各类儿童之家交给"生命之源"(Lebensborn)组织管理。数千孩子被分别送到了罗兹、卡利什、布罗考(Brockau),仅有250到300个孩子通过了62道种族测试关,以及长期的性格观察,完成了第一轮筛查。1943年,三个男人来到帕比亚尼采,让所有孩子靠墙站好,他们从大约100个孩子里挑出7个人,伊洛娜·海莱娜·威尔卡诺维茨(Ilona Helena

Wilkanowicz）是其中之一。不过，像许许多多有家的孩子一样，她不是孤儿。她父亲试图阻止一切，然而他失败了，那些人将伊洛娜带走。1943年上半年，为了让德国人定居，党卫军联手乌克兰一些机构，与劳工团和德国女青年联盟的一些女孩团队合作，清空了一些波兰村庄，与此同时，波兰"全民政府"将另外4454名2—14岁的孩子送到各儿童之家进行筛选，这次的事发生在扎莫希奇（Zamość）地区。[54]

在党卫军种族专家的"双重思想"里，这些孩子的家长无论是谁，他们都是德国孩子，他们此前的"波兰化"如今被颠倒过来。在第三帝国内政部官僚机构的准法律用语里，"外国孤儿"如今成了"弃儿"。1942年12月10日，该部授权位于瓦尔特兰卡利什的大区儿童院设立一家秘密登记办公室，它可以为孩子们签发新的德国身份文件。通常情况下，为孩子们起名时，给他们选择的是发音相同的德文名字，以方便他们记忆，例如：伊洛娜·海莱娜·威尔卡诺维茨摇身变成了海伦·温克纳。对追踪孩子的波兰亲属们来说，由于官方认可的"新身份"，他们的来路变得非常模糊，对希望查出"德国种族孤儿"根源的德国新家长们来说，情况亦如是。[55]

1942年6月7日，第三帝国的波希米亚和摩拉维亚保护者莱因哈德·海德里希因重伤不治身亡，这是盟军情报机构对纳粹领导层发动的少数几次谋杀中成功的一次。两天后的夜里，在报复行动中，捷克利迪策（Lidice）村的村民们受命离开自家的房子：196个女人和105名孩子被卡车拉走，关进不远处克拉德诺（Kladno）的一所学校，与此同时，他们的村子被夷为平地，村里所有男人遭到枪杀。后来，那些女人被送进拉文斯布吕克集中营，那些孩子去了罗兹，等候种族筛选。希姆莱的希望是，"良种的孩子"将会在德国家庭接受"高尚的和正确的教育"，这会防止他们对父母的死进行报复。其结果是，那些孩子来到了位于斯特泽尔科夫·卡尼沃斯基奇（Strzelców Kaniowskich）大街的第二筛查营。罗兹市有四座中转营和被驱逐者临时关押营，这是其中之一。孩子们被关押在破旧的厂房里，这与 1940 年瓦尔特兰的被驱逐者面临的条件大同小异。那里没有完备的上下水，孩子们又急又饿，还禁止他们随意上厕所，每天一早一晚两次上厕所必须有人监督。当初送来的 105 名孩子仅有 7 人通过了筛选，战后仅追踪到 17 人，其他大多数人可能都亡故了。[56]

那些挑选出来准备"德国化"的孩子首先被送到位于罗兹的一家女修道院，那里条件稍好，后来，8 月份，他们又被送到一家位于普什考（Puschkau）的瓦尔特兰儿童院，他们的"德国化"是从那里正式开始的。其中四个孩子来自利迪策村同一个家族。他们是汉夫（Hanf）家的安娜（Anna）、玛丽（Marie）、瓦茨拉夫（Vaclav），以及他们 8 岁的堂姐妹艾米莉（Emilie），她是妈妈死后才跟他们团聚的。由于挨打和不给饭吃，孩子们很快学会了相互之间不说捷克语，也由于完全沉浸在德语语境，当年年底，他们中的一些人已经开始忘掉母语。一对没有子嗣的萨斯尼茨（Sassnitz）夫妻收养了艾米莉，他们带她乘坐私人游艇，让她和家里的德国牧羊犬森塔（Zenta）一起玩，作为圣诞礼物，他们让当地的战俘给她的娃娃做了个房子。她的新爸爸奥托·库卡克（Otto Kuckuk）是该市市长，还在党卫军里拥有官阶。与艾米莉不同，瓦茨拉夫·汉夫（Vaclav Hanf）从未被收养过，因为他始终拒绝学习德语。另外，他从一家机构被送到另一家机构，每家机构的工作人员总能找出理由打他。这家的两姊妹有着完全不同的经历。在安娜·汉夫娃（Anna Hanfová）的收养家庭让她学习钢琴之际，收养玛丽的家庭却把她变成了家庭佣人。两家人都知道，这两个女孩是捷克人，通过每天经历的各种嘲讽和挨打，玛丽对此颇有体会。[57]

实际上，对年龄较小的孩子来说，生活在瓦尔特兰的德国家庭里，很难拒绝"德国化"。对 3 岁的达莉雅·威塔泽克（Daryjka Witaszek）和 5 岁的阿路西娅·威塔泽克（Alusia Witaszke）来说，若想记住父母活着时的样子很难，当时她们年龄太小。尽管如此，阿路西娅的确记住了一些片段——她自己的红外衣，以及德国人穿的黑靴子——那天，警察来家里抓走了母亲。光阴荏苒，有人将这两个女孩与另外两个年龄较大的姐姐分开后,她们先后在罗兹和卡利什的几家儿童营挨过一段时光,她们渴望出现一个和蔼的、慈母般的人将她们领走。阿路西娅轻易博得了她未来的德国妈妈达尔(Dahl)太太的喜爱,还让对方接受领养姊妹两个人的想法。不过,"生命之源"组织的几名官员最终没有让步。他们坚持让两姊妹分开,照这么做,她们身上就不会留有任何波兰童年的痕迹,虽然他们成功地阻断了阿路西娅与波兰语言和文化的所有联系,以致她再也无法说波兰语,即使能说,也会带上明显的德国口音;但在让这个年龄稍大的女孩忘掉小妹妹方面,他们并不成功。恰恰相反,由于失去双亲,失去两个大姐姐以及还是婴儿的弟弟,反而浓缩了她对达莉雅依恋,这种依恋反而比以往更加密切。在她的要求下,达尔太太一直在尝试追踪达莉雅的下落,截止到战争结束,"生命之源"组织的官僚态度让她一无所获。[58]

对年龄稍大的孩子来说,将他们的各种社会关系理顺成可以记住、可以传播的形式,相对比较容易。许多孩子早已对德国人形成强烈的、深刻的仇视心态。此外,不仅眼下,也包括战时,恰如发生在各儿童院的情况证明的那样,比起安置女孩和幼儿,安置年龄稍大的男孩更困难。"生命之源"组织的儿童院位于奥地利奥伯韦斯(Oberweis)城堡,那里有几个从未让人领走的孩子,亚历山大·米歇罗夫斯基(Alexander Michelowski)是其中之一。除了希特勒青年团的常规列队、唱歌、集训,12岁的亚历山大给人的感觉是,他保有一种波兰特征。这方面,对他帮助极大的是,他是一群波兰男孩的一员,在城堡的地窖里和邻近的果园里秘密寻找吃的东西时,深更半夜在宿舍里饕餮时,他们会不停地说波兰语。他们心里清楚,如果说这种语言时当场被抓,肯定会挨一顿暴揍。有一次,孩子们溜出去偷水果时,一个在农场强制劳动的波兰女人发现了他们。那女人反而同意替他们收发信件,以便他们与各自的家庭重新建立联系。虽然亚历山大未能与自己的任何家人取得联系,他却另有一层隐秘的、与波兰根源的联系,他一直把它带在身上。他们一行人准备搭乘火车前往卡利什途中,在波森火车站候车时,一个中年女子把亚历山大悄悄叫到身边,给了他一张琴斯托霍瓦的"黑色圣母"的照片。那女人告诉他,她是不远处一家女修道院的院长,当时已经不敢穿日常服装,因为她已经上了一份通缉名单。亚历山大曾经当过祭坛男童,因而他仍然记得对方的告别祝福:"愿上帝之母保佑你。"[59]

随着大量青少年机构被指定为宿营地,营地越来越多。为了与纳粹党的目标保持一致,在希特勒青年团、教师、人民福利组织等机构管理的资源充沛的"送孩子下乡"营地里,德国城市的孩子们都在学习一种独立自主的自信。对伊尔莎·普法尔和17名埃森的同学来说,1941年在克罗梅日什"送孩子下乡"营地那七个月不过是一次超长的暑假。她们每天游泳——除了三天,她们用其前往布拉格做了一次观光旅游——而且每个人的生日都被她们当作向营地领导借收音机跳舞的借口。随着回家日期越来越近,孩子们互相在相册上题诗揶揄对方,虽然尚未经历过性,每个人都装作懂得特别多:

  这个世界广阔无边,
  没人敢碰我们,没人;
  除非我们自己乐意,
  没人敢碰我们,没人。
    ——格蕾特尔

  海滩横躺一只海豹,
  它把尾巴扎进沙堆;
  愿你的心情如海豹,
  把尾巴潇洒挥一挥。
    ——黑尔佳[60]

只要有机会,这些女孩都会身穿德国女青年联盟制服,列队穿过各条大街,例如迎送少女联盟的各个领导、干扰捷克天主教徒的圣枝主日活动、纪念与俄国人爆发战争等。对这些女孩来说，若不是因为捷克人，她们这么做对他人完全无害，她们只是利用第三帝国对波希米亚和摩拉维亚的保护力量庆贺一番，这与其父辈们在东方参与战争的行径相去甚远。[61]

如此洒脱的青春期与第一次世界大战期间的情况形成鲜明的对比，那时候，成千上万相同年龄段的德国女孩死于肺结核。[62] 比较而言，纳粹通过各种努力撑起了大后方，保护德国孩子们，使他们免于为战争付出代价，这方面纳粹做得很成功。这一政权无法保证孩子们的父亲、兄弟、叔伯不死，虽然如此，这一政权却能做到，并且真真切切做到了让孩子们免于营养不良，不在军工厂干活。战争初起那几年，为弥补第三帝国劳动力短缺，纳粹政权从被占领土征召了数百万强制劳工。随着大举攻入苏联，纳粹将这一政策推向更远的地方，创造了覆盖整个欧洲大陆的配给制，以及农产品征收配额制，这导致被占国民众闹饥荒，婴儿死亡率攀升，从而避免了同样的情况殃及德国人。

大规模枪杀的确发生在东部前线，成千上万德国人，甚至数百万德国人成了见证者。不过，在电车上、火车上，以及排队购物期间，亲朋好友闲聊各自听到的消息时，很可能大家都心照不宣，不要因此引火烧身担责任。希特勒以越来越高的频率预言过毁灭犹太人，不过，他从未让大规模屠杀政策公开化，也从未请求德国人民同意他这么做。像莉泽洛特·京策尔一样的一些青少年没准也知道这样的秘密，其他青少年同样能感觉出，有些事大人不想让他们知道，例如他们的犹太邻居为什么消失了，或者，一旦他们走进屋里，家长们会立刻变沉默。专门销售犹太人财产的各种拍卖会和集市让大量家具和服装流入德国人的家庭，而这些东西的来路不言自明。不过，也没有迫切的理由值得大多数德国年轻人花费大量精力尝试理解这些东西。从1935年开始，德国各学校便禁止招收犹太孩子。战争爆发时，仍然留在德国的犹太人的去同质化实际上已经完成，尤其在年轻人里，犹太人的存在基本上成了宣传层面抽象的陈词滥调，例如"奸诈的剥削者""战争贩子"，而非身边的同学或邻居。

战争让所有种族优越的抽象说教具备了有形的外观，纳粹毫不掩饰自己剥削东欧，而且公开报道如何残忍地驱逐波兰村民，以彰显关于生存空间的承诺如何在东方实现。青年女志愿者，以及为帝国劳工团义务服务的女孩们，这两类人都必须在"安置行动"中发挥自己的作用。与此同时，疏散到波兰和捷克的达到希特勒青年团入党年龄的男孩和女孩也不甘寂寞，他们会象征性占领各城镇的街道和广场。在德国国内，处于见习期的少管所的孩子由于与波兰工人待遇相同而牢骚满腹。种族主义常常带有自相矛盾特征和性别特征：人们经常看到希特勒青年团的男孩往波兰劳工和俄国劳工身上扔雪球，还破口大骂，不过，他们也经常带波兰女孩进电影院。在严格审查的和非法的新闻报道里，关于杀戮的描述依然能吸引大量关注，不过，对德国种族至上的暴力伸张已经变成老生常谈，以致无法引起人们的关注。

第六章
驱逐犹太人

1941年12月1日，秘密警察下属就地处决小组第三组指挥官卡尔·耶格尔（Karl Jäger）提交了其部队在立陶宛所有活动的存档文件。截至那时，纳粹的"犹太人问题最终解决方案"已经具备雏形。耶格尔汇报的"通过屠杀和执行死刑清理的犹太人"总数为137346人。他的部队参与了117次行动，每次行动的时间、地点，在文件里都标注得清清楚楚，而且，像高素质簿记员一样，在每页报告底部，他都详细列明了"结转下页的总数"。他还特别注明，经他赦免的群体，仅仅是德国地方和军方管理部门坚称对战争进程贡献巨大的一些群体。在波罗的海各沿岸国以及苏联，党卫军似乎处处领先，反观帝国国内，其他人则在游说元首批准他们也参与行动。戈培尔最终说服了元首，自1941年9月1日起，在第三帝国国内实施"犹太之星"计划。这是一种公开的标记，让犹太人在不认识的路人面前抬不起头。对各地方长官来说，将犹太人驱逐到"东方"的压力再次开始抬升，1940年前后，由于波兰各犹太人区人满为患，德国派驻那边的地方官员的各种反对之声曾抑制了这类做法，如今，这样的争论已经销声匿迹。里加（Riga）、明斯克、罗兹的一些犹太人区成了首选目的地，乘坐第一批列车抵达里加和明斯克的那些人几天内全都遭到了射杀。10月23日，犹太人向欧洲所有德占区移民的行动全都被禁止了。海因里希·希姆莱是大规模屠杀计划主要制订者之一,通过他在那年秋季的一系列任命即可看出,关于大屠杀的所有重要会议和讨论正在秘密进行中。面向其他政客的吹风会、解决各种司法争议、制定政策等工作,都是在不定期举行的各种会议上完成的,而参会者仅为两三人。¹

12月11日,希特勒召集国会开会,对美国宣战,会后第二天,就当时的总体形势,他对国会议员和地方长官发表了长篇讲话。根据戈培尔日记对此次讲话的记述,元首回顾了1939年1月30日在国会演讲中做出的如下预言:"他预先警告犹太人,如果他们再次挑起世界大战,必将遭到灭绝。这不是文字游戏,世界大战已经开始,犹太人的灭绝肯定是必然结果。"这就是实情,这些话在希特勒公开的和非公开的声明中反复出现,已经有了固定的以及公式化的程式。1941年1月30日,希特勒提醒国会,他早就"预言"过,世界大战预示着"犹太种族在欧洲的灭亡",在位于柏林的元首地堡里完成政治遗言前,他会继续在公开的和非公开场合反复重申这一严厉警告。²

对参加12月地方长官大会的人们来说,"根除"隐含的意思很快会成为现实。就具体实施措施,汉斯·弗兰克问计于帝国安全总局,回到克拉科夫后,就如何处置"全民政府"治下的350万犹太人,他开了个吹风会。"我们不能射杀他们,不能毒杀他们,"他承认,"不过,我们必须用某种方法灭掉他们,总之,要与第三帝国将要探讨的各项措施挂钩。"在柏林期间,他曾被告知,"你自己去清理他们!"卢布林区纳粹和警察头目奥迪罗·格洛博奇尼克是个冷酷无情和野心勃勃的维也纳人,在他指挥下,永久性毒气室设施已经在"全民政府"管辖的贝尔泽克集中营开建。当年参与"T-4行动"杀戮德国精神病患者的那些人其时已经失业,利用他们的专长,党卫军当年11月在贝尔泽克集中营学会了如何建造和操作第一批毒气室。接下来几个月,党卫军在索比堡(Sobibór)和特雷布林卡(Treblinka)建造了数个灭绝营,与这些相比,贝尔泽克集中营的毒气室相对较小。哈达马尔收容所的小淋浴室一次仅能处理二三十个精神病患者,与之相比,至少在设计之初,贝尔泽克集中营毒气室的规模就大了许多,大到足以杀戮卢布林区数十万犹太人。沿着相同思路思考问题的各路官僚并非只有党卫军一家,早在贝尔泽克集中营毒气室开建前,阿尔弗雷德·罗森堡领导的新设立的东方占领区事务部负责种族问题的官员曾致信驻奥斯兰(Ostland,纳粹对立陶宛的称呼,意为小殖民地)帝国专员欣里希·洛泽(Hinrich Lohse),写信人称,前"安乐死"从业人员可以向人们演示如何建造毒气设施,以铲除"不适合"工作的犹太人。[3]

1942年1月20日,莱因哈德·海德里希召集国务秘书们开会,他所说帝国安全总局执行"最终解决方案"具有至高无上的权威让人印象至深。他明确指出,范围覆盖整个欧洲,然后,他亮出一张估算表,列出了德国控制的每个国家的犹太人数量。他们的总数"超过1100万"。在万湖会议期间召开的这次大会留存有复写两遍的详细记录,文件中涉及杀害和灭绝的所有描述都改成了"疏散"和"重新安置"。尽管如此,让国务秘书们印象深刻的是,这些措施让犹太人没有任何存活希望,还有,对犹太混血儿来说,强制绝育已经是最开恩的赦免。[4]

运送驱逐人口的列车从中欧和西欧直通灭绝营,自1942年春季这种列车开行以来,关于这一行动的规模究竟有多大,各种猜测通过众多大大小小的机构传遍了纳粹帝国所有的偏远角落。被占的波兰成了这种新的工业化杀人中心:第一,因为罗兹和华沙的犹太人区规模巨大;第二,因为通向西方的铁路线状态良好;毫无疑问,第三,因为自战争伊始,波兰即成为种族人口学的屠杀试验场。

对波兰各大型犹太人区的犹太民众来说,近几个月充满了危险,不过,眼下究竟在发生什么,他们几乎没有或者说毫无概念。罗兹犹太人区终日流传着各种消息,像达维德·瑟拉科维奇一样勤于细心打探的人,最多也只能从来自波兰乡下的新人里看出一点点坏兆头,他们带来的各种说法可以集中为:德国人用极端恐怖的暴力将他们连锅端进了各处大型犹太人区。直到1942年8月末,罗兹犹太人区的各成年历史记述者仍然感到困惑，他们无法"从当下的所有事情里捋出线索，正因为这一情况，每个人都极度坐卧不安"。[5]

恰恰由于卡尔·耶格尔的纳粹就地处决小组，维尔纳犹太人区的犹太人提前知道了他们可能的命运。1941年9月6日，来自"立陶宛的耶路撒冷"，即维尔纽斯的犹太人被迫搬进了犹太人区，不过，上万人在那之前以及随后数周遭到屠杀。[6]犹太人区领导层强迫人们到德国各工厂从事奴隶劳作，且向人们承诺，只要"工作就能活下去"，那些人满怀希望，在社区临时音乐厅里倾听当年流行的犹太剧院歌曲《香烟》。不过，这首歌当时有了如下新歌词：

> 这是夏日的一天，
> 像往常一样可爱灿烂，
> 哦，大自然
> 美得让人忘情，
> 高歌的鸟儿，
> 蹦跳得多么欢快，
> 我们却被迫搬进社区。
>
> 来的人实在太多——
> 长官高声喊着
> 把本地犹太人带过来
> 送到波纳尔（Ponar）毙了。
> 房子，都空了，
> 坟墓，都满了。
> 敌人的大目标已经达成。
>
> 条条通向波纳尔的道路，
> 铺满各种物品，雨水浸透的帽子，

它们属于逝去的人们,

属于亡者的魂灵,

大地的覆盖,让他们成为永恒。

眼下灿烂可爱依旧,

到处鸟语花香依旧,

我们却在受苦受难

一切只能默默忍受。

与外面的世界隔绝,

西面八方高墙环绕,

几乎没有一点儿希望。[7]

犹太人在街上公然遭到围捕,在波纳尔附近森林旁的大坑边遭到射杀,里克尔·格雷泽(Rikle Glezer)的感受像存活在"与世隔绝的"犹太人区的其他犹太人一样,恐怖的同时,她感到了孤独和被遗弃。她的感觉是整个犹太群体在重压下的挽歌,她足够幸运,有人听到了她的声音,给她签发了一张宝贵的黄色工作许可,所有持证人有权在"大型"犹太人区继续生存。第一批次驱逐"行动"中的一次行动过后,伊兹科沃克·鲁达舍维奇(Yitskhok Rudashevski)成了返回小型犹太人区的成员。伊兹科沃克路经了几条大街,到处都是驱逐行动留下的各种残片和碎屑。眼见一切被摧毁和被抛弃,他当时的感受是:"波纳尔大屠杀的阴影仍在犹太人区老旧的大街上游荡。"他的第十四个生日即将来临。他遇到了叔叔,在清除行动中,叔叔在一块木板挡住的小屋里躲了一周,这才得以存活。[8]

当年的流行语有"行动""死亡之旅""纳粹""党卫军成员""地堡""游击队"等,一旦清楚了这些词语的含义,维尔纳犹太人区的孩子们便开始将这类词语用到他们的游戏中。他们经常玩的游戏包括"行动""炸地堡""屠杀""扒死人衣"等。犹太人区本身就特别适合玩藏猫猫，伊兹科沃克的叔叔和许许多多孩子在现实中刚刚玩过这种游戏。游戏开始时，在无人居住的院子里，所有屋门和大门都要关严。然后孩子们分拨扮演犹太人，他们必须躲在椅子下、桌子下、大桶里、垃圾桶里，随后，扮演立陶宛警察和德国人的孩子们会过来找人。如果穿成"警察"的人碰巧发现一些"犹太"孩子，他会把他们交给"德国人"。随着社区的孩子们一拨一拨来了又走，这种"围城"游戏却一成不变，至少延续到了1943年，为了与现实保持一致，"指挥官"的名字总是处在变化中；不过，扮演指挥官的人永远是最厉害的男孩或女孩。⁹

如此分派各种角色并非偶然。在孩子们玩的其他游戏里，有个游戏的名称是"穿过大门"，这是个基于真实的游戏，在犹太人区以外工作的成年工友进进出出都必须穿过一个木质大门。在维尔纳犹太人区，最让人害怕和最遭人恨的人物之一是梅尔·莱瓦斯（Meir Levas），他是犹太门卫组的小头目。伊兹科沃克在日记里一丝不苟地记述道，那人亲自殴打一个名叫埃尔克（Elke）的瘦弱的邻家小男孩，因为小男孩私带面粉和土豆进入犹太人区。犹太孩子们认识的最让人害怕和最有权势的人物是弗朗茨·穆勒（Franz Murer），他是负责犹太人区食品供应的德国官员，在孩子们眼里，他就是盖世太保大头目。孩子们玩犹太工人试图私带食物进入犹太人区的游戏，犹太门卫在他们身上搜查之际，"穆勒"就会出现。此时，"犹太警察"立刻会变得更加残忍，"工人们"则会不顾一切丢掉那些受怀疑的包裹。随着"穆勒"发现一些违禁品，"工人们"会被叫到一边，然后挨警察的鞭刑。两个最大的男孩总是扮演弗朗茨·穆勒和梅尔·莱瓦斯，年龄较小的孩子们只能扮演成年犹太工人，在现实生活中，这些工人常常就是他们的哥哥、姐姐、叔叔、婶婶、爸爸、妈妈。恰如他们扮演的那些成年人一样，身体更强壮的大孩子一旦开始暴揍他们，他们根本无力保护自己。¹⁰

正如各种德国人打法国人的游戏体现的，军服象征着力量。战争最初几年，埃塞尔多夫和威斯特伐利亚的克里斯托弗和德特雷夫经常玩这类游戏；汉堡的乌韦·蒂姆喜欢玩德国人和俄国人打仗的游戏。不过，无论是克里斯托弗和德特雷夫，还是乌韦，他们想要的只是像父亲和兄长一样，离战争则是越远越好。维尔纳犹太人区的犹太孩子们争抢的不是长辈角色，而是敌人角色。德国孩子们玩游戏时或许更愿意再现苏联内卫军执行死刑，不过，对准后颈开枪纯属孩子们的臆想，因为这远离他们在战争中的亲眼所见和亲身体会。犹太人区的孩子们再现的是他们在日常生活中难以避免的见闻。犹太人区的围捕是骇人的现实，像"围城"这样的游戏，将躲避围捕引入了藏猫猫，使孩子们练就了不出声和躲避搜索的本领，这有可能挽救他们的性命。不过，恰如波兰孩子在游戏里再现枪决和审讯是模仿他们亲眼所见和亲耳所闻一样，犹太孩子玩的各种游戏都带有一种深层次的矛盾特征。盖世太保和门卫等主要角色恰恰证明，孩子们对他们最仇视的一些敌人心存嫉妒和向往。与人们在华沙犹太人区听见一个男孩歇斯底里大喊大叫他想成为"德国人"不一样，同样是这些孩子，他们会把最让他们害怕的东西糅进各种游戏。

与维尔纳犹太人区形成对比的是，位于罗兹和华沙的各大型犹太人区尚未做好应对毁灭的准备。1942年1月到5月，来自罗兹的5.5万犹太人被驱赶到死亡之地，其中包括刚从德国、捷克、奥地利来的6万人里的1.2万人。几个月前，他们带来的财富将社区的食品价格抬升到让波兰犹太人吃惊的程度。不过，他们在犹太管理层没有亲戚关系，缺少至关重要的保护，而他们需要这种关系，以便弄到"保命的工作岗位"，以便不被列入"驱逐名单"。事实上，一些罗兹人自愿选择被驱逐，他们心想，前往任何集中营工厂都会比待在原地挨饿好。在饥饿的助推下，驱逐被戴上了面具，遮住了它的实质。[11]

罗兹——当时德国人称为利茨曼恩市——是"大德意志帝国"唯一的主要犹太人区，与华沙、维尔纳、比亚韦斯托克的犹太人相比，那里的犹太人与外界隔绝得更彻底。从铁蒺藜围栏以外越来

"德国化"的城区带食物进入社区已经相当困难。冬季意味着饥饿,在社区的151001总人口中,1942年2月的死亡人数为1875人,接下来那个月又有2244人故去。从一个10岁出头的小女孩于2月末到3月中旬大约三周的日记残片里,人们可以看出,她记述的内容差不多都是吃的,以及由吃的东西引发的家庭矛盾。作为家里最小的孩子,她负责看家和做家务,父母、哥哥、姐姐全都在外工作。在2月27日的日记里,她记述道,父亲看起来"很可怕,体重减轻了60斤"。那时,他干的是粉刷工和室内装修工,使他得以进入社区管理机关的厨房,也让他能给小女儿带回一点儿汤。她在日记里兴高采烈地表示:"我进了极乐世界!"不过,由于一口汤都没喝到,她大哥"无比闹腾,哭得像个婴儿"。作为管家,小女孩的任务是出门领取全家人的配给口粮,做晚饭。3月10日,站了三小时队之后,她终于领到三块面包。回到家里,她"必须先吃上一口"。她暗自在心里说,晚上一定得少吃一口。不过,当天晚上,爸爸看见她把刚过秤的200克土豆泥挖了一勺放进嘴里。爸爸"开始对我大喊大叫,而他是对的"。她也开始叫喊,还回了几句嘴。由于懊悔,她身心俱裂,无法原谅自己,她在日记里承认自己的罪恶感:"争吵都是因为我引起的,我一定是被罪恶的力量摆布了。"事实上,在季冬那些寒冷入骨的日子里,白天的时光让人如此难以忍受,她渴望暗夜的到来。"我喜欢黑夜,"摘自她的日记,"哦,黑夜!但愿你永世长存,不再有白天挨饿。"在欺骗犹太人以及向犹太人散布假消息方面,强制性挨饿成了主要内容。[12]

9月1日,事情全都变得清楚了,那些被驱逐出境的人,并非被送去强制劳动了!那天,所有医院都空无一人,关于德国人如何"对待"病人,其他犹太人区的幸存者有着各种各样的说法,对达维德·瑟拉科维奇来说,笼罩整个社区的恐慌和恐惧带来了"诗人但丁笔下的各种场景"。"人们知道了,"当晚,他在日记里记述道,"他们是去送死!他们甚至反抗德国人,结果都被强制装上了卡车。"那天,一拨捷克犹太医生——"来自布拉格的上年纪的、凶巴巴的、浑身酸味的被驱逐者"——来到了他住的公寓楼,他们给每名住户进行全面体检。他们没有在他妈妈身上查出什么特别不对劲儿的问题,不过,他们的确在结论里注明,她"非常虚弱"。他很快意识到,这四个字足以让妈妈遭到驱逐。他确信,妈妈不过是疲惫不堪、瘦骨嶙峋而已。达维德一家已经被饥饿撕碎,他眼看父亲吃掉了其他人的部分配给口粮,可以看出,饥饿不可逆地让父亲的自私暴露无遗,不过,他也知道,父亲和母亲正在为此付出代价。达维德对父亲的愤怒和怨恨超越了所有青春期的矛盾冲突,他也知道,对此他几乎束手无策。[13]

那天,达维德根本无法集中精力工作,满脑子都是妈妈,就"好像我分裂成了两个人,我意识到我进入了妈妈的思想和身子"。对普遍存在的灾难,达维德好像已然麻木。"悲叹声和喊叫声、哭闹声和尖叫声,都已经成为日常,几乎没有人会注意这些。我自己的母亲被抓走了,其他母亲的哭声,我还会在乎吗?!我认为,对这种事,不会出现足够的报复。"[14]

9月4日,反复无常的、独裁的、最重要的"犹太政治领袖"哈伊姆·鲁姆考斯基公开请求另外2万被驱逐者认命,以此证明犹太人区对德国的战争进程有用处,这样一来,社区里的其他人可以活下去。"我都这么老了,"在社区消防站前的广场上,他对着麦克风,面带哭腔地说,"我还必须伸出双手,请求你们,兄弟姐妹们,把他们交给我吧!父亲母亲们,把你们的孩子交给我吧!"他的话音被拥挤在广场的人们发出的吓坏的和可怕的号啕大哭声淹没了。有人喊道:"主席先生,独生子女不该被带走吧;带走孩子也该从多子女家庭带啊!"不过,鲁姆考斯基的回答方式唯有一种:"照这么说,哪种选项更好?你想要哪种:第一种是八九万犹太人留下来;或者另一种——但愿不要——所有人遭到剿灭。"[15]

再说说罗兹的埃蒂(Ettie),她伸手拿起衣衫不整的娃娃,把它抱进怀里,用严肃的口吻跟娃娃说话。"别哭啦,小娃娃,"5岁的埃蒂说,"德国人来抓你时,我不会离开你。我要像罗茜(Rosie)的妈妈一样跟你走……"说着,她用围裙边缘给娃娃抹去眼泪,接着说:"听话,我这就带你上床,我再也没有面包给你吃了。你已经吃完了今天的配给,完了。剩下的要留给明天。"[16]

1942年,随着冬季转入春季,春季转入初夏,华沙犹太人区的人们对即将降临的命运同样保持着无知无觉。前一个夏季和秋季以来,华沙犹太人区的人们听到的都是那些较小的波兰犹太人区幸存者讲述的可怕的故事。难民的样子让米丽娅姆·瓦滕伯格当即受到了惊吓,他们赤着脚,衣衫褴褛,"就像挨饿的人们一样,眼睛里满是悲剧"。他们在犹太人区里都那么显眼。多数是女人和孩子,许多人亲眼见证了她们的男人遭到围捕,甚至见证了射杀。大多数新来者仅仅拥有为数不多的几件物品,缺少至关重要的人际关系,只好依靠福利机构贫瘠的救助在社区生存,他们很快下沉到了犹太人区返祖般的社会结构的最底层,难民所诱发的同情远多于对他们的恐惧。

米丽娅姆去看了那些难民的一处住房,以便亲眼见证实情。房子里分隔屋子的墙体都被拆除了,以便扩大室内面积,各面墙的靠墙处摆满了用木板临时搭建的婴儿床,床上铺着破布,她看见许多半裸的孩子无精打采地躺在地面。房间里没有上下水,人们无处洗漱。房间的一个角落有个"长相漂亮的小女孩,大约四五岁",她正坐在那里哭泣,米丽娅姆走过去,拍了拍她散乱的金黄色头发。那孩子抬起头,看着米丽娅姆,说:"我饿了。"米丽娅姆觉着,她无法再次面对那孩子一双蓝色的眼睛,她感到羞愧难当,只好望向别处。她已经吃完当天配给的口粮,没有任何东西分给小女孩。[17]

随着大街上的乞丐群越来越多,在拥有40万人口的犹太人区,各难民收容所甚至都找不到一席容身之地,许多人只好随便找个地方倒头就睡。在冬季的几个月里,许多人半夜直接就冻死了。有些人会在冻死的人身上盖一张报纸,以示尊敬;也有人会从死人身上获取鞋子或衣服什么的。到了1942年5月,著名儿科医生雅努什·科尔恰克(Janusz Korczak)已经见证了满眼的饿殍。有一次,走在街上的他停下脚步，驻足观看一个已经死去或将要死去的孩子俯卧在街面，另有三个男孩在他身边玩马匹和车夫游戏。他们无视那孩子的存在，后来，拖在地上的缰绳挂在了那孩子身上。科尔恰克当天的日记是这么写的："他们试了各种方法，想解开绳子，后来他们不耐烦了，将躺在地上的男孩用脚勾起翻过来。再后来，其中一人说：'咱们往那边挪一点，他老挡路。'他们往旁边挪了几步，继续解绳结。"[18]

由于雅努什·科尔恰克对孩子是真爱，为帮助他们，在不可能的情况下，他还在努力活动，这注定会逐渐毁了他。在华沙犹太人区，仅有屈指可数的一些孩子能接触到私人游戏场和表演班，它们仅对米丽娅姆·瓦滕伯格或雅尼娜·戴维之类的孩子开放。更多孩子被迫走向街头，乞讨，走私，盗窃。华沙犹太人区创建第二年，各处"关爱之家"收容了4000个孩子。三十年前，为开办一家模范孤儿院，科尔恰克放弃了蒸蒸日上的医疗事业，投入全副身心关爱遭遗弃的孩子们。科尔恰克的孤儿院位于华沙克罗玛尔纳（Krochmalna）大街92号，对犹太人和非犹太人一视同仁，还附带一个劳教班，这里成了思想开放的以及世俗的华沙中产阶级的文化地标。1940年11月，犹太人被迫迁入犹太人区时，科尔恰克的孤儿院搬到了小型犹太人区的克洛德纳（Chlodna）大街。科尔恰克跟随孤儿院一起搬进犹太人区这一事实——他拒绝了让他甩手逃跑的所有提议——成了犹太人区的一种骄傲。财富不断缩水的犹太富裕阶层继续慷慨资助的儿童福利机构仅此一家。科尔恰克试图跨越不断扩大的社会裂痕，这一裂痕标志着犹太人区的先人们在走向绝对贫困，他这么做让自己变得一无所有。他不停地拜访社区的精英们，请求他们资助；他周旋于社区管理当局和德国官方机构之间；他甚至亲自提着一袋袋孩子们的内衣裤，偷偷送进——因为非法——德国人开设的洗衣房清洗。[19]

为了1000个孩子，科尔恰克接管了兹尔纳（Dzielna）大街39号的公共避难所，他继承的是个儿童死亡率高达60%的地方，饥饿难当的管理团队毫无士气，还偷吃孩子们的食物。科尔恰克认为，这地方是个"屠宰场和陈尸所"，因而他着手改造现有的管理团队。在降低死亡率和改造管理团队两方面，他都吃了败仗。不过，在自我保护、对抗科尔恰克的各项改革时，孤儿院的犹太管理团队并没有急于向盖世太保告发科尔恰克，当时出现了一例斑疹伤寒，他没有向上级汇报，这足以判处他死刑。在这场令人气馁的消耗战中，疲于奔命的科尔恰克被迫走了上层路线，将这件事压了下去。每次走访结束，他的肚子都饿得咕咕叫，因为他不忍心当着饥肠辘辘的人们吃东西，同时他总觉着自己"浑身肮脏，沾满血迹，散发着酸臭"。位于克洛德纳大街的简朴的、秩序井然的孤儿院是个完全不同的世界，科尔恰克就住在那里。那里的日常事务可以放心地交由跟他一起走过三十年的合作伙伴斯特法·威尔津斯卡（Stefa Wilczynska）全权负责。[20]

那一时期，由于整天在犹太人区奔波，誉满天下的"老医生"脚痛不已，精疲力尽，开始患上了疲劳症和一过性晕眩。每天800卡路里的热量摄入，不足以让科尔恰克维持常规工作节奏，他还经常受突发性遗忘症和无法集中精力的困扰。白天，他会用少量伏特加或纯酒精，勾兑等量的水和甜味剂，以此"提神醒脑"，同时抑制两腿的疼痛、两眼的酸楚和阴囊的烧灼感。[21]

老医生体力渐衰，对其他人的兴趣也在萎缩，唯有孩子们的吸引力对他始终如一，如此贯穿了他的一生。新的一天破晓时，科尔恰克仍然在矿用电石灯下伏案写作，同时，他也在观察孩子们苏醒时分的纯真，他有感于一只小手扒拉耳朵的动作，一只手将一件衣服举在空中的动作，而衣服的主人却无动于衷地注视着眼前，他还留意到一个男孩用睡衣的一只袖子抹嘴角的方法。

孤儿院的孩子们同样不那么安分守己，上课时，或每周六按惯例大声朗读他们协助出版的报纸时，他们总是心不在焉。科尔恰克鼓励孩子们像自己一样写日记，然后读给大家听，作为回报，他甚至会分享自己的可公开发表的日记内容。马尔切利（Marceli）在日记里承诺，他会捐出 0.15 兹罗提给穷人，以感谢有人捡回了他遗失的小刀。萨拉马（Szlama）在日记里记述了一名整日以泪洗面的寡妇，她在等待参与走私的儿子从高墙以外带回点东西，她还不知道，一个德国警察已经将他儿子"开枪打死"。斯摩尼克（Szymonek）在日记里记述道，他"爸爸每天奋斗不止，为家里带回面包。虽然他整天忙来忙去，他爱我"。米泰克（Mietek）在日记里表示，他希望自己的祈祷书有个新封面，那本祈祷书是他死去的哥哥为他的"受诫礼"专门从巴勒斯坦寄过来的。里昂（Leon）在日记里记述的内容为，购买一个保存珍品的法式抛光盒时，他如何讨价还价。雅克写了一首关于摩西的诗，同时总结了孩子们的共同愿望，以及对责任的焦虑。阿巴斯（Abus）在日记里表达了自己的担忧："如果我在马桶上坐的时间长一点儿，他们马上会说我自私。我想让别人都喜欢我。"[22]

1942 年 6 月 7 日，犹太人委员会委员长亚当·泽尼亚科夫（Adam Czerniakow）实现了酝酿已久的抱负，在格里博斯卡（Grzybowska）大街位于社区管理机构对面的地界开了一家儿童游乐场。[23] 出席活动的 500 名高官入场时，犹太警察乐队演奏了引导曲，身穿一袭白色热带西装、头戴一顶遮阳帽的泽尼亚科夫到场之际，乐队奏响了乐曲《希望》。为激励每个人确保孩子们度过这艰难岁月，泽尼亚科夫做出承诺，这仅仅是个开端：他会开设更多游乐场，以及一个教师培训中心，还要为年轻女子们开一所芭蕾舞学校。泽尼亚科夫讲话过后，小学生和老师们列队在来宾面前走过，接着还表演了唱歌、跳舞、体操。活动结束前，孩子们得到了小口袋包装的糖块，都是社区以糖浆为原料自制的。社区各学校和日托中心很快调整了课表，因而每个班每周可前往游乐场两次。雅努什·科尔恰克是著名人物，那些来自他的孤儿院的被监护人穿过数座公园，排着整齐的队伍来到活动现场，"老医生"则走在队尾。[24]

亚当·泽尼亚科夫希望每周都在儿童游乐场开音乐会。他下达指示，让警方拘留的孩子们也能到音乐会现场。他们中的一些人穿过大街，来到位于政府行政楼内他的办公室见他，当时，对他们的样子，以及他们说话的方式，他感到震惊不已，他的记述如下："他们和街上的乞丐帮成员一样，像是行走的骷髅……他们说话像成年人——他们不过是 8 岁的小公民啊。我羞于承认这一点，我很久没哭过了，这让我痛哭不已。"他送给每个孩子一块巧克力，还确保他们每个人能喝上汤。7 月初，泽尼亚科夫忙于检查另外开设的两座儿童游乐场各项工作的进展。那年的那一时期，宗教人士反对所有娱乐活动，7 月 5 日，泽尼亚科夫顶着压力，在格里博斯卡大街儿童游乐场办了一场规模更大的庆典活动。犹太警察乐队参加了演出，来自各小学的 600 名学生表演了节目。一个装扮成查理·卓别林（Charlie Chaplin）的小姑娘走上台，坐在了泽尼亚科夫身旁。一周后，两座新的儿童游乐场开张，更多看热闹的人群挤在大街两侧，站在沿街的凉台上、房顶上，甚至爬到烟囱顶观望。管弦乐、合唱团、芭蕾舞，节目丰富多彩，泽尼亚科夫受到孩子们的热烈欢迎。[25]

自 1941 年 12 月以来，泽尼亚科夫忙于在公开场合许诺建造更多儿童游乐场，做出各种保证，即便如此，他还是听到了关于屠杀的各种传言。4 月末和 5 月，德国人命令犹太人区提供上千名必须驱逐的人，到特雷布林卡修建一个新的"劳动营"。7 月 8 日，泽尼亚科夫自我审视时承认，这让他"想起一个电影"："一艘船正在沉没，为鼓舞乘客们的士气，船长命令乐队演奏一曲爵士乐。"至少在私人日记里，犹太人区行政当局的头目勇于向自己承认如下："我已经下决心模仿那名船长。"[26]

两个新建儿童游乐场开张四天后，关于大规模驱逐的各种谣言开始在犹太人区疯传：街头乞丐遭到犹太警察的围捕和驱逐，据说，医院的患者以及帕维克监狱（Pawiak Prison）的囚犯也被送出了社区。同一天，即 7 月 16 日，哈伊姆·卡普兰在报告里记述如下：持外国护照的犹太人曾享有别样的特权，眼下却突然遭遇命运的逆转，被迫排队走进帕维克监狱。米丽娅姆·瓦滕伯格和她的美国妈妈位列其中。据传，亚当·泽尼亚科夫试图以 1000 万兹罗提买通盖世太保。事实上，盖世太保告诉他，那些谣言都是空穴来风，他一整天都开着车在大街上四处奔波，还去了三家儿童游乐场，向所有人保证不存在驱逐。[27]

7月22日，大规模驱逐行动开始。那天上午10点，党卫军二级突击队大队长兼武装党卫军少校赫尔曼·霍夫勒（Hermann Höfle）和他率领的驱逐队伍来到亚当·泽尼亚科夫的办公室，命令他下午4点前组织好一个6000犹太人的待驱逐团队。在驱逐所有犹太人——例外仅为少数，仅包括犹太警察和行政机构的成员及其家属——到东方前，这一数字将会成为每天的最低额度。泽尼亚科夫一边听，一边心慌意乱地注视着犹太人区委员会大楼对面儿童游乐场里的孩子们被人领出场外。他请求豁免各孤儿院的孩子们，却没有得到对方的明确反馈。7月23日，也即驱逐行动第二天，赫尔曼·霍夫勒于傍晚7点再次来到泽尼亚科夫的办公室，向他发布了"重新安置"那些"毫无价值的"孤儿的新指令。霍夫勒办完事刚离开，泽尼亚科夫让人端来一杯水，然后关上屋门。他匆匆写了两张便条，一张给自己的同事们，另一张给妻子妮希娅（Niusia），内容为："我无能为力。由于悲伤和怜悯，我的心在颤抖。我再也无法忍受这个，我的行动会向所有人证明，什么才是该做的事。"随后，他吞下了准备已久的氰化钾胶囊。泽尼亚科夫的自杀远不只是个人良心觉醒的行为，这么做也向华沙犹太人区提出了公开的警示。[28]

7月22日，"大驱逐"开始时，哈伊姆·卡普兰立刻想起一名德国犹太人前个月告诉他的几件事，他是从索比堡逃过来的，那里有个灭绝营，用电刑和致命的毒气杀人。6月中旬，犹太人区秘密档案发起人伊曼纽尔·林格布卢姆曾听说过相同的说法，不过，他不知道该如何解释这些。卡普兰觉得，他连"握笔的力气"都没有了，只能如实记录自己的惊慌失措如下："我完了，被撕裂了，脑子都成糨糊了。我不知道该如何落笔，如何结束。"[29]8月3日，有人将"安息日的喜乐"（Oneg Shabbat）档案装进牛奶罐和金属盒，埋藏到了地下，如此一来，翔实记载犹太人在德国人迫害下的生存状况的记录至少得以保存。做这件事的三个年轻人将他们的遗嘱和档案放在了一起。下述几句话出自18岁的纳胡姆·格鲁瓦茨（Nahum Grzuwacz），足以概括一切：

> 由于不知道能否活到今天，昨夜很晚我们都无法入睡……眼下我正在奋笔疾书，可怕的枪声仍在街上继续……有件事我觉得骄傲：为了让今天的你有可能了解纳粹暴政的残酷和谋杀……在这像死一样要命的几天里，我是埋下这件宝贝的几个人之一。[30]

8月6日，位于克洛德纳大街的孤儿院的早餐刚刚结束，老师和护工们正在清理房间，整座楼里响彻了拖长的喊声："所有犹太人都出来！"斯特法·威尔津斯卡和雅努什·科尔恰克本能地一起行动起来，安慰孩子们，让孩子们像以前教过的那样收拾好自己的东西。其中一个老师走进院子，从犹太警方那里得到一刻钟宽限，让孩子们收拾好东西，排好队走出来。走出来报到的计有192个孩子和10个成人，他们肩并肩站成4排50列，科尔恰克带领较小的孩子们走在前边，免得年龄大点的孩子超过他们。斯特法·威尔津斯卡带领9—12岁的孩子们紧随其后。在年龄较大的孩子里，有长时间占用厕所的阿巴斯，以及总是随身携带死去的哥哥的祈祷书的米泰克。[31]

那天，犹太人区的所有儿童院都被德国人清理了一遍。不过，像往常一样，关于科尔恰克儿童院的消息让社区里的人们震惊不已。老医生让人难以设防的魅力，以及善于自黑的幽默，成了整个社区公认的良知。甚至在孤儿院容纳逃难的孩子们的厅堂空无一人时，人们也会心甘情愿捐出床上用品和食物。在眼下的"行动"之际，被迫走出家门等候的人群眼睁睁看着孩子们沿着3公里多长的步道向乌姆斯拉格广场的装载场走去。年龄较大的孩子们轮流举着旗子，飘动的旗子一面以白色为底，有蓝色的戴维星，这是犹太复国主义的旗帜，德国人强迫华沙犹太人佩戴的臂章也是这两种颜色。孤儿院旗帜的另一面是模仿马特国王（King Matt）旗帜的绿色。这位国王是二十二年前科尔恰克自创的神话英雄。只要绿旗在，追随其后的孩子们就一直没散伙，他们追随的是科尔恰克反复讲给他们的孤儿国王的脚步。

1920年，从波苏战争战场上返回后，雅努什·科尔恰克写了个故事，内容为：马特国王让一帮孩子组成的国会统治他的王国。敌人最终践踏了他的王国，他被套上黄金打造的镣铐，沿街示众，走向刑场。科尔恰克的描述如下：那是"美好的一天，阳光明媚，所有人都走上街与国王道别。许多人眼里含着泪，不过，国王没看见人们的眼泪……他仰望着天空，以及太阳"。国王最终走到了刑场，他拒绝被蒙上双眼，以示英雄们都死得"壮美"。不过，最后一刻的赦免将他流放到一座荒无人烟的岛上，这让他感到受了欺骗。[32]

二十二年后，走在街上的科尔恰克没有仰望天空和太阳。当时他已经变成一个佝偻的形象，走过六十四年人生的他已经被饥饿和忧虑掏空，夜晚，他的梦里总是充斥着食物，以及罪恶感。排好的队伍向犹太人区最北端位于中心区的乌姆斯拉格广场行进时，正在干活的护士乔安娜·斯瓦朵什（Joanna Swadosh）抬起头，正好看见科尔恰克一只手牵着个孩子，另一只手抱着个孩子，显然他正在轻声跟他们说话。他间或回一下头，为跟随他的孩子打气，孩子们会感到燥热、脚痛、口渴，他们还会因为长时间步行穿过几个重点小区——由于连续数月缺少食物——很快变得劳累。不过，即使在眼下这种时刻，犹太警方还是对科尔恰克充满敬畏，换了平常，他们会驱赶孩子们，对之拳脚相加。警察们仅仅在道路两侧布置了警戒线，以隔开人行道上观望的人群和排成队的孩子们以及他们的看护者。即便离开社区大门时，穿过大街时，进入立陶宛卫兵和党卫军卫兵把守的乌姆斯拉格广场时，科尔恰克的孩子们明显有别于周边的人们。阳光炙烤下的广场地面铺满了浮尘，上万烦乱的被驱逐者守着大包小包等候登上前往"东方"的列车。由于担心孩子们会陷入恐慌，科尔恰克拒绝离开须臾。那天，委员会官员纳胡姆·伦巴

（Nahum Remba）在急救站值班，他看见，犹太警方专门清出了一条通道，以便孩子们登上货运列车。孩子们还是按照先前的顺序，排成四行，这次依然是科尔恰克领着前一批孩子，斯特法·威尔津斯卡领着后一批孩子。一个德国人问纳胡姆·伦巴，那人是谁，他绷不住泪湿衣襟。第二天，一个满头红发的男孩将科尔恰克的日记转交给"雅利安"城区的一个朋友，经其安排，日记被藏匿到华沙城外一家孤儿院里。

大规模分批次驱逐行动开始前，雅尼娜的父亲马克·戴维（Mark David）一直精神不错。作为前往"其他城区"时担任警戒任务的犹太人区警官，他有机会给家人携带少量食物回来。危险和行动常常让他感到振奋，他开始哼唱古老的俄国军歌。不过，分批次驱逐改变了一切。9月4日，在一次普选中，雅尼娜的祖父母被选中，经过多方努力，父亲仍未能让他们幸免。当时父亲能保护的仅剩妻子和孩子，他牵着雅尼娜走出拥挤的广场时，雅尼娜一直拉着爷爷的手，直到人群最终将他们一隔两天涯。后来，雅尼娜曾经走进许多无人公寓，随手抄起一些珠子和颜料把玩，还在一家珠宝店把玩过仿真宝石，后来她带回家一个梳妆盒，还从另一个公寓里拿了几件保暖内衣。那年9月21日是赎罪日，那天，犹太人区警察和家属们也失去了保护伞，他们同样会遭到驱逐。那天晚上，雅尼娜的爸爸再次成功地找到某个继续获得赦免的人，全家人都躲到了那人家里。[33]

执行驱逐行动的前三个月，计有30万人遭到驱逐。由于速度空前，这一"大驱逐"过后，留存的犹太人口仅剩5.5万到6万，其中男性多于女性，比例为2∶1。在7804位超过70岁的人里，留下的仅有45人。51458名10岁以下的孩子，仅有498人尚存。萎缩的犹太人区得到重新组合，人口重新聚集在一系列并无关联的"作坊"或劳动营周围，经营者都是像瓦尔特·托本斯（Walter C. Tobbens）那样的德国实业家。12月17日，和其他外国人在一起的米丽娅姆·瓦滕伯格仍然滞留帕维克监狱，正是在那里，她听说了位于特雷布林卡的一个灭绝营，那里的人们裸着身子在淋浴室里遭到热蒸汽、毒气、电击杀害。那里的德国人用一种特殊的挖掘机大规模开挖坟墓。那天晚上，米丽娅姆所在的牢房没有一个人能入睡。[34]

渐渐地，关于特雷布林卡的传闻翻着倍增加。华沙作曲家申克尔（Shenker）写了一首摇篮曲，以表达一名父亲哀悼被杀的孩子的心声：

　　睡吧，孩子，睡吧，
　　睡的地方不是小床，
　　而是一个小小土堆，
　　我的孩子，快睡吧。

　　孩子你，我的最爱
　　和妈妈在一起睡吧——
　　不过，今天你躺下
　　这地方有你妈妈吗？

　　这邪恶的坏蛋风啊
　　它不让你安稳地睡；
　　还把你的身子撕碎
　　也就是短短一瞬间。

　　小小的你一生数年
　　从未有过一刻平安——
　　离去的你永远离去——
　　你在哪里？在哪里？

毫无疑问，歌词结尾的叠句表达的是，在建成未久的欧洲最大的犹太人区里，活下来的人们仍想活下去：

> 明天会来，它会来，
> 终有一刻它会回来，
> 明天会来，它会来，
> 明天会来，它会来，
> 那一天会为我到来。³⁵

在维尔纳，社区里的人们一开始就听说了波纳尔大规模枪杀事件。驱逐和杀戮一直是孩子们玩的各种游戏的一部分，也是成人努力"工作就能活下去"所要规避的。罗兹和华沙发生大规模驱逐以后，幸免于难的人们终日所想都是死亡将临。花大价钱跻身社区精英阶层，购买纸质赦免文件，再也无法获得安全保障。从1940年11月到1942年7月，在犹太人区前二十个月"常态化"期间，这些东西能让走私者和商人们在咖啡馆一边吃蛋糕，一边欣赏音乐会演奏，以及卡巴莱歌舞表演。他们是少数人，能选择在犹太人区里生活，或者到"城市另一边"隐居。1941年，犹太人区出生的孩子仅有8000人，死亡的人却高达10万，相比于"全民政府"管辖的其他地区的非犹太波兰人，犹太人区的死亡率高出整整九倍！不过，对拥有资源拥有关系的犹太人来说，生活在犹太人区的损耗率足以抵消冒险到城市另一边隐居。³⁶

"大驱逐"发生后，享有特权的人们开始投身于更深的、更精致的藏身处，投身于小窝，它们都位于犹太人区高墙外，与主城区相连，并且在所有人挨饿期间有足够的储备，被追捕时数周内不至于断水断粮。在华沙，新来的负主要责任的党卫军军官允许犹太人自己挖防空洞，无意间成全了这一进程，成就了一套精心打造的隧道网，结果证明，这对来年春季的起义价值无量。³⁷

在"大驱逐"期间，大约6000名犹太人逃出了犹太人区，后来，又有两倍于那个数字的人逃到了"雅利安"城区。1942年7月前，离开华沙犹太人区相对比较容易，比方说，儿童走私者和街头乞丐天天都这么做。在华沙，改信其他宗教的犹太群体足够大，那些人从未踏足过犹太人区，他们拥有波兰朋友和关系网，对犹太人来说，与波兰其他许多地方相比，华沙是更具吸引力的藏身地，虽然如此，在犹太人区以外，生存本身却困难重重。[38]

"大驱逐"改变了犹太人的所有生存策略，在城市另一侧生存，无论风险是什么，当时唯有一种选择，连续数周深藏不露。德国人针对犹太人区的下一个"行动"始于1943年1月18日。雅尼娜·戴维的爸爸在犹太人区当警察，前述行动期间，爸爸的职务再也无法让他们得到豁免，雅尼娜和妈妈西利娅（Celia）以及许多陌生人一起挤在地窖里生活了两天。针对党卫军的第一轮射击同样发生在米拉（Mila）大街，犹太人地下组织的各个分支开始认真准备武装抵抗。20号，天还没亮，雅尼娜的爸爸带她上了一辆他看押的运送工人的卡车出了社区大门。在随风旋转的落雪中，他们让雅尼娜在大街一角下了车，那里有个带狗的个头矮小的胖男人，他悄悄对雅尼娜说，跟着他。那人是莉迪娅的丈夫埃里克。[39]"大驱逐"于当年9月结束，从那以后，离开华沙犹太人区再次变得相对容易。不过，躲到社区以外变得特别凶险。在社区外过公开生活需要一些假证件，以及十足的信心和大量的知识。波兰人特别善于分辨意第绪语变音、犹太人的长相以及"忧郁的双眼"。勒索和告发带来的威胁让所有人战战兢兢。由城市家庭收养的来自乡下的"侄子"和"外甥"必须随时随地学习和复述假身世。他们必须学习天主教祷告、教义问答、《新约全书》的内容等。他们必须做好准备，随时回答诸如"你是去上学吗""你以前叫什么名字"之类的提问。不过，即便他们通过了所有这类提问，一次疏忽足以断送一切。一个5岁的男孩扮演基督徒角色一直很成功，有一次，在饭桌上，爷爷讲了年轻时在华沙大街上看见马拉的有轨大车的经历。那孩子立即附和，他在扎门霍夫（Zamenhoff）大街也看见过马拉的有轨大车，他忘了，机动车面世前，这种交通工具当时仅存于犹太人区。因为暴露身世，他必须赶紧离开，以免邻居们或职业勒索人追过来敲诈钱财。[40]

这类危险意味着，躲藏起来的家人常常被迫天各一方，还必须经常更换住处。像雅尼娜·戴维一样，1943年1月，雅尼娜·列文森（Janina Lewinson）也逃离了犹太人区。有许多次，雅尼娜·列文森被迫与妈妈以及妹妹分开，必须经常变换藏身处。她们同样受到战前与全家人有关的某个人的帮助，那人是玛丽亚·布拉特（Maria Bulat），祖父母的前管家，也是妈妈的保姆。就雅尼娜·戴维而言，帮助她的是爸爸的旧情人莉迪娅。散发着香水味，秀发光洁，身穿貂皮大衣的莉迪娅像一阵风一样来到他们位于犹太人区的昏暗的屋子里，当场就把雅尼娜迷倒了。圣诞节和复活节期间，她还把小姑娘雅尼娜带出犹太人区玩耍。早前几次造访埃里克家，让雅尼娜和埃里克及其两个儿子有了感情纽带，也让埃里克甘愿冒险将她藏在家里。他们让她做的第一件事情是，给她穿上毛毡拖鞋，这样一来，邻居们就听不见她走路的声音。他们还告诫她，所有窗户都不得靠近，有外人来访时，赶紧藏到放笤帚的柜子里。[41]

经常挤在各个小窝里，犹太人区的孩子们早已学会一口气坐上几天，其间一动不动，不言不语。后来，他们将这些技巧移植到躲藏进保护者家放笤帚的柜子里。他们还必须学会，无论听到什么，无论听到的事情多可怕，也不能暴露自己。有个男孩住在别人家，他的父亲留在了华沙犹太人区，邻居来主人家串门时，那孩子及时躲到沙发靠背后边。一连串爆炸声让在场的几个成年人想起来，犹太人区正在发生起义。那几个串门的邻居说，德国人正在为波兰人解决犹太人问题，他们总体上对此表示满意。无论是这家的几个保护人还是沙发背后的孩子，谁都没敢对闲聊中的这一话题转换做出反应。[42]

幽闭恐惧症源自与他人拥挤在狭小和逼仄的生存环境，躲藏常常将其扩展为一连串不间断的厌倦节律。沃伊特克先生（Wojtek）和太太居住在利沃夫市德国人聚集的一条时髦的大街上，他们是内莉·兰道（Nelly Landau）家的前房客，8岁的内莉眼下藏身在这对夫妇家，她把大部分时间均分开，画水彩画和阅读一名共产党朋友带来的书籍。画画帮助内莉逃到公寓的四面墙以外，置身于野外鲜艳的色彩里，她阅读的书籍出自高尔基（Gorky）、陀思妥耶夫斯基（Dostoevsky）、大仲马（Alexandre Dumas），她还喜欢杰克·伦敦（Jack London）、儒勒·凡尔纳（Jules Verne），她最喜欢的是德国孩子们都喜欢的作者卡尔·迈（Karl May）。《汤姆叔叔的小屋》里的奴隶小女孩的处境让她惊恐不已，她画了好几幅画，内容为女孩从可怕的主人家成功地逃脱。不过，内莉也花费大量时间——尤其在她感到孤独和悲伤时——呆呆地注视窗外；她与其他孩子唯一的接触是，她躲在窗子后边的隐蔽处，长久地注视对方。[43]

内莉并非真的孤独，妈妈经常陪伴她左右，在日复一日千篇一律的受约束中，每天早上，妈妈会为她扎上头绳，好像她们马上要出门，这给了她一种有意义的感觉。妈妈没给她读书，没给她讲希腊神话时，她们会没完没了地玩多米诺骨牌游戏。内莉等候爸爸来看她，观察从窗前经过的孩子和成人们，她就提笔描画孩子和成人玩游戏，她也画妈妈织毛衣，画她们无穷无尽地玩多米诺游戏。她从不画战争、警察，也不画危险和威胁场面。唯有一次，她画了个孑然一身的孩子，将其称作"孤立无援"。

内莉的父亲兰道先生选择沃伊特克夫妇，不仅因为他们对前房东仍抱有足够的喜爱和尊重，乐意冒险藏匿这对母女。作为这所房子从前的所有人，父亲知道房子的秘密。他们这个公寓——太小，采光也不好，不足以吸引德国房客——有一扇窗子用砖块从外边封死了，不过，从室内可以挨近窗子，窗前悬挂着一块基里姆花毯，后边有个小空间，搜查期间，内莉和妈妈可以在空间里藏身。父亲离开前还告诉过母女两个人，哪块地板可以掀开，里边藏有全家的珠宝。

不经意间打破常规有可能捅破长期的百无聊赖。一天，一名邻居敲开沃伊特克夫妇家的门，前来闲聊，内莉·兰道的母亲匆忙躲进她们屋子里的隐蔽空间时，不小心将一个红色的毛线团掉到了地上，要命的是，她未加思索，试图从门下的缝隙里将毛线团拽进屋

第六章　驱逐犹太人

里。看见毛线团在地面滚动，邻居立刻向沃伊特克夫妇发问，家里藏了什么人。幸运的是，内莉在门背后及时揪断了毛线，让这家的主人得以说服满腹狐疑的来访者，毛线团滚到地上是个偶然。像这样差点露马脚的事会留下难以磨灭的印记，内莉适时地将这件事画进其中一幅画里。⁴⁴

对犹太人区进行清算时出逃的犹太孩子充斥于各小城镇以及农村地区，他们只能寄望于乡下农民的怜悯心。有些农民唯恐被发现，怕得要命，将孩子们赶跑了。有些人收留了他们，还对外宣称，来的都是侄子和外甥，或者将他们当作廉价农业劳动力加以利用。也有一些人甘愿冒被邻居甚至亲属告发的风险，在谷仓的地下开挖藏身处，将他们藏匿起来。在这种潮湿的和有限的空间里，即使这些年幼的孩子足够幸运，没有被发现，活了下来，在肌肉萎缩、渐渐患上呼吸系统疾病的同时，他们的眼睛也变得无法适应光线。每当达维德·伍尔夫（Dawid Wulf）和妈妈必须更换藏身之处时，妈妈总是为7岁的儿子准备好后事，他们随时可能被德国人抓住并射杀。每次询问达维德是不是疼得厉害，他总是对妈妈说，他真希望两个人被同一颗子弹打死。一些当地农民和一批波兰游击队员加入了搜寻队伍，搜索从克拉科夫犹太人区逃出来的那些犹太人，因而新开挖的地堡变得更加黑暗，也更加隐秘。达维德的妈妈建议，他应该画他们过去的家和花园，花园上边有天空和太阳。达维德向妈妈承认，他"已经忘记天空和太阳是什么样子"。不过，他用身边的黏土做了许多地堡、坦克、大炮、战舰。他还自学了德语，背会了许多海因里希·海涅（Heinrich Heine）的诗。⁴⁵

待在外边则必须承担巨大的风险。齐格蒙特·克鲁科夫斯基（Zygmunt Klukowski）是什切布热申（Szczebrzeszyn）一家医院的院长，他的说法是，波兰中部扎莫希奇地区各犹太人区的清算引发了"可怕的道德颓丧"。他亲眼看见一些农民将试图躲进各小村庄的犹太人带过来交给德国人，这让他不寒而栗。"一个精神病人在押送他们，"这摘自他1942年11月4日的日记，"而且他们学着德国人的样子,根本不把犹太人当人类看待,犹太人不过是有害动物,必须用一切手段消灭之,就像消灭患病的疯狗、耗子。"在贝尔泽克当地,甚至4岁的伊雷娜·施尼策尔(Irena Schnitzer)也听说过,犹太人在充满毒气的浴缸里被杀。随后不久,党卫军开始清除那一地区的各个村庄,当地农民们都吓坏了,没准他们也会被送进贝尔泽克集中营的毒气室。不过,与此同时,许多农民将自家农场的大车带到各个广场上,一边喝着小酒,一边等候,一旦犹太人被装上火车,他们会把犹太人留下的财物拉走。[46]

对这类场景,孩子们并不陌生。8月1日,身在阿宁的万达·普日贝尔斯卡再次开始享受假期了,那天,她听到远处传来射击的声音。这个12岁的女孩继续埋头写日记,她注意到,声音来自运送遭驱逐的犹太人的火车那个方向,然后她转向此前正在研习的两首诗:一首是关于秋天的,另一首是关于乡愁的。这一切似乎都离得太远。不过,两周后,万达和家人从华沙人的休假胜地斯韦德(Swider)游泳归来,中途必须在弗兰尼卡(Falenica)村换乘火车。由于亲眼所见惊到了她,第二天,她搜肠刮肚也找不到合适的词语来形容"在酷热中一动不动坐着的一群群人""所有尸体""紧搂着婴儿的母亲们"。坐在乡下房子的走廊里,她几乎无法眺望天上的星星。这个12岁的小人儿提笔写下了:"我心中的一切都死了。"每当听到远方传来一阵机关枪扫射声,她都会想象一具具倒下的尸体。所有森林、麦田、小鸟的歌声,好像都表达过她内在的活力,如今她感到,这些都消失了,剩下的唯有敌人的残忍和力量。后来的夜晚,这女孩常常睡不着觉,痛哭流涕,她无法向自己解释清楚,这一切为什么会发生:"因为他们是如此这般的一个民族?因为他们是犹太人?因为他们不像我们?"[47]

孩子们没什么可玩,一些人就渴望调皮捣蛋。在本津(Bedzin),一群男孩看见10岁的伊扎克·克莱曼(Izak Klajman)独自一人在城外的河岸闲逛,他们就过去扒下了他的裤子,看他究竟割没割包皮,然后他们一起大喊:"犹太人、犹太人、犹太人!"接着,他们把伊扎克的胳膊扭到身后,开始考虑究竟该淹死他,还是把他交给德国警方。伊扎克很幸运,他设法逃脱了,一个认识他父亲的女人将他带回了家,她还把那群男孩的所作所为告诉了他们的家长,随后家长各自将孩子打了一顿,因而他们放过了伊扎克。不过,波兰邻里既有慷慨的也有吝啬的,既有胆大的也有胆小的,既有富于同情心的也有反犹的,在一片迷雾中,与父母那代人相比,孩子们与犹太人的联系少了许多。他们在德国占领期间长大,无论是在乡下还是在城里,整个事情似乎是,他们学懂和弄通搜捕、折磨、告发犹太人的新规则比长辈们快得多。[48]

无论是教会方面,还是波兰地下抵抗组织方面,双方完全没有协调一致的政策,人们还必须面对德国人的死刑判决,由于这些,与随时准备告发犹太人的人们相比,愿意窝藏犹太人的那些人反而成分更为复杂。在不同的时间段,雅尼娜·列文森得到一个波兰贵族安杰伊·萨瓦尔诺夫斯基(Andrzej Szawernowski)的帮助,以及德国妓女莉莉(Lily)的帮助,后者的哥哥在铁路工作,是个专门抓走私犯和犹太人的警察。她至少还得到两名德国裔人士和数名波兰工人的帮助,以及波兰右翼抵抗力量成员的帮助。一些人甘冒风险,是出于理想主义,另一些人则是为了钱,一些商业关系后来演变成了友谊,当这家人变得一无所有、无以为报时,房东仍然继续保护这家人。每当藏身处被波兰敲诈勒索者发现时,他们就必须寻找新的藏身处,雅尼娜必须搬家的情况达到十三次!原有的关系网崩溃之日,就是新的关系网必须建立之时,列文森一家完全有赖于一些自我牺牲的人临时起意的作为才得以生存。一些人的行为是出于政治信仰,例如勇敢的同性恋者斯坦尼斯瓦夫·赫梅莱夫斯基(Stanislaw Chmielewski)——1939年,就是这么个人,曾帮助自己的犹太恋人逃往苏联,后来,他加入了抵抗组织。另一些人展现的是忠诚,例如列文森一家从前的保姆玛丽亚·布拉特"阿姨",或者他们家从前的车夫的前妻泽娜·齐格勒(Zena Ziegler),他们对曾经的雇主的忠诚,远高于列文森一家中产阶级非犹太朋友里的任何一员。表现最抢眼的是这些从前的仆人,正是他们号召自己的家人和朋友窝藏列文森一家。这家人的财物散尽后,玛丽亚"阿姨"甚至卖掉了雅尼娜的祖父母赠给她的土地里的一块。[49]

发生在华沙犹太人区的"大驱逐"最终让万达·普日贝尔斯卡的父母得到机会离开了位于坦卡(Tamka)大街的前学生公寓的一居室。犹太人区的面积缩小了,因而他们——与其他波兰家庭一起——才能搬到潘斯卡(Panska)大街。万达再也不用到走廊里玩耍了,或者,再也不用和其他女孩聚集在一楼窗台上了。1943年2月24日,她得知,他们分到了一套带厨房的四居室公寓。更奇妙的是,万达当晚在日记里激动地写下了后边的话:"我自己有了个房间!多神奇呀!"事实的确如此。一个月后,他们搬了过去,整套房子至少跟她想象的一样可爱。蓝色和白色相间的衣柜"真的漂亮,正是我想要的"。屋里陈设简单,房间明亮、温馨、宜人,四面墙上仅挂了几幅画和一个十字架,一个架子上还有鲜花。万达的父母显然在这套房子里窝藏了两个犹太女人,可她从未在日记里记述这事。6月23日是她13岁生日,事实上,到了那天,她会感到,她被迫完全停止了写日记。万达这么做并非出于自愿,她认为,妈妈告诫她应当特别小心谨慎行事是错误的,不过她还是遵从了妈妈小题大做的禁令,只是不那么"真诚"。[50]

1943年秋,华沙犹太人区遭全面摧毁后,犹太地下组织成员约瑟夫·奇米安(Joseph Ziemian)走进了位于新世界大街的"施汤餐厅"(即救济点),他一眼就认出两个犹太少年。在辨认犹太人的举止和语音方面,如果说波兰人很在行,那么像奇米安那样凭借假身份生存的犹太人的感觉就更加敏锐。两个男孩也认出奇米安是犹太人,他们克服了疑虑心态,跟他攀谈起来。他们当中一个叫"公牛"(Bull),他金棕色的头发和一双蓝眼睛让他自带一些伪装,另一个叫"大鼻子"(Conky),实属不幸的是,后者那双深蓝色的眼睛被他"糟糕的长相"出卖了——他有个长鼻子。[51]

三人第二次见面时，两个男孩带着奇米安见了其他孩子。那帮孩子有十多人，他们的工作点在繁忙的三十字广场，那里是有轨电车终点站，也是华沙的德国区中心地带，不远处的威伊斯卡（Wiejska）大街有个德国宪兵岗哨，科诺普尼卡（Konopnicka）大街的基督教青年会大楼是党卫军的军营——许多餐馆、杂货店、有轨电车都挂有"德国人专用"牌子——那群犹太孩子经营的买卖是向路人兜售香烟。其中一个孩子是詹基尔（Jankiel），他13岁，骨瘦如柴，一口龅牙，一天到晚打赤脚。泽比谢克（Zbyszek）和帕维尔（Pawel）两个人长得极像"雅利安人"，甚至奇米安都怀疑他们上一代究竟是不是犹太人。在盲聋哑人研究院外，奇米安见到了特蕾莎（Teresa），她身着破烂的套装，上半身是肮脏的套头衫，金色的长发向两个肩膀自然垂落，一只眼睛上方有个巨大的疤痕。她和约瑟夫（Yosef）共管一块地盘，后者是个瘸子，因而得了个"单脚跳"的绰号。在基督教青年会大楼外，奇米安见到了绰号"肉饼"的12岁农民，以及另一个年龄更小的男孩，尽管他眼睛是蓝色，一头金发，那双充满恐惧的眼睛难掩他的身份。而见到斯塔西克（Stasiek），奇米安一眼就认出他是个犹太人。接着，"大力丸"出现了，7岁的他人见人爱，在这群孩子里，他年龄最小，他套着一件破破烂烂的女式皮毛大衣，一根绳子拦腰系住了大衣，开口的裤子一侧用一颗别针别住。"大力丸"——本名本杰昂·菲克斯（Bencjon Fiks）——早就被几个与他作对的波兰男孩盯上，他们想垄断广场的生意。他——以及他们——面临着被人揭发犹太人身份的危险。

那些孩子以不信任的目光看待奇米安，对于他的提问闪烁其词，他提问太多时，他们就避开。而他同样小心翼翼，以免暴露他在为犹太民族委员会（Jewish National Committee）工作。"公牛"是这帮孩子的头，恰恰是"公牛"和第一次见面时在场的男孩说服其他孩子渐渐接纳了奇米安。后来他得知，他们在好几家"施汤餐厅"吃饭，最常去的餐厅分别位于祖拉维亚（Zurawia）大街、克鲁扎（Krucza）大街以及新世界大街。两个看门的女人曾经为他们提供睡觉的地方，一个孩子甚至在奥科波瓦（Okopowa）大街天主教墓地一座坟墓的凹室里过夜，后来，某个细心的邻居将这事报告了警察。[52]

奇米安说服了犹太民族委员会，对街头的孩子们施以援手，不过，孩子们不想要他提供的衣服和钱，他们更愿意用自己的智慧解决问题。他们中的多数是犹太人区走私者，一些人是从列车上逃出来的，"公牛"就是，当时开往特雷布林卡的列车运送的都是被驱逐者。莫斯泽（Mosze）17岁，是年龄最大的孩子之一，他是从一对波兰敲诈勒索者手里逃出来的，那两个人强迫他为他们辨认有钱的犹太人，他们靠收取保护费为生。和波兰有轨电车工作人员玩过纸牌后，莫斯泽总会醉醺醺地出现在广场上，撺掇犹太男孩和波兰男孩到当地的一家餐馆一起喝酒，把身上的钱全花光。奇米安很快意识到，无论他多想把莫斯泽驱逐出帮派，凭他的力量是做不到的。靠着保护帮派免受波兰男孩们欺凌，那孩子的地位无法撼动，眼下他又在帮助双方调解纷争。无论如何，接下来几年，奇米安见证了孩子们的生活得到改善。他们每天早上前往罗奇基市场（Rózycki Market）吃早饭，身上的破衣烂衫都换成了像样的装束，都在广场的照相摊照了相。[53]

奇米安手里的各种身份文件才是男孩们真正想得到的。到了1943年，每个成年人都需要持有两份证明：一份德国样式的身份证，以证明他们有正式工作，有经过登记的住所；另一份证明是用来确保他们的雇主具有允许他们工作的政府许可。借助地下印刷厂，以及民事部门雇员关系网，波兰地下组织有能力弄到上万份这类证明。1942年，"扎高塔"（Zegota），即波兰犹太人救助委员会（Polish Committee for Aid to the Jews）建立未久，就专门设立了一个部门，大量制造这类假冒身份文件，包括出生证明、结婚证、通行证、住所登记卡、死亡证明等。如果某男某女被盯上，遭遇敲诈勒索，就必须更换住处；如果此人是公开生活，就必须更换身份证明。[54]

第六章　驱逐犹太人

以隐秘身份生存的犹太人的援助款一部分来自美国。纽约犹太工党（Jewish Labor Party）出钱支持主要的社会主义党派犹太人联盟（Jewish Bund），世界犹太人大会（World Jewish Congress）出钱支持犹太民族委员会，美国联合基金分配委员会（American Joint Distribution Committee）出钱支持"扎高塔"。作为唯一的波兰人-犹太人联合组织，"扎高塔"可以动用波兰流亡政府的各种资源与外部世界交流，将美元换成第三帝国马克。一名历史学家称之为"秘密城中城"的高峰时期，非法生活在华沙"雅利安"城区的犹太人高达2.5万。这些人里，得到"扎高塔"援助款的人大约有4000名。这类援助机构最缺的是资源，不过，诸如三十字广场的那些难民，他们也不愿将自己的生命托付给援助机构的名单，因为名单有可能落入德国人或波兰警方之手。尽管如此，对于奇米安将"大力丸"带离街面，孩子们还是感激不尽，他是帮派里年龄最小的人，也是最不易被误认的犹太孩子，因为他，整个帮派已经引起外界关注：华沙格罗科夫区（Grochów）的一名教师塔德乌什·伊茨科夫斯基（Tadeusz Idzikowski）将他带走了。[55]

　　敲诈勒索并不仅限于针对外国人。沃伊特克先生每次喝醉，总会打老婆克莉西娅（Krysia），尽管这女人对内莉·兰道和她母亲忠诚有加，她终于动用了反抗丈夫的一件利器，她开始威胁丈夫，说是要告发他窝藏犹太人。在莉迪娅和埃里克家的公寓里，雅尼娜·戴维同样意识到，婚姻处于瓦解过程的两个成年人之间总是有各种争吵和威胁，而她却夹在其间。而主动对雅尼娜友善的莉迪娅很快想到了权宜之计，以藏匿犹太人为借口敲诈勒索生于德国的丈夫。埃里克很快意识到，位于城里的另一套公寓由他付款，分享人却是莉迪娅和她的新欢，而莉迪娅每次回家不是疯狂地大吵大闹就是涕泪涟涟的和解，每次和解，两个男孩都会黏着妈妈，埃里克总会暂时不再口吃。渐渐地，莉迪娅带走了陶器、照片、银器、桌布、玻璃杯等。那一天终于到来了，当天公寓里只剩雅尼娜一个人，她特别害怕的是，如果不放莉迪娅进门，她会在门外大喊大叫，说出

可怕的事。雅尼娜打开门才看见,莉迪娅带来了搬运工。埃里克和孩子们回来时,他们的家已经搬空。⁵⁶

至此,埃里克也意识到,雅尼娜再也不能秘密地跟他们住在一起了,她必须躲进女修道院。他为雅尼娜准备了各种证件,还告诫她记住自己新名字——达努塔·特蕾莎·马尔科夫斯卡(Danuta Teresa Markowska)。根据达努塔的假身世,她来自港口城市格丁尼亚,雅尼娜从未去过那地方。她还必须着手学习天主教祈祷,以及各种告白,她以极大的热情投入其中。对她来说,这让她实现了酝酿已久的愿望,用母语波兰语进行祈祷,同时她还会拥有一个守望她的守护天使。雅尼娜觉得,战前她用希伯来语和阿拉米语祈祷的上帝已经抛弃了他的子民,任其灭亡,后来,她在日记里记述如下:"离开犹太人区,也就离开了原来的上帝。"⁵⁷

埃里克选中的女修道院坐落在华沙城外,位于一条长长的、弧形的、两侧长满菩提树的大道尽头,大道的弧形内侧有个巨大的菜园。1943年夏季的一天,雅尼娜和埃里克来到这里,从成排的圆锥形蜂巢飞来的蜜蜂在他们身边不停地嗡嗡作响。沿街排列的菩提树巨大的墨绿色叶子在地面投下斑驳的阴影,外墙粉刷成白色的建筑内部光线昏暗,走廊里满是刚刚洗刷过的木板的气味,混杂着变质的食物味道和过多的人生活在一起的体味。在这处奇怪的地方,雅尼娜必须适应环境,同时还不能让自己的伪装露出破绽。首先让她惊讶不已的是食物,甚至在犹太人区期间,她也从未面对过如此难以下咽的东西,也许这才是父亲为她不惜做出各种努力最雄辩的证明。在修道院头几个月,她挨饿了。

在僵化的权力和特权阶梯上,雅尼娜必须找到自己的立身之地。洗澡间位于潮湿的地下室,青蛙们在暗色的水泥地上跳来跳去,为避免偶然洗到冷水澡,她必须买通拥有特权的大龄女孩,以便跟她们成为一伙,才能用上修女们洗完澡剩下的热水——她还发现,正是她们痛恨的那些女人剩余的那点水,一些人还争来抢去。不过,直到12月上旬,那些大龄女孩才接纳了她。主动承担没人干的所有零碎活,为低龄班级充当替补老师发挥了主要作用。雅尼娜表示,她乐意承担据信犹太人都规避的所有艰苦劳作,为正面迎击私下里说她是犹太人的那些人,她做好了终极准备。一次,大家一起玩"你长得像什么"游戏时,雅尼娜说自己长得像犹太人,大龄胖丫克莉西娅(Krysia)挺身而出,拒绝承认这一点。对犹太男孩来说,套用这样的诡计就难多了。阿尔伯丁兄弟(Albertine Brothers)经营的儿童院位于克拉科夫城外的扎克尔佐维克(Zakrzówek),其中的哥哥对8岁的齐格蒙特·魏因雷伯(Zygmunt Weinreb)说:"像年长的男孩们那样穿上游泳裤去洗澡。"[58]

雅尼娜狡黠地算计着如何提升自己,以便成为"拿破仑老近卫军"餐桌上的一员,她却遭遇了灵魂的考问。她想让自己改信基督教一事成真,未施过洗的她却无法自告奋勇接受第一次圣餐。1944年初,她终于发现,她可以放心地将内心深处的想法向修女索菲亚嬷嬷(Sister Zofia)和盘托出。复活节到来一周前,索菲亚带着她穿过华沙城,以便她在远离修道院的一家儿童院完成洗礼。接下来一周,这个14岁的女孩和其他女孩一起在内心深处请求她们此前一年曾经冒犯的所有修女原谅自己。后来,复活节那天,雅尼娜和其他八九岁的孩子们一起接受了第一次圣餐,她有种感觉,自己终于有了新的、内心的归属。她将一辈子珍藏索菲亚嬷嬷送给她的银质奖章。[59]

"大驱逐"过后,基督教教会提出,将数百个犹太孩子送进修道院。正如犹太人区领导层担心的那样,教会是在赢取孩子们的灵魂。但是,对如此众多犹太孤儿来说,让他们感动的是圣母崇拜。就波兰天主教而言,占据核心位置的并不是对圣母马利亚的崇拜。面带甜美微笑的石膏像身穿白色长袍,腰扎天蓝色腰带,头冠上有闪光的星星,在石膏像面前下跪的孩子们能感觉到某种他们特别想要的东西——来自母亲的护佑。[60]

第七章
家庭集中营

时值深夜，耶胡达·培根乘坐的卡车的门突然开了，刺眼的强光倾泻进车里，他眨了眨眼，这才看清，外边是一些身穿条纹睡衣、拄着拐棍的男人。他首先想到的是，他们到达的地方是某种奇特的残疾人康复营！随后，在一阵奇怪的大喊大叫声中，那种语言培根无法理解，他看见那些拐棍舞动起来，男人和女人在痛殴中被分成两列，站到了那些卡车旁边的斜坡上。他们被迫爬上一些大货车的货厢，带来的行李只能甩在身后。货车向暗夜驶去，强光灯泛出的亮光洒在铺满大地的白雪上，映亮了飘在空中的防空拦截气球。远处是一片开阔地，许多星星点点的亮光点缀其间。由于看不清他们被拴在什么样的桩子上，更看不清将他们分开的刺绳，培根只好借助光线的几何分布形状判断营区大小。看样子，营区非常大，而且空旷安静。终于，卡车拐下了道路，新来的人们被赶进一片空旷的营区，木质的铺位甚至连草垫都没有。在两天的行程中，爸爸省着吃，精心为培根攒了些食物，而他实在太累，根本无心吃东西。[1]

1943年12月17日，耶胡达·培根来到了奥斯维辛－比克瑙集中营。14岁的他已经想要成为一名画家，他会活着实现这一愿望。莱因哈德·海德里希在捷克特莱西恩施塔特建立了犹太人区，以便从"第三帝国对波希米亚和摩拉维亚的保护力量"中将犹太人甄别出来,过去一年半,培根就住在那里。许多音乐家和艺术家聚集在那座18世纪驻扎军队的小城里,培根混迹于他们当中,利奥·哈斯(Leo Haas)、奥托·翁加尔(Otto Ungar)、贝德日赫·弗里塔(Bedřich Fritta)画画时,他可以站在一旁观望。1945年1月18日,培根和其他囚犯排成队离开了比克瑙集中营,这一次又是晚上,也是有积雪,党卫军想在苏联军队到达前疏散他们。截至那时,这个10多岁的少年已经在灭绝营度过了青春期,和他一起从特莱西恩施塔特过来的爸爸以及绝大多数囚犯早就死了。在集中营最后六个月的囚禁期内,和培根一起死里逃生的一小拨捷克男孩主要依靠的是那群在毒气室和惩戒区干活的男人,即囚犯小组和惩罚小组的成员。受这些强大的、骇人的,同时也——仅对这些孩子——慷慨的男人摆布,培根知道了他们大部分堪称秘密的消息以及看法,将其融入了自己对"常态化"的认知。[2]

从每个时间段往前看,未来都是一片渺茫。在特莱西恩施塔特期间,虽然耶胡达·培根见过运送牲畜的卡车满载被驱逐者离开犹太人区,他对奥斯维辛-比克瑙集中营却一无所知,直到载着他的客运列车抵达那边,他才知道是怎么回事。他也不清楚波兰犹太人区的条件,更不知道它们都被摧毁了。他也从未听说波罗的海沿岸各国以及苏联领土上大规模枪杀犹太人的事。与所有这些地方的犹太人区对比,特莱西恩施塔特犹太人区似乎享有"特权",不过,当初那里的居民很少有人感觉如此。1943年12月,培根和爸爸抵达比克瑙集中营时,他们被抛进了最有"特权"的营区之一,那里的囚犯到达时不用剃掉头发或穿上营里的服装。他们的配额也比其他营区的人高一些。最大的不同是,男人和女人只是部分地被隔开。在比克瑙集中营,唯有相邻的"吉卜赛营区"的人可以真的以家庭为单位住在一起。运送来的捷克犹太人全都被分在单性别营区,不过——集中营其他营区的囚犯对此嫉妒不已——他们也不是严格地被隔开。从这一奇特的"常态化"表象看,抬头即见许多焚尸房烟囱的捷克人的家庭集中营因此得名。最扎眼的是,那个营区居然有孩子，在所有灭绝营，绝大多数孩子直接被送进了毒气室。

给予特莱西恩施塔特犹太人区和比克瑙家庭集中营的捷克犹太人各种"特权"源于党卫军一系列心血来潮的策划，最早始于1941年秋冬季。想当初，在决定这些人的命运时，莱因哈德·海德里希起了直接作用。作为帝国安全总局首脑，本该由他组织驱逐全欧洲的犹太人，可他于1942年7月遭到刺杀。作为波希米亚和摩拉维亚在"第三帝国的保护者"，像其他纳粹主管一样，海德里希至少也热衷于成为第一个宣称从封地上"清除犹太人"的人。1941年9月，刚开始驱逐犹太人之际，他最初计划将犹太人全都赶出去，将他们送往特别行动队的各行刑队以及位于东方的各警察营，或者，最低限度也要让他们汇入前往罗兹犹太人区的德国犹太人队伍。到了10月，由于铁路军事运输优先，海德里希只好做出让步，转而在他的"帝国保护区"内开设一个犹太人区。不过，海德里希的本意是，特莱西恩施塔特犹太人区最多只是个临时圈养区和转运点。³

1941年12月，前捷克驻军小城的营区改造施工刚开始，新成立的犹太委员会的人们认为，与维尔纳和波兰犹太人区的情况相同，为了生存，他们必须证明自己对德国战争经济的价值。捷克和摩拉维亚犹太人平均寿命为46岁，在雅库布·埃德尔施泰因（Jakub Edelstein）眼里，这一计划可行。他是犹太委员会第一任领导。不过，几个月内，各种真相会证明他错了。1942年夏季和秋季，4.3万德国和奥地利犹太人被送到特莱西恩施塔特，多为老年人。从柏林和慕尼黑送来的人的平均年龄为69岁，从科隆来的为70岁，从维也纳来的为73岁。特莱西恩施塔特实际上正在变成"老年之家"，住在那里的人们的大部分工作是为了满足社区自身的需求。⁴

这一德国和奥地利老年犹太人的流入，起因是一次为党卫军开脱罪名的临时安排。1941年11月初，第一次将德国犹太人成批运往明斯克和里加，导致超过40人次纳粹著名人物写信给莱因哈德·海德里希，让他出面干预。他很快意识到，特莱西恩施塔特可以用于减轻纳粹高官们的恐惧，让他们相信，每名受他们保护的犹太人都

第七章 家庭集中营

不会被"送往东方",肯定会留在帝国境内。到了1942年1月20日,万湖会议召开,为落实"最终解决方案",具有中转营和伪装双重身份的特莱西恩施塔特成了总体规划的一部分。海德里希的托词如下:德国和奥地利"年龄超过65岁的犹太人",以及"受过重伤的退伍老兵和得过战争奖章(一级铁十字勋章)的犹太人",都会送往"老年犹太人社区"。这让他大大松了口气,还让他确信:"有了这一临时方案,只需一次全力以赴的努力,许多干预言论就会不再发声。"不过,对许多人而言,因为此一"特权"被送往特莱西恩施塔特,得到的仅仅是短暂的缓刑。从1942年1月开始的转运将他们送到了里加和明斯克附近的党卫军特别行动队的行刑队。到了1942年7月,特莱西恩施塔特始发的一列列火车直达索比堡、马伊达内克(Majdanek)、特雷布林卡的毒气室。作为中转犹太人区,特莱西恩施塔特几乎没有任何弥足珍贵的稳定可言:1942年末,到达的9.6万犹太人里,有超过4.3万离开,前往的是充满凶兆的、人称"东方"的语焉不详的目的地。[5]

出人意料的是,1943年2月16日,海因里希·希姆莱禁止恩斯特·卡尔滕布伦纳(Ernst Kaltenbrunner)——帝国安全总局首脑,莱因哈德·海德里希的接班人——授权从特莱西恩施塔特继续驱逐任何奥地利和德国老年犹太人。这一决定本身让这一犹太人区依照罗兹模式残忍地瘦身成工厂变为不可能。实际上,在接下来七个月,没有什么运输车辆离开过这一犹太人区。对此,希姆莱解释如下,继续驱逐会"与官方声明相背离,而声明内容为,特莱西恩施塔特犹太人区的老年犹太人可以在那里安居乐业"。希姆莱可能已经开始认为,作为安抚著名纳粹党人,使他们不再为"驱逐"犹太人感到焦虑,特莱西恩施塔特早已超越托词作用,虽然如此,真正的原因却不得而知。1942年12月18日,包括捷克流亡政府在内的十二个同盟国政府发表了一份公开声明,谴责对犹太人实施灭绝。一个月后,德国第六集团军在斯大林格勒面临被全歼之际,希姆莱指使手下与同盟国各情报机构进行了一系列接触中的第一次接头。[6]

到了 1943 年春，党卫军在精心策划一个"美化"特莱西恩施塔特犹太人区的项目，这最终会导致一场极为用心安排的、由瑞典和丹麦红十字会和国际红十字会组织的于 1944 年 6 月 23 日实现的团队参访活动。国际红十字会参访团还应邀参观了一个犹太人"工作营"，而这正是此前提到的位于比克瑙的家庭集中营。为实现这一点，1943 年 9 月和 12 月，大批被驱逐者从特莱西恩施塔特来到这里，该集中营于 1944 年 5 月达到满员。希姆莱的观点是，开放特莱西恩施塔特犹太人区，让外界检视，足以驳斥大规模枪杀的指控，且重点强调的是，向外界证实，它的确像对外声称的那样，是犹太人的"终极目的地"，而非事实上的中转社区。的确，"犹太人区"（ghetto）一词已经被移除，取而代之的是"犹太人安置区"（Jewish area of settlement），前者仅仅由于失误重新出现在"犹太人区克朗"（ghetto crown），即社区自造的纸币上。除此而外，特莱西恩施塔特犹太人明显生活条件好，似乎也在证实希姆莱的善意，他正在开始推行他的秘密外交策略：他将提出用犹太人交换美元、德国战俘、美国卡车，其时他也在琢磨，如何才能与西方达成最好的单独媾和，这是他在战争最后数周全力以赴推进的战略。[7]

犹太小贩给希姆莱留下的印象极为恶劣，他决心用两手解决问题。1943 年和 1944 年，德国在东部前线的态势越来越糟糕，随着战事的进展，希姆莱在想尽办法玷污纳粹秘书长、地方长官、各德军将领，让他们为杀害犹太人分担过失，以此阻止纳粹体制内出现任何离心的权力集团与敌方单独媾和。1944 年夏，他指派阿道夫·艾希曼（Adolf Eichmann）加快大规模驱逐匈牙利和斯洛伐克犹太人到奥斯维辛－比克瑙集中营各毒气室，一方面为了阻止那些傀儡政权分裂，另一方面为了将种族灭绝进行得更彻底。与此同时，希姆莱也想利用特莱西恩施塔特犹太人区以及比克瑙家庭集中营对外展示，他本人是个合适的谈判对手，因为他可以出售犹太人。希姆莱"思想矛盾"的症结是他反犹太主义的意识形态品性，如果他真心相信犹太人强大无比，他们可以实现他希望的——与西方达成单独媾和——这会让德国将所有资源调转方向，指向反布尔什维克主义的战争，如此即可理解希姆莱的各种动作。为达到这一目的，红军开始向德国首都推进之际，他没有出席1945年4月20日在柏林举办的希特勒的系列生日庆典，而是秘密会见了诺贝特·马苏（Norbert Masur），似乎这名"世界犹太人大会"的瑞典代表是一个真正的"犹太贤士"，有能力让他与美国达成解决方案。⁸

暂且放下特莱西恩施塔特犹太人区的普通居民不说，雅库布·埃德尔施泰因和犹太委员会完全不知道，帝国党卫军元首近期想到的这些优先问题是什么。他们的确知道一些新消息源，以及1943年2月到9月间驱逐行动完全停止。1942年夏，驱逐行动达到巅峰时，犹太委员会甚至也在尽力让孩子们避开运送名单，还开设了一系列儿童之家。这些儿童之家的类型与华沙的极为不同，华沙的儿童之家令米丽娅姆·瓦滕伯格极其压抑，让雅努什·科尔恰克陷入绝望，那边的犹太委员会主席亚当·泽尼亚科夫试图利用配给制保护孩子们，然而他壮志未酬。⁹

如果没有党卫军非典型性的决定，即1943年初向特莱西恩施塔特注入更多资源，很难想象当地犹太管理当局珍视的那些儿童之家能否持续二十六个月之久，在此期间，它们都运作良好。在整个西欧各中转营和东欧各犹太人区形成的链条上，找不出第二个具有类似体制的，可以为男孩们和女孩们分别设立儿童之家的犹太人区。对德国人和捷克人而言，那可是享有特供补充配给，后来又拥有独立食堂的儿童之家，而且还有能力为孩子们提供与周边近邻隔开的保护措施。大约1.2万个孩子有过在特莱西恩施塔特儿童之家生活的经历。在所有时间段，15岁以下的孩子的数量一直处于2700—3875人，其中半数左右自愿生活在儿童之家，另外半数通常与生活在单性别营区的家长住在一起。¹⁰

与人们的想象相悖，各儿童之家运作良好。儿童幸存者专门强调了日常生活的价值所在，这与一直生活在成人营区的孩子们缺乏组织构架形成鲜明的反差。各儿童院都有卫生值日表，拥挤的宿舍秩序井然，每天都有集体早餐，然后会有全体集合以及点名，每周五晚还要开会，周末会有特殊甜点——还有持续不断的组织良好的躲避党卫军的办法——所有安排都有目标感。那些规范新社会各领域的法令既荒诞又变化无常，德国人普遍禁止儿童之家的孩子们上学，尽管如此，各种学习都在秘密进行。在耶胡达·培根的记述里，可以明显看出，那一阶段，在捷克男童之家，被发现的危险与规避带来的骄傲共存：

> 总会有两个学生放哨，一个在大门口，一个在那些房间的门口。如果党卫军的人往我们这边来，两个人都会报告。我们早知道该怎么做，只要立刻开始随便谈论任何事情，或者读一本书即可，我们的作业立刻就藏起来……[11]

儿童之家来去自愿，不过，通常来说，生活在犹太人区的家长们和其他成年亲属们自己都没有养活孩子的办法。一定程度上，维持纪律靠的是孩子们自身的认知，某种程度上，他们是一种精英组合，与成人营区那些孩子相比，他们条件更好，他们在此有一席之地是一种幸运。鲁特·克吕格（Ruth Klüger）回忆说，因为破坏规矩，喝了不干净的水，当年她唯恐自己被排除在德国女童之家门外。捷克男童之家孩子群的核心由布拉格犹太孤儿院的男孩们组成，他们都是早已相互熟悉、惯于集体生活的孩子。对某些孩子来说，适应那里的生活并不容易。黑尔佳·波拉克（Helga Pollak）在日记里记述了捷克女童之家邻床的一个14岁的德国女孩，一个狂热的天主教徒，她是那么六神无主、孤立无助、伤心欲绝。根据所谓的针对"米希林格"（Mischlinge，纳粹对雅利安和犹太混血儿的称谓）的规定，或"混合婚姻"生下的孩子的规定，她才被驱逐到了那里。相比之下，处于青春期之前的男孩和女孩们似乎常常能与同屋"配对"，形成紧密的、同性的友谊。[12]

孩子们也对管理生活的成人老师形成了强烈的依赖，虽然各班的专科老师换来换去，生活老师总是跟班一跟到底。埃拉·波拉克（Ella Pollak）管理捷克女孩们，整个监禁期间，以及后来遭驱逐期间，她一直跟孩子们在一起，后来姑娘们直呼她"泰拉"（Tella）。瓦尔特·艾辛格（Valtr Eisinger）和助手约瑟夫·斯蒂亚斯尼（Josef Stiassny）直接将床铺搬进了捷克男童之家的宿舍，和孩子们一起玩游戏，给他们讲床头故事。孩子们都知道，斯蒂亚斯尼在抵抗运动中失去了一个兄弟，这让他有了英雄光环，他是捷克男孩们眼里的"佩佩克"（Pepek）。个头矮小的艾辛格深受孩子们尊敬，原因是，他用智力耍弄没有任何疑心却执意前来检查的党卫军，他故意表现出过分的尊敬。孩子们给他的名号是"小人儿"（Tiny）。通过改变德语头衔的 Betreuer（看护者），使用希伯来语头衔 madrich（看护者），孩子们表现出了服从，老师和监护人变成了带路人和朋友。[13]

　　上述教育实验活跃的文化氛围属于某种特定的中欧类型，即一种混合体，兼顾了以下各方：进步的德国教育改革，各种犹太复国主义和共产主义的集体主义理想，还混入了弗洛伊德思想予以缓冲。这是一种学术氛围，为了向孩子们解释清楚，为什么不应当一股脑拒绝德国人和德国文化，或者，为什么不应该笼统地让这两者对迫害犹太人负责，瓦尔特·艾辛格毫不犹豫地借用歌德作为象征，他是这么说的：人们不可能"憎恨世界上最有文化的国家之一，何况，很大程度上，我是在那里接受教育的"。相反，他鼓励房间里智力比较早熟的男孩模仿彼得格勒（圣彼得堡在1914—1924年间的称呼）革命后的孤儿院，也建立一个"什科德共和国"（ShkID，缩略自 Shkola Imeni Dostoevskogo，意为陀思妥耶夫斯基学校）。结果，孩子们在周刊《我们带头》（Vedem）上要求开设俄罗斯文学课，该刊由来自布拉格的半犹太血统男孩彼得·金兹（Petr Ginz）主编。耶胡达·培根带着一抹淡淡的怀旧之情回忆道，班里的生活很"民主"，有选票，也有否决票。不过，纪律也是有的，如果铺位收拾不好，床上用品会被扔到楼下的院子里，惩戒措施包括周六给男孩"关禁闭"。[14]

捷克女童之家的规矩与前述情况大同小异。她们也有秩序，也有做杂务的值日表，也有各种课程，还有班歌，还有比儿童院外更好的食物，还有一套特殊场合穿的制服。甚至还有个短命的女孩刊物，刊名为《博纳科》(*Bonaco*)，取自捷克短语 bordel na kolečkách 的首两个字母。它的意思是混乱和妓院。选择称谓用语时，故意选择俄语和希伯来语替代更为常用的德语和捷克语，例如看护者；还使用了自创的词汇诸如什科德、博纳科等，这些词汇的含义唯有圈内人才知晓。因此孩子们形成了自己的圈子，有了自己的笑话和秘密符号。他们发明了自己的密语，其中一些一直存在着，直到融入比克瑙集中营的俚语。

一名维也纳艺术家开始为女孩们上素描和绘画课。弗莱德雷尔·迪克尔－布兰代斯（Friedl Dicker-Brandeis）曾经是魏玛包豪斯学派成员。从捷克军方的旧报表到包包裹的包装纸，党卫军没有从中发现什么不妥，因而任何东西都可以由青年福利部正式分发给各学校作为艺术材料。1943年7月，弗莱德雷尔·迪克尔－布兰代斯做了一次有指向性的谈话，从她为此做的记录里或多或少可以看出，她的热情和创造性智慧一如既往。为庆祝各儿童之家开张一周年，这名艺术老师用孩子们的绘画为家长和其他有兴趣的成年人办了个展览。她分享了自己第一名绘画老师约翰尼斯·伊滕（Johannes Itten）的情感，将艺术当作创作性释放的一种形式——冥想和呼吸训练兼而有之的实践——以老师教学生的方法为基础，告别机械式的临摹，开发每个学生自己的表现形式。弗莱德雷尔·迪克尔－布兰代斯曾经担心，如果不告诉孩子们如何作画，又该如何鼓励他们呢。向姑娘们演示用画笔作画时如何分析着色动作的节律，她会整本整本使用复制的乔托（Giotto）、克拉纳赫（Cranach）、维美尔（Vermeer）、梵高（Van Gogh）等人的作品进行讲解。虽然如此，一个女孩为讨好她立刻跑开修改画作时，她意识到，不应当直接向女孩们提诱导性问题。或许，与这类倾向相反，在自由绘画时间段，将画笔交给姑娘们随意涂抹，她们最感兴趣的一些画作便会冒出来。[15]

由于任何事情都阻止不了孩子们探索儿童院以外的社区，他们总会将所见所闻在自由绘画时间段表达出来。特莱西恩施塔特犹太人区的孩子们经常画的内容是公共食堂，7—10岁时期的英格·奥尔巴赫（Inge Auerbacher）经常看到如下场景，她记得，各开放式庭院里等候的人们排着长长的队伍。"每到冬天，"摘自她的记述，"在刺骨的寒冷中等待，情况会变得特别难。早餐有咖啡，那是一种浑浊的液体，总是特别难喝，午餐是像清水一样的汤。"对新来的人而言，领取食物的队伍成了主要的交流形式，也是成人之间永无止境的抱怨和对腐败行为进行谴责和反谴责的源泉。孩子们常常追着运面包的大车穿过一条又一条社区大街，亲眼见证成年人为生存而拼搏，为领取食物，大多数人必须排队，包括他们的父母，然后，他们会各自返回相对安全的单性别的儿童之家。[16]

12岁的薇拉·维尔泽洛娃（Věra Würzelová）对领取食物的队伍的印象让画里的人物都带有一种僵硬感，当然，她的画作缺少透视效果。可以预期的是，暂且放下画里的那个孩子不说，与那些等候领取食物的男人和女人相比，画作左边有权有势的人物、值勤的卫兵，以及画作右边几名正在发放配给的厨师，相对来说显得大了些。莉莉安·弗兰克洛娃（Liliane Franklová）画作的上半部出现了相同的场景：在一处"施汤餐厅"所在地，四个成年人在耐心排队等候。另一侧有个幼儿站错了地方，或等错了地方。在画作底部的海里，似乎有个快要淹死的小女孩或成年女人，她正在喊救命，岸边站着个男孩和女孩。在画作上半部和下半部，那女孩好像被固化在了错误的地方。[17]

犹如其他有完善等级制度的犹太人区，在特莱西恩施塔特犹太人区，稀缺的资源同样分配不公。与正规配给共存的有高度发达的黑市，以及公开的偷盗。经济部门各层级的人都会捞上一把，从犹太人长老会（Council of Elders）到供给管理部的成员，还有面包师、屠宰师、厨师、社区警察，人人如此。如何搅拌锅里的汤，从锅里舀出配给食物用什么样的勺子，都会成为引发激烈争论的由头，而嚼舌头的人经常会四处传播这些内容。幸存者仍然记得，在体制内占据好位置的人们曾经将自己的配给卡当现金使用，交换香烟、服装、住房、色情服务、奢侈食品——例如食糖、苹果、橘子、柠檬等——这些东西必须通过走私，或私人邮寄食物的包裹流入黑市。人们将能弄到手的唯一一种酒精饮料委婉地称作"啤酒"——那是一种冰凉的、微甜的、黑色的咖啡代用品，装入瓶子发酵数天即可饮用。特莱西恩施塔特犹太人区一群成年艺术家创作的一些画作被厨师和面包师等新的社会精英预订一空。[18]

莉莉安·弗兰克洛娃画作里的孩子在汤锅旁边站错了位置，那孩子从错误的地方张望的正是这样的世界。也许莉莉安没有掌握犹太人区完整的分配层级，权力在其中是可以交易的，不过，她和薇拉·维尔泽洛娃都知道，与没有权威的人相比，有权威的人个头更大一些。

为了给孩子以及工作在受保护岗位的成年人增加配额，犹太管理当局减扣了给老年人的配额。这对老年人死亡率的影响立竿见影，1942年下半年，特莱西恩施塔特犹太人区计有14627名德国和奥地利老年犹太人死亡，与那年秋季驱逐到特雷布林卡的老年人数量持平。1943年2月，就算希姆莱禁止进一步驱逐犹太人，同年，特莱西恩施塔特犹太人区本身计有12701人死亡，其中来自德国和奥地利的老年犹太人占了10366人。1943年5月，情况有了改观，为了与全面"美化犹太人区"保持一致，党卫军允许从境外邮寄包裹，普遍分配的葡萄牙听装沙丁鱼也开始到货。[19]

伴随营养不良而来的是体力衰竭。成年幸存者作证说，他们如何整天都做美食梦，对性的兴趣日渐消退，对匈牙利浓汤各种成分的幻想越来越多。特莱西恩施塔特犹太人区幸存下来的最著名的历史学家汉斯·京特·阿德勒（Hans Günther Adler）私下里说过，与其他欧洲人种相比，无论横看还是竖看，社区里的居民没有明显更像"犹太人"的地方，虽然如此，他们相互之间的确有个方面非常像，而这正符合纳粹的描述：他们都有所谓的"犹太人的样子"，那种疲惫不堪状态下迷离的眼神，整日忧心忡忡和未老先衰。平脚板越来越普遍，关节变僵硬，动作变僵化，骨节更突出。在一些作家笔下，犹太人总是给人各种易怒的感觉，对他人的兴趣和同情迅速减退。[20]

在社区管理机构工作的比较年轻的德国和捷克犹太人，他们相互之间关系相当融洽，不过，许多人与他人老死不相往来。玛莎·格拉斯（Martha Glass）64岁时，从汉堡被驱逐到特莱西恩施塔特，她在日记里经常提到"孩子们"。她指的是生活在柏林的女儿和"雅利安"女婿，他们定期给她邮寄食物包裹，保证供应，这是她赖以生存的依靠。在特莱西恩施塔特，她交往的圈子是身边的人——主要是德国人——都是同屋的女人，她还与汉堡和柏林来的老熟人重新建立了关系。她与社区其他人建立关系则是通过各"施汤餐厅"、医疗点，最主要的是免费古典音乐会。在她的所有日记里，唯有一次提及社区里的其他孩子，她记述了1944年10月运送犹太人行动引发的骚乱："10月22日：……那些生病的、丧失视力的、患有结核病的患者，以及孤儿院的孩子们，全都走了。从来没见过这种悲伤，还有悲痛引起的哭喊。"[21]

在说德语的老年人和主要说捷克语的儿童院的孩子之间，生成了一道冷漠之墙。无论耶胡达·培根怎样持续不断以及多么频繁地看望生病的、情绪低落的父亲，给他以鼓励，总的来说，像其他孩子们一样，他认可如下观点，他和捷克男童之家的伙伴普遍鄙视老年人和体弱者。像约瑟夫·斯蒂亚斯尼那样的青年领袖必定会劝导耶胡达·培根及其伙伴坚守犹太人区出现之前社会生活中的童子军传统：帮助老年人，从"施汤餐厅"为他们领取配给食品，为他们读报，帮他们提振精神。不过，孩子们抱怨说，那些营区，那些屋子，以及老年人的身子"恶臭难闻"。[22]

在华沙犹太人区，看到街上玩耍的孩子们对死亡何等无动于衷，雅努什·科尔恰克深为震惊。孩子们玩马匹和车夫游戏时，竟然对身边的尸体视而不见，直到缰绳缠住了尸体，中止了游戏。此情此景犹如这些孩子临时性放弃了现实，当然也是将客观现实彻底置诸脑后,龟缩进了自身的想象世界。特莱西恩施塔特犹太人区的孩子就不是这样。他们也饿肚子,不过,在各儿童院,过集体生活的他们并没有闹饥荒。对薇拉·维尔泽洛娃和莉莉安·弗兰克洛娃来说,食物存在于社会环境里。她们满脑子都是食物分配和食物稀缺,与其说食物关闭了她们,不如说食物为她们开启了观察社区的窗户。食物不是——或者说暂时还不是——压倒一切的难题,她们仍然能以多种方法与食物共存。在伊洛娜·维索娃(Ilona Weissová)手里,当她画出所有想吃的东西时,食物都具有了童话故事般的奇异特征。

在她的画里,11岁的她保持站姿,满脸笑意的她作沉思状,身边都是如下极为离奇的食物:一头不太符合犹太教规的猪,一只刺猬身上的水果带着叉子,躺在盘子里的一条鱼身上也带个叉子,向她走来的几只小鸡身上也捅着叉子,一个从上往下飞的长翅膀的身影正在送一篮鸡蛋,一个低矮的拖车上放了个瓶子,还有盛满可可和咖啡的大杯子,还有沙丁鱼、奶酪、糖块、蛋糕、牛奶,还有个苹果。为了让主题特别鲜明,女孩身后的牌子上写着"梦幻乐园,门票1克朗"。伊洛娜·维索娃胖乎乎的样子很讨人喜欢,她束着头发,身穿晚会服装,她让自己来到了《懒人的天堂》(*Schlaraffenland*),那是个传说中的地方,那里的猪直接飞进正在酣睡的农民的嘴里。在早期现代和19世纪的各种故事里,谈到《懒人的天堂》里的工作多么轻松,正常的世界被颠倒过来。由于可以从古老的、犹太人区出现前的世界输入食物,这里犹太人区的生活完全被打乱了。[23]

在回忆录里,鲁特·克吕格描述了她在德国女童之家期间——她坚称,那里的食物比捷克儿童院里的更糟糕——如何花费大量时间和朋友们一边用叉子搅拌牛奶一边幻想吃的东西。由于收件人亡故,或者被驱逐到遥远的地方,许多包裹无法投递,孩子们的食堂因而从中受益。至关重要的脂肪、维生素、蛋白质的来源为:肉类、腊肠、奶酪、鸡蛋、黄油,以及新鲜的和脱水的蔬菜、葱头、果酱、巧克力、水果。这些奢侈食品中的一些出现在伊洛娜·维索娃装饰篮筐和杯子的牌牌上，不过，出现在她幻想里的大多数东西都是她没有的。[24]

在玛丽亚·穆尔斯坦诺娃（Maria Mühlsteinová）令人瞩目的一幅画作里，食物缺位，成为其显著特征。这幅街景画里的一家杂货铺前边，面相和蔼的老年女士两边站着两个女孩。画作左上角有个街头小贩，正在向公交车上的乘客们兜售报纸，犹太人区建立前，这是日常景象，在特莱西恩施塔特，这景象当属用错了地方。画里年龄较大的女孩用一根绳子牵着带轮板车上的狗狗，或许这表现的是幽默，属于禁止犹太人养宠物之前，也就是犹太人区出现前。或许这只是故意象征性地用一只玩具狗当替代，毫无疑问，随着女孩被驱逐，她的玩具狗也丢了。画里的老年女士，给两个女孩的鲜花，以及杂货铺，这些都属于犹太人区出现前的年代。想象中的货架真的空无一物，这景象由于商店上边的牌牌得到强化，牌牌上的捷克文字为"货物售罄"！画里指挥交通的社区警察处于犹太人区出现前的城市里。在这些交错的图案里，当下与过去并存，掩盖了时间变换本身，唯有图像能表现这一点，文字做不到。在表现时间过渡的地方，玛丽亚的画作糅进了过去和现在两个世界。[25]

随着孩子们拼命回忆遭驱逐的经历，他们一直以来最关心和最想了解的似乎是他们来自哪里，以及失去了什么。所以，身在公共营区和自由绘画时间段的他们描绘的往往是以前的家，而非当时睡觉的三层铺位。他们的绘画风格仍然和被驱逐前一模一样，窗台上都有花盆和绽放的花，窗帘拉开的样子仍然那么随意，吊灯发出的光洒在房间中央的桌面上。[26]

10岁或11岁的艾迪塔·比科娃（Edita Bikková）的画作昭示了乐观的秩序和让人满意的匀称，这与那一时期德国非犹太孩子们典型的画作别无二致。所有身在起居室的人都在忙手头的事。她自己不在画里，她的兄弟都在。最大的男孩身穿校服，正在说着什么。最小的孩子正在一块黑板上做算术题——所有的计算都正确。几块窗帘都有花的图案。通过穿在身上的衣服，可以区分出每个男孩。母亲是画里最重要的人物，因而穿在她身上的衣服画得最为细腻。即使艾迪塔的父母和兄弟都在特莱西恩施塔特集中营，她也只能偶尔去看他们，还得悄悄外出，分别前往他们所在的单性别营区，晚餐前还必须赶回宿舍区。不过，她可不愿将他们在集中营的悲惨生活画到纸上，她画的是正在揉面的母亲，也许她正要做犹太白面包卷（challah）。[27]

说到绘画手法，伊日娜·施泰纳洛娃（Jiřina Steinerová）同样如是，她比艾迪塔·比科娃大三岁，在尝试掌握物体三维构图方面，她在尽力，却不成功。也许，作为补偿，画作里两张毯子的细节，以及每个窗帘的束带，她都观察得特别到位。画作展现的是一间起居室的内景：一名女士——或许是母亲？——坐在一张桌子旁边，她正在读书，桌面铺着带流苏的桌毯。女士身后站着另一名女士，也许那是等候吩咐的仆人，或是年龄稍大的另一个女儿。房间中央另有一张地毯，上边放着一张桌子，桌子中央有个看起来像盘子的东西，里边摆着八块点心。所有这一切表达的是秩序、洁净、温馨。不过，伊日娜自己在哪里？难道她仅仅出现在挂在墙上的那幅画着女孩的肖像画里？这幅肖像画下边，原有一个女孩的形象，已经被擦掉，弄污的形象已经被墙体的线条覆盖。这幅画表现的精确的细节有一种相当让人不安的冲击力。整幅画表现这孩子率直的意识——两张毯子的条纹和几何图案都精确地表现了，每个窗帘都有束带，还有窗帘盒。也许这些都是她过去生活里的东西，是她年龄还小时着迷的东西，如今她所在的地方没有地毯，更不要说家庭生活了，当时她是带着向往回忆这一切。她花费如此多心血关注细节，或许是为了补偿技术方面的信心缺失，以及在掌握透视方面有所不能。还有，即使不说挂在墙上的肖像画里的女孩，犹如身陷特莱西恩施塔特犹太人区的伊日娜，她无法重新亲自走进正在观望的房间，整幅画里的人物都处在局促的空间里，这或许也是因为缺乏创作技巧吧。如同艾迪塔·比科娃画作里的家一样，伊日娜·施泰纳洛娃画作里的家也是毫发无损，画作本身是个完整的世界。两幅画里的细节都那么精雕细琢，强化了渐行渐远的犹太人区建立前的时间和空间。[28]

在苏珊娜·温特洛娃（Zuzana Winterová）的画作里，秩序井然的房间布局以三联画形式体现。下边的房间整洁明亮，桌子上方有一盏吊灯，窗子的位置都有花盆，两把椅子稳稳当当和端端正正摆放在它们该在的地方，一个男孩像椅子垫一样坐在其中一把椅子上，这孩子好像是事后补进画里的。在上边的房间里，妈妈在扫卫生，爸爸在读报。虽然两个人都面对观者，唯有爸爸回视的目光具有足够的力度，从报纸上方露出的两只眼睛和两撇眉毛如此灵动。在这幅画里，老的构图方式缺失了。报上的标题"今日条例"写错了字，它是应党卫军口头指示由社区犹太委员会发布的。"今日条例"必须在早上聚会时由一家之主向苏珊娜宣读。在苏珊娜的画作里，实际上她把父亲当成了一家之主，或许，反过来说亦如是，这彻底颠覆了她试图永远留存的对稳定和安逸的家庭生活的记忆。[29]

画作里的这些缺失和不同时间的融合也有某种规律可循。苏珊娜画里的报纸标题是个例外，即便艺术家本人无法再次进入自家的房间，那些画作展现的犹太人区建立前各家各户房间内部的景象，均倾向于保留各自的完整性。画里没有社区警察，仔细观察其他描述犹太人的作品，人们都佩戴着戴维星，这些画里的人物却没有佩戴。唯有在儿童院外，时间和环境才有延展性和不稳定性。街道是孩子们见识犹太人区真面貌的地方，也是在街上，他们了解到老年人"恶臭难闻"。当下的时间和地点如果都是世界出错前，孩子们的未来乌托邦不会是青年政治领袖们的犹太复国主义或共产主义，而是各家各户从前的起居室。

从犹太人区传出了新的要运送犹太人的消息，它四处扩散之际，在困境中长期受抑制的各种担忧吞噬了名单上的人们。许多男孩和女孩、男人和女人，再也不是单性别集体营区的成员了。他们全家一起来，又一起离开。允许携带的行李仅为50公斤，一群又一群惊慌失措的家庭成员被迫扔掉超限的物品。为安抚孩子，一些家长尽力将运送变成一种精心设计的游戏。特莱西恩施塔特的博物馆里有个硕大的娃娃，它身上穿着童装，胸前的口袋上缝了个戴维星，手里提着个小箱子。向比克瑙集中营运送人员行动刚开始之际，像耶胡达·培根一样，爱娃·金佐娃（Eva Ginzová）来到了特莱西恩施塔特犹太人区。1944年9月28日，轮到了她哥哥彼得。为了给彼得和他们的堂兄弟帕维尔（Pavel）送两块面包，爱娃挤过拥挤的人群，从警戒线下边钻了出去，她被一个社区警察堵了回来。她身边充斥着喊声和哭声，她和哥哥只能通过表情进行交流。[30]

到犹太人区之前，人们至少已经经历过一次这样的场景，再次面对这样的旅途，人们已经做好更为充分的准备，除了最有用的，其他身外之物全部抛弃。1943年和1944年，特莱西恩施塔特犹太人区仅有为数不多几次驱逐行动。1944年9月和10月，纳粹重新开始行动，大规模向奥斯维辛－比克瑙集中营的毒气室驱逐犹太人，在此期间，许多儿童院被清空。孩子们和老师在身后留下了4000幅画作，在这些孩子里，幸存下来的极少。1945年5月，特莱西恩施塔特犹太人区获得解放时，社区青少年福利部最后一任领导威利·格罗格（Willy Groag）用一个箱子将这些素描和绘画带回了布拉格。那个箱子无与伦比之处在于，它承载着来自种族灭绝背景下的孩子们的艺术留存，以鲜明的水彩颜料和淡淡的铅笔线条保留了孩子们各种想象固化的瞬间。[31]

1943年12月，耶胡达·培根被驱逐到比克瑙集中营之际，他的许多朋友被甩在了捷克男童之家。1944年秋，特莱西恩施塔特犹太人区各儿童之家被清空时，家庭集中营规模已经缩小，营里的大多数营员已经被杀，或送到了其他集中营。培根曾经见识过成千上万匈牙利和斯洛伐克女人和孩子从铁路专线走上大道，或者，在通向焚尸房的路上耐心地排队等候。他还被迫在列车停车处新建的坡道上帮着收集那些人的物品。他曾经听说，焚尸房后边有许多巨大的壕沟，里边有专门的排水沟和大缸，用于装载人类的体脂。尸体数量巨大，超出焚尸房处理能力时，上万尸体就在那些壕沟里焚烧。培根听到过希腊囚犯在空场上敲碎没烧成灰的人类遗骸时哼唱的那些歌，他也听说过一些奇怪的党卫军的怜悯行为，例如，他们在通向毒气室的一些换衣间里挑出一群已经脱光的斯洛伐克孩子，将他们送回了男性营区。[32]

摧毁家庭集中营后，幸存的捷克男孩群体越来越小，耶胡达·培根与这群孩子的关系却越来越近乎，他依然珍视在特莱西恩施塔特犹太人区捷克男童之家度过的时光。不过，在那里时，他曾经梦见老家马里舍·奥斯特劳（Mahrisch Ostrau），那已经变得过于遥远；在比克瑙集中营，他梦见的反而是特莱西恩施塔特犹太人区的捷克男童之家。不过，到了1944年秋，他已经变得更愿意与惩戒营的那些大男人分享生活经历，刚从特莱西恩施塔特犹太人区各儿童院来的孩子们的想法好像与他不合拍了，他也几乎没有机会接近那些孩子。像1944年9月和10月历次运送行动送来的大多数孩子一样，独立编辑了男孩周报《我们带头》的彼得·金兹直接被送进了毒气室，命运相同的还有苏珊娜·温特洛娃、伊日娜·施泰纳洛娃、艾迪塔·比科娃、玛丽亚·穆尔斯坦诺娃、伊洛娜·维索娃、莉莉安·弗兰克洛娃。不过，培根和朋友们的确给进入毒气室前免死的来自特莱西恩施塔特犹太人区的一群孩子送过食物和有用的建议，告诉他们如何在电围栏以内生存。[33]

像耶胡达·培根一样，那些免死的人的逐渐转变始于进入比克瑙家庭集中营。入营仪式初始阶段，人们排队进入淋浴间除虱，然后在身上纹编码，然后发放破旧的营服，然后排队返回营区进第一餐，即营区"咖啡"。与当年9月来的家庭集中营开拓者见面时，培根和其他1943年12月运送行动的幸存者才弄明白囚犯等级制的意思，即臂章上标有"工头"和"集中营长老"的那些人的等级。自德国人挺近捷克斯洛伐克以来，培根第一次看见父亲挨打——打人的不是党卫军，而是同为犹太人的年轻捷克人——当时培根明白，他只能旁观，什么都不能做。每天上午，培根总能看见头天夜里死去者的尸体被人堆放到营区前方。别人告诉他，如果到晚上，尸体还没拖出去，同屋的囚犯会用自己身上更破烂的衣服和鞋子与死人交换。他目睹人们试图将死人说成病人，以便继续领取他们的配给。在比克瑙集中营，每当他往其他营区张望时，总能看到打人现象，也能看到各次甄别行动期间，女性营区总会有一些女人赤身裸体在各营区之间跑来跑去。³⁴

耶胡达·培根到达两到三周后，在家庭集中营内，人们设立了一个"儿童区"。策划人是弗雷迪·希尔施（Fredy Hirsch），他是个工头，一个体格健硕、满头金发的德国年轻犹太人。在特莱西恩施塔特时，他曾经跟埃贡·雷德利希（Egon Redlich）和威利·格罗格一起在社区青少年福利部工作。希尔施和身边的工作人员努力以特莱西恩施塔特儿童之家为范本，着手确保孩子们的各种物质条件，每天检查他们的衣服有无虱子，还检查他们的双手、指甲、耳朵、餐具等是否干净。延续下来的还有特莱西恩施塔特儿童之家的集体纪律，一人犯错，风险由全班承担，即失去每日的特殊配给。男孩们以玩笑口吻将这种检查称作"普鲁士军小鸡鸡检查"。³⁵

由于铅笔少，纸张更少，每天五小时课程的大部分时间段，师生们是通过语言交流。由于老师们总想传授犹太复国主义愿景，他们经常唱捷克民间歌曲，以及一些希伯来语歌曲。当年10岁的奥托·多夫·库尔卡（Otto Dov Kulka）是个幸存者，1964年审判奥斯维辛集中营警卫时，他曾经出庭作证，后来他成了历史学家，专门研究纳粹时期的德国犹太人。他仍然记得，当年老师们常给他讲马加比（Maccabe）家族的奋斗史，以及温泉关战斗。与历史课相比，他对音乐课的记忆更深刻，例如：孩子们一起合唱，以及用口琴演奏贝多芬第九交响曲中的《欢乐颂》。让耶胡达·培根印象最深的一课是，老师让他想象脱离地球引力和飞往月亮的感受，这样可以彻底逃离纳粹的囚禁。他还记得他们曾经秘密演出过一场讽刺剧，梦想着飞进了天堂，结果发现，党卫军也到了那里。男孩们对党卫军的态度矛盾且复杂，培根和另外一些当年的儿童幸存者仍然记得，一些党卫军军人对待他们"像父亲一样"，尤其是那些医生，常常带给他们有用的东西，包括一个足球。就党卫军而言，他们喜欢听孩子们背诵德国诗歌，还把其他营区的同事拉过来欣赏。其中一名老师根据迪士尼公司的电影《白雪公主》所画的连环画让他们印象至深，接下来三个月，他们全力投入彩排一个德语音乐剧。舞台和背景用桌子、椅子、袋装稻草搭成。他们刻意用那些小矮人代表秩序和整洁，邪恶的继母则代表道德颓丧。[36]

弗雷迪·希尔施给耶胡达·培根及其伙伴留下了极其深刻的印象。他强迫他们在冬天的雪地里锻炼身体，在冰冷的水里洗衣服洗身子，"训练"他们，让"他们变得强壮"，使他们不会被误以为皮包骨头，其他大多数营员很快都成了那样。希尔施终于说服了党卫军，同意他们接收邮寄给已经死亡的非犹太囚犯们的食品包裹，犹如在特莱西恩施塔特那样，孩子们的营区很快有了自己的食堂，以及补充配给。特莱西恩施塔特时期即已存在青年人和老年人之间的鸿沟，到比克瑙时期则变成了峡谷。"老家伙，你管得着吗，跟你半毛钱关系都没有！"这些是培根刻画的孩子们对老年人说话的方式，"你一只脚都进火葬场了！"孩子们享有对食物的特权，身边的老师却没有，一个名叫汉娜·霍夫曼-菲舍尔（Hanna Hoffmann-Fischel）的年轻女子认为，对年轻男老师而言，这样的剥夺是最难以忍受的。她还记得，灌输犹太复国主义的各种尝试结束后，孩子们吃东西时，站在一旁的老师艰难地咽着口水。[37]

放任孩子们自由玩耍时，他们常常会玩"集中营长老和营区长老""点名""脱帽"等游戏。他们假扮点名时因晕倒而挨揍的病友，假扮拿走他们食物的医生，以及因为没有回报而拒绝出诊的医生。那些年龄较小的孩子玩这类游戏时，站在一旁观望的汉娜·霍夫曼-菲舍尔意识到，对于应否保护这些孩子的无辜，她感到很无助。[38]

如果说，年龄偏小的孩子们喜欢行使权力，年龄偏大的孩子们就喜欢琢磨如何利用现有的权力。他们意识到，可以用自己手里的白面包配额与一些成年人交换更多黑麦面包，那些成年人的胃消化黑麦面包有困难。耶胡达·培根和儿童食堂的合伙人"司炉"开展了一项短平快交易，为老年人烤制白面包片，每烤制五六片面包，作为回报，可收获半片面包。那些工头和党卫军军人甚至也到炉边取暖，或者带小礼物过来，与男孩交换他们的木雕。大点的孩子还学会了用性交换食物。培根依然记得，他的一个朋友有个漂亮妹妹，哥哥成了妹妹的皮条客，每单交易收一包香烟。培根坚信，除了拿到香烟带来的快感和显摆手里的权力，那男孩根本不知道他在做什么。这种做法甚至传染到了幼儿身上，一个8岁的男孩与集中营另一营区的工头做交易取得了进展，他再次安排母亲成了那个工头的女朋友，此后他吃的食物和穿的衣裳引发了普遍的嫉恨。[39]

成年人一般都会避免触及毒气室话题，然而，孩子们却在玩各种死亡游戏，互相挑逗敢不敢跑到围栏那里用手指触摸电网，他们知道，白天高压电一般处于——并非总是如此——切断状态。耶胡达·培根和朋友们在炉子上煮汤时，可以看见焚尸房的烟囱，他们借助焚烧时间控制做饭火候。对每一丝希望，成人总是心存侥幸，培根及其伙伴则不加掩饰地，尖刻地互相挖苦，比拼"绞架下的幽默"，用犀利互相碾压，例如冒白烟意味着"这一拨烧的是胖子"。[40]

一天，汉娜·霍夫曼-菲舍尔碰见几个幼儿在他们营区外玩"毒气室"游戏。在维尔纳犹太人区，孩子们玩"穿过大门"游戏时，总是大孩子揍年龄小的孩子，这边的情况大同小异，在孩子们常玩的"点名"游戏里，那些大点的孩子总是扮演工头和警卫，借口"晕倒"揍那些小点的孩子。不过，眼下没有哪个孩子"扮演"死人。地面有个洞，他们管它叫毒气室，没人往里钻，那些孩子反而在玩往洞里扔石头，扔的同时模仿洞里的人喊叫。玩其他游戏时，嫉妒那些强大的卫兵，或强迫那些较小的孩子屈服和挨揍是一码事，假扮自己死亡则是完全不同的另一码事。孩子们玩不下去这类游戏，展现的是如下心态：认同敌人，继续游戏，实在过于自我毁灭。这也无法阻挡孩子们的好奇心。汉娜·霍夫曼-菲舍尔走近他们时，他们甚至还向她请教该如何垒烟囱。无数成年人总是在放飞无尽的空想，与此相比，孩子们的好奇总是集中在残酷的现实里。不过，遇到游戏角色扮演到无法演绎那一刻，他们同样会把自我想象的各种限制定格在已经充分了解的灭绝营里。[41]

1944年3月7日，儿童营区办了个晚会，向早前9月运送行动中送来的那批人道别。营区党卫军指挥官对他们说，他们将被送往海德堡的"工作营"。其他人也想知道，这个"海德布吕克"（Heidebrück）在什么地方，会不会也是个集中营。党卫军煞费苦心创造出一种安全假象，他们将所有40岁以下男性和女性的职业都登记了一遍，好像在为并入工作营创造方便。不过，数周以来，就即将来临的行动，操控毒气室和焚尸房的那些囚犯特遣队成员一直在向家庭集中营传递警讯，敦促捷克犹太人做好准备，参加大规模起义。由于过度紧张，弗雷迪·希尔施及其助手没有参加孩子们的晚会。不过，许多成年人满怀各种希望，憧憬着特殊的配给，他们向亲友们寄出了邮戳日期延后的明信片，请亲友们将新邮件寄往海德堡。年龄稍大的孩子似乎没人抱有这样的幻想。耶胡达·培根的朋友丘彼克（Cupik）也是他的"司炉"合伙人，两个人一起观察烟囱时，后者轻描淡写地对他说："今天我到天上也会成为司炉。"[42]

3月8日一早，有人将9月运送行动中送来的那批人里的3732名幸存者带到了不远处铁蒺藜围起来的检疫营地，一切准备就绪的他们在那里滞留到傍晚。为维护运送目的地是劳动营的假象，党卫军将病号都留了下来，奥托·多夫·库尔卡是其中之一，他是本书此前提到的《白雪公主》合唱队的成员。那晚开过来接人的卡车有数百辆，库尔卡从医务室的几扇窗子向外张望。在党卫军的暴揍下，男人和女人被分开，分别爬上了不同的卡车，他们手里紧紧攥着为此次旅程专门分到的食品配额。后挡板都关上了，防雨油布也放下了，如此一来，他们就看不见自己是被送往哪里了。[43]

第二天一早，家庭集中营里未能成行的人们得知了头天晚上发生了什么。囚犯特遣队成员通过一些电工以及因特殊技能可以在比克瑙集中营各营区随意走动的囚犯带话过来，他们中一些人感觉自己与家庭集中营里的人们有亲属关系。菲利普·米勒（Filip Müller）是个来自塞雷德（Sered）的斯洛伐克犹太人，他的岗位在焚尸房，那地方位于地下毒气室的正上方，他离开岗位，悄悄潜入女人群里。所有卡车卸载完，所有房门关闭后，在好似永恒的氛围里等待之际，那些人唱起了歌，米勒被歌声感动了。一开始，他们唱的是《国际歌》，接着是捷克斯洛伐克国歌《何处是我家》。等待仍在继续，他们又唱起了《希望》，随后他们又唱起了歌唱游击队员们的歌。[44]

　　菲利普·米勒躲在一根水泥立柱后边，尽力不让别人看见自己。在这处拥挤的、光线昏暗的空间里，他突然发现，一个正在寻找妈妈的孩子来到他面前。小男孩胆怯地问米勒："知道我妈妈和爸爸在哪儿吗？"歌声暂时停了下来，房间里的人越来越多，一群捷克姑娘认出了囚犯特遣队的米勒，因为他身上穿着制服。米勒仍然记得，她们走过来告诉他，不要待在那里。其中一个两眼炯炯有神、长着黑色长发的姑娘强烈要求他告诉留在家庭集中营的人们这里发生的事，以便他们和党卫军斗争。她还请求米勒在她死后把她脖子上的金项链取下来，交给她男朋友萨沙（Sasha），后者在面包房工作。"就说，"她最后说，"雅娜（Jana）爱你。事情过去后，你会在这儿找到我。"说着，她用手指了指米勒身边的立柱。米勒在一群党卫军军官之一手下干活，被赶出毒气室后，他被那名军官掀翻在地，揍了一顿，然后才放他回去看管那些炉子。[45]

　　事情过去后，排风扇转过，米勒被迫返回毒气室，将那些尸体搬进电梯，以便送往上层的焚尸房焚化。那些门闩被拉开后，一些紧贴门板摞在最上层的尸体会塌落进走廊里。此前两三个月，菲利普·米勒已经无数次见证过这样的场景。堆积起来的尸体缝隙里聚集有少量毒气，为保护眼睛和肺部不受伤害，米勒戴着防毒面具，透过面具上的镜片，他可以看出，灯光熄灭，毒气释放后，那里究竟发生了什么。人们肯定像进入"地下迷宫"一样没头没脑地乱跑，为呼吸房间顶部仅剩的氧气，在争抢中，人们会互相推搡，互相踩踏。不过，屋顶各进气口下边的地面实际上是空的，为躲避多聚乙醛刺鼻的气味，逃离让人恶心的甜味，人们必须躲开，因为多聚乙醛让人们感觉嗓子像刀刮，颅内像有强大的压力一样。那些尸体形成了高低不平的数堆，它们缠绕在一起，满嘴都是泡沫，腿上满是尿液和粪便。压在最底层的是那些肺叶最先撑不住的人，也即孩子们。米勒知道，紧紧缠绕在一起的尸体实际上不可能完全掰开。二十年后，他仍然记得，一些人"躺在他人怀抱里，另一些人手拉着手；还有一群群靠墙挤在一起的，黏在一起像玄武岩柱子一样"。米勒找到了雅娜的尸体，它就在她指过的立柱不远处，米勒将她的项链装进兜里。第二天，他设法去了趟面包房，把项链交给了萨沙。他是个来自敖德萨（Odessa）的苏联红军士官，早在1941年，他随第一批苏联战俘来到了奥斯维辛集中营。从他嘴里，米勒才知道，雅娜以前是布拉格的一名儿童护士。[46]

家庭集中营的幸存者估计，如果9月运送行动中送来的人只给了六个月生存期，那么，12月运送行动中送来的人还剩三个月可活。在中央档案部工作的囚犯们证实了这样的担忧，他们送话说，幸存者的登记卡的确有如下标示："六个月特殊治疗"。诡异的是，营里的气氛变得非常轻松，幸存者享受着更加充裕的配给和更少的工作量，新来的囚犯工头对他们也更好。[47]

5月中旬，从特莱西恩施塔特运送来更多后来者，他们将家庭集中营重新挤爆了。又有7500名主要来自德国、荷兰和奥地利的犹太人加入了原有的捷克人和摩拉维亚人中。在某些时间节点，明信片可以寄出，经允许，囚犯最多可以写三十个德文单词。耶胡达·培根和伙伴给特莱西恩施塔特的男童之家寄出了明信片，上面写了特殊的希伯来问候语"上帝"或"我的死"，让他们信心满满的是，这么做肯定能通过党卫军审查。安娜·科瓦尼可娃（Anna Kovanicová）的妹妹留在了特莱西恩施塔特，在写给妹妹的信里，每句话最后一个字母连起来可以拼出"毒气"和"死亡"的单词。这些信件都寄到了收件人手里，虽然如此，他们很可能不相信会有这种事。[48]

这些并非传到外部世界的仅有的信息。囚犯特遣队的一些成员将文字记述藏进罐子里和空啤酒瓶里，那年夏天，他们将这些埋进了骨灰坑内，满心希望解放后会有人发现这些罐子和瓶子，因为埋藏地点都是他们认为寻找比克瑙集中营被害者遗物的人们最有可能挖掘的地方。得知斯洛伐克同伴兼朋友瓦尔特·罗森堡（Walter Rosenberg）计划从比克瑙集中营逃跑，菲利普·米勒将特莱西恩施塔特来的囚犯们遭遇毒气杀害的详情原原本本告诉了他。关于毒气，他还给了他一个宝贵的物证，让他随身带走：罐装齐克隆 B（Zyklon B）上的标签。[49]

一个月后，瓦尔特·罗森堡和另一名囚犯阿尔弗雷德·韦茨勒（Alfred Wetzler）一起逃跑了。俄罗斯战俘们在营区外第三层围栏内的马厩下方挖了个掩体，里边藏有储备，在他们帮助下，两个人预先躲了起来，直到党卫军放弃搜索，他们才出逃。经过十八天凄惨的跋涉，罗森堡和韦茨勒才到达斯洛伐克的日利纳（Zilina），安全抵达朋友们身边。朋友们给罗森堡弄到一个新的斯洛伐克身份证明，他改名为鲁道夫·弗尔巴（Rudolf Vrba）。正是这两个人编纂了关于比克瑙灭绝营的详细报告，内容包括 3 月 8 日用毒气杀死捷克的犹太男人、女人和孩子们。到了 4 月末，后来渐渐闻名于世的《弗尔巴－韦茨勒报告》辗转送到了布拉迪斯拉发和布达佩斯的犹太高官手里。身在匈牙利的犹太人领袖犹豫之际，他们的斯洛伐克同事已经行动起来，后者计划将报告秘密送往西方，经由渠道是布拉迪斯拉发的梵蒂冈罗马教廷临时代办朱塞佩·布尔齐奥（Giuseppe Burzio），他花了整整五个月才把报告送到罗马。其他几份报告通过秘密渠道送到了亚罗米尔·科佩奇（Jaromir Kopecky）博士手里，他是捷克流亡政府驻瑞士的代表。5 月末，即收到报告没几天，科佩奇将数份报告分别转给了驻伦敦的流亡政府、日内瓦的世界犹太人大会和国际红十字会。6 月 14 日，英国广播公司同时在捷克和斯洛伐克播发了毒气杀人的消息。[50]

人们对这一消息的反应是不相信，即使一些人没有立刻将其斥为假消息，他们也表示不信。1944 年 12 月，为安全起见，身在柏林的乌尔苏拉·冯·卡多夫（Ursula von Kardorff）将自己反锁在朋友家的厕所里，偷偷阅读《日内瓦杂志》(*Journal de Génève*) 刊登的《弗尔巴－韦茨勒报告》。她早就跻身于抵抗阵营，早就知道大规模屠杀犹太人的事，还冒险为藏匿柏林犹太人提供过帮助。虽然如此，关于奥斯维辛集中营的赤裸裸的灭绝细节还是超出了她的认知。"谁能相信会有如此可怕的事？"摘自这名年轻女士的日记，"这根本不可能是真的。可以肯定，甚至最野蛮的狂热分子也不可能这么兽性大发。"不过，如果这是真的，那么唯一要做的，就是吁请世界尽快将人们从纳粹手里解放出来。另一个家庭集中营出逃者维捷斯拉夫·莱德雷尔（Vítězslav Lederer）将同样的消息带给了特莱西恩施塔特犹太人委员会首领雅库布·埃德尔施泰因的继任者保罗·爱泼斯坦（Paul Eppstein）博士，后来这消息被封锁了。也许这种消息没人相信，也许委员会担心这会在整个社区引起恐慌。在 3 月"行动"前一个月，比克瑙家庭集中营曾拒绝相信囚犯特遣队发出的警告。[51]

当时，在家庭集中营里，这类幻想已经消失。耶胡达·培根和其他 12 月运送行动中送来的人们开始扳着手指计算到 1944 年 6 月 20 日的天数，那天是他们满六个月的日子。不过，到了那天，什么都没发生，他们无法知道原因。然而，三天后，特莱西恩施塔特发生了等候已久的国际巡视。5 月运送行动让特莱西恩施塔特犹太人区的人口降至 2.7 万，党卫军还完成了对社区的"美化"。假设国际红十字会代表接受德国同行们的邀请，前往家庭集中营参访，一定会看到如下情景：与 9 月运送行动中送来的筋疲力尽的幸存者相比，新来者会给人留下更为健康和没那么恐怖的印象。[52]

在精心安排的参访活动中，在两名丹麦团员陪同下，国际红十字会代表莫里斯·罗塞尔（Maurice Rossel）博士巡视了特莱西恩施塔特，在一份热情洋溢的报告里，他的表述如下："不妨这么说，完全出乎意料的是，我们在犹太人区见到的是过着近乎正常生活的一座小镇……这座犹太小镇太棒了……"随后，他逐一列举了党卫军确保他看到的每样东西。罗塞尔甚至将他在特莱西恩施塔特拍摄的照片寄给了德国外交部的埃伯哈德·冯·塔登（Eberhard von Thadden），包括几张孩子们在公园里玩耍的照片。塔登向他表示感谢，还向他保证，这些照片将会"用于如下场合，即每当外国人再次就所谓的特莱西恩施塔特恐怖行为向他表示关切时"。塔登还向瑞典使馆转交了数份罗塞尔的报告，因为瑞典没有派人参加国际红十字会代表团。1944年7月19日，罗塞尔的证据还提供给了柏林的众多外国记者。希姆莱收获了看似合理的对种族灭绝的否定。

值得注意的是，莫里斯·罗塞尔有意忽视红十字会前几周收到的各种信息，包括《弗尔巴－韦茨勒报告》，他反而轻信了党卫军反复做出的保证：特莱西恩施塔特毫无疑问是"最终目的地集中营"，正常情况下，送到那里的人不会再转往别处。希姆莱通过德国红十字会邀请罗塞尔访问"纽伯伦（Neu Berun）附近的比克瑙工作营"，让他亲眼见证流传的指控是不是真的，他竟然没接受邀请！

家庭集中营完成了它的使命，1944年7月初，党卫军将其解散了。自3月以来，党卫军的程序发生了根本性改变。红军刚刚在白俄罗斯赢得了伟大的胜利，喜庆的氛围仍然弥散在空气中，为弥补第三帝国劳动力短缺，向西疏散集中营囚犯行动已经开始。这一次，关于劳动营的说法已经不再是党卫军的骗术，选出并送走的身体健康的男人和女人计有3500名。筛选人员时，一些党卫军士兵喝高了，部分体检不达标的孩子趁机重新回到体检队伍里。12岁的鲁特·克吕格赤身裸体时显得骨瘦如柴，心怀忐忑的她设法重新回到队伍里进行第二次尝试。不过，对许多家庭来说，7月筛查预示着家庭分离时刻。16岁的安娜·科瓦尼可娃今生第一次被选中做劳工。然而，多次成功地重新回到队伍里接受检查的母亲却没有被选中。安娜的父亲更愿意跟母亲一起留下，因而他决定，根本不报名参加筛选。耶胡达·培根的姐姐和母亲通过了筛选，他和父亲却没通过。筛选过程就这样进行着，最终将所有家庭撕裂了，这有违比克瑙集中营到那时为止的正常生活逻辑。离别时刻到来之际，安娜的父母嘴上说走吧走吧,同时却抓着她的双手不肯松开。最终,安娜摆脱了父母,她走远后转身看了他们最后一眼,数十年后,她向自己的孩子描述了当时究竟看到了什么。"我仍然能看见他们,"摘自她的记述,"他们那么消瘦、苍老、寒冷、疲弱、绝望。"[53]

对留在比克瑙家庭集中营的 6500 人来说,所有秩序都崩塌了。再没有人按时点名,他们在营区外那些大水槽里洗澡,也不必担心会受到惩罚。他们知道自己的命运已经注定。后来,党卫军二级突击队中队长约翰·施瓦朱伯(Johann Schwarzhuber)突然开展了一场筛选行动,他是比克瑙集中营负责人,正是这名官员此前以揶揄的口吻将 9 月运送行动美化为将他们送往海德堡工作营。同样是这个人,眼下好像有意拯救这些年龄超过 14 岁的男孩和女孩。党卫军医生中的一个人反复进行着筛选过程,将所有女孩和年龄偏小的孩子排除在外。甚至在这样的场合,一些最残忍的党卫军军人似乎也想拯救一些男孩。奥托·多夫·库尔卡自称已经 12 岁——这依然属于年龄不达标——党卫军军人弗里茨·邦特罗克(Fritz Buntrock)低头看了看他的登记卡,然后抬头看了看他,挥手表示让他通过,让他和耶胡达·培根以及另外 80 名左右超过 14 岁的男孩站到一起,当时,邦特罗克还随口问了句:你为什么要撒谎?[54]

对 15 岁的耶胡达·培根来说,与父亲离别是一种折磨。这对父子之间,照应关系已经渐渐倒了过来。起先在特莱西恩施塔特捷克男童之家,后来在家庭集中营儿童区,培根从特殊配给中汲取了力量,从同辈群体中培养了自豪感。早在犹太人区阶段,他已经见识过父亲的脆弱,随着父亲越来越虚弱,每次回家看望父亲,他总会带去吃的,带去呵护。早在他们抵达比克瑙和亲眼看见父亲挨打那天之前,情况已经如此。不过,此前七个月,他见证了父亲加速衰弱,他的责任感反而更强了。培根知道,父亲已经接受了命运的安排:他甚至将一颗脱落的金牙冠交给了儿子。不过,这个男孩也意识到,将毫无希望的破碎的家庭集中营直接甩在身后于不顾,不当面向父亲保证将来他们一定会重聚,这样肯定行不通。[55]

7月6日，耶胡达·培根和其他男孩排着队走进四号焚尸房旁边的所谓的"吉卜赛营区"。像家庭集中营里的犹太人一样，吉卜赛人享有不一般的"特权"，还允许他们穿自己的衣服，留自己的发型。他们甚至可以一家人住在一起。他们还有儿童足球场和游乐场。一些喜欢音乐和舞蹈的党卫军军人下班后经常往他们那边跑，一些人还与那里的女人形成了性关系。接下来那个月会发生什么，吉卜赛人的孩子们没有任何察觉，他们指着焚尸房，将其称作犹太人的"果酱厂"或"面包厂"，以此奚落那群捷克男孩。夜幕降临，男孩们再次排队行进，这次是加入比克瑙集中营的囚犯特遣队和惩戒营。[56]

时间过去不到一周，集中营发布了宵禁令，在比克瑙，这往往是某项"行动"的前奏。在紧张和压抑中，男孩们挤在营房的各个小窗口，一起向外张望，试图看一眼人们走向焚尸房的场景，他们什么都没看见。第二天，囚犯特遣队的人来了，给耶胡达·培根和伙伴带来一些照片和个人小物件。他们再也不用怀疑，遭到屠杀的正是他们的亲属。"当时我们非常非常吃惊和难过，"1959年，培根在位于以色列的家里回忆道，"悲哀，不过，我们都没哭。"男孩们相互之间更亲了，跟囚犯特遣队惩戒营的人也更亲了，这些惩罚小组的人是他们的新看护者。这些男孩平生第一次开始将食物集中到一起，然后均分着吃，大家还一起照顾生病的人。[57]

由捷克、荷兰、德国男孩组成的群体在不断缩小，他们寄居在比克瑙集中营惩戒营和囚犯特遣队营区里，成了这些囚犯的少年吉祥物。这些男人将孩子们带往一些巨大的库房，由于里边物资丰富，他们将其称作"加拿大"，运送来的被害人的衣物和财物运往德国前，正是在这些库房进行分类。这些新看护者特意安排每个男孩都有合脚的鞋子，这是集中营里的人能做的最伟大的保护之一。甚至那一小群俄国战俘——他们让人害怕，甚至党卫军和德国营区长老也对他们礼让三分——也喜欢这些孩子，他们给这些孩子讲自己的经历，还跟他们在院子里玩耍。礼拜天傍晚，这些孩子常常会陪伴营区长老一个接一个地走访各营区，为囚犯们唱捷克歌和德国歌。[58]

第七章　家庭集中营

20个孩子成了寄居在机动杀人小组里的群体，耶胡达·培根是其中一员。他们像马一样拉着一辆木制的运送物资的车穿梭于比克瑙集中营各营区之间。培根回忆说，那是个比较"轻松"的工作，他们用车拉着衣服、柴火，以及其他物资穿梭于不同的营区，同时也捡拾刚刚运送来的新人的财物转交给库房，这份工作让他们有权在整个集中营四处活动。一天，焚尸房清空时，孩子们去了那里，囚犯特遣队的一个人带着培根围着各处设施转了一圈。以前在特莱西恩施塔特时，出版周刊《我们带头》的那群捷克男孩曾经记述过他们在整个犹太人区"漫游"的经历，那时他们参观过社区的陈尸所和新建的火葬场：出于男孩对掌握技术的热情，以及青春期的人对死人命运的着迷，他们解释过那种地方的工作机理，以及处理能力。在此，培根仔细察看了"所有技术细节"，他注意到，毒气室的喷头没有连接任何管路，他还计算了罐装齐克隆B投放口的长宽。培根和朋友们听得很认真，他当即想起刚到奥斯维辛集中营那晚看见的那些挂着拐棍的男人，他往囚犯特遣队成员挂着棍棒等候驱赶被害人的房间望过去，正是在那里，他们将不情愿的被害人从更衣室驱赶到毒气室。[59]

在囚犯特遣队和惩罚小组那些大男人里，男孩们各自找到了自己的看护者。耶胡达·培根的看护者是卡尔明·福尔曼（Kalmin Fuhrman），一个24岁的波兰人。他的职责包括，拧住将要被枪杀的人的双臂，或揪住其双耳，地点在焚尸房的行刑室内。培根认识一个来自特莱西恩施塔特的囚犯特遣队成员，福尔曼还介绍他认识了队里的其他成员。其中一些男孩和看护者之间的友谊最终发展成了性关系，不过，几乎可以肯定，与这些强大而可怕的男人感情方面的私密才是最重要的。这些人真的有能力决定救活他们还是杀死他们。以前在特莱西恩施塔特期间，由于社区委员会主席雅库布·埃德尔施泰因的干预，培根才得以进入捷克男童之家，主席的独生子亚利耶·埃德尔施泰因（Arieh Edelstein）是培根的好朋友之一。恰恰是他的看护者卡尔明·福尔曼那时候亲口告诉他，他的童年玩伴儿亚利耶·埃德尔施泰因如何与其父母一起遭到了枪杀。[60]

1959年，耶胡达·培根第一次将自己的经历讲述给一名以色列采访人，说到他亲历的这一阶段，触及某一节点，采访人甚至都不情愿继续聆听后边的内容了。他们还一起审视了文稿里的一部分内容。"经常是这样"，以下内容摘自培根的叙述：

> 囚犯特遣队的那些男人带给我们这些孩子一些贴身衣物，还告诉我们，每运送一批人进来，他们如何区别对待最美丽的女人，就是说，把她留作最后一个，最后一个把她领出来，最后一个把她领进毒气室。然后，他们会以一种虔敬烦人态度单独将她最后一个扔进炉子，不与他人掺合在一起。[61]

无论那些大男人是否真的这么干过，每天晚上，在公共营区内，那些年纪轻轻的少年男童听他们讲故事倒是非常热切。第二天，他们会出门向营里的女人兜售胸衣和化妆品，这些都是至关重要的物件，在筛选时，它们可以协助长相健康的"靓女"与他人拉开距离。我们不清楚耶胡达·培根在听说的事情里添加了多少水分，不过，可以据此判断：他仅仅尝试过一次将这段经历讲述给他人，事过后，他发现自己很难与外界交流。后来，培根又数次接受采访，不过，囚犯特遣队的男人们探索女性美的意义，这段令人困惑的和模棱两可的经历，他再也没有触及。也许他被第一个采访人的反应吓着了。然而，他继续坚称，那一时期，对他和他的朋友们来说，灭绝营似乎是"正常"的存在，是他青春期的重要组成部分。在那样的心灵告白中，潜藏着可怕的认知，即使获得解放，后来的他也无法找回集中营以前的自己。"人们不应当忘记，"后来，他向一名采访人做出解释，"对青少年而言，正是处于非常敏感的年龄段的特殊经历会让人以近乎贪婪的好奇接受一切。我们全都将这些经历当作常态，几乎当成了浪漫，实际上，这也包括各种残酷。"耶胡达·培根在比克瑙集中营长大，这让他和其他男孩与保护他们的那些强大而可怕的男人完全不同。[62]

耶胡达·培根和其他男孩变得与外界断绝了关系,"难于"交往。那年夏季,对40万匈牙利犹太人实施种族灭绝,短时间内让囚犯特遣队忙得不可开交。孩子们公开交易食物和衣物之际,成人在营区内用钻石和黄金秘密交换各种武器弹药,为计划中的反党卫军起义做准备。从9月底到10月下旬,从特莱西恩施塔特运送来的最后11批人犯依次到达,包括各儿童院仍然活着的孩子们:总计18402人,幸存的仅有1474人。那年夏季,斯洛伐克人的起义流产,在此过程中,叛乱者让犹太人立即得到了好处。希姆莱唯恐捷克人会依样画葫芦,最终决定清除与他讨价还价的犹太对手。运送来的人次越来越少,囚犯特遣队依靠运送批次才有的繁忙渐次淡去。那些男孩甚至也明白,他们能否活下去,全都指望一批又一批新来的人涌进他们的家人死于其中的"工厂"。到了11月和12月,希姆莱下令拆除毒气室,比克瑙成了走上穷途末路的集中营,囚犯特遣队缩小到留下一些人熔毁铜质配件,有人拿这些东西冒充黄金与党卫军交换物品。在大雪覆盖下,营里的囚犯员工以及年轻的跟班全都再次感到饥饿来袭。[63]

不管怎么说,耶胡达·培根——像囚犯特遣队的菲利普·米勒一样——想尽一切办法偏安于西里西安,因为他们熟悉这处小地方。1944年夏季到1945年1月,关押在奥斯维辛及其附属集中营的囚犯有13万,其中6.3万被运回了西部。这个男孩和这个男人,两个人都觉得,这地方——即使在灭绝营的余烬里苟延残喘——相比于疏散到其他从未听说过的集中营,他们好不容易才获得的生存知识和关系会让他们活得好些。两个人成功地留了下来,直到1945年1月中旬,他们听到了俄国大炮沉闷的轰鸣声。[64]

第三部分
战争打到了德国境内

第八章
大轰炸

1943年7月24日，16岁的克劳泽·塞德尔在汉堡城市公园的高炮阵地值班，他所在的阵地是1943年第一批换装105毫米大口径高炮的阵地之一。还不到半夜1点，他所在的阵地便投入了战斗，是夜，飞过城市上空的6批轰炸机中的第一批已经到来。轰炸自北向南贯穿整座城市，前后持续58分钟，740架飞机投下了1346吨高爆炸弹和938吨燃烧弹，全城各弗兰克高炮阵地对着夜空发射了5万发炮弹。汉堡具有当年德国最强大的防空系统之一，54个重型高炮阵地和26个轻型高炮阵地由24个探照灯阵位配合作战，虽然如此，他们仅仅打下两架飞机。那一夜，英国皇家空军第一次使用"窗口"（Window）战术，投放的短铝箔条像瀑布一样倾泻而下，让德国各雷达频率发生拥塞。由于无法锁定头顶的轰炸机，弗兰克高炮和探照灯只好对着夜空乱打乱晃。[1]

凌晨3点，克劳泽·塞德尔再次被叫出来，这次是前往市政厅救火。匆忙中，他穿戴上了运动套装、睡裤、钢盔、靴子，他和同伴们试图抢救各种物资，用水管灭火。幸运的是，因为闹着玩，另一个男孩浇了他一身水，这让他免于遭受冒着火掉落的木料的伤害。那天晚些时候，塞德尔在写给母亲的信里说，他太不专业了，因为他差点想穿着拖鞋出门。一个半小时后，他们回到了高炮阵地，在那里——仍然浑身透湿——他一直写信到凌晨6点。警方估计，那一夜，死亡人数高达 10289。小睡三小时后，塞德尔再次回到岗位，为迎击下一轮轰炸做着防空准备。

轰炸于下午 4 点 30 分来临，炸弹来自 90 架美国空中堡垒轰炸机。0 点 35 分，6 架执行侦察拍摄的英国皇家空军蚊式轰炸机突然掠过城市上空。随后，7 月 26 日正午，又有 54 架美国空中堡垒轰炸机飞来。一天后，7 月 27 日，722 架轰炸机飞了过来，这次飞来的方向是东方，目标是那些几乎毫发无损的街区：包括哈默布鲁克（Hammerbrook）、罗森博索特（Rothenburgsort）、伯格费尔德（Borgfelde）、霍恩菲尔德（Hohenfelde）、哈姆市（Hamm）、比尔沃德（Billwärder）、圣格奥尔格（St Georg）。

数万处小着火点汇成了巨大的火场，延烧的火场成了后来数轮参与进攻的飞行员容易识别的目标。恰如英国皇家空军一名投弹手所说，第二轮和第三轮空袭简单到"好像是往火堆里添煤"。反常的天气条件和磷弹引起的高热使巨大的火场变成了规模空前的火焰风暴。物体和人员瞬间不见了，直径一米的大树及其所在处在火焰风暴中被夷为平地。躲进地窖和防空洞的人们面临的危险在于，在里边可能会被烧成灰烬，或因一氧化碳窒息而死亡；跑路者面临的危险在于，在烧熔的路面，人们寸步难移，会被活活烧死，或被崩塌的公寓楼墙面直接埋葬。那一夜，又有 18474 人丧生。

白天，克劳泽·塞德尔出门寻找爷爷奶奶去了。由于找不到他们，他在房子的废墟里乱挖，以便确认他们没死在家里。休暑假的妈妈早前去了达姆施塔特，他强烈建议妈妈不要回家。汉堡地方长官卡尔·考夫曼（Karl Kaufmann）先前曾下令人们不要离开，那天，他撤销了前令，发布了一系列新指令，让人们采取一切行之有效的手段——通过铁路、公路、水路——从城里疏散出去。

与此同时，家园被毁的人们川流不息地涌入城市公园，大型卡车将面包成堆成堆倾倒在地面，由人们随意取用。分发给难民的食物有多无少，人们的浪费方式让克劳泽·塞德尔惊讶不已。他发现，树丛里到处都是一听听吃剩一半后被丢弃的肉罐头，地面还有成堆成堆烂掉的李子。惊慌失措的难民将配给和节俭完完全全忘到了一边。唯恐人们的斗志在遭遇空袭过程中倒下，纳粹政权出台了一项政策，向那些受空袭影响的地区增发食品和物资。这导致了一些自相矛盾的结果。5月，乌珀塔尔（Wuppertal）遭燃烧弹轰炸后，在灭火过程中和帮助无家可归者过程中，13岁的希特勒青年团团员洛塔尔·卡斯滕已经变得麻木不仁，因为他早已疲惫不堪，而他也发出了如下感慨，距上次吃好吃的东西已经过去太久。汉堡的克劳泽·塞德尔愤愤不平地看到，从开战以来，那些一直没开动的私家车都加了汽油，用于疏散难民，而他所在的弗兰克高炮阵地很难获得足够的汽油保持发电机运转。帮助难民搬运抢救出来的奇奇怪怪的物品时，让他惊讶和尴尬的是，那些人以为必须给他报酬呢。[2]

7月29日到30日夜间，英国皇家空军飞机再次大批飞临汉堡，进一步杀死9666名市民。那一夜，克劳泽·塞德尔给妈妈写信时都没用点蜡烛，信纸在"火云"映衬下闪闪发亮。7月31日，塞德尔终于得到足够的休息时间，前往妈妈的公寓查看房子是否完好，还把自家和邻居家值钱的东西搬进地下室。似乎他在纳粹儿童之家、学校、希特勒青年团、弗兰克高炮阵地接受的全套训练让他做好了应对这种时刻的准备。他声称，不明白邻居们为什么都想离开，他以冷静的逻辑对他们说，既然周围的一切都被摧毁，防火隔离带已经在住宅区周边建好，和以前相比，这里更安全。[3]

在寄出的所有信件里，塞德尔尽力保持着那种平缓的口吻，以便符合穿军装的16岁年轻人的身份，这是他平生第一次这么做。他从未提到尸体，一次都没有，也从未说过自己害怕，或者同志们害怕——除了拐弯抹角说，必须吸烟才能度过空袭——不过，在军事实践中，这么说也无可厚非。与本市警察总长的秘密报告相比，他的记述显得更干巴，更少情绪化。想让母亲知道自己究竟经历了什么时，塞德尔引用弗兰克高炮阵地中尉的话说：与波兰战役和法国战役中最糟糕的经历相比，汉堡轰炸的经历让人感觉更糟糕。[4]

我们无从考证，这些青春少年练就如此冷静的心态，付出的是什么样的代价。不过,他们自我想象着,这么做,就算终于长大了,进入了成年男人的世界。对1943年2月加入高射炮助理队的克劳泽·塞德尔,以及利希特瓦克(Lichtwarck)中学六年级和七年级的其他男孩而言,自从加入少年团和希特勒青年团,穿上崭新的空军和海军制服,远不止他们长期以来梦寐以求的梦想的实现。在战火中服役,这种磨难让身上的制服变得神圣,让他们与希特勒青年团的男孩世界拉开了距离,他们眼下已经瞧不起最近才甩在身后的那些人。塞德尔听说,因为扑灭燃烧弹引起的大火,希特勒青年团的一些人被授予铁十字勋章,在写给妈妈的信里,他第一次表现了失态。"谁都能扑灭燃烧弹引起的火,"这是他写进信里的愤怒表白,"不过,轰炸机导航员喊出'飞机开始投弹'时,必须具备完全不同的胆量,才能继续平静地工作。"塞德尔有所不知,许多希特勒青年团团员成了第三帝国的自觉自愿的最后守护者,他也没想过,他当时掌握的那些技术,有多少是在青年运动中磨砺的。在全城断气、断电、断水、断电话之际,如同参加夏令营的男孩一样,塞德尔想都没想,便跃入城市公园中心的湖里玩起水来。如此看来,他仍然是个半大的孩子。空袭开始前,他曾经担心,也许他会找不到成年亲属在他的成绩单上签字了。即便在轰炸的第一个黑夜和白天,他脑子里仍然装着在校期间正在制作的飞机模型。[5]

燃烧弹轰炸让战争面貌发生了变化。6.5平方公里的"死亡地带"包括罗森博索特、哈默布鲁克、哈姆南部,那些地方满街都是死人,诺因加默(Neuengamme)集中营派出了450名囚犯前去清理,帕维尔·瓦西里耶维奇·帕夫连科(Pavel Vasilievich Pavlenko)是其中之一。他17岁,来自乌克兰,对他来说,最糟糕的任务是打开一个又一个地下室。那些地下室随时会倒塌,有时候,里边仍然很热,留存的少量一氧化碳还在燃烧。帕夫连科回忆说:那些地下室"挤满烧成干儿的人",而且都是"坐姿"。他帮着将一个澡盆里的骨头收集在一起,然后带到地面。即便他认为德国人都是敌人,起初他也觉得,自己很难面对对方平民的死亡。在报告里,汉堡警察首领是这样表述的：许多休假的士兵寻找家人时"只找到几块骨头。"有时候，一些尸体缩小到正常状态的一半，而这些"娃娃状的"尸体仍然处于可辨认状态。病理学家西格弗里德·格拉夫（Siegfried Graff）将这种现象归因于所有内部器官等比例脱水，在这样的地下室里炙烤，人死后就会这样。[6]

随着整片整片的地区变成瓦砾和飞扬的尘土，在全力搜救各邻里的过程中，那些饱经世故的当地人也变得没了主意，不知所措。那些被炸得一无所有的人常常会在被毁的住房附近的建筑上张贴纸条，以便其他人知晓到哪里寻找他们。两星期后，克劳泽·塞德尔才得知，爷爷奶奶都活了下来。亲属们搜遍一条条大街，以及各处临时医院，通过幸免于难的各种完好的衣物辨识亲人的遗骸。医护人员必须借助医用钳才能将婚戒从僵硬的遗体上取下来。事后，亲属必须向民政当局报告死者情况。这些令人担惊受怕和耗费体能的紧急事务让许多人变得麻木，没时间去想眼前的战争。[7]

在空战中，对汉堡的轰炸是一个转折点，它的规模绝对空前，它出现的时间恰逢英国政府和德国政府双双认为，如此攻击德国平民会决定战争命运。从那往后，英国皇家空军轰炸机司令部和丘吉尔会把汉堡当作在其他领域采取行动的基准点。纳粹地方领导和全国各级领导都感到了恐慌，正如汉堡的政令朝令夕改一样，当地州长甚至将政治犯都释放了。整个德国情况均如此，纳粹领袖们开始想象——正如英国来犯者想的一样——这样的攻击再多来几次，德国民众的斗志就无法持续，墨索里尼在意大利失去权位历历在目，这令他们感到唇亡齿寒，这种冷酷的预感煎熬了他们整整一个夏季。像1918年11月那样的大后方倾圮似乎即将来临，这本是希特勒永恒的恐惧。政府向遭受轰炸的地区提供了特殊的白兰地配给和真正的咖啡豆配给。在努力让倾家荡产的人们尽可能快地重新置家方面，被占领土的那些德国机构开始将掠夺来的犹太人的财物——计划中的给予对象是当地的德国定居者——运回国内，直接运到了德国北部和西部各城市。德国政府肯定握有真实的死亡人数，谣言让数字迅速膨胀，汉堡的政治和社会秩序完全崩溃了，从那里疏散的人们将各种各样的说法带到了遥远的德国各地。让纳粹政权和英国皇家空军轰炸机司令部错愕的是，瑞典报章推测，10万人死于轰炸。在战后的德国，这一数字被广泛援引。而真实情况也堪称灾难性，被炸身亡的人数介于3.5万和4.1万之间。[8]

对汉堡实施轮番轰炸是那年春季英国皇家空军启动的战役行动的巅峰。1942年2月，亚瑟·哈里斯（Arthur Harris）接管了轰炸机司令部，自那时以来，他一直在为此次行动做各种铺垫。行动始于1943年3月5日对埃森市实施的轮番轰炸，轰炸机司令部发动的是夜间行动，重型轰炸机排成密集的队形，对鲁尔地区工人阶级居住的人口稠密的中心地带实施轰炸。这一行动还有理论支撑：以工业有生劳动力为目标，必将破坏对方的军工生产。此种攻击行动很快成了英国皇家空军的主要轰炸方式，部分原因是——飞机在高空飞行，可以避开弗兰克高炮，另外，飞机装配的投弹瞄准具也不准确——大城市相对容易攻击。针对汉堡的蛾摩拉行动（Operation Gomorrah）取得了胜利，促使丘吉尔同意了哈里斯的作战计划：对德国首都实施更加猛烈的持续轰炸。1943年11月初，哈里斯做出保证："我们可以将整个柏林炸成齑粉。"他还补充说："我们会损失400—500架战机，而德国的代价是输掉这场战争。"英国皇家空军发动的针对柏林的轮番攻击一直持续到1944年3月24日，最终成了级别最高的、持续时间最长的欧洲战事。不过，德国并没有像哈里斯轻率预言的那样认输，德国认输是1944年4月1日以后的事。相反，1944年3月末，由于德国弗兰克高炮，以及纳粹德国空军的夜间战斗机群，英国皇家空军的损失导致轰炸行动开始变得无法持续，整个"区域轰炸"战略暂停了。直到美国新型长航程战斗机摧毁纳粹德国空军战斗机群，以及诺曼底"D日战役"开始以后，哈里斯才重启他的作战方式。此一阶段，犹如德国"飞行炮兵大队"在各战场上展示的风格一样，轰炸机司令部运作效率极高。截至那时，所有人都能清楚地看出，盟军的胜利注定会体现在地面战场上，而不是空中战场。[9]

不过，在那次战事的一个中长期时间段，对德国西北一些城市的市民而言，整天挥之不去的都是空中威胁。防空警报频繁重复，它的尖啸声教会孩子们在睡梦中如何做出反应。对美因茨（Mainz）实施的轰炸迫使一个女孩随家人疏散到了外地，后来她回忆说，夜里睡觉时，一听到警报声，她就会大哭，请求爸妈把她带进地下室。1940年出生的一个男孩最早的记忆片段正是防空警报声，听到那个声音，爸妈会把他从睡梦中喊醒。对这些年幼的"战争的孩子"而言，将那一时期最早的或最强的记忆与轰炸联系在一起，堪称再正常不过了。警报器的响声以及在沉睡中突然苏醒，这两者的结合尤其让人刻骨铭心。1942年和1943年，英国皇家空军的轰炸一旦变得严重，孩子们都实行身穿运动服睡觉。家在波鸿市的卡尔-海因茨·博德克每晚上床时都会重复相同的话："但愿英国兵今晚让咱们平平安安过一夜。"牙牙学语时，乌特·拉乌（Ute Rau）最先学会的是"快，快，衣衣，地窖"。下楼往防空洞跑时，一些孩子会提着小箱子或帆布包，这么做大概会让他们在此过程中有一种集中精力和参与其中的感觉。身体刚挨到安装在地窖和地下室的简易床或双层床，许多孩子会立马睡着。也有一些孩子会四处跑动和玩游戏，有时候，这会让他们身边的成人得到些许慰藉。一个男孩甚至还记得，圣尼古拉（St Nicholas，圣诞老人的原型）造访了地下室，还给了他几块糖果。[10]

各种防空警报自带如此强力的效果，因为它们预示着无法避免的后续事件。"那时候，我只有四五岁大，"摘自埃森市一个男孩的记述，"我觉得那些夜晚没什么，我们躺在地窖里，实际上在等待接下来的攻击。在各种警报器的嚎叫声和尖啸声里，我们赶紧跑进地下室，那里潮湿，湿度大，挤满了人。我们在里边几乎感觉不到攻击，不过，恐惧依然不肯散去。"与其他地方相比，埃森市备有混凝土地下室。由于埃森市的重要性：处于克虏伯军火帝国的中心,它很早就被选为需要修建防空工事的城市。不过,在那些巨大的避难所里,外边传来的声音都是闷响,各种建筑物的倒塌都被过滤了,能感觉到的唯有震动,即便如此,轰炸的印记仍然深深地刻进孩子们的记忆里。一个女孩仍然记得,震动如此厉害,总是把地下室的煤气灯晃灭。永远留在她记忆里的还有,吓坏的人们的拥挤和喧嚣。[11]

无论是对成人还是对孩子们,各种防空警报的影响大同小异,那些为秘密警察写报告的人甚至也受了感染,1944年5月的一段记录如下:在轰炸行动相对平静的一个时间段,盟军的"柏林战役"结束将近两个月后——

> 那些女人的态度引发了如下问题:如果眼下各种条件再持续更长时间,人们的神经如此紧绷,到目前为止仍然保持完好的全民的遵纪守法还能否延续。许多本国的同志……留下了防空警报后遗症,常常幻听进攻的飞机的轰鸣声,弗兰克高炮的开火声,耳朵里持续不断地响着各种炸弹的爆炸声,即使怀揣世间最美好的愿望,这些人也无法摆脱这种印象了……[12]

孩子们常说,他们的恐惧是从身边的大人身上学来的。以下内容摘自埃森市布尔格中学一个男孩的记述:

> 我刚好出生在战争爆发当口,因而我不可能记得战争最初几年的事。不过,从5岁往后,许多事刻进我的记忆里,永不磨灭。那些漫长的轰炸之夜,在地窖或地下室里,我坐在浑身发抖的大人中间。[13]

或者,正如一名职业学校的男孩所说:"地下室每个犄角旮旯都挤满了蜷缩的人,后来事情就开始了。每掉下一颗炸弹,'我们的上帝啊'都会从人们口中大声响起。"那些没办法进入地下室的人——

在每座德国城市,这种人占绝大多数——只好在地窖里躲避,在那种地方,再轻微的战栗和发抖都可以被感觉到。孩子们学会了辨别各种声音,高爆炸弹发出的是"清脆的崩裂声",而燃烧弹发出的"沉闷的爆裂声",燃烧时发出的"噼啪"声让一个孩子想起"某人被扇了一个清脆的耳光"。¹⁴

1943年12月29日,柏林。走出地窖,上楼回到屋里的莉泽洛特·京策尔直接拿出日记本,开始写日记。"又是一次让人害怕的轰炸。"理顺自己的各种情绪,让它们恢复到某种说得清的状态后,当年只有15岁的莉泽洛特写下了这些内容。"和前几代人相比,我们有个优势,"她以青少年特有的诚挚继续写了下去,"我们对凡人的恐惧变得非常熟悉。每个人都剥去了所有伪装;死亡向我伸出手之际,除了上帝,所有粉饰,我生命中所有对我来说最神圣的东西都离我而去(放在以前,我根本不信会发生这种事)……我心中唯一的安慰,生命垂危时唯一的安慰,仍然在:上帝永恒的爱,还没把我抛弃。"莉泽洛特在祈祷中找到了安慰,她重复着九个月前接受"坚振礼"时的祷词:

> 我主耶稣基督,你是我在世上最美的饰物和珠宝,我甘愿由你做我主,即使我悲伤,我爱你,必让你永在我心中。
>
> 我毫不犹豫承认,你的爱和忠指导万物,世间没有什么东西永恒不变,因而无论死亡、恐惧、极端,都无法让我离开你的爱。
>
> 你的话真实,没有欺骗,无论生死,都要兑现。现在你是我的,我是你的,我把自己全都奉献于你。¹⁵

莉泽洛特·京策尔必须鼓足勇气,才能用当时的誓言"因而无论死亡、恐惧、极端,都无法让我离开你的爱"来面对眼前真正的现实,当初她把这些话语牢记在心时,没有得到任何很快就会接受考验的暗示。全家人来到楼上,进入公寓,重新恢复各种日常活动后,随之而来的那种怪诞的常态,与空袭期间地下室那种令人恐惧的不安别无二致。莉泽洛特发现,很难理解自己快速变化的各种情绪,刚回到家,再次将日记本拿到手里,她突然发现,在地窖里感到的恐惧相当怪异。[16]

莉泽洛特·京策尔的家在柏林东郊的弗里德里希斯哈根(Friedrichshagen),1943 年 11 月 22 日,她才开始经历空袭,那天晚上,英国皇家空军对柏林进行了第二轮重点攻击。他们所在的居住区没有房屋倒塌,不过,她父亲的办公室被完全摧毁,她妈妈因为生计问题愁得不行。电话线全断了,地面的轻轨以及有轨电车全都停驶。第二天夜里,情况更糟:"据说市中心区成了一片瓦砾。弗里德里希大街(Friedrichstrasse)、菩提树大道(Unter den Linden)、莱比锡(Leipziger)大街、亚历山大(Alexander)广场,所有东西都被摧毁了,K 阿姨食品店(Auntie K)被炸没了,我的学校烧光了,再也不能去那里了。"[17]

在 40 分钟里,英国皇家空军投下了 1132 吨高爆炸弹和 1331 吨燃烧弹,损毁如此严重,各消防队和各清理队到达火场甚至都困难重重。看样子,豪斯沃格泰(Hausvogtei)广场周边熊熊燃烧的大火必定会延烧成大面积的烈火。最远的军方救援单位和消防队来自斯德丁(Stettin)、马格德堡(Magdeburg)、莱比锡等地。第二天夜里,下一批次轰炸机到来前不久,大火刚刚被彻底扑灭。截至那时,消防人员和防空人员都已筋疲力尽,然而,一场迅疾而寒冷的大风乍起,用戈培尔的话说,延烧进中央行政区的新的大火必定会将这片地区送进"阴曹"。由于柏林各条大街和各个广场都更加宽阔,各种建筑使用木料较少,避免了柏林像老城市卡塞尔和汉堡那样在中央区形成火焰风暴。尽管如此,11 月 22 日到 26 日间,巨大的破坏降临这座城市,导致 3758 人死亡,另有 574 人失踪,将近 50 万人无家可归,与这座城市 8 月末和 9 月遭遇的三次空袭相比,这次经历是一次全新的升级。住房被毁,无家可归人员数量庞大,为应对这种情况,市政当局在市区以外及其绿化带建立了许多临时避难所。[18]

在前几轮空袭中，莉泽洛特·京策尔所在地区一直处于重点轰炸区域边缘，因而，前几轮轰炸对她的影响是渐次增加的、是心理上的，而不是突然的、身体上的。尽管如此，其影响仍旧是压倒性的。圣诞夜凌晨3点45分，她听到各种防空警报器的哀鸣响成一片。她和父母都以为，空袭不会很糟，因为当时已接近清晨，比通常的空袭晚了许多，不过，这一次，那些炸弹的落点离家近了许多。标注轰炸目标区域的英国皇家空军飞行探路中队的导航设备曾经出过问题，因而轰炸区域扩散到了全城，柏林东部各区也被波及，而截止到当时，弗里德里希斯哈根区一直未受波及。那是英国皇家空军第七次空袭，在那次袭击中，莉泽洛特和爸爸妈妈各自拖着箱子，磕磕绊绊顺着楼梯来到楼下，刚走进地窖，便听到一声吓人的巨响，灯光瞬间熄灭。当天晚些时候，她在日记里记述道："我们抓起箱子，心想，赶紧到外边吧，满脑子都是墙快塌了。灰尘在身边弥漫，窗玻璃在飞溅。"来到外边，整个城市燃烧的火光将天上的云都映红了。"我们的人在尽力维持秩序，禁止我们往外跑，因为各种防空武器还在开火，炸弹仍在往下掉。伴着各种弹药骇人的爆炸声，我们在黑暗中坐了半小时，等待末日来临。"这也是莉泽洛特第一次承认，她真的感到了害怕。[19]

幸运的是，空袭很快结束了。莉泽洛特·京策尔的父亲沿着楼梯上去一趟，返回后告诉他们，所有窗户都炸没了，临近的小区还在燃烧。全家人一起来到楼上，认认真真地开始整理东西。所有的东西表面都覆盖着一层碎玻璃和尘土，泡菜坛也碎了，厨房地面滚满了腌黄瓜。座钟的指针停留在4点05分。收音机的天线也断了。眼前的景象让莉泽洛特以为自己在做梦。随后，他们开始清扫。他们把地毯全都卷起来，将防空用的撕裂的窗帘取下，重新缝好，将垃圾带到楼下，直接扔到街上。和平时期，这种不道德行为在德国会遭到起诉。眼下，莉泽洛特在记述中略带自我辩解——大家都这么做。

附近所有房子都没有窗子，莉泽洛特向周围看了一眼，这一看让她激动不已，在昏黑的晨曦中，附近所有窗洞都有了亮光，好几年了，这还是第一次。"这景象，"她如此记述道，"就好像和平时期的样子！今天是圣诞除夕夜！我太高兴啦！"随着人们到处寻找各种板材遮挡窗洞，阻挡寒风和寒冷，很快就没人能从窗户里边往外看了。莉泽洛特去了趟市政厅，有人给了她几块木板。不管怎么说，全家人仍在准备过圣诞节。[20]

12月28日到29日夜间，在地窖里，莉泽洛特开始下意识地背诵"坚振礼"祷词，她已经连续五周忍受睡眠总是被打断的情况。空袭警报频繁响起、轰炸的严重损毁、在地窖里无可奈何的等待，终于积攒在一起爆发了。圣诞节刚刚过去那几天，轰炸侵入了她的睡眠和梦境，即便是大白天，她也无法完全摆脱恐惧。到了新的一年，她的各种努力，以及她对自己在道德层面的各种要求，越来越集中，她不断自言自语，重复相同的话：不能这样垮下去！"随着各种炸弹在你身边爆炸，发出不可思议的响声，死亡冰冷的手向你的心脏伸过来。"摘自莉泽洛特1944年1月3日的记述，"当时人们脑子里唯有一个念头：'但愿轰炸停下来！'然而，轰炸没停。你以为，在下一秒钟，你的神经会崩溃，你一定会哭出来，不过，没人允许你这么做，你必须保持冷静，而不许表现脆弱，因为，L太太正是这么对我说的……"[21]

L太太是莉泽洛特上学时的德语老师，也是大约一年来所有在校青春少年无比崇拜的核心人物。L太太是一名普鲁士军官的妻子，一个民族主义者，莉泽洛特将她看作"完美德国女性"的理想化身，还经常在心里拿自己的言谈举止与对方比较。与身边的成年世界比较时，对自己每次失败都吹毛求疵的莉泽洛特矫情到了锱铢必较的程度。像汉堡的克劳泽·塞德尔一样，莉泽洛特总是全神贯注于展现自己遇事不慌的沉稳姿态。不过，尽管如此，阵地上的塞德尔可以反击，而莉泽洛特注定只能在幽闭恐怖的被动状态下忍受空袭。她心里清楚，每次活下来后，她必须忍受再一次返回潮湿的地窖。

与莉泽洛特那样的青少年相比，年龄更小的孩子们经历轰炸的感受明显不同。20世纪50年代中期，描述战争中的经历时，许多1943年和1944年阶段只有三四岁的孩子意识到，童年早期的记忆无法用文字表述。因而，他们描述的都是身边的人们的恐惧，或是复述父母告诉他们的关于童年的那些事，一个男孩甚至说，当时他曾经丧失说话能力。20世纪50年代中期那会，这些孩子无法用文字表述的事很多。当年11岁的玛丽安娜站在曾经的家的废墟面前，当时她完全不明白，房子已经被摧毁。孩子们说到的那些最可怕的经历——一个女孩在自家的废墟里埋了五天才被挖出来——总是用最简单的词汇一带而过。战争结束十年后，当初年幼的那些孩子，很少有人提起见过死人。[22]

一些家长试图从很远的距离外让自己的孩子明白战争的破坏。西格丽德·马尔（Sigrid Marr）仍然记得，妈妈带着她爬到他们家所在的楼房的三楼——

> 从那里往下看，房子与房子之间的火已经连片成火海，看着大火舔舐那些山墙和窗框……"这是战争的一副面孔，"当时妈妈对我说，"战争有许多面孔，空袭轰炸过后，它在城市里展示了其中一副面孔，其他面孔在远方的前线那边，以及那些战地医院里……"我点了点头。那时我真的明白了。[23]

某些方面，孩子们的言谈举止和他们的母亲们极为相似。房子被毁后，母亲们总是会清点奇迹般渡过劫难的瓷器，而她们的孩子总是为找回的不成双的鞋子和娃娃悲伤不已。圣诞节过后不久，一个女孩的家第二次挨炸，她在街角不声不响地坐了一整天，与此同时，她妹妹抱着爷爷从废墟里找回的娃娃玩了一整天，爷爷还找回了她的圣诞礼物，她则沉浸在一本烧得半黑的书里，那是一本关于普鲁士王后露易丝（Luise）的书，19世纪20年代，王后英勇抗击拿破仑的故事成了孩子们的经典读物。15岁的莉泽洛特可以借助"坚振礼"期间学会的祷词，集中精力保持她以为理想的适于"德国女性"的外在的沉稳。表述自身的怀疑、自身的痛苦、自身的忧伤、自身的愤怒，年龄稍长的孩子和成人有的是说辞，而年龄幼小的孩子往往无话可说。[24]

乌韦·蒂姆3岁时，他的家位于汉堡，他对1943年7月被毁的家仅有碎片化的记忆：姐姐带出来的两个瓷人、大街两边的两长溜火把和好似悬在空中的小火球。很久以后他才弄明白，那些小火球是被风吹起的燃烧的窗帘，而那些火把却是正在燃烧的树。幸存的陶瓷牧羊女断了一只手，这一直是乌韦·蒂姆记忆里1943年7月25日那天全家失去的唯一一样东西。与此形成对比的是，乌韦·蒂姆的哥哥卡尔-海因兹·蒂姆对轰炸消息的反应是愤怒。收到爸爸的来信后，这名身在苏联的年轻的党卫军士兵立即回信说："那不是战争，而是对妇女和儿童的屠杀——极不人道。"[25]

观望非同寻常的、然而离自己很远的那些损毁场面，其他孩子心中满是敬畏和惊奇，那些场景鲜活的颜色变换和狂野的美让他们惊叹不已。1943年7月，数轮空袭前，哈拉尔德·霍尔茨豪森（Harald Holzhausen）住在汉堡，一次针对哈尔堡（Harburg）港的空袭过后，他可以看到那些熊熊燃烧的油罐。对这个13岁的男孩来说，一晚被各种空袭警报唤醒两次，让他无比厌烦，但大火变换的色彩对他极具魔力，让他着迷：

> 我像着了魔一样注视着色彩的变换，以黑暗的夜色为背景，火焰中的黄色和红色一会儿缠绕在一起，一会儿分开。无论是那以前还是以后，我再也没见过如此通透、如此光芒四射的黄色，以及如此炽烈的红色，两种颜色随后混合成如此鲜艳的橙色。对我来说，五十五年后的今天，在整个战争期间，这一场景是最刻骨铭心的体验。有段时间，我在街上站了几分钟，注视着眼前的颜色交响曲，当时它的节奏变慢了。后来，我再也没见过如此丰满和通透的色彩，也没见过任何画家能画出那样的色彩。后来我成了画家……寻找这些纯净的色彩，我得花上一辈子时间。[26]

盟军机群第一次在头顶的天空出现，不一定会唤起孩子们的恐惧。1943年，在柏林郊外的家里，一个5岁的女孩看着轰炸市区的机群飞过来，她仍然记得，当年"看见那些危险的和咆哮的飞机，当时的感受是，我以为自己在做梦，到了一个魔幻世界"。这几句话摘自十二年后她在校期间的一篇作文，当年她有许多正当理由用恐惧说法替换当初的惊奇。另一个老家在埃森的在校女孩当年将飞过城市上空的机群想象成了巨大的动物。身在布雷斯劳的扎比内·考夫曼（Sabine Kaufmann）看见美国飞机排着整齐的队形飞过，她也被迷住了，这一次是白天，飞机飞得特别高，如此之高，她觉得，它们在晨曦中看起来就像"从蓝天飞过的银色的鸟群"。"那是个美丽的、宏大的场面，"摘自她的记述，"我的孩童天性如此容易接受这样的景观，一股幸福的暖流穿过我的身体。当时我只有一个愿望：跟它们一起飞。"[27]

孩子们一遍又一遍拿这样的场景与戏剧里的场景进行比较，与他们看过的最了不起的表演进行比较。鉴于此，孩子们常常能从那些毁灭性战争手法里发现大美，甚至能从大火本身发现大美，只不过成人很少论及空战的这个方面。像乌尔苏拉·冯·卡多夫那样的观察者曾经在最私密的日记里如此描述一次空袭后的柏林：她特意将白色的人行道上旋转升腾的黑里透蓝的烟柱定性为"狂野的美"；其他人可能会认为，这样的描述味同嚼蜡。不过还好，孩子们的欢乐，有那么一点点植根到了成人的俚语中。在夜空中悬挂于小降落伞下方缓缓飘落的不同颜色的标示方位的燃烧棒，袭击者用它们指示目标，防守者则将它们发射升空充当诱饵。原本英国皇家空军用来扰乱德国雷达系统的"窗口"战术却让人们的想象臻于完美，在德国，人们将闪闪发亮的红色、绿色、蓝色、黄色箔条称作"圣诞树"。一次轰炸过后，像哈拉尔德·霍尔茨豪森那样的男孩看到，大街上满是像瀑布一样飘落的小小的铝箔条，在全世界人们眼里，那些不过是金银丝，就是家家户户用来挂在圣诞树上的那种银色的金属箔。[28]

空袭过后，成人总是会转向守护家园和财物，或者帮助亲属以及身边的邻里，像洛塔尔·卡斯滕那样的希特勒青年团团员则会帮助应急救援部门。1943 年 5 月 29 日，乌珀塔尔遭受攻击后，这个 13 岁的孩子和少年团的同志除了送信，还帮助挨炸的人家搬运财物。空袭过后第二天，在上学路上，年幼的孩子经常停下来捡拾铝箔条，以及高射炮弹碎片，这些弗兰克高炮带来的碎片是男孩们最珍视的东西，他们在学校操场上交换炮弹碎片，犹如当年学长们交换香烟卡一样。不过，也有一些游戏变得再无意义，本书此前说过，一个 6 岁的女孩喜欢玩斯图卡轰炸机游戏，1943 年 3 月埃森市挨炸后，孩子们便抛弃了这个游戏，因为这种虚构的游戏已经变成生活的真实。[29]

孩子们也喜欢扎堆，为的是旁观那些前来拆除未爆弹药的小组。帕维尔·瓦西里耶维奇·帕夫连科是诺因加默集中营派往威廉港（Wilhelmshafen）的拆弹小组的成员。整个拆弹过程最危险的一环是拆卸引信，在抽签决定由哪个人拧下引信前，所有小组成员必须在每颗未爆弹周边进行挖掘。帕夫连科所在的那样的小组一般从事的都是最肮脏、最危险的工作。埃森的孩子们能想到德国专家和邻居经手的各种危险，也记得现场有集中营小组，虽然如此，他们却不记得囚犯们面临的危险。很大程度上，像莉泽洛特·京策尔一样的青少年日记写手们全都过分忙于探索自己的世界，根本没时间停下来观察清扫街道的那些强制劳动者。[30]

德国是以公寓住宅为主要居住形式的社会，因而德国城里人的社区意识集中在自己的家人，以及同住一幢楼的左邻右舍。在地窖里设置铺位时，人们会互施援手，一起参与灭火时，他们会组成人墙，接力传递盛满水的桶。为防止搬到街上的物品遭遇团伙盗窃，邻里们互相依赖，守卫财产和财物。长辈们常常告诫孩子，守护各种证件和贵重物品的同时，还要留意父母们搬进空袭避难所的那些箱子。由于人们依托的是邻里组成的狭小社区内的相互义务，人们都眼睛向内，只关心同一幢楼、同一条街的事。"民族共同体"意识正萎缩成更可见的邻里和房子的维度。战争结束之际，日记作者们记述得更多的是"地窖社区"之内的事。刑事警察已经在担心,盗窃的增多和团结的崩溃意味着全民胜利意志的滑落。[31]

在炸弹清理队伍中劳作的人里,人们时常可以见到外籍劳工。每当发生抢劫,警察总是以他们为目标,即便如此,每次汉堡遭轰炸后,大多数被捕的人是德国人,包括救世军成员、红十字会辅助人员、有体面职业的中产阶级公民。受惩罚的总是外籍劳工,尤其是炸弹清理队里的集中营囚犯,捡回一块咸菜疙瘩这类最微不足道的犯规也会遭受最无情的惩罚。一些人被带回诺因加默集中营,当着全体囚犯的面绞死,原因是被查出身上带有一块奶酪或一个火柴盒,他们原本想用这些东西与他人进行交易。[32]

克利缅季·伊万诺维奇·拜达克(Klimenti Ivanovich Baidak)在汉堡街头遇到一些身穿希特勒青年团制服的在校男生,让他惊恐的是,他们一边奚落"俄国人去死吧",一边从剑鞘里拔出礼仪用短佩剑,横在自己的喉咙处哗地划开。早在空袭埃森前,身在鲁尔地区的一个法国民工甚至在家书里表达了如下想法:"一切很快都会过去,因为这里的人,心态就如同一群野蛮人。在街上,5岁大的孩子就敢威胁我们。不过,你必须咬紧牙关,因为你什么都不能说,只能忍气吞声。"[33]

希特勒青年团也不能完全为所欲为,尤其在莱茵兰地区和鲁尔地区,工人阶级混混们拉帮结派,许多非正式帮派在德国各城市破土而出。战争最初几年,这些帮派继续野蛮生长。像弗里茨·泰伦那样的青少年工人和学徒组成了新的群体。在希特勒青年团内,他们被支使得团团转,这让他们心生厌烦,如今他们习惯了自己挣钱,希望得到更多自由,更少纪律约束,想在公园里闲逛,乱弹吉他。这些12—17岁的孩子,除了勾引当地女孩,违反夜间宵禁,为守住自己的领地,他们与其他帮派争执,首先是与希特勒青年团争执;他们也自由放任地模仿希特勒青年团,自己组织长途跋涉,骑自行车远游。像希特勒青年团珍视勋章和荣誉短剑一样,这些年轻的异己分子也珍视同样的东西,在夜间斗殴后,他们不仅会保护好自己的带鞘短刀和自制的"雪绒花徽章",还会偷走对方相同的东西。汉堡一个这样的帮派模仿党卫军,自称为"死士头颅"。由于再也无法忍受和放任这样的叛逆青年不受伤害,希特勒青年团和救世军巡逻队强迫数千人剃了光头,甚至将其中一些人送进少管所、劳动教育营、青少年集中营。不过,这些帮派如"雪绒花海盗"(Edelweiss Pirate)和"那瓦霍人"(Navajos)的少数核心分子坚持了下来,希特勒青年团和纳粹冲锋队员越是骚扰,他们的反纳粹情绪也会变得越强烈。在科隆的艾伦菲奥德区(Ehrenfeld),弗里茨·泰伦和朋友们将才智挥洒到了政治涂鸦方面,他们利用空袭警报响起的时间段,模仿纳粹口号"为了胜利,车轮滚滚",到处涂鸦"战争之后,纳粹头颅滚滚"[34]。不过,他们庆贺参与战斗的歌曲却带有和纳粹几乎一样的色彩:

> 看,我们有坚硬的铁拳
> 对,我们的刀已经出鞘
> 为了年轻人的自由
> 那瓦霍人,战斗哦。

而且,"每当汉堡响起防空警报",他们就唱——像其他人一样——"那瓦霍人必须赶紧上车"。[35]

无论何时,轰炸必定会扎醒每个人的无助感。尽管如此,这种感觉并不意味着整个德意志民族感觉自己很无助,战争末期,纳粹德国空军、弗兰克高炮部队、德国国防军全都被打败后,变化才出现,然而为时已过晚。对成为盟军轰炸牺牲品的各城市和各小城镇的老百姓而言,这样的时刻在1944年秋季和1945年冬春季才姗姗来迟。战争进入收官阶段,轰炸变得最为猛烈,生命损失达到最大,纳粹政权第一次开始公开恐吓本国民众,这种事从1934年以来从未有过。不过,自1941年6月进攻苏联以来,至三年后在诺曼底登陆，整个战争中期，准确说，在此阶段，盟军将轰炸提到最高的战略高度，尽管如此，面对盟军轰炸，德国根本没出现前述无助感。在漫长的和至关重要的战争中期，对德国老百姓而言，有许多正当理由让他们保持斗志。尽管有轰炸，有1943年1月斯大林格勒战败，德国国防军仍然控制着从英吉利海峡和大西洋沿线各口岸到苏联纵深的欧洲大陆。就空战本身而言，它也不单单是英国皇家空军轰炸机司令部和平民百姓之间的战斗，人们有坚实的理由认为，德国有办法回击。1944年3月末，在大量摧毁轰炸机群方面，高射炮部队和纳粹德国空军夜间战斗机群仍然志在必得。[36]

1943年夏，随着墨索里尼从权力宝座跌落，关于变更政权和结束战争的流言曾经在德国短暂出现，随后又很快销声匿迹了。1943年秋，针对失败主义言论，德国特别法庭刚开始增加死刑判决，人们重新变成了缩头乌龟。尽管希特勒反对逆转军事资源，反对削减进攻能力，前述资源和能力还是悄悄被调回德国，以保卫大后方。尽管当年7月苏联红军空军在库尔斯克坦克大战上空赢得了制空权，德国战斗机群还是从东部前线被抽调回国。正如希特勒害怕的那样，由于进攻和防守部署多次反复调整，德国的军事能力显出了紧张。1943年末，弗兰克高炮部队的高射炮数量增加到了5.5万门，其中四分之三为88毫米高射炮。这种高射炮在北非和东部前线赢得了尤其令人闻风丧胆的"坦克杀手"称号。认为轰炸空战和开辟第二战场可作比较，丘吉尔的说法难免夸张。尽管轰炸军工厂时，轰炸机自身的效率过于低下，但1943年的大轰炸还是打乱了战争物资向东部前线流动。[37]

与此同时，在德国政府内部，对于必须立即修建和大规模修建民防系统，没有人提出过质疑。在各大城市，一个超大型地下室修建规划开始启动。巨型地下避难所投入建设，诸如紧邻柏林安哈尔特（Anhalter）火车站的避难所，可以方便地与地下隧道网相连。柏林、汉堡、不来梅，以及其他城市修建了许多碉堡，其形态为坐落在地面的，规模宏大的，没有窗子的巨型城堡炮塔，墙体为4米厚的含金属混凝土，房顶可以作为安置各型高射炮、雷达设备、探照灯的平台。柏林的三个高射炮塔区——动物园、洪堡海因（Humboldthain）、弗里德里希海因（Friedrichshain），前述每个炮塔区可以容纳1万人，同时是强大的对付空袭的防御点，在最后的城市保卫战中，它们也是对付地面进攻的防御点。这些炮塔区也为城市人口提供聚集点和保护地，也是全民"誓死抵抗"的象征。[38]

这一切需要巨量的资源。仅柏林众多地下室的建设就占用了1943年建设规划的一半资源，即便如此，也只能为全城居民的一小部分提供庇护。像其他地方的人们一样，大多数柏林人必须在所住公寓楼附近的地窖里躲避。与其他城市相比，柏林和埃森之类著名目标城市挨炸次数尤其多，而德国小城镇当地人接受的民防演练较少，单次空袭后的人员损失比例反而更高。各学校也是尽了最大努力，安排孩子们集体参与完整的民防演习，配发了防毒面具，还把学校当作无家可归者的集合点。1944年，所有像玛蒂尔德·莫伦鲍尔（Mathilde Mollenbauer）一样的14岁的孩子必须在纸上反复抄写："空袭危险出现时，赶紧跑进防空洞。谨慎不是胆小！"她要不断抄写，直到写满整张纸，将其牢记在心。[39]

汉堡遭轰炸后，还不到两周时间，德国非常明显地分成了两拨人，深受防空警报骚扰的人为一拨，另一拨从未听到过防空警报。奔向安全地带的一列列火车的难民在德国北方和中部得到热情的和同情的对待。不过，据说，那些开往南方的列车上的难民受到当地人的"冷遇，甚至一定程度上遭到了拒绝"。8月中旬，秘密警察在报告里指出，在德国南方和奥地利，人们完全无法理解"那些难民经历的大灾难，或随之而来的身体的和感情的创伤"。在东普鲁士，当地人将外来的母亲称作"轰炸母鸡"，将外来的女孩和男孩们称作"爆裂儿童"。在巴伐利亚，看见外来的女孩们身穿制服排队穿过田野，当地人会对她们喊"炸弹儿童"，或者，用更为传统的问候方式称呼她们为"普鲁士母猪"。唯有在"自然环境特别原始的"瓦尔特兰地区，难民遇到的是德国裔定居者热情的和自然的欢迎，因为他

们自己也是被迫搬到那里的。⁴⁰

到达德国南方后,一名带着三个孩子逃亡的汉堡母亲体会最深的是,完全无法为 1 岁的婴儿找到干净的尿布。到达奥地利城市林茨时,她和孩子们找不到睡觉的地方,只好睡在火车站的地面上。孩子们都病了,她只好给丈夫写信,求丈夫寄钱过去,作为回家的路费,她还万分肯定地告诉丈夫,汉堡家里的地下室要"比这里好上一千倍"。重要的是,她请求丈夫"只要能做到,赶紧阻止穷人们前往最为和平的那些地区……东部边境地区(Ostmark)没有人理解我们。我真希望他们这里也挨炸"。⁴¹

越深入德国北方,事情越不一样。即便从未挨过炸,但凡轰炸机队航线覆盖的所有城镇,到处都响彻了防空警报。早在 1943 年 2 月,十八个月大的乌泽尔(Ursel)就跑到奶奶身边,对奶奶说,她"怕怕飞飞"。不过,由于与柏林相隔甚远,这不过是蹒跚学步的她第二次听到从头顶飞过的敌机发出沉闷的轰轰声。从 3 月到 7 月,英国皇家空军对临近的鲁尔地区的一些城市发动了 31 批次的大规模夜间袭击,不过,袭击目标一直变换不定,部分原因是,没有长航程战斗机为他们护航,这样好让轰炸机获得更好的机会规避纳粹德国空军夜间战斗机群。民众已经习惯于如下规律:夜里醒好几次,醒后再决定究竟是下楼躲进地窖,等候警报解除,还是继续睡觉。与筋疲力尽、垂头丧气的难民相比,当地人更有精力谈论空袭。听他人谈到发生在柏林的事,德累斯顿人感到了恐怖,他们也在想,如果这样的袭击落到他们头上,结果会怎样呢。1943 年到 1944 年秋冬季,在远离柏林的北方各地,到处都弥漫着恐怖和愤怒。14 岁大的波兰女孩玛丽亚在但泽郊外一户德国家庭当仆人,每次德国首都遭受空袭后,她都会被女主人痛殴。女人的丈夫从前在波兰的一所德国学校当老师,轰炸期间,她丈夫受雇于柏林的军事部门,所以玛丽亚总是挨打。⁴²

尽管德国人尚未感觉自己被打败,但 1940 年那种必胜心态似乎已成遥远的记忆。1943 年末,与过往相比,莉泽洛特·京策尔的精神可能已经变得更加不安，不过，即便她生身父亲，一个老牌社会民主党人，在家里不停地跺脚，不停地絮絮叨叨革命什么的，而且尽最大努力试图说服她，德国已经输掉战争，也不能就此说，她成了失败主义者。相反，她渴望看到德国反击英国的各种迹象。1943年，从年初到年末，这样的反应实属正常。当年1月，德国在斯大林格勒战败，导致戈培尔让宣传领域的噪音和悲观内容持续增加。1943年春，就苏联的暴行、犹太人的战争罪、承诺就英国对德国各城市实施无差别轰炸进行报复，戈培尔发动了数次宣传攻势。从夏季开始，德国宣传机器开始吁请动用德国掌握的一种秘密的"神奇武器"，它将帮助德国实现"最终胜利"。不过，随后什么都没发生。到了夏季，关于德国如何才能赢得战争、承诺的报复何时才能真正到来，秘密警察关于舆情的各种报告和莉泽洛特的日记双双透露高度的不安。[43]

1943年全年，希特勒几乎没在公开场合发表过讲话。3月，为庆祝英雄纪念日，希特勒从位于东普鲁士的总部返回了柏林，不过，他完全没提到刚刚在伏尔加河战死的那些英雄。平缓迅疾的语调贯穿了他喋喋不休的演讲，以致许多听收音机的人心生疑窦：讲话人没准是个替身。汉堡事件后，戈培尔敦促希特勒走访那些挨炸的城市，或者发表一场演说，希特勒拒绝了。人们等待数月后，终于，1943年11月8日，元首向人民发表了讲话。那天是纳粹年历几个重要日子之一，是他试图发动的慕尼黑暴动二十周年纪念日前夜。截至那时，他是参与过暴动的唯一声誉未失去光泽、仍然能驾驭公信力的重要人物。[44]

晚上8点15分，万人空巷，人们都在听希特勒的广播讲话。人们都期待听到保证，最重要的是，人们期待听到他确认：纳粹宣传家们整整一个夏季反复保证的"神奇武器"真能把英国从战争中踢出局，或者，至少能听到某种表示，真正的报复已经箭在弦上。就攻击英国一事，听到希特勒发出相当含混的威胁，人们如释重负般高兴地跳起来，说："既然元首都那么说，那我就相信。英国兵一定

会罪有应得……"或者,正如一个秘密警察的密探在报告里所言:
"元首开口做出的保证比媒体、广播、纳粹党历次会议的所有声明加在一起还管用……"[45]

在父母位于柏林的公寓里,莉泽洛特·京策尔在日记里透露:"我刚刚听完希特勒的演讲。"尽管她对元首仍然抱有特别强烈的担忧,元首的话还是鼓起了她的信心:"希特勒已经重新让我对胜利充满信心,他谈到了在英格兰登陆,还谈到了对恐怖轰炸进行报复。"然后,像希特勒亲口反复重申1918年的投降绝不会重演一样,莉泽洛特与公众的大难临头情绪唱反调:"即使被全面打败,1918年的事也不会再现。阿道夫·希特勒,我相信你,也相信德国会胜利。"天主教神职人员再次挑战纳粹政权的舆论垄断,利用宗教讲坛发出警告:复仇与天主教教义相悖。不过,在遭受严重打击的莱茵兰地区和威斯特伐利亚地区,天主教教徒往往置这些道德说教于不顾,反而在幻想将要对英格兰发起报复的规模。像莉泽洛特一样的青少年可能会认为,以严肃的承诺和誓约形式对民众的共同愿望发誓,这么做是水到渠成的事。不过,在屈服于"内心狠硬"的强权以及坚信德国会胜利方面,青少年绝不是孤家寡人。[46]

希特勒发表广播讲话后,不到七周时间,在英国皇家空军以吨为计量单位的炸弹轰炸下,以及东部前线临时营房里的士兵们第三次在冰天雪地里过圣诞节的消息里,无论希特勒的讲话给人们带来过什么临时性希望,彼时都已经灰飞烟灭。新一轮冒失的政治笑话开始引起秘密警察机构的警觉,1943年12月,他们对这些笑话做了记录,其中一则如下:

> 身在柏林的戈培尔博士挨了炸。他抢救出两个箱子,把它们放到街上,然后转身回去寻找其他东西。他再次来到街上,两个箱子却被偷了!戈培尔博士像丢了魂一样,连哭带骂起来。人们问他,箱子里什么东西那么值钱,他回答:"一个箱子装着报复,另一个装着最终胜利!"

还有更简单明了的:"最后一次轰炸柏林时,英国人给固执如驴子一样相信报复的人们空投了稻草……"⁴⁷与此同时,不同地方的人们都希望天上的轰炸机群去轰炸别的城市。鲁尔地区某人编了个流行小曲,敦促英国皇家空军前去轰炸柏林,因为听了戈培尔1943年2月夸夸其谈支持"全面战争"的演说,柏林人全都表现得欢呼雀跃:

> 亲爱的英国兵,接着飞,
> 这里的人全都是矿工。
> 接着飞,飞去柏林吧,
> 那里的人全都喊"赞成"!⁴⁸

夜里,人们躺在床上祈祷,希望炸弹落到别的城市,他们这是在掏空当年那种民族共同体的信念,而这是白天关于复仇和报复等宣传竭尽全力试图恢复的信念。

不过,关于德国老百姓的斗志,还有更黑暗的一面。有不少人们写给戈培尔的信件留存下来,都是1944年5月到6月间的信件,主要内容是建议纳粹政权在德国各城市利用犹太人当人肉盾牌——即便犹太人事实上早已被驱逐出境——禁止他们进入防空掩体,轰炸过后公布被炸死的犹太人数量。这样一来,"即便这一措施对阻止来自空中的恐怖没有效果,敌对国家犹太支持者的行动至少会部分地清除这个针对人类的瘟疫"。其他提议则建立在德国对欧洲被占地区实施的集体报复基础上,例如:撒传单通知"英国和美国政府,每次恐怖袭击,若是有德国平民被杀,随后定会有十倍于此的犹太男人、犹太女人、犹太孩子遭到枪决"。相当多写信人明确表示,即便"神奇武器"和"报复措施"未能奏效,这样的措施应当对英国人和美国人有效。艾玛·J(Irma J.)"代表生活在第三帝国这边的所有女性、母亲及其家人"呼吁戈培尔这么做:"那些懦弱的、野蛮的恐怖飞行员每谋杀一名手无寸铁的、价值无量的德国人,就到谋杀现场绞死20个犹太人。"同时，她也承认自己感到很无助："因为我们没有别的武器可用。"K·冯·N（K. von N.）的观点与此相同，他还补充说，以这种形式对同盟国进行"报复"具有"额外优势，即不必让我们的飞行员冒险"。"人们会看到，"他如此解释自己的观点，"恐怖很快会停下来！"[49]

或许在另一封信里，这种煽动残忍杀戮的无助感和脆弱感表现得尤为淋漓尽致，那是1944年6月1日乔治·R（Georg R.）寄自柏林的一封信。那封信开篇第一句话是："我从邮局代为保管邮箱里找回了几封信，因为在此期间，我被烧光过一次，又被炸光过两次。"乔治·R在信里提醒帝国部长，早在一年前，他就写过信，接着他转入正题："不能消灭德国人民和德国土地，不过，要彻底消灭犹太人。"他非但不赞成从德国驱逐所有犹太人，反而提出个新想法："我提议我们宣布个临时性全民公决，并且立即生效，我们不再继续攻击任何英国城市和城镇，因此敌方也必须不再攻击任何我方城市和城镇……但是，如果敌方胆敢攻击哪怕一个我方城市或城镇……那么，我们必须毫不留情地杀死1万或2万或3万犹太人。"[50]

戈培尔的记者不停地往德国国内发送纳粹媒体放大的声音。1943年4月，宣传部部长下令反犹宣传升级，直到70%—80%的广播时间专注于如下内容：犹太人问题；犹太人发动战争的罪行；如果犹太人进行报复，德国将面临什么命运。1943年4月，为新学年准备的"犹太学校校历"充斥着规划好的犹太人对非犹太教徒进行报复的"引语"。反对英美"财阀"（plutocracy）的运动的重点目标是犹太人在背后秘密操控一切。战争最后两年，这是纳粹宣传机构唯一的一成不变的目标形象。在奥地利偏远的乡下，"犹太人犯下了战争罪"口号强行灌输进了在校小男孩们的思想里。每天早上，埃德加·普洛奇（Edgar Plöchl）和同学们做的第一件事是喊这句口号。不苟言笑的老师检查完孩子们的脖子、耳朵、指甲、手绢是否干净，让即将挨打的孩子们站在一旁等候，然后男孩们立刻跟着老师庄严地重复"犹太人犯下了战争罪"——每天，对早上的体罚，以及随后而来的和其他男孩一起呼喊那些神奇的字眼,普洛奇内心总是充满恐惧。[51]

如果戈培尔的宣传仅仅说服了纳粹党人,相对来说,其影响可能微乎其微。不过,维克托·克伦佩雷尔(Victor Klemperer)发现,对于非纳粹党人,以及想到枪杀犹太难民就感觉恐怖的人,由于戈培尔铺天盖地宣传犹太人是战争真正的主角,他们的恐惧和迷茫才有了聚焦点。仅仅因为具有犹太人身份,克伦佩雷尔于1944年3月22日丢了学术领域的工作,那名善良的工厂领班是个参加过第一次世界大战的退伍兵,他对克伦佩雷尔表示同情。对美国最新一轮毫无来由地轰炸汉堡,他想为克伦佩雷尔找出个理由,正手忙脚乱不得要领之际,一周后,他突然想到了犹太"财阀"。对于像他一样的民众,即使某人喜欢某具体的犹太人,一个抽象的概念"财阀"所提供的解释足以横亘在前述喜欢面前。这标志着新的分歧:1938年11月大屠杀过后,即便纳粹反犹太主义狂热总体上局限在某些集团和某些地域以内,例如黑森或弗兰科尼亚(Franconia),这两个地方1933年以前就反犹;影响微乎其微的城市包括柏林、汉堡、鲁尔、法兰克福,这些地方的各种世俗传统和劳工运动深入人心。战争已经改变这样的地域分歧。为了让"恐怖轰炸"是暴行讲得通,遭受轰炸的那些城市的老百姓变得越来越乐于相信,敌人对德国人和德国充满不可调和的仇恨,而轰炸是敌人的阴谋。[52]

相信"犹太"轰炸的远不止纳粹强硬分子,不只是反犹宣传强化了这一点,它也基于传播甚广的消息——犹太人在东方遭到大规模枪杀。1943年7月28日,蛾摩拉行动进行到一半时,举止文雅的贵族洛塔尔·德拉·坎普(Lothar de la Camp)从汉堡寄出一封致同辈亲属的信,信中说道:"私下里说,甚至在更大范围说,中产阶级以及人口中的其他阶层,即思想简单的人们,总是不停地谈论盟军的袭击是在报复我们对待犹太人的手段。"那年夏季,附和这一观点的各种说法在慕尼黑、埃森、汉堡、基尔颇为流行。那年8月中旬,10%写给戈培尔的信件抵制反犹宣传。一些信件指出,人们还有其他担忧；另外一些信件指出，德国人对犹太人的所作所为导致眼下遭受惩罚。1943年9月2日的《斯图加特信使报》(Stuttgarter NS-Kurier)认为，必须公开反驳如下论调：如果德国没有采取如此偏激的方式解决犹太人问题，全世界犹太人就不会反对德国。戈培尔的反犹说教让纳粹政权开始尝到报应，不过，他还是赢得了更深层次的胜利。无论是洛塔尔·德拉·坎普，还是他引用其说法的民众，人们毫不怀疑，犹太人掌握着对德国发动如此毁灭性打击的资源。在散布犹太人的实力这类意识方面，即便戈培尔当下的努力是为了让德国人鼓起信心却未达目的，但他关于犹太"财阀"的宣传可谓功德圆满。[53]

在漫长的"二战"中间阶段，随着各种消息花样翻新从各条战线传回德国，人们对德国国内形势悲观的理解像海浪一样此起彼落。1944年9月，进抵亚琛的美国人发现，当地人以为，由于他们针对犹太人的所作所为，他们会全体遭受惩罚。即便那些挑剔的和不幸的德国市民，也在思想深处固化了如下认知：犹太人有统一的认识和力量引领盟军的轰炸行动。戈培尔认为，他可以用恐怖宣传和暴行宣传阻止老百姓的斗志由崩溃直接滑向失败主义，他说得没错。[54]

与此同时，纳粹政权在竭力保护青少年免受空中轰炸的影响。1943年春季和夏季，大规模轰炸过后，许多学校整体疏散到了乡下，而且沿用了此前1940—1942年的模式，不同的是，行动规模比以前大了许多，而且，离城期限也不再以六个月为限。在柏林，戈培尔利用自己的地方长官和国防专员地位，尽可能推动计划的完整实施，许多行政大区闻风而动，而且，与1940年9月第一批次疏散形成对比的是，天主教神职人员也出面支持这些措施。到了1943年末，从帝国西北部向东南部偏远地区的移民潮大规模展开，唯有战争行将结束时的由西向东大逃亡和移民潮才会让这次移民潮相形见绌。[55]

各学校整体疏散，搬迁到拥有大型建筑的人家和修道院，而做出搬迁的决定往往靠拍脑袋实现，效率极高。位于柏林-鲁梅尔斯堡（Berlin-Rummelsburg）的佩斯塔洛齐（Pestalozzi）女子中学被疏散到斯特雷本（Streben）城堡时，姑娘们不得已睡在铺有稻草的地板上，还必须忍受跳蚤叮咬，因为，她们的木质双层床正在制作过程中。斯特雷本城堡是一座位于瓦尔特兰的宅邸，属于一位波兰公爵，好在那里房间巨大和宽敞，每到晚间，在摇曳的煤油灯下，德国女青年联盟营地领导总会手捧图书，给孩子们读鬼怪故事。早餐总会有清汤，无聊至极的小女孩数漂浮在清汤表面的水泡时，会把它们当作家信，大女孩则把它们当作热吻。营地总管克特（Koethe）先生是个和蔼的人，他永远身穿党卫军制服，也从不检查女孩们写给家人的信。

波兰公爵搬进了中央大厅楼梯旁的一套房子里，不过，女孩们从未见过公爵。也没人阻止她们骑着楼梯扶手滑着玩。很大程度上，纪律是靠姑娘们自己约束的。例如有一次，12岁的莱娜特·舒瓦茨（Renate Schwartz）被迫脸朝下躺在自己的床上，同屋的其他九个女孩轮番上前抽打她的屁股，而她则不许出声，因为她曾经边跑边撩起其他女孩的裙子。除了这一次，莱娜特留下的都是美好的记忆。在周日戏剧演出时，她甚至挥舞着从厨房借来的一把剔肉刀，脚踏克特先生那双巨大的党卫军高勒靴，磕磕绊绊走上舞台，她扮演了"拇指姑娘"一角。随着姑娘们表演野心的膨胀，她们排练了一出加长版的格林童话《魔鬼的三根金发》，为邻村的那些德国家庭演出，受到热烈欢迎。[56]

德国的小城镇和农村地区不太欢迎难民母亲和年幼的孩子涌入他们的家园和社区。当地人往往感觉自己被人潮淹没了。1943年9月，1241名来自波鸿、哈根、柏林、斯德丁以及其他城市的疏散人员入住波美拉尼亚沿岸仅有8000人口的港口城市吕根瓦尔德（Rügenwalde）。过分拥挤导致每天都发生各种鸡毛蒜皮的——说来很重要，也很丢人现眼——争吵，例如当地人拒绝提供床位，拒绝提供足够的燃料，甚至不允许难民使用厨房。在吕根瓦尔德，女人和孩子们迫不得已，只能从临时的公共食堂拿吃的，带回睡觉的地方吃掉。随着疏散人员数量增加，当地民众越来越不乐意接纳他们，为了给他们寻找住处，村长和纳粹党地方长官——事实上，两者往往是同一人——只好施加越来越强大的压力。抵达波美拉尼亚施塔加德（Stargard）附近的吕堡（Lübow）时，12岁的埃尔温·埃贝林（Erwin Ebeling）被人领进当地一家客栈，那里有从哈根（Hagen）混在一起运送来的许多女人、孩子和青少年。当地农民们以拍卖形式领人回家，他们最需要的是只带一个孩子的女人，以便实现农场利益最大化。埃尔温·埃贝林和另外十个男孩没人认领，只好睡在养猪人家的草捆上，等候当地人家领走他们。[57]

在巴伐利亚的拜罗伊特（Bayreuth）地区，两个女人和一个孩子被迫共用一个没什么家具的小房间，他们发现，居住地没人乐意向他们提供热饭，他们只好返回汉堡。1943年8月，在诺加德（Naugard），没人愿意接收吉塞拉·维德（Gisela Vedder）和妹妹。最后，市长在自家餐厅里为两姊妹安置了一张床，餐厅也是市长谈生意的地方。每晚，市长和访客们一边喝酒一边交流之际，两个女孩就钻进被窝里躲起来。她们没地方可去，找不到收留的人，包括信心满满为她们代言的老师也没了主意，最后，两个女孩只好放弃。她们拖着自己的木箱，在满是扬尘的燠热中向火车站走去。这一次仍然没人出面帮忙，在炎炎夏日里，两个女孩只好自己拖着箱子赶路。[58]

各地方当局必须克服种种困难，才能不动用强制手段完成疏散。而坚持维护家长权益的正是希特勒本人，这是谨小慎微地看待大后方士气的结果，这种谨慎也阻碍他授权戈培尔实施那种全面紧急措施，该措施是后者在1943年2月关于"全面战争"的演说中提出的。尽管政府宣传力度大，家长们并不轻易买账。地方党和教育部官员往往得依靠各种辅助手段向家长们施压，迫使他们屈服。城里的学校都关闭后，钉子户家长受到警告，依照法律，他们有责任送孩子去上学。在柏林那样的城市，为了上学，一些孩子只好奔波于城里和奥拉宁堡（Oranienburg）之间，或利用当地关系，就

第八章 大轰炸

近在瑙恩（Nauen）那样的小城镇为孩子们找一些收养家庭。[59]

就像英国的儿童疏散故事一样，疏散措施越普遍，儿童遭受虐待的可能性就越大。1943年夏，8岁的彼得·格罗特（Peter Groote）来到波美拉尼亚马索（Massow）镇，由当地一对姊妹看管，两个人都是纳粹党员，还是老姑娘。最初一切正常，后来两姊妹决定买一只狗，用彼得·格罗特的大部分配给饲养。到了冬季，妈妈过来看望彼得时，他已经瘦得不行，必须住院治疗。孩子们难以适应疏散的例子多为尿床，各级政府往往将这看作身体缺陷或心理缺陷。恰如少管所往往将这类孩子除名和送往精神病院一样，少数情况下，尿床的孩子们会被送回家人身边。[60]

不到两个月，哈根一所中学306名疏散学生中的27人返回了哈根的家里。该校校长给出的理由包括孩子想家、家长想孩子、住处糟糕、据称养父母对孩子照顾不周、超过上学年龄的孩子进了工厂，不一而足。为阻止回城潮，地方长官和派驻南威斯特伐利亚的帝国国防专员阿尔伯特·霍夫曼（Albert Hoffmann）曾经下令，应当扣留没有坚实理由回城的那些孩子的配给卡，这导致一些女性静坐示威，在某些地区，她们的煤矿工丈夫也加入其中，为息事宁人，各级政府只好做出让步。[61]

不过，许多孩子适应了新环境，留在了疏散地。一对没有孩子的吕根瓦尔德夫妇收养了三个孩子，京特·屈恩霍尔兹（Günter Kühnholz）是其中之一。到达收养家庭第二天清晨，11岁的京特坐在楼梯台阶上呜呜哭起来。不过，他留了下来，并且很快按要求适应了喊那对夫妇为叔叔、婶婶。未来三年半，他一直待在波美拉尼亚，他喜欢上了当地人的热情和感情融入。后来回到自己家，他都无法得到如此体验。在锡本布尔根（Siebenbürgen），养父和农场雇工用大镰刀割倒牧草，13岁的弗里德里希·海登（Friedrich Heiden）和几个女人以及孩子一起用耙子将倒下的牧草搂到一起，然后堆成垛；他还学会了如何正确地往车上装载晾干的牧草。他在日记里记述道，装车如果不平衡，车子会翻倒。在巴伐利亚森林地区的恩策斯多夫（Enzersdorf），7岁的卡尔·卢卡斯（Karl Lukas）搬运了23捆干草，在制备干草过程中，由于能帮上忙，他感到无比骄傲，他还给妈妈画了一张制备干草的画。这家人的女儿南妮儿（Nannerl）和一个"波兰佬儿"往大车上装草时，身材瘦小的伊奇（Ich）紧紧地拽着辕马的辔头。第一次跟罗马尼亚人和吉卜赛人一起干活，弗里德里希就被他们迷住了，让他惊掉下巴的是，他没看明白，他们究竟藏着掖着弄走了多少养父购买的食物。到了1944年，卡尔已经在劝说生活在汉堡的妈妈信教，汉堡是个充斥着世俗群众和新教徒的城市。最初，农夫们的老婆以为，成年女性干活会更卖力，她们打算在疏散人员的"奴隶市场"找这样的人手。多数事实证明，孩子们反而更容易融入枯燥的农活中。[62]

来到疏散地的母亲们往往无法很好地适应当地生活，她们的城市生活方式、北方口音、失去构成豪华家庭生活所需的食物和谈资，都让她感到不爽，所有这些搅乱了她们对秩序和稳定的感知。最糟糕的是，许多这样的女性不愿意工作，她们也没必要工作。一个农夫的老婆养活四五个孩子，一个月需要45—60马克，才能把日子混下去，一个没孩子的白领员工的太太大约需要150—180马克才刚够花销。如果说，从埃森、汉堡、杜塞尔多夫疏散到符腾堡地区的那些女人由于士瓦本"农妇辛苦劳作而认为她们头脑简单和愚昧"，从而看不起她们，农妇们对懒惰的城市女人同样也感到愤怒，那些女人"似乎觉得应当像住饭店一样被伺候得舒舒服服"。士瓦本人抱怨说，那些女人甚至不愿意做洗洗涮涮和修修补补的家务，更别提到地里干活了，甚至在最需要人手的秋收大忙季节，她们都不肯帮忙。[63]

非必要人员，尤其是妇女和孩子离开了城市，将城市远远抛在了身后，战争也随之变得远离他们了。到了1944年2月，莉泽洛特·京策尔离开柏林，去了萨克森地区的德罗森（Droysen），"对英国实施胜利的报复"和"犹太人的恐怖轰炸"这两个柏林的时髦话题已经风光不再。留在城里的人们选择宣传口号时是如此小心翼翼和精挑细选,当描述无论如何也无法避免的事情时,他们用了"坚持住"。或者,换一种易于理解的说法,他们搬出收音机,找到新开播的具有浪漫情调的轻音乐频道,将各种家具清理出屋,伴着音乐翩翩起舞。随着莉泽洛特·京策尔动身前往新的寄宿学校,她也在适应离开家、远离父母,她反复告诫自己:"除了离别的痛苦,我感到前往远方的强大拉力。数千年前促使北欧和日耳曼征服者远离故土的相同感受,如今在我胸中强劲地升起。"[64]

第九章
被赶回老家

1944年6月,德国国防军遭遇了多重意外。在东部前线,苏联红军发动了"巴格拉季昂行动"(Operation Bagration),这是"二战"爆发以来最大规模的独立进攻行动,时机恰在德国入侵苏联三周年庆典筹备启动之际。喜欢采取战术突袭的苏联红军在维帖布斯克(Vitebsk)、博布鲁伊斯克(Bobruisk)、布列斯特(Brest)外围、维尔纳东部完成了一系列重大包围战,这些地方临近1941年他们输得最惨的几处战败地。到了7月4日,白俄罗斯大部分地区落入了红军之手。德国国防军人员和装备损失是灾难性的,实际上,德国中央集团军和北乌克兰集团军被彻底歼灭了,损失为28个师,35万人。紧随其后,南乌克兰集团军全面溃败。红军解放了苏联全境,将德国人赶回到维斯杜拉河沿线。在西部,"D日战役"登陆发生在德国将领们没有预料到,也没有设防的一段海岸,而且时间恰在德国空基和海基侦察双双取消那天,原因是预报说英吉利海峡天气恶劣。盟军终于突破了诺曼底防御圈,8月中旬,美国第七集团军开始从地中海沿岸推进,希特勒被迫下令,德军从法国全面退却。8月25日,巴黎获得解放;9月12日,第一批美国军队从亚琛以南突破了德国人的防线。[1]

截止到1944年5月末,第三帝国一直控制着整个欧洲,地域横跨黑海到英吉利海峡各口岸。除1942年的短暂配额紧缩,从那时以来，德国战时经济的产出一直在增长，国内消费一直没经历严重萎缩。当时，对德国各城市大规模轰炸已经减轻，另外——像以往一样，人们有了良好的预期指标——许多家长希望自己的孩子重新回归家庭。人们广泛预期盟军会在西部登陆，不过，许多人希望，登陆会像1942年的迪耶普（Dieppe）战役一样败得很惨。

为了将英美入侵军队赶进大海，德国国防军在诺曼底进行了艰苦卓绝的战斗。即便如此，东部前线的高额损失一直居高不下，仅在1944年，东线就有123.3万德国军人战死，这一数字占1941年6月以来德国在东部前线令人震惊的死亡总数的45%。从7月开始，截止到9月底，在三个月内，德国的损失达到了巅峰，每天死亡5750人。不过，许多亲属并不知晓家人已经战死，他们仍在等待消息；因为德国国防军登记损失人数的系统已经开始崩溃，截止到1944年6月，这一系统低估了50万人；截止到12月底，另有50万人死亡后未通知到家属。[2]

那年夏季，德国国防军在东方和西方同时遭受一连串巨大失败，让德国突然面临自开战以来最深重的危机。在法国、乌克兰、白俄罗斯等地，人员和领土损失让斯大林格勒那次相形见绌。1941年到1942年冬，闪电战在苏联失效，有先见之明的德国将军唯恐战败，他们意识到，除了与西方谋和，把军力集中到东部前线，德国别无选择，这导致德国中央集团军在谋划刺杀希特勒方面担当了主角。不过，他们的大多数同胞对此并不知情。到了1944年，许多德国人已经不指望在这场战争中获得全胜，但是，对大多数人来说，战败似乎相当遥远。对盟军登陆，德国人最初的反应相当乐观，还感到松了口气，其表现为，他们认为，战争的决定性阶段终于开始了，对德国本土的空中轰炸终于停止了。第一次使用"神奇武器"全面覆盖伦敦和英国南部，燃起了人们的各种希望，望眼欲穿的"报复"终于开始了，这必定会把英国从战争中踢出局。然而，宣传机器许诺过多，在不到三周时间里，大多数德国人已经变得疑窦丛生。在但泽和法兰克福，有些人已经将"V-1"导弹称作"失败者1号"或

"1号哑弹"。德国普通民众的士气随着对德国军队命运的同情摇来摆去，9月和10月，德国国防军战线的稳定广泛抚慰了人们的情绪，12月，对英国人和美国人实施打击的阿登高地（Ardennes）战役给人们带来了震惊、希望，以及对"神奇武器"效果的重新考量。甚至在那年岁末，许多人依然想到，久拖不决的僵局会导致各方以让步换和平，或者，像帝国领袖们那样，将希望寄托在与西方强权国家达成单独媾和条款上。³

趁着赢得针对纳粹德国空军的空中优势，英国皇家空军和美国空军于当年秋季重新开始空中轰炸。他们集中使用军力，深入德国南方，以期即刻全面破坏德国的铁路网，打击从鲁尔地区转移到德国中部和南部的军工产业。到了冬季，德国造好的武器经常无法像以往那样送达德国国防军。从战略角度看，1943年3月到1944年3月，对鲁尔、汉堡、柏林实施的轰炸战役标志着英国皇家空军对德战争最重要的单一阶段。不过，眼下盟军展示出征服德国天空究竟意味着什么。英国和美国重型轰炸机队伍在持续壮大，同样增长的还有单架次飞机的载弹量。战争最后阶段，像雨点般投掷到德国的炸弹总吨位占到"二战"总投弹量的半数以上。轰炸导致的德国平民死亡半数以上发生在1944年9月到1945年5月这八个月里：死亡人数为223406，而整个战争期间，德国平民死亡总数约为42万。12月5日夜间，海尔布隆（Heilbronn）有5092人死亡；12月16日，马格德堡大约4000人死亡。在达姆施塔特，8494人死于1944年9月11日夜间形成的火焰风暴，这一数字超过埃森市在整个战争期间被炸身亡的总人数。⁴

一些德国空壳工业城市越来越衰败，人口越来越稀少，随着警察对"东方劳工"野蛮执法越来越多，一些私刑执法也开始形成气候。1944年10月14日，杜伊斯堡（Duisburg）民兵——当地新成立不足三周的地方军事组织——抓了一个"长相可疑的"俄国人，当时空袭刚过，他正在清理小分队干活。他们让他靠墙站立，然后将他枪杀了，原因仅仅是，有人告诉他们，一些俄国战俘在吃果酱——显然是偷的——就在附近一座被炸的房子的地下室里。对道德和法则的恐慌开始主导纳粹当局，随着警察、救世军、盖世太保、希特勒青年团拼命维持对各城市的控制，外籍劳工群体居住的营房一旦被炸，为他们提供住处也就再无可能。铁路网瘫痪意味着向各城市提供的补给越来越少，各工厂的工作越来越少。科隆一类城市的店主们设法将越来越多货物投放到黑市，然后将货物的失踪归咎于无家可归的外籍劳工，或"雪绒花海盗"团伙的青少年入室抢劫。

纳粹控制包括下列几个方面的混合：对家庭成员发出警告，在工作地点实施惩罚，由警方对居住地进行布控，而"雪绒花海盗"团伙成员弗里茨·泰伦坚持蓄长发，弹吉他，正是这样的控制让泰伦之类成了违法分子。为躲避救世军和希特勒青年团，泰伦和几个朋友藏身于一个小破屋里，房子坐落在一片私有土地上，那时他们才意识到，他们完全置身配给制以外。他们决定闯进一处库房，盗窃专门向旅游者签发的配给卡。一个铁路工人试图阻止他们，泰伦的一个朋友将其打得失去了意识。到了 1944 年 8 月，一天傍晚，泰伦的朋友巴特尔·施林克（Barthel Schlink）抽出一把手枪，向一支救世军巡逻队开了火，泰伦意识到，盖世太保一定会对此一追到底。泰伦足够幸运，他立即遭到逮捕，然后被装车运往军方的一个训练营。那年夏季和秋季，残存的"雪绒花海盗"团伙成员与新崛起的德国地下黑市商人们以及外籍劳工团伙建立了联系。10 月，随着一系列枪战，科隆盖世太保逮捕了科隆郊区艾伦菲奥德的一些"雪绒花海盗"团伙成员，以及一些俄罗斯团伙成员。10 月 25 日和 11 月 10 日，当着上千名围观民众，这些人被公开绞死。在 11 月 10 日的被执行人里，有六名德国青少年，包括泰伦的朋友、年仅 16 岁的巴特尔·施林克，据信，他是科隆"雪绒花海盗"团伙的头目之一。盖世太保的主要目标是外籍劳工团伙，而非海盗团伙，然而，作为警告，施林克的尸体在那里吊了一整天。[5]

俯冲轰炸机、对地攻击机开始在田野、村庄、小城镇、乡间公路上空肆无忌惮地徘徊掠过，在许多偏远地区，只要出现这类飞机，往往就是战争即将来临的直接信号。这些飞机突然出现，并从低空掠过，其中一些触发了防空警报，随之而来的是斯图卡俯冲轰炸那样的骇人效果，受困于缓慢移动的火车的旅程尤其吓人。[6]

在奥地利的安特瑟恩巴赫（Unterthurnbach），10岁的黑尔佳，以及两个朋友埃迪特和安妮，三个姑娘骑自行车一起回家，她们听见了警报器的声音。一架飞机的响声越来越近，听见声音的黑尔佳扔掉自行车，跳进路边一条满是水的沟里。飞机离开后，她从水沟里爬出来，穿过田野跑回家里。埃迪特也是这么做的。后来，黑尔佳的爷爷回去寻找自行车，他发现，试图骑车回家的安妮被射杀了。"这是为什么？"听到消息的黑尔佳自言自语道，"他们为何要杀死一个10岁的女孩？"巴伐利亚和奥地利乡下不再是战争的避风港。即便在城里，一圈又一圈低空盘旋的飞机用机炮扫射，毫无预警即可真真切切将数条大街开膛破肚，每当回忆起这些，多次经历轰炸历练的人们仍然会感到极度恐惧。[7]

尽管攻势凶猛，但很大程度上，德国社会的基本结构仍然完好无损。不管怎么说，7月20日，希特勒在施陶芬伯格实施的炸弹刺杀中幸存，他对权力的掌控已经超越政治挑战。不过，1944年秋，随着德国社会进入这个新的也是最后的战争阶段，纳粹修辞学描绘的末日选项"生不为王者，毋宁死"比以往任何时候都更贴近现实。另外，这一政权对德国民众的要求也在不断强化，以暴力手段对付掠夺者、失败主义者、散布恶意诽谤言论者同样变得变本加厉：法庭记录显示，德国人占了受审人数的绝大多数。[8]

德国国防军抓紧时间，重新装备战前即已强化的"西墙"防线，将更多作战师调往西部前线，准备发起大反攻，在此期间，在被占的欧洲，6.9万男孩——包括3.5万苏联男孩、1.6万匈牙利男孩、1.8万荷兰男孩——被抓了壮丁，送到各高炮阵地顶岗，或辅助党卫军在帝国境内执行任务。在德国国内，纳粹各地方长官被委以重任，最后一次征召青少年男孩和大龄中年男子，以弥补那年夏季德国国防军的损失。1813 年，德国全民反击拿破仑侵占普鲁士，后人将其想象为浪漫的起义，为唤起那种起义，孩子们被美其名曰为民兵，接受步兵战术和投掷反坦克手榴弹的训练。[9]

随着民兵的建立，纳粹关于孩子的各种自相矛盾的看法达到了危机点：往孩子健康领域投资，利用严谨的法规保护他们免受不成熟的和危险的工作侵害，把他们从城里疏散出去，到头来却派他们骑自行车向坦克冲锋，而自行车手柄上绑着反坦克手榴弹，前边提到的那些还有什么意义？面向孩子的各种福利措施符合纳粹空想的关于雅利安种族家庭成员健康、美丽、幸福的想象，不过，关于民族未来的想象却与此针锋相对，眼下戈培尔和希特勒满脑子想的都是为国牺牲。从道德层面看，他们宁愿整个民族灭亡，也不愿屈服。希特勒喋喋不休重复的政治论调"1918 年 11 月那种投降绝不会再现"迎来了大考。许多"一战"时期的下级军官如今在德国国防军担任高级职务，他们也没做好投降准备。签署设立民兵法案时，希特勒发出警告：敌人的"终极目标是灭绝德国人民"。像 1939 年 9 月一样，德国再次孑然一身，没有任何盟友。斗争变得更为纯粹，更为简单，也必将变得更加残酷。[10]

为了与严峻的形势保持一致，关于犹太威胁和布尔什维克红色浪潮的新闻报道变得越来越尖锐。1944 年 10 月，苏联军队第一次越过 1939 年前的德国边界，渗透进东普鲁士贡比涅（Gumbinnen）地区，拿下了戈尔达普（Goldap）和尼默斯多夫（Nemmersdorf）两地。一些七拼八凑的地方民兵小股部队成功地阻滞了俄国人的突入，坚守到机动预备队赶来增援。德国军队重新夺回了尼默斯多夫，首次在东普鲁士揭露了苏联人的暴行，戈培尔的宣传机器立即开足马力，找出被肢解的平民和士兵的尸体，进行拍照，并配文发表。参与报道的记者几乎未提供细节，为了用"诗一样的真相"补上这个大漏洞，宣传部部长敦促他们编造故事。就此漏洞而言，他的确点到了要害。这是德国第一次向世人提供来自东普鲁士的苏联暴行的证据，但肯定不是最后一次提供。[11]

虽然来自俄罗斯的第十一近卫军势不可当——另外，虽说后来的情况证实，一些苏联政治军官试图保护平民免受手下人祸害——暴行本身犹如对戈培尔的说法火上浇油，一直以来，他疯狂鼓吹"犹太政委们"将"亚洲部落群"逼得发狂，民众因此有了恐惧。对于屠杀伦贝格（Lemberg）的囚犯，以及在卡廷（Katy）和文尼察（Vinnitsa）屠杀波兰军官们，媒体曾经做过铺天盖地的报道，所以说，德国民众三年来已经做好直面前述事件的充分准备，苏联内卫军执行死刑甚至成了孩子们玩的一些游戏的主题。[12] 不过，宣传攻势也有其意想不到的反作用。11月初，斯图加特秘密警察报告说，各阶层民众对地方报刊公开发表那些关于尼默斯多夫暴行的照片普遍感到愤怒。警方认为，一种比较典型的看法是：

> 领导层应当意识到，这些残害场景会让每个有思想的人想起我们在敌方领土上实施的暴行，其实也包括在德国本土实施的暴行。难道我们没有屠杀过上万犹太人？难道那些当兵的人没有无数遍说过，波兰犹太人被迫自掘坟墓？我们是怎么对待阿尔萨斯——或称纳茨维勒（Natzweiler）——地区集中营里的犹太人的？犹太人也是人类。如今的所有做法等于告诉敌人，如果他们赢了，他们该如何对待我们。[13]

对于德国人当下的困境，许多德国人并没有将所有不幸归咎于犹太人，反而悔不当初，那样对待他人，才导致如今的报应。9月12日，火焰风暴让斯图加特死了1000人，实际上整座城市都化成了灰烬。与戈培尔的希望背道而驰，慌乱中的当地人开始从眼前所见看出不一样的画风：他们非但没有从东普鲁士的暴行中看出抵抗的必要，反而从失败的氛围里看出，由于屠杀"上万犹太人"，他们难逃此劫，只能将其当作可怕的教训。正如汉堡火焰风暴过后的情况一样，大轰炸再次触发了德国人关于犹太人报复的恐惧。这些起伏不定的反应的强度与有权势的人们的感觉直接相关，在他们新生的脆弱的情绪里，常识主导他们作如下想：如果犹太人像大家被告知的那样掌控着一切，那么跟他们作对就是错误。如今戈培尔宣传精华的核心，即犹太人在指挥抗衡德国的战争，已经深深扎根于德国的民族意识里。在某趟柏林有轨电车上，关于一位意大利工人是否有权占座，如此琐事在德国乘客中引发的争议演绎出了可怕的和失败主义的情绪，见如下说法："我们对待犹太人和波兰人的方式已经让我们肩负过多负罪感，迟早我们会遭到报应。"[14]

为规避前往民兵部队服现役，许多成年男性往往会寻找冠冕堂皇的理由，包括坚定的纳粹分子亦如此，反而是青少年男孩们特别热情高涨，许多15—16岁的男孩投身其中，而正式规定为，至少16岁才够格。他们在各自的社区巡游，为"冬季送温暖"计划收集材料，回收旧报纸、旧衣服、破铜烂铁。他们到田间和林中采摘大量甘菊和刺荨麻，还到各火车站帮助安置疏散人员，那些人来自前线附近，或遭到轰炸威胁。他们按步兵训练手册的规定接受过野外作战培训，早在加入希特勒青年团时，他们就接受过小口径步枪射击训练。作为空军和海军辅助人员，许多人学会了操控探照灯，冒着雨点般掉落的炸弹传达命令。一些孩子甚至会离开"送孩子下乡"计划安置家庭，前往军事训练营接受使用武器训练。对他们当中许多人来说，整个训练合乎逻辑的高潮以及对他们小小年纪的奖励是，最终他们会从预备役部队库房里领到步枪、左轮手枪、反坦克手榴弹。四年前的秋季，迪克·西韦特曾经担忧过，如果他们没来得及投身战争，战争即已结束，又该当如何？[15]

库尔特·拉特尔（Kurt Lutter）听说，上级安排希特勒青年团在汉堡到处挖战壕，这让他震惊不已。因"送孩子下乡"疏散计划，当时他远在巴伐利亚森林地区的小村庄普拉戈（Prag）的一户人家。不过，身在东普鲁士桑兰半岛帕姆尼肯的马丁·贝尔高和身边的朋友们外出巡逻时，每个人都有充足的步枪和手榴弹，他们心里清楚，随时可能遭遇来自梅默尔（Memel）的苏联红军小股部队。在真实环境磨砺各种实战技巧、在林子里的树木之间迅速前行、在荒野里匍匐前移,都让人激动不已。甚至马丁和朋友格哈德——在一所被人遗弃的空房子里喝了太多自酿的酒——拖着疲惫的身子回家前误将对方当敌人对射,也让人激动不已。[16]

对一些孩子来说,若想获得成人高看,"献身"和"服役"想法往往无法抗拒。恰如14岁的莉泽早在1939年9月就付诸行动,从前线写信给父亲,向其汇报她所在的德国女青年联盟小队的壮举,1944年9月,同样有许多人响应号召。在斯特拉斯堡(Strasbourg),10岁的莫妮卡·希普拉(Monika Schypulla)决定开始自己的为"战争服役"。她骄傲地写信告诉父亲,每天早上,她6点45分离家,为的是搭乘16路有轨电车赶到终点站。接着,她会跟随当地纳粹党领导步行45分钟,前往他的办公室,以便为他传达命令。"不过,"她接着表示,"我不能拆开封条!里边是秘密!里边有敌人离我们还有多远之类的东西,都是这些。"莫妮卡每天工作到下午3点,每周七天都这样做事。"是的,爸爸,"她骄傲地告诉父亲,"这毕竟是全面战争,我们每个人都有份!"她父亲被苏联红军围困在库尔兰半岛(Courland Peninsula),进退不得,只能通过数星期后才能收到的信件以及仔细聆听德国国防军关于西线的各种报告了解情况。在此过程中,家庭危机比西线军队的后撤来得更快。11月1日,莫妮卡的母亲死了。作为独生女,10岁的她只好前往萨克森地区,住到教母家。她不仅无法继续为"战争服役",父亲更希望她"刻苦学习",唯有那样,父女两个人才能"对得起妈妈"。[17]

1945年1月12日,苏联人发起了期待已久的冬季攻势。在南部战场,科涅夫(Konev)元帅的乌克兰第一方面军发动了大规模攻势,跨越了维斯杜拉河,穿过了茂密的森林。德军参谋部曾认为,小波兰地区(Malopolska)的德军阵地俯瞰的密林是个天然屏障。1月22日到23日夜,科涅夫元帅麾下先头部队跨过了奥得(Oder)河,在布里格(Brieg)建立了桥头堡,越过了通向柏林的最后一道天然屏障。随着苏联各部队横扫华沙、罗兹、卡利什、克拉科夫,跨过瓦尔特兰、西普鲁士、西里西安，曾经自我恢复能力很强的纳粹统治构架在慌乱和大规模逃亡中倾圮了。[18]

1月20日，最后关头，西里西安地方长官卡尔·汉克（Karl Hanke）下令疏散布里格沿岸下游地区的妇女和儿童，同时宣布布雷斯劳为重点设防地。在其他地方，许多纳粹党领导直接甩手逃跑了。由于截至那时禁止疏散，领导们往往尽一切可能将组织大规模向西"跋涉"的事情交由各农业社区、地方军队指挥官、人民福利组织的志愿者、贵族庄园主们落实。由于党卫军也在向西转移集中营囚犯，他们的队伍常常在公路沿线和铁路沿线与上千万难民、战俘、德国国防军和民兵部队争抢地盘。将德国妇女和儿童与种族的敌人隔开，这个长期以来得以维持的借口终于第一次彻底崩溃了。不过，总体来说，德国人会这样记住他们的逃亡：在覆满冰雪的各条道路上，似乎唯有德国人在受苦受难。这可不仅仅是事后记忆，因为人类的同理心和团结精神是彻底民族化的东西。难民身陷困境，只能依靠民族同胞的帮助，而这也远非安全，人们常常被迫求助于教育、友情、家人、老乡形成的人际关系。[19]

实践证明，随着东部各州众多社区自动向西整体迁徙，人们心底的传统秩序构架往往会神奇地自动复原。东普鲁士和西里西安各村庄的人们尾随贵族庄园主们的大车，整村整村一起上路。洛雷·埃里希（Lore Ehrich）是公务员的太太，像她那样的女性寻求文质彬彬的党卫军军官和德国国防军军官帮助，或翘首以盼，等候朋友们在新来者名单上搜寻她们，最终结果凭的全是运气，还必须指望同一阶层的男性发扬骑士精神的高光时刻。随着纳粹曾经宣扬的普遍的社会团结散了架，再也靠不住，德国人回归了他们熟悉的各种集体行动。不过，民族认同感并未彻底消失，纳粹统治时期强行推广的抽象的民族分割线和种族分割线比以往任何时候都更加分明。正因为天底下没有理所当然的事，德国人利用人们对苏联人、波兰人和囚犯们的普遍恐惧，诱导出了同情和互助。向跋涉中的难民提供食物和住处时，距那些受影响的州不远的农民往往特别慷慨；难民觉得，逃离东部州越远，他们遇到的同胞越不够慷慨，越无法理解他们。

指望德国人会把价值连城的工业带完整保留的科涅夫元帅率部从东、北、南三个方向形成巨大的包围圈，将上西里西安地区各矿业和制造业城镇收入囊中，仅在西部留给德国国防军一条狭窄的出逃通道。1月19日，克拉科夫陷落，德国人交出了防御阵地，乖乖撤退，没有摧毁"全民政府"的首都。古谢夫（D. N. Gusev）将军率部运动到奥得河畔的布里格，然后掉头从西里西安西部进攻德国人的阵地，切断了老百姓经布雷斯劳逃亡的主要路线。即使克拉科夫陷落后，地方长官仅允许妇女和低龄儿童疏散。上西里西安150万人口中的大多数开始了逃亡。不过苏联人的推进速度过快，留给村民的逃跑时间往往不足24小时。近乎全体当地人口——70万人口的大约60万——从奥珀伦（Oppeln）和格洛高（Glogau）的中间地带逃脱了。乡下人有马匹和大车，仅有极少数城镇难民有办法弄到这些，在拥挤的冰雪覆盖的道路上，超过20万人怀揣抵达铁路沿线的希望，却只能徒步穿过西里西安南部。在拉蒂博尔（Ratibor）和施韦德尼茨（Schweidnitz）通往利格尼茨（Liegnitz）沿线，各小火车站人头攒动，拥挤不堪，难民数量大大超过国家社会主义人民福利组织志愿者的预料，而他们是前来分发食物、饮水、毛毯的。许多人需要等候数天才能登上列车，其他人只好自己设法步行前往奥得河西岸德国战线后方的安全地带。

不过，仍有50万德国人留在了下列工业城镇：卡托维兹、博伊滕（Beuthen）、格莱维茨（Gleiwitz）、兴登堡。古谢夫将军麾下部队正从西部合围这些地方。在这一地区的众多矿井和工业品制造厂，许多人被迫不停地工作到最后关头。同样属实的有，为了不扰乱当地工业生产，德国占领期间，在这一波兰地区，绝大多数波兰人口都被悄悄划入了德国籍，在其北部瓦尔特兰野蛮推行的种族隔离制在这里也是和风细雨的那种。眼下，大多数工人也许会认为，相同的务实想法对他们同样适用。[20]

正是通过上西里西安这些城镇，党卫军徒步押解了来自奥斯维辛各集中营的囚犯——1.4万男性和女性排成五人一排的纵队，徒步走到了位于格莱维茨的火车站。另有2.5万人经过70公里白雪覆盖的道路走到了罗斯劳（Loslau）。沿途至少有450个囚犯遭到枪杀。头两天夜里，党卫军唯恐苏联红军会突然出现，队伍从未停下，即便停下，也没补充食物和饮水。木屐、破鞋、裹脚布几乎无法抗御冬雪，磨旧的"斑马"牌夹克和长裤根本无法抵挡严寒。离开奥斯维辛前，党卫军放火焚烧了各个库房，大火连续延烧了五天。唯有像菲利普·米勒和耶胡达·培根那样有人脉的人才有办法"组织"足够的衣物、给养、食物，以应付长途跋涉。出发第一天，由于体能耗尽，从波兰历史最悠久、饥饿最深重的罗兹犹太人区送到比克瑙集中营的那些孩子开始接连倒地身亡。走在队伍前列的囚犯以怪异的身姿倒地而亡，走在队伍后部继续前行的囚犯对此早已见怪不怪。他们的尸体就横陈路边鲜血染红的雪地里。甚至在听到步枪射击声和枪托撞击声之前，走在前边的囚犯也能想象出落在队伍后边那些囚犯的命运。[21]

送牛奶和面包给囚犯的波兰村民全都被党卫军赶了回去，尽管如此，许多波兰村民还是走出家门看热闹。大多数逃跑企图恰恰发生在这种地方，趁着人多拥挤，囚犯们脱离队伍，钻进沿街排列的人群。在其他地方，尤其是行进的队伍穿过德国人居多的村子时，或夜幕降临后，囚犯们得不到任何帮助。截至那时，许多德国人接受了纳粹的观念：集中营的囚犯都是危险的犯罪分子、虐待儿童者、外国恐怖主义者、犹太人。即便如此，他们对眼前所见还是感到震惊——多数人的反应是"难以置信"，以及"无法理解"——排着队走过西里西安的那些囚犯，几乎没人记得任何德国人出手帮助过他们。冷漠归冷漠，毫无疑问，德国人更关心自己即将应对的未来。对德国难民来说，除了倾覆路边的大车、死马、德国国防军各部队、排队而过的苏联战俘和英国战俘，路遇囚犯不过是让他们又多了个必须跨越的障碍。条条道路挤满了人，迫使难民走上田间的和林中的小道，这让他们在苏联红军追过来之前向西逃亡的胜算越来越小。[22]

走过的路越长，排队行进的囚犯越渴望躺倒在地，吃口雪，睡过去。由于深感自己对同伴的责任，雅尼娜·柯蔓达（Janina Komenda）才稍作停留，她知道，休息必然意味着死亡。队伍在奇维克利采（Ćwiklice）城外树林边的田野里行进时，冰冷的寒风刺入了雅尼娜的骨缝，她像机器人一样跟着队伍，不断重复着同一个想法："接着走，接着走！不能倒！"[23]

抵达罗斯劳时，纳坦·热勒可韦尔（Natan Żelechower）和他那一队人跛着冻麻的双腿被人领进一个机车库，在那里等候下一步行动。他们踉跄着从冰冷中走进室内，迎接他们的是温暖的恶臭。一大早，他们又被赶到室外，上了敞篷货车，每百人一车，车厢里早已堆满20厘米厚积雪。数小时等候期间，在拥挤的敞篷车厢里，吉安·德齐奥佩克（Jan Dziopek）动弹不得，眼睁睁看着三个人被领到车站旁边的野地里遭到枪杀。那些人藏身在一个谷仓的草堆里，后来被几只狗嗅了出来。几个铁路工人给索菲亚·斯滕平-巴托尔（Zofia Stępień-Bator）和其他几个女人端来一些水，经允许，她们终于可以喝上几口，那点水根本不够她们分。几名铁路工人端出煮好的咖啡，一个党卫军押解员走过来制止了他们。亨里克·米哈尔斯基（Henryk Michalski）是个倒班的矿工，下班后，他帮助两个女人逃脱了——两个人分别是莫妮卡·扎特卡-东布克（Monika Zatka-Dombke）、索菲亚·布罗齐科夫斯卡-波霍雷卡（Zofia Brodzikowska-Pohorecka）。他把两个女人领进屋，她们靠近炉子取暖时，第一次喝到了咖啡。眼看几个囚犯遭到枪杀，亨里克十分震惊，这才采取了行动——其间，莫妮卡听见他说了句"真丢人"。[24]

在火车站，囚犯挤在一起，尚能相互取暖，不过，火车一旦开动，他们之间就显得过于拥挤，无人能转动身子，他们开始进入冷冻模式。唯有每晚抛尸之际，活下来的人才会感到解脱，能找个地方坐坐，将鞋子脱下来活动活动冻僵的双脚。途中没分发过配给，不过，菲利普·米勒在比克瑙集中营特遣队期间好歹攒了点东西，数天后，火车到达位于奥地利的毛特豪森（Mauthausen）集中营，他手里还有一丁点儿富余的面包。耶胡达·培根和长途跋涉后活下来的其他孩子被装进两节封闭的厢式货车，这让他们与寒冷隔开，多得到一丁点儿保护。离开特莱西恩施塔特后，这是耶胡达·培根第二次从开行的封闭式列车上看见途经的马里舍·奥斯特劳，那座城市是他出生的地方，也是他所有战前记忆寄托的地方。[25]

1月20日，凌晨4点，格罗·希尔伯特（Gero Hilbert）接到了收拾行装的命令，位于波森附近伯格斯塔特（Burgstadt）的"送孩子下乡"营区将在4小时内疏散。他带上学校的几本教材、刀子、叉子、衣服、鞋油、针线包、床上用品、营区所在城市的照片，六辆大车将他们的行李运到了火车站。基于数个月的演练，他们排着队，仅用3小时就走完了17公里路。80个男孩分别上了三节敞篷运煤车，前往220公里外的居里霍瓦（Züllichau）。他们身上盖着双层毯子，这也无法抵御寒风，另外，一夜过后，他们携带的黄油和果酱都冻成了冰。好在第二天他们还有足够的干面包啃。旅途是绕道而行，经过36小时旅程，60节车厢的列车凌晨2点喘着粗气开进了居里霍瓦站。在车站暖身子时，让他们惊讶的是，福利组织的员工凌晨4点就出现了，为他们带来了面包和热咖啡，还把他们领进一处营房过夜。转过一天上午，他们第一次喝上了热汤，那时他们才听说，头天夜里，他们那趟车的其他车厢有10个年幼的孩子冻死了。后来，他们的运煤车加挂到挤满难民的一列火车尾部，将他们拉到了奥得河畔的法兰克福。格罗·希尔伯特在法兰克福的经历有点儿乱，为他们看守行李的当地警卫偷走了他们带去的9磅黄油，以及一些糖果。好在后来前往萨克森地区德累斯顿和茨维考（Zwickau）的旅途一帆风顺，他们甚至还坐进了一个标准的客车车厢。[26]

在瓦尔特兰的斯特雷本城堡，莱娜特·舒瓦茨和其他女孩推推搡搡挤上了火车。每到晚间，女孩们会住到"送孩子下乡"计划安置家庭，由老师们和国家社会主义人民福利组织工作人员照应。即便暂时与其他同路人分开,莱娜特觉着,陌生人也总会向她伸出援手。人们会通过车窗将她塞进火车,或弄下火车。由于大衣太薄,位于过道的她浑身哆嗦,一个陌生人将自己的毯子给了她。与此前各次旅行经历相比,这两天前往柏林的回家之路——包括因为没有车票,磨破嘴皮才得以从柏林西里西安(Schlesische)火车站出站——让她感到害怕。不过,与发生在当年1月的其他逃亡相比,二次疏散"送孩子下乡"计划的孩子们,总体进展顺利。[27]

跟妈妈一起从布雷斯劳逃亡过来,抵达科特布斯(Cottbus)时,10岁的于尔根·英格沃特(Jürgen Ingwert)已经疲劳至极,直接躺到了站台上。有一家沃利尼亚州德国人走了过来,给了于尔根两把糖块,帮着他渡过了难关。在莱比锡乱哄哄的站台上,希特勒青年团团员和红十字会护士帮了他们一把。下车前往巨大的莱比锡车站大厅地下躲避空袭时,于尔根瞥见,隔着几条铁道,另一趟敞篷货运列车上满是白雪覆盖的、一动不动的人形。他们身上都是集中营囚犯穿的那种条纹衣服,他推测,那些人早都冻死了。不管怎么说,没人会把他们领进地下防空洞。有人说,那些人可能是犹太人,于尔根记得,有个女人冷冰冰地反驳说:"他们不是犹太人,犹太人在波兰早被杀光了。"于尔根一直无法忘掉那些人。[28]

这个时间节点,路过莱比锡的各支囚犯队伍里,有个15岁的德国犹太男孩,他来自奥斯维辛。托马斯·格夫和其他来自奥斯维辛的囚犯们挤在敞篷车厢里,他们上车的地方是罗斯劳。让托马斯震惊的是,路经上西里西安和下西里西安各火车站时,在站台上候车的一群群德国难民都用嫉妒和愤恨的目光看着囚犯。这还是第一次——在如此严峻的时刻——在他们眼里,集中营囚犯似乎在享受特权,因为他们竟然有火车坐。在莱比锡时,囚犯看见,旁边的站台上停着一趟医疗列车,他们拼命喊叫,请求红十字会的护士给他们这边的病人送些水,那些护士却假装自己没看见。不过,一个扎着辫子的小女孩还没学会无视这些不相识的青少年。她向这列火车跑来,一边跑一边给妈妈指出敞篷车上的年轻面孔,随着她的跑动,穿在她身上的熨帖的黑裙子一左一右旋转着。托马斯·格夫和其他几个男孩挤到车帮旁边跟她搭讪。[29]

与此同时，1月27日，库罗奇金（Kurochkin）步枪师推进到南部目标城市里布尼克（Rybnik）。当天，该师的士兵突然出现在奥斯维辛。集中营剩下的9000名囚犯早已被州检察官哈夫纳博士（Dr Haffner）定性为构成严重威胁，实际上，他们由于过度虚弱和身患重疾无法转移。大批人员排队穿过集中营各个大门离去后，在九天时间里，留下的人已经死了2000。1944年7月，苏联红军攻占卢布林时，马伊达内克集中营的场景让当兵的人都毛骨悚然。苏联人推进过快，党卫军几乎没时间摧毁集中营。解放者巡视了司令官的宅邸、建筑材料库、党卫军士兵的营区、囚犯的营区和工作区，他们还在附近发现了三个毒气室、焚尸房，以及焚尸房后边大规模枪杀囚犯的几条壕沟，成摞的衣服，成堆的鞋子，堆成垛的人类毛发。尽管奥斯维辛－比克瑙集中营的党卫军尽最大努力消除了各种痕迹，炸毁了各毒气室，苏联人清楚他们找到的是什么。他们紧急派遣医护人员前往营区帮助幸存者，派遣记者前去报道恐怖事实。正如发生在马伊达内克的事一样，提到受害人时，苏联军方报纸发表的文章仅仅说，他们是苏联公民，对犹太人和波兰人只字不提。对红军战士来说，马伊达内克早已变成德国人虐待他们的同志的标志。在伊利娅·爱伦堡（Ilya Ehrenburg）和其他作家笔下，就德国占领期间所犯罪行，对复仇的苏联战士们来说，最好的说辞莫过于马伊达内克的见闻和奥斯维辛的见闻，这让希望"德国占领者下地狱"有了新的根基。奥斯维辛集中营解放两天后，即1月29日，苏联军队夺取了西里西安工业区。[30]

1945年1月13日，科涅夫元帅在南方发起攻势第二天，切尔尼亚霍夫斯基（Chernyakhovsky）元帅率白俄罗斯第三方面军从东北方向对东普鲁士发动了大规模正面进攻。苏方参战的有167万人，28360门大炮和迫击炮，3000辆坦克和自行火炮，3000架战机，大大超过人困马乏的 41 个德国师，与苏方对阵的德方仅有 58 万人，700 辆坦克和自行火炮，515 架战机。不过，苏联人必须啃下的是固若金汤的数条防线，从第一次世界大战前开始，这些防线就不定期升级和扩建。而且，红军进攻的都是这些防御工事最坚固的方向。与科涅夫仅用十一天冲到奥得河不同，直到 3 月，白俄罗斯第三方面军才打通道路，穿过东普鲁士和波美拉尼亚西部，进抵奥得河口。格丁尼亚和但泽两座城市一直固守到 3 月底，另外，4 月 9 日，位于维斯杜拉潟湖以东的东普鲁士首府柯尼斯堡才投降。[31]

东普鲁士必将见证苏联冬季攻势最残酷的拼杀场面，也必将见证针对德国士兵和平民的各种残酷暴行。攻克东普鲁士期间，126464 名苏联士兵战死，还要加上 458314 名伤员。这是苏联步兵经历的最严重的损失，几乎可以说，是所有攻坚中最硬核的攻坚。为尽可能留下宝贵的坦克，将其投入有把握决胜的攻势，苏联指挥员们不惜牺牲自己人的性命。红军第六十五军卫生员斯韦特拉娜·阿列克谢维奇（Svetlana Aleksievich）看了看刚从战场上送进包扎所的那些步兵的面庞，她根本无法面对那些人，只好把脸别向一边。半个世纪后，她仍然记得，那些"根本不是人，一定程度上说，都是些奇形怪状的面孔。我真的无法形容，人们肯定会以为自己置身真正的精神病人当中"。[32]

尤里·乌斯别斯基（Yuri Uspensky）是苏联红军第五炮兵师的一名军官，1 月 24 日，看着贡比涅在大火中燃烧，他感觉，愤怒终于扯平了："这是对德国人在我们国家做的所有事情的报复。如今轮到他们的城市被摧毁，他们的民众体会战争意味着什么了。"三天后的 1 月 27 日，前往柯尼斯堡的路上，经过威劳区（Wehlau）时，看见一个女人和两个孩子一起被杀，乌斯别斯基非常震惊，那天写日记时，他回顾了一路走来见过的遭杀害的平民的尸体的频率。寻找抽象理由，以求自圆其说时，乌斯别斯基不由自主感到不安。他自我安慰道："不得不提马伊达内克，以及'优等种族'理论，才能理解我们的士兵为什么乐见东普鲁士落到这步田地。当然，杀死孩子是难以置信的残忍。不过，在马伊达内克，德国人的冷酷比这恶劣上百倍。"[33]

1月20日夜，疏散令下达到柯尼斯堡地区的霍亨多夫（Hohendorf）庄园。如今，学校的老师坚持让孩子们称呼他为"队长"，他让孩子们带上课本；而家长却说，将书包掏空，只需带上衣服和床上用品。夏洛特·库尔曼（Charlotte Kuhlmann）和兄弟姐妹们悄悄将玩具塞进书包，夏洛特还带上了自己的娃娃。孩子们穿上最暖和的、周日才穿的最好的衣服，大人们松开缰绳，大车随即出发了。伴着牛叫声，人和车排起了队，带孩子的保姆则一首接一首哼唱在西里西安培训时学会的歌。在村子的客栈前边，其中三个孩子被安置到一辆大车上，两个14岁的男孩被安排拖拽手推车，带孩子的保姆负责推婴儿车，还安排其中一个女孩骑自行车。这一大家族的其他人则分散到不同的大车上。在普鲁士各州这一最封建的州，像其他村庄一样，村民们总是一起行动，全村人一起迁徙时，由年长的东家率队，或者，多数情况下，由东家的老婆率队。[34]

一周后，库尔曼家族抵达了维斯杜拉河，当时他们已经筋疲力尽，浑身湿透，浑身冻透，由于德国国防军将条顿骑士小镇马林韦尔德（Marienwerder）的大桥占为军事运输专用，库尔曼家族被迫赶着大车从封冻的河面前行。1月28日入夜，轮到夏洛特·库尔曼当班看守他们越来越少的财物。她注意到，有个同村的女人站在不远处等车，她一动不动地站在那里，双手抱着襁褓，里边是刚出生的婴儿，晶亮的泪珠冻结在她的双颊上，像珍珠一样闪闪发亮。夏洛特不敢走过去，她突然怕了，那婴儿没准儿死了。

陆路离开东普鲁士的道路没有几条，库尔曼家族走过的是其中之一。因为，1月20日，苏联人从南边进攻该州中部，目标直指维斯杜拉潟湖，为的是包围维斯杜拉河以东整个东普鲁士，将其与西边的但泽和波美拉尼亚东部隔开。奥斯利科夫斯基（N. S. Oslikovsky）将军率近卫骑兵第三军向西北推进，1月21日突然攻入阿伦施泰因（Allenstein）城内，让全城大多数人和德国国防军大吃一惊。同样的事也发生在奥斯特罗德（Osterode），让该地40万尚未做好逃亡准备的东普鲁士人成了瓮中之鳖。一旦苏联红军攻破阿伦施泰因周围坚固的防线，他们即可经由最短的路径推进到海边。1月23日，季亚琴科（Dyachenko）上尉率7辆坦克组成尖刀部队，开着坦克的前照灯穿过普鲁士霍兰（Preussisch Holland），突入埃尔宾（Elbing），超过一些有轨电车和行人，直接插入晚间的车流里，一些德国人以为，这是德国参训部队的军车。苏联红军先头部队的其他坦克赶到时，埃尔宾的守城部队才从讶异中如梦初醒，后到的坦克只好在城东摆开阵势，于第二天一早在维斯杜拉潟湖之畔的托可米特（Tolkemit）与季亚琴科上尉形成首尾呼应之势。[35]

为抵达海尔斯堡（Heilsberg）三角防线，赫尔曼·菲舍尔（Hermann Fischer）的跋涉路线由莫伦根地区（Mohrungen）转向东北。但是，1月24日，苏联红军包抄了过来。说服党的地方领导同意他们将党徽埋进垃圾堆后，虽然身上没戴任何标记，菲舍尔和他的太太还是在枪口逼迫下站到了墙根。幸亏农场的波兰女工们出面求情，两个人才死里逃生。那天晚上，苏联坦克部队开始轮奸一个女人，前后持续13小时。接下来一个月，为了三个女儿的安全，菲舍尔和两户邻居将她们藏进林子。不过，2月25日，有人看见他走进林子。第二天，经过一个月的严寒和饥饿，两个20岁出头的年轻女子和一个13岁的女孩从藏身处走了出来。13岁的格尔达（Gerda）是幸运的，她被送出去为苏联人打工；不过，年龄大点的埃莉泽（Elise）和特露德（Trude）却消失得无影无踪。被红军包抄的赫尔曼·菲舍尔在农场住了下来，他眼睁睁看着农场主成了枪下鬼，还亲眼见证了整个生活方式遭到摧毁，眼瞅着大多数其他男人、女人被运往东方的苏联打工，将多次遭劫后残存的无人居住的破败的家抛诸身后，留给冬日的寒风任意吹打。[36]

红军战士不仅有多杀德国人的想法，也有其他想法。尽管严格的命令与他们的作为相反，他们中许多人喜欢将哄抢时得到的德国军帽、军服、长靴穿戴到自己身上。虽然基于误会的对射在红军战士之间不可避免，德国人来不及扔掉的这些东西，红军队伍里的下级军官们和士兵们还是会兴高采烈地穿戴到自己身上。似乎因为征服了那些曾经看似不可战胜的人，处在极度亢奋中的他们需要将曾经让他们最害怕的东西穿戴到自己身上。人们在一个死去的苏联士兵身上看见的是一整套纳粹制服。[37]

当时逃出东普鲁士的道路仅剩两条，北部各区的难民朝着柯尼斯堡和桑兰半岛方向逃亡，寄望于从皮拉乌（Pillau）经海路出逃。东南部和中部各区的难民向着维斯杜拉潟湖方向逃亡，以图从冰面逃往卡尔博格（Kahlberg），那里是夏季旅游点，坐落在狭长的沙嘴滩所在地，那处地方将维斯杜拉潟湖和波罗的海分隔在两边。从卡尔博格往后，难民沿着沙嘴滩的一溜沙丘前往维斯杜拉河口富含琥珀的软泥地区，途经斯图特霍夫（Stutthof）集中营，最终才能抵达但泽港和格丁尼亚港，远方的波美拉尼亚东部才是他们的安全港。

由于受到对地攻击机的驱赶，更由于受到苏联推进消息的驱赶，成千上万难民加入了维斯杜拉潟湖南部位于海利根贝尔（Heiligenbeil）周边一块飞地上的23个德国师的残部。从1月末以来，德国国防军固守着这片巴掌大的地块，这一地区的最大纵深不过20公里。2月底，湖冰开始融化，那之前，一批又一批上路的难民从海利根贝尔和布劳恩斯贝格（Braunsberg）之间的湖面穿过这片飞地。处在苏联火炮射程内的难民总是夜间出发，农民们赶着大车，排成单列纵队，沿着零星火把标出的一条条通道前行，凡有大片冰面断裂的地方，都有临时搭建的桥梁。洛雷·埃里希对救世军感激不尽，2月12日，她带着两个年幼的孩子在布劳恩斯贝格启程时，他们用枪口指着赶车的农民，让他们用车捎带徒步的难民。走上冰面不到半小时，跟随大车左右的小马驹摔断了两条腿，人们只好将它丢弃。洛雷乘坐的大车套了两匹马，后来，在一片黑暗中，其中一匹马掉进了冰窟窿。唯恐失去马匹——失去马匹意味着失去拉动手头现有大部分财物的能力——的农民吓得浑身哆嗦，只能小心翼翼用斧子割断绳索，放弃那匹马。在等候期间，冰面一直在融化和破裂,他们眼睁睁看着冰冷的水面渐渐升上来。在依稀散布的火把影影绰绰的微光里,缓慢移动的人流像是送葬的队伍。随着寒气裹身,人们在不知不觉中冻木了四肢,埃里希太太集中精力,目光一直没离开眼前那个农民宽阔的背影。[38]

在晨曦中,一切都清晰可辨,冰面道路的破损,毁坏的卡车、汽车,以及从损毁的车里逃出来的人们依靠双脚在冰面继续前行。受伤的士兵横躺在运草的车上,在风雪中,他们的伤口就那么暴露着。随着夜幕降临,埃里希太太那队人马继续前行,在寂静的维斯杜拉潟湖上,破裂的冰面发出巨大的响声,预示着不祥。由于寒冷,她的两个儿子体力不支,变安静了,到达卡尔博格时,他们甚至不想从大车上下来。两个孩子患了"公路病",也就是慢性腹泻。这一路,口渴比饥饿更折磨人,埃里希太太闷头前行,看不见任何希望。在地方党领导办公室里,人们所见全是愤怒和失望。伤寒威胁告诫人们,水不能乱喝。埃里希太太回到队伍里,车队沿着狭窄的,烂泥一样的沙嘴滩道路缓缓前行,在他们前方,不断地有大车掉入或翻入冰窟窿。队伍前端的人们修理大车车轮,重新装载财物时,排成单列的车队后半段只能等待。沿途遇到的士兵没有粮食匀给他们。第一天,他们行进了不足5公里。埃里希太太乘坐的大车套了两匹马,有橡胶轮胎,有硬顶,是最结实的马车之一。不过,抛弃大车和财物的人越来越多,赶车的农民唯恐自己成为其中一员,一路上,驱赶两匹马时,他嘶哑的喊声暴露了他的心态。沿途所见,损毁的大车越来越多,他们看到,那些死马旁边还躺着一些老年人和怀抱低龄孩子的母亲。

前进方向的右边是军用道路,以及常青树绿化带,它阻断了来自波罗的海的海风;左边是闪闪发亮的维斯杜拉潟湖冰面,其上空偶有炮弹飞过。跋涉途中经常会遇到长时间停顿,一次这样的停顿期间,他们偶遇上万被押送的俄国战俘。埃里希太太亲眼看见他们中许多人走到死马旁边,割下一条条马肉,直接生吞下肚。无论埃里希太太多么富于同情心,想到那些人可能干掉卫兵,然后冲进他们的队伍,她实在吓得不轻。这样的事没有发生。很快，队伍走到了沙嘴滩尽头。到达位于斯图特霍夫巨大的集中营时，埃里希太太离开了捎带他们的农民，她突然意识到，自己陷入了孤立无援境地。领取派发的汤和面包需要排队数小时，没人愿意帮助她，而她又不能让两个孩子躺在草垫子上。尝试吸引他人关注她的困境时，她的行李和手包被盗，手包里装着她的所有珠宝、存折、现金。由于先后得到一名党卫军军官、一名警官、一名铁路官员帮助，埃里希太太终于抵达了但泽，在那里，遇事同样需要依靠关系。好在当地的熟人从新来者名单上发现了他们的名字，将他们从难民营领了出来，给他们以关爱。三周后，他们得以精神饱满地登船前往丹麦。

从拉斯滕堡附近自家所在的村庄出发后，多萝西娅·丹戈尔的逃亡之旅始终由年长的女庄园主带队，一路走到了冰面上。多萝西娅是本书此前提到的伐木工的女儿，1939年9月，她每天花费数小时，往排队走向战场的士兵身上抛撒鲜花，让她父亲非常不爽。如今她已不再是12岁，也不再是让一个恋昏了头的德国士兵某晚追进家门的那个信心满满的16岁丫头，更不再是喜欢背负沉重的真皮邮包，沿着长满菩提树的村道，迎着妻子和母亲们期盼的眼神送邮件的丫头，她无法面对将写有"陷落"两字的电报纸递出时看到的眼神。军方需要占用道路，尤其在护卫队将她那一队人马从沙嘴滩赶回冰面时，让她又冷又怕。唯有夜间，他们才能躲过苏联飞机持续不断的低空扫射，不过，那个时间段，在冰面行走最危险。一天晚上，多萝西娅顶着夜幕为家人领到食物后，顺着队伍边缘往回走，一个抱婴儿的女人求她分出点食物，她拒绝了。见到家人后，她的羞愧更加难当了，因为，她离开期间，军方的一个野战伙房让她的家人都吃到了食物。[39]

超过60万人经维斯杜拉潟湖面或沿着沙嘴滩逃往但泽。10万到12万人抛弃马匹、大车，以及大部分财物，逆向逃出但泽，沿着沙嘴滩逃往东边的纽蒂夫（Neutief），随后在皮拉乌登船。自1月25日起，那里的船只开始疏散来自桑兰半岛的难民。但泽湾（Danzig

Bight）东端是最后落入苏联人手里的东普鲁士区域，4月，柯尼斯堡投降后，那里的人们仍在坚守。夜间巡逻期间，为了寻开心，马丁·贝尔高和帕姆尼肯民兵队伍里的其他希特勒青年团男性经常对着雪地里晃动的身影开枪，他们也遇到过一些趁着夜色逃往皮拉乌的逃兵。时年16岁的马丁·贝尔高鼓励他们留下，跟他一起守卫家园，他们反而给他上了一堂逃生课，他们说："你以为我们想留在这儿变成冻死鬼吗？"[40]

1月26日到27日夜间，帕姆尼肯，马丁·贝尔高听见房子外边传来人们的叫喊声。他在防空部队和民兵队受过训，因而他机械地按规矩做着该做的事：穿好衣服，拿起枪，冲到房子外边。这时他看见，躲在前花园的一个女人跑了回来，刚跑到街上，就中弹倒下了。凌晨3点，马丁突然惊醒，他看到的是，在一片喊叫声中，一长溜衣衫不整的人的身影沿着街道在移动。马丁的父亲将他拉回屋里，还警告他，不要掺和运送囚犯的事。第二天一早，马丁看见，花园大门上粘着几片冻硬的浸满血迹的布片。在通向城里的道路沿途，当地德国人见证了囚犯们被卡宾枪托砸死，或跪在路边的雪地里，被人从后脑勺开枪打死。他们是集中营的部分囚犯，是排着队从海利根贝尔、格尔道恩（Gerdauen）、希拉本（Seerappen）、希彭贝尔（Schippenbeil）、捷绍（Jesau）等地工作营押送过来的，全都是斯图特霍夫集中营送往东部的疏散人员。[41]

这些囚犯里，大约90%为犹太女性，许多人是灭绝匈牙利犹太人时的幸存者，以及罗兹犹太人区的幸存者。他们已做好充分准备，用电话线将罐头盒做成的饭碗和水杯系在腰间，不过，他们身上仍然穿着夏季的衣裳，双脚用破布裹着，或穿着木底鞋，在1月份，这种鞋经常陷进雪地里拔不出来。他们没有明确的路线和目的地，没有吃的喝的，以及中途休息的地方，党卫军押解员及其俄国跟班驱赶着他们加速前行，走得不够快的那些人就直接杀掉。4月，在距离杰茂（Germau）数公里远的埃勒豪斯（Ellerhaus）丛林地带，苏联红军挖出了一个万人坑，里边的所有尸体都是浑身虱子，皮包骨头——恰如埃里希太太在沙嘴滩路上见过的那些俄国囚犯一样，其中一些尸体的衣服口袋里还藏着鱼块、土豆块、胡萝卜块。

离开柯尼斯堡的5000名囚犯，仅有半数走到了小城帕姆尼肯，在当地民兵司令官指挥下，他们被圈进一个废弃的工厂，吃上了饭。四天后，趁着夜色，他们排好队，被押送到海边，被赶上冰面，然后被自动武器全体放倒了。那些作恶者不仅有党卫军的人和盖世太保的人，还有地方民兵和希特勒青年团的人，前两类人巴不得摆脱看管的囚犯，甩掉累赘。那年2月，骑马经过那段海岸时，马丁·贝尔高看见一些鼓囊囊的尸体脱离冰层，被海水冲上了岸。他感到恶心，赶紧拨转马头。此前，大约200名躲过屠杀的女性在他们手里遭枪杀时，他还担任过现场警卫。半个世纪后，参与杀戮的那些希特勒青年团内的伙伴，经他揭发的仅有两个男孩，两个人后来都死在了帕姆尼肯。即便如此，马丁·贝尔高无疑亲眼见证了那些下跪的女性如何遭到枪杀，以及党卫军士兵为7.65毫米手枪换弹夹的手法多么专业。[42]

一些活下来的女人设法找到了愿意藏匿她们的人。左手中弹受伤的多拉·豪普特曼（Dora Hauptmann）从冰面逃了出来，她敲开一扇门，找到一个德国人家，那家人将她藏匿了一段时间。不过，由于守卫桑兰半岛的9个德国师一直在固守，她只好离开。在希克森坦兹（Hexentanz）广场，一群孩子迅速将这个不知所措、筋疲力尽的女人团团围住，齐声大喊："我们抓住一个，我们抓住一个！"后来，一个意志坚定的当地女人贝尔塔·普尔沃出手将她带走，说是要上交当局。实际上，贝尔塔将多拉带回了家，还打电话招来了医生，后者教会她如何清理和护理多拉受伤的手。尽管贝尔塔·普尔沃至少遇到过两次严厉盘问，她一直藏着多拉·豪普特曼，直到4月15日苏联人最终攻占帕姆尼肯。[43]

2月，随着红军推进到桑兰半岛，一支苏联内卫军部队第一次报告发现了万人坑。其他红军士兵们则对萨姆兰地区的富庶感到震惊，其中一人在寄给妻子的信里说："这里的人们活得真好。虽然这里土壤含沙多，他们比咱们活得好。每次进入一个房间，我们都不知道先往哪儿看，好看的东西实在太多了！差不多每家都有一架钢琴！那是一种……"他见多识广地补充道，"能在上边演奏音乐的东西。"与此同时，尤里·乌斯别斯基对己方的暴行越来越感到恶心。与德国占领斯摩棱斯克期间的暴行或马伊达内克的暴行相比，2月2号那天，他再也无法为己方辩护下去了。"我恨希特勒和希特勒的德国，恨之入骨，不过，就算这样的仇恨，也不能为这样的行为正名。我们在复仇，不过，"最终，他直接表达了自己的忧虑，"也不能这样复仇。"2月7日，在克劳森（Kraussen），他看见一个士兵打死了他们坦克前方的一个女人和婴儿，因为对方拒绝了那个士兵的性要求。2月中旬，德国国防军被压制在桑兰半岛的9个师发起反攻，击退了苏联军队，重新打通了柯尼斯堡通往皮拉乌和波罗的海之间的通道。德军在米特吉森（Metgethen）找到了苏联红军暴行的一些新例证。2月19日，在克拉戈（Kragau）附近，尤里·乌斯别斯基战死在沙场。[44]

对马丁·贝尔高来说，幸运的是，在通往帕姆尼肯的一些道路上，他帮忙将那些可怜的木质路障安装到位，却不必留下来担当守卫。2月底，他和1928年出生的其他一些男孩受命西进，乘坐数艘破冰船，从皮拉乌出发，经波涛汹涌的公海驶入但泽湾。穿越海湾时，一个女人吓得要命，不停地絮絮叨叨，自称是中国女皇。同一时期，乘坐火车从但泽到斯德丁后，马丁·贝尔高发现，当地不欢迎他们这拨人。他在西边没有亲戚，凭着能说会道，他上了一趟党卫军的列车，直接返回了但泽。他希望再次穿越海湾，返回皮拉乌，参加战无不胜的家乡保卫战。毫无疑问，那年春季，他曾经希望挖出埋进花园棚屋地下的一些轻武器，这一浪漫举动差点要了他父亲的命，当时红军的一匹战马踢破了腐烂的隔板，冲进了院子。[45]

恰好在同一时间段，整个2月份，从但泽到斯德丁一带的波罗的海沿岸陆地板块平静得一反常态，随后平静突然结束了。将近100万难民——其中80万来自东普鲁士——大量涌入之际，在深入内陆 110 公里处，沿格鲁琼兹、曾佩尔堡（Zempelburg）、马基什弗里德兰德（Markisch Friedland）、斯德丁、皮里兹（Pyritz），到奥得河一线，德国国防军建成了一条新防线，将苏联军队阻隔在南方。超过半数难民在波美拉尼亚东部驻扎下来，本地人口亦如是。无论当地民事和军事当局如何向他们施压，他们都明确表示，坚信这条防线能守住。[46]

3 月初，朱可夫（Zhuko）元帅和罗科索夫斯基（Rokossovsky）元帅分别率部从南方发起攻势，调头往东再次进攻格丁尼亚和但泽前，他们一路向西，挺进到了奥得河，将波美拉尼亚东部一分为二。随着德军各部队和难民分为两路，一路向东逃往但泽，一路向西逃往科尔贝格（Kolberg），德国波罗的海沿岸州迅速被切割和包围成一连串的小地块区，随后一个接一个被吞没。严冬下的各条道路都被马拉的大车挤爆，很快又被装甲洪流再次撑上。3 月头两周，数量庞大的东普鲁士人、西普鲁士人、波美拉尼亚人流向但泽，在斯托尔普（Stolp）周边地区被超越。当时人们已经没时间抒发慈悲心，甚至没时间善待"送孩子下乡"项目的孩子们。在吕根瓦尔德港湾，为了给一个当地人腾位置，13 岁的赫伯特·哈格纳（Herbert Hagener）被人从船上撑了下来，那人还对他说，既然没人邀请"送孩子下乡"项目的孩子们到东边来，他最好自己想办法回家。从哈根市来的其他男孩们决定回家，而不是留在当地保卫某个不是自己家乡的德国区域。3 月 10 日，东波美拉尼亚差不多全都被占领了。[47]

从 1 月底到 4 月底，大约 90 万人从但泽湾和东波美拉尼亚各港口出发，经海路疏散出去。小小的希拉渔村（Hela）坐落在狭窄的沙嘴洲上，将波罗的海和但泽湾隔开，它的位置如此偏远，即便大量部队和难民拥挤在沙洲上，几乎没有空防，它仍然易于守卫：马丁·贝尔高以前协助挖掘的战壕突然再次派上了用场，因而，战争结束前，这地方一直是通往波罗的海的通道。另外，港口城市但泽和格丁尼亚陷落后，仅 4 月一个月内，就有 38.7 万人在此成功登船。马丁·贝尔高是其中一员，这是他第二次从但泽出逃，这次是作为海军辅助人员，身穿蓝白相间的制服，乘坐 U 型潜艇离开。[48]

从维斯杜拉河到奥得河，苏联红军取得了突破性进展，大多数德国人对此感到既惊讶，又震撼。在阿登高地，圣诞攻势给德国人带来了高涨的乐观情绪，极少有人想到，苏联人来得太快，数周内，他们就得奋起保卫自己的国家免受占领。在东部各州，大多数人都是等到最后一刻才逃亡的，因为人们相信了政府的话。甚至在 2 月份，波美拉尼亚东部大多数人——半数为东普鲁士来的难民——相信，德国国防军的各条新防线安全牢靠，因而他们都守在了原地。

东普鲁士和波美拉尼亚东部陷落了，消息曝光，纳粹政权所说的一切彻底幻灭了。在汉堡，愤怒的难民发现，人们乐意倾听并散播他们的陈述，即纳粹党权贵们如何禁止当地百姓逃亡，而他们自己却拍屁股先跑了。在各种公共交通场合，身穿制服的纳粹官员们遭到民众敌视，人们已经厌倦报喜不报忧的宣传。即便在铁杆支持者众多的巴登地区，人们也在说："他们不应该总是说，我们会赢得战争，因为我们必须赢。相反，他们应当让人们见识一下，敌对各方怎么就会输。"人们不仅没有批判盟军抛撒的传单，反而将怒火指向自己的媒体："媒体所有关于英勇抵抗，关于德国人心的力量，关于全体人民的起义，所有夸张的漂亮辞藻，全都毫无意义。"对元首的信任甚至也开始垮塌，不过，与人们鄙视和藐视这个体制内的其他人相比，这一点无足挂齿。[49]

德国人民已经清楚，胜利渐行渐远，许多人认为，德国无疑会战败，其他人则认为，战争会处在僵持状态，久拖不决。或许很多人还指望西方盟国会与德国单独媾和，甚至会加入第三帝国，加入新的讨伐布尔什维克的远征。不过，鲜有人意识到，德国会在东部前线失利，而失利对公众观念的影响可谓立竿见影。在萨尔河（Saar）以及莱茵河沿岸，第三帝国与英国人和美国人正面交锋地区，失败主义正在暗中积攒力量。一些城市出现了一种新的见面礼和告别礼，以取代日渐难得的希特勒举手礼，人们会说："好好活着"（Bleib übrig）。这是一种颇具讽刺意味的宿命论，有时候，人们将它的简称"BÜ"刷到墙上。不过，这种现象并不广泛存在于其他地方。⁵⁰

2月3日，柏林遭受了"二战"中最严厉的空袭，在各条黑黢黢的大街上，浓烟和尘埃营造出一束束奇异的光线。又有3000人在一次空袭中死去，不过，即便如此，仍有一些人乐意重复那句支撑他们一路走来的老掉牙的口号"坚持到底，这是所有词汇里最没有意义的词汇"，那是漫长的一天，那天行将结束时，乌尔苏拉·冯·卡多夫愤怒地表示："也是，他们会坚持到所有人都死光，除此别无出路。"根据提交给德国国防军的各种报告，首都的所有谈资都涉及东部前线、恐怖轰炸、防空能力乏善可陈，以及对各种"新式"德国武器的承诺。根据当地情况对国家地位自行做评估时，人们总是将他们所知道的粮食形势、燃煤短缺、军事工业综合在一起。他们将战争久拖不决归咎于元首信任的那些人的背叛，一些人甚至推论说，若不是因为那些人，战争早就打赢了。最重要的是，那些柏林人仍然想听到"正面的事实"。以及德国国防军找到的"关于某次胜利的所有报告，哪怕只是一次微不足道的胜利，都会有积极的意义。虽然许多人仍然在说，好像我们再也不会打赢这场战争了，总的来说，人们仍然希望出现一种向好的改变"。随着人们在希望和恐惧中摇摆，随着外交使团已经离开首都的消息到处传播，许多女性仍然下不了决心，究竟应当让自己年幼的孩子留下，还是离开。⁵¹

1944年夏季和秋季，戈培尔已经为德意志民族拟好了临终遗言。像希姆莱一样，在莱比锡"各民族大会战"（Battle of the Nations）一百三十一周年纪念会上，第一次对民兵的作用发表看法时，戈培尔回顾了抵抗拿破仑的战争，以及广受欢迎的起义想法。不过，与希姆莱不一样，他选择了一次历史性败绩，以说明为国牺牲的价值。由法伊特·哈兰（Veit Harlan）执导的电影《科尔贝格》（*Kolberg*）比预算排位第二的彩色电影耗资高出一倍，另外还雇请了数万士兵、水手、马匹充当群众演员，这部电影毫无疑问带有戈培尔参与制作的印记。1807 年，对科尔贝格的围城战以法国的胜利告终，不过，这部由法伊特·哈兰执导的电影千方百计表达的要点是，一种新的抵抗精神由此诞生。科尔贝格土生土长的镇长内特尔贝克（Nettelbeck）双膝下跪，竭力劝说普鲁士司令官冯·格奈泽瑙（von Gneisenau）将军，他"宁肯与科尔贝格一起玉碎，也不愿投降"。听到普鲁士传奇将军的回答，镇长才如释重负，站了起来。将军的回答是："内特尔贝克，这正是我想从你嘴里听到的。现在咱俩可以一起赴死了。"影片不厌其烦地反复出现 1813 年就义的德国爱国诗人特奥多尔·科尔纳（Theodor Korner）的诗句，在 1943 年 2 月"全面战争"演说高潮部分，戈培尔也引用了同样的诗句："现在，起来啊人民——迎接暴风来临！"位于拉罗谢尔（La Rochelle）的德国要塞身陷困境，却象征性地被选为该片 1945 年 1 月 30 日的首映地点。戈培尔有所不知，很快会有一长串普鲁士城市被围困。3 月 18 日，科尔贝格认输后——与柯尼斯堡、波森，或者布雷斯劳不同，科尔贝格被围困不足两周便认输了——戈培尔强烈要求德国国防军不要将此消息登在每日通报上，他唯恐这消息会冲淡前述电影的宣传效果。战争期间，没几个德国人看过这部电影，尽管如此，影片很好地弘扬了通过自我牺牲和英勇就义体现英雄主义和荣誉至上的中心思想。[52]

德国人的斗志越来越两极分化，不仅因地域分化，还因为年龄。早在 1945 年，露特·赖曼（Ruth Reimann）的日记本就写满了，她觉得，姐姐送的新艺术画册实在过于精美，无法承受自己"俗不可耐"的青春狂想。不过，她在封面贴了一张元首在山里的照片，那是在梦幻般的瞬间抓拍的照片，她还在扉页写下了她所知道的最美的词语，摘引自赫尔曼·克劳迪斯（Hermann Claudius）的"祷词"：

> 天父，请站在元首一边，
> 他做的一切荣誉归于你；
> 你做的一切荣誉归于他，
> 天父，请站在元首一边。
>
> 天父，请站在我们一边，
> 他做的一切荣誉归我们；
> 我们做的一切则归于他——
> 天父，请站在我们一边。[53]

纳粹的价值观包括两极分化的非善即恶，以及关于承诺、信任、献身的劝诫，对青少年而言，这些永远都具有十足的吸引力。回想1944年1月，莉泽洛特·京策尔横下一条心，准备坚强面对更多空袭时，身为社会民主党党员的父亲强烈要求她考虑战败的可能。对她来说，哥特式的理想主义献身早已成了她的选项：

> 身边的人们纷纷倒下之际，泰亚（Teja）对东哥特人大喊："即使胜利不再，还有荣誉尚存！"难道没人会对德国的那些敌人大喊："你们可以杀掉我，但杀不死我，因为我即永恒！"[54]

1944年1月，没人要求莉泽洛特将理想付诸行动，相反，她被疏散到了萨克森地区。通过各学校师生整体疏散编制，她那个年龄段的学生所在的学校也属于最重点保护，需要远离战争的学校。与10岁以下的孩子们不同，大多数像她一样的孩子是和同班同学一起前往各个城堡和各个修道院，以保留和加强希特勒青年团始终提倡的同龄人集体归属感，因而没必要在村子里寻找养父母家庭接收。虽然一些人最终滞留东部，他们向西再疏散时，由于难民潮如洪水猛兽，各种纳粹组织做不了太多事，他们仍然能得到许多纳粹志愿者的帮助。在"送孩子下乡"计划安置家庭统一保护下，许多远离战争的青少年仍然相信关于"最终胜利"的承诺。见证过1945年1月和2月的各种混乱后,他们仍然认为,德国是一个国家,而不是各种村庄和家庭网络大杂烩,难民逃亡时只能依靠这样的大杂烩。

许多青少年仍然在继续响应纳粹政权倡导的各种行为方式。在电影《科尔贝格》里,戈培尔和法伊特·哈兰凭借普鲁士王后路易丝一角凸显了国家振兴所需要的各种英雄主义品质。虽然看过这个电影的青少年极少,许多女孩却是听着王后的故事长大的,与此同时,她的英勇和献身成了她们的榜样。露特·赖曼成了易北河(Ibe)畔伯格镇(Burg)德国女青年联盟的佼佼者,恰好在那一时间段,她在自己的新艺术画册里抄下了王后的一段话:

> 于我来说,德意志是神圣中的神圣。德意志是我的魂,我为它而存在,有它在,我才幸福……假如德意志死去,我也会随之死去。[55]

第十章
最后的牺牲

总体上说,为东部各州浴血奋战期间,作为预备队的希特勒青年团各部队都保留了下来。这种情况很快会发生变化,苏联各集团军在奥得河对岸的科斯琴(Küstrin)摆开阵势,机械化部队距德国首都仅85公里。1945年4月,希特勒亲自授意,从柏林派遣6000名希特勒青年团男生前往泽洛高地(Seelow Heights),以加强那边的防御,那边正与朱可夫麾下部队隔河对峙。如今,希特勒及其政权向长期以来喻之为国家未来的那些人揭开的倡议是——死亡。

长期以来,纳粹一直鼓吹像英雄一样死得其所。一些电影为年轻人而生,例如汉斯·施泰因霍夫(Hans Steinhoff)1933年执导的《机智的希特勒青年》(*Hitlerjunge Quex*),这部电影理想化了一个为事业献身的男孩。1934年,纳粹政权将纪念第一次世界大战亡灵的主要祭典从秋季挪到春季,还美其名曰"英雄纪念日",目的是将其变成更多人参与的仪式,这对民族振兴至关重要。"二战"让整个社会充满了英勇献身的论调,数百万家庭不得不为家里倒下的人书写发给亲属的通知,许多家庭选用了纳粹政权提倡的句式:"为了元首、民族、国家。"其他家庭则表现对纳粹政权避之唯恐不及的态度,或表现难以割舍信仰,把上帝和人民置于元首之前,或完全不提希特勒。不过,在教育民众为两次世界大战做奉献方面,德国保守派和各传统天主教也做了大量工作。20世纪20年代末,为大力弘扬"更上一层楼的忠诚,更上一层楼的信心,更上一层楼的牺牲精神",新成立的各种退伍军人协会和团体不在少数。1943年3月,玛丽安娜·佩因豪斯(Marianne Peyinghaus)前去安抚近期刚刚失去独子的一对夫妇,那孩子19岁,是希特勒青年团的一个领袖,将来某一天注定会继承父亲的建筑公司。那名母亲平静地对玛丽安娜说了句大实话:"为祖国牺牲高于一切。"从这对夫妇滚落的泪水背后,玛丽安娜可以看出,通过前述那些信念,他们也在试图从痛苦中探索牺牲的意义。[1]

1944年10月,希特勒青年团为成立民兵发起征兵时,压根没有征求家长同意的选项:与疏散孩子下乡不一样,这次不再是自愿。到了1944年底,家长们遭到威胁,如果他们的儿子不报名,他们将受到法律制裁。许多家庭肯定是怀着恐惧心态看到了对大男孩们的征召令,不过,极少有什么人家拦阻孩子。柏林战役期间,一些年轻的战斗员夜里仍然回家居住,每天早上返回战斗岗位时,他们将母亲们准备的午餐打包带走。通过希特勒青年团的军训、实战演练、在挨炸城市实施救援、弗兰克高炮征召令,各个家庭渐渐习惯了青少年服役这类想法;况且先期服役的孩子早已超过10万。1944年8月,帝国希特勒青年团领袖亚瑟·阿克斯曼(Arthur Axmann)发出号召,要求1928年出生的男孩自愿报名参加德国国防军,随着希特勒青年团全员响应号召,不到六周时间,那一年龄段的人70%报了名——这情况出现在强迫所有人报名之前。1944年10月的"最后征召令"让各种矛盾侵蚀到纳粹主义的核心,达到了危机点。[2]

纳粹政权一直以德国青年捍卫者自居,并且以行动证明自己不是说说而已,它净化民族,为"生存空间"而战,为抵制"犹太-布尔什维克主义"而奋斗,都是为了下一代人,为了让德国可以高枕无忧,因为他们是国家种族的未来。这是设立希特勒青年团夏令营的原因,也是疏散遭受空中轰炸威胁的那些城市孩子的原因;这也证明了如下措施的正当性:不给"无可救药的"囚犯提供生活资料、对"低能"的女孩实施绝育、驱逐犹太人。纳粹政权以这一代年轻人的名义追求乌托邦式的幻想,如今,为了自卫,该政权牺牲的恰恰是这一代年轻人。对下一代人而言,过去数周,希特勒青年团的毁灭意义深远,它意味着纳粹对整个德国社会的操控和背叛。不过,在当时,许多青年战斗员却用另一种眼光看待这些事,他们骄傲地将自己当作1914年德国学生志愿者传统的继承人。正如注定倒霉的那一代人一样,不仅因为官方宣传促使他们做出牺牲,更因为他们自己早已做好扮演这一角色的准备。3

1945年1月,维尔纳·科尔布(Werner Kolb)16岁,他在伊门贝克(Immenbek)一个不那么重要的空军基地百无聊赖空耗时光之际,苏联在波兰取得了突破性进展,这消息让他坐卧不安,他急于投身前线。眼下他能做的唯有将想法见诸日记的纸端,哀叹:"每个人都有秘密的向往,例如,追求可爱的女孩,隐藏某种秘密。而我的秘密是——前往这场伟大战争的任何一处前线,参加那里的战斗,为了你,元首,也为我的故乡……"十天后,他的向往得以实现:他那批空军辅助人员的工作由一帮帝国劳工团从事义工的女孩接手。女孩们也身穿制服,接管了地面保障角色,因而男孩们得以填补民兵空缺。他们也经历了宣誓,以民族主义献身精神誓言自己忠于元首,这不禁让人想起一种宗教场合。誓言见后:"我发誓,忠于和服从元首,阿道夫·希特勒,德国国防军总司令……"各种鼓劲结束后,现实却显得那么平淡无奇。1945年2月,还差两个月即满16岁的胡戈·斯特坎普弗(Hugo Stehkämpfer)应召前往莱茵兰的民兵部队服役。发给他们的有黑色的党卫军旧制服、褐色的托特组织(Organisation Todt)大衣、蓝色的空军辅助人员军帽,以及——这些15岁的男孩急于用行动表明能为祖国做什么,尤其让他们难堪的是——法国钢盔。这些半日制士兵特别担心自己被当成游击队员打死,他们宁愿身穿任何一种制服,也不愿身穿平民服装,然后套个袖标。在整个德国,人们开始疯狂搜集各种制服和装备,以便民兵看起来像正儿八经的士兵。人们将德国国防军、警察、铁路、边防战士、邮政系统、帝国冲锋队、帝国劳工团、党卫军、希特勒青年团、德国劳工阵线等单位的储备库,以及动物园管理员、电车售票员的更衣间翻了个底朝天,以便为民兵提供制服。[4]

然而,宝贵的装备和训练少得可怜,征招的人数实在太多。1944年10月,德国国防军自身就缺少71.4万支步枪。当时德国每月仅能生产18.6万支标准型步兵卡宾枪,因而绝无可能弄到足够的武器全面装备全国民兵。到了1945年1月,民兵组织在其中央武器库里成功地积攒的步枪仅有40500支、机枪2900挺,主要是杂牌外国武器和老旧武器,兼容的弹药要么极少,要么干脆没有。另外,有经验的教官也少得可怜。大多数中年男子接受的训练加在一起不过每人十到十四天。重点强调的是随机应变。20毫米高射机枪中的四成大面积被改造成了陆军武器,人们从飞机上拆下机炮,将其架到三脚架上,甚至信号枪也被改造来发射枪榴弹。[5]

关于希特勒青年团在东普鲁士的英勇事迹,一份公开报道作结论如下:"这是最具价值的'神奇武器',德国应当以此为骄傲。"不过,到那时为止,民兵队伍里的男孩们很大程度上是保护对象。在东普鲁士、西里西安、波美拉尼亚的各次战斗中,虽然希特勒青年团各部队扮演了至关重要的角色,马丁·贝尔高和1928出生的一大批伙伴从桑兰半岛被疏散到德国西部绝非偶然。守卫东普鲁士期间,送命的多为大龄男性:至少20万人战死,在某些地区,死伤比例高达80%!希特勒青年团新征的兵员更是宝贝,纳粹有意将他们保存下来,让他们得到充分训练,以补充党卫军和德国国防军队伍。[6]马丁·贝尔高从但泽登船前往德国西部时,鲁尔地区他的同辈们则排着队穿过一个个大门,走进帝国劳工团管理的位于威斯特伐利亚拉维萨(Lavesum)的一处营房。在希特勒青年团内和军训营完成训练后,海因茨·米勒(Heinz Müller)和其他来自杜伊斯堡的男孩故意向来自农场的野孩子们显摆他们的"酷"。他们以拖拖沓沓的姿势走路,一路高唱爵士乐歌曲:

像煤球一样从头黑到脚是黑鬼吉姆
最好的白背心穿在身的是黑鬼吉姆
最近的酒吧钻进个黑鬼真像只老虎
一杯又一杯威士忌直喝到数不过五。[7]

男孩们抵达劳工团营房大门时，海因茨·米勒正扯着嗓子显摆男高音独唱。值班军官用极其夸张的动作假模假式向新来的营员问好，然后高声喊出口令，让他们脸朝下趴到满是浮尘的地面，做俯卧撑。为强调口令"趴下"，确保孩子们穿的日常服装全都脏透，然后换上旧袜子、内衣、靴子、劳工团制服，教官用靴子挨个踩孩子们的后背。什么人负责管理训练营不重要，无论在哪里军训，非正式入营仪式都一个样。但凡自愿报名时显出忸怩的人，都会被分配打扫厕所；列队出操时，那些"装嫩"的人如果忘了带卡宾枪，定会成为班组的替罪羊。闲得没事时，男孩们会聊最喜欢吃的东西，吃饭时，他们会争着多要土豆泥，来自鲁尔地区城里的孩子很快学会了用土豆配给与来自乡下的孩子交换家里寄来的食物。海因茨·米勒的父亲是共产党人，关在集中营里，虽然如此，经历过多次轰炸的他也希望有机会最终报复一把。

海因茨·米勒很快会变得比记忆里任何时候都幸福。他完成了各种机关枪、手榴弹、铁拳反坦克火箭筒的操作训练。学会了将98K卡宾枪托紧紧地顶在右肩窝里，以扛住后坐力的撞击。他还挤出时间谈了场恋爱！上级分派给海因茨和朋友格尔德（Gerd）两辆自行车，让他们每晚给驻扎在不远处哈尔滕（Haltern）的德国国防军部队送信，如此一来，他们就不必承担其他常规任务，海因茨借机鼓捣出一套方案，让格尔德替他打掩护，他则去约会当地一个农场主的女儿，两个人是在一次空袭警报期间认识的。春天来了，海因茨陶醉在美好的憧憬里，为了见到女孩，握住她的手——装满一肚子她妈妈做的饭菜——在一片果树下与她吻别，他需要骑自行车飞奔到14公里开外的哈尔滕。

事情发生在弗兰科尼亚，3月3日，鲁迪·布里尔（Rudi Brill）和一群十五六岁的希特勒青年团男生排着队前往几处正在修建的防御工事，他们正翻越菲尔特（Fürth）和劳滕巴赫（Lautenbach）之间的山坡时，两架美国战斗机突然从林子后边冒出来。30个男孩由于身处空旷地带，没有任何掩蔽物，只能飞身扑倒在地。两架战机呼啸着冲向他们，他们可以清楚地看见两个驾驶员的面庞和双眼。鲁迪更加使劲地趴向地面，口中喃喃地念起了祷告。那两架飞机兜了两圈，没有开火，旋即离开了。孩子们拼命冲下山坡，跳进相对安全的战壕，他们紧紧地拥抱在一起，沉醉于劫后余生。他们猜测，那两个飞行员肯定误以为他们是一群强制劳工。鲁迪记得，没过两天，晚间各自返回宿舍睡觉，入睡前闲聊时，那些男孩又回归了通常的乐子——聊性。他们已经战胜恐惧。不过，与高高在上和夜间飞过的重型轰炸机不一样，那两架战斗机不是远在天边的敌人：每个孩子都看清了那两个飞行员的眼睛！ 8

随着盟军逼近，在制订各种过分乐观的计划和编排自我毁灭之间，在凝神注视重建林茨的模型和号召至死抵抗之间，希特勒常常摇摆不定。在这场战争的最后阶段，他的许多战略决策显示自我毁灭式的自负，例如：12月没多派几个坦克师加强东部前线；西部前线被迫收缩到莱茵河以东的德国本土；驻守欧洲其他地方的200万德军没撤回本土保卫帝国。希特勒一直梦想着击退或离间盟军，因而他不希望放弃对瑞典铁矿石、波罗的海潜艇基地，以及从布雷斯劳到拉罗谢尔各处德国"要塞"的控制，他总是以为，这些地方迟早会有用。赌徒希特勒一向认为，他手里还有牌可打，一次前无古人的牺牲可能会一朝翻盘。对他来说，战争还没输。在西线不停战，或者，在没有集中所有德国军事力量的情况下，必须让民兵承担大部分前无古人的牺牲。9

过去希特勒总是主动赌博，而这次他却一反常态，不再主动。说来也是，对他而言，理性的战略如今很容易变成浪漫的哥特式自杀。2月24日,再次召集地方长官开会时,元首第一次向核心圈以外的人提出,他坚定地认为,如果德国人民经受不住前所未有的战争考验,这个民族必定会显得过于软弱,因而值得领受毁灭。这很难归入宣传内容。戈培尔开始谈论自杀,好像他在帮助宣传部的人们在一部具有历史意义的电影里挑选角色,这让与他关系密切的一些人也感到震惊。希特勒和戈培尔宁愿选择自杀,不过,在遭到红军逮捕成为唯一选项前,他们不会实施自杀,两个人仍然怀揣希望,最后关头定会出现奇迹,让他们得到拯救。[10]

2月24日,会见地方长官后,希特勒已经筋疲力尽,无法向德国人民发表例行广播讲话。事实证明,他最后一次公开讲话是党内老同志赫尔曼·埃塞尔(Hermann Esser)通过广播照稿宣读播发的。不过,这篇演讲依然让人联想到元首独具特色的一些用语,例如:"犹太-布尔什维克对人民的毁灭以及他们在欧洲和美国的皮条客""解放德意志民族""战斗到历史转折点出现"或者"至少坚持战斗到发起报复"。"我们余下的生命只能用于完成一项使命,"元首在演讲结尾处发出号召,"即是,补偿国际犹太罪犯们及其走狗们对德国人民的所作所为。"收听完希特勒的公开演讲,吕纳堡的纳粹党大佬忍不住挖苦说:"元首又在预言了!"最死心塌地追随戈培尔的记者甚至也不再号召枪杀犹太人,以报复盟军轰炸——与清楚德国缺少犹太人相比,他们更清楚德国的弱点——他们将希望寄托在抛撒传单劝说英国军人和美国军人不要让自己成为"世界犹太人"的抵押物上。恰如凯泽斯劳滕(Kaiserslautern)工程师培训学校校长所言:"请帮助我们建立再也没有犹太人的欧洲合众国(United States of Europe)。"或者,不妨看看苏联红军解放奥斯维辛那天,一个狂热分子写下的口号:"醒来吧,异教徒!全世界非犹太人,联合起来!"真正的纳粹信徒甚至也开始希望,军事实力无法达成的,宣传可以做到。[11]

1945年3月的最后一周,西方盟军跨过莱茵河中下游,对鲁尔地区的德军实施大面积包围。4月1日,星期日,复活节,美军以钳形攻势从南北两个方向合拢包围圈，美军的坦克在利普施塔特（Lippstadt）会合，自此，莱茵兰地区和鲁尔地区各城市便成了囊中取物。美国军队沿风景如画、蜿蜒曲折的拉恩（Lahn）河谷向北推进，前往马尔堡的会合点，沿途解放了一系列不那么重要的小城镇。3月26日，他们占领了哈达马尔，当地居民告诉他们，山上的精神病院发生过多起杀人的事，他们逮捕了院长沃曼（Wahlmann）博士和一些护理人员，还给饥肠辘辘的患者加倍发放配给，放任患者来去自由。新院长威廉·阿尔特瓦特（Wilhelm Altvater）博士5月初到任，接手医院时，他在药房里发现两个大澡盆，每个澡盆里有5公斤左右佛罗拿和鲁米诺。3月28日，美国人占领了伊德斯坦因，在不远处的卡尔门多夫收容所见证医学杀人的最后一名证人站了出来。路德维希·海因里希·洛恩（Ludwig Heinrich Lohn）是个半残疾少年，曾经在收容所打零工，他亲眼见证过多名护士将粉末状鲁米诺搅拌进孩子们的食物里。他被迫为孩子们挖坟墓，通过自制的重复使用的小棺材底板上的活动拉门让他们的尸体落入墓坑。在收容所里，洛恩早已习惯挨打，受威胁，他的几颗门牙早都被打掉了。早在1月，他就看到，有人给癫痫病人和管家玛格丽特·施密特（Margarethe Schmidt）实施注射，然后将她锁进防空洞等死。所以，医生派人找他时，他跑了，藏身在一个谷仓，一直躲到美国人到来。在其他一些收容所，大多数医护人员留了下来，许多收容人员一直在挨饿，直到纳粹统治最终倒台，仍有许多人饿死。[12]

1945年3月31日清晨，美国人抵达了卡塞尔市不远处的古克斯哈根。他们解放了布莱特瑙劳教所和少管所里的所有在押人员，其中有德国流浪汉、少年犯，还有外国强制劳工——除了28名囚犯，头一天，盖世太保匆匆处决了那些人。这家机构的纳粹主管格奥尔格·沙乌比艾尔身边的人们都以前所未闻的方式临阵脱逃了，而他却坚守自己的岗位，在留下来的那些人的档案材料上记述"敌军军情"，以舒缓自己的坏脾气。[13]

盟军部队收紧鲁尔地区的包围圈，部署在莱茵河左岸的大炮持续不断地轰击位于右岸的各个城市，轰炸机则从空中不停地轰炸。2月以来，杜伊斯堡的电力供应就中断了。3月22日，英国皇家空军袭击了希尔德斯海姆（Hildesheim），这是一座中世纪小城，房子都是砖木结构，城里有一座见证了千年历史的修道院。高热将通向教堂的好几扇巨大的铜门熔化了，教堂的历史可上溯到公元1015年，而那些木质的房子成了上千人的火葬柴堆。赫拉·克林拜尔（Hella Klingbeil）所在的位置在汉诺威工人阶级生活区，那里的许多妇女和女孩正忙着削土豆皮，以便希尔德斯海姆的民众至少能喝上"热汤"。帮着清理废墟的希特勒青年团的男孩们从现场回来后忙着交流各种趣事，例如"一些死人是坐姿，好像活着一样，如果碰他们一下，他们就会倒下，变成骨灰"。与德国人一起清理炸毁的食品仓库时，德国警卫会放任意大利军事囚犯私藏基本无法食用的农产品，警察在上千意大利囚犯身上发现了"侵吞"的食物，党卫军绞死了208人——其中有120名意大利人——一些目击者称，每批次绞杀5人，在整个杀人过程中，一些让炸弹崩傻的市民在一旁观看，他们的表情"相当冷漠"。让外籍劳工恐惧的已经不仅仅是安全部队，在奥伯豪森（Oberhausen），一群男孩参与审讯一个西方工人，将那人打得浑身是血，被迫承认偷了几个土豆。一个电话接线员朝一个德国国防军军官借了把手枪，拉着他的战利品朝康科迪亚（Konkordia）运动场走去，聚集的人越来越多，都抢着用木棒和木质栏杆板殴打那人。在一个炸弹坑边缘，电话接线员开了枪，击中了那人腹部。就这样，那群人将他报销了。[14]

随着纳粹德国分裂成好几片地区，纳粹政权也越来越多地仰仗恐怖手段对付德国民众。2月14日和15日，德累斯顿遭燃烧弹轰炸后，作为报复，希特勒和戈培尔希望处死那些英国和美国战俘。只是由于约德尔（Jodl）、邓尼茨（Donitz）、里宾特洛甫、凯特尔（Keitel）联袂劝说，才成功地没让元首签署那一纸命令。不过，2月15日，司法部部长签署了一道法令，设立一些针对老百姓的简易军事法庭，尤其针对的是德国西部民众。美国人到来前，莱茵河以西萨尔（Saar）和摩泽尔（Mosel）地区的老百姓非但没逃跑，反而在房子外挂起了白旗。某地方的德国民众阻止德军开火；另一处地方的一座桥下，德国士兵正准备引爆炸药，却遭到手持长柄叉的农民们袭击。从美国人手里逃回来，穿过德国防线的一群士兵遭遇的是人们的喊声：" 你们这是在拖长战争！" 2月底，德国国防军夺回弗尔克林根（Volklingen）附近的吉斯劳滕（Geislautern）后，当地党卫军司令官发现，美国人将自己的巧克力、配给、香烟拿出来与民众分享，与德国军队相比，他们能更好地管理当地人的房子。他警告说，在整个德国领土上，美国人的好名声比他们推进的速度还快。德国宣传机器的反制手段是，全力警告老百姓，这些不过是前线部队的做法，一旦后续部队过来，"尤其是犹太人"过来接管权力，暴行会即刻开始。[15]

代表纳粹党的法院由三个人组成，含一名首席法官，有这样的法院撑腰，党卫军和德国国防军被授权对怀有失败主义情绪的平民百姓执行简易判决。这些军事法庭判处死刑的500名平民多数身处西部前线。3月9日，军队设立了更多简易的"移动军事法庭"。根据估算，这些"移动军事法庭"判处死刑的士兵介于5000和8000之间——或许占整个"二战"期间德军死刑总数的四分之一。鲁尔地区崩溃后，这些法庭的活动大都在德国西南部开展，在那一地区，像埃尔温·赫尔姆（Erwin Helm）少校所属的部队，或者马克斯·西蒙（Max Simon）中将麾下党卫军第十三军等，全都借助恐怖手段强迫士兵们和老百姓继续战斗，而当时的常识告诉他们，这么做毫无意义。恐怖手段将战争延长了数周，不过，主要的人员损失还是与敌人作战时产生的：1945年前四个月，每天有1万人战死；1944年12月到1945年4月间，死亡总数高达150万人。这一数字甚至两倍于头年夏季在白俄罗斯和乌克兰灾难性失败时的折损率。[16]

在西部前线的鲁尔地区，陷入包围圈的德国国防军的士气很快土崩瓦解了。面对200万盟军部队的装甲和火炮，陆军元帅瓦尔特·莫德尔（Walter Model）麾下32万人根本无法突围。鲁尔地区大多数重要城市的德国国防军和老百姓已经筋疲力尽，内心已然失败，几乎一枪未发便投降了。每到一地，盟军部队都会碰到小股民间部队，他们躲在工厂里和矿场里，不作任何抵抗，以确保安全地将自己移交到美国人手里。德国工人和管理人员联合起来，阻止希特勒大张旗鼓宣传的焦土政策落地实施。在汉诺威，一些母亲将身为希特勒青年团的孩子强行拉回家。不过，一些美国指挥官常说，希特勒青年团的"狂热"是他们扫尾工作的绊脚石之一。在哈姆市重要的铁路枢纽区，美国第九集团军陷入了多支民兵部队马蜂窝式的围剿。在阿伦（Aalen）的村庄奥伯多夫村（Oberdorf），一个年轻的党卫军副官指挥手下14—16岁的孩子利用壕沟阻止了谢尔曼坦克的推进。在类似的小规模冲突中，青少年耐受致命火力的能力让征服者惊讶不已。在高强度的战斗中，他们似乎瞬间即可展示成人才有的各种情绪，一旦成为俘虏，他们会再次让美国人惊讶不已，在美国人眼里，他们会彻头彻尾变成满脸惊恐的孩子，浑身发抖，血流不止，歇斯底里，号啕大哭。[17]

美国人进入汉诺威时，赫拉·克林拜尔的母亲警告说，可能会有黑人士兵，虽然如此，她还是跑到街上看热闹了。赫拉心里充满了敬畏。美国人的军装都很新，看脸相，都吃得很好，却面无表情。他们不是列队行军，没有唱歌，没有高喊"万岁"，也没有抛撒鲜花。相反，他们都坐在车上，每辆卡车坐10人，而且还武装到了牙齿。他们和一群群落在大部队后边的德国士兵完全不一样，数小时前，后者沿着同一条路大量涌来。鲁迪·布里尔和赫拉·克林拜尔的感觉一模一样，3月20日，眼看数量庞大的坦克和机械化步兵绕过他和同志们六个月来挖好的壕沟，沿克雷瑙特韦勒（Kleinottweiler）和阿尔特施塔特（Altstadt）之间的公路推进，对如此势不可当的军队，他唯有敬畏。4月10日，埃森市，坦克入城时，当地民众甚至欢呼起来。许多民兵部队成员悄悄扔掉了袖标，以及让人笑掉牙的武器，散伙回家了。[18]

一些下级军官领导的希特勒青年团作战部队尚未做好放弃的准备，他们试图在美国人到达前运动到东方，躲进森林和山区。于尔根·海特曼（Jürgen Heitmann）所在的部队外出训练时，孩子们亲眼看见美国人的坦克向他们在富尔达河以北利伯斯坦（Lieberstein）的营房开火。70个男孩携带随身的武器，穿过田野，于第二天下午3点左右到达一处帝国劳工团营区。当地人告诉他们，坦克已经进村，他们必须赶紧离开，那之前，他们在营区吃了饭和糖果。逃跑路上，他们看见，投降的白旗已经在当地许多房子前边迎风招展。早在3月28日，身在拉维萨的海因茨·米勒处于萌芽的爱情已经被粗暴地打断，那时他就听说，美国人已经进入哈尔滕。360名鲁尔地区的男孩排着队走出营房，满脑子想的都是终将有机会报复，为遭受轰炸的那些城市报仇，一些逃兵反而告诉他们，应当扔掉重型反坦克手雷，或称铁拳反坦克火箭筒，这些东西毫无用处，因为坦克都已经安上防护网。不过，这些十五六岁的男孩听不进这一合理建议，仍然带着步枪和手雷，当夜，他们又前进了50公里。[19]

于尔根·海特曼所在的部队化整为零，神不知鬼不觉地穿越图林根（Thuringian）森林之际，海因茨·米勒所在的部队全员穿过了条顿堡（Teutoburger）森林。不过，路过自家农场时，那些来自明斯特乡下的男孩一个接一个脱离了队伍，咬牙坚持的都是那些爱耍酷的、热爱爵士乐的城里男孩。士官们威胁说，一旦被俘，等候他们的是极端残酷的对待；士官们还许诺，在最后的桥另一侧，迎候他们的是美味的豌豆汤。士官们连哄带骗，率领他们跨过了威悉河（Weser）。孩子们劳累过度，既不关心豌豆汤，也不觉得饥饿，全都倒在草地上睡着了，他们周围全是逃难的人，以及一大群杂七杂八来自各部队的掉队军人，那些人曾经被枪口顶着，沿河进行守卫。仅有80个男孩——人数仅为六天前出发时的四分之一——一路走到了那里。4月4日，星期三，队伍正沿着通往施塔特哈根（Stadthagen）的公路行进，一架飞机向他们猛烈开火，事过后，他们才从路边的壕沟里爬出来，当时，海因茨遇到一个从杜伊斯堡骑车过来的女孩。女孩告诉海因茨，他母亲已经被疏散到下一个村庄尼恩斯台特（Nienstedt）。海因茨向指挥官请假三小时，借了辆自行车，骑车前往那里。村子里每个人都出门看他，因为他脚蹬一双破靴子，身上衣衫褴褛，面容清瘦而肮脏。邻居们争先恐后给他送吃的，下午4点15分，母亲坚持让他在假期最后一小时睡下。海因茨睡着后，母亲烧掉了他的劳工团制服，从邻居们那里找来老百姓的便服，还说服主管地方武装的高龄市长为他签发了退役文件。海因茨太累了，一觉睡了两天半才醒。

海因茨前往尼恩斯台特那天上午，于尔根·海特曼所在的部队遇到一支武装押解集中营囚犯的队伍。他可以从壕沟里的尸体做出判断，党卫军枪杀了不少逃兵，他们路过壕沟时，他亲眼看见一个人被杀。于尔根所在的部队深入图林根州，沿着与威拉河（Werra）走势相同的丘陵地带的缓坡继续行军十天。他们从德国国防军的营房里和路过的部队那里获取食物，宿营地就是各个农场、学校校舍的地面，以及树林。最终，他们从不远处公路上飞驰的许多美国卡车发出的嘈杂声做出判断，他们被包围了。他们一直躲在树林里，一个佩戴骑士十字勋章的少校决心组织大家进行最后一搏，不过，于尔根的指挥官让他们将武器和一部分制服掩埋在林子里。4月16日上午9点，指挥官解除了他们的入伍誓言，让他们保重自身，赶紧回家。

与此同时，在东部前线和西部前线之间，一种平安无事的表象一直在持续。11岁的安娜-玛蒂尔达·蒙鲍尔（Anna-Matilda Mombauer）写了篇关于春天来了的作文，以讨好喜怒无常、人到中年的老师。她所在的不伦瑞克（Braunschweig）偏安一隅，真的和平祥瑞笼罩，她在山坳里既看见了报春花，又见到了飘落的雪花。

3月9日，阿格内斯·塞德尔（Agnes Seidel）在吕纳堡石楠草原的高沼地上庆祝她带的汉堡班疏散一周年，孩子们给她献上了各种鲜花。十天后，她和孩子们在巨大的谷仓里玩起了"猫鼠游戏"。她儿子克劳泽——1943年，在汉堡城市公园高炮阵地服役期间曾经非常亢奋——从斯德丁给她寄来几封信，内容相当压抑，都是关于他在军队第一次出勤时,战壕里如何肮脏,食物如何糟糕。3月26日入夜,她上床时甚至大哭一场。回忆过去让她更觉悲凉:为给她44周岁庆生,孩子们在她的椅子上插满了鲜花,还用笛子和口琴为她表演了节目。直到4月中旬,她才开始觉得,周边形势已经处于严峻的险境。当军火库被炸毁,梅尔津根(Melzingen)的军火储备向民众敞开,她实在憋不住,号啕大哭了一场。从头到尾翻阅家庭影集时,她终于意识到,在她的世界里,所有屹立不倒的东西都在崩塌。4月16日,阿格内斯·塞德尔正在午睡,英国卡车和坦克从村子里穿过的声音将她吵醒了。那天晚些时候,几名文质彬彬的英国军官和一名咄咄逼人的美国非裔混血儿来到她所在的农场逮捕几名德国军官时,她还在生气。她追上汽车,车里有两个17岁的党卫军士兵,她给他们塞了些食物,再次跟他们握了握手。[20]

在写给罗斯福的信里,斯大林曾经表达过如下不解:与俄国人对抗时,德国人不仅准备充分,坚守捷克铁路沿线每座小火车站,而且个个都像拼命三郎,但放弃诸如奥斯纳布吕克、曼海姆(Mannheim)、卡塞尔等重要城市时,他们却一枪未发。那时候,美英两军的车队驰骋在德国北部的平原上,实际上未遇到任何抵抗,英国人和美国人好像极有可能先于俄国人抵达易北河,更有可能先于俄国人直抵柏林。[21]

到了3月中旬,柏林的德国国防军督察队报告说,人们对犹太人报复的恐惧大范围复活了。3月19日,施潘道区莫尔特克(Moltke)大街的两个工人交谈时表达了相同的观点,其说法为:"这场战争要怪就怪我们自己,因为我们对犹太人太恶劣了。"接着是人们耳熟能详的结论:"如果他们对我们做同样的事,我不会感到惊讶。"恰如1944年9月在亚琛和斯图加特发生的事一样,这样的预兆前景可期。首都的氛围总是在希望、放任、失望之间摇来摆去,而纳粹政权在前线越来越多地动用恐怖手段,依然能得到一些公众的支持。乘坐轻轨列车的两个工人以赞许的口吻聊着一件事,内容是三个士兵和纳粹党的一个地方领导身上挂着逃兵牌子,在奥得河前线的泽洛高地被吊死在几根电线杆上。一些人要求媒体公布处死逃兵的数量,他们也担心外籍劳工会反抗。与此同时,施潘道区驻军正在落实的军事处决数量促使驻防指挥官向柏林的上级求情,希望对他的手下免责。上级拒绝了。[22]

父母的公寓位于弗里德里希斯哈根。4月12日,在父母的公寓里收听广播的莉泽洛特·京策尔听到了对柯尼斯堡驻防部队指挥官缺席审判和判处死刑的消息,因为,在围城状态坚守数月后,他投降了。在萨克森地区的寄宿学校生活十四个月后,莉泽洛特刚刚返回柏林,收音机播出的消息让她怒不可遏,以下内容摘自她的日记:"他的家人也会被逮捕。难道这不是恐怖统治?哦,德国人民和德国国防军怎能容忍这个!因为这个勇敢的指挥官不愿意牺牲所有士兵,他们绞死了他和他的所有家人,而他的家人对外边的事根本不知情。绞死的是德国人,还是个普鲁士军官!"她实在太生气了,感觉自己被这个政权出卖了,自开始写日记以来,两年半时间里,她竟然多次宣誓效忠这个政权。她第一次开始诅咒和骂人了:"这帮纳粹混蛋,这些战争贩子和犹太人屠夫,眼下他们把这个德国军官的荣誉全都玷污了!"回想1943年8月,有左倾倾向的母亲告诉她,集中营里的犹太人正在被屠杀,当时她还不信。不过,她也没把这事完全忘掉。这一认识一直在休眠,等待——她眼下这种愤怒和失望的情绪——重新爆发。[23]

莉泽洛特的哥哥和爸爸双双被招去挖掘反坦克壕沟。跑过去亲眼看了离家不远处位于东郊的匆匆赶制的路障,莉泽洛特很赞同传遍柏林的笑话:"俄国坦克驾驶员会站在柏林入口处捧腹大笑两小时,然后开动坦克,仅仅两分钟就越过那些路障。"不过,环绕柏林开掘的双层防御工事仍在继续施工。所有桥梁都埋设了地雷,民兵手里能找到的为数不多的老旧外国武器都用来增援保卫柏林的120毫米、88毫米、20毫米高射炮了。位于动物园、洪堡海因、弗里德里希海因的三座巨大的钢筋混凝土高射炮塔扮演的是核心角色。柏林防空师曾部署在炮塔群的顶部保护这座城市免受空袭,如今该师却必须尝试防守来自炮塔附近城区的地面进攻。[24]

莉泽洛特发现,自己内心是分裂的,这与1943年到1944年轰炸期间情况相同。与具有失败主义倾向的社会民主党父亲一样,莉泽洛特不想让柏林设防。不过,即便当下的她具有了新的、坚定的反纳粹情怀,虽然失败已然注定,像英雄一样去死,做最后的抵抗,两者都毫无意义,在她眼里,尝试这么做会让两者更加辉煌,她无法抗拒这种情怀的诱惑。哥哥贝特尔(Bertel)即将与民兵一起投入保卫柏林的战斗,面对这一前景,她在日记里记述道:"我特别为哥哥感到害怕,因为这对妈妈来说太可怕了。我自己……"她冷酷地承认:"肯定能接受他的牺牲,不管怎么说,老师L太太已经牺牲了她生命中的乐趣。"哥哥的死能让她与老师平起平坐吗?老师毕竟已经失去丈夫。难道这会是她的宿命?[25]

两天后的4月19日,17岁的莉泽洛特站在街上观望民兵部队的男孩们骑自行车穿过弗里德里希斯哈根,前去守卫明森沃肯(Münchehofe)大街。他们当中,许多人比她年龄还小。她的情感依然复杂混乱。"我真为男孩们感到骄傲,只要命令一来,他们就会奋不顾身扑向坦克。"摘自她第二天的记述,接着,她以事不关己的态度补充道:"不过,他们这是在送死。"时至当时,在城市西部她所在的小区——在德国军用地图上,该区标识为B区——已经没人准备响应戈培尔的指示,插上国旗,以庆贺元首的生日。莉泽洛特认为,出于"对俄国人的恐惧",大多数人已经将国旗烧掉,将党徽扔掉。那天上午,希特勒向作战中表现特别勇敢的20名希特勒青年团男孩表示祝贺,并给他们授勋。在元首生平最后一段影像记录里,人们看到,在总理府花园内,他轻轻拍了拍其中一个男孩的脸颊,随后,那些孩子就被派出,与敌人面对面拼杀去了。[26]

苏联人的进攻很快就会开始,再也没人对此抱有任何幻想。在波罗的海沿岸,从巴斯(Barth)延伸出来的公路上,蹒跚学步的黑尔佳·毛雷尔(Helga Maurer)平生第一次坐上机动车。从敞篷军用卡车上,她往车后看去,春天的原野渐渐消失在远方。妈妈的膝头坐着还是婴儿的埃迪特（Edith），而她们的两个哥哥坐在随后跟进的车上，他们随身带着一大包甜面包干。黑尔佳告别家乡的记忆里没有恐惧，反而是兴奋，是对整个旅程、对坐在其中一个士兵的膝头所感到的兴奋。他们所在的军方的车队在一处街角拐了个弯，当两个哥哥和最最重要的甜面包干从视线里消失之际，黑尔佳大哭起来，那个士兵一把将她抱了起来。[27]

在柏林郊外的布里吉特霍夫（Brigittenhof），忠诚爱国的中年校长注意到，3岁半的女儿乌泽尔（Ursel）正在起居室跑来跑去，她正在盘算，如果他们"必须逃跑"，哪些东西需要装进婴儿车里带走。4月4日，防空警报响起来，小乌泽尔跑到妈妈身边，对妈妈说，那些飞机应当躲起来，以便她重新打包。她是这么说的："现在拆开包包，因为敬爱的上帝会保佑我们，不管怎么说，我天天都祈祷了。"蹒跚学步的女儿接着又说："保佑我们远离坏蛋敌人。"[28]

4月16日，凌晨5点，朱可夫大军的火炮开始轰击，不过，如同此前从东部各州撤出的许多难民一样，乌泽尔的父母收到通知才开始收拾行装，此前他们一直在等消息。卡尔·达姆（Karl Damm）和同为空军辅助人员的同事们躺在两天前挖好的浅浅的战壕里。从柏林出来前，紧急向这些男孩派发了第一次世界大战时期的法国某型步枪，每支部队还配发了几颗火箭助推铁拳反坦克手雷，作为"坦克猎手"小分队，他们注定要用上手雷，不过，已经没时间教他们如何开火。大约中午时分，小群小群撤退的散兵游勇开始在他们的战壕里现身，都是些肮脏的、吓坏的家伙，他们曾经是精锐的大德意志师的战士。黎明时分，卡尔下岗时，男孩们看见，50辆苏联坦克越过他们的战壕，沿公路向前推进。队长大声招呼他们爬出战壕，然后领着他们跨过此生见到的第一批尸体，都是死在交通壕里的同志们的尸体。一个挥舞手枪的军官拦住了他们的退路，命令他们回去坚守阵地，当时德国坦克群正在反攻——至少当时成功了。不过，科涅夫元帅麾下乌克兰第一方面军已经冲破德国南部各条防线，与此同时，在北方腹地，希特勒青年团各部队驰援三条泽洛高地加固防线,挡住了朱可夫所部坦克群。经过第一次战斗历练的洗礼,德国空军学员们感到自己真的不堪一击,不过,纪律意识、青少年英雄主义、对落入俄国人手里的恐惧等,仍然将他们凝聚在一起。[29]

布里吉特霍夫遭炮击 15 小时后,乌泽尔和父母才离开。终于,4 月 18 日,傍晚 8 点,他们出发了,乌泽尔坐在婴儿车里,奶奶推着她,妈妈推着大手推车,车上载着几只箱子和床上用品,爸爸推着小手推车,车上载着吃的喝的。各条崎岖不平的公路都挤满了成群结队的士兵和难民,乌泽尔的脑袋向前耷拉着,她总是处于瞌睡状态。父亲本是个受尊重的人,突然成了无家可归者,痛苦不堪的父亲想道,乌泽尔看起来就"像个吉卜赛孩子的样子"。经过两天两晚的漂泊,他们仅仅前进了 35 公里,来到了布赫瓦尔德-森夫滕伯格(Buchwalde-Senftenberg)。虽然轰炸和炮弹的弹着点就在附近,他们已经累得再也走不动。一个当兵的警告他们,停留时间不能超过 1 小时,不过,那里成了他们这趟旅途的终点。俄国人逮捕了父亲,将他羁押了 24 小时。获释后,父亲已经找不到家人的任何踪迹。两个月后的 6 月 16 日,在他们最后停留的地方,他会找到奶奶的尸体,不过,即便他太太和女儿被害,他也没有找到尸体相关的任何线索。[30]

随着 150 万苏联大军从南、北、东三个方向朝德国首都挺进,德国召集了大约 8.5 万军人进行防御。红军攻占东普鲁士时损失惨重,不过,新召集的人完全没有与之抗衡的素质。这些人里,将近半数来自柏林各民兵分队,其中许多人此前被迫将武器上交给了几个新成立的纳粹德国空军营以及海军人员。与他们并肩作战的人员来自德国国防军和党卫军 5 个师的残部,计有 4.5 万人。他们总共召集了大约 60 辆坦克。《人民观察家》(*Völkischer Beobachte*)对德国首都人民的关爱一如既往,这一次却仅仅发了个不痛不痒的警告,让人们第二天不要上街,因为那天计划进行弗兰克高炮炮击训练,炮弹碎片相当危险。那天晚上,第一枚火箭的烈焰照亮了城市,在普伦茨劳贝格区(Prenzlauer Berg)一个男孩眼里,那好像是俄国人想为柏林拍照片。

与此同时,大德意志师的残部与民兵、党卫军、希特勒青年团各部队合力将该区各条大街和桥梁的路障搭设完毕。[31]

4月21日,战斗开始了。苏联第三和第五突击集团军、第二近卫坦克集团军、白俄罗斯第一方面军第四十七集团军联手突破柏林外围防线,攻入市内东部和北部数个城区。16岁的鲁道夫·维尔特(Rudolf Vilter)完全没想到,一辆T-34坦克直接冲着他开过来。他所在的民兵部队几乎没受过训,从未学过攻击移动目标。"当时我以为它就是冲我来的,"数年后,回忆起当年的情景,他如此说,"我恨不得地上裂条缝掉进去!"中士是个有经验的老兵,他一跃而起,在空旷地站稳,用手里的铁拳反坦克火箭筒向坦克开了火。他让男孩们见识到,像他们一样,坦克也有弱点。在普伦茨劳贝格区的福克(Falk)广场,埃尔温·P(Erwin P.)和弟弟两个人的一个朋友选了其中一棵树,借助一根绳子爬到树上,以便看清战场态势,兄弟两个人禁不住诱惑,跟着上了树。在格莱姆(Gleim)大街,一群女孩误以为万炮齐鸣的声音是飞机在轰炸,她们继续在街上玩耍。一个警察出现了,让她们赶紧回家,因为俄国人马上就会出现。[32]

在整个柏林,人们以家庭为单位钻进各自的地下室,将活跃的邻里关系变成了地下群体关系,这是在遭轰炸数个月以后诞生,并且很快流行起来的。不过,这一次,在未来一两天里,许多家庭再也不让孩子们离开地下室半步。在普伦茨劳贝格区,莱娜特和黑尔佳的父亲负责外出打水,用的是地下室里的瓶子,母亲负责烧开水。每个人都穿得厚厚的,莱娜特——家里最小的——不仅加穿了运动套装,还在外边裹了两层大衣。三姊妹各自带着防毒面具和皮质双肩背包进了地下室。第二天,一旦供水主管和电力中断,躲在地下的人们要么依靠已有的存货,要么冒着危险的火力攻击外出寻找消防栓和街头水泵,以补充储水罐。[33]

让孩子们长时间待在地下室里很困难。八个月后,有条件将当时的经历记录成文字时,一个女孩回忆道,整个那段时间,她一直跟女友一起不停地画各种童话故事。一些像她那样的家庭,其成员会利用轰炸间歇，到各商店排队购买食物，或寻找水源；另一些家庭的成员则会返回自家公寓里找东西。黑尔佳三姊妹所在的小地下室位于霍赫迈斯特（Hochmeister）大街29号，里边挤满了难民，她们只好坐着睡觉。在浑浊的空气里，为了让她们不至于窒息，每逢夜间战斗停歇，父母会带她们沿楼梯上到地面。[34]

女小说家赫塔·冯·格布哈特（Hertha von Gebhardt）回到位于威尔默斯多夫区（Wilmersdorf）的公寓时，竟然听到收音机正在播放《魔笛》（*Magic Flute*），该剧当晚在位于御林广场（Gendarmenmarkt）的柏林大剧院公演。随后，她和已经成年的女儿走到街角的法式面包房喝咖啡，店主瓦尔特（Walter）先生仍然穿着那套救世军制服，在店里不停地走动。小说家确信，威尔默斯多夫区在战斗中被摧毁前，年长的民兵成员都会放下武器，与此同时，眼瞅着那些14—16岁的孩子拖着和他们身高一样长的步枪艰难前行，让她担心的是，孩子们可不像成人那么信奉实用主义。[35]

洛塔尔·勒韦（Lothar Loewe）的任务是在交火状态传令，虽然如此，他对柏林这一地区的熟悉程度可谓了若指掌。他的上司是个获得过勋章的、有一条木头假腿的中尉，因为与女朋友幽会，上司每晚都消失。洛塔尔和希特勒青年团队伍里的其他成员每晚各自返回父母家，每早重新集合，继续作战。洛塔尔和一个在战斗中赢得数条杠杠的年长士兵利用地下室作掩护，在一个门洞后边攻击了三辆坦克。铁拳反坦克火箭筒反向喷出的尾焰冲到他们身后的墙上，16岁的洛塔尔欢呼雀跃起来：他们打出的几颗反坦克手雷将一辆坦克炸得飞了起来，俄国人随即退了回去。不过，几乎与此同时，洛塔尔吃惊地看到，一群党卫军士兵将挂满白床单的一栋楼里的人全都赶了出来，当街将他们枪杀了。[36]

由于缺水，老百姓和党卫军士兵像这样的冲突变得越来越频繁。4月25日，在兰茨贝格尔（Landsberger）林荫大道，试图返回市内苏联人占领区的130名妇女和儿童遭到党卫军枪杀，其中许多人可能只是因为寻找水源时越了界，仅此而已。一个男孩仍然记得，一天，凌晨4点,在普伦茨劳贝格区,战斗平息时,他和同一个"楼栋社区"的人出去找水。他们绕过那些死去的马匹、底朝天的汽车、各式武器,以及散布在伊斯塔得(Ystader)大街的伤兵,突然,一群党卫军士兵从一栋房子里冲出来,试图扫射所有佩戴白袖标的人。在希韦百纳(Schivelbeiner)大街,年轻的汉斯·约阿希姆·S(Hans Joachim S.)破口大骂躲在房顶各狙击点的那些狙击手是"狼人",因为他们专挑佩戴白袖标的找水者,也许他骂的是希特勒青年团的人。不过,老百姓毕竟需要水,而且,他们坚持佩戴白袖标,他们发现,苏联军队会让他们安全通过。实际上,为挽回在东普鲁士和西里西安造成的坏名声,苏联红军开始遣返老百姓,甚至遣返德国战俘,让其穿过防线,劝说其他人,他们会享有良好待遇。[37]

在威尔默斯多夫区的地下室里藏身时,赫塔·冯·格布哈特最终意识到:"美国人好像来不了了。不可思议!"过去几天,关于与西方盟国单独媾和,或者与它们结成新的反布尔什维克同盟等传言已经烟消云散。听说德国已经输掉战争,俄国人已经进入柏林城内时,唯一真正感到震惊的"地下室社区"成员是刚从"送孩子下乡"营地返回的12岁男孩。在震耳欲聋的爆炸声中,当地孩子早已不会由于害怕而尖叫,随着好奇心逐渐战胜恐惧,每天炮击中断时,孩子们会回到街上玩耍。[38]

4月23日,午夜2点,英格博格·丹听到,头顶传来坦克履带和重型机器碾过大街的声音,不过,没人敢爬上楼梯一看究竟,看看过路的到底是德国人还是俄国人。终于,凌晨5点,众人决定上楼,各回各家,躺到床上睡几个小时。在楼门口,当年10岁或11岁的英格博格第一次看见了俄国士兵。沿着楼梯继续往上走时,他们可以看见,克吕格尔(Krüger)大街满是坦克、重炮、士兵。看到那些没戴钢盔、面庞稚嫩的男人,英格博格首先想到的是,与她在俄国战俘群里见过的那些疲乏至极的、长相凶恶的人相比,这些人不可同日而语。"我们很快意识到,"摘自她1946年初的记述,"我们都受骗了。他们向身边的人们递烟,给孩子们发糖。23日中午时分,我们楼里的女人都出门买东西去了。每人可以买一磅肥猪肉。"到了25日,未来的驻柏林苏军总司令尼可拉·别尔扎林(Nikolai Berzarin)上将已经着手为当地百姓筹措食品供应。[39]

4月26日星期四,春季里温暖的一天,德国国防军的北部前线始于普伦茨劳(Prenzlauer)林荫大道,止于弗里德里希海因炮塔区。身在城南的赫塔·冯·格布哈特头天夜里几乎没合眼,清晨6点,赶在"斯大林管风琴",即喀秋莎火箭炮开火前,她把全家人都叫醒,让他们赶紧前往附近的地下室。凡有危险,他们都这么做。即便在地下室里,俄国火箭弹的爆炸几乎将他们全都掀翻在地。到了当天中午,赫塔和同伴将出走的邻居们的烈酒和烟草全都均分了。当天下午,他们一直忙于一项任务,到处搜寻各种武器、制服、标牌、军用地图,以及所有可能刺激俄国人的东西,然后予以销毁。随着轰炸变得越来越密集,他们的"地下室社区"遭遇了第一例伤亡,赫塔开始给孩子们讲《小红帽》和《睡美人》等故事,她尽量扯着嗓子讲述,以便压倒火箭炮的声音。[40]

从亚历山大广场出发后,14岁的薇拉·K(Wera K.)左拐右拐,穿过柏林中区狭窄的、烟雾弥漫的偏街背巷,终于到达位于兰茨贝格尔大道的可憎地下室。从学校走回家,通常只需5分钟,而那一次,她好像用了一辈子。破碎的砖石不停地从高空掉落,牛和马冲破家畜场院,它们的嘶鸣声和吼叫声甚至盖过了枪炮声。"我必须承认,"半个世纪后,薇拉才透露,"那次跑回家,我尿裤子了,完全因为吓坏了。"终于安全回到被炸毁的房子下边的地下室里,薇拉、妈妈、奶奶,以及为数不多一些邻居在几近黑暗中围坐在几个水桶旁边。显然,经过白天和黑夜的消耗,蜡烛储备逐渐耗尽,对于没话找话,人们也变得兴味索然,虽然如此,因为饮水分配问题,常常会爆发突然的争吵。到末了,人们开始祈祷。薇拉记得,后来,一头母牛突然出现在地下室门外,他们有牛奶了![41]

4月27日,德国报章仍在表彰普伦茨劳贝格区那些希特勒青年团战士,表彰男孩们与坦克对抗,表彰女孩们冒着密集的炮火搬运炮弹，以确保炮兵阵地不断供。与此同时，苏联炮兵在克鲁兹伯格区的维多利亚公园坡地上建起了阵地，他们从那里居高临下瞄准安哈尔特火车站开火，那处巨大的钢筋混凝土炮塔挤进了上万难民，为了找吃的，他们像沙丁鱼一样将那里挤爆了。苏联炮兵惊讶地看到，400名希特勒青年团团员手持铁拳反坦克火箭筒，排着整齐的队列，像游行一样沿着克罗内（Kolonnen）大街向他们走来。第一轮炮火就让那些走在队伍前列的人送了命，其他人四散而逃。他们肯定不知道，柏林获得增援的最后一线机会已经不复存在，温克（Wenck）将军麾下第十二集团军被挡在了距波茨坦（Potsdam）17公里的地方。42

4月30日行将结束时，撤回中央政府行政区的1万名德国军人开始寻找出路。海军、希特勒青年团、党卫军各部队都加入了争夺德国国会大厦控制权的战斗，许多人还不知道，当天下午，元首已经自杀。就柏林投降议题，戈培尔已经开始与斯大林格勒的胜利者瓦西里·崔可夫（Vasily Chuiko）展开第一轮谈判。位于蒂尔加藤大街的动物园炮台上的弗兰克高射炮仍然控制着柏林城北大片区域；希特勒青年团各部队仍然占据着从赫尔大街（Heerstrasse）到跨越哈弗尔（Havel）河的皮切斯多夫（Pichelsdorfer）大桥之间的西部城区。帝国青年领袖亚瑟·阿克斯曼大部分时间一直和战斗部队在一起。看到赫尔大街两侧的希特勒青年团人要么孤身一人，要么成双成对趴在战壕里，向西逃跑的格哈德·博尔特（Gerhard Boldt）上校停了下来。随着4月30日黎明的到来，俄国坦克的轮廓渐渐显露出来，它们的炮口都指向了最后的桥，而此时，博尔特上校已经听完该部队从原有的人数迅速减员的故事，讲述人是这些成人的领导和最高领袖施伦德（Schlünder），他说，遭受俄国人炮击五天后，他们仅剩500人还能坚守战壕继续作战，他们手里仅有步枪和反坦克手雷，而最初他们有5000人；他们全都筋疲力尽了，却没人接替他们。尽管施伦德的口气里充满了痛苦和沮丧，他仍在坚守阵地，继续执行上级的命令。亲眼见证自己的朋友和同志在身边负伤和死亡，即便这样的经历,也无法动摇那些希特勒青年团人执行命令的决心。他们将会是最后投降的一批人里的成员。⁴³

在柏林以北2公里的施潘道区,希特勒青年团的几支部队仍在坚守夏洛特(Charlotte)大桥,在施普雷(Spree)河汇入哈弗尔河形成的岛屿上,德国军队仍然控制着巴洛克风格的城堡,不过,他们知道自己坚持不了多久。在柏林以南,尽全力驰援首都的温克将军麾下第十二集团军未能越过波茨坦,不过,这为第九集团军残部安全脱逃打开了一条生路,使其逃向易北河畔美国人的防线。鲁道夫·维尔特所在的部队加入一群妇女、儿童、伤兵、战俘之际,他看见路边站着一个少校,另有两个军官,还有几个宪兵,他们正在抓捕德国逃兵。鲁道夫们早都见识过:好几棵树上吊着几具尸体,尸体上写着"我没有胆量保卫祖国"。他们继续前行,鲁道夫看见,一个身穿武装党卫军军装的士官对着一个俄国伤兵的胸口开了一枪。⁴⁴

5月2日,入夜,普伦茨劳贝格区的战斗终于停下来。凌晨2点,空防队员将阿伦斯坦(Allensteiner)大街12号地下室里的孩子们叫醒,告诉他们:"战争已经结束。"民兵部队的男人们回家后确认了这一消息。当天晚上,13岁的汉斯·约阿希姆来到街上,亲眼所见让他激动不已,携带武器的德军士兵正在跟红军士兵交换香烟和巧克力等礼品。8岁的尤塔·P(Jutta P.)从家里跑到阿伦斯坦大街,去那边看俄国人,以及他们的大炮、汽车、马匹。不过,让她印象特别深刻的是,队列齐整的红军士兵行进时齐声唱歌。这只是当地的停火场景,其时,守备军司令魏德林(Weidling)将军正在就正式投降和交出帝国首都进行谈判。清晨6点,将军在文件上签了字。到了上午10点,让汉斯·约阿希姆极其痛苦的一幕出现了:头天晚上那种欢乐的同志式的行为不见了,取而代之的是完败的耻辱,德国士兵们交出了武器,然后被赶进苏联人的战俘行列。⁴⁵

不管怎么说,那天夜里,并非所有身在普伦茨劳贝格区的德国人都停止了战斗。从4月23日到5月2日,9岁的克里斯塔·B

（Christa B.）一直身处舍恩豪斯（Schönhauser）林荫大道战场。在保卫柏林最后一晚的战斗中，他正在熟睡，党卫军将他们位于街角的大楼放火烧了。在恐惧和混乱中，居民们扔掉箱子，冲上大街，挤进旁边那座楼的地下室，那里的德国士兵告诉了他们关于投降的消息，那些士兵衣衫褴褛，面孔脏兮兮的。他们再次回到地面呼吸新鲜空气，眼睁睁看着自己的房子燃烧殆尽，正在垮塌。每天晚上，他们都守护着房子，使其免遭燃烧弹炸毁，最终却落得这一下场。[46]

和平降临第一天，柏林人整天都在抢劫劫后余生的一些商店和军用储备物资。党卫军自身的中央储备库在舒尔赛斯（Schultheiss）啤酒厂，战斗正酣时，党卫军将其放火烧了。不过，眼下那里到处涌动着渴望从余烬中扒出东西的平民百姓，他们预见到，战败必将带来饥荒，必须有点儿存货。场面的混乱和浪费，家长们突然变得非常暴戾，让前往现场观望的孩子们目瞪口呆，放在平常，跟孩子们玩耍的各位家长都特别守规矩，为支援战争，他们总能做到物尽其用。孩子们眼睁睁看着家长们将停在啤酒厂院子里的汽车顶棚拆掉，以便往车身里塞进更多吃的喝的。最后，为恢复秩序，俄国士兵开始对空鸣枪。在普伦茨劳贝格区水塔外，12岁的莉泽洛特·J（Liselotte J.）眼睁睁看着那些"胆小如鼠"的人"像土狼一样"扑向另一些从他们手里抢夺战利品的人。瓦尔特·B（Walter B.）看见，苏联士兵正在给抢夺物资的人群拍照，每每想到那场面，他总会觉得无地自容："德国的征服者没留下什么好印象！"[47]

5月1日那天，洛塔尔·勒韦受了伤，子弹对身体的打击立即将狩猎坦克的成功变成了恐惧。那天夜里，赶在午夜前——即动物园炮塔区按协议投降的时间点——他加入了一个行动小组，他们打算通过位于施潘道区的夏洛特大桥跨越哈弗尔河，从柏林突围。他们冲破重重险阻，成功地快速穿过了最后的桥，从苏联人防线薄弱的西翼突围成功。洛塔尔·勒韦轻信了道听途说：瑙恩那边停着挂满白布的医疗列车，可以将他们直接送往汉堡。到达指定地点后，他们一群人看到的是大规模投降场面：早在一周前，小城瑙恩就陷落了。依然不愿接受失败的洛塔尔加入了另一个十多人组成的小组，准备继续突围。这一行动以失败告终，他们的汽车趴窝了，六个幸存者只好跳下车，步行前进。恰如向东穿越图林根森林，试图逃出美国人包围圈的那群希特勒青年团的人一样，这种自取灭亡的行为，动机一点儿都不明确。引领洛塔尔的是恐惧还是骄傲，抑或拒绝接受失败？再或者，像其他德国国防军士兵一样，他逃避俄国人，只是为了向美国人投降？

唯独在面对像围栏一样以战斗队形向他们逼近的俄国步兵时，这些顽固分子最终才投降。然后，他们被推向一堵墙，地面横躺着一些死去的平民，这让他们确信，俄国人绝不会给他们好下场——他们必死无疑。不过，那些红军战士与其中一名军官短暂商议后，突然走向他们，取下了他们的戒指和手表，洛塔尔还感觉到，他们往他两只手里塞了两包德国香烟。在他的意识里，俄国人都是"劣等人"，这种意识终于相当突兀地倾圮了。随后，他们被移交给附近城镇的一支乌克兰炮兵部队，那支部队的女医生立即给德国俘虏们做了检查，还让他们吃了饭。让洛塔尔最为惊讶的一个姿态是，一名红军战士将自己的野餐餐具借给他用。"这一行为，"数十年后，洛塔尔暗自想道，"也就是说，对我来说，德国士兵将自己的野战餐具和勺子给俄国战俘用来吃饭，完全不可想象。而那个苏联人主动地、诚心诚意地将自己的东西给我，因为他觉得我可怜，这让我对他们的印象彻底翻转了。"早在洛塔尔吐露心声前，361367 名苏联和波兰士兵，458000 名德国国防军军人死于从奥得河畔发起的攻克柏林的最后总攻。在战争的最后数月，计有 27000 名希特勒青年团招募的新兵战死。[48]

5月5日，也就是洛塔尔·勒韦被捕那天，美国军队终于抵达了位于韦尔斯（Wels）的奥地利集中营，当时那里斑疹伤寒和痢疾肆虐。被迫从毛特豪森集中营步行迁移到那里的囚犯正挣扎在虱子、饥饿、死尸当中，眼巴巴期盼着解放，耶胡达·培根和菲利普·米勒也在其中。[49] 三天后，德国国防军终于认输了。

第四部分
尾 声

第十一章
战败的德国

在奥地利上施蒂里亚（Upper Styria）的偏远地区，9岁的埃德加·普洛奇外出拾柴，正往婴儿车里塞柴火时，他看见一队携带武器的俄国人走下公路，往他们村走来。这个小小年纪的奥地利男孩沿着偏僻的小径一路奔回家里，给家人报了信。对战争的结束，埃德加永世难忘的记忆并非俄国人到来本身，而是俄国人到来前发生的极度恐慌。他第一次体验到，全家人坐在屋里一起等候俄国人到来，有种难逃一死的恐惧，这与1943年11月空袭柏林时莉泽洛特·京策尔的体验，以及1939年9月米丽娅姆·瓦滕伯格的体验如出一辙。上施蒂里亚是受第三帝国保护的地区，这类地区的孩子们对战争最初的以及最后的体验往往像左脚倒右脚一样迅捷。在一个梅克伦堡（Mecklenburg）女孩眼里，俄国人占领数天前，看起来"大人们好像都想玩藏猫猫一样"。手表呀，剩余的珠宝呀，全都失踪了，都塞进玻璃储藏罐，埋到了地下。她玩的那些娃娃也藏进了柴堆里，为的是防止在农场干活的波兰小女孩们找到它们：她甚至不知道那些女孩多大年纪，不过她确实记得，她们"对所有玩具都抱有童心"。[1]

恐惧会把成年人的权威和信心撕得粉碎，让他们像孩子一样觉得身心无助。在艰难跋涉途中，一个来自东普鲁士的女孩被苏联红军撑上，20世纪50年代中叶，已届豆蔻年华的她回忆道："哪怕疑神疑鬼幻听出针尖掉到地上的声音，我们都会从睡梦中跳起来拼命尖叫，就像野兽害怕丢命一样尖叫。"不过，她接着记述道，那些当兵的一进门：

> ……我们的哭声立刻停了，我们双手拼命抓住妈妈，越抓越紧，大气不敢出，我们死死盯着眼前的机关枪，从内心最深处不敢出气。其中一些当兵的被我们的行李绊倒，没有一个成年人敢喊停他们。一看见俄国人，所有胆量、所有力量、所有意志都被恐惧僵住了。[2]

1945年2月伊始，一阵自杀狂潮席卷德国。4月和5月，仅柏林一地，就有5000人自杀。有时候，母亲和父亲自杀前，还会把孩子们杀掉。警方事后发现，从自杀留言看，多数人是被俄国人吓到了，或者仅仅是因为，德国战败后，他们怎么都想象不出还有未来。[3]

对其他许多人来说，俄国人真的来了，这给他们带来了巨大的解脱感。士兵们向人们撒糖果和巧克力，还伸手抚摸新生儿，俄国人喜欢孩子，这说法很快成了传奇。在维也纳，俄国骑兵抱起6岁的卡尔·普凡德勒（Karl Pfandl），让他轮番坐到一匹匹战马背上。在柏林普伦茨劳贝格区，孩子们将骑兵连围了个水泄不通。卡尔·卡尔斯（Karl Kahrs）的小妹妹尖叫着跑回家，尾随她的是个想给她一根香肠的俄国士兵。[4]

俄国人占领弗里德里希斯哈根第一夜，莉泽洛特·京策尔的母亲被强奸了。红军士兵到达威尔默斯多夫区第一夜，强奸的事也开始发生。每次俄国人走进赫塔·冯·格布哈特所在的地下室，她总会想方设法将女儿莱娜特藏到身后，希望来人会把别的女人带走。一个凶神恶煞般的士兵进来后，威胁将他们一个个全都枪毙，要么就用手榴弹把他们全都炸死，赫塔和另几个女人撺掇从苏台德地区（Sudetenland）来的说捷克话的女人跟那人谈谈，后来那人停止威胁，将说捷克话的女人带走了。在附近的策伦多夫区（Zehlendorf），乌尔苏拉·冯·卡多夫有个朋友，俄国人到来时，她本来已经躲到一堆煤后边，结果被一个试图保护自己女儿的女人出卖。四个月后，第一次来看乌尔苏拉时，那个活泼漂亮的青年女子告诉乌尔苏拉，她如何被23个当兵的一个接一个轮奸，事后，人们只好把她送进医院，给她缝了好几针。"我再也不想，"那女人最后说，"跟男人做那种事了。"她也不想继续在德国住下去了。许多母亲将处于青春期的女儿的头发剪短，把她们打扮成男孩。为了给年轻女性提供避难所，一名女医生在门上钉了个牌子，用德文和俄文注明：内有伤寒。从街上的水泵打水的女人喜欢扎堆，这些消息像野火一样在她们嘴里传开了。[5]

女性被强奸的场合包括地下室、楼梯间、公寓内、大街上，甚至在强制劳动过程中——例如清理废墟，拆除生产性工厂，为俄国人削土豆皮时，其中还夹杂着俄语喊声"手表，手表"——俄国人的喊声无处不在，尤其在天黑以后，喊声会变成"太太，来呀"。性暴力浪潮始于柏林城市保卫战，强奸女性常常当着邻居、丈夫、孩子，甚至陌生者的面。5月3日，德国军方停止抵抗后，性暴力才渐渐平息。在大型首都柏林、维也纳、布达佩斯，多达一两成的女性成了强奸的牺牲品。红军士兵庆贺自己仍然活着取得了胜利，原本有严格的命令，举止要像"解放者"，而不是"复仇者"。苏联人跨过奥得河不久，他们的一些军令发生了天翻地覆的变化：自1942年以来，红军内部的宣传基调一直是复仇，如今新军令取而代之，变成必须区别对待"纳粹"和普通德国人。斯大林心里清楚，英美同盟肯定不会阻止苏联占领东德，他要尽最大努力保护自己的新领地，首当其冲的是，确保柏林不发生东普鲁士和西里西亚那样的屠杀。要在身经百战的、必定要承担巨大伤亡的军队里实施如此天翻地覆的改变，已经为时过晚。当涉及强奸的时候，苏联军官发现要么什么都不做，要么采用即决处决的方式来让他们的人听话。最初几夜，为了给平民提供保护，一些苏联军官甚至睡在柏林的地窖里；还有一些军官则嘲笑德国妇女来告诉他们的被侵害的故事。[6]

孩子们如何看待那场性暴力爆发？1946年1月，柏林普伦茨劳贝格区47所中学的学生受邀就那场战争写作文。许多孩子聚焦于柏林城保卫战。莲娜·H（Liane H.）是个笃信共产主义的女孩，她曾经感谢"最高统帅斯大林将他们从纳粹帝国解放出来"，还诅咒过"该死的纳粹蠢猪"，她也曾经胆小地为第三帝国"摇旗呐喊"，就连她这样的人都承认："那些俄国人曾经强暴过我们的女人，将许多人从人群里拉走。"一个男孩在日记里这样记述到，俄国人占领第一夜，他所在的位于希韦百纳大街的地下室有五个女人被拉走，在大楼第一层公寓里被强奸。不过，他的描述属于孤例。大多数提到强奸的男孩和女孩像莲娜·H一样坚称，这种事没有伤及他们自身和他们的母亲，或他们所在楼宇的女性。与莲娜不同的是，他们没表现特殊的亲苏同情心。20世纪90年代，这些女孩里的两个接受了采访——时间是事情过去将近五十年后，东德政府已经消失后——她们仍然坚持当初的说法。两个人中的一个是克丽丝塔·J（Christa J.），对当初的沉默，她给了个说法。她承认，当年他们班里的人，年龄都在十四五岁，"我的许多同学被强奸了，但我不记得是谁说过这种事"。即便如此，她依然坚称："我被藏在地下室的某个地方……"[7]

大规模强奸同时出现，却坚称躲过了强奸，这成了孩子们记忆里挥之不去的阴影，20世纪50年代中叶，也就是事情过去十年后，那个将娃娃藏进柴堆的梅克伦堡女孩回忆说，妈妈如何"立刻给她穿上一件破衣服，裹上一条头巾，事先还往她头发上撒了些白粉，以便头发显得花白"。关于她对俄国人的看法，她是这么说的："这些让我从心里对俄国人特别仇恨，与他们的关系变得较为正常后，一个俄国人想把我抱到膝头，我拼命尖叫，两脚乱踢。"20世纪90年代，"二战"中的孩子开始撰写回忆录，他们记述的内容与史实大同小异，只是细节方面更加精雕细琢。赫米内·狄里格尔（Hermine Dirrigl）当年14岁，一个非常年轻的俄国人闯入他们在维也纳的公寓时，很快看见了她和一个女孩朋友瑟缩地躲在窗帘背后。那个朋友跑了，赫米内没跑成，相反，妈妈把当时还是婴儿的弟弟塞进她怀里。"那当兵的用手势明确表示，我应当把婴儿交给别人，"五十多年后，赫米内回忆说，"我叔叔试图把那俄国人拉到屋外，他用枪威胁叔叔，最终他走了。"与各种成人的记述相较，赫米内的讲述似乎有缺失，那个俄国人竟然那么轻易便走了。难道存在当时她无法理解的某种成人的干预，一种压制的记忆，抑或她刻意避免将某些事纳入个人回忆录，以免孩子和晚辈们读到，我们几乎没有可能说清这些。他们全家得到一名俄国军官的时刻保护，他成了他们的保护神，接下来继续讲述这件事时，关于妈妈是否与军官有性交往，她甚至也一带而过。[8]

当年究竟发生了什么，女孩们装聋作哑，像赫尔曼·格赖纳（Hermann Greiner）那样的男孩则引以为傲地宣称，自己如何堵在父母位于维也纳的公寓楼门口，阻止一个俄国士兵找一个女人，那俄国士兵已经看见那女人站在其中一扇窗子后边。以下内容摘自他的记述：

> 如果我个子再高点，我肯定会揍他，当时我就是用那种眼神看他的。我们之间虽然没说话，那俄国人肯定意识到了这一点，他狠狠地一摔门，离开了公寓楼。[9]

在保护母亲和邻居方面，赫尔曼·格赖纳自认为是以爸爸为榜样，爸爸肯定会这么做。的确如此，在接下来的记述中，他很快谈到父亲如何上街斥责——用俄语——一个士兵，那当兵的正在追赶住在对面的一个女子。后边的内容摘自他的记述："在我看来，其他所有男性移民和邻居都是鼠辈，就知道躲。"当年赫尔曼只有8岁。[10]

孩子的沉默与当时身在柏林的成年女性之间露骨的笑谈形成鲜明的对比。在城市保卫战期间，那些举止文雅的，受过良好教育的社会阶层的女性也得排队打水，领取配给，她们甚至也开始像大兵一样讲粗话。德国刚战败那几个月，女人们的话题开始转向对比德国士兵和俄国士兵的内衣裤、战争期间各交战方在欧洲大陆传播性病的方式，以及俄国人和美国人不同的性取向等。她们创造了新俚语，用以舒缓寻找军官们保护所带来的耻辱，如"为肚子陪睡""少校的心肝""越轨的鞋子"等。让人深为怀疑的是，她们曾否对自己的孩子，甚或青春期的女儿说过此等低俗的话。那个年代，14岁的女孩们都没有接受过性教育，更别说性经历了，她们没办法形容发生了什么；当时所有学校和家庭好像都无法帮助女孩和男孩们说出自己的性经历。[11]

随着"社会常态"得以恢复，强奸渐渐成了禁忌话题。在苏联占领区，一些共产党员向瓦尔特·乌布利希（Walter Ulbricht）请愿，要求党内公开讨论苏联人强奸的问题，他告诉那些人，这个问题必须留待以后讨论。到了冷战兴起，乌布利希领导的东德政权就此问题设立了一个审查机构，这个机构一直存在到1989年该政权垮台。在西德，冷战起到了相反的作用。在1949年第一次联邦选举期间，长着"蒙古眼"的苏联强奸犯形象出现在基督教社会联盟的巴伐利亚地区选举海报上，然后在20世纪50年代初被基督教民主联盟在全国各地采用，并成为鲁尔地区部分地区的常见话题。鲁尔地区大大小小的城镇已经被英美同盟夷为平地，而苏联士兵从未涉足那一地区。随着"犹太－布尔什维克主义"的反犹太意象在西德完全失宠，戈培尔的"欧洲文化"的最终形象，与"亚洲的"俄罗斯"野蛮主义"对抗，获得了新的生机。[12]

以上这些对强奸受害者毫无助益。20世纪50年代初，就女性受到的各种伤害，政府往往拒绝给予补偿，女性谈论其经历也受到越来越多的打压。这一不断强化的社会禁忌使得用恰当方式表白受伤害的痛苦和耻辱变得愈加困难，20世纪90年代，口述史学家开始就这一主题不断提问，这一点已经变得十分明显。那些战争期间还是孩子的女性不愿意谈论自己当年究竟经历了什么，她们的讲述全都以第三人称开篇，她们说的那些事都发生在别人身上，而非自己或自己母亲身上。一部分困难源自家庭内部，那些已经建立婚姻关系的夫妻，整个战争期间一直保持着频繁密切的通信往来，尽管如此，女方往往认为，无法将自己遭受的强奸披露给男方，是为了不让对方感到无地自容，从而避免家庭风暴。不仅从战俘营返回的德国士兵对于自己和妻子的性行为有双重道德标准，德国男人还在男性荣誉观的培养下成长，秉持这种观念的人认为：捍卫家庭是他们的责任，而强奸是对家庭的破坏。强奸既是背叛，也是男性无能的标志。[13]

青春前期男孩赫尔曼·格赖纳的座右铭是"生当作人杰"，如果说，男性"懦夫"在维也纳的失败让他深感失望，对其他年龄更小的少年来说，父辈权威的垮塌实在出人意料。汉堡遭燃烧弹轰炸后，乌韦·蒂姆和妈妈住到了科堡（Coburg）一个小区的纳粹党领袖遗孀隔壁，许多纳粹官员经常登门拜访这名遗孀。对5岁的乌韦来说，"二战"结束时，"时隔一天，所有大人物、成年人，一下子都变小了"。第三帝国的声音消失了。过去他经常在街上和他家房子的楼梯间里听到男人们说话声若洪钟，如今人们的说话方式似乎都变成了小人物道歉的方式。犹如德国士兵脚踏钉了铁掌的长靴，落地有声，如今取而代之的是"美国大兵"的胶底鞋，近乎落地无声。连美国人使用的汽油气味都有些不一样，更甜一些，有点儿类似他们扔给像他一样的孩子们的口香糖和巧克力。正如波兰孩子和犹太孩子往往不自觉地嫉妒德国士兵，德国孩子们亦如此，征服者所拥有的一切难以避免地吸引着他们。[14]

成人仍然畏惧与俄国人交往之际，常常指使孩子们与征服者打交道。为了给父亲要到卷"大炮"用的烟丝，维也纳的黑尔佳·格罗兹（Helga Grotzsch）前去与俄国人打交道。还有一次，母亲带着孩子们前往苏联军事管制委员会求情，母亲让孩子们大哭，以便对方不把他们赶出现有住宅。黑尔佳·格罗兹挖苦地回忆道："显然，我们大哭大闹得恰到好处。他们同意我们继续住下去。"更为常见的是，孩子被当作中间人。黑尔佳·费勒（Helga Feyler）仍然记得奶奶派她前往村子旁边的苏联营地要食物的场景，奶奶已经想到，派成年人过去实在危险，不过她非常肯定，俄国人不会伤害孩子。俄国人的营地周围有一圈围栏，10岁的黑尔佳带着还是婴儿的弟弟刚刚靠近，第一个看见他们的士兵就发出嘘声，驱赶他们离开。后来他们遇到了第二个士兵，对方示意要用白面包交换她弟弟。她摇头拒绝，为赢得信任，对方掏出一张与自己儿子合影的照片，同时指着自己，用磕磕巴巴的德语说："我，父亲……想儿子。"黑尔佳把包包递给对方，然后将婴儿弟弟举过围栏。当时她觉得，那当兵的满脸都是思念家人的样子，他把孩子高高举起，转了几圈，然后紧紧地搂进怀里，抚摸着孩子的头发。小男孩开始哭闹，他把孩子从围栏上递了出来，还在包包上放了两块面包。后来黑尔佳发现，面包下边还压着食用糖和一块肉。那一时期，太多成年人在孩子们眼里失去了地位，诸如此类的事让孩子对自身的重要性有了新发现。对这类与占领有关的事情，孩子不仅是旁观者，他们很快成了积极的参与者。[15]

　　成人烧掉了旧制服、纳粹党徽以及许多藏书，烧掉的还包括孩子的东西，实际上，大人是在抛弃孩子成长过程中珍视的许多东西。英国军队列队进入奥斯纳布吕克时，迪克·西韦特的家人甚至将他倾注全副身心收集的、粘贴在《英格兰强盗国》(*Raubstaat England*)里的香烟卡全都清理了。各家各户将希特勒青年团的穗带和服装、德国国防军的海报、党卫军的制服等全都丢弃了，还把青年运动纪念短剑和其他武器一同扔进各村的池塘。那一时期，出门到野地里和林子里玩耍的孩子偷偷捡回一些他人丢弃的武器，拿在手里把玩，时常会引发致命的后果。维也纳是4月13日陷落的，5月1日那天，当地人缝制了一些新旗帜外出悬挂，由于时间紧迫，他们急中生智，用红布盖住旧旗帜白色的圆心，将其缝死。好像是为了嘲弄与"解放者"团结一心的种种努力，当时红布掩盖的纳粹"卐"字符在阳光映照下暴露无遗。对孩子和青少年而言，在必须撕掉希特勒青年团的徽章和丢弃短剑那一刻，往往特别痛苦，也颠覆了一直以来灌输给他们的所有关于责任、服从、荣誉的说教。一些男孩偷偷标记了丢弃武器的地点，以便将来把它们找回来。[16]

从返回德国的父亲们的脸上，人们再也见不到让人安心的面容。为定性这一新症候，德国精神病学家和心理治疗师还创造了新名词"精神失调"（Dystrophie）。恰如营养不良会带来冷漠、沮丧，失去所有道德约束，同时还伴有多种可量化的身体病痛，例如肝损伤，他们勾勒出一幅战败的德国男性画像，使用的正是数年前同一拨评论员为"斯拉夫劣等人"预留的颜料。显然，"俄罗斯广袤无垠的疆域"和苏联"完全不同的生活方式"改变了德国战俘，因此他们的"本性和面部表情已经变为俄国式"，另外，他们"已经丧失大部分率真的人性"。就在不久前，德国心理学家还为各种德国男性特质的优越性远超野蛮的俄国人大唱赞歌，眼下他们已经开始担忧，那些被关押在东方的德国战俘的性本能或许已经死亡。德国各杂志的诉苦专栏充斥着人们对重新找回性行为的无望，贝亚特·乌泽（Beate Uhse）情趣用品公司据此发现，避孕咨询和婚姻救助业务迅速做大做强的时机来了。[17]

对许多孩子来说，父亲回家成了一种不受欢迎的、多余的外来闯入，所有交战国概莫能外。父亲不在家的五年里，普伦茨劳贝格区的克丽丝塔·J与母亲形成了一种非同寻常的、紧密的和私密的关系。60岁以后，克丽丝塔回顾了那一时期，将其看作形成最佳同志关系和互敬关系的时期。1942年弟弟出生时，她已经11岁，她觉得，战争期间和战争以后，她和妈妈能推心置腹地探讨各种问题。这与1941年她父亲被征召入伍之前的感觉形成了鲜明的对比，当她一走进房间，就听到她父母在谈话中陷入沉默。克丽丝塔的父亲是个牧师，在苏联关押至1946年，获释后得以返回原教区。不过，他再也无法从事牧师工作。对那份工作，他失去了"内在的驱动"。克丽丝塔记得："他再也无法敞开胸怀谈论自己，对自己的经历更是闭口不谈。"他死得很早，刚好看见女儿开始学医和渐渐放弃宗教信仰。[18]

对许多父亲而言，恢复原有的社会地位不是一件容易事。黑尔佳·毛雷尔的父亲离家时，他的家人住在梅克伦堡的巴斯，1946年，关押在英国的父亲获释，他的家人已经生活在石勒苏益格－荷尔斯泰因州（Schleswig-Holstein）的一个村子里。他太太和四个孩子住在当地牧师家一个没有取暖装置的单间里，那房间直通主建筑，从前用作"坚振礼"课教室。1945年4月，乘坐军用卡车逃亡，让黑尔佳激动不已，事过后，伴随失败而来的感受是耻辱和饥饿。她仍然记得，牧师的孩子个个吃得饱吃得好——农民们定期给他们送农产品——两岁的妹妹埃迪特向他们讨要了一点儿面包和黄油，当天晚上，牧师的老婆就跑来朝妈妈要配给票。对公务员家庭来说，失去社会地位的感觉犹如天上地下，黑尔佳的父亲从前是纳粹德国空军技术员，他对此感触尤深。作为知识分子难民，他没有工作，让村民瞧不起，怎样养活四个孩子，让他手足无措。当年孩子们都未满8岁，四年后他才在政府部门找到工作，将全家迁到不伦瑞克，在此期间，他经常打孩子们，尤其是年龄较大的两个男孩。小黑尔佳将当年鲜活的记忆刻进了脑海，夏日的一天下午，他们不顾父亲的禁令，到村子的水塘里玩泥巴。后来，在众目睽睽下，他们在房子外边按年龄大小站成一排，首先由妈妈在镀锌澡盆里将他们一个个洗干净，然后由父亲用一根棍子把他们挨个打了一遍。黑尔佳印象最深刻的是，那次公开惩罚让他们丢尽了脸，还有，大哥赫尔穆特挨打时，小妹妹埃迪特的呜咽让人恐怖。[19]

并非仅仅因为沮丧，父亲们才推崇铁腕管理。他们坚信老理"棍棒之下出孝子"，德语也有"黄荆条下出好人"一说。许多父亲的确不知道，除此而外还有什么活法。柏林有一名父亲，婚后十二年有九年在军中服役，或处于在押状态，回家后，他才意识到孩子们几乎不认识他。大儿子汉斯的语文成绩在班里倒数，这让父亲非常震惊，他决定利用军纪纠正儿子的落伍，每次成绩不理想，就让他做25个屈膝下蹲。父亲很习惯这种做法，事实上，在一支军队里，军官们经常称呼他们的士兵为"孩子"，父权的模式很明显。鲁尔夫是家里的老幺，对他来说，父亲回家是最不受待见的事。他已经习惯每天早早钻进妈妈的被窝，父亲在场时，他就会大喊大叫："滚一边而去，你不知道这儿早就有人啦！"两个年龄稍大的哥哥在背后悄悄说父亲坏话时，小鲁尔夫总会大声将他们的想法说出来。一次，全家人在餐桌上争论不休，鲁尔夫的妈妈回忆说，小儿子站起来，捏紧拳头，气得满脸通红，绕过桌子走到父亲身边，对父亲说："你，你，在这儿不是你说了算。"[20]

父亲认识到，在许多方面，儿子是对的。父亲的身子回到了柏林，脑子却无法理解那里。回来一周了，他还没意识到，需要申领一张配给卡。后来他才想到，事情远不止全家人为他提供食物那么简单，他意识到，自己吃的是孩子们的配给。当初他也没想到，汉斯语文成绩不好，是因为他必须帮助妈妈维持一家人的生计。作为前高级技术员，他不知道如何在过渡经济体制下生存，也不知道如何在拥挤的空间内与妻子的家人共同生活。他不知道如何与孩子沟通，孩子们也不知道怎样与他沟通。随着父亲们回到已经不熟悉的家人身边，回到常年通过信函交往而不是肌肤相亲的妻子们身边，回到孩子降生时自己却远在异乡的孩子们身边，回到自己的以及妻子的双亲挤在有限的房间里一起生活的大家庭，他们才意识到，德国已经不是他们可以理解的德国。许多父亲已经无法适应工作，不管怎么说，在和平到来最初几年，工作机会也少得可怜。[21]

20世纪50年代，基督教民主联盟总是对西德人民鼓吹，家庭已经变成社会的根基。不过，从德国内部看，与世界经济大萧条时期相比，家庭作为经济的和情感的单元，当时更显脆弱。家庭规模仅在20世纪40年代末变得非常大，因为，许多围绕家庭建立的相当复杂的社会构架当时全都倒塌了。1945年，战败的和被摧毁的不仅仅是德国国防军和纳粹政权，随着纳粹国家的倾圮，德国各福利机构同时也垮掉了。20世纪30年代，甚至在战争初起那两年，家长们常常抱怨希特勒青年团过于冒犯，不过，如果没有那一组织，没有各种女性组织，没有"冬季送温暖"计划，没有国家社会主义人民福利组织,没有高效的卫生健康系统,人们就必须依赖自己有限的资源。战后第一个十年,美国民意调查人员全都注意到,所有接受调查的人都用满满的溢美之词赞誉纳粹的福利建设。对年龄幼小的孩子们来说,少年团的环保行动,例如收集废旧金属、纸张、旧衣服、巨量的草药,全都属于天真烂漫的、常规的年代。对战后的青少年而言,希特勒青年团的乐队和夏令营很快都成了遥远的记忆,"送孩子下乡"计划安置家庭也成了充分保护大多数人的时代,是被摧毁的"完整世界"的一部分。

战争期间,士瓦本农夫的老婆对强加给她们的工人阶级的女人们抱怨颇多,波美拉尼亚人喜欢将所有破坏财物行为和盗窃行为嫁祸于从波鸿疏散来的孩子们。抱怨也好,嫁祸也好,由于接纳了外来人,他们都得到了满意的报酬。战后,难民却没办法向居住地社区支付任何费用。随着复杂的全国性支付系统的崩溃,不再容忍外来人立刻跟着水涨船高。在石勒苏益格-荷尔斯泰因州的小韦森贝格(Klein-Wesenberg),黑尔佳·毛雷尔很快认识到,像她们这样的疏散家庭失去的远不止职业中产阶级地位,当地人将他们看作闯入者,社会边缘地带的敲诈者。有人看见她和一个女孩朋友在特拉沃(Trave)河岸边吃大头菜,那东西是她们在旁边的地里拔的,老师让她们当着全班同学的面承认偷窃。老师让她们站到教室前边,如此一来,所有同学都可以伸出手臂指向她们,给她们安上小偷的名号。这种公开的羞辱证实了黑尔佳由来已久的猜测:每个当地人都听说过像她这样的难民孩子。另外,全家仅有一间屋子,由于没有燃料取暖,尽管是冬季,黑尔佳的妈妈仍然让孩子们到房子外边冰天雪地里玩耍,实际上,这让孩子们实实在在感受到当地人的歧视。幸运的是,村里有一对老夫妻,他们喜欢四个孩子登门,在他们家巨大的、铺满瓦片的炉子上烘烤湿透的衣服和鞋子。不过,这样的善举其实是绝无仅有的。[22]

1946年,秋季,为了做真相调查,伦敦左翼出版商维克托·戈兰茨（Victor Gollancz）前往德国，进行为期七周的访问。从杜塞尔多夫驱车前往亚琛途中，他路经于利希（Jülich），那是个小镇，拥有1.1万人口，1944年11月16日，一次空袭就摧毁了小镇93%的建筑。当地镇长告诉他，仍有7000人居住在被夷为平地的镇上。漫步废墟当中，戈兰茨完全看不出那些人居住在什么地方。后来他才看见，地面竖立着一根烟囱，过了一会儿，他又发现，地面以下有个斜坡，通向一个入口。地窖包括两间小屋，里边住着七口人，其中一间屋子用于睡觉，另一间屋子用来做其他所有事。没有厕所，也没有自来水。他在屋里见到一双父母，几个成年儿子，以及两个少年。有个孩子外出，不在家，一个女孩趴在桌子上，头枕在两只胳膊上，照相机的闪光灯亮起来时，她也没抬头看一下。[23]

一路上，维克托·戈兰茨满眼都是破烂的鞋子，以及由饥饿水肿导致的身体浮肿，因为缺水，成人和孩子们形容枯槁。他参观了一些学校，一间教室能挤进多达70名学生，他们没有课本。他参观过的那些医院都没有青霉素，他还跟生命垂危的人谈过话。戈兰茨是犹太人，也是纳粹主义最早的、最猛烈的抨击者之一，当时他就号召人们与德国人和解，向他们提供食物。他唯恐当时的形势会造就新的纳粹主义。[24]

到了1946年，在四个占领区，饥饿已经成为普遍现象。在英占区，婴儿死亡率高达10.7%，在英占区和美占区，肺结核三倍于1938年的水平。基本配给不足极为严重，1946年中期，美占区每人每天的配给换算成热量仅为1330卡路里，苏占区为1083卡，英占区为1050卡，而最低的配给是900卡，是法国人在他们占领区做到的。《曼彻斯特卫报》（Manchester Guardian）记者发现，实际上，英国人自己每天的标准总共不过两片面包加人造黄油，两个小土豆，一勺肉汤，外加牛奶。无论是长期还是短期，官方配给难以维持成年人的生命。1946年从北美顺利抵达德国的上千万"救急食品包"也是杯水车薪。每个食品包里有捐赠人送的4万卡路里干货，或罐头食品。尽管尼可拉·别尔扎林上将很早就做出各种努力，从苏联运送农产品，柏林人很快给标准配给卡起了个别名"升天堂证"。富含脂肪、矿物质、维生素的食物经常延期交货，或者不到货，这意味着，犹如战争期间德国占领欧洲的情况，在战后的德国，民众只能靠面包、土豆、胡萝卜维持生命。占领期间的1947年春季成了德国人身体和心理方面的最低点。当年冬季成了人们记忆中最严酷的冬天，摇摇欲坠的铁路网突然再次崩溃，燃料和食品短缺成为常态，这导致进一步削减配给。随着人们挣扎在每天1000卡的生存线上，德国社会分裂成了最基本的微小结构。[25]

1945年夏，各学校迅速开学，这也没让人们感到须臾解脱。上课期间，孩子们会因为饥饿而晕倒。不来梅的所有学生里，超过四分之一没有合适的校服，由于缺乏保暖的鞋子，将近四分之一在冬季无法上学。达姆施塔特和柏林两地的社会调查结论相同。因为没有燃煤，许多学校只能再行关闭。就像普伦茨劳贝格区的克丽丝塔·J一样，为躲避从敞开的窗口吹进屋的冷风，人们只好下楼，躲进防空掩体。那时候，每天被切割成好几个时间段，以便孩子们轮番上课。不过，到了1945年11月中旬，各学校的厕所都上了冻。柏林的一个男孩和老师观点一致：他和班里其他10岁的孩子一样，个个都是"活着的瓦砾堆"，对学习、秩序，甚至尊重父母和老师的意见，他们毫无兴趣。学校的建筑以及校园全都是瓦砾，直到他们亲自参与清理瓦砾，他们的兴趣才得以恢复。通过清理瓦砾，这个男孩在学校安排的作文里表示——毫无疑问，这是老师授意的——他们生活的目的又回来了。[26]

回顾20世纪50年代中期的那几年，埃森的许多孩子立刻会想到挨饿的痛苦。1956年6月，海因茨·巴德（Heinz Bader）对此记述如下："对，我记得，我饿得哭起来。"另一名在埃森上学的男孩认为，饥饿在人们身上和记忆里留下了抹不掉的痕迹。一个10多岁的女孩仍然记得1948年的货币改革，因为当时父亲第一次将全家人叫到一起，给全家人看战后购买的第一个橙子；小弟弟以为那是个球，不想吃它，因为当时他们习惯了只喝"牛奶兑水汤"。生活在美国占领区的另一个孩子回忆这种清汤时心情复杂，将其称作"教友派派饭"，因为食物是由教友派（又称贵格会）提供的。还有一个在校女孩回忆道，饥饿剥夺了人们的人性，将人变成了动物，她接着记述道："饥饿关闭了悲和欢两种情感，夺走了所有的一切。"[27]

配给供应危机直接源自德国开拓殖民地征战的失败。纳粹政权在东欧和西欧强制推行缴纳配额政策，保证了德国民众从未经历粮食短缺，其代价为：在苏联实施了饥饿政策，战争最后几个阶段，甚至在比利时、荷兰、法国实施了"胡萝卜过冬"计划。随着德国变得日益依赖进口，尽管有稳定的强制劳工输入，德国自身的农业却日渐萎缩。战争结束之际，德国农产品的产出仅能满足其需求的50%—60%。盟国确定奥得河与奈塞（Neisse）河沿线为德国东部毗邻波兰的新边界后，德国失去了28%的农业用地，以及半数左右谷物和牲畜产能。当然，同时失去了西里西安的工业财富。[28]

与此同时，随着多数德国滞留人口被东欧各国驱赶回原籍，德国的人口密度迅速增大。到了1947年，德国剩余的部分为四个占领区，这些占领区必须接收来自波兰、捷克斯洛伐克、匈牙利、罗马尼亚等国的1009.6万难民和被驱逐者。此外，直到1946年，仍有超过300万疏散人员滞留德国乡下。两三年前，他们离开了城市，他们尚不打算穿越边界，返回已成废墟的城市，当时德国国内各占领区的边界往往由警察严格把守。尽管如此，截止到1947年4月，大约90万人越过边界，从苏占区到了西方。在四个占领区，现有住房总数的四分之一毁于战火。许多家庭拥有的仅仅是公寓里的一两个房间，其他设施由套内住户共享，这境遇已经是万幸。1950年，西德的住房缺口仍然高达472万套，那一时期，仍有62.6万家庭居住在尼森小屋（半圆形铁皮屋）、地下室、篷车、地窖里，另有76.2万家庭居住在营房和招待所里。战时，德国东部的地主们不让西部来的疏散人员热饭，不给他们取暖用煤，这样的差辱他们仍然难以忘怀，而东部来的难民提出的要求更甚于他们当初的要求。西部的德国人对他们的总体困境抱以足够的同情，虽然如此，他们还是向美国民调人员指出，这个国家太小，不足以应付如此规模的涌入，这种怨气时不常会以暴力形式体现。[29]

随着饥饿、疲惫、寒冷、暴力使情况越来越糟，许多母亲意识到，自己正在让年龄大点的孩子们分担责任。对格特鲁德·布赖滕巴赫（Gertrud Breitenbach）来说，转折点出现在苏占区从捷克斯洛伐克到克内塞（Kneese）的艰辛旅程行将结束时。她和孩子们差点都死了。"眼看就要到了，"摘自格特鲁德写给关押在美国战俘营的丈夫的一封信，"我再也走不动了。一步都走不动……"一路上，1 岁的女儿布里蒂（Britty）患了肠炎，持续八周才见好，接着又患了百日咳。身心俱疲的布赖滕巴赫太太近乎崩溃，正当此时，9 岁的女儿英格丽德（Ingrid）承担了照看小婴儿的责任。她觉得，自己必须救助一蹶不振的父母，这也反映在如下方面，她决定只报喜不报忧，这么做会让父亲高兴：与母亲不同，在写给父亲的信里，她避谈各种艰辛，字里行间反而是婴儿妹妹"红扑扑的脸蛋"，她说的第一句话，她和娃娃一起玩手拉手转圈游戏等。至于她自己，圣诞节临近时，英格丽德聪明地宣称："我只希望圣婴送我一样东西，就是你，亲爱的爸爸。"[30]

其他家庭的情况为，暂时的经济状况迫使负担过重的、讲求实效的单亲母亲们割让责任，让年龄大点的孩子们外出到黑市做交易，让年龄大的女儿照看年幼的孩子们。一些母亲不再操心如何均分数量不足的面包配给，直接将其甩给其中一个孩子。另一些母亲则让孩子们趁着黑夜前往铁路调车场偷煤。当年孩子们玩的游戏很快就与现实接轨了，警察和强盗游戏让位给了"偷煤贼和火车司机"。[31]到了 1946 年，正如战时波兰的情况一样，对战后的德国而言，黑市已经变得不可或缺。像 11 岁的彼得·劳丹（Peter Laudan）一样的男孩很快就玩腻了偷煤贼游戏，实实在在做起了"暗中交易"的生意。已届中年，受人尊敬的他回忆道：

[假如]我们看不出人们经历的一切就是在游戏中长大，成长即游戏，人生就只剩下悲凉了——所以，最开心的往往是，成年人

感到挨了一闷棍时,不是真的用木棍敲在了他脑袋上,而是卖给他1升鱼油的价格让他有割肉的感觉,回到学校,我们就有资本自吹自擂如何在黑市搏杀中有了英雄壮举。[32]

在柏林亚历山大广场和蒂尔加滕大街,许多黑市交易场地如雨后春笋般冒出来。1948年,购买一双皮鞋要花费1500马克,2磅黄油要560马克,2磅食用糖要170马克,1磅咖啡要500马克,各种商品的价格远远超出人们根据官方控制的工资标准获得的收入。正如波兰被占时期的情况一样,工厂开始以实物折抵工人的部分工资,允许他们自行从事易货买卖。随着现金经济的崩溃,公司之间以易货方式进行批发交易,进一步打乱了恢复一体化市场的所有努力。在各个商店,纽扣、灯罩、彩绘木盘、烟灰缸、刮刀布等无人问津,而缝衣针、钉子、螺丝刀等成了黑市的抢手货。旧有的社会关系解体了,无数家庭变成了生产、交换,以及消费的联合体。一个16岁的女孩回忆说,她和妈妈如何如何一起帮着技术娴熟的大姐制作娃娃,父亲是个有资质的马具商,他拆除了一辆废弃汽车的座椅,为她们提供充填物,而家里的女人们则翻出旧丝袜,用来制作娃娃的胳膊和小手。情况顺利时,他们每周可以制作10个娃娃,他们的努力受到她小外甥的鞭策,那孩子每天一早从起床开始,整天都在房子里边跑边喊"妈咪,做午饭",他们挣的钱全都用于买吃的了。[33]

前往乡下,直接与农夫做换货交易,同样困难重重。交通路网一直混乱不堪,拥挤不堪,因而搭乘支线列车和本地列车出远门往往还容易些,这限制了女人们和孩子们利用周末外出觅食的半径。在其他地区,大人让孩子们穿越德国比利时边境从事走私。《图画邮报》(*Picture Post*)的一个记者曾猜测,上个月在亚琛附近各过境点逮捕的1500个孩子仅为越境人数的1%。他们携带家居用品越境,前往"繁荣昌盛的"比利时,换回咖啡和其他奢侈品,包括黑市硬通货香烟。如果被逮住,许多女孩早已学会将身子许给卫兵,以保全当天的收获。[34]

战后最初几年，在整个欧洲，从比利时到波兰，青少年犯罪率急遽攀升，这与第一次世界大战后的情况难分高下。德国占领时期，在法国、荷兰、比利时、丹麦、波兰等国，这情况在刚出现配给短缺时就开始了。到了1946年和1947年，青少年犯罪像流行病一样到处传播，也传到了德国和奥地利，直到20世纪40年代末才开始减少，20世纪50年代初期，它仍然维持在高位。心理学家、犯罪学者、社会工作者全都开始大谈特谈青少年道德危机。他们发现，事实明摆着，在整个欧洲，孩子们的意识里早已没有对法律、长辈和集体的尊重。[35]

福利机构的官员们训练有素，也深信能够将道德堕落阻断在萌芽状态，他们倾向于在男孩们变成不可救药的罪犯之前，女孩们成为染上性病的妓女之前，将其送进各地的管教学校。1946年8月，13岁的赫拉·瓦格纳（Hella Wagner）被送到了布莱特瑙少管所——当时该所刚刚重新开张——因为她和无数美军士兵发生过性关系，美军士兵喝酒狂欢时，她总会伴随左右。20世纪20年代伊始，对过失少女的刻板印象从未改变，唯一改变的是她们追逐的男性伙伴：从战前的"青年男子"，到战时的"军人"，再到战后驻守黑森的"美国大兵"。1946年和1947年，布莱特瑙少管所关押的青少年女性比战争期间更多。地方政府这么做，好像是在弥补他们的政治无能，包括战时未能阻止成年女性与敌人"深度交往"，如今官员们在拿关押青少年女性将功补过。[36]

犹如战时欧洲大部分被占地区的情况，许多孩子和青少年浪迹黑市，跨境走私，偷盗煤块，他们自视为养家糊口之人。在长期物资短缺和经济混乱背景下，这些并非"堕落"的初始兆头，而是为家庭做贡献的标志，从道德良心层面说，这与留在家里照看弟弟妹妹们毫无差别。让孩子们过早地承担责任，母亲不仅给父母权威松了绑，还让孩子们感受了他们的困境、他们的窘迫、他们的渴望、他们的愤懑。这么做并没有在两代人之间豁开不可逾越的鸿沟，战败和被占也是动力，帮助许多母亲和孩子建立了深层的互信，而回到家的父亲试图通过殴打和军训让孩子们学会服从,两相比较,母亲的方法更奏效。孩子们成了家里的顶梁柱,没有什么比这种新的责任更能保证他们能够吸收母亲对战争失败的看法,或者是沉默。

各种社区比以前小了,邻里关系更加错综复杂了,加深了本地人和外地人之间的隔阂,直到其成为鸿沟。战争期间,成人和孩子们都学会了将恐怖、愤怒、仇恨宣泄到一大波"敌人"头上。战争结束时,随着强制劳工得到释放,德国人都怕得要命,每到晚间,一群群游手好闲的外籍劳工会登门索要食物、衣服、金钱,最害怕的当属生活在独立农场的德国人。即便在苏联占领区,有求于人的时刻——当时德国农夫突然请求强制劳工做中间人,与入侵者周旋,以保障自己受到良好对待——很快也成了过去。德国民众反而转向求助于征服者,以保护自身免受外籍劳工侵扰。1945年5月,在德国西部多瑙沃特(Donauwörth)附近的一家农场,一个11岁的女孩在日记里记述了劳工们来了去,去了来,晚上睡在谷仓里,以及飘忽不定的匪帮。1945—1948年,各种敲诈勒索和暴力犯罪吞噬了整个德国,德国警方和地方政客不失时机地将责任扣在"流离失所人员"的头上,好像他们掌握着经济的和行政的权力,可以自行经营黑市。许多黑市位于"流离失所人员"住地前方的空地上,那种地方正好是犹太人、波兰人、德国人、乌克兰人混杂交汇的区域,这似乎也印证了此类说法。另外,德国官方很快拿出了逮捕人员的统计数据,以"证明""流离失所人员"犯罪数量奇高。这些真正揭示的不过是德国警方的态度。对穷困潦倒的以及被欺压蹂躏的外国人,未经改革的西德司法系统从不往好里想,刑事定罪率根本无法证明前述那些说法。[37]

这种无法无天的局面有失控之虞,即使持枪作案过程中未出现开火事实,英美军管当局也开始对此类案件严加管控。几个月前,在同盟国媒体上,尽管"流离失所人员"博得过广泛的怜悯和同情,军管当局也开始对他们动用死刑。1948年初,一个23岁的乌克兰持枪劫匪提请上诉法院对他宽大处理,听完当事人的陈述,英国管控委员会最高法院主审法官的记录如下:"在当事人陈述过程中,我注意到了被告席上的流离失所人员,他给我以及我的法官同事们留下的印象是,他是个地位相当低下的人,在任何有良好声誉的社区,无论何时,他都不大可能成为有价值的人。"对于一些被告在陈述中提到,前强制劳工里的年轻人受到过各种虐待,充耳不闻的人越来越多。随着越来越多东欧人被送回国,流离失所人员的数量持续降低。战争结束时,获得解放的人有 800 万,相比之下,到了 1947 年初,仍在德国的外国人仅有不到 100 万。绝大多数留下的人留在了西德,美占区有 57.5 万,英占区有 27.5 万。在留下的流离失所人员里,随着犹太人比例的增加,敲诈勒索污名也落到他们头上,人们对犹太人仅存的想象潜能又有了新的形象——街头小贩和小偷。[38]

在柏林普伦茨劳贝格区,各学校于 1945 年 6 月 1 日重新开学。学校首要的和最重要的工作排序,物资供应排在首位,其后是建立一种战后的、纳粹后的"正常化",即让孩子们恢复一种正常的感觉,给他们一种积极参与的感觉。具体到柏林则是,鼓励孩子们观察和记述重建的第一年。在上学路上,孩子们可以看到,人们在为有轨电车重新铺轨,重新架设头顶的电缆,还可以观察到,在回填众多弹坑之前,人们在修理下水、煤气、电力主管线。这些事情的真正意义不仅仅限于对工程着迷的那些男孩。8 月下旬,克丽丝塔·J 惊喜地发现,他们所在的地下室的水龙头出水了;让她印象深刻的是,9 月 17 日那天,尽管火车站的所有大钟都处于趴窝状态,开往瑙恩的各趟列车都相对准时发车了;1946 年 1 月 15 日,煤气供应恢复,克丽丝塔全家都挤在厨房里观看一壶水的烧开过程。整个过程为时 2 到 3 个钟头,尽管如此,克丽丝塔敦促全家人要有耐心,还鼓励大家:"我们时刻准备前往需要的地方,帮着建设我们亲爱的祖国德国。"对莲娜和其他受过共产主义教育的孩子来说,唯有"希特勒及其同伙"应当对德国人在俄罗斯犯下的暴行负责。大多数孩子从来不谈论这些。当时,柏林在校生少数时候会在作文里写下英国和美国的"恐怖袭击"和"恐怖轰炸",不过,一年之内,这一切都会变成一个中性表述——"战争的各种后果"。[39]

为了让和平时期的各项重建工作具有价值和紧迫性,生活在柏林苏占区的其他孩子借用了纳粹在战争时期使用的军事术语"牺牲"。回想人们克服重重困难将柏林的洪水泵出,克里斯特尔·B(Christel B.)做了如下对比,从前发生在那里的"艰苦卓绝的战斗",如今变成了广大民众以"特别无私的奉献精神"参与的、为恢复交通运输而从事的"不言放弃的工作"。对某些人来说,这很容易转化为政治左派的和平主义价值观。"烧毁的瓦砾余烟未尽,"摘自汉斯·H(Hans H.)1946年初的记述,"满手老茧的工人们已经开始工作。超过300人不问工资,不问伙食,他们心中只有一个目标:重建!九个月过去了,盼望已久的日子终于来到这片土地上,一个声音在各个大厅和各个工厂回响:'锅底下有火了!煤气主管道通气了!'"不过,即便对汉斯而言,这项工作尽管自带和平光环,它本身却具有民族主义目的。他们这么做是为了让"德国与世界上其他国家的民众和平竞争时有幸福的未来"。孩子们思想上的混乱源自老师:年轻的"新"老师们推行党的新路线之际,前辈们往往陷于新的共产党人的说法和较老的纳粹用语孰对孰错之争,前者为"高效部署工作",后者为"彻底铲除"。随着"人民警察"的建立,以及20世纪50年代中叶"国民军"的建立,国民很快会与新的"反法西斯"的"人民国家"站到一起。[40]

在各西方占领区,关于德国的牺牲概念,人们看法各异。在东德,国民向国家求助会一直存在;反观西德,向爱国主义和地方归属感求助往往会取代向国家求助。到了20世纪50年代初,上万教师被派往美国学习,以便他们为"再教育"任务做贡献,这一打引号的词汇从前仅用于罪犯和少年犯。人们很快明白了,在公开场合,反犹观点不可接受,虽然如此,几乎无人强求人们改变针对"反社会者"和"吉卜赛人"的态度。而且,在西德,拒绝向这两个群体给予补偿的人正是纳粹当政时期下令强制绝育的同一批立法者。[41]

1944年5月9日，士瓦本天主教儿童院圣约瑟夫护理院的吉卜赛孩子都被送到了奥斯维辛，安格拉·施瓦茨（Angela Schwarz）是唯一没有被送走的孩子。阿涅塔嬷嬷（Sister Agneta）是护理院的修女之一，她记得，安格拉的母亲是德国人，斯图加特警方来院为孩子们登记时，她没让安格拉登记，而且，安格拉准备登上大巴加入其他孩子时，她让安格拉回到宿舍。第二天，阿涅塔嬷嬷将安格拉送回她的德国母亲埃尔娜·施瓦茨（Erna Schwarz）身边，此前安格拉一直拒绝跟那个是她母亲的人在一起，因为，安格拉6岁时，她强行将安格拉从吉卜赛父亲和后妈身边夺走。战争结束时，安格拉11岁，她依然坚持自己的吉卜赛人身份，最终她知道了父亲以及其他圣约瑟夫护理院吉卜赛孩子的命运。安格拉继承了父亲的姓氏赖因哈特（Reinhardt），她的前途是，处于德国社会边缘，一辈子生活拮据。研究过安格拉以及其他圣约瑟夫护理院吉卜赛孩子的种族生物学家罗伯特·里特尔和爱娃·尤斯廷曾经与希姆莱关系密切，战后，两个人在法兰克福城市公共卫生部门继续担任要职，里特尔成了精神病院院长，爱娃成了青少年心理学家。[42]

德国人口前所未有的地理位置大挪移意味着每间教室都会有一些从国内其他地方来的，操着各种陌生的地方口音的学生。虽然学生中非德国人极少，西德教育主管部门难免担忧出现了一种新型的混血儿——德国妇女通过与非裔美国大兵交往所生下的一批孩子。既然无法将这样的孩子"遣返"回国，主管部门只好作如下考虑：他们的遗传基因综合了"德国人"和"非洲人"的种族特征和民族特征，但其形态使他们未来不适合在德国本土生活，反而适合担当殖民使者，因而主管部门计划训练他们前往某些热带地区定居。如此，他们便留了下来。[43]

从捷克斯洛伐克、匈牙利、罗马尼亚，以及划给波兰的土地上驱逐的上千万德裔民众带回了可怕的——往往是真实的——遭到殴打、抢劫、杀害的经历。波兰和捷克斯洛伐克地方武装对德裔少数民族痛下杀手时，常常模仿德国人攻击犹太人的方法，捷克人的做法是，让德裔民众戴上印有"N"字的袖标，N字代表"Nemec"，即德国人。按照捷克的统计数据，仅1946年一年内，就有5558名德国人自杀。如下事件时有发生：在鲜花、十字架、家庭影集环绕下，全家人穿上最好的礼拜服，集体上吊自杀。就在最近，德裔民众还对红军恐惧万分，眼下他们却投靠了红军，以保护自身免遭波兰人和捷克人报复。1945年4月和5月，在波兰小镇百得波尔辛（Bad Polzin），8岁的恩诺·施特劳斯（Enno Strauss）眼睁睁看着一队队俄国人、波兰人、犹太人涌进德国人的公寓抢劫。新上任的波兰市长告诉恩诺的姊姊，他们家族有八个成员遭到党卫军杀害，姊姊挖苦地回应道："所有波兰人都这么说。"姊姊所在学校的校长有半犹太血统，他曾经悄悄说过，党卫军杀害了他们家族23个人，姊姊暗自慨叹道，回来的犹太人似乎都过得不错嘛！那一时期，小恩诺经常嚷嚷，他想要一杆枪，那样的话，他就可以去俄国，随意破门而入。姊姊问道，想去那边做什么，他答道："抢劫，强奸女人。"1947年6月13日，轮到恩诺们以及同一批1000名德国人被赶过奥得河，到了对岸。[44]

获得解放的特莱西恩施塔特犹太人区变身成了德国人居留营，德国人唯恐捷克人把他们杀光，他们吁请当地俄国司令官不要撤退。德国人在等候运送牲畜的列车将他们带回德国。强制唱歌、跳舞、爬行、做操，这类磨难曾经是犹太人的厄运，如今捷克人反过来将这些强加到德国平民身上。1945年5月30日，生活在布尔诺（Brno）——布恩（Brünn）——的3万德国人全都从睡梦中被唤醒，被赶出了城，随后步行前往位于奥地利边境的几处营房。途中，他们遭到了痛殴，大约1700人死在路上。不久后，德国人将这段经历称之为"布恩死亡之旅"。

那些被驱逐的人自己讲述的经历差不多都始于1944年下半年或1945上半年，正是那一时期，他们的世界乱了套。在他们的印象里，一切都没有先兆。对孩子们来说，这特别符合事实。1949年为妈妈庆生时，12 岁的莫妮卡送给妈妈一份 31 页的记述，内容为三年前他们从西里西安逃亡的经历，在结尾处，她写了一首诗，赞誉失去的西里西安草场和林子的美丽。汉斯-于尔根·塞弗特（Hans-Jürgen Seifert）14 岁时悲伤地回顾了远远甩在身后的位于下西里西安小城弗赖施塔特（Freystadt）的家，他回顾的方式为，准确地画出一张城市平面布局图。45

似乎仅有低于 1% 的西德人认为，驱逐德国人一事应当由德国人自己负责。质疑犹太人受难程度的那批人觉得，有必要将德国人被押送苏台德地区定义为"死亡之旅"。对某些人来说，那些被驱逐的人讲述的经历才是"二战"时期唯一真实的暴行，针对犹太人和其他民族的行为根本称不上暴行。这些是结论，是西德官方计划采集和编辑的鸿篇巨制"德国受难记"——以便读者和评论家们利用——的素材。在这部多卷本作品中，一个"不同于世界上任何其他国家的多民族社区"的和谐，并没有被 1939 年德国的入侵所破坏，而是被 1944 年和 1945 年的红军所破坏。当今世界是个多民族的和平世界，其中没有犹太人，德国文化和德国经济在其中的拉动作用非常明显，波兰劳工不仅没有受奴役，而且非常感恩和忠诚。书中认为不幸的是，战争结束时，同盟国将犹太人在灭绝营受迫害的形象移植到了德国的庭审中，弄得天下皆知。而他们从居留营和战俘营挖来的材料显示，按照男左女右被分开的是德国男性和女性，临时停尸房堆积如山的是德国人的尸体，将尸体装车运往万人坑埋葬前拔除金牙，这种事发生在苏联集中营。出现在卷帙浩繁的"历史文献"中的卫兵身上穿的都是苏联制服，而非党卫军制服。46

战后，刚开始调研难民孩子时，社会学家发现，12 岁的孩子仅有 7 岁孩子的体格，影响健康的表征包括营养不良、满口烂牙、佝偻病、肺结核。孩子们面色苍白，面庞浮肿，皮肤上满是抓痕和溃疡。就像华沙犹太人区饥肠辘辘的孩子一样，许多孩子脸上挂着一副无精打采、无动于衷的表情，而一些孩子未老先衰，一副小老头的样子。家长和老师们非常确定的是，孩子们深受各种困扰，包括情绪压抑、没有自信、不苟言笑、生性多疑，不愿与人交流。许多孩子还头痛，哮喘，夜里常常做噩梦，习惯性尿床。与此同时，他们的学习成绩往往与没有相同经历的其他孩子不相上下，在精神崩溃出现前，往往没有任何先兆。1945 年，玛格丽特·M（Margarete M.）和家人一起从西里西安逃到西方，用她母亲的话说，虽然这女孩"内心深处对失去家园和财产非常不舍"，她看起来是一个"非常快活和欢乐的孩子"。1951 年以前，即逃亡以来六年间，玛格丽特看起来调整得非常好，在校期间没有显出任何问题。准备考试期间，一个句子将她抛进了万丈深渊，那不过是教学过程中使用的一句特别平常的话："可能永远无法追回的割让领土。"第二天，玛格丽特的母亲发现，女儿突然变得极为恐惧，生怕俄国人把她抓走，还说有人不断地告诉她"为什么必须离开家和商店"，她还不停地讲述"1945 年以来的各种事"。后来母亲只好带她前往精神病院寻求出路。[47]

被带到精神病院后，玛格丽特仅对医生讲述过一次过去的经历。离开西里西安后，她所在的逃亡队伍被随后赶来的俄国人包抄，一个邻居被枪托砸死，父亲挨了打。她说了俄国人如何"从逃亡的队伍里挑出一些女孩，将她们倒吊在树上，然后划开她们的肚子"，继而她还说，因为极度害怕，她如何疯跑穿过森林，身边的地雷炸成一片。将所有这些苦水倾倒出来后，玛格丽特很快与院里的病友无话不谈了，还弹起了钢琴，且再次集中精力准备迎接考试。由于医院病房有限，患者流转率高，医生干脆让她出院回家。她突然发病，究竟是考试压力所致，还是"割让领土"激活了她记忆里的形象，很难准确判断。不过，她身上危机乍现，又明显迅速走出困境，让两者都无法预测。至于老师、医生和社会学家，他们明显分为两派，一派强调无辜的德国孩子遭遇的磨难，另一派则坚称孩子们已然成功摆脱了经历中的阴影，融入了西德社会。[48]

"二战"期间，492.3 万德国军人死亡。由于交战方式的改变，军人死亡的 63% 发生最后一年，即 1944 年和 1945 年间。如下事实也反映了这一点，东部各州损失最重，仅军人死亡一项就使东部各州损失了男性人口总数的 20.2%，而德国全国平均死亡率为 12.7%。死亡的男性多为 1908—1925 年出生的人。至少有四分之一，在大多数情况下，三分之一的男性在服役中丧生。此外，至少 100 万德国平民死在东部领土，超过 40 万人死于轰炸。[49]

在德国现代史上，这样的生命损失没有先例可循。这也是许许多多德国家庭必须直面的悲剧，信息常常不够，让人无所适从：许多家庭必须等待数年才能弄清"失踪"人员名单上家人的真实状况。虽然许多死于战争的人太年轻，自己没有孩子，25 万德国孩子在战争中失去了双亲，125 万德国孩子没有了父亲。更多孩子失去了兄弟、叔伯、姨婶、姐妹、祖父母等。正如每个家庭内部分工各有不同，父亲的负担常常由家里的孩子们均分。1945 年秋，沃尔夫冈·亨佩尔（Wolfgang Hempel）听说，战争最后关头，父亲带着一队士兵从柏林往西边的美方战线运动，结果死在了被捕当口。当年儿子 14 岁，父亲 47 岁，与许多年龄更小的孩子不一样，沃尔夫冈清楚地记得父亲为他唱歌，给他讲故事，倾听他的要求。后来他经常来回穿越苏占区边界，前去为父亲扫墓，随身带回父亲的一些文件，带回身处肖普斯道夫（Schopsdorf）不远处那片林子的真实感受，父亲就死在那片林子里。战争期间，纯属为悉心保护沃尔夫冈，母亲闷死了 7 岁的弟弟，好像是为了补偿母亲对他寄托的希望，沃尔夫冈自食其力，最终移民到了美国。如今，沃尔夫冈常常十分贴切地扮演死去的父亲的角色，母亲在世最后几年经常误将儿子当成丈夫。[50]

那些失去亲人的家属等候消息时，也会将被捕的和失踪的士兵们的照片钉到各火车站的留言板上，他们暗怀希望，没准儿某位回国的战友会给他们带来消息。穷尽新教和天主教福利组织以及红十字会提供的所有渠道后，家属们转向报章上的各种广告，投靠一些奇怪的商业机构，包括提供寻人服务的算命大师。为安慰和引导教区民众，神职人员在教区的刊物上为失踪人员刊登了祷告词，到了

1947 年，新教复活任务组决定于 9 月为战俘和失踪人员祷告一周。祷告的开篇为诵读《耶利米书》第 29 章第 14 节的内容：

> 耶和华说，我必被你们寻见，我也必使你们被掳的人归回，将你们从各国中和我所赶你们到的各处招聚了来，又将你们带回我使你们被掳掠离开的地方。这是耶和华说的。[51]

1945 年 4 月，在梅克伦堡的一个谷仓里，马丁·贝尔高终于被捕，成了俘虏。他经受住了强制行军，在刚解放的集中营改造成的一些营房里过夜，经历了腹泻引起的晕眩和极度口渴，亲眼看见落伍的同伴吃枪子。走出梅克伦堡和波美拉尼亚前，一路上，他和囚犯同伴常常因为土豆皮发生争抢。关押三年后，马丁·贝尔高才得以回家。希特勒青年团成员海因茨·米勒随队抵达哈尔弗瑟姆（Halvesum）训练营后，因为改编爵士歌曲"像煤球一样从头黑到脚是黑鬼吉姆"深感骄傲，他算是比较幸运的。他很快在杜塞尔多夫政府部门恢复了文书工作，并以曾经投身青年运动的热情全心全意投入工作。这些当初的孩子很少有人返回学校继续学业。遭逮捕后仅仅过了四个月，维尔纳·科尔（Werner Koll）就获释了。1945 年 8 月 19 日，准备踏上回家之路时，他在日记里匆匆写道："离开时我是个空想家，返回时我倒了过来。"[52]

1948 年末，大多数德国战俘回到了德国。虽然 1730 万德国国防军军人的服役地点在东部前线，1110 万战俘中的大多数投降的对象却是几个西方强国，仅有 306 万军人成了苏联的战俘。不过，由于德国国防军大幅度降低了己方 1944 年的损失，紧接着又大概率低估了 1945 年的损失，许许多多家庭一直在无望中继续等待亲人归来，但亲人在战争最后一年已经战死。1947 年，苏联正式宣布，它关押的德国战俘仅有 890532 人，一名黑森统计学家宣称，苏联人手里另外还有 70 万人，这为"百万失踪人员"的命运大猜想提供了助燃剂。1953 年，苏联进一步分批次释放了战俘，随着战俘人数的降低，在新成立的西德，期盼所有战俘回归的热情日渐高涨，1955年10月，最后10万战俘获释。守夜活动、游行活动、静坐活动此起彼伏。各地的教堂还为战俘以及失踪人员举行特殊的祷告活动。一些神职人员还允许人们在空地上为尚未回归的战俘树碑立传，包括一向查无此人的战俘。返回的人带回了各种可怕的故事，例如在西伯利亚从事重体力劳动伐木，眼睁睁看着同伴冻死和饿死。即使不存在20世纪40年代末和50年代初的反俄渲染，现实也已足够冷酷：36.3万战俘死在苏联关押期间，死亡率达到11.8%，这比德国战俘在其他任何地方的死亡率高出许多，包括条件极差的法国和南斯拉夫战俘营。53

死在苏联战俘营里的德国战俘，其数量大约10倍于死在德国人手里的苏联战俘。不过，西德建国初期，这不是人们普遍关注的话题。相反，人们更加关注铁蒺藜围栏、憔悴的面庞、深陷的眼窝、剃秃的光头、瞭望塔等。1945年和1946年，前政治囚犯们的各种组织常常将这些内容印刷进揭露纳粹迫害行动的海报，如今的海报和小册子却在以谴责的姿态关注对德国战俘遭受磨难的讨论。在各宗教组织看来，战俘和难民遇到的困境犹如救赎式的临终受难，这会引领德国社会回归基督教信仰。1947年9月2日，在希尔德斯海姆等候儿子回国期间，R太太给一名天主教神父写了封信，其中提到她与一些回到德国的人谈过话。她越来越确信，苏联各战俘营的条件比德国各集中营的条件"更糟糕"，因而"无法比较"。"那些上前线的人不过是在尽义务，他们是无辜的"，却在遭受长期磨难，相反，"进入集中营毒气室的那些人却在瞬间被麻醉了"，好在她立刻意识到说错了话，自我批判道："像那样威胁人们的确太可怕，不人道。"只要能在德国人和犹太人相互迫害之间迅速做到对等，公开讨论归还战争受害者的知识精英和国会议员就会满意。无论人们是否读到过德国被驱逐者或德国战俘20世纪50年代遭受磨难的记载，对犹太人的种族灭绝似乎让所有这类说法都弱化了。54

这些公开表达悲痛和哀伤的方法促进了德国各民众团体的公开

团结，形单影只的德国人遇到的往往是男女同胞给予的仇恨、傲慢、怀疑、绝望。面对俄国人的威胁，关于强奸、遭东部驱逐、在苏联集中营遭关押等，至少在西德已经证明，盟军的解决方案并不公正。另外，难民孩子们获悉，就德国受害人而言，总体上说，人们并不想亲身卷入这些事情中来。强奸受害人不断遭遇的往往是人们拒绝给予补偿，医生和精神病学家一直在担忧，"精神失调"已经让前军人变为"不合群"的人，变为永久性机能失调的人。把德国人的痛苦变成德国人受害的故事是一回事，接受道德责任是另一回事。

1945年5月17日，莉泽洛特·京策尔跟一个男孩有过一番交流，那男孩是一个月前跟她哥哥贝特尔一起排队离家参加柏林保卫战的男孩之一。男孩向她描述了他们那个区的希特勒青年团成员在赫尔大街成片倒下的情景。正是那时，莉泽洛特开始思考，贝特尔之死究竟是为了什么。为希特勒？为德国？她在日记里写道："可怜的误入歧途的年轻人！难道你们非要流血牺牲？"她开始意识到，自己不认识哥哥了。哥哥总是那么自我。当时她已经拒绝响应为国牺牲的号召，就在一个月前，她还支持牺牲号召，而且无法完全抗拒那种号召的诱惑呢。"我是该诅咒你们迷途的狂热？还是该向你们的忠诚致敬？难道你们宁愿赴死，也不愿套上奴隶的枷锁？……难道你们对德国没有其他的用途？"这里的引语摘自她的日记，"难道为了我们神圣的祖国而活，还不如毫无意义的死？"不过此时莉泽洛特得到的消息不实，当年秋季，贝特尔从苏联获释回了家，但他的身体完全垮了。[55]

莉泽洛特从未问过自己的一个问题是，哥哥贝特尔做决定时，是否受到过她的影响。她内心深处孜孜以求，想成为理想的"德国女人"，是否对贝特尔有影响？弗里德里希斯哈根的男孩们骑自行车离开，自行车上绑着反坦克手雷，那时，莉泽洛特承认，她已经准备好"在祖国的祭坛上"牺牲贝特尔，那样一来，她就可能跟自己景仰和热爱的寡妇老师平起平坐。如今，这一切都失去了意义，她也没回头阅读和评论自己早期的记述。这就好比它们从来没存在过——不过，并非完全如此。随着她合上日记本，合上最后一段记述，她最后表达的并不是对身边成人世界的失望，而是对自己的失望："……一切都那么可怕，最糟糕的事莫过于，我越来越接近于认识到，我有多么坏，多么渺小。"莉泽洛特有这样的想法，是不是因为战败带来的普遍蒙羞，我们无从得知。不过，直到如今，尽管她哥特式的浪漫主义已经支离破碎，她仍然迫使自己用"德国女人"的理想标准衡量自己的言谈举止。[56]

  盟军从多个方向横扫德国边境时，许多德国人已经感觉出，自己需要承担可怕的和吓人的责任。1945年4月和5月，在柏林和其他地方，但凡有人问，继续抵抗还有什么意义，通常会得到这样的答复："如果他们用我们在俄国用过的办法对待我们，我们就只有听天由命了！"西部前线的美国情报官员觉得，大多数德国人以为，英国人和美国人会因为他们对"犹太人的所作所为"惩罚他们。现实中并未出现人们早就料到的盟军肆意报复的烦人行为，集体惩罚也未实施，这类犯罪的感觉很快也就被压下去了，同时消失的还有人们对德国能否生存的担忧。

  1945年8月，美军驻德国情报机构的报告披露，尽管美国大兵大把大把向德国孩子们撒口香糖，在德国，只有俄国人比美国人更遭人恨。凡是被问到的德国人，都乐意接受英国和法国被迫卷入战争，不过，他们却无法理解，美国人为什么卷了进来。德国炸弹从未落到美国人头上，也没有一个人听说过，德国的某个战争目标涉及美国。采访记者发现，德国人对美国攻击德国的行动做出的主要解释为"犹太人的战争"，似乎德国的失败唯独加强和印证了"全球犹太人的力量"。正如战争期间公众的信心有好几次直线掉落——例如1943年夏季，或战争最后数个月——许多人抱怨，招致轰炸是因为对待犹太人的方式。眼下，同样的想法因为战败而浮现：64%的人认为，德国输掉战争的决定性因素是对犹太人的迫害。关于这场战争，大多数人的想法与希特勒不一样，犹太人从未起到等同于希特勒认为的核心作用。与元首不一样，随着胜利变为失败，绝大多数德国人对战争的态度发生了彻底改变。每次德国在军事上变为弱势，各种对犹太人问题的追悔表白总会甚嚣尘上。总结战败的教训时，可以清楚地看出，通过迫害欧洲的犹太人得罪华盛顿的犹太人，这非常不明智。实际上，在接受战败调查的人里，当时仅有10%的人认为，"先发制人的战争"是一个完美政策。几乎没有人认为，犹太人受难应当由全体德国人负责。即便如此，仍有37%的德国人觉得，为了"德国人的安全"，有必要对"犹太人、波兰人，以及其他非雅利安人实施灭绝"。用收缴的税款补偿德国的被驱逐者虽然获得了普遍赞同，1952年西德政府同意向以色列赔款，却遭到总人口中三分之二人的反对。[57]

签署投降协议前，人们认为，只要能避免德国战败，所有手段都合法。所以，纳粹领导、德国国防军将军、普通士兵、戈培尔的战时记者，这些人常常号召人们更加残忍地迫害犹太人。签署投降协议后，问题变了，从德国应当怎样做才能赢得战争，变成为了让战败不那么灾难深重，人们还能做什么。这些想法曾经影响德国中央集团军的许多将军，1944年，他们曾试图暗杀希特勒。从精神层面憎恨纳粹主义，让一些暗杀策划者深受感动，不过，许多人并不想颠覆他们帮助东部地区建立的各项反布尔什维克政策，他们不过是希望找到一种与西方媾和的方法。战后第一次清算纳粹罪行时，前述困惑依然盛行。正由于这种务实思路，对于迫害犹太人，盟军在纽伦堡审判的许多德国政府高官和军人开始道出悔意。当时即已清楚，种族灭绝是个失算，是个战略失误，这阻断了德国与西方的单独媾和。这谈不上是道德层面的考虑，更多的是德国追求全面战争的一整套思路最终变成了德国忍受全面失败的一套换位思考。如果这样思考问题能揭示什么，那一定是战争期间纳粹方略的重要原理多大程度上克服了等级、权力、性别、阶级、年龄等的差异，而后深入了德国的国民意识。[58]

1945年5月8日，纳粹主义的政治构架轰然倒塌之际，它关于种族和道德的排序已然在德国社会刻下深深的烙印。即便不太赞同那一政权的人们，对于犯罪、两性、难民、战争罪、黑市交易、俄国"黑帮"、外籍"流离失所人员"等，可能都抱有种族主义的、民族主义的"常识性"的观念。1945年11月到1946年12月，人们对美占区进行了超过11次民意调查，47%的人对如下命题给予肯定：国家社会主义是个"好主意，却给搞砸了"。1947年8月，55%接受调查的人认同这一点，这反映的是战后理想幻灭的水准，它一直鲜明地维持到占领结束。在30多岁以下的人群里——第一次世界大战后出生的人们——支持率甚至更高，高达60%—68%，那一时期，公开倡导国家社会主义，极可能被判处死刑。20世纪50年代初，在不声不响中，事情开始发生变化。借用犹太人受难这类生动的主题描述针对德国被驱逐者和德国战俘的历次庭审，等于默认了许多德国人仍然极力否认的事实——种族灭绝。那时许多人认为，盟军的轰炸和俄国人的施暴都是报复行为。在战后形成的许多文件里，德国人受难开始具有各种仪式性的脱罪内涵，即便那种罪行是拐弯抹角承认的，它也是全民对罪行的补偿。[59]

德国人不甘心将战败称作"解放"，因而他们将之称为自然灾害，称为像地震一样的"全面崩塌"，称为一次"满盘皆输"。在这次战争中，与德国相比，波兰、苏联、南斯拉夫也承受了相当的损失，其损失达到了相同的，甚至更高的量级。与之不同的是，奥地利、东德和西德这三个第三帝国的战后继承国，不被允许为他们的战死者为之献出生命的任何事业合法化。解放、抵抗、全民牺牲等正面象征，绝无可能与德国的损失公开维系在一起。新国家东德试图将德国无条件投降日改成"解放日"，西部的人们则继续将那一天普遍称作"耻辱日"，还唾弃7月刺客们是叛国者。如果他们懂得，那些人参战只是在尽义务，他们再也不会说，那些人是为"国民"而死，更不用说为元首了。艾米莉·莫斯特（Emilie Most）的丈夫鲁道夫成了俄国人的俘虏，1949年，她邀请特拉本-特拉尔巴赫（Traben-Trarbach）的朋友和邻居们参加死去的丈夫的追思会，她没有对与会者说任何溢美之词，她仅仅说："我们必须告别最爱的人,将他送到上帝手里。"不过,直到1991年去世,她一直在服丧。[60]

战后,就必须清除德语里的纳粹主义,作家和有良知的知识分子撰写了大量文章,他们发现,最容易做的事莫过于摆脱纳粹主义对全面承诺以及行动主义的号召。诸如"行动""风暴""运动""斗争""鼓手""硬度""力量""捐赠""牺牲的勇气"之类词汇全都受到重度污染。在东德,自20世纪20年代以来,人们一直生活在军国主义和反军国主义诉求的奇特融合中,这是德国当时语言的典型特征。不过,对西德人来说,更为普遍的是,令人吃惊的"经济奇迹"取代了对"神奇武器"的失望,"元首的魅力"变成了"对邪恶的迷恋"。"引导"年轻人变成了"误导"年轻人,就好像纳粹通过语言操纵了德国人,而不是人们通过语言来鼓舞和保证,他们在私人信件和日记中的承诺。[61]

净化纳粹主义语言,远不止逆转附庸于一种权力体制的价值观那么简单。比如下列词汇:"宿营地"(Lager)囊括了军营、灭绝营、夏令营、疏散人员接待家庭;"关爱"(Betreuung)囊括了幼儿园、少管所、集中营管理。纳粹德语让平庸变得煞有介事,让恐怖变得微不足道。最重要的是,纳粹修辞学作用于现存的各种传统中,将反映军队生活的,以及富有诗意的、德国浪漫主义的、碎片化的俚语融合,以形成一种提升感情的、没有外力介入感情体验的语言,使之鼓舞"绝对的忠诚"和"疯狂的意志"。一些净化此类语言最早的倡导者甚至也乐见一些更为被动的——不过,其潜在能力甚至更强悍——纳粹词汇保留下来,为他们所用,例如"坚持到底"(durchhalten)。随着主动"牺牲"用语的隐退,取而代之的是一种被动的、略带宗教色彩的语言"受难",在德语里,不需要改变核心词汇,即可完成词汇重点的转移,例如"Opfer"。这个单词既意味着主动"牺牲",也意味着被动"受害"。抛开党派的说教,例如主动的和军事的参与,"Opfer"立刻具有了随被动牺牲而来的各种无助感,它需要大声表达和公开承认。对经历过战争的孩子们来说,这同样是一种负担。[62]

孩子们有所不知，除了德语，世界上还有其他语言。每天听演说，总能听到以下内容：种族分类、被要求做出承诺、轰炸期间做出勇敢的表情、在祖国的祭坛上牺牲自己。他们常常将这些观念从家里带到学校，反纳粹家庭的孩子们则从学校或希特勒青年团以及德国女青年联盟将此类观念带回家。幼儿们由于年龄偏小，无法吸收纳粹主义语言。年龄大点的孩子们必须借由完全不同的方式形成他们的观念。像莉泽洛特·京策尔一样的青少年不再往日记里抄录戈培尔的口号，似乎是在表达个人对战争的看法，正是那一阶段，他们开始一点一点地忘记自己的语言和思想参照。

1955年，教育工作者威廉·勒斯勒尔（Wilhelm Roessler）力劝西德各州教育局建立作文库，以"我在战争结束之际和战后数年的一些经历"等为主题，大规模搜集了7.5万份在校生的作文。50年代中叶仍是青春少年的那些人，谈到自己在轰炸、疏散、驱逐、驱逐出境、战后饥荒中的体验，所说的往往是比他们年长的孩子们做的事。他们会重拾当初的流行口号，将其当作自己的道德结论。说起"坚持到底"或"全面战争"，但凡涉及个人在战争中的经历，战后东德和西德青少年往往会引用当年流行的口号"永不再战"作为结束语。与战争期间纳粹的各种口号相比，这一口号也相当深入人心。无论是东德还是西德，任何一方都无法在年轻人里让重整军备成为热议话题。[63]

不过，外人很难从读者的阅读习惯里揣摩出人们的态度。许多西德孩子继续阅读卡尔·迈和詹姆斯·费尼莫尔·库珀（James Fennimore Cooper）的"红色印第安人"故事。那一时期，威利·海因里希（Willi Heinrich）、阿尔布雷希特·格斯（Albrecht Goes），尤其是汉斯·赫尔姆特·基斯特（Hans Helmuth Kirst），三名作家全都将创作通俗小说的基准点转向了战争，内容全都聚焦于东线普遍正派的非纳粹士兵所遭受的苦难。1959年，伯恩哈德·维基（Bernhard Wicki）执导的《最后的桥》（*Die Brücke*）问世，让德国观众通过电影直接触及了明确的反战信息。观众看到的是,在保卫一座早已被德国国防军放弃的、在战略上毫无重要性的大桥时,七个男孩一直战斗至死。眼见抵抗美国炮兵和坦克时展现的英雄形象,一些观众仍然会感到热血沸腾。如果将电影里的坦克换成俄国人的坦克,究竟会出现什么场景,旁人唯有猜测。[64]

第三帝国时期,乌韦·蒂姆岁数太小,未到上学年龄。不过,爸爸参加过两次世界大战,1920年曾在自由军团服役。为了让爸爸高兴,蹒跚学步阶段,乌韦已经学会磕脚后跟立正。战后,他也常常讨好爸爸,一次乘坐火车,一个美国军官递给他一条巧克力,他拒绝了。乌韦清楚,每逢关键节点,家人总会拿他和死去的哥哥比较,哥哥比他年长16岁。卡尔-海因兹·蒂姆曾经是全家人的骄傲,他身材高挑,蓝眼睛,满头金发,是个勇敢的,同时又敏感的男孩,他总是躲在家里靠窗的一把椅子下边,一个人闷头看书和画画。乌韦3岁时,卡尔-海因兹死在一家战地医院里,乌韦的整个童年都处在哥哥的阴影里。哥哥永远生活在乌韦父母的言谈举止中,他们希望他再次活过来,还常常冥想,如果他没有主动报名参加党卫军,如果野战医院给他多输些血,如果他被打断的双腿接受了更好的手术,后来究竟会怎样。尤其是哥哥的战友们晚上来家里拜访时,父亲总会重提战争中那些转折点,还会探讨卡尔-海因兹参加的库尔斯克会战能否打赢。不过,家人不允许乌韦过问哥哥在党卫军里做些什么,他为什么主动报名参加党卫军。最终,通过潜心阅读哥哥的来信,以及他在党卫军骷髅师服役那几个月零星写下的日记,乌韦开始认识到,哥哥究竟是怎样的人,而真正的认识发生在回避这方面提问的至亲全都过世以后。哥哥的日记几乎没透露什么信息,他亡故六周前,日记便终止了,最后一段记述里有这样一句话:"我认为,这类残酷的事时有发生,把它们记述下来并没有什么意义。"[65]

到了20世纪50年代中叶,乌韦·蒂姆刚刚积攒起一些想弄清的问题。不过,像西欧各国青少年一样,在其他诸多方面,他开始向父亲的权威发起挑战，拒绝父亲关于道德、服从、义务、行为规范等方面的说教。相反，14岁的乌韦给自己买了条牛仔裤，开始听爵士乐，看美国电影。在一些照片里，卡尔－海因兹身穿希特勒青年团制服、长筒靴，中分的发型使他的表情显得更加真诚，渐渐地，这些照片看起来就像来自完全不同的时代。[66]

第十二章
解放的人们

1947年4月，柏林爱乐乐团传奇指挥威廉·富特文格勒（Wilhelm Furtwängler）完成了"去纳粹化"。当年夏季，耶胡迪·梅纽因（Yehudi Menuhin）帮助他在国际上复出，在萨尔茨堡（Salzburg）音乐节以及卢塞恩（Lucerne）音乐节和他一起演奏了勃拉姆斯的小提琴协奏曲，以及贝多芬的小提琴协奏曲。百代唱片公司（EMI）甚至录制了他们演奏贝多芬作品的演出。9月，梅纽因继续与富特文格勒合作，前往柏林开了两场慈善音乐会，以帮助患病的德国孩子。不过，接下来前往马里恩多夫（Mariendorf）营地为犹太流离失所人员演出时，这位小提琴泰斗发现，全体当地犹太居民联合起来抵制他。读完当地意第绪语报纸《活着》（*Undser Lebn*）的编辑伊利娅·琼斯（Elijahu Jones）撰写的一封抗议信后，梅纽因提议与流离失所人员当面谈谈。集中营幸存者挤满了整整一个大厅，梅纽因请求大家谅解，愿意与大家达成和解。大屠杀期间，琼斯的家人全都遇难了，她用意第绪语代表全场发言。早在致梅纽因的信里，她已经说过，他们不仅反对帮助德国孩子，同样也反对近期德国的"去纳粹化"行动。琼斯当面警告梅纽因，"你和我们没有共同语言"。她没有向音乐家倾诉失去全家人的感受，反而提议后者想象一下，一起到柏林废墟中漫步会有什么感受：

艺术家先生，看到废墟时，你肯定会说："这么多美好被毁了，多可惜啊！"看到同样的废墟，失去家人的我们肯定会说："还有这么多没毁掉，太遗憾了！"[1]

接下来，没有人再说什么。琼斯的话音落下后，现场一片沉寂，打破沉寂的是听众一起站起来高唱《希望》，当时这首歌已经成为巴勒斯坦地区犹太人的非正式国歌。

尽管发生了前述一切，德国的犹太人口仍在持续增长：获得解放后，5万犹太人留在了德国和奥地利。由于战后波兰又发生了大屠杀，大批犹太人逃离那里，因而前述数字迅速膨胀。战前生活在波兰的330万犹太人，仅有8万幸存，他们来自各集中营、各藏身处、深山密林里的各支游击队。还有1.3万人随苏联红军返回。在1940年到1941年间驱逐到苏联的人里，17.5万人希望找回自己的家人，希望重新开始生活，因而选择回到战后的波兰。他们返回的是一个被战争彻底摧毁的国家，由于人口和领土大规模转移，波兰人从苏联东部的乌克兰地区向新划定的德国西部各州转移，各职业阶层大幅萎缩，目光所及，满眼都是凋敝状态。他们也感觉到，波兰——尤其在地方各州，但也不限于这样的州——到处充斥着反犹太主义。在一座又一座城市，奚落变成了扔石块，某些时候会变成杀人事件。1946年7月3日，一次针对凯尔采（Kielce）犹太人区的活祭指控演绎成一场屠杀，该区仅有200多犹太人，42人当场被杀。两天后，挑头指控犹太人的波兰男孩承认，他的指控是随口编的，波兰法庭宣判那些肇事元凶里的9个人死刑。不过，那场屠杀自有其后果：到了8月，计有9万多犹太人逃离波兰，逃往意大利、奥地利和德国。不同寻常的是，美国军人政府将流离失所人员身份给予了战后难民和犹太人，将他们先于所有其他东欧人单挑出来，让他们从各遣返国返回德国。[2]

获得解放的犹太人仅仅在美占区得到区别对待，拥有一些独立营区。随着德国人在东欧的合作者向西方逃亡，逃进相对安全的流离失所人员营区，在英、法、苏占领区，犹太人大致上与从前的迫害者混居在了一起。相应地，大多数身在德国的犹太人搬迁到了美占区。到了1946年10月，美占区犹太人的数量达到了14万，与之相比，英占区的犹太人仅有2万，法占区仅有1200人。1946年7月，美占区"没有成人陪伴"的犹太孩子仅有不足2000人，接下来几个月，2.5万人抵达，多数人经由柏林过来。许多人的行动由青年自治小组组织到一起，各小组有自己的领导人，或称领路人，他们将这样的小组称作基布兹（kibbutzim，即小集体），他们公开宣称的计划是向巴勒斯坦移民。到了1947年1月，多数犹太人已经离开波兰，经过柏林进入美占区的人流终止了。随着始于头年夏季的各种大屠杀停了下来，传回波兰的消息称，德国各营区人满为患，粮食极度短缺，留在波兰的犹太人也就不再着急离开。[3]

美国军政府长官卢修斯·克莱（Lucius D. Clay）将军很快就让自己名扬天下。对犹太流离失所人员而言，他的一番话既是支持也是安慰。1946年3月29日，八名美国军警随一支德国警察突击队进入斯图加特莱茵斯堡（Reinsburg）大街一处犹太营区搜查黑市货物。虽然那次搜查仅仅搜出几枚鸡蛋，由几只警犬伴随的180名德国警察与犹太流离失所人员发生了全面冲突，一名集中营幸存者近期刚刚与妻子和两个孩子团圆，却在冲突中丧生。美国军政府立即做出响应，从那往后禁止德国警察进入犹太营区。[4]

在美占区，人们为没有成人陪伴的孩子们修建了11个接收中心，其中6个是为犹太孩子们修建的。到了1947年，人们为所有7岁以上的犹太孩子组织了一些夏令营。110名幸运儿被送到柏林英管区的布鲁宁斯林登（Bruningslinden）城堡，那里有美国首屈一指的犹太人救济组织"联合分配委员会"（Joint Distribution Committee），该组织承诺，孩子们会收到特殊的补充食品，有机会在空旷处锻炼身体。三周结束时，孩子们举办了一场告别音乐会，在音乐会上，他们演唱了几首歌颂巴勒斯坦生活的希伯来语歌曲。尽管人们做了各种努力，与年龄相比，许多孩子身材显得瘦小，他们需要更多额外供应，包括新鲜蔬菜、水果、黄油、牛奶、肉类。与此同时，"联合分配委员会"还计划派遣一名精神病学家前往各青年营区培训管理团队，以便及时判断托管的孩子们的情绪问题。[5]

犹太营区坐落在巴伐利亚小城沃尔夫拉策豪森（Wolfratshausen）旁边的弗伦瓦尔德（Föhrenwald），具体地点位于法本公司（IG Farben）从前的一块地产上。1945年9月，"联合分配委员会"派遣米丽娅姆·沃伯格（Miriam Warburg）前往那里，她在那里建起了一所学校。实施种族灭绝后，拥有职业技能的成年人几乎都没活下来，几乎没人——这很好理解——有工作的意愿和能力。当地人常常对米丽娅姆说："找德国人干吧，我们早都干够了。"有人说得更直白："我早都死了。我干不干有什么用？"听到这些话，米丽娅姆的热情像是被兜头泼了一盆凉水。这名年轻的英国女人抱怨说：瞧瞧"他们说话的方式，他们翻白眼的样子，他们沉湎于痛苦中的样子，他们反复讲述自己的经历的方式"，从这类经历中恢复，究竟意味着什么，她始终没理出头绪。她找到一名个头高挑、身材消瘦、脸色煞白、特别腼腆的男人。虽然那男人非常担心自己无法胜任，她还是尽力说服对方帮助她。那人每天讲授两三节课，两天过后，那人回来见她，两天的体验完全改变了那人。"行，"那男人说，"这事我能干，你说吧，你想让我干几小时我就干几小时。这工作很棒。"[6]

米丽娅姆·沃伯格发现，孩子们表现得一会儿兴奋异常，一会儿筋疲力尽。尽管没有课本，甚至没有椅子，她仍然坚持讲授希伯来语、英语、算术，孩子们追求知识如饥似渴。然而，即使做最基本的加法，他们也无法集中精力足够长时间。管理人员通过集体活动让孩子们建立信心，让他们获得认同感。每逢周五晚，孩子们都会用基布兹方式组织庆祝活动：铺着白布的长条桌面摆放着成摞的三明治，临时制作的烛台上插着蜡烛，各面墙壁装饰着彩色纸片，还张挂着一面巨大的犹太旗帜。有人诵读了一段祝词，随后，领路人读了一段剧本，"在每个活动之间，我们一首接一首地唱歌"。整个活动期间，米丽娅姆·沃伯格都在旁观和倾听。[7]

赢得孩子的信任也非常困难。有人向营区剩下的波兰流离失所人员发放鞋子时，犹太孩子立刻发起抗议，他们不愿意相信，一周后他们也能得到鞋子。听说有人计划将附近费尔达芬（Feldafing）营区的孩子和成人搬迁到弗伦瓦尔德后，他们采用古老的生存法则，在倾盆大雨中躲进了密林深处。在位于兰茨贝格（Landsberg）的前集中营里，一位访客在《圣经》课上旁听了孩子们讨论摩西的命运，老师问孩子们，母亲将摩西送给一个陌生人，即便那陌生人是个埃及公主，母亲的做法对还是不对。班里大多数孩子是孤儿，他们对此毫不怀疑。后来，一个男孩起身指出，班里的一些人被母亲送给了波兰人，他说："我们就是这么活过来的。"[8]

战争结束时，没人能说清，欧洲有多少被遗弃的孩子和成为孤儿的孩子。联合国教科文组织报告的数字为1300万，包括强制劳动的孩子、挑选出来准备"德国化"的孩子、来自各集中营的孩子、双亲被关进各种集中营的孩子。还有一些是清洗各犹太人区后活下来的，另一些是从各村庄逃出来的，那些村庄的人整村被锁进谷仓或木结构教堂里，然后一把火烧没了。也有一些是德国孩子，战争即将结束时，他们滞留在学校安排的疏散安置家庭里，分散在匈牙利、罗马尼亚、捷克斯洛伐克、波兰等国，以及德国其他地区。[9]

在德国国内，寻找孩子行动受联合国善后救济总署管控，在各占领区均设有机构，然而，它缺乏统一管理，缺乏一整套方针政策，更不要说缺乏能处理战争难民事务的有经验的人员了。到了1946年，善后行动规模之巨，拖垮了该组织，队伍内部人员的腐败和黑市倒卖行为受到严厉警告。法国人名声不好，因为他们拒绝外方机构在他们占领区寻找失踪儿童，搜索独生子女的法国官员显然收到过指令，因为他们仅仅寻找家长是法国人的孩子。英国人在他们的占领区只有35名寻找失踪儿童官员，却没人会说孩子们的语言。唯有美国人干得不错，他们有44名官员，还使用多个东欧志愿小组提供帮助。其中一些孩子的父亲是法国人，母亲却是波兰人，不过，养大他们的却是德国家庭。另一些家长将孩子们交给德国人，原因是孤儿院和儿童院配给短缺，条件恶劣。没人知道究竟有多少混血儿，这些孩子以及他们的母亲常常遭人嘲弄和羞辱。[10]

解放过程中，在波兰、挪威、荷兰、丹麦、比利时、海峡群岛（Channel Islands）等国家和地区，那些"和敌人睡过觉"的女人遭到一群群青少年男孩和青年男子深挖。德国占领期间，行使过权力的大多数警察和政府官员如今被晾在了一边，前述女人常常被男孩和青年男子剃光了头，然后拉出去游街。在战后民族气概和民族耻辱的标度方面，发生性行为和生了孩子居高不下。1945年夏季，挪威、荷兰两国新成立的国民政府最初打算不征求母亲们的同意，将"德国"孩子送出国境。波兰研究人员宣称，德国有20万波兰孩子，为支持这一论据，他们将波兰女人为战时德国占领者生育的所有孩子都包括了进来。好像是为了驳斥占领时期由德国父亲诞下的法国孩子数量，法国政府宣称，法国父亲在德国留下了20万个孩子。在战后初期统计大战中，弥补国家的屈辱战胜了任何关于这种索赔可能引发的赔偿案件的想法。[11]

寻找失踪孩子的家属们往往首先向位于日内瓦的国际红十字会打探消息。1946年1月，联合国善后救济总署在卡塞尔市不远处的阿罗尔森（Arolsen）设立了一家寻亲局，在德国和奥地利各营区、各招待所、各孤儿院，该局为尚未有人认领的孩子编辑了索引卡，可以和家属提供的大致详细的信息进行比对。有时候，家属会提供一些照片，不过，照片在识别过程中几乎派不上用场，因为战时这几年，孩子的变化太大。到了1946年夏，寻找孩子的申请达到6.5万件。虽然为犹太孩子们编辑的索引卡90%标注了大写字母"T"，这是希伯来语"tot"（死亡）的首字母，间或也会出现索引信息与寻亲信息高度匹配的情况。凭借会说法语、父亲有一颗金牙、双亲常常称他为"丑丑"，一个孩子与家人成功地团聚了。绝大多数失去亲人的孩子是波兰孩子。[12]

波兰社会福利部位于卡托维兹（Katowice），罗曼·赫拉巴尔（Roman Hrabar）是该部的雇员。战后，在西里西安，通过不懈的努力，他试图让那些强行被从家里带走并被"德国化"的波兰孩子重新与家人团聚。那些孩子在德国各机构、党卫军"生命之源"组织下属的各儿童院和各营区历尽沧桑，从瓦尔特兰出来后，他们都变成了待收养的"德国族裔孤儿"。1946年秋，人们在罗兹的国家社会主义人民福利组织档案库里发现了5000份这类孩子的个人档案。每张登记卡都有孩子的照片，孩子的波兰原名，以及——通常发音相同——新的德国名字。不到一个月，443个孩子有了下落。作为德国化的一部分，其他波兰孩子的身份被掩盖了，赫拉巴尔利用这一线索，花费数年时间着重于揭开被掩盖的事实，让许多家庭重新团聚。[13]

在英占区，除了在各德国儿童院和各福利机构拉网式排查，寻找失踪孩子的英国官员不愿意多做任何事。他们尤其刻意避免深入调查涉及收养和寄养的案子，他们常常争辩说，不能将孩子们从成功融入的家庭二次分离，唯恐那样会进一步酿成感情混乱。正如党卫军种族专家预言的一样，年龄偏小的孩子更容易融入和爱上他们的新"父母"，后者往往不愿意相信，他们的"德国族裔孤儿"实际上是波兰人和捷克人。某些情况下，被告知自己不是德国人后，孩子更是吓得要命。多年来，波兰母亲发给德国寄养家庭的信件和照片一般都石沉大海。[14]

红十字会告知收养家庭的母亲，她们的儿子或女儿是从波兰绑架而来，母亲可能会做出正确的反应，虽然如此，具体到每个孩子，情况可能会相当困难。1942年，阿路西娅·威塔泽克已经5岁，爸爸遭逮捕和处决，妈妈被关进拉文斯布吕克女子集中营。1947年11月，她已经10岁，和一个德国家庭生活在一起，养母达尔太太让她和波兹南的生母以及亲兄弟姐妹重新团聚了。阿路西娅不会说波兰语，只能跟8岁的妹妹达莉雅·威塔泽克交流，达莉雅也是从位于罗兹和卡利什的儿童院出来的孩子，这两处地方由党卫军"生命之源"组织管理。由于波兹南的波兰伙伴奚落她们是德国人，在自己家里，她们也感觉像是外人，两个人逃到了火车站，试图返回德国。

后来姐妹两个人被抓,然后被送回了家。阿路西娅一辈子都没改掉明显的德国口音。[15]

作为对暗杀莱因哈德·海德里希的报复,1942年6月9日,德国人摧毁了捷克的利迪策村,然后将村里的105个孩子送往罗兹,进行种族筛查。这些捷克孩子里的四个人属于同一个家族。他们是汉夫家的三个孩子安娜、玛丽、瓦茨拉夫,以及他们的堂姐妹艾米莉。安娜是第一个回家的,截至那时,她的德国父母对她很好,不过,他们仅仅给了她路费,让她只身前往德累斯顿。德累斯顿火车站一派混乱,一名捷克工作人员专门过来照顾她,与捷克各政府机构进行协商。在6月9日利迪策村大屠杀中,她父亲被打死,母亲死在拉文斯布吕克集中营。不过,一个叔叔认领了她。安娜一直与妹妹玛丽以及堂妹艾米莉保持着联系,由于政府机构的介入,她很快找到了她们。后来的情况证明,收养艾米莉的库卡克一家家庭幸福,条件优渥,带她回家相当容易;而收养玛丽的德国家庭将她当作无薪资的女仆使用,带她回家相当麻烦。收养家庭将捷克人的自卑感深深地烙进了玛丽的心底,好几个月后,吃饭时的畏缩习惯才从她身上消失。不过,到了1947年,在纽伦堡审判中,她勇敢地出庭作证,指控那些党卫军种族和安置办公室的官员。[16]

在实际工作中,办案人员必须会说正确的语言,其重要性在找到汉夫家最后一个孩子方面成了关键。玛丽和安娜的弟弟瓦茨拉夫曾经在不同的儿童院之间多次移交,他一直拒绝学习德语,因而常常遭管理团队殴打。捷克小组成员与一个名叫雅内克·文策尔(Janek Wenzel)的波兰男孩面谈时,他们怀疑他不像是波兰孩子。突破点为,他们唱起捷克儿歌"我有几匹马,我有几匹黑马"时,男孩的表情突然亮起来,还笑了起来,接着还用捷克语唱出了后续歌词"那几匹黑马都是我的"。当年仅有7名利迪策村的孩子通过了种族筛查,当初从村里带走的105个孩子,战后查到下落的仅有17人。其他大多数孩子后来遇害,或死在各集中营。关于重逢家庭的报道仅为个案,并非常规。到了1948年9月,国际寻亲机构登记簿上的21611个孩子，仅有844人与亲属成功团聚。[17]

寻找失踪孩子的英国官员首先希望将孩子驱逐回东欧，这是盟国的统一政策，首先要送回的是苏联公民，他们会立刻进入苏联内卫军的"筛查营"接受通敌筛查，即勾结德国人筛查。各西方强国也急于将流离失所人员送"回家"，以便摆脱管理困境。随着"冷战"的到来，以及战后经济繁荣的开始，盟国的政策发生了变化。英国人和美国人开始认识到，剩下的流离失所人员非但不是问题，反而是劳动力资源。英国早前还试图将波兰孩子与反共的成年流离失所人员隔开，因为后者会劝说前者不要回国，在"冷战"时期，英国官员不再乐意帮助罗曼·赫拉巴尔，不再乐意让孩子返回"铁幕"的另一边。[18]

雅尼娜·普瓦德克到达韦斯特施泰德（Westerstede）时，她的战争便终止了。那是个弥漫着中世纪风情的小城，位于不来梅和荷兰边界之间的阿默尔兰（Ammerland）地区。普瓦德克一家在红军到来前逃出了波兰，她的父母加入了当地的浸信会，在一家农场定居下来。不过，雅尼娜不喜欢那个教会，因而无法与当地人融合。由于雅尼娜的父亲在瓦尔特兰为德国人工作过，全家人都在德国籍名单上进行过登记，她弟弟还应召参加了德国国防军。被英国人逮捕后，他加入了波兰军团，继续作战。眼下雅尼娜住进了当地流离失所人员营区，利用这一关系寻求特惠待遇，以便被选中，前往英国。[19]

1945年2月，华沙获得解放一个月后，雅尼娜·戴维不再到处躲藏。她与德国出生的埃里克重新团聚了，埃里克是父亲的旧情人莉迪娅忠实的丈夫。华沙城遭遇起义和破坏后陷入一片混乱，莉迪娅和她最后的情人消失得无影无踪。埃里克拉网式筛查了一家又一家儿童院，最终在一家修道院学校找到了雅尼娜。埃里克带着两个儿子，雅尼娜藏身他们家那几个月喜欢上了那两个男孩。雅尼娜活下来的亲属仅有两个堂姐，可她不喜欢她们。雅尼娜信了基督教，这让两个堂姐非常诧异，她们还把索菲亚嬷嬷送给雅尼娜的银质奖章藏了起来。更让雅尼娜气愤的是，她们喋喋不休地跟她讨论继承问题和财产分配。究竟该跟埃里克还是两个堂姐一起生活，雅尼娜拿不定主意。雅尼娜15岁时，双方终于同意，让她独立生活。1945年夏，雅尼娜回到了老家卡利什，在那边租了间屋子长住，等候父亲回归。她的堂姐为她交房租，秋季，学校开学后，她们还要为她交学费。每天一放学，雅尼娜总会匆匆赶回家看消息：她知道，在华沙犹太人区最后的清洗中，父亲活了下来，一年前，最后的消息——来自埃里克——称当时父亲在卢布林附近的集中营。[20]

一天，身在电影院的雅尼娜意识到，事前她没注意当天会放映什么电影，以前她也总是这样。她身边的人们都在哭，有人哭晕了，有人大声祈祷，她则咬紧牙关，浑身冰冷。放映的是苏联电影，内容为解放马伊达内克，正是她爸爸所在的集中营。后来，她在日记里记述道，电影带走了她"儿时最后的希望"："压根儿就没有上帝。"1946年夏，在镇上的图书馆，她遇到一名跟爸爸一起关押的囚犯，对方明确说，她爸爸没有活下来。不过，她仍然无法认可爸爸已经死去。[21]

雅尼娜离开了卡利什，离开了那些喧嚣的街道，她刻意躲到乡下的土房子里。战前，她和父母在那里度过了最后一个夏季。白天，她会穿上泳衣晒太阳，上次穿泳衣时，她还是个10岁的孩子；入夜，她会像看电影一样复活灭绝营的一些场景；然后，记忆里全家人在犹太人区的生活会取代前述场景，比方说：那间"老屋，克劳特（Kraut）太太，她丈夫雷切尔（Rachel），歇里克（Sherek）一家，比亚图斯（Beatuse）一家，那些大街，那些人群，乌姆斯拉格广场的几扇大门"。在日记里，雅尼娜接受了现实："只有我一个人没走出广场。渐渐地，一个字一个字地，经过前思后想，我开始接受无法言说的现实：爸爸和妈妈都死了。"虽然雅尼娜当时已经准备永远离开夏季小屋和波兰，经过数十年在法国、英国、奥地利居无定所的游荡，最终她才有了永久住所。那时候，她才下决心公开自己的经历，使用的是她掌握的第四种语言——英语。[22]

1945年8月14日,12架兰开斯特轰炸机从位于鲁济涅(Ruzyn)的布拉格西部机场起飞,前往英国,飞机上载有300个男孩和女孩。他们是计划前往英国的732名——全都在17岁以下——集中营幸存儿童里的第一批。战前,1938—1939年,为了从纳粹手里拯救犹太儿童,伦纳德·蒙蒂菲奥里(Leonard Montefiore)和一些退伍老兵与英国内政部谈判,达成一项特殊计划,即所谓的"儿童撤离行动",这次行动仅仅是该计划的一个组成部分。在战后运送的第一批孩子里,仅有17人未满12岁。最小的6个孩子只有三四岁大,他们被送到了位于萨塞克斯郡(Sussex)西豪斯里(West Hoathly)的一处乡间别墅,那地方被安娜·弗洛伊德(Anna Freud)和多萝西·伯林厄姆(Dorothy Burlingham)的战时托儿所所用。[23]

　　6个孩子全都来自特莱西恩施塔特犹太人区孤儿院。1944年秋,向奥斯维辛-比克瑙集中营大规模驱逐犹太人行动过后,他们仍然留在了当地。在犹太人区经历最后阶段的饥饿、伤寒、精神崩溃后,留在孤儿院的他们饥饿难当,住进新家后,他们仍会经常哭闹,把自己弄得十分肮脏。

　　格特鲁德·丹(Gertrud Dann)和苏菲·丹(Sophie Dann)是一对姊妹,她们战前离开了德国。莫琳·利文斯通(Maureen Livingstone)来自苏格兰,是个托儿所老师,负责照看她们。第一次看见"6个剃了光头的小孩时",她非常震惊。安娜·弗洛伊德注意到,这些孩子的注意力都在自己的身子上,长时间玩弄自己的生殖器,没完没了地嘬手指。她把这归结于他们在寻求快感,不然他们不会有任何快感。萨塞克斯的婴幼儿对食物充满了迷恋,却往往不吃它们,他们只吃麦子和玉米做的食物,其他一概不吃。碰上好吃的东西,他们往往也只吃一点点。他们反倒对与食物有关的东西兴趣盎然,比方说,翻来覆去查看摆放餐具的方式,最重要的是,他们对勺子充满了占有欲。格特鲁德·丹和苏菲·丹无法理解勺子对婴儿的重要性,直到特莱西恩施塔特的一名工作人员来到萨塞克斯看望她们,向她们解释,勺子是婴儿唯一觉得属于自己的东西,她们才明白其中的道理。[24]

孩子们显然缺少强烈的感情，20世纪50年代末，安娜·弗洛伊德认真思索了其中的原委，她是这么说的：

> 我们不知道……为了全神贯注和感情融入，需要选中某一经历的哪个方面或成分……每当人们期盼揭开深埋的关于死亡、毁灭、暴力、仇恨等的记忆，得到的通常是关于褫夺、运动限制、（与各种玩具、各种欢乐）分离的一些痕迹……[25]

1945年10月，在弗伦瓦尔德，一些女性和女孩用一种"奇怪的、非亲历的方式"讲述自己的各种经历，米丽娅姆·沃伯格注意到了完全相同的东西。"这或许是，"当时她认为，"人们无意间采用一种自我保护方式，所有经历过几近超乎人类耐受极限的苦难的人都会这样。"在焦虑地思考孩子们的自我意识如何受外界影响之际，安娜·弗洛伊德回到了她熟悉的、与梅拉妮·克莱因（Melanie Klein）长期存在争议的领域，即认知和恋母情结冲突在发展自我意识中的作用，并得出结论：与孩子们经历的暴力相比，失去父母亲的形象才是关键。

1948年，全欧洲的心理学家和儿童院院长开会交流与战争孤儿打交道的经验时，对于孩子们遭受的伤害，他们无法达成一致。一些人认为，孩子们见证的暴行是关键，另一些人认为，与失去家人相比，暴行几乎留不下什么印记，他们还总结说——与安娜·弗洛伊德的结论相似——这些孩子的情况与和平时期跟家长分离的孩子们的情况类似。一些人认为，为了让孩子未来可期，有必要成功地压制他们的一些记忆；另一些人则认为，有必要让他们在游戏疗法中将记忆宣泄。[26]

1945年初夏，瑞士红十字会邀请300名集中营幸存儿童前往瑞士数个月，以帮助他们康复。许多孩子来自布痕瓦尔德集中营，其中两个犹太男孩年龄差不多大，卡尔曼·兰道（Kalman Landau）是个波兰孩子，托马斯·格夫是个德国孩子。卡尔曼在奥斯维辛集中营疏散大转移中活了下来，托马斯在大罗森（Gross Rosen）集中营疏散大转移中活了下来，两个人都用画画的方式描绘了他们的经历。托马斯·格夫实在太虚弱，无法到营区以外活动，在增加体重的过程中，他开始画布痕瓦尔德集中营的生活。德国囚犯里的一个人跟他成了朋友，为他找来一摞蓝色的纳粹信笺。他描绘集中营生活场景的狂热渐渐为人所知，大家都聚拢过来看他画画，还给他带来各种颜色的铅笔头。[27]

托马斯·格夫原想为父亲创作一套视觉百科知识场景画，反映集中营的生活。在布痕瓦尔德集中营，托马斯刚开始在蓝色的方形纸上作画时，那些蓝纸让他想起战前的往事，想起他在柏林积攒香烟卡。1939年，爸爸移民英国后，一直给他邮寄英国香烟卡，以维系父子关系。为凑齐一整套百科知识卡，需要积攒200张香烟卡。从布痕瓦尔德集中营获得解放起，托马斯便给自己规定了任务，制作一套百科知识场景画，画里是爸爸完全不了解的世界，而妈妈已经消失在那个世界里。[28]

通过描绘营区里的营房如何建成，以及自己所在的建筑小组如何分工，托马斯·格夫解释了集中营如何运作。他画出了所有级别的囚犯工作人员佩戴的袖标，新来的囚犯在不同营区办手续的过程。当初身在柏林时，年少的他曾经对工程和技术的应用惊叹不已，在观看柏林轻轨接触线的连接以及纳粹各展会展出的法国战利品时，他见识过这些。作为未来的建筑工程师，他的艺术创作着重于各集中营设施安装的技术层面，以及劳动分工的技术层面，往往不涉及人。的确，他画的组画正是以香烟卡百科知识为模板，沿袭的是集中营内部的逻辑，而非回溯自己亲身经历的史实。[29]

瑞士儿童院坐落在楚格（Zug）旁边的山上，托马斯·格夫的作品成了鼓舞儿童院其他孩子的范例，在孩子们手里接力传递，以促使他们通过绘画表达心中所想。卡尔曼·兰道以时间为序绘制了一组画，共12幅，揭示了他在各集中营的日子，内容包括到达、点名、强制劳动、"组织"食物、枪毙试图逃跑的囚犯。他还画出了始自奥斯维辛集中营的疏散大转移，一些囚犯在雪地里遭到枪杀，被殴打致死。他还描绘了敞篷货运列车，他们乘坐这样的列车被运往大罗森集中营和毛特豪森集中营，到达以后，上万人拥挤在隔离区内。组画最后两幅的内容为，囚犯们解除布痕瓦尔德集中营党卫军士兵的武装，逮捕他们，接下来是男孩们到达瑞士边境，他们乘坐的列车像极了当初将他带往各集中营的列车。即便在莱茵费尔登（Rheinfelden）这边，他画的瑞士边境界标也有带刺的铁丝网——现实有可能真是这样。[30]

像特莱西恩施塔特犹太人区的儿童画家们一样，卡尔曼·兰道将有权势的人物画得较大，医生、囚犯工头、党卫军士兵都是一眼即可辨认的人物，而囚犯们——包括他自己——都是一些分不清谁是谁的人物，画中有太多毫无权力的、可以互换的小人物将要被转移、滞留、杀害。强制转移时，在冰天雪地里用来猛砸掉队囚犯的步枪托尤其巨大。

唯有重新获得自治权，可以"组织"——或抢劫——营区里的东西，囚犯才会变成个体，才会清晰起来。即便在武装囚犯们解放布痕瓦尔德集中营之际，卫兵的形象仍然比囚犯更大，更清晰。像托马斯·格夫一样，由于其特殊的空间布局，卡尔曼·兰道的画才显得另类。他追求的并非比例恰当，而是场景结构的整体布局，以及各组成部分的逻辑关系。为了使逻辑不出错，他还用磕磕绊绊的德文在画上做出各种标记和注解，例如："清晨大转移""前往焚尸房""老年区""计数"，以及将不祥的"深夜点名"描述为"无法计数"。在青少年男孩们的画作里，像这样与物体、建筑、技术的一些关联，反而是更为普遍的特征。在特莱西恩施塔特犹太人区，参观过焚尸房的捷克男孩在他们办的周报上描绘和描述了焚尸房的运作，从知识层面报道了相关的技术、焚烧尸体的数量，以及燃料的消耗。熊熊燃烧的大火吞噬的主要是老年人的尸体和病人的尸体，他们死在社区，数量高达数万。孩子们当时不知道灭绝营的存在。加入比克瑙集中营行刑队后,耶胡达·培根才得以进入焚尸房内部一看究竟。卡尔曼·兰道和托马斯·格夫两个人都没见过毒气室内部,不过,两个人争相将其纳入自己的画中,好像他们关于集中营的纪事和布局少了毒气室就不完整似的。[31]

2003年,看到自己当年的画作,托马斯·格夫解释说,描绘毒气室的那些囚犯时,他自己并非信心十足,他还担心过,当初画的毒气室内部布局不准确。不过,当时他需要一个载体,以表达自己的经历,描绘毒气室里的控制机理提供了这样的载体。后来他成了一名建筑工程师。[32]

卡尔曼·兰道画作里的一些人物明显带有托马斯·格夫画作的特点,例如毒气室上边的骷髅,他把同样的骷髅安置在其中一幅画的中央,正是从那个地方,那些集中营的名字发散了出来。不过,托马斯·格夫的骷髅代表的是一种封闭的纳粹集中营和恐怖建制,而卡尔曼·兰道的骷髅位于其中一幅画里一个烟囱的顶端,画作依序展开了一个完整的故事。依时序排列的组画表达得非常清晰,从到达集中营开始,即可清楚地证明会有什么结局。组画具有典型的社会生活叙事风格,它紧贴事实本身,使它容易排列,容易理解,即便如此,画家本人当时想表达的究竟是什么,却较难推测。在冰天雪地里冒死转移、囚犯们逮捕党卫军士兵、他本人来到沙夫豪森(Schaffhausen)附近的莱茵瀑布、在位于楚格旁边山上的儿童院里面对几个比他高的女人等,通过如上内容,卡尔曼·兰道的组画也是在刻意向外人宣示一段生存历程。托马斯·格夫作画是为了自己的父亲,而卡尔曼·兰道已经显示意图——为从未经历过那段历史的观众。

耶胡达·培根的确绘制过几个亲眼见过的毒气室,它们起到了技术图的作用。1961年,审判阿道夫·艾希曼时,它们在耶路撒冷曾作为证据使用。四年后,审判奥斯维辛集中营党卫军士兵时,它们在法兰克福再次成为证据。早在特莱西恩施塔特期间,耶胡达已经对绘画入迷,在比克瑙家庭集中营期间,他继续练习素描。获得自由后，在耶胡达·培根创作的第一批艺术作品里，有两幅肖像画：其一为卡尔明·福尔曼，他的"保护人"，比克瑙集中营的一位囚犯特遣队成员；其二为他父亲。耶胡达创作的都是常规肖像画，唯一让人印象深刻的是为某个显然刻板和自我封闭的人作画时的倾情投入。他描绘自己的父亲却采用完全不同的方式，父亲的面庞上有一双深色的、充满激情的鹅蛋形眼睛，画面下方焚尸房烟囱里冒出的烟柱让父亲饿瘦的面庞走了形。在画面右下角，耶胡达标明了父亲遇害的准确时间——"1944年7月10日22时"。像卡尔曼·兰道和托马斯·格夫一样，耶胡达·培根1945年也年满16岁了。他下决心继续做在特莱西恩施塔特和比克瑙集中营已经开始做的事，将自己培养成艺术家。他坚信，"通过艺术——战后我就这么想了——我想告诉人们，一个孩子的灵魂在战争中经历了什么样的洗礼。"1964年，他补充说："这是第一反应，不过，总会有些东西留在灵魂里。"[33]

各集中营幸存的犹太孩子，能与近亲团聚的极少。成功团聚的一些孩子认为，自己不被关心，很让人失望。这不仅仅是因为，在犹太人区和集中营期间，父亲和母亲的缺位让孩子们长期心怀理想化的亲人形象，他们尚未做好与真正亲人见面的准备。而许多孩子的亲属还禁止他们讲述自己的经历。基蒂·哈特（Kitty Hart）和妈妈在奥斯维辛集中营幸存下来，叔叔来多佛尔（Dover）接他们时，首先告诫她们："无论如何，你们都不许说你们经历了什么，在我家不行，我不想让我的女儿们不安，我自己更不想知道。"随着残存的波兰犹太人的物件分散到世界各地，他们以前生活的小区留存的上万件东西里的每件都成了犹太历史中央委员会搜集的证据，各种纪念册也是各离散的犹太人社区联手帮助形成的。[34]

与此同时，随着一场新的战后大迁徙已经形成，重新划定边界的中欧和东欧各国都在自己的国境线以内全力以赴地创建单一民族国家。苏联重新安置了810415个波兰人，他们向西移动到1919年柯曾勋爵（Lord Curzon）提出的边界线，这条边界线现在被斯大林在雅尔塔强加给丘吉尔和罗斯福。与1939年以来的做法一样，运送牲畜的卡车不停地服务于本次人口结构的大洗牌，许多波兰人来自加利西亚东部的各历史性安置中心，例如利沃夫和里夫内（Rivne）。与之并行的还有，482880名乌克兰人向东迁徙，来到刚刚扩大的苏联乌克兰地区。1943年夏，整村整村的波兰人改信乌克兰东正教，与此相同，为躲避党卫军在扎莫希奇地区的驱逐行动，也为了表达对波兰国家的忠诚，居住在下喀尔巴阡地区的5000名信东仪天主教的兰科族人（Lemko）正式改信了天主教。这么做对他们没什么好处，1944年10月到1946年9月间，146533人被强行安置到了苏联。与此同时，在公开场合，从乌克兰被驱逐到西里西安的那些波兰人几乎不敢详细诉说最近他们遭到驱逐时遇到的种种扎心事。相反，随着布雷斯劳地区所有德国人被赶了出去，当局鼓励新来的定居者相信："布雷斯劳的每块石头都说波兰语。"[35]

除了葡萄牙、西班牙、瑞士、瑞典，几乎所有欧洲大陆国家都被打败过，也被占领过，有的国家经历了不止一次战败和占领。在象征性的平衡上，对"抵抗"重要性的强调往往远超对战争的参与和作用。在丹麦、挪威、荷兰、法国、意大利、比利时、波兰、捷克斯洛伐克等国，历史学家、媒体记者、各种纪念活动、各种教育规划等，都对"抵抗"大加褒扬，而对占领期间迫于生计的许多小妥协和小勾结只字不提。在各种公开的追忆活动中，孩子们往往处于一种无人理睬的尴尬境地。一方面，他们代表着无辜，他们遭受的迫害成了民族殉难最强有力的证据；另一方面，教育工作者担心，由于战争中的各种经历，孩子们已经变得十分堕落，而这种焦虑微妙地打破了禁忌，他们会开口评说占领对整个社会的腐蚀作用。[36]

波兰政府各级教育机构表彰孩子们所做牺牲的方式为，出版了一套他们所写回忆录的合集，该合集强调了他们为抵抗做出的贡献，以及他们因强制劳动遭受的迫害。德国占领华沙期间，男孩们借助地下童子军组织"灰色游骑兵"做出的英雄壮举，至今仍然是波兰

12 岁在校生的读物。1946 年，华沙插画季刊《剖面》(*Przekrój*)为儿童绘画比赛冠军设立的奖品为 1 公斤糖。一些孩子画了收割牧草、海里的航船、克拉科夫的交通等，而更多孩子所想到的题材是战争，绘画内容包括夜空下的探照灯、华沙被炸的房子、在大街上围捕波兰人和犹太人，以及各种行刑场景。奥斯维辛的孩子们描绘不远处集中营那些囚犯时，他们将卫兵和工头画得比普通囚犯更大，也更细腻。1948 年，克拉科夫大学的斯特凡·苏曼 (Stephan Szuman) 教授进一步搜集了 2388 幅儿童绘画作品，内容都是相仿的战争场景和行刑场景，45% 的孩子证实，他们所画的是亲身见证的场景。成人对这样的画作感到忧虑。1945 年 10 月，以战争为题材的儿童画展第一次在柏林郊区的赖尼肯多夫 (Reinickendorf) 展出时，《柏林日报》(*Berliner Zeitung*) 的评论为："从孩子的视角看，许多东西仍然是扭曲的，教育任重道远，刚刚起步。"[37]

1945 年，通过广泛发放问卷，波兰国家精神卫生研究所以"战争对道德和心理的伤害"为题进行了调研。许多孩子宣称，他们从家长、老师、抵抗组织那里学到了爱国的美德。不过，正如许多孩子承认的，他们学会了撒谎、偷窃、欺骗、仇恨，鄙视权威机构，对所有理想无动于衷，甚至对人类生命的圣洁也失去了信心。整个欧洲大陆的福利工作者、各青少年法庭、心理学家等一直在报告青少年的酗酒、盗窃、性交往、长期旷工、黑市买与卖等行为。比对这些证据，此类研究证实了人们的猜测：战争摧毁了孩子们的天真烂漫，战争也教会了这些孩子如何生存。[38]

在整个欧洲，孩子们的精力和自信让成人不胜其烦。战争期间，以及战后占领时期，在各犹太人区，孩子们已经向世人证明，他们才是大街上和市场上的主人。与成人相比，对忘记过去，孩子们的条条框框更少，他们往往有更多动力和精力接受新东西。不过，正是孩子所获得的成功破坏了他们对成人世界的信任，增强了他们自身必须承担责任的感觉。一些外来孤儿与当地人家组成了临时家庭，其他一些孤儿自认为是家里的顶梁柱，例如 1942 年 1 月华沙围捕的街头乞丐就是这样的孤儿们。

在许多家庭内部,战争和占领释放的危机以父母出让责任,尤其是将责任转给年长的孩子的时间为标志。在这类场合,家庭世界的完整性也就破碎了,孩子们觉得,他们必须将破损之处修补好。这些特殊的时刻形成了孩子对战争进程的全面看法,一旦儿童世界的"安全"和"完整"遭到破坏,它们便建立起来。对耶胡达·培根来说,在特莱西恩施塔特时期,为爸爸带来食物标志着他担起了早熟的责任。英格丽德·布赖滕巴赫的标志为,当全家从捷克斯洛伐克遭到驱逐而妈妈彻底垮掉时,她开始照顾小妹妹。沃尔夫冈·亨佩尔的标志为,1945年到1946年冬季外出寻找父亲的坟墓,将父亲的各种证明文件带回家。正是这些事,让之前的时期看起来像是"正常年代"的"黄金岁月"。对许多犹太孩子来说,那一"黄金岁月"随着1939年或1940年的德国占领而结束;对德国孩子来说,结束时间也许是1943年的大轰炸,1944年和1945年的各种战斗,或是随德国战败而来的饥荒和驱逐行动;而生活在德国和奥地利乡下的其他许多孩子则完全没有经历过此类变迁。

在战争中以及战后,饥饿是孩子所体验的最常见的痛苦,孩子们很快就明白了,父母没办法赶走饥饿。像成人一样,孩子把对食物的幻想变成各种精心设计的游戏,例如创造虚构的食谱,或者在"施汤餐厅"前排长队。他们眼睁睁看着成人为了食物打架、偷窃或者卖淫;孩子们也争相成为偷窃行为的告密者和反对告密者,这么做让家庭分裂,达维德·瑟拉科维奇和那名不知名的罗兹女孩满怀悲伤、愤怒、羞耻,在日记里逐日记述了这些内容。饥饿迫使孩子乞讨,冒着生命危险走私货物。饥饿也教会他们不再相信陌生人:无论自己家多么不幸,在大多数情况下,家庭一直是孩子唯一可以依赖的社会构成。特莱西恩施塔特各儿童院是这一规律的唯一例外,而其他大多数儿童机构和孤儿院的孩子都在挨饿。华沙犹太人区发生过一些极端的事例,一些路过的行人会用报纸盖住死在街头的孩子,而饥饿会让无关的孩子将自己置身虚拟的游戏世界,对那些死尸视而不见。饥饿会侵蚀所有社会关系,教会孩子们做事谨慎,自力更生,还会在孩子身体上和脑子里留下印记。

从布拉格被驱逐到特莱西恩施塔特时,尼娜·魏洛娃(Nina Weilová)才10岁。她在回忆录里记述了自己遭到驱逐的往事,但她记述的不是自己遭受的苦难,而是她当年的娃娃受到的伤害。到达特莱西恩施塔特时,她的娃娃被党卫军士兵撕开;她被送到奥斯维辛时,在臭名昭著的"斜坡"上的混乱中,她弄丢了娃娃。这就好比她们把自己置身事外,通过第三人的双眼观察那段历史——唯有这个例外,这里的第三人是一个物件:她的娃娃。为逃离梅克伦堡做准备工作时,一个德国女孩牢记着要将自己的娃娃与家里的贵重物品放在一起:或许可以这样理解,放弃娃娃就代表着放弃自己的家。幼儿们爱用物品代替文字,通过一些物品表达感情。在罗兹,小埃蒂安慰自己的娃娃,让它忍住饥饿。在埃森,另一个女孩的家被摧毁时,由于娃娃在身边,她才感到宽慰。在某些相同的案例中,涉及其中的孩子孤身一人,被家人抛弃。另一些案例中的孩子仍然有近亲照料,不过,他们全都找出某种熟悉的、永远热爱的物件,借题发挥,以表达他们的震惊、恐惧、痛苦、损失。有时候,娃娃能代表她们自己,有时候能代表她们的家,在另一些场合,娃娃也能代表她们的妈妈。[39]

失去父母迫使孩子们转向其他方面寻求关爱,转向其他人物保护自己。在位于绍伊尔恩的收容所里,一些孩子将看护称作"妈妈",每次前往花园,他们都会给看护采摘鲜花。失去父母的伤害跨度非常大,从家庭生活的失序到真正的外部创伤,什么都有。一个极端的例子为,本书此前提到的那个波兰小女孩重新学会说话,发生在她从集中营获得自由后。另一个例子是一群德国孩子,例如威斯特伐利亚的小德特雷夫,他与1939年临时驻扎在他所在城市的一位和蔼的士兵形影不离,是因为他过于想念那一时期不在家的爸爸。比克瑙集中营那群捷克青少年看样子甚至将行刑队的"保护者"当成了父亲，那是因为，恐惧和无助将他们推到了仰仗他人的地步，让他们变得比实际年龄还小，或者更加显老。

种族大屠杀和德国家庭所经历的战争，这两件事根本不可同日而语。不存在借助一种暴行来掩盖另一种暴行的事，而这正是20世纪50年代初期，德国很大一部分大众话题在努力达到的效果。孩子们对饥饿、恐惧、蒙羞、必须替代父母等的反应方式确实存在相似性。不过，用一个空泛的术语，例如"集体创伤"（collective trauma）来涵盖孩子们遭受的所有不同类型的损失和伤害，只能导致混乱，而今天的一些评论员正在这么做。并非所有的损失都是创伤性的：德特勒夫在1939年被征召入伍时的感受，不可能和沃尔夫冈·亨佩尔在战争最后几天得知父亲去世时的感受一样。这两个男孩经历的是完全不同的损失，将其等同，不可能帮助人们理解历史。这样研究感情的对等，潜藏着对所有在战争和大屠杀中遭受苦难的群体进行肤浅的道德和政治比较的危险。实际上，这种观点非常危险，柏林重新统一后，位于菩提树大道的"新岗哨"（Neue Wache）于1993年重新供人们参观，刻在匾额上的"联邦德国战争和暴政受害者中央纪念馆"立刻掀起了一场关于"让大屠杀相对化"的辩论风暴。[40]

从历史的观点说，"创伤"（trauma）是一个难以运用的范畴。这个概念的设计初衷是为了理解某人所遭受的伤痛。不过，人们更倾向于将其用于记载某件事的暴烈程度。具体到每桩个案，也不大可能预测出哪些情况能带来"创伤"，以及怎样的"创伤"人们可以应付，怎样的"创伤"会导致人们心理崩溃。与一名大屠杀幸存女性一起做研究时，心理分析学家狄诺拉·皮内斯（Dinora Pines）发现，做这事耗时相当长：首先，那名女性需要讲述她的经历，让人信服，激发其他人的愤怒，直到她哽咽得无法继续述说，然后才能开始做严肃的分析。她们的经历同样反映在许多以实事求是的、克制的态度所著述的关于大屠杀和战争的回忆录里。这里不妨借用一个著名的例子：在奥斯维辛回忆录《如果这是一个人》（*If This Is a*

Man）里，作者普里莫·列维（Primo Levi）隐匿了自己的各种感情，让读者通过阅读本书自己去理解和判断作者冷静地述说的那个世界。他文学上的克制使他的读者陷入了一种不同于狄诺拉·皮内斯的患者类似的境地，由于作者的各种沉默，读者只好被迫想象作者当初遭受的感情冲击，其感受反而更加强烈。[41]

无论如何，将缺失和沉默解释为"创伤"的证据确实存在，但这么做注定会遇到重重困难。安妮塔·弗兰科娃12岁时被驱逐到特莱西恩施塔特，后来她成了布拉格犹太人博物馆大屠杀分部的历史学者，然而，尽管她每天都接触各种提示，她能想起来的特莱西恩施塔特的事少之又少。她没有将这种记忆的缺失归因于特莱西恩施塔特发生的事，反而将其归咎于后来在奥斯维辛-比克瑙集中营和斯图特霍夫集中营的经历。对她来说，能记住的是"创伤"时期，而特莱西恩施塔特的"正常"时期，她反而记不住。那时候，与安妮塔年龄差不多的女孩们注意到了许多事，她们画出了饥肠辘辘的人们排着长队，在"施汤餐厅"旁边等候，她们也写日记。他们能做到这一点，因为他们处于相对有"特权"的地位，儿童院过集体生活，有特殊的配给和食堂。不过，他们做到这一点，也是因为他们有极大的好奇心。他们所处环境的复杂性以及对这些事的反应凸显了理解孩子当时所经历的各种生活的重要性。[42]

在其他方面，让成人感到震惊的是，孩子们非但不避讳和压制身边的暴力和死亡，反而把它们当话题和笑料。尽管比克瑙家庭集中营里的成人忽视那些焚尸房烟囱的存在，耶胡达·培根和小伙伴仅凭当天冒出的烟的颜色即可玩笑般说出炉子里那些人是胖子还是瘦子。至今人们也无法判断，那些孩子是否相信工头弗雷迪·希尔施的说法：家庭集中营里的人会免遭那样的命运。毫无疑问的是，对焚尸房在现实中的存在，孩子们不会自欺欺人，他们自我保护的方法是用幽默绕开它。

在死亡的恐惧到来前，危险只有更直观，孩子们才会感到害怕。例如，在德国，从远处观望那些熊熊燃烧的城市，孩子们常常会觉得那些大火很美丽。1945年2月,一个小女孩凝望着远方德累斯顿的火焰风暴,"那座剧院"让她神魂颠倒,"血红色的"天际让她挪不动脚步;在德累斯顿郊外,从她所在的有利位置望出去,"城市本身看起来就像一滴白热的铁水,那些颜色不同的'圣诞树'纷纷倒在亮光里"。两次世界大战的参战士兵也论述过毁灭之美,不过,他们把这样的毁灭性审美建立在他人的痛苦之上,而非自己的痛苦之上。有时候,对近在咫尺的大火和轰炸,孩子们察觉不到威胁,不过,一旦他们自己的地窖开始摇晃,自己的房子燃起大火,他们就会感到恐惧。有人在1946年收集到了大孩子们的一批作文,20世纪50年代中叶收集到了小孩子们的一批作文,两批作文记录了孩子们如何无动于衷地看着自己家的房子在大火中轰然倒塌,亲眼见证那样的毁坏,他们当时具有的是孩子般刀枪不入的感觉。在比克瑙集中营,耶胡达·培根和另外几个男孩常常借用焚尸房搬弄一些冷笑话,但轮到自己的父母将要进入毒气室之际,他们就无语了。那天晚上,他们始终一言未发。[43]

孩子们的经历往往来自成人的各种回忆,无论是来自回忆录形式,还是来自最近兴起的口述史谈话,它们都难以避免地将孩子的立场和成人的立场混为一谈。像作家乌韦·蒂姆一样的回忆录作者少之又少,他对汉堡大轰炸时期的记忆都是早期的儿童时代碎片式的记忆,他努力对这些进行分割,例如大街上空那些舞动的小火团。根据他后来的学识,他判断出,那些小火团都是燃烧的窗帘碎片。即便是他,也不可能如实确定,哪些记忆是他亲眼所见,哪些是来自母亲对他反复讲述的内容形象化以后在脑子里固化的印象。[44]

在卢茨·尼特哈默尔的早期记忆里,有火红的夜空。他以为,他是记得自己坐在奶奶的房子里,眼看斯图加特在熊熊大火中燃烧。但奶奶的房子位于黑森林地区,德国口述史学的这位先驱后来意识到,他不可能从85公里开外看见燃烧的城市里的那些着火点。卢茨的哥哥记得一些往事,卢茨自己反而不记得,例如他们在斯图加特的地窖里挨炸、他们被救,还有后来他们乘坐火车前往黑森林地区时，好多轰炸机从头顶飞过，把他们吓得半死。卢茨终于有了如下结论——至少是当时的结论——他把自己在斯图加特的地窖里产生的对死亡的真实恐惧变成了抚慰心灵的童话故事，即在奶奶家厨房里安全地观看炉火。他渴望压制危险，得到母亲般的呵护，这迫使他在记忆里用黑森林地区养眼的炉火替换了倒塌的地窖。[45]

卢茨·尼特哈默尔遇到的问题使得所有回忆录都很难与真实经历画等号。5岁的卡尔·普凡德勒更害怕一条镀锌的鳄鱼，这是他在1944年得到的圣诞礼物，这条鳄鱼嘴里喷着火星，满屋子追着他跑，这比他刚刚经历的从布达佩斯到奥地利的逃亡更让他害怕。也许他觉得，一路逃亡不仅不让人害怕，还让人激动不已。也许，像米丽娅姆·沃伯格在弗伦瓦尔德观察到的犹太流浪孩子一样，卡尔把对他的威胁降低了。或者，像卢茨·尼特哈默尔一样，卡尔无意中用自己对新玩具的焦虑替换了后来某一时间节点发生在逃亡路上的极端威胁。仅凭过去十年间出版的回忆录和口述史谈话，而没有早年的证据，几乎没有可能回答这些问题。[46]

长期以来，研究纳粹主义回忆录和战争回忆录的历史学家一直在向世人发出警告，寻找直通过去的通道会面临很多困难。例如，许多德国和奥地利的回忆录可以追溯到，他们反映了关于犹太人迫害的公众知识的争论。大屠杀回忆录的选择和出版也有其自身的历史，与当前纪念抵抗和精神抵抗的规范并不相关。许多见证者曾拒绝接受他们那个时代的普遍偏见，但他们仍然必须与它们打交道，只好用时间和距离审视早年的自己。到了1998年，洛塔尔·卡斯滕已经深受佛教和印度教影响，而且他逐渐认识到，与今天的自己相比，当年在乌珀塔尔一直坚持写战争日记的狂热的希特勒青年团团员似乎是一个截然不同的人。他还记得那天晚上，他和他叔叔一起去看1938年犹太人的别墅被烧毁，那天晚上——他没有自我辩解——他以和这个穿党卫军制服的大个子在一起为荣；他还可以看到，战争行将结束时，作为15岁的希特勒青年团团员，他不愿意亲自动手扔掉自己的徽章和短剑，后来一个撤退的老兵告诉他，他别无选择。洛塔尔一直坚持每天写日记的习惯，他十分清楚自己生活里的各种变化，他也知道，没必要证明和原谅年轻时的自己。[47]

在讲述历史过程中，少数情况下，某人的童年记忆和成人的道德立场多多少少会发生明显的对立。与洛塔尔·卡斯滕一样，1943年5月29日，乌珀塔尔遭轰炸时，汉斯·梅迪科就住在那座城市。不过，当年洛塔尔已经13岁，汉斯仅有4岁。第二天，父亲领着汉斯来到城市广场上，去看那些等待认领的死人。五十五年后，汉斯成为一个具有强烈亲英倾向的左翼社会历史学家，他对当年那个现场的描述仍然具有高度的视觉冲击力。他童年时代记忆中的，不过是一个简单的画面："绿色面庞，皮肤紧缩，成了永久的咧嘴笑的模样。"接下来他说的却是，由于纳粹的种种罪行，以及对华沙、鹿特丹、考文垂（Coventry）的轰炸，"被炸罪有应得"。在这里，"被炸"肯定指的是纳粹德国，是抽象的，而不是当年他在广场上见到的那些实实在在的人。在这两个想法的背后，隐藏着半生对纳粹遗产的强烈的道德交战。而结局是，他抵制住把自己早期强有力的记忆放在首位的诱惑。他对自己当时的记忆无话可说，那段记忆一直是一段与世隔绝的片段，它的意义始终不明。[48]

1987年，威廉·科尔纳（Wilhelm Körner）在德国《时代周报》（*Die Zeit*）上看到一则征集战争日记和战争通信的广告。那则广告由小说家瓦尔特·肯波夫斯基刊登。参加过一次该作家举办的系列公开阅读会后，威廉·科尔纳翻出了自己的战争日记，将其送了过去。"我特别希望，"他在附去的说明里表示，"当年我会有不同的想法，当年有能力看穿这一灾难性的政权，从精神层面抵制它。"不过，威廉的家庭是民族主义保守派的信奉新教的家庭，父亲是不来梅一所学校的校长。正是这样的家庭背景让他日后意识到，当年写下的日记，字里行间充斥着各种信仰，日记显得"随波逐流"。战争行将结束时，日记出现一段空缺：一周没沾日记的他终于横下一条心，于5月16日再次提笔，倾倒出了心中的苦水：

5月9日在德国历史上注定会成为最黑暗的几天里的一天。投降！我们今天的年轻人已经把这个词，从我们的字典里抹去了，现在我们已经体验到，我们的德国人民，在经历了将近六年的斗争后，不得不放下武器。我们的人民是多么勇敢地承受了一切艰辛和牺牲！[49]

接下来几页日记内容相同。其内容或许是那个时代的老生常谈，都是他从广播、学校、父母、朋友、希特勒青年团、"送孩子下乡"营地得到的消息，德国刚刚战败那会儿，这些内容形成了他的想法和感情。不过，当时他相信这些，还情愿为这些献身。反观成年的威廉·科尔纳，他沿袭了父亲的职业，像父亲一样在不来梅教育领域工作。在不来梅几所高中工作三十二年后，从箱底翻出的日记让他想起了当年的自己，当初他狂热的信仰与自己今天所持的观点有着天壤之别，日记里平静的哥特式行文让他震惊不已。对威廉来说，恰如他那一代人里的许多人一样，"摒弃过去"意味着与早前的自己渐渐断绝关系。他怎么能够重新点燃战争的紧张情感交流的感觉，而不对他当时用来证明战争合理性的内在信念深感羞愧呢？这是一段漫长而非短暂的旅程，在很多方面，他们的道德目的，使得西德人自己的过去更加遥远，更加难以接近。

战争期间，在许多德国城市，每次轰炸过后，一些强制劳工会在街上清运瓦砾，成人和孩子们对他们总是视而不见，这与1945年德国难民对集中营囚犯视若无睹别无二致，而难民向西逃亡期间，与转移的囚犯队伍交织在了一起。在这种同理心的完整化过程中，埋下了纳粹主义的致命祸根，只要它有助于德国的事业，它就会使任何针对"劣等人"的野蛮行为合法化。尽管眼前的证据清清楚楚，许多德国人对亲眼所见根本不动脑子。

关于战争期间杀害犹太人，德国人的知情方式大致相同。每次大规模轰炸后，或等候即将到来的西方盟军时，从亚琛到斯图加特，每个城市的人们谈论最多的就是对犹太人实施种族灭绝。最让他们感到害怕和无助的时候，是人们揭穿他们早已知道的那些事，因为大多数时候，那些事都深藏不露。自 1943 年以来，当年 17 岁的莉泽洛特·京策尔对犹太人在各集中营遭到杀害一直知情。不过，二十个月后，她才将这一情况写入日记：消息是现成的，随手可以拾起，1945 年 4 月，当她感到国家被出卖，失败即将来临，促使她对纳粹发起了犀利的抨击，这才用上了蛰伏已久的消息。不过，让她愤怒不已的并非屠杀犹太人，而是批准对一名普鲁士军官执行死刑，那名军官是柯尼斯堡卫戍部队的指挥官。

这么说并不意味着德国人对犹太人的命运完全"无动于衷"。但凡听说大规模屠杀犹太人、俄国人、波兰人的消息，其本身会促使一些人想到，这些可能是东部前线非常困难的战争必要的组成部分。更多的人似乎对已知的事尽量装作"不知情"，将发生在东方的种种有关大规模枪杀的说法与媒体上铺天盖地宣传的犹太人的"战争罪"看得毫无关系。这是媒体在重复元首的"预言"：作为"发动"世界大战的报应，犹太人必将灭亡。随着前老板们消失和遇害的消息，湮灭在德国卷入"全面战争"的消息里，人们必须做出努力，不去深究在"犹太人市场"和"犹太人拍卖场"购买的货物来自何方。唯有扑面而来的一阵阵恐惧让人们早已知晓的一些事实重新浮出水面，汉堡的火焰风暴触发了人们怨声载道，人们都说，假如没有采取"如此极端的"手段解决"犹太人问题"，德国各城市也不至于成为目标。一些人曾写信给戈培尔，敦促政府处决犹太人，以报复对德国的轰炸，而前述各种焦虑不安的说法或许代表了一些更为广泛的观点。不过，抱怨德国对犹太人所作所为出现的时间点却意味着，德国人如此抱怨，与其说是良心发现，不如说是肌体受伤，因为大轰炸证明，"犹太财阀"是德国无法征服的过于强大的敌人。

只要德国看起来能熬过——甚至赢得——这场全面战争，就不会有人质疑或争论纳粹宣传机器定义的"犹太人的战争"。甚至那些老牌的反纳粹人士也认识到，"犹太财阀"的说辞能合理地解释美国人和英国人的"恐怖轰炸"何以如此无情。直到战后，德国人才开始把他们战时的苦难，与谋杀犹太人相比较。在战争期间，无论他们知道什么，无论他们对于"解决犹太人问题"的个人观点是什么，都是战争的"黑暗面"的一部分，被他们自己对战争成功结束的希望所压倒。不过，像所有黑暗面一样，"犹太人的战争"从未完全消失或被遗忘。战争本身创造了一个关键条件，使人们感到德意志民族的未来命运取决于战争的成败；唯有在战争最后几个月，尤其在德国西部，许多人开始希望自己一方战败，以便最终结束那场战争。

战后，各继承国举国家之力，专门聚焦一些问题，同时也保护孩子们免受各种伤害。孩子们会有意回避如下询问：自己的母亲曾否遭到过强奸，或者，在被占领期间，他们为了生计都做过什么。随着德国各个家庭重新团聚，这些话题成了禁忌。记述1945年的大规模强奸时，孩子们会刻意回避这些话题，20世纪90年代，为儿辈和孙辈写回忆录时，他们仍会回避这些话题。孩子们受到过告诫，不要问父亲关于战争的事情，尽管他们卷入大规模杀戮铁证如山，有时候证据来自他们本人，许多孩子仍在尽全力保留他们服役期间理想化的形象。[50]

随着孩子们的成长，他们不再刻意回避各种浅层的战争现象，他们也在审视自己内心的转变。占领期间，孩子们害怕和憎恨敌人，内心深处也嫉妒他们。波兰男孩在游戏里扮演"盖世太保"，维尔纳犹太人区以及比克瑙集中营的孩子在游戏里扮演党卫军搜查走私物品，或执行围捕行动和筛查行动。战败和被占领同样也改变了德国孩子的游戏。藏身柏林地下室，尚未返回地面期间，他们已经开始扮演俄国士兵。在装模作样从对方手腕上抢夺手表时，他们一边假装挥舞手枪，一边高喊"砰，砰，看枪"。随着孩子们将敌人和占领者真正的和可怕的力量引入游戏，他们也在用大起大落的情绪化对比泄露自己的无助，这些情绪包括羞耻、内疚、愤怒和嫉妒。[51]

20世纪50年代中叶，当年的孩子们讲述关于自己在战争中的经历，其形式往往是碎片式的、闪烁其词的，而他们玩的游戏远比这些更全面、更直接。他们在游戏里想达到和能达到的许多目的受到各种限制。俄国人进入德国后，孩子们不再玩苏联内卫军执行死刑游戏，也不再玩强奸游戏。在比克瑙家庭集中营，没有哪个孩子敢钻进地面以下的洞里，他们将地洞比作毒气室。他们仍会模仿惨叫声，不过，他们不再扮演里边的人，而是围在洞口不停地往里扔石头。战争不仅仅是强加在他们身上的事件，也引起了他们内心的斗争，将他们内在的感情世界撕得粉碎。孩子们屈从于胜利的力量，将敌人当作偶像之时，也将家长们当作无能的失败者。为生存而顺应和挣扎之时，他们也沉浸在各种自我毁灭的幻想里。随着孩子们试图将各种事件与自己首尾相连的生活轨迹衔接在一起，前述各种游戏在他们的自传里却不见了踪影。他们是故意忘却，还是与记忆里不可言说的那些耻辱一起隐匿了？我们不得而知。

1955年，安妮·弗兰克（Anne Frank）的《安妮日记》（*Diary of a Young Girl*）出版发行。在西德和西方世界所有地方，这本书瞬间成了畅销书。接下来的一年，上万西德青年观看了根据这本书改编的舞台剧，在各种特殊的纪念活动中，以及以安妮的名义创建的青年俱乐部里，人们爆发了一轮感情宣泄。这个禀赋颇高、想象力丰富的姑娘，与家人一起过着隐士般的生活，她常常坐在临窗的桌子一侧观望窗外和楼下的大千世界，桌上摆放着笔记本，众多年轻人从她身上看到了自己的身影。在位于阿姆斯特丹（Amsterdam）的房子里——并非贝尔根-贝尔森集中营，她的身心正是在那里遭到了摧残——安妮一直保有完美的乐观，目前那所房子成了人们膜拜的参观点。像其他地方的人们一样，德国年轻人也受到鼓舞，在安妮·弗兰克身上看到了普遍的"人性"和艺术的胜利，她的精神意识之浪漫，其震撼力远超纳粹的残忍，通过她的故事，德国的大众开始在个人情感的层面，参与一个不属于他们的命运。[52]

安妮·弗兰克的日记得到如此多读者的认可，因为她的讲述从来不缺完整性，她的日记引起的共鸣，其他作品无法与之比肩。本书此前介绍过，那些在华沙三十字广场售卖香烟的犹太男孩在搞定波兰对手和德国客户方面完胜，雅尼娜·列文森一家在应对一批批帮助他们的人和敲诈勒索者方面总是游刃有余,而安妮与他们不同,她和家人一直藏身阁楼里,从未挪窝,在她的故事里,大多数人物隐藏在幕后。20 世纪 50 年代,前景诱人的巨额财富,以及各种战争回忆录竞相出版,冲昏了许多战争题材讲述者的头脑。大家都希望像安妮·弗兰克一样,聚焦于与众不同的单一叙事者,从个体视角复原一段完整的人生阅历。唯有 50 年代末期,现代主义小说才有了多重的、相互矛盾的观点——魏玛共和国时期出现过几位这类观点的天才倡导者——诸如海因里希·博尔、乌韦·约翰逊(Uwe Johnson)、京特·格拉斯等作家赋予这类观点新的生命。对上千万读者来说,安妮·弗兰克的日记所讲述的个人经历让众多纳粹主义受害者从内心深处恢复了道德尊严和希望。[53]

安妮·弗兰克的日记让众多德国青少年感动到热泪盈眶,不过,认可她是一回事,将她的经历与他们自身的经历直接挂钩是另一回事。思索关于安妮·弗兰克遭受的苦难,意味着他们对自身遭受的苦难不假思索。这是战后头二十年里跨越民族和社区分歧而开展的一场对话,做到这一点,的确是因为打了感情牌,但不完全是由于打了感情牌。20 世纪 50 年代,感觉自己是受害人并承受了苦难,这种认知在整个欧洲普遍存在;但在每个民族,人们都认为他们以自己的方式遭受苦难。第三帝国时期确立的普遍的认知和普遍的偏见,其外在象征和外在结构消失很长时间后,依然完好无损地存在了很长时间。幸存者当中孩子那代人里的多数人最关心的是他们自己的社区,以及他们身边的人们遭受的各种苦难。这很自然,也很本位,不属于本地的经历不在其列。对于大多数幸存下来的那一代孩子来说,他们自己的社区和周围人的遭遇才是他们念念不忘的。这是自然的,也是偏狭的,筛去了那些不属于这个社区的人的经历。

20 世纪 40 年代中后期出生的那拨人长大后,许多人追随"1968 年学生运动"的领导,并用其罪行来定义"纳粹":他们越来越多地把德国人遭受苦难的故事看作是 20 世纪 50 年代政府的尴尬事件,或者把它们完全当作试图忽视纳粹暴行规模的一部分而不予理会。大多数参与"1968年学生运动"的人当初年龄太小，不记得纳粹时期的事，他们的反抗集中在抨击第三帝国在家庭内部的残渣余孽。接下来十年，西德民众对德国人受难的关注越来越少，他们考虑得越来越多的是，应当如何措辞来描述德国的罪行：1971年，他们眼看着维利·勃兰特（Willy Brandt）总理在华沙犹太人区所在地下跪；1978年，他们争相在电视上观看美国系列短剧《大屠杀》（*The Holocaust*）；一些前希特勒青年团团员给本城档案馆写信，打探各位犹太邻居的命运，鲁道夫·韦斯穆勒（Rudolf Weissmuller）就是如此。他开始写自传，试图了解自己怎么会与纳粹主义走得那么近。其他人感到惊讶的不是如今的自己开始相信了什么，而是阅读日记时想到，自己竟然相信过当年写下的那些话，洛雷·沃尔布和威廉·科尔纳等人就是如此。唯有非凡之人，才能重新想象德国人和犹太人在同一时期都经历了什么。这么做肯定会让人特别不安。对大多数人来说，历史上的纳粹必须压制，使之"翻篇"。[54]

多数情况下，见证者并非历史学家。他们仅仅看到了各种事情的一个局部，而且，他们是带着感情来判断自己看到的那些部分。为了更好地理解亲眼所见，他们往往会冒险放大当时的场面，即便如此，他们举证的历史价值往往也仅存于他们见证的某些特定的事情里。历史学家的工作就是将巨量的、不完整的马赛克碎片拼装在一起，依照人们采信的各种事实和道听途说复原史实，而见证者往往会忘记做这种事。长期以来，人们尽力尝试记住的内容往往聚焦于德国未来可能出现的和谐，而历史学家的任务是，还原过去的本真。正因为孩子特别敏感，对周边世界迅速变换的价值观适应得特别快。为了正确理解犹太孩子、德国孩子、捷克孩子、吉卜赛孩子、俄国孩子、波兰孩子等众多孩子的命运，必须将他们各自不同的命运放置在一个支配一切的权力体系下。通过战争和征服，第三帝国将众多孩子的一生维系在了一起，而他们各自的未来则通过诸多"平衡表"进行着交换，例如食物与饥饿、定居和驱逐、生存与死亡等。恰恰由于孩子们各自的经历截然不同，区别之大犹如天壤，一套统一的规则将他们维系在了一起。在这套规则下，巧舌如簧的官员们促成一些家长将孩子疏散到安全的乡下，还为他们谋害的那些孩子留下了详尽的记录。无论孩子们在应对饥饿、无家可归、双亲亡故、现实恐怖等方面表现怎样的情感相似性，在纳粹的统治下，他们各自在战争中的经历会因为当时所处地位的不同而永远有别于他人。

瓦尔特·科尔蒂（Walter Corti）博士是苏黎世文化刊物《杜》（*Du*）的编辑——该刊不久后发表了卡尔曼·兰道的绘画。1945年，他以战争孤儿的名义提出一项倡议。瑞士的孩子们积极响应倡议，募集到3万英镑，以修建一处国际儿童村。一队队成人志愿者从四面八方涌进位于阿彭泽尔州（Appenzell）村庄特罗根（Trogen）旁的山脚处，来人包括从前交战双方的战士，他们在即将建设的那些房子旁安营扎寨。每修建完一个国家的房子，那个国家会选送16—18名孤儿，在一名"房妈"或"房爸"的管理下过集体生活。他们会按照本国的课程表，采用本国的语言接受教育。不过，参加各种集体活动时，居住在其他房子里的孩子会集中到一处，这么做的目的是建立相互尊重和相互信任。到了1948年末，已建成的房子能够为将近200个孩子提供住宿，而此前两年，那里仅有一处住房。来自法国、波兰、希腊、德国、芬兰、奥地利、匈牙利、意大利的孩子告别了原来的营地和孤儿院，他们带来的不仅有各自的语言，还有各自的习俗。为纪念欧洲启蒙运动时期倡导以儿童为中心的知识的先驱人物瑞士人约翰·海因里希·裴斯泰洛齐（Johann Heinrich Pestalozzi），儿童村以他的名字命名[55]。

与这一实验为伴的是，对各种国际和解前景的极大乐观。1948年，联合国教科文组织资助全欧洲拯救儿童领域的一些重量级人物前往特罗根国际儿童村。时逢战后最初几年，当时"铁幕"已经在整个欧洲落下，冷战正在破坏许多人道主义的关爱行为，虽然如此，人们仍然希望，孩子们的每日生活形态本身会教给他们宽容、尊重、理解等美德，然后追随他们回到各自的祖籍国。

苏黎世心理学家玛丽·梅尔霍夫（Marie Meierhofer）博士是国际儿童村的督导。当年，每家孤儿院会有三四百个男孩和女孩，看管他们的往往只有八九个修女，玛丽经常只能从这么多孩子里挑出一个孩子！像其他地方的孤儿院一样，瑞士的孤儿院往往沿袭传统的专制管理方式：看护们有肉吃，孩子们只有粥喝。1945年，本书此前提到的托马斯·格夫和卡尔曼·兰道离开了位于楚格的儿童院，另一个集中营幸存男孩差点在那里自杀，因为他受不了关在黑暗碗橱里的惩罚。来到特罗根国际儿童村的许多孩子患有脊柱畸形和营养极度失调症。如果梅尔霍夫博士对众多没有选中的孩子无能为力，至少她心里清楚，她带到特罗根的极少数孩子绝不能在几个月后重返他们离开的孤儿院，他们必须留下。儿童村的重点不是让孩子们服从，而是渐渐赢得他们的信任。儿童村有个全职心理学家，还有一间专用游戏治疗室。这个"儿童村"至今仍在，它还出现在1956年出版的英文儿童读物《银剑》（*The Silver Sword*）中，作者伊恩·塞拉利尔（Ian Serraillier）在书里描述了四个波兰男孩的各种历险。"二战"结束之际，盟军推出了各种遣返，四个男孩逆流而动，历尽艰险，来到瑞士，找到了各自的父母。[56]

在其创作的小说里，伊恩·塞拉利尔没有假装以为，一旦抵达国际儿童村，孩子们就能很快康复。忘却战争前，波兰孤儿吉安一直在玩走私、行刑、枪毙犯人等游戏，在很长一段时间里，他一直在偷窃，在夜幕掩护下袭扰德国房子，往德国孩子身上投掷烂苹果。这些游戏和这些难题与玛丽·梅尔霍夫博士观察到的情况一模一样。梅尔霍夫博士清楚，试图阻止孩子玩这类游戏反而不好，她认为：允许孩子扮演他们见过的情境有助于康复，更让她忧虑的反倒是那些完全没有游戏能力的孩子。

每当玛丽·梅尔霍夫前往不同的国度，为特罗根村幼儿园挑选孩子时，她不会询问孩子们过去的经历，而是在一旁静候他们相互倾诉，观看他们扮演角色，观察他们提笔绘画。这些孩子都是没有任何亲属认领的真正的孤儿。有几个孩子参加过华沙起义过程中的战斗，起义失败后，又亲眼见证了几场大规模屠杀。人们在汉堡找到一个小男孩，他乘坐火车逃出东普鲁士时亲眼看见奶奶从火车上掉下去。玛丽·梅尔霍夫认为，"德国化"的孩子所面临的困难是最难的，因为他们两次不得不改变他们的语言、文化、宗教、社会环境，甚至国籍。她发现结果就是："他们记忆里没有能够成为重建基础的过去。"[57]

像其他地方经历过战争的孩子一样，这些孩子的情绪极不稳定，他们会突然热情，突然冷漠，特别依赖各自的娃娃，也越来越依赖管理他们的"家长"。他们在各自的住处玩游戏时，学习时，外人帮助他们整理杂物时，或者他们凝视窗外的康士坦茨湖（Lake Constance），望向隔岸的德国时，会有人带给他们所需的食物、安全、宁静、个人尊严等，这么做会让他们发现自我。随着孩子们的成长，欧洲人逐渐进入一个意料之外的、相对繁荣而和平的新纪元。不管这些孩子身上寄托了怎样的希望，他们最大的成就就是活了下来。

注　释

注释中所用档案之缩写

BA	Bundesarchiv, Berlin
DLA	Dokumentation lebensgeschichtlicher Aufzeichnungen, Institut für Wirtschafts- und Sozialgeschichte, University of Vienna
DöW	Dokumentation des österreichischen Widerstandes, Vienna
JMPTC	Archive of Jewish Museum, Prague, Terezín Collection
KA	Das Kempowski-Archiv, Haus Kreienhoop, Nartum, Germany
LWV	Landeswohlfahrtsverbandsarchiv-Hessen, Kassel
RA	Wilhelm Roessler-Archiv, Institut für Geschichte und Biographie der Fernuniversität Hagen, Lüdenscheid
YVA	Yad Vashem Archive, Jerusalem

导言

1. Katrin Fitzherbert, *True to Both Myselves: A Family Memoir of Germany and England in Two World Wars*, London, 1997.
2. Ibid., 257–65 and 285–7.
3. See Alexander von Plato, 'The Hitler Youth Generation and its Role in the Two Post-war German States' in Mark Roseman, *Generations in Conflict: Youth Revolt and Generation Formation in Germany, 1770–1968*, Cambridge, 1995, 210–26; Heinz Bude, *Deutsche Karrieren: Lebenskonstruktionen sozialer Aufsteiger aus der Flakhelfer-Generation*, Frankfurt, 1987.
4. Lore Walb, *Ich, die Alte – ich, die Junge: Konfrontation mit meinen Tagebüchern 1933–1945*, Berlin, 1997, 9.
5. Ibid., 14, 24, 36–8, 184–5, 225–32; 328–36.
6. Ibid., 333–4.
7. Ibid., 344–8.
8. Martin Bergau, *Der Junge von der Bernsteinküste: Erlebte Zeitgeschichte 1938–1948*, Heidelberg, 1994, 244–5; 249–75.
9. Gabriele Rosenthal (ed.), *Die Hitlerjugend-Generation: Biographische Thematisierung als Vergangenheitsbewältigung*, Essen, 1986; Dörte von Westernhagen, *Die Kinder der Täter: Das Dritte Reich und die Generation danach*, Munich, 1987; Peter Sichrovsky, *Schuldig geboren: Kinder aus Nazifamilien*, Cologne, 1987; and esp. Dan Bar-On, *Legacy of Silence: Encounters with Children of the Third Reich*, Cambridge, Mass., 1989.
10. Wolfgang and Ute Benz (eds), *Sozialisation und Traumatisierung: Kinder in der Zeit des Nationalsozialismus*, Frankfurt, 1998; on rape, Elke Sander and Barbara Johr (eds), *BeFreier und Befreite: Krieg, Vergewaltigungen, Kinder*, Munich, 1992; and Antony Beevor, *Berlin: The Downfall 1945*, London 2002; women's experience of the war, Margarete Dörr, 'Wer die Zeit nicht miterlebt hat . . .' *Frauenerfahrungen im Zweiten Weltkrieg und in den Jahren danach*, 1–3, Frankfurt, 1998; bombing, Olaf Groehler, *Bombenkrieg gegen Deutschland*, Berlin, 1990; and Jörg Friedrich, *Der Brand: Deutschland im Bombenkrieg 1940–1945*, Munich, 2002; Günter Grass, *Im Krebsgang*, Göttingen, 2002; interviews with German children, Hilke Lorenz, *Kriegskinder: Das Schicksal einer Generation Kinder*, Munich, 2003; Sabine Bode, *Die vergessene Generation: Die Kriegskinder brechen ihr Schweigen*, Stuttgart, 2004; Hermann Schulz, Hartmut Radebold and Jürgen Reulecke, *Söhne ohne Väter: Erfahrungen der Kriegsgeneration*, Berlin, 2004; on Holocaust testimony, Tony Kushner, *The Holocaust and the Liberal Imagination: A Social and Cultural History*, Oxford, 1994; and Peter Novick, *The Holocaust and Collective Memory: The American Experience*, London 1999.
11. Robert Moeller, *War Stories: The Search for a Usable Past in the Federal Republic of Germany*, Berkeley, 2001, chapter 3; Lutz Niethammer, 'Privat – Wirtschaft. Erinnerungsfragmente einer anderen Umerziehung' in his (ed.), 'Hinterher merkt man, dass es richtig war, dass es schiefgegangen ist.' *Nachkriegserfahrungen im Ruhrgebiet*, Bonn, 1983; 29–34; W. G. Sebald, *On the Natural History of Destruction*, London, 2003; in the GDR, the military published the autobiographical novels of Eberhard Panitz about the bombing of Dresden: see esp. his *Die Feuer sinken*, Berlin, 1960; Gilad Margalit, 'Der Luftangriff auf Dresden: Seine Bedeutung für die Erinnerungs-

politik der DDR und für die Herauskristallisierung einer historischen Kriegserinnerung im Westen' in Susanne Düwell and Matthias Schmidt (eds), *Narrative der Shoah: Repräsentationen der Vergangenheit in Historiographie, Kunst und Politik*, Paderborn, 2002, 189–208; Heinrich Böll, *Haus ohne Hüter*, Cologne, 1954, and the critique by Marcel Reich-Ranicki, *Deutsche Literatur in West und Ost: Prosa seit 1945*, Munich, 1963, 133; on this see also Donna Reed, *The Novel and the Nazi Past*, New York and Frankfurt, 1985, 55; Debbie Pinfold, *The Child's View of the Third Reich in German Literature: The Eye among the Blind*, Oxford, 2001, 27 and 149–50.

12. On Poland, see Edmund Dmitrów, *Niemcy i okupacja hitlerowska w oczach Polaków: poglady i opinie z lat 1945–1948*, Warsaw, 1987; Michael Steinlauf, *Bondage to the Dead: Poland and the Memory of the Holocaust*, Syracuse, NY, 1997; in general for the 'Resistance myth' in western Europe, see Pieter Lagrou, *The Legacy of Nazi Occupation in Western Europe: Patriotic Memory and National Recovery*, Cambridge, 1999, and his 'The Nationalization of Victimhood: Selective Violence and National Grief in Western Europe, 1940–1960' in Richard Bessel and Dirk Schumann (eds), *Life after Death: Approaches to a Cultural and Social History of Europe during the 1940s and 1950s*, Cambridge, 2003, 243–57; on Israel, Boaz Cohen, 'Holocaust Heroics: Ghetto Fighters and Partisans in Israeli Society and Historiography', *Journal of Political and Military Sociology*, 31/2, 2003, 197–213; on Germany, see Moeller, *War Stories*; Frank Biess, 'Survivors of Totalitarianism: Returning POWs and the Reconstruction of Masculine Citizenship in West Germany, 1945–1955' in Hanna Schissler (ed.), *The Miracle Years: A Cultural History of West Germany, 1949–1968*, Princeton, NJ, 2001, 57–82; and Habbo Knoch, *Die Tat als Bild: Fotografien des Holocaust in der deutschen Erinnerungskultur*, Hamburg 2001, 314–85.

13. On the widening invocation of 'trauma', see Andreas Huyssen, 'Trauma and Memory: A New Imaginary of Temporality' in Jill Bennett and Rosanne Kennedy (eds), *World Memory: Personal Trajectories in Global Time*, New York, 2003, 16–29; Peter Fritzsche, 'Volkstümliche Erinnerung und deutsche Identität nach dem Zweiten Weltkrieg' in Konrad Jarausch and Martin Sabrow (eds), *Verletztes Gedächtnis: Erinnerungskultur und Zeitgeschichte im Konflikt*, Frankfurt, 2002, 75–97; and Svenja Goltermann, 'The Imagination of Disaster: Death and Survival in Post-war Germany' in Paul Betts, Alon Confino and Dirk Schumann (eds), *Death in Modern Germany*, Cambridge and New York, 2005 (forthcoming); on problems of oral history, see Alessandro Portelli, 'The Death of Luigi Trastulli: Memory and the Event' in his *The Death of Luigi Trastulli and Other Stories*, Albany, 1991, 1–26; Luisa Passerini, 'Work Ideology and Consensus under Italian Fascism', *History Workshop Journal*, 8, 1979, 82–108; Gabriele Rosenthal, *Erlebte und erzählte Lebensgeschichte: Gestalt und Struktur biographischer Selbstbeschreibungen*, Frankfurt, 1995; Reinhard Sieder (ed.), *Brüchiges Leben: Biographien in sozialen Systemen*, Vienna, 1999; Karl Figlio, 'Oral History and the Unconscious', *History Workshop Journal*, 26, 1988, 120–32.

14. Alexander and Margarete Mitscherlich, *Die Unfähigkeit zu trauern: Grundlagen kollektiven Verhaltens*, Munich, 1967; 'Historikerstreit', Munich, 1987; Charles Maier, *The Unmasterable Past*, Cambridge, Mass., 1988; Richard Evans, *In Hitler's Shadow*, London, 1989; Jennifer Yoder, 'Truth about Reconciliation: An Appraisal of the Enquete Commission into the SED

Dictatorship in Germany', *German Politics*, 8/3, 1999, 59–80; Reinhard Alter and Peter Monteath (eds), *Rewriting the German Past: History and Identity in the New Germany*, Atlantic Highlands, NJ, 1997; Molly Andrews, 'Grand National Narratives and the Project of Truth Commissions: A Comparative Analysis', *Media, Culture and Society*, 25, 2003, 45–65; on the 1950s see n12 above.

15. RA, Luisenschule Essen, UI/5; Kyrił Sosnowski, *The Tragedy of Children under Nazi Rule*, Poznań, 1962, 167.
16. See esp. chapters 11 and 12 below.
17. On the centrality of racial, colonial war, see esp. Michael Burleigh, *The Third Reich: A New History*, London, 2000, and Ian Kershaw, *Hitler*, 2, *1936–1945: Nemesis*, London, 2000; on civilian executions, see Nikolaus Wachsmann, *Hitler's Prisons: Legal Terror in Nazi Germany*, London, 2004, 314–18 and 402–3; for military executions, see Manfred Messerschmidt and Fritz Wüllner, *Die Wehrmachtjustiz im Dienste des Nationalsozialismus – Zerstörung einer Legende*, Baden-Baden, 1987, 63–89; and Steven Welch, '"Harsh but Just"? German Military Justice in the Second World War: A Comparative Study of the Court-martialling of German and US Deserters', *German History*, 17/3, 1999, 369–99; German military deaths, Rüdiger Overmans, *Deutsche militärische Verluste im Zweiten Weltkrieg*, Munich, 1999, 238–46 and 316–18; for a recent overview, see Richard Bessel, *Nazism and War*, London, 2004, 136–50; and see chapters 9 and 10 below.
18. See esp. chapters 8 and 10 below.
19. On arrested adolescent development, see Rosenthal, *Die Hitlerjugend-Generation*, 88–93.
20. See esp. Detlev Peukert, *Inside Nazi Germany: Conformity, Opposition and Racism in Everyday Life*, London, 1987; Tim Mason, *Nazism, Fascism and the Working Class*, Jane Caplan (ed.), Cambridge, 1995; Richard Evans, *The Coming of the Third Reich*, London, 2003.

第一章

1. Janine Phillips, *My Secret Diary*, London, 1982, 46–8: 29 Aug. and 1 Sept. 1939.
2. RA, Goetheschule Essen, anon., UI/[1] (= unsorted in the archive, author's numbering); Gretel Bechtold, *Ein deutsches Kindertagebuch in Bildern, 1933–1945*, Freiburg, 1997, 98–9 and 102–3.
3. RA, Luisenschule Essen, anon. 19 years, UI/[5], 16 Jan. 1956: 'Verdunkelung, Verdunkelung!'; KA 3883/2, Hansjürgen H., b. 1929, 'Die Verdunkelung', school essays, Klasse 4: 15 Jan. 1940.
4. Herta Lange and Benedikt Burkard (eds), '*Abends wenn wir essen fehlt uns immer einer': Kinder schreiben an die Väter 1939–1945*, Hamburg, 2000, 21–3; Liese to father, 13 Sept. 1939.
5. Ibid., 18–27; Arbeitsgruppe Pädagogisches Museum (ed.), *Heil Hitler, Herr Lehrer: Volksschule 1933–1945: Das Beispiel Berlin*, Hamburg, 1983, 185–6.
6. Gerhard Weinberg, *A World at Arms: A Global History of World War II*, Cambridge, 1994, 48–53; Nicholas Bethell, *The War Hitler Won: The Fall of Poland, September 1939*, New York, 1972, 27–36.
7. Herbert Karowski, 'Film im Flug', *Filmwelt*, 24 Nov. 1940, cited in Erica Carter, *Dietrich's Ghosts: The Sublime and the Beautiful in Third Reich Film*, London, 2004, 207; Heinz Boberach (ed.), *Meldungen aus dem Reich: Die*

geheimen Lageberichte des Sicherheitsdienstes des SS 1938–1945, 3, Berlin, 1984, 829: 1 Mar. 1940; Kate Lacey, Feminine Frequencies: Gender, German Radio, and the Public Sphere, 1923–1945, Ann Arbor, Mich., 1996, 127–36; David Welch, Propaganda and the German Cinema, Oxford, 1985, 195–203; children's game, see RA, Luisenschule Essen, anon. 19 years, UI/[5], 16 Jan. 1956, 2–3; William Shirer, Berlin Diary, 1934–1941, London, 1970, 173: 20 Sept. 1939.

8. Dorothee Wierling, '"Leise versinkt unser Kinderland" – Marion Lubien schreibt sich durch den Krieg' in Ulrich Borsdorf and Mathilde Jamin (eds), Überleben im Krieg: Kriegserfahrungen in einer Industrieregion 1939–1945, Hamburg, 1989, 70.

9. Deutschland-Berichte der Sozialdemokratischen Partei Deutschlands (Sopade) 1934–1940, 1939, Frankfurt, 1980, 980; Adolf Hitler, Reden und Proklamationen, 1932–1945, 2, Max Domarus (ed.), Neustadt an der Aisch, 1963, 1377–93; Shirer, Berlin Diary, 182–4; Liese's father in Lange and Burkard, 'Abends wenn wir essen fehlt uns immer einer', 25–6; on songs, Marlis Steinert, Hitlers Krieg und die Deutschen: Stimmung und Haltung der deutschen Bevölkerung im Zweiten Weltkrieg, Düsseldorf, 1970, 109; Sudeten German children were playing at being Chamberlain in Sept. 1938: KA 2077, Erica Maria C., 'Keine Zeit zum Träumen: Erinnerungen 1935–1948', 7; on the fashion among Anglophile teenagers in Hamburg, see Peukert, Inside Nazi Germany 168; Arno Klönne, Jugend im Dritten Reich: Die Hitler-Jugend und ihre Gegner: Dokumente und Analysen, Cologne, 2003, 255–6.

10. Briefing session, see Wilfried Baumgart, 'Zur Ansprache Hitlers vor den Führern der Wehrmacht am 22. August 1939: Eine quellenkritische Untersuchung', Vierteljahrshefte für Zeitgeschichte, 16, 1968, 143–9; on popular opinion, see Steinert, Hitlers Krieg und die Deutschen, 76–87; Ian Kershaw, The 'Hitler Myth': Image and Reality in the Third Reich, Oxford, 1989, 121–47; Deutschland-Berichte, 1938, 256–70; on the Austrian 'Grossdeutsch' dimension in Weimar, see Robert Gerwarth, The Bismarck Myth: Weimar Germany and the Legacy of the Iron Chancellor, Oxford, 2005.

11. Hitler, Reden und Proklamationen, 2, 1310–18; Steinert, Hitlers Krieg und die Deutschen, 91–3; Kershaw, The 'Hitler Myth', 132–43; Kershaw, Hitler, 2, 87–125 and 220–3; Boberach, Meldungen aus dem Reich, 2, 72–3; Deutschland-Berichte, 1938, 684–9, 913–47, and 1939, 975–89; on public reactions to the outbreak of the First World War, see Jeffrey Verhey, The Spirit of 1914: Militarism, Myth, and Mobilization in Germany, Cambridge, 2000; Christian Geinitz, Kriegsfurcht und Kampfbereitschaft: Das Augusterlebnis in Freiburg: Eine Studie zum Kriegsbeginn 1914, Essen, 1998; Nicholas Stargardt, The German Idea of Militarism: Radical and Socialist Critics 1866–1914, Cambridge, 1994, 141–9.

12. Deutschland-Berichte, 1939, 979–83; Steinert, Hitlers Krieg und die Deutschen, 110–21.

13. On repressive measures, see Klaus Drobisch and Günther Wieland, System der NS-Konzentrationslager 1933–1939, Berlin, 1993, 337–40; Wachsmann, Hitler's Prisons, 192–8; quoted in Deutschland-Berichte, 1939, 983.

14. On child evacuation, see Gerhard Kock, 'Der Führer sorgt für unsere Kinden . . .' Die Kinderlandverschickung im Zweiten Weltkrieg, Paderborn, 1997, 69–81 and 343; in Britain, Angus Calder, The People's War, London, 1969,

21–40; Richard Titmuss, *Problems of Social Policy*, London, 1950, 101–11; for interviews with children, Penny Starns and Martin Parsons, 'Against their Will: The Use and Abuse of British Children during the Second World War' in James Marten (ed.), *Children and War: A Historical Anthology*, New York, 2002, 266–78; Martin Parsons, *'I'll Take that One': Dispelling the Myths of Civilian Evacuation, 1939–45*, Peterborough, 1998; on Hitler's order about bombing Britain, Kershaw, *Hitler*, 2, 309; Göring as 'Meier', see Steinert, *Hitlers Krieg und die Deutschen*, 367; and Göring's role in German air strategy, see Richard Overy, *Goering: The 'Iron Man'*, London, 1984, 172–204.

15. Martin Middlebrook and Chris Everitt (eds), *The Bomber Command War Diaries: An Operational Reference Book, 1939–1945*, London, 1990, esp. 19–21; Weinberg, *A World at Arms*, 68–9; Richard Overy, *Why the Allies Won*, London, 1995, 107–8; Reissner in Norbert Krüger, 'Die Bombenangriffe auf das Ruhrgebiet' in Borsdorf and Jamin, *Überleben im Krieg*, 92; Gerwin Strobl, *The Germanic Isle: Nazi Perceptions of Britain*, Cambridge, 2000, 141–50.

16. Lothar Gruchmann (ed.), *Autobiographie eines Attentäters: Johann Georg Elser: Aussage zum Sprengstoffanschlag im Bürgerbräukeller München am 8. November 1939*, Stuttgart, 1970; Boberach, *Meldungen aus dem Reich*, 3, 449: 13 Nov. 1939; *Deutschland-Berichte, 1939*, 1024–6; for the reactions of the Churches and Communists, see Steinert, *Hitlers Krieg und die Deutschen*, 111–14.

17. On 9 Nov. 1938, see Heinz Lauber, *Judenpogrom 'Reichskristallnacht': November 1938 in Grossdeutschland*, Gerlingen, 1981, 123–4; Saul Friedländer, *Nazi Germany and the Jews*, 1, *The Years of Persecution, 1933–39*, London, 1997, 275–6; for two outstanding local studies, see Dieter Obst, *'Reichskristallnacht': Ursachen und Verlauf des antisemitischen Pogroms vom November 1938*, Frankfurt, 1991; Michael Wildt, 'Gewalt gegen Juden in Deutschland 1933 bis 1939', *Werkstattgeschichte*, 18, 1997, 59–80.

18. Marion Kaplan, *Between Dignity and Despair: Jewish Life in Nazi Germany*, Oxford, 1998, 138–44; Paula Hill, 'Anglo-Jewry and the Refugee Children', Ph.D. thesis, University of London, 2001, esp. ch. 3; more generally, see Marion Berghahn, *German-Jewish Refugees in England: The Ambiguities of Assimilation*, London, 1984; Rebekka Göpfert, *Der jüdische Kindertransport von Deutschland nach England, 1938/39: Geschichte und Erinnerung*, Frankfurt, 1999; Wolfgang Benz, Claudio Curio and Andrea Hummel (eds), *Die Kindertransporte 1938/39: Rettung und Integration*, Frankfurt, 2003; Oliver Dötzer, *Aus Menschen werden Briefe: Die Korrespondenz einer jüdischen Familie zwischen Verfolgung und Emigration 1933–1947*, Cologne, 2002.

19. Klaus Langer in Alexandra Zapruder (ed.), *Salvaged Pages: Young Writers' Diaries of the Holocaust*, New Haven and London, 2002, 33–4: 8 Sept. 1939.

20. One of the best accounts of the stripping of Jews' financial assets through the Reich Flight Tax and punitive rates of currency exchange is in Mark Roseman, *The Past in Hiding*, London, 2000, 56–7 and 169–70; Herbert Strauss, 'Jewish Emigration from Germany, Part I', *Leo Baeck Institute Year Book*, London, 1980, 317–8 and 326–7; Kaplan, *Between Dignity and Despair*, 118 and 132.

21. Kaplan, *Between Dignity and Despair*, 150–5; small girl and neighbour, Hazel Rosenstrauch (ed.), *Aus Narchbarn wurden Juden: Ausgrenzung und Selbstbehauptung 1933–1942*, Berlin, 1988, 118.
22. Kaplan, *Between Dignity and Despair*, 150–5; Thomas Gève, *Youth in Chains*, Jerusalem, 1981, 21.
23. Gève, *Youth in Chains*, 18; KA 3666/3, Gisela G., 'Die Dinge des Herzens: Behütete Kindheit in gefahrvoller Zeit', MS, 1981, 10; KA 3024, Otto P., b. 1926, 'Himmel und Hölle: Eine Kreuzberger Kindheit', MS, 59–60: Otto P. does not date many episodes in his memoirs and these may be immediately pre-war, though no doubt other boys went on playing the same games.
24. KA 3024, Otto P., 'Himmel und Hölle, MS, 59; KA 3931/2, Dierk S., 'Auszüge aus dem Tagebuch': 3 Dec. 1940; Thomas Gève, interview with author and lecture, Southampton, Jan. 2003.
25. Kaplan, *Between Dignity and Despair*, 74–116; Benjamin Ortmeyer, *Schulzeit unterm Hitlerbild: Analysen, Berichte, Dokumente*, Fischer, 1996, and his (ed.), *Berichte gegen Vergessen und Verdrängen von 100 überlebenden jüdischen Schülerinnen und Schülern über die NS-Zeit in Frankfurt am Main*, Alfter, 1994; Museen der Stadt Nürnberg, Hugo R., class 5, 'Von den Juden', Nov. 1938. Marked as 'gut' by the teacher.
26. Stadtarchiv Munich, Familiennachlässe, Rudolf W., 'Erinnerung an Kindheit und Jugend', 71–84 and 146–7.
27. Jeremy Noakes (ed.), *Nazism, 1919–1945*, 4, *The German Home Front in World War II*, Exeter, 1998, 397–9; KA 3883/2, Hansjürgen H., b. 1929, school essays, Klasse 4: 19 Mar. 1940, 'Die Knochensammlung'; Hans-Peter de Lorent, 'Hamburger Schulen im Krieg in Reiner Lehberger and Hans-Peter de Lorent (eds), *'Die Fahne hoch': Schulpolitik und Schulalltag in Hamburg unterm Hakenkreuz*, Hamburg, 1986, 364 and 366; Boberach, *Meldungen aus dem Reich*, 4, 959: 6 Apr. 1940.
28. Gève, *Youth in Chains*, 15.
29. Oaths varied between the *Jungvolk* and the Hitler Youth and changed with time: see Jeremy Noakes and Geoffrey Pridham (eds), *Nazism, 1919–1945*, 2, *State, Economy and Society, 1933–39*, Exeter, 1984, 422, and Noakes, *Nazism*, 4, 404–5; on the Hitler Youth, see Klönne, *Jugend im Dritten Reich*; Karl Heinz Jahnke and Michael Buddrus, *Deutsche Jugend 1933–1945: Eine Dokumentation*, Hamburg, 1989; Barbara Schellenberger, *Katholische Jugend und Drittes Reich*, Mainz, 1975; for Weimar background, see Diethart Kerbs and Jürgen Reulecke (eds), *Handbuch der deutschen Reformbewegungen, 1880–1933*, Wuppertal, 1998; Jürgen Reulecke, 'The Battle for the Young: Mobilising Young People in Wilhelmine Germany' in Roseman, *Generations in Conflict*, 92–104; on the Catholic Rhineland and the Saarland, see Horst-Pierre Bothien, *Die Jovy-Gruppe: Eine historisch-soziologische Lokalstudie über nonkonforme Jugendliche im 'Dritten Reich'*, Münster, 1994; Bernhard Haupert, *Franz-Josef Schäfer: Jugend zwischen Kreuz und Hakenkreuz: Biographische Rekonstruktion als Alltagsgeschichte des Faschismus*, Frankfurt, 1991.
30. Lucia K., in Arbeitsgruppe Pädagogisches Museum, *Heil Hitler, Herr Lehrer*, 174–7; on Hitler Youth laws, see Noakes and Pridham, *Nazism*, 2, 420, and Noakes, *Nazism*, 4, 404.
31. On these issues, see esp. Rosenthal, *Die Hitlerjugend-Generation*, 80–6; Klönne, *Jugend im Dritten Reich*; Hermann Giesecke, *Vom Wandervogel bis*

zur Hitlerjugend: Jugendarbeit zwischen Politik und Pädagogik, Munich, 1981; for a more negative view, see Peukert, *Inside Nazi Germany*, 145–54; on parents refusing to let their daughters participate in recreational activities in case they became promiscuous, see Steinert, *Hitlers Krieg und die Deutschen*, 118.

32. Hertha Linde (ed.), *So waren wir: Bildband zur Geschichte des BDM*, Munich, 1997, 207, 215–20; Lange and Burkard, 'Abends wenn wir essen fehlt uns immer einer', 18–19: Liese, 5 Sept. 1939; 21–7; Liese, 13 and 30 Sept. 1939, and father, 5 Oct. 1939.

33. Dörte Winkler, 'Frauenarbeit versus Frauenideologie: Probleme der weiblichen Erwerbstätigkeit in Deutschland 1930–1945', *Archiv für Sozialgeschichte*, 17, 1977, 99–126; Ian Kershaw, *Popular Opinion and Political Dissent in the Third Reich: Bavaria, 1933–1945*, Oxford, 1983, 297–302; Noakes, *Nazism*, 4, 313–25 and 335–8; Norbert Westenrieder, *Deutsche Frauen und Mädchen! Vom Alltagsleben 1933–1945*, Düsseldorf, 1984; Stefan Bajohr, *Die Hälfte der Fabrik: Geschichte der Frauenarbeit in Deutschland 1914 bis 1945*, Marburg, 1979; Carola Sachse, *Siemens, der Nationalsozialismus und die moderne Familie: Eine Untersuchung zur sozialen Rationalisierung in Deutschland im 20. Jahrhundert*, Hamburg, 1990; Dörr, 'Wer die Zeit nicht miterlebt hat . . .' 2, *Kriegsalltag*, 9–37 and 81–99.

34. Arbeitsgruppe Pädagogisches Museum, *Heil Hitler, Herr Lehrer*, 192–5; de Lorent, 'Hamburger Schulen im Krieg' in Lehberger and de Lorent, '*Die Fahne hoch*', 364–5; on female absenteeism, Ulrich Herbert, *Hitler's Foreign Workers: Enforced Foreign Labour in Germany under the Third Reich*, Cambridge, 1997, 249 and 307; Lange and Burkard, '*Abends wenn wir essen fehlt uns immer einer*', 47: Rosemarie, 20 Feb. 40; KA 4718, Martha A., 'Ein Kornfeld in der Stadt', MS, 11; KA 2693/8, Dorothea D., MS, 4–5; KA 3931/2, Dirk S., 'Auszüge', 11 Jan. 1940.

35. Arbeitsgruppe Pädagogisches Museum, *Heil Hitler, Herr Lehrer*, 186 and 190–1.

36. Ibid. 177–8; similarly, KA 1759, Ermbrecht F., MS, 6; a 9 p.m. curfew was introduced in March 1940: Edward Dickinson, *The Politics of German Child Welfare from the Empire to the Federal Republic*, Cambridge, Mass., 1996, 238.

37. For an anecdotal exposition of the 'myth' of children denouncing their parents, see Richard Grunberger, *A Social History of the Third Reich*, New York, 1974, 151–2; for a detailed analysis of the social relationships of denouncers to those they denounced based on local records, see Eric Johnson, *The Nazi Terror: Gestapo, Jews and Ordinary Germans*, London, 2000, 362–74.

38. KA 3931/2, Dierk S., 'Auszüge', 4–10 Oct. and 21 Dec. 1940.

39. Fritz Theilen, *Edelweisspiraten*, Cologne, 2003, 15–18 and 26–31; similar system in the Saarland, Haupert, *Franz-Josef Schäfer: Jugend zwischen Kreuz und Hakenkreuz*, 166–89.

40. Lange and Burkard, '*Abends wenn wir essen fehlt uns immer einer*', 238: 16 Dec. 1943; 41, 49 and 53: Rosemarie, 24 Jan., 3 Apr. and 15 May 1940; 155–6: Trude, 3 July 1944; 170–1: Marion, 1 and 7 Apr. 1943; 233, 240 and 243–4: Richard, 17 July 1943, and father, 1 and 26 Nov. 1943.

41. Ibid., 52: father to Rosemarie, 10 May 1940; 96: Detlef, 29 Sept. 1939; includes his own drawing of a bunker.

42. Ibid., 39–40: father to Rosemarie, 21 Jan. 1940.

43. Ibid., 45–6: Rosemarie, 15 Feb. 1940; 97–8, Detlef, 17 Oct. 1939.
44. KA 3936, MS letters from Christoph M. and sister, Regina, b. 1932 and 1933 to Werner, their elder brother by 13 years: second, undated letter and 20 Mar. 1942.
45. See the classic study by Iona and Peter Opie, *Children's Games in Street and Playground: Chasing, Catching, Seeking*, Oxford, 1969; DLA, Erwin M., b. 16 Apr. 1928, 'Verlorene Jugend', MS, 1994, 7–8; KA 3024, Otto P., 'Himmel und Hölle: Eine Kreuzberger Kindheit', 56; Jürgen Schlumbohm, *Kinderstuben: Wie Kinder zu Bauern, Bürgern, Aristokraten wurden, 1700–1850*, Munich, 1983; Eve Rosenhaft, *Beating the Fascists? The German Communists and Political Violence, 1929–1933*, Cambridge, 1983; Helmut Lessing and Manfred Liebel, *Wilde Cliquen: Szenen einer anderen Arbeiterjugendbewegung*, Bensheim, 1981; Reinhard Sieder and Hans Safrian, 'Gassenkinder – Strassenkämpfer: Zur politischen Sozialisation einer Arbeitergeneration in Wien 1900 bis 1938' in Lutz Niethammer and Alexander von Plato (eds.), *'Wir kriegen jetzt andere Zeiten': Auf der Suche nach der Erfahrung des Volkes in nachfaschistischen Ländern*, Berlin, 1985, 117–51.
46. Peukert, *Inside Nazi Germany*, 154–60, for a more idealistic interpretation; Theilen, *Edelweisspiraten*, 32; Klönne, *Jugend im Dritten Reich*, 255. See chapters 5, 7 and 13 below for the development of these games.
47. Lange and Burkard, *'Abends wenn wir essen fehlt uns immer einer'*, 99: Detlef, 12 Nov. 1939, and 191: Edith, 15 Apr. 1943.
48. KA 4718, Martha A.; 'Ein Kornfeld in der Stadt', MS, 10–11; Lange and Burkard, *'Abends wenn wir essen fehlt uns immer einer'*, 258: Ulla; also, Radebold, *Abwesende Väter und Kriegskindheit*; and Schulz, Radebold and Reulecke, *Söhne ohne Väter*.
49. On Austria in the First World War, see Christa Hämmerle, '"Zur Liebesarbeit sind wir hier, Soldatenstrümpfe stricken wir"... : Zu Formen weiblicher Kriegsfürsorge im ersten Weltkrieg', Ph.D., University of Vienna, 1996, and her, '"Habt Dank, Ihr Wiener Mägdelein..." Soldaten und weibliche Liebesgaben im Ersten Weltkrieg', *L' Homme*, 8/1, 1997, 132–54; 'Liebes unbekanntes Fräulein Giesela!' in Ingrid Hammer and Susanne zur Nieden (eds), *Sehr selten habe ich geweint: Briefe und Tagebücher aus dem Zweiten Weltkrieg von Menschen aus Berlin*, Zurich, 1992, 203–22; KA 2693/8, Dorothea D., MS, 4–5.
50. KA 2694/9, Herta L., b. 1926, 'Einquartierung, 1939/40', MS, 1–4; and KA 2694/7, for her 'Erste Jahre und Überblick'.
51. KA 2694/9, Herta L., 'Einquartierung, 1939/40', 5–13; she also kept a copy of the book Fechner published about the period the regiment was in Viersen and on campaign, in order to recall particular moments such as his touching evocation of leave-taking on 10 May: Fritz Fechner, *Panzer am Feind: Kampferlebnisse eines Regiments im Westen*, Gütersloh, 1941.
52. Cinema attendance, see Welch, *Propaganda and the German Cinema*, 196; *Regierungspräsident* of Swabia, 9 July 1940 report and reports on the *Wochenschau*, cited also in Kershaw, *The 'Hitler Myth'*, 155 and 158–9; Boberach, *Meldungen aus dem Reich*, 3, 829–30, and 4, 978–9, 1179–80 and 1221–3: 1 Mar., 10 Apr., 27 May and 6 June 1940, cited also in Carter, *Dietrich's Ghosts*, 207.
53. Germany's official tally of military deaths in the First World War amounted to 1,885,245, with an additional 170,000 soldiers missing, presumed dead:

Statistisches Jahrbuch für das Deutsche Reich, 44, 1924–5, Berlin, 1925, 25: I am grateful to Richard Bessel for this reference. In 1944 the *Wehrmacht* calculated that 15,500 of its soldiers were killed in the Polish campaign and increased its estimate of those killed in France from 26,500 to 46,000: Rüdiger Overmans, *Deutsche militärische Verluste im zweiten Weltkrieg*, 304.

54. Bechtold, *Ein deutsches Kindertagebuch*, 108–13.
55. Lange and Burkard, 'Abends wenn wir essen fehlt uns immer einer', 56: Rosemarie, 3 June 1940; the colonial novel by Hans Grimm, *Volk ohne Raum*, Munich, 1926, remained very popular throughout the 1930s; Welch, *Propaganda and the German Cinema*, 205–14; French prisoners in Boberach, *Meldungen aus dem Reich*, 4, 1222: 6 June 1940. In fact, the 90,000 French black prisoners of war were kept in France: Hans Pfahlmann, *Fremdarbeiter und Kriegsgefangene in der deutschen Kriegswirtschaft 1939–1945*, Darmstadt, 1968, 89.
56. KA 3187 b, Karl-Heinz B., b. 1927, 'Ein Urlauber': Klasse 4b Deutsch Heft, Bismarck-Schule, Bochum, 3 Feb. 1942 essay.
57. Kershaw, *The 'Hitler Myth'*, 156; KA 3931/2, Dierk S., 'Auszüge', 5–6 and 12–15: 1 July, 25–26 Sept., 29 Nov. and 21 Dec. 1940; Gève, *Youth in Chains*, 17–18.
58. Song, text by Hans Riedel, music by Robert Götz in Linde, *So waren wir*, 22; lengthening the summer holidays in 1940 for harvest work, Hans-Peter de Lorent, 'Hamburger Schulen im Krieg' in Lehberger and de Lorent, *'Die Fahne hoch'*, 365.
59. Schools in Münster were requested to punish 12 per cent of pupils for not reporting for harvest work, Heinz-Ulrich Eggert (ed.), *Der Krieg frisst eine Schule: Die Geschichte der Oberschule für Jungen am Wasserturm in Münster, 1938–1945*, Münster, 1990, 60. Forced foreign labour, see Herbert, *Hitler's Foreign Workers*, 61–79, 95–7; Götz Aly, *'Final Solution': Nazi Population Policy and the Murder of the European Jews*, London, 1999, 43.
60. Herbert, *Hitler's Foreign Workers*, 95–124; Diemut Majer, *'Non-Germans' under the Third Reich: The Nazi Judicial and Administrative System in Germany and Occupied Eastern Europe, with Special Regard to Occupied Poland, 1939–1945*, Baltimore and London, 2003.
61. Herbert, *Hitler's Foreign Workers*, 61–87; Czesław Madajczyk, *Die Okkupationspolitik Nazideutschlands in Polen 1939–1945*, Cologne, 1988, 275; Helene B. in Annekatrein Mendel, *Zwangsarbeit im Kinderzimmer: 'Ostarbeiterinnen' in deutschen Familien von 1939 bis 1945: Gespräche mit Polinnen und Deutschen*, Frankfurt, 1994, 11.
62. Katya F. in ibid., 78–9.
63. Noakes, *Nazism*, 4, 510–22; Tim Mason, *Arbeiterklasse und Volksgemeinschaft*, Opladen, 1975, 1077–95 for general war economy measures; Lothar Burchardt, 'The Impact of the War Economy on the Civilian Population of Germany during the First and Second World Wars' in Wilhelm Deist (ed.), *The German Military in the Age of Total War*, Leamington Spa, 1985, 53; Rainer Gries, *Die Rationen-Gesellschaft: Versorgungskampf und Vergleichsmentalität: Leipzig, München und Köln nach dem Kriege*, Münster, 1991, 25–8; M. C. Kaser and E. A. Radice (eds), *The Economic History of Eastern Europe, 1919–1975, 2, Interwar Policy, the War and Reconstruction*, Oxford, 1986, 391–7.

64. Tomi Ungerer, *Die Gedanken sind frei: Meine Kindheit im Elsass*, Zurich, 1999, 38; KA 3931/2, Dierk S., 'Auszüge', 5–6: 21 July and 28 Sept. 1940; Mellin in Maja Bauer et al., *Alltag im 2. Weltkrieg*, Berlin, 1980, 14.
65. Dörr, 'Wer die Zeit nicht miterlebt hat . . .', 2, 15–20; Herbert, *Hitler's Foreign Workers*, 321–8; Wachsmann, *Hitler's Prisons*, 221–2.
66. On relations with foreigners and executions for 'race defilement', see Herbert, *Hitler's Foreign Workers*, 124–32; Robert Gellately, *Backing Hitler: Consent and Coercion in Nazi Germany*, Oxford, 2001, 166–75, and his *The Gestapo and German Society: Enforcing Racial Policy, 1933–1945*, Oxford, 1990, 159–214; for such offences Jews were executed behind the closed doors of prisons in the 'Old Reich': Alexandra Przyrembel, *'Rassenschande': Reinheitsmythos und Vernichtungslegitimation im Nationalsozialismus*, Göttingen, 2003, 413–25.
67. Weinberg, *A World at Arms*, 118 and 145–9.
68. Hitler, *Reden und Proklamationen*, 2, 1560 and 1580: 19 July and 4 Sept. 1940; Kershaw, *Hitler*, 2, 303–10; Olaf Groehler, *Bombenkrieg gegen Deutschland*, Berlin, 1990, 172–5; Joseph Goebbels, *Die Tagebücher*, Elke Fröhlich (ed.), Munich, 1993–6, 4, 308, 311, 315, 324, 336 and 338: 5, 7, 9, 15, 24 and 25 Sept. 1940; British casualties, Alfred Price, *Luftwaffe Data Book*, London, 1997; bomber losses on the night of 7–8 Nov. 1941 would force Churchill to call off the Berlin raids.
69. On Göring, Steinert, *Hitlers Krieg und die Deutschen*, 172 and 366–7; bunker building, see Groehler, *Bombenkrieg gegen Deutschland*, 238–53; Gève, *Youth in Chains*, 17.
70. Lange and Burkard, *'Abends wenn wir essen fehlt uns immer einer'*, 97, 35 and 41: Detlef to father, 30 Sept. 1939, Rosemarie's father, 11 Jan. 1940 and Rosemarie, 24 Jan. 1940; Strobl, *The Germanic Isle*; German Propaganda Archive, Calvin College, Grand Rapids, Michigan, for board game, 'Stukas greifen an'; *Bomben auf Engeland*, Berlin, 1940.
71. Klönne, *Jugend im Dritten Reich*, 255–6.
72. Detlev Peukert, 'Arbeitslager und Jugend-KZ: Die Behandlung "Gemeinschaftsfremder" im Dritten Reich' in Peukert and Reulecke, *Die Reihen fast geschlossen*, 413–34.
73. Noakes, *Nazism*, 4, 526–31; Kershaw, *The 'Hitler Myth'*, 156; Boberach, *Meldungen aus dem Reich*, 5, 1645–8: 7 Oct. 1940; Strobl, *The Germanic Isle*, 132–60.
74. Eggert, *Der Krieg frisst eine Schule*, 92–3; Reissner, in Krüger, 'Die Bombenangriffe auf das Ruhrgebiet,' 92–3; Middlebrook and Everitt, *The Bomber Command War Diaries*, 31–8 and 56–130.
75. Kock, 'Der Führer sorgt für unsere Kinder . . .', 71–81; Gerhard Sollbach, *Heimat Ade! Kinderlandverschickung in Hagen 1941–1945*, Hagen, 1998, 14.
76. Parental attitudes and rumours, Boberach, *Meldungen aus dem Reich*, 5, 1648: 7 Oct. 1940; numbers of child evacuees, Kock, 'Der Führer sorgt für unsere Kinder . . .', 136–8; a total of 222 people were killed in raids on Berlin in 1940: Olaf Groehler, 'Bomber über Berlin', *Deutscher Fliegerkalender*, 1970, 113.
77. Kock, 'Der Führer sorgt für unsere Kinder . . .', 120–2.
78. Ibid., 125.
79. KA 2073, Ilse-W. P., 'KLV-Tagebuch', MS: 7 May, 3 and 13 June, 29 July, 18 and 25 Aug. and 19 Oct. 1941.

80. Ibid., 1, 11, 25 and 28 May, 2 June, 20 July and 8 Aug. 1941.
81. Ibid., 3, 4 and 5 May, 16, 22, and 29 June, 6 July, 14 Aug. and 18 Nov. 1941.
82. Ibid., 31 Aug., 18 Sept., 10, 25, 28 and 31 Oct., 14, 17 and 18 Nov. 1941; falling numbers, Kock, *Der Führer sorgt für unsere Kinder* . . .', 137.
83. Kock, *Der Führer sorgt für unsere Kinder* . . .', 137; Sollbach, *Heimat Ade!*, 14.
84. Rudolf Lenz in Sollbach, *Heimat Ade!*, 136–7.
85. KA 3931/2, Dierk S., 'Auszüge', 15: 26 Dec. 1940 and midnight on New Year's Eve.

第二章

1. On Hitler, see his speech to the German press of 10 Nov. 1938: Wilhelm Treue, 'Rede vor der deutschen Presse', *Vierteljahrshefte für Zeitgeschichte*, 6, 1958, 175–91, and Kershaw, *The 'Hitler Myth'*, 123–4; in general, see Gellately, *Backing Hitler*, 51–69 and plates 11–12; Wachsmann, *Hitler's Prisons*, 192–9 and 393; Lothar Gruchmann, *Justiz im Dritten Reich: Anpassung und Unterwerfung in der Ära Gürtner*, Munich, 1990, 910–11; Christine Dörner, *Erziehung durch Strafe: Die Geschichte des Jugendstrafvollzugs von 1871–1945*, Weinheim, 1991, 199–215 and 257–64; Patrick Wagner, *Volksgemeinschaft ohne Verbrecher: Konzeption und Praxis der Kriminalpolizei in der Zeit der Weimarer Republik und des Nationalsozialismus*, Hamburg, 1996, 311; Dickinson, *The Politics of German Child Welfare*, 213–4; Eckhard Hansen, *Wohlfahrtspolitik im NS-Staat: Motivationen, Konflikte und Machtstrukturen im 'Sozialismus der Tat' des Dritten Reiches*, Augsburg, 1991, 245; on the comparison with other countries, see n41 below.
2. LWV 2/8487, Emmi K., Beschluss, Jugendamtsgericht Hanau, 30 May 1939. For the development of Nazi measures, see Hansen, *Wohlfahrtspolititk im NS-Staat*, 281–2; Dörner, *Erziehung durch Strafe*, 157–71; Carola Kuhlmann, *Erbkrank oder Erziehbar? Jugendhilfe als Vorsorge und Aussonderung in der Fürsorgeerziehung in Westfalen von 1933–1945*, Weinheim, 1989, 201–2; Christa Hasenclever, *Jugendhilfe und Jugendgesetzgebung seit 1900*, Göttingen, 1978, 148–53; Dickinson, *The Politics of German Child Welfare*, 238–9.
3. Dickinson, *The Politics of German Child Welfare*, 238.
4. See Stadtarchiv Göttingen, Polizeidirektion VIII, Fach 59.2.185–59.3.31. for the period 23 July 1934–27 June 1944.
5. Wolfgang Ayass, *Das Arbeitshaus Breitenau: Bettler, Landstreicher, Prostituierte, Zuhälter und Fürsorgeempfänger in der Korrektions- und Landarmenanstalt Breitenau (1874–1949)*, Kassel, 1992, 162–9.
6. Ayass, *Das Arbeitshaus Breitenau*, esp. 204–17.
7. Cited in LWV Bücherei 1988/323, Ulla Fricke and Petra Zimmermann, 'Weibliche Fürsorgeerziehung während des Faschismus – am Beispiel Breitenau', MS, 76–77.
8. Ayass, *Das Arbeitshaus Breitenau*, 253–4; Dietfrid Krause-Vilmar, *Das Konzentrationslager Breitenau: Ein staatliches Schutzhaftlager 1933/34*, Marburg, 1997, 213.
9. LWV 2/9565, Liselotte W., Hausstrafen, 3; LWV 2/9009, Waltraud P., b. 30 Nov. 1925, fled on 11 Aug. 1942, and returned on 17 Aug. 1942, admitted to the Stadtkrankenhaus Kassel with suspected meningitis on 7 Sept. and died

on 12 Sept. 1942, 57–8; LWV 2/8029, Ruth F., b. 14 Mar. 1925, d. 23 Oct. 1942; LWV 2/9163, Maria S., b. 24 Mar. 1926, d. 7 Nov. 1943, 30 and 32; Liselotte S. in LWV Bücherei 1988/323, Fricke and Zimmermann, 'Weibliche Fürsorgeerziehung', 86–7.

10. Ayass, *Das Arbeitshaus Breitenau*, 306–7 and 84–5; Kock, '*Der Führer sorgt für unsere Kinder...*', 125; LWV 2/7780, Karl B., 14.
11. Cited in LWV Bücherei 1988/323, Fricke and Zimmermann, 'Weibliche Fürsorgeerziehung', 89; LWV 2/7823, Ruth B., Direktion Breitenau to Frau Ida B., 30 Apr. 1943, 16.
12. LWV 2/7823, Ruth B., letter from Frau Ida B., 13 June 1943, 22.
13. LWV 2/7823, Ruth B., letter from Frau Ida B. to the Breitenau Direktion, 14 Dec. 1943, and Thüringer Landesheilanstalt Stadtroda, Fachärztliches Gutachten, 2 Feb. 1943, 3 and 50; LWV 2/9163, Maria S., b. 24 Mar. 1926, d. 7 Nov. 1943, Thüringer Landeskrankenhaus Stadtroda, Fachärztliches Gutachten, Stadtroda, 24 June 1943, 9.
14. LWV 2/9116, Ursula R., 11, 20, 25, 85–90: Direktion Breitenau to father, 19 Feb. 1942 and 21 Oct. 1942. They had lost their rights of guardianship two years previously: Amtsgericht Gotha, 14 Sept. 1940; LWV 2/9571, Jula W.; 2/7780, Karl B., NSDAP interceded on his behalf.
15. LWV 2/8868, Anni N. letter to sister, n.d., 51.
16. Ayass, *Das Arbeitshaus Breitenau*, 307–9 and 335–6.
17. Extensions, Ayass, *Das Arbeitshaus Breitenau*, 308; LWV 2/8199, Anneliese G., 25–8: letter to parents and grandmother, 3 Nov. 1940; LWV 2/9404, Rudolf S., 17: letter to parents, 3 Dec. [1943].
18. LWV 2/9404, Rudolf S., 17: letter to parents, 3 Dec. [1943].
19. Ibid.
20. LWV 2/8868, Anni N., letter to sister, 25 May 1942, 51.
21. LWV 2/7823, Ruth B., 58, letter to mother, 28 Nov. 1943; and fragmentary letter to mother, n.d., 39.
22. For the distribution of letters, see LWV 2/9189, Lieselotte S., 16–19: letter to mother, 14 Jan. 1940; Dora Z., cited in LWV Bücherei 1988/323, Fricke and Zimmermann, 'Weibliche Fürsorgeerziehung', 80.
23. LWV 2/8978, Herbert P., 49 and 51–2; LWV, 2/9404, Rudolf S., 7.
24. See LWV 2/9009, Waltraud P., 49 and 51: Protokoll, 11 Apr. 1942.
25. LWV 2/7776, Waltraud B., 1, 8–9: Jugendamt, 15 Dec. 1944; Protokoll, 21 Dec. 1944; Personalbogen Breitenau, 30 Dec. 1944, 1. Very occasionally, the authorities worried about excessive – or even counter-productive – violence in the home, as in the case of Marie-Luise J. who was beaten by her mother and brother: LWV 2/8450, Marie-Luise J., 14–17: Abschrift 11 Mar. 1942, and letter of 27 Nov. 1943. Adam G. also ran home, only to be returned by his mother: LWV 2/8164, Adam G., 5: *Hausstrafen*, 22 July 1942.
26. LWV 2/8192, Maria G., 5–6: Jugendamt Frankfurt, 24 July 1939; Jugendamt Wiesbaden, 3 Aug. 1939.
27. LWV, 2/8192, Maria G., 1–4: Intelligenzprüfungsbogen zum Gutachten, Hadamar, 4 Aug. 1939.
28. LWV, 2/8192, Maria G., 7; on sterilisation on hereditary-psychiatric grounds, Bock, *Zwangssterilisation im Nationalsozialismus*, 326–39; on restriction of marriage loans on racial-hygienic grounds, see Lisa Pine, *Nazi Family Policy, 1933–1945*, Oxford, 1997, 104–16.
29. LWV 2/9245, Ursula S., who was sterilised before being sent to Breitenau;

for children sent to Haina, see LWV 1939/013, Heinrich G.; LWV 1939/037, Walter B.; also Klaus Scherer, *'Asozial' im Dritten Reich: Die vergessenen Verfolgten*, Münster, 1990, 66; 'Asoziales Verhalten': there were thirty-one juvenile cases in Breitenau during 1934–39, Ayass, *Das Arbeitshaus Breitenau*, 275–82; LWV 2/8192, Maria G., 14.
30. LWV 2/7811, Elisabeth B., 5 and *Hausstrafen* (the reference is to Goethe's 'Der König in Thule'). See also ten-year-old Margot S.: LWV 2/2018, Margot S., 54: letter undated but probably autumn or winter 1944–45.
31. LWV 2/7873, Hannelore B., 2 and 5: Jugendgericht Saarbrücken, 23 Jan. 1937; *Hausstrafen*, 21 Jan. 1941.
32. Ibid.
33. Ibid.
34. Ibid.
35. LWV 2/8868, Anni N., 8–9.
36. Ibid., 12, Thüringer Jugendgericht, Apolda, 3 Oct. 1934.
37. Ibid., 13, Thüringer Jugendgericht, Apolda, 3 Oct. 1934.
38. Including kindergarten teachers, there were 19,299 women compared with 1,830 men in paid employment as social workers in Germany in 1933: Dickinson, *The Politics of German Child Welfare*, 145, 172 and 204. In general, see Detlev Peukert, *Grenzen der Sozialdisziplinierung: Aufstieg und Krise der deutschen Jugendfürsorge von 1878 bis 1932*, Cologne, 1986, 258; Elizabeth Harvey, *Youth and the Welfare State in Weimar Germany*, Oxford, 1993; Hasenclever, *Jugendhilfe und Jugendgesetzgebung*, 124; Christoph Sachsse and Florian Tennstedt, *Der Wohlfahrtsstaat im Nationalsozialismus*, Stuttgart, 1992, 84–96, 152–6 and 162–6; Ayass, 'Die Landesarbeitsanstalt und das Landesfürsorgeheim Breitenau' in Gunnar Richter (ed.), *Breitenau: Zur Geschichte eines nationalsozialistischen Konzentrations- und Arbeitserziehungslagers*, Kassel, 1993, 44.
39. LWV, 2/8868, Anni N., 13–14, 21, 23 and 30: Protokoll Anni N., Apolda Kriminalpolizei, 30 July 1940; Protokoll Anni N., Breitenau, 15 Dec. 1941; Landesinspektor, Schlussbericht, Breitenau, 15 Dec. 1941; Direktor Breitenau to Jugendamt Apolda, 24 Feb. 1942.
40. LWV, 2/8868, Anni N., 30: Direktor Breitenau to Jugendamt Apolda, 24 Feb. 1942.
41. For a comparative context, see Linda Mahood, *Policing Gender, Class and Family: Britain, 1850–1940*, London, 1995; Lynn Abrams, *The Orphan Country*, Edinburgh, 1998; Sarah Fishman, *The Battle for Children: World War II Youth Crime, and Juvenile Justice in Twentieth-Century France*, Cambridge, Mass., 2002; Robert Mennel, *Thorns and Thistles: Juvenile Delinquents in the United States, 1825–1940*, Hanover, New Hamps., 1973; Adolfo Ceretti, *Come pensa il Tribunale per i minorenni: una ricerca sul giudicato penale a Milano dal 1934 al 1990*, Milan, 1996; Wachsmann, *Hitler's Prisons*, 364–9. On the Barnardo's homes and migration to Australia and Canada, see Barry Coldrey, *Child Migration under the Auspices of Dr Barnardo's Homes, the Fairbridge Society and the Lady Northcote Trust*, Thornbury, 1999; Patrick Dunae, 'Gender, Generations and Social Class: The Fairbridge Society and British Child Migration to Canada, 1930–1960' in Jon Lawrence and Pat Starkey (eds), *Child Welfare and Social Action: International Perspectives*, Liverpool, 2001, pp. 82–100; on racist policies in Australia and the United States, see Victoria Haskins and Margaret Jacobs,

'Stolen Generations and Vanishing Indians: The Removal of Indigenous Children as a Weapon of War in the United States and Australia, 1870–1940' in James Alan Marten (ed.), *Children and War: A Historical Anthology*, New York and London, 2002, 227–41; Anna Haebich, 'Between Knowing and Not Knowing: Public Knowledge of the Stolen Generations', *Aboriginal History*, 25, 2001, 70–90.

42. Dickinson, *The Politics of German Child Welfare*, 197; Peukert, *Grenzen der Sozialdisziplinierung*, 248–52; Weindling, *Health, Race, and German Politics*, 381–3, 444 and 578; Cornelie Usbourne, *The Politics of the Body in Weimar Germany*, New York, 1992, 134–9.

43. See Gisela Bock, *Zwangssterilisation im Nationalsozialismus: Studien zur Rassenpolitik und Frauenpolitik*, Oplanden, 1986; Paul Weindling, *Health, Race, and German Politics between National Unification and Nazism, 1870–1945*, Cambridge, 1989; Usbourne, *The Politics of the Body in Weimar Germany*; Stefan Kühl, *The Nazi Connection: Eugenics, American Racism and German National Socialism*, New York, 1994.

44. Workplace infractions, LWV 2/8356, Sonja H., b. 4 June 1928; and LWV 2/8194, Anna G., b. 5 Jan. 1927. On Nazi policy and youth concentration camps, see Wagner, *Volksgemeinschaft ohne Verbrecher*, 376–84; Martin Guse, Andreas Kohrs and Friedhelm Vahsen, 'Das Jugendschutzlager Moringen – Ein Jugendkonzentrationslager' in Hans-Uwe Ott and Heinz Sünker (eds), *Soziale Arbeit und Faschismus*, Frankfurt, 1989, 228–49; Martin Guse, *'Wir hatten noch gar nicht angefangen zu leben': Eine Ausstellung zu den Jugend-Konzentrationslagern Moringen und Uckermark* (3rd edn), Moringen, 1997; Michael Hepp, 'Vorhof zur Hölle: Mädchen im "Jugendschutzlager" Uckermark' in Angelika Ebbinghaus (ed.), *Opfer und Täterinnen: Frauenbiographien des Nationalsozialismus*, Nördlingen, 1987; Ayass, *Das Arbeitshaus Breitenau*, 305.

45. Detlev Peukert, 'Arbeitslager und Jugend-KZ: Die Behandlung "Gemeinschaftsfremder" im Dritten Reich' in Peukert and Reulecke (eds), *Die Reihen fast geschlossen*, 413–34; Wagner, *Volksgemeinschaft ohne Verbrecher*, 376–7.

46. Johannes Meister, 'Die "Zigeunerkinder" von der St. Josefspflege in Mulfingen', *1999: Zeitschrift für Sozialgeschichte des 20. und 21. Jahrhunderts*, 2, 1987, 14–51; Michail Krausnick, *Auf Wiedersehen im Himmel: Die Geschichte der Angela Reinhardt*, Munich, 2001; Michael Zimmermann, *Rassenutopie und Genozid: Die nationalsozialistische 'Lösung der Zigeunerfrage'*, Hamburg, 1996, 150; Donald Kenrick and Gratton Puxon, *The Destiny of Europe's Gypsies*, London, 1972, 68–9; Eva Justin, *Lebensschicksale artfremd erzogener Zigeunerkinder und ihrer Nachkommen*, Berlin, 1944.

47. Richter, *Breitenau*, 96–215; Krause-Vilmar, *Das Konzentrationslager Breitenau*, 209–15; Ayass, *Das Arbeitshaus Breitenau*, 303; in general, Gabriele Lotfi, *KZ der Gestapo: Arbeitserziehungslager im Dritten Reich*, Stuttgart, 2000.

48. Overcrowding, Ayass, *Das Arbeitshaus Breitenau*, 303–4; violence, Krause-Vilmar, *Das Konzentrationslager Breitenau*, 213–4; in prisons, Wachsmann, *Hitler's Prisons*, 274–83; Russian boy, Richter, *Breitenau*, 124–5.

49. Herbert, *Hitler's Foreign Workers*, 69–79 and 131–33; Gellately, *Backing Hitler*, 179–82; Przyrembel, *'Rassenschande'*; Richter, *Breitenau*,178–202.

50. Herbert, *Hitler's Foreign Workers*, 125.

51. Reactions to foreigners, LWV 2/7811, Elisabeth B.; LWV 2/9189, Lieselotte S., 69: Protokoll, Breitenau, 9 Nov. 1942.
52. LWV 2/9189, Lieselotte S., 41: Abschrift Jugendamt Kassel, 16 Mar. 1940, 41; LWV 2/8043, Fritz F., 40: letter from the Breitenau Direktion, 12 Feb. 1942; LWV 2/9009, Waltraud P., 51–2: Protokoll Breitenau, 11 Apr. 1942; and LWV 2/7881, Else B., 29, 33 and 38: farmer A.A. from Kaltenbach to Breitenau, 12 Nov. 1941 and 16 Dec. 1941, and medical report, 22 Jan. 1942.
53. LWV 2/9189, Lieselotte S., 16–19: letter to mother, 14 Jan. 1940.
54. Detlev Peukert, *Volksgenossen und Gemeinschaftsfremde: Anpassung, Ausmerze und Aufbegehren unter dem Nationalsozialismus*, Cologne, 1982; Gellately, *Backing Hitler*, 11.
55. LWV 2/7734, Anna Elisabeth B., 52: letter to parents, 21 Oct. 1940; LWV 2/7865, Werner G., 14, 21 and 36; LWV 2/8164, Adam G., 13, 17, 18, 23, 29, 30 and 40. As soon as Adam G. reached his tank training school in Erfurt, he sent an enthusiastic postcard back to Breitenau. In April 1941, the Justice Ministry established a system of probation for young offenders in the military, which was further expanded in 1944: Dörner, *Erziehung durch Strafe*, 275–80.
56. Peter Reichel, *Der schöne Schein des Dritten Reiches: Faszination und Gewalt des Faschismus*, Munich, 1992; Alf Lüdtke, *Eigen-Sinn: Fabrikalltag, Arbeitererfahrungen und Politik vom Kaiserreich bis in den Faschismus*, Hamburg, 1993, 221–350; Wachsmann, *Hitler's Prisons*, 258–68 and 299–314; Karin Orth, *Das System der nationalsozialistischen Konzentrationslager: Eine politische Organisationsgeschichte*, Hamburg, 1999, 106–12 and 162–92.

第三章

1. On the Pomssen case and the probable identity of the child, see Udo Benzenhöfer, 'Der Fall "Kind Knauer"', *Deutsches Ärzteblatt*, 95/19, 1998, 954–5, and his 'Genese und Struktur der "NS-Kinder und Jugendlichen-euthanasie"', *Monatsschrift Kinderheilkunde*, 10, 2003, 1012–19; Ulf Schmidt, 'Reassessing the Beginning of the "Euthanasia" Programme', *German History*, 17/4, 1999, 543–50; Henry Friedlander, *The Origins of Nazi Genocide: From Euthanasia to the Final Solution*, Chapel Hill 1995, 39. There is now a huge literature on this subject, including pioneering works by Klaus Dörner, 'Nationalsozialismus und Lebensvernichtung', *Vierteljahrshefte für Zeitgeschichte*, 15, 1967, 121–52 and his (ed.) *Der Krieg gegen die psychisch Kranken*, Frankfurt, 1989; Ernst Klee (ed.), *Dokumente zur 'Euthanasie'*, Frankfurt, 1986 and his *'Euthanasie' im NS-Staat: Die 'Vernichtung lebensunwerten Lebens'*, Frankfurt 1983; Götz Aly (ed.), *Aktion T-4 1939–1945: Die 'Euthanasie'-Zentrale in der Tiergartenstrasse 4*, Berlin, 1987; Kurt Nowak, *'Euthanasie' und Sterilisierung im 'Dritten Reich': Die Konfrontation der evangelischen und katholischen Kirche mit dem Gesetz zur Verhütung erbkranken Nachwuchses und der 'Euthanasie'-Aktion* (3rd edn), Göttingen, 1984; Michael Burleigh, *Death and Deliverance: 'Euthanasia' in Germany, 1900–1945*, Cambridge, 1994.
2. The *Kinderfachabteilungen* seem to have been a bureaucratic designation of the child's fate within the asylum, rather than necessarily a separate unit or ward: see Peter Sander, *Verwaltung des Krankenmordes: Der Bezirksverband Nassau im Nationalsozialismus*, Giessen, 2003, 532–3; also Hans Mausbach and Barbara Bromberger, 'Kinder als Opfer der NS-Medizin, unter beson-

derer Berücksichtigung der Kinderfachabteilungen in der Psychiatrie' in Christine Vanja and Martin Vogt (eds), *Euthanasie in Hadamar: Die nationalsozialistische Vernichtungspolitik in hessischen Anstalten*, Kassel, 1991, 145–56; Bernhard Richarz, *Heilen, Pflegen, Töten: Zur Alltagsgeschichte einer Heil- und Pflegeanstalt bis zum Ende des Nationalsozialismus*, Göttingen, 1987, 177–89; Andrea Berger and Thomas Oelschläger, '"Ich habe eines natürlichen Todes sterben lassen": Das Krankenhaus im Kalmenhof und die Praxis der nationalsozialistischen Vernichtungsprogramme' in Christian Schrapper and Dieter Sengling (eds), *Die Idee der Bildbarkeit: 100 Jahre sozialpädagogische Praxis in der Heilerziehungsanstalt Kalmenhof*, Weinheim, 1988, 310–31; Dorothea Sick, '*Euthanasie' im Nationalsozialismus am Beispiel des Kalmenhofs in Idstein im Taunus*, Frankfurt, 1983, 57–9; Dorothee Roer and Dieter Henkel (eds), *Psychiatrie im Faschismus: Die Anstalt Hadamar 1933–1945*, Bonn, 1986, 216–18; Udo Benzenhöfer, '*Kinderfachabteilungen' und 'NS-Kindereuthanasie*', Wetzlar, 2000.

3. Burleigh, *Death and Deliverance*, 99–111.
4. For the units under Kurt Eimann and Herbert Lange, which killed over 10,000 people between December 1939 and the end of March 1940, see Klee, '*Euthanasie' im NS-Staat*, 95ff and 190ff; Aly, '*Final Solution*', 70–1; Burleigh, *Death and Deliverance*, 111–29; Kuratorium Gedenkstätte Sonnenstein e.V. und Sächsische Landeszentrale für politische Bildung (eds), *Nationalsozialistische Euthanasie-Verbrechen in Sachsen: Beiträge zu ihrer Aufarbeitung*, Dresden, 1993.
5. Aly, *Aktion T-4*, 17; Roer and Henkel, *Psychiatrie im Faschismus*; Landeswohlfahrtsverband Hessen and Bettina Winter (eds), '*Verlegt nach Hadamar': Die Geschichte einer NS-'Euthanasie'-Anstalt*, Kassel, 1994, 68–118; Burleigh, *Death and Deliverance*, 145–9.
6. Ibid., 163–4; 'Da kommt wieder die Mordkiste': cited in Winter, '*Verlegt nach Hadamar*', 116.
7. Peter Löffler (ed.), *Clemens August Graf von Galen: Akten, Briefe und Predigten 1933–1946*, 2, Mainz, 1988, 878; Burleigh, *Death and Deliverance*, 176–8 and 217.
8. Hugh Trevor-Roper (ed.), *Hitler's Table Talk, 1941–1944*, London, 1953, 555: 4 July 1942; Winter, '*Verlegt nach Hadamar*', 159; Burleigh, *Death and Deliverance*, 178–80. On policing in general, see Gellately, *The Gestapo and German Society* and his *Backing Hitler*; Johnson, *The Nazi Terror*; Reinhard Mann, *Protest und Kontrolle im Dritten Reich: Nationalsozialistische Herrschaft im Alltag einer rheinischen Grossstadt*, Frankfurt, 1987; Gerhard Paul and Klaus-Michael Mallmann (eds), *Die Gestapo: Mythos und Realität*, Darmstadt, 1995.
9. Burleigh, *Death and Deliverance*, 160.
10. Heinz Faulstich, 'Die Zahl der "Euthanasie"-Opfer' in Andreas Frewer and Clemens Eickhoff (eds), '*Euthanasie' und aktuelle Sterbehilfe-Debatte*, Frankfurt, 2000, 223–7; Burleigh, *Death and Deliverance*, 242: 4,422 of 4,817 transferred to Hadamar between August 1942 and March 1945 died; Sander, *Verwaltung des Krankenmordes*, 607–25; Winter, '*Verlegt nach Hadamar*', 118–54; Roer and Henkel, *Psychiatrie im Faschismus*, 58–120.
11. Berger and Oelschläger, '"Ich habe eines natürlichen Todes sterben lassen"', 309–22; Alfred Völkel, 'Not just because I was a "bastard"', MS, 1 Aug. 1998, LWV Hessen; LWV Hessen, 5031; Sandner, *Verwaltung des*

Krankenmordes, 542–4; the fullest count, based on individual asylum records, is by Faulstich, but he did not count children separately: Faulstich, 'Die Zahl der "Euthanasie"-Opfer' and his *Hungersterben in der Psychiatrie 1914– 1949, mit einer Topographie der NS-Psychiatrie*, Freiburg, 1998.

12. Sick, *'Euthanasie' im Nationalsozialismus*, 73; Gerhard Schmidt, *Selektion in der Heilanstalt 1939–1945*, Frankfurt, 1983, 118–9; Sandner, *Verwaltung des Krankenmordes*, 457, 488–505, 595–6 and 642–3.
13. Interview with Ludwig Heinrich Lohne, b. 1925, in Sick, *'Euthanasie' im Nationalsozialismus*, 82–91.
14. Burleigh, *Death and Deliverance*, 11–53; death in First World War: Heinz Faulstich, *Von der Irrenfürsorge zur 'Euthanasie': Geschichte der badischen Psychiatrie bis 1945*, Freiburg, 1993, 77.
15. Burleigh, *Death and Deliverance*, 183–202, and viii, citing Adolf Dörner (ed.), *Mathematik im Dienste der nationalpolitischen Erziehung mit Anwendungsbeispielen aus Volkswirtschaft, Geländekunde und Naturwissenschaft*, Frankfurt, 1935, 42. Charting public reactions to medical killing is complex and problematic: scholars generally draw heavily on police reports on protests against 'Euthanasia', responses to the film *Ich klage an*, or witness statements to post-war trials of medical personnel, but it does seem to me that the whole trend of the professional lobby, including the Protestant churches, towards punitive treatments during the late 1920s did not command the general endorsement of a population used to comprehensive health care, and led to some pressure on the regime to curtail the numbers of forced sterilisations in the 1930s: Bock, *Zwangssterilisation im Nationalsozialismus*, 278–98; on the Weimar background, see Yong-Sun Hong, *Welfare, Modernity, and the Weimar State, 1919–1933*, Princeton, NJ, 1998; David Crew, *Germans on Welfare: From Weimar to Hitler*, Oxford, 1998; and on public opinion about the social welfare system in the 1930s, Bernd Stöver, *Volksgemeinschaft im Dritten Reich: Die Konsensbereitschaft der Deutschen aus der Sicht sozialistischer Exilberichte*, Düsseldorf, 1993, 151–63.
16. Burleigh, *Death and Deliverance*, 210–19; Boberach, *Meldungen aus dem Reich*, 9, 3175–8: 15 Jan. 1942; Karl Ludwig Rost, *Sterilisation und Euthanasie im Film des 'Dritten Reiches': Nationalsozialistische Propaganda in ihrer Beziehung zu rassenhygienischen Massnahmen des NS-Staates*, Husum, 1987, 208–13; Kurt Nowak, 'Widerstand, Zustimmung, Hinnahme: Das Verhalten der Bevölkerung zur "Euthanasie"' in Norbert Frei (ed.), *Medizin und Gesundheitspolitik in der NS-Zeit*, Munich 1991, 235–51.
17. She had asked to visit a mere four days earlier: LWV Kassel, K12/1864, Dietrich L., b. 10 July 1938, d. Hadamar 9 Mar. 1943, mother to director of Hadamar, 8 and 12 Mar. 1943. As a result, the very few cases where relatives did demand an explanation stand out: e.g., K12/2548, Helmuth K., b. 19 Aug. 1933, d. Hadamar 9 Mar. 1943: Lotte K. (his sister) to director of Hadamar, 16 Mar. and 9 Apr. 1943. On parents' responses, see Burleigh, *Death and Deliverance*, 101–2; Götz Aly, 'Der Mord an behinderten Kindern zwischen 1939 und 1945' in Angelika Ebbinghaus, Heidrun Kaupen-Haas and Karl Heinz Roth (eds), *Heilen und Vernichten im Mustergau Hamburg: Bevölkerungs- und Gesundheitspolitik im Dritten Reich*, Hamburg, 1984, 151–2; Winter, *'Verlegt nach Hadamar'*, 126; an interesting collection of letters was found at Hartheim, though they are difficult to interpret without the relevant case histories: Johannes Neuhauser and Michaela Pfaffenwimmer

(eds), *Hartheim wohin unbekannt: Briefe und Dokumente*, Weitra, 1992.
18. Susanne Scholz and Reinhard Singer, 'Die Kinder in Hadamar' in Roer and Henkel, *Psychiatrie im Faschismus*, 228–9; Renate Otto, 'Die Heilerziehungs- und Pflegeanstalt Scheuern' in Klaus Böhme and Uwe Lohalm (eds), *Wege in den Tod: Hamburgs Anstalt Langenhorn und die Euthanasie in der Zeit des Nationalsozialismus*, Hamburg, 1993, 320–33; Sandner, *Verwaltung des Krankenmordes*, 458–9; Uwe Kaminski, *Zwangssterilisation und 'Euthanasie' im Rheinland: Evangelische Erziehungsanstalten sowie Heil- und Pflegeanstalten 1933–1945*, Cologne, 1995, 420–2.
19. Although patients continued to be killed at Hadamar till Mar. 1945, it would seem that Scheuern had emptied at least its children's wing at the beginning of Sept. 1944: see LWV K12/2405, Krankheitsgeschichte, 3 Sept. 1944; LWV K12/2711, Krankheitsgeschichte, 2 Sept. 1944; on Bernotat, see Sander, *Verwaltung des Krankenmordes*, 449–51; 559–63; 645–6.
20. Alfred Völkel survived because the Nuremberg Jugendamt declared that it did not have the right to decide his abode, because this still rested with his 'Aryan' mother, and so requested his return on 20 Sept. 1943; the same was true for one of the other children; the other three were siblings, whose uncle employed a lawyer to have them released, after he learned of the deaths of their three siblings in Hadamar: Winter, '*Verlegt nach Hadamar*', 136; Scholz and Singer, 'Die Kinder in Hadamar', 229–35; on the whole development, see Sander, *Verwaltung des Krankenmordes*, 654–68; individual files in LWV K12/53, Horst S.; K12/252, Peter W.; K12/1013, Horst St.; K12/1023, Karlheinz Sch.; K12/1050, Willi St.; K12/1071, Edith Sp.; K12/1548, Elias R.; K12/1598, Emmi Sch.; K12/2166, Helmut W.; K12/2918, Ingeborg D.; K12/2957, Georg Br.; K12/3298, Egon H.; K12/3608, Wolfgang Fr.; K12/3615, Klaus Fr.; K12/3750, Leo C.; K12/4769, Ruth B.; K12/5002, Manfred B.; K12/5017, Gerhard K.; K12/5021, Eleonore B.; K12/5028, Erika H.; K12/5030, Sigmund W.; K12/5031, Alfred Völkel; K12/5032, Günther P.; K12/5033, Günther H.; K12/5037, Amanda G.; K12/5038, Klara G.; K12/5039, Alfred G.; K12/5040, Edeltrud G.; K12/5046, Günther M.; K12/5047, Maria L.; K12/5054, Alfred R.; K12/5055, Hermann R.; K12/5056, Johann R.; K12/5057, Irma R.; K12/5058, Anna R.; K12/5059, Friedrich Z.; K12/5060, Jakob H.; K12/5061, Wolfgang H.; K12/5064, Manfred L.; Alfred Völkel, 'Not just because I was a "bastard"' LWV, MS.
21. LWV, K 12/3716, Georg E., b. 13 Jan. 1937, d. Hadamar, 19 Nov. 1943.
22. For the strategies of the poor, see the classic account of Olwen Hufton, *The Poor of Eighteenth-Century France, 1750–1789*, Oxford, 1974; Scholz and Singer, 'Die Kinder in Hadamar', 221–3; LWV, K12/1862, Willi L., b. 19 May 1936, d. Hadamar, 24 Feb. 1943, Krankengeschichte; Kreiswohlfahrtsamt Diez to Scheuern, 26 Feb. 1941; Anstaltsarzt, Scheuern to Kreiswohlfahrtsamt Diez, 4 Mar. 1941.
23. LWV, K12/1223, Peter Oe., b. 28 Sept. 1928, d. Hadamar, 27 Sept. 1944; Eva Oe. to son, 32.
24. LWV K12/3866, Gertrud D., b. 2 Oct. 1928, d. Hadamar, 24 Feb. 1943: parents, 12 Feb. 1941, thanking her for her card; at this point she had spent eight out of her ten and a half years in the asylum at Scheuern; LWV K12/1848, Alfred K., b. 17 Feb. 1928, d. Hadamar, 11 Mar. 1943, Krankheitsgeschichte, 25 Mar., 29 June and 15 Dec. 1938, and Direktion Hephata to his family, 21 Feb. 1940.

25. LWV K12/1848, Alfred K., Krankengeschichte, 4 Jan. 1941; LWV K12/3865, Krankengeschichte, 14 May 1942; Helena D., b. 10 Dec. 1935, d. Hadamar, 24 Feb. 1943. Cost-cutting and conditions, Sandner, *Verwaltung des Krankenmordes*, 591 and 724; Faulstich, *Hungersterben in der Psychiatrie*, 658.
26. LWV K12/1848, Alfred K., Krankengeschichte, 4 Jan. 1941, and 35–6.
27. LWV K12/1545, Rosemarie R., b. 28 June 1934, d. Hadamar, 3 Mar. 1943, Krankengeschichte, 14 Dec. 1940. Apparently, one of Rosemarie's maternal great-aunts had died in the asylum at Merxhausen: this sufficed for the diagnosis of 'inborn' idiocy; for further letters, see Chefarzt [Adolf Wahlmann], Hadamar, to Soldat Jakob R., 19 Mar. 1943; Soldat Jakob R. to Scheuern, 7 June 1942 and 2 Jan. 1943; Frau R. to Schwester Anna at Scheuern, 22 Dec. 1942.
28. See LWV K12/5002, Edda B., b. 26 Jan. 1940, d. Hadamar, 20 Mar. 1943, Krankheitsgeschichte, 19 Nov. 1942; LWV K12/1862, Willi L., b. 19 May 1936, d. Hadamar 24 Feb. 1943, Krankheitsgeschichte, 5 Mar. 1938.
29. LWV K12/2711, Karl Otto F., b. 19 Jan. 1929, d. Hadamar, 27 Nov. 1944, Krankheitsgeschichte, intelligence test. LWV K12/3866, Gertrud D., Krankheitsgeschichte, 26 Jan. 1936.
30. Scholtz and Singer, 'Die Kinder in Hadamar', 221.
31. LWV K12/4323, Friedrich B., b. 11 June 1930, d. Hadamar, 23 Mar. 1943, Krankheitsgeschichte.
32. See also LWV K12/2405, Helene S., b. 13 Mar. 1928, transferred to Hadamar 3 Sept. 1944, survived; LWV K12/2711, Karl Otto F.
33. LWV K12/3501, Margarethe Elfriede G., b. 28 July 1928, d. Hadamar, 24 Feb. 1943: her year and half in Scheuern is covered by only five entries. Similarly, in the case of Eva H., who also arrived on 22 Nov. 1940 and was transferred to Hadamar in Feb. 1943, her file consists of five brief observations, again testifying to an early judgement in Scheuern that she was not worth trying to help: LWV K12/2747, Eva H., b. 19 Oct. 1936, d. Hadamar, 18 Mar. 1943; LWV K12/5002, Edda B., b. 26 Jan. 1940, d. Hadamar, 20 Mar. 1943, Krankheitsgeschichte, 4 Sept. 1942.
34. LWV K12/4705, Waltraud B., b. 22 Apr. 1937, d. Hadamar, 5 Mar. 1943, Krankengeschichte.
35. LWV K12/4705, Waltraud B. See Scholtz and Singer, 'Die Kinder in Hadamar', 220–1, for the aggregate numbers of the Feb. and Mar. group transfers. The change in typefaces is not always a reliable guide: both are to be found before the 'euthanasia action' got under way.
36. See, for instance, LWV K12/3574, Harald B., b. 16 Oct. 1935, d. Hadamar, 2 Mar. 1943, Krankheitsgeschichte. On staff conditions, see Bronwyn McFarland-Icke, *Nurses in Nazi Germany: Moral Choice in History*, Princeton, NJ, 1999, esp. chapter 8; Hans-Uwe Otto (ed.), *Soziale Arbeit und Faschismus: Volkspflege und Pädagogik im Nationalsozialismus*, Bielefeld, 1986; Sandner, *Verwaltung des Krankenmordes*, 593–605.
37. LWV K12/4705, Waltraud B., b. 22 Apr. 1937, d. Hadamar, 5 Mar. 1943, Krankheitsgeschichte, 5 Sept. 1939, 16 Mar. and 21 June 1940; LWV K12/2544, Karl-Heinz K., b. 11 Dec. 1931, d. Hadamar, 2 Mar. 1943, Krankheitsgeschichte, 10 July 1940; LWV K12/3343, Paul E., b. 4 Sept. 1934, d. Hadamar, 6 Mar. 1943, Krankheitsgeschichte, 17 Aug. 1942.
38. K12/3866, Gertrud D., Krankheitsgeschichte, 27 Feb. and 4 Dec. 1933;

K12/1849, Emma K., b. 3 Mar. 1932, d. Hadamar, 3 Mar. 1943, Krankheitsgeschichte, Oct. 1939 and 17 Jan. 1940; K12/2548, Helmuth K., Krankheitsgeschichte, 7 Sept. 1938 and 21 June 1939.
39. K12/2430, Karl J., b. 30 Jan. 1930, d. Hadamar, 29 Nov. 1943, Krankheitsgeschichte, 15 May 1937 and 12 July 1938; K12/3867, Maria Elise D., b. 30 Apr. 1930, d. Hadamar, 4 Mar. 1943, Krankheitsgeschichte, 'Vorgeschichte', 31 Mar. 1938 and 20 Jan. 1941.
40. LWV K12/2554, Karl-Heinz K., Krankheitsgeschichte, 2 Nov. 1940; 6 Oct. 1937 and 10 Dec. 1938.
41. LWV K12/4860, Willi B., b. 20 Nov. 1937, d. Hadamar, 5 Mar. 1943, Krankheitsgeschichte; LWV K12/1848, Alfred K., Krankengeschichte, 20 Jan. 1937 and 17 May 1940.
42. LWV K12/3574, Harald B., b. 16 Oct. 1935, d. Hadamar, 2 Mar. 1943, Krankengeschichte, 11 Sept. 1940.
43. LWV K12/3866, Gertrud D., Krankheitsgeschichte, 20 Jan. 1941.
44. LWV K12/3866, Gertrud D., Krankheitsgeschichte, 29 Dec. 1937 and 18 Aug. 1938; LWV K12/2711, Karl Otto F., Krankheitsgeschichte, 30 Dec. 1940.
45. LWV K12/2711, Karl Otto F., Krankheitsgeschichte, 17 Aug. 1938:
46. LWV Kassel, K12/1864, Dietrich L: he came to Scheuern on 8 Aug. and his mother wrote on 5 Sept. and 25 Nov. 1940, 8 Apr. and 1 May 1941, 2 Apr. and 15 Sept. 1942.
47. LWV Kassel, K12/1864, Dietrich L., Direktion Scheuern to Frau L., 17 Sept. 1940.
48. Runderlass des Reichsministers des Inneren, 1 July 1940, in Scholtz and Singer 'Die Kinder in Hadamar', 218.
49. Burleigh, *Death and Deliverance*, 21–4 and 98.

第四章

1. Norman Davies, *God's Playground: A History of Poland*, Oxford, 1981, 437; Bethell, *The War Hitler Won*, 27–30 and 98–157; Alan Adelson (ed.), *The Diary of Dawid Sierakowiak: Five Notebooks from the Łódź Ghetto*, Oxford, 1996, 30–2: 30 Aug.–2 Sept. 1939; Wacław Major in Richard C. Lukas, *Did the Children Cry? Hitler's War against Jewish and Polish Children, 1939–1945*, New York, 1994, 11, and Marian Turski (ed.), *Byli wówczas dziećmi*, Warsaw, 1975, 156–7.
2. Adelson, *The Diary of Dawid Sierakowiak*, 34–6: 6–7 Sept.; for expectations of a Polish 'miracle' among students in Warsaw, see Jan Z. Raschke, *Farewell to God*, Dundee, 1977, 11.
3. Mary Berg, *Warsaw Ghetto: A Diary*, S. L. Shneiderman (ed.), New York, 1945, 11–14: 10 Oct. 1939. I have followed the convention of this book and used Berg's original name, Miriam Wattenberg, throughout. She and her American-born mother were among a group of Jews whom the Germans exchanged in 1944. Sections of her diary were translated into Yiddish and appeared in New York in 1944 and the whole diary was published in English before the end of the war in 1945, thus establishing it as the first ghetto diary to be published in the West. In addition to the diary's translation from Polish, it went through two processes of editing, one by herself on her voyage to the USA in 1944 and a second by S. L. Shneiderman, and so it is probably best read as part diary, part memoir: see 'Preface', Berg, *Warsaw Ghetto*, 9–10 and Susan Lee Pentlin, 'Mary Berg (1924–)' in S. Lillian Kremer (ed.),

Holocaust Literature: An Encyclopedia of Writers and their Work, 1, New York, 2003, 138–40; on mounds of corpses on the Warsaw–Kutno road, Lukas, *Did the Children Cry?*, 14.
4. Berg, *Warsaw Ghetto*, 15–16.
5. Adelson, *The Diary of Dawid Sierakowiak*, 34–7: 6–12 Sept. 1939.
6. Phillips, *My Secret Diary*, 57 and 60: 11 and 16 Sept. 1939; Weinberg, *A World at Arms*, 64–9.
7. Campaign and casualties, Weinberg, *A World at Arms*, 56–7; Overmans, *Deutsche militärische Verluste*, 304; Davies, *God's Playground*, 435–9; Madajczyk, *Die Okkupationspolitik Nazideutschlands*, 4; 'Welcome to the Red Army', Irena Grudzińska-Gross and Jan Tomasz Gross (eds), *War through Children's Eyes: The Soviet Occupation of Poland and the Deportations 1939–1941*, Stanford, 1981, 8–9.
8. Henryk N., Grudzińska-Gross and Gross, *War through Children's Eyes*, doc. 77.
9. Phillips, *My Secret Diary*, 63–4: 20 Sept. 1939.
10. Berg, *Warsaw Ghetto*, 11–19: 10 Oct. 1939.
11. Grudzińska-Gross and Gross, *War through Children's Eyes*, 7–8 and see docs 77, 85, 98, and 104, and Jan Tomasz Gross, *Revolution from Abroad: The Soviet Conquest of Poland's Western Ukraine and Western Belorussia*, Princeton, NJ, 1988; also, Christopher Hann, *A Village without Solidarity: Polish Peasants in Years of Crisis*, New Haven, 1985.
12. Grudzińska-Gross and Gross, *War through Children's Eyes*, 11–16.
13. Helmut Walser Smith, *The Butcher's Tale: Murder and Anti-semitism in a German Town*, New York, 2002, 214–15.
14. See Christian Jansen and Arno Weckbecker, *Der 'Volksdeutsche Selbstschutz' in Polen 1939/40*, Munich, 1992, 27, 116–17, 135–8, 154–9 and 212–28. On Sunday 3 Sept. local Germans at Bromberg were set upon and butchered by their Polish neighbours and retreating Polish soldiers. Perhaps 1,000 people were killed in the area, while as many as 4,000–6,000 ethnic Germans were killed in Poland overall, if those who died fighting in the Polish Army or under German bombs are included. Both Goebbels's media machine and the *Wehrmacht* exaggerated the numbers tenfold, claiming 58,000 ethnic Germans had been killed. While the fighting was still going on, General Brauchitsch himself urged his armies to remember Bromberg and show no mercy to Polish forces. In the German media, especially the weekly cinema news, the *Wochenschau*, Poles were portrayed as a nation of dangerous and criminally degenerate 'sub-humans' who needed to be punished: see Włodzimierz Jastrzębski, *Der Bromberger Blutsonntag: Legende und Wirklichkeit*, Poznań, 1990; Peter Longerich, *Politik der Vernichtung: Eine Gesamtdarstellung der nationalsozialistischen Judenverfolgung*, Munich, 1998, 244; Helmut Krausnick and Hans-Heinrich Wilhelm, *Die Truppe des Weltanschauungskrieges: Die Einsatzgruppen der Sicherheitspolizei und des SD 1938–1942*, Stuttgart, 1981, 56–7; Boy Scouts killed, see Polish Ministry of Information, *The German New Order in Poland*, London, 1942, 26.
15. Bolcek, the local forester paced out the 205 yards of trench and estimated that at least 700 people had been shot there. His notes guided a Polish commission of investigation to the graves of 740 people, when the trenches were dug up after the war: Jansen and Weckbecker, *Der 'Volksdeutsche Selbstschutz'*, 129–32.

16. Numbers killed by the *Einsatzgruppen*, Wolfgang Benz (ed.), *Dimension des Völkermords: Die Zahl der jüdischen Opfer des Nationalsozialismus*, Munich, 1991; techniques of killing, tourism and protests, Jansen and Weckbecker, *Der 'Volksdeutsche Selbstschutz'*, 117–19; Ulrich Herbert, *National Socialist Extermination Policies: Contemporary German Perspectives and Controversies*, New York/Oxford, 2000, 32–7; Klaus-Jürgen Müller, *Das Heer und Hitler: Armee und nationalsozialistisches Regime 1933–1940*, Stuttgart, 1988, 437–50; on reactions to Goebbels propaganda and news of killings in Germany, see Lubien in Wierling, '"Leise versinkt unser Kinderland"', 70; and Boberach, *Meldungen aus dem Reich*, 4, 1073–4: 29 Apr. 1940, and 13, 5144–5: 19 Apr. 1943.
17. I follow the argument of Peter Longerich and Michael Wildt here that the Nazi regime crossed the line separating terror from mass murder at the start of the war: Michael Wildt, *Generation des Unbedingten: Das Führungskorps des Reichssicherheitshauptamtes*, Hamburg, 2002, 480–5; Hitler outlined his expectations in his talk to the military commanders, 22 Aug. 1939, in *Akten zur deutschen Auswärtigen Politik 1918–1945*, Serie D, 7, Baden-Baden and Göttingen, 1956, no. 193.
18. Phillips, *My Secret Diary*, 47–57: 1–11 Sept. 1939; Wanda Przybylska, *Journal de Wanda*, Zofia Bobowicz (ed. and trans.), Paris, 1981, 86–7: 30 June 1944.
19. Phillips, *My Secret Diary*, 94–8: 19 and 22 Dec. 1939, and 13 Mar. 1940.
20. For these games, see Ilona Flatsztejn-Gruda, *Byłam wtedy dzieckiem*, Lublin, 2004, 37–8; Polish Ministry of Information, *The German New Order in Poland*, 27; Tomasz Szarota, *Warschau unter dem Hakenkreuz: Leben und Alltag im besetzten Warschau, 1.10.1939 bis 31.7.1944*, Paderborn, 1985, 100, citing Stanisław Srokowski's diary for 20–21 June 1940.
21. Adelson, *The Diary of Dawid Sierakowiak*, 37–8: 12 Sept. 1939; Berg, *Warsaw Ghetto*, 19–23: 15 Oct.–1 Dec. 1939; in general, see Yisrael Gutman and Shmuel Krakowski, *Unequal Victims: Poles and Jews during World War II*, New York, 1986, 32–5.
22. Adelson, *The Dairy of Dawid Sierakowiak*, 54: 22 Oct. 1939.
23. Ibid., 55–8: 28–31 Oct. 1939.
24. Ibid., 51–3: 9–12 and 16 Oct. 1939.
25. Ibid., 60–3: 8–15 Nov. 1939.
26. Ibid., 63–70: 16 Nov.–13 Dec. 1939.
27. Ibid., 64, 66, 68 and 73–4: 19 Nov. and 1, 7 and 27 Dec. 1939.
28. Aly, *'Final Solution'*, 45–7; Alan Adelson and Robert Lapides, *Łódź Ghetto: Inside a Community under Siege*, New York, 1989, 30–41. We do not know exactly when the Sierakowiaks were forced to move because Dawid's diary for the whole of 1940 was lost.
29. For children's accounts of the deportations from eastern Poland, see Grudzińska-Gross and Gross, *War through Children's Eyes*, xxii–xxiii and docs 5, 9, 23, 25, 31, 46, 54, 84, 104 and 110, and p. 243 n. 13.
30. Aly, *'Final Solution'*, 63–6 and 70–6; Bernhard Stasiewski, 'Die Kirchenpolitik der Nationalsozialisten im Warthegau 1939–45', *Vierteljahrshefte für Zeitgeschichte*, 7/1, 1959, 46–74.
31. Aly, *'Final Solution'*, 77 and 61.
32. See Elizabeth Harvey, *Women and the Nazi East: Agents and Witnesses of Germanization*, New Haven and London, 2003, 154–6.

33. Melita Maschmann, *Account Rendered: A Dossier on My Former Self*, London/New York, 1965, 64–6 and 121 for the following account; on Posen, see Heinrich Schwendemann and Wolfgang Dietsche, *Hitlers Schloss: Die 'Führerresidenz' in Posen*, Berlin, 2003.
34. On Weimar, see Kurt Sontheimer, *Antidemokratisches Denken in der Weimarer Republik*, Munich, 1992; George Mosse, *The Crisis of German Ideology: Intellectual Origins of the Third Reich*, London, 1966; Woodruff Smith, *The Ideological Origins of Nazi Imperialism*, New York, 1986; also Birthe Kundrus (ed.), *Phantasiereiche: Zur Kulturgeschichte des Deutschen Kolonialismus*, Frankfurt, 2003; Lora Wildenthal, 'Race, Gender and Citizenship in the German Colonial Empire' in Frederick Cooper and Ann Stoler (eds), *Tensions of Empire: Colonial Cultures in a Bourgeois World*, Berkeley, 1997, 263–83.
35. Hans-Christian Harten, *De-Kulturation und Germanisierung: Die nationalsozialistische Rassen- und Erziehungspolitik in Polen 1939–1945*, Frankfurt, 1996, 222–6; Harvey, *Women and the Nazi East*, 165 and 197; see also Alexander Hohenstein, *Wartheländisches Tagebuch aus den Jahren 1941/42*, Stuttgart, 1961, 43–4, 58–61 and 247–8 for similar views; for the national lists, see Isabel Heinemann, *'Rasse, Siedlung, deutsches Blut': Das Rasseund Siedlungshauptamt der SS und die rassenpolitische Neuordnung Europas*, Göttingen, 2003; on legal discrimination, see Majer, *'Non-Germans' under the Third Reich*; Doris Bergen, 'The Nazi Concept of "Volksdeutsche" and the Exacerbation of Anti-Semitism in Eastern Europe, 1939–45', *Journal of Contemporary History*, 29/4, 1994, 569–82.
36. Gizella cited in Lukas, *Did the Children Cry?*, 18–19.
37. Roman Hrabar, Zofia Tokarz and Jacek Wilczur, *Kinder im Krieg – Krieg gegen Kinder: Die Geschichte der polnischen Kinder 1939–1945*, Hamburg 1981, 83.
38. Madajczyk, *Die Okkupationspolitik Nazideutschlands*, table 15: a further 367,592 Poles were evicted – mainly from rural areas in central Poland near the new Soviet border with the General Government, to make way for military training grounds and SS camps.
39. Madajczyk, *Die Okkupationspolitik Nazideutschlands*, 407–8, citing Tadeusz Norwid, *Kraj bez Quislinga*, Rome, 1945, 30–2. See also Oskar Rosenfeld in Adelson and Lapides, *Lódź Ghetto*, 27; Hrabar, Tokarz and Wilczur, *Kinder im Krieg*, 82–3; Dorothy Macardle, *Children of Europe: A Study of the Children of Liberated Countries: Their War-time Experiences, Their Reactions, and Their Needs, with a Note on Germany*, London, 1949, 68; Dieter Pohl, *Von der 'Judenpolitik' zum Judenmord: Der Distrikt Lublin des Generalgouvernements 1939–1944*, Frankfurt, 1993, 52; on Hitler's reaction to General Blaskowitz's protests, Gerhard Engel, *Heeresadjutant bei Hitler 1938–1943*, Stuttgart, 1974, 68: 18 Nov. 1939, also in Martin Broszat, *Nationalsozialistische Polenpolitik 1939–1945*, Stuttgart, 1961, 41.
40. Aly, *'Final Solution'*, 43; Frank in Lucjan Dobroszycki, *Reptile Journalism: The Official Polish-Language Press under the Nazis, 1939–1945*, New Haven and London, 1994, 134; Madajczyk, *Die Okkupationspolitik Nazideutschlands*, 245–9.
41. Madajczyk, *Die Okkupationspolitik Nazideutschlands*, 261–2; Hohenstein, *Wartheländisches Tagebuch*, 293: 10 July 1942; Harten, *De-Kulturation und Germanisierung*, 192–6.

42. Madajczyk, *Die Okkupationspolitik Nazideutschlands*, 343–53; on the Grey Ranks, see Aleksander Kamiński, *Kamieniena szaniec*, Warsaw, 2001; Phillips, *My Secret Diary*, 151–2; one of the first accounts of the underground state was Jan Karski, *Story of a Secret State*, Boston, 1944.
43. Sosnowski, *The Tragedy of Children under Nazi Rule*, 139–42 and 160–3; Macardle, *Children of Europe*, 69; BDM activist cited in Harvey, *Women and the Nazi East*, 168.
44. Sonia Games, *Escape into Darkness: The True Story of a Young Woman's Extraordinary Survival during World War II*, New York, 1991, 40–1; Harten, *De-Kulturation und Germanisierung*, 197.
45. Jost Hermand, *A Hitler Youth in Poland: The Nazis' Programme for Evacuating Children during World War II*, Evanston, Illinois, 1997, xxix–xxx and 10–11.
46. Ibid., 7–8; other examples in Claus Larass, *Der Zug der Kinder: KLV – Die Evakuierung 5 Millionen deutscher Kinder im 2. Weltkrieg*, Munich, 1983, 211–13.
47. Madajczyk, *Die Okkupationspolitik Nazideutschlands*, 261: after the BBC reported on the '*Grusspflicht*', Goebbels intervened and it was abolished in Pomerania in October 1940 but it continued in the Wartheland for longer and in the Białystok area for the whole period of the occupation. Uncovering for the flag and anthem, Harten, *De-Kulturation und Germanisierung*, 196. Jost Hermand omits any discussion of this issue in his account of life in his KLV home in the eastern Wartheland.
48. Abraham I. Katsh (ed.), *The Warsaw Diary of Chaim A. Kaplan*, New York, 1965, 153–4: 15 May 1940.
49. Szarota, *Warschau unter dem Hakenkreuz*, 293–5, based on the two studies of language during the occupation by Feliks Pluta, *Język polski w okresie drugiej wojny światowej: Studium słowotwórczo-semantyczne*, Opole, 1976, 12–31, and Stanisław Kania, *Polska gwara konspiracyjno-partyzancka czasu okupacji hitlerowskiej 1939–1945*, Zielona Góra, 1976, 74–88.
50. Szarota, *Warschau unter dem Hakenkreuz*, 296–7.
51. Ibid., 145–6, citing Kazimierz Koźniewski, *Zamknięte koło: W podziemnym świecie*, Warsaw, 1967, 71.
52. Szarota, *Warschau unter dem Hakenkreuz*, 120, 147 and 151–2; the demographic imbalance in the population was most marked in the Wartheland, where men were down to 45 per cent of the population: Madajczyk, *Die Okkupationspolitik Nazideutschlands*, 250.
53. According to the Resistance itself, Poles flocked to the cinemas as never before: the Warsaw Film Theatre had 116,000 viewers in Jan. 1940, 235,000 in Jan. 1941 and 501,000 in Jan. 1942; Szarota, *Warschau unter dem Hakenkreuz*, 181–5 and 283.
54. Fabrice Virgili, *Shorn Women: Gender and Punishment in Liberation France*, Oxford, 2002; Veslemøy Kjendsli, *Kinder der Schande*, Berlin, 1988; Ebba Drolshagen, *Nicht ungeschoren davonkommen: Das Schicksal der Frauen in den besetzten Ländern, die Wehrmachtssoldaten liebten*, Hamburg, 1998.
55. Szarota, *Warschau unter dem Hakenkreuz*, 109, citing *Biuletyn Informacyjny*, 19 June 1941.
56. Kaser and Radice, *The Economic History of Eastern Europe*, 2, 371–81 and 393–7; Madajczyk, *Die Okkupationspolitik Nazideutschlands*, 283; Isaiah Trunk, *Judenrat: The Jewish Councils of Eastern Europe under Nazi*

Occupation, New York, 1972; Gustavo Corni and Horst Gies, *Brot – Butter – Kanonen: Die Ernährungswirtschaft in Deutschland unter der Diktatur Hitler*, Berlin, 1997, 556; Gustavo Corni, *Hitler's Ghettos: Voices from a Beleagured Society, 1939–1944*, London, 2003, 123–39.
57. Szarota, *Warschau unter dem Hakenkreuz*, 118–130.
58. Ibid., 127–8.
59. Ibid., 106, citing Stanisław Srokowski's diary entry, 14–16 Jan. 1941.
60. Katsh, *The Diary of Chaim Kaplan*, 289–90: 4 Jan. 1942; Berg, *Warsaw Diary*, 100: 28 Sept. 1941.
61. Shirli Gilbert's translation of 'Koyft geto-beygelekh' from the Yiddish in Shmerke Kaczerginski and H. Leivick, *Lider fun di getos un lagern*, 1948, New York, 145–6, place of origin unknown, lyricist and composer unknown.
62. Cited in George Eisen, *Children and Play in the Holocaust: Games among the Shadows*, Amherst, Mass., 1988, 77; Sheva Glas-Wiener, *Children of the Ghetto*, Melbourne, 1983, 87–9.
63. Szarota, *Warschau unter dem Hakenkreuz*, 103–5, citing *Nowy Kurier Warszawski* report in the weekend edition, 13–14 Dec. 1941. The director of the Welfare Department in the municipal administration, Jan Starczewski, wrote to the German police administration in Jan. 1942 that of the fathers of these children thirteen were unemployed, nine had been killed during the military campaign, six had been sent to work in Germany, three were unable to work, two fathers had abandoned their families, and two were in the Auschwitz concentration camp.
64. Gunnar S. Paulsson, *Secret City: The Hidden Jews of Warsaw, 1940–1945*, New Haven and London, 2002, 26 and 61–6; Szarota, *Warschau unter dem Hakenkreuz*, 130, citing *Nowy Kurier Warszawski*, 22 Sept. 1941: *Shabbesgoy* literally means the Gentile who does the services Jews are forbidden to do on the Sabbath; smuggling techniques described by H. Passenstein, 'Szmugiel w getcie warszawskim', *Biuletyn ŻIH*, 26, 1958, 42–72; Corni, *Hitler's Ghettos*, 139–46; Janina Pładek in Mary Aitchison, *Caught in the Crossfire: The Story of Janina Pladek*, Fearn, 1995, 38–40.
65. Szarota, *Warschau unter dem Hakenkreuz*, 130; Berg, *Warsaw Ghetto*, 73: 12 June 1941; see Ruta Sakowska (ed.), *Archiwum Ringelbluma*, 2, *Dzieci – tajne nauczanie w getcie warszawskim*, Warsaw, 2000, 46–8; also Barbara Engelking-Boni, 'Childhood in the Warsaw Ghetto' in United States Holocaust Memorial Museum, *Children and the Holocaust: Symposium Presentations*, Washington, 2004, 33–42.
66. Paulsson, *Secret City*, 64; Berg, *Warsaw Ghetto*, 73: 12 June 1941.
67. Shirli Gilbert's translation of 'Der kleyner shmugler' from the Yiddish in Kaczerginski and Leivick, *Lider fun di getos un lagern*, 104–5. The text was originally written in Polish by Henryka Lazowert (b. 1909, d. in Treblinka). In the ghetto, she won a prize for her ghetto reporting as well as writing several songs. Henryk Tom, a well-known composer of film music before the war, wrote the music (d. in the Warsaw ghetto of typhus); see also Jadwiga Czachowska and Alicja Szałagan (eds), *Współcześni Polscy Pisarze i Badacze Literatury: Słownik biobliograficzny*, 5, Warsaw, 1997, 162–3.
68. Jack Klajman, *Out of the Ghetto*, London, 2000, 20–37.
69. Kaplan, *Scroll of Agony*, 269–71 and 332–4: 10 Oct. 1941 and 16 May 1942; Raul Hilberg, Stanisław Staron and Josef Kermisz (eds), *The Warsaw Diary of Adam Czerniakow*, Chicago, 1999, 44; Abraham Lewin, *The Cup*

of Tears: A Diary of the Warsaw Ghetto, Oxford, 1988, 127; Lucjan Dobroszycki, The Chronicle of the Łódź Ghetto 1941–1944, New Haven and London, 1984, 43–4, 67: 7 Apr. and 25 July 1941; Adelson, The Diary of Dawid Sierakowiak, 115–16: 27 July 1941; Adelson and Lapides, Łódź Ghetto, 132; Barbara Engelking-Boni, Holocaust and Memory: The Experience of the Holocaust and its Consequences: An Investigation Based on Personal Narratives, London, 2001, 155–77; Yisrael Gutman, The Jews of Warsaw, 1939–43, Brighton, 1982, 17 and 69; Corni, Hitler's Ghettos, 170–6; on epidemics and health controls, Paul Weindling, Epidemics and Genocide in Eastern Europe, 1890–1945, Oxford, 2000.

70. Janina David, A Square of Sky: The Recollections of a Childhood, London, 1964, 111–14; Szarota, Warschau unter dem Hakenkreuz, 107: even when the Germans authorised Jewish schools to reopen in the Warsaw ghetto in the autumn of 1941, only 5,200 Jewish children out 48,207 of school age had lessons. Walt Disney's Snow White and the Seven Dwarfs was the first of his full-length animated feature films, cost $1.5 million to make and set the standard for his later productions: it was released on 21 Dec. 1937.

71. David, A Square of Sky, 151–2; Katsh, The Diary of Chaim Kaplan, 220: 5 Nov. 1940; Berg, Warsaw Ghetto, 61: 20 May 1941.

72. David, A Square of Sky, 123 and 129–30.

73. Przybylska, Journal de Wanda, 57–8 and 108–34: 21 Jan. 1943 and 1–29 Aug. 1944.

74. Ibid., 18–26, 32, 35, 57–8, 62–5 and 89–90: 7–26 July, 6–7 and 10 Aug. 1942, 21 Jan., 1 and 18 Apr. 1943, 3 May and 2 July 1944.

75. Friedländer, Nazi Germany and the Jews, 1, 216–19; Stefan, interview 29, in Engelking-Boni, Holocaust and Memory, 145; Emmanuel Ringelblum, Polish–Jewish Relations during the Second World War, Joseph Kermish and Shmuel Krakowski (eds), New York, 1976, 145–8; on 'statue to the unknown smuggler', see Szarota, Warschau unter dem Hakenkreuz, 122.

76. Madajczyk, Die Okkupationspolitik Nazideutschlands, 239–43 and 268–70; Heinemann, 'Rasse, Siedlung, deutsches Blut'.

77. Szarota, Warschau unter dem Hakenkreuz, 124.

78. Ibid., 241, citing anon., A Polish Doctor, I Saw Poland Suffer, 2nd edn, London, 1941, 63 and 67, and the diary of Ludwik Landau, 13 Feb. 1940; Adelson, The Diary of Dawid Sierakowiak, 128 n.; Dobroszycki, The Chronicle of the Łódź Ghetto, 136–8.

79. Advantages of the other, in Gross, Polish Society under German Occupation, 185–6 n. 3, citing 'Informacja: Z placówki rzymsko watykańskiej', PRM 45c/41, General Sikorski Historical Institute, London; Karski cited in Jan Gross, 'A Tangled Web: Confronting Stereotypes concerning Relations between Poles, Germans, Jews, and Communists' in István Deák, Jan Gross and Tony Judt (eds), The Politics of Retribution in Europe: World War II and its Aftermath, Princeton, NJ, 2000, 82–3; on this issue see also Gutman and Krakowski, Unequal Victims.

80. Shirli Gilbert's translation 'A Yid' from the Yiddish in Kaczerginski and Leivick, Lider fun di getos un lagern, 98–9. This song was originally written and performed in Polish, and translated into Yiddish after the war. Text and Music: Paulina Braun (d. in Majdanek, Nov. 1943).

81. Jacob Sloan (ed.), Notes from the Warsaw Ghetto: The Journal of Emmanuel Ringelblum, New York and London, 1958, 39: 9 May 1940.

第五章

1. Adelson, *The Diary of Dawid Sierakowiak*, 105: 22 June 1941. David was nearly seventeen.
2. Adelson and Lapides, *Lódź Ghetto*, 487 and 494.
3. Adelson, *The Diary of Dawid Sierakowiak*, 105–6 and 108: 24 and 27 June and 1 July 1941.
4. Ibid., 112–13: 19 and 22 July 1941; and Eisig Silberschlag, *Saul Tschernichowsky: Poet of Revolt*, Ithaca, NY, 1968, 117.
5. Military campaign, Weinberg, *A World at Arms*, 264–81; Catholic bishops in Heinz Boberach (ed.), *Berichte des SD und der Gestapo über Kirchen und Kirchenvolk in Deutschland 1934–1944*, Mainz, 1971, 570–1; also Kershaw, *Hitler*, 2, 427; on broader conservative anti-Communism and support for *Lebensraum*, see Sontheimer, *Antidemokratisches Denken in der Weimarer Republik*; Mosse, *The Crisis of German Ideology*; Woodruff Smith, *The Ideological Origins of Nazi Imperialism*.
6. '"Sehr selten habe ich geweint": Ein Volksschullehrer in Russland' in Hammer and zur Nieden, *Sehr selten habe ich geweint*, 227–8: 23 and 25 June 1941.
7. Ibid., 228–9: 26 June 1941.
8. Ibid., 229–30: 28 June 1941.
9. Ibid., 231: 1 July 1941. Numbers captured, Weinberg, *A World at Arms*, 264–5; David M. Glantz and Jonathan House, *When Titans Clashed: How the Red Army Stopped Hitler*, Edinburgh, 1995, 28–41.
10. Christian Streit, *Keine Kameraden: Die Wehrmacht und die sowjetischen Kriegsgefangenen 1941–1945*, Stuttgart, 1978; Wildt, *Generation des Unbedingten*, 538–61; Longerich, *Politik der Vernichtung*, 293–320 and 405; Christian Gerlach, *Kalkulierte Morde: Die deutsche Wirtschafts- und Vernichtungspolitik in Weissrussland 1941 bis 1944*, Hamburg, 1999, 1060–74.
11. Ortwin Buchbender and Reinhold Sterz (eds), *Das andere Gesicht des Krieges*, Munich, 1982, letter 101, 72–3, cited in Omer Bartov, *Hitler's Army: Soldiers, Nazis and War in the Third Reich*, Oxford/New York, 1991, 153; Security Police, 10 July 1941 in Lacey, *Feminine Frequencies*, 128–9; Nazi propaganda did have some real Soviet atrocities to build upon: Bogdan Musial, *'Konterrevolutionäre Elemente sind zu erschiessen': Die Brutalisierung des deutsch-sowjetischen Krieges im Sommer 1941*, Berlin, 2000.
12. Ludwig Eiber (ed.), '". . . Ein bisschen die Wahrheit": Briefe eines Bremer Kaufmanns von seinem Einsatz beim Polizeibataillon 105 in der Sowjetunion 1941', *1999: Zeitschrift für Sozialgeschichte des 20. und 21. Jahrhunderts*, 1/1991, 75–6: 3 July and 7 Sept. 1941. Deutsch-Russisches Museum Berlin-Karlshorst, *Mascha + Nina + Katjuscha: Frauen in der Roten Armee, 1941–1945*, Berlin, 2003, 32–3; Boberach, *Meldungen aus dem Reich*, 7, 2564: 24 July 1941.
13. Hammer and zur Nieden, *Sehr selten habe ich geweint*, 255–8: 27–28 Oct. 1941.
14. Ibid., 232–5 and 242–5: 1–2 July and 21–23 Aug. 1941.
15. Ibid., 242 and 265: 20 Aug. and 30 Nov. 1941.
16. Ibid., 267.
17. Eiber, '". . . Ein bisschen die Wahrheit"', 73: 7 Aug. 1941. See also workers' letters to colleagues in Alf Lüdtke, 'The Appeal of Exterminating "Others": German Workers and the Limits of Resistance' in Christian Leitz (ed.), *The Third Reich: The Essential Readings*, Oxford, 1999, 155–77.

18. For all the testimonies about Belaya Tserkov, see Ernst Klee, Willi Dressen and Volker Riess (eds), *'The Good Old Days': The Holocaust as Seen by Its Perpetrators and Bystanders*, Old Saybrook, 1991, 138–54.
19. For materials on the massacre at Babi Yar, see ibid., 63–8; Oct. orders in Gerd Überschär and Wolfram Wette (eds), *Der deutsche Überfall auf die Sowjetunion: 'Unternehmen Barbarossa' 1941*, Paderborn, 1984, 339–40.
20. Following account drawn from Lev Abramovsky, interview with the Metropolitan Police War Crimes Unit, March 1995; I am grateful to Martin Dean for making this testimony available to me, part of which he published in his *Collaboration in the Holocaust: Crimes of the Local Police in Belorussia and Ukraine, 1941–44*, Basingstoke and London, 2000, 46–50; on Oswald Rufeisen and the break-out from Mir, see also Nechama Tec, *In the Lion's Den: The Life of Oswald Rufeisen*, New York, 1990, 146–8.
21. For the pogrom in Kovno/Kaunas, see Klee, Dressen and Riess, *'The Good Old Days'*, 23–45; nonetheless, the *Einsatzgruppen* were very active in leading the way in the Baltic States: Wildt, *Generation des Unbedingten*, 578–91; and Longerich, *Politik der Vernichtung*, 324–37. On the pogroms in eastern Poland, see Jan Tomasz Gross, *Neighbors: The Destruction of the Jewish Community in Jedwabne, Poland*, Princeton, NJ, 2001, and the Polish official commission's report, Instytut Pamięci Narodowej with Paweł Machcewicz and Krzysztof Persak (eds), *Wokół Jedwabnego*, Warsaw, 2002; Bogdan Musial has also stressed the extent to which Poles and Ukrainians were taking revenge on the Jews for their supposed involvement in Soviet repression: Musial, *'Konterrevolutionäre Elemente sind zu erschiessen'*: this interpretation, unfortunately, has also been taken up by those who wish to deny that Poles were responsible for the Jedwabne massacre; for a survey of this debate, see Antony Polonsky and Joanna Michlic (eds), *The Neighbors Respond: The Controversy over the Jedwabne Massacre in Poland*, Princeton, NJ, 2004. Pogroms also went hand in hand with the reassertion of strong nationalist movements in Central and Eastern Europe, and, compared with its Ukrainian or Polish neighbours, Belorussia had neither a strong nationalist movement, nor did it witness local pogroms: see Gerlach, *Kalkulierte Morde*, 536–7; Bernhard Chiari, *Alltag hinter der Front: Besatzung, Kollaboration und Widerstand in Weissrussland 1941–1944*, Düsseldorf, 1998, 245–9. On the occupied Ukraine, see Karel Berkhoff, *Harvest of Despair: Life and Death in Ukraine under Nazi Rule*, Cambridge, Mass., 2004.
22. Commander of *Wehrmacht* forces in White Ruthenia, 10 Nov. 1941 in Ernst Klee and Willi Dressen, *'Gott mit uns': Der deutsche Vernichtungskrieg im Osten*, Frankfurt, 1989, 110; Chiari, *Alltag hinter der Front*, 252: 5 Aug. 1941, Ereignismeldung UdSSR, no. 43; Nechama Tec, *Defiance: The Bielski Partisans*, Oxford, 1993, 92.
23. Tec, *Defiance*, 41–2; Chiari, *Alltag hinter der Front*, 255–6; in the Lublin district this developed once more into conflicts between Polish and Ukrainian partisans: see Madajczyk, *Die Okkupationspolitik Nazideutschlands*, 300.
24. Chiari, *Alltag hinter der Front*, 200–1 and 256.
25. Ibid., 268–9; Rueben Ainsztein, *Jüdischer Widerstand im deutschbesetzten Osteuropa während des Zweiten Weltkrieges*, Oldenburg, 1995, 119–21.
26. Chiari, *Alltag hinter der Front*, 197–8; Tec, *In the Lion's Den*, 147–8 and her *Defiance*, 121 and 166–7.
27. Tec, *Defiance*, 81–9, 119–20, 138–9, 166–7 and 190–2; see Juliane Fürst,

'Heroes, Lovers, Victims – Partisan Girls during the Great Fatherland War', *Minerva: Quarterly Report on Women and the Military*, Fall/Winter 2000, 57–60.

28. Gerlach, *Kalkulierte Morde*, 679–83; Raul Hilberg, *Die Vernichtung der europäischen Juden: Die Gesamtgeschichte des Holocaust*, Berlin, 1982, 378, n. 324; Chiari, *Alltag hinter der Front*, 245 and 257–63; Hohenstein, *Wartheländisches Tagebuch*, 251; Gross, 'A Tangled Web', 88–91; Harvey, *Women and the Nazi East*, 241–4 and 255.

29. Goebbels, 'The Jews are to blame' in Noakes and Pridham, *Nazism*, 3, 515–6; Jürgen Hagemann, *Presselenkung im Dritten Reich*, Bonn, 1970, 146: Hitler may even have told Rosenberg not to speak about extermination in public: Hans-Heinrich Wilhelm, *Rassenpolitik und Kriegführung*, Passau, 1991, 131; Eberhard Jäckel, *Hitler in History*, Hanover, New Hamps., 1984, 55; for the poster, see Kershaw, *Hitler*, 2, plate 45, after 530; 30 Jan. 1939 speech, Hitler, *Reden und Proklamationen, 1932–1945*, 1057–8.

30. Wolfgang Diewerge (ed.), *Feldpostbriefe aus dem Osten: Deutsche Soldaten sehen die Sowjetunion*, Berlin, 1941, 38 and 44; on these and other letters, see Bartov, *Hitler's Army*, 153–69. On growing German knowledge, see Ian Kershaw, 'German Public Opinion during the "Final Solution": Information, Comprehension, Reactions' in Asher Cohen, Joav Gelber and Charlotte Wardi (eds), *Comprehending the Holocaust: Historical and Literary Research*, Frankfurt, 1988, 145–58; and esp. David Bankier, *The Germans and the Final Solution: Public Opinion under Nazism*, Oxford, 1992; for further letters, see Walter Manoschek (ed.), *'Es gibt nur eines für das Judentum: Vernichtung': Das Judenbild in deutschen Soldatenbriefen 1939–1944*, Hamburg, 1995.

31. Stadtarchiv München (ed.), *'Verzogen, unbekannt wohin': Die erste Deportation von Münchner Juden im November 1941*, Zurich, 2000; 'Einstellung der Bevölkerung zur Evakuierung der Juden', SD Aussenstelle Minden, 6 Dec. 1941., M18/11 Bestand: Preussische Regierung Minden/ SD Abschnitt Bielefeld, Nordrhein-Westfälisches Staatsarchiv Detmold, cited in Saul Friedländer, 'Mass Murder and German Society in the Third Reich: Interpretations and Dilemmas', Hayes Robinson Lecture Series no. 5, Royal Holloway, University of London, 2001, 15: very few such local reports seem to have survived the war, and they were consistently excluded from the general weekly reports on public opinion compiled by the Security Police.

32. Liselotte G. in Hammer and zur Nieden, *Sehr selten habe ich geweint*, 278–9: 31 Aug. 1943; Christa J. interview, in Prenzlauer Berg Museum des Kulturamtes Berlin and Annett Gröschner (ed.), *Ich schlug meiner Mutter die brennenden Funken ab: Berliner Schulaufsätze aus dem Jahr 1946*, Berlin, 1996, 356.

33. Lange and Burkard, *'Abends wenn wir essen fehlt uns immer einer'*, 136: Gisela's father, 11 Oct. 1942.

34. Ibid., 209: Ingeborg's father, 19 July 1943, 74–7, and 79–81: 7 and 28 Sept. 1941, and 8 Oct. 1941; Bartov, *Hitler's Army*, 153–63.

35. Lange and Burkard, *'Abends wenn wir essen fehlt uns immer einer'*, 208 and 211–12: 23 May 1943, 5 Dec. 1943 and 26 Jan. 1944.

36. Ibid., 146; Gertrud to father, 12 Sept. 1941.

37. In Sept. 1942, Hitler had apparently also proposed that 400,000 to 500,000 Ukrainian peasant girls should be brought to Germany as domestic servants

in order to 'Germanise' them and boost the national birth rate, but there is no evidence that this idea affected the actual deployment of such girls. See Madajczyk, *Die Okkupationspolitik Nazideutschlands*, 472–3; Mendel, *Zwangsarbeit im Kinderzimmer*, 149 and 156–7.

38. Mendel, *Zwangsarbeit im Kinderzimmer*, 11, 20, 22, 59, 109–10, 144–5, 166, 173–86; Valentina in Susanne Kraatz (ed.), *Verschleppt und Vergessen: Schicksale jugendlicher 'Ostarbeiterinnen' von der Krim im Zweiten Weltkrieg und danach*, Heidelberg, 1995, 143.
39. Mendel, *Zwangsarbeit im Kinderzimmer*, 173–86.
40. Lutz Niethammer, *Ego-Histoire? Und andere Erinnerungs-Versuche*, Vienna and Cologne, 2002, 186–7.
41. Uwe Timm, *Am Beispiel meines Bruders*, Cologne, 2003, 19, 57–8 and 91–2: Karl-Heinz's diary, 21 Mar. 1943, and letters to Uwe, 22 July and to parents, 25 July 1943; Victor Klemperer, *To the Bitter End: The Diaries of Victor Klemperer*, 2, London, 1999, 293: 2 Apr. 1944.
42. Interview with Gertrud L., in Dörr, 'Wer die Zeit nicht miterlebt hat . . .', 2, 219–20.
43. Ibid., 220.
44. DLA, Yvonne H.-R., b. 1931, 'Lebensgeschichte', 7–8; Liselotte G., in Hammer and zur Nieden, *Sehr selten habe ich geweint*, 277–8: 20 Mar. 1943.
45. Lacey, *Feminine Frequencies*, 129–34.
46. Ibid., 134 and 205–6.
47. Chiari, *Alltag hinter der Front*, 257–61; Gerlach, *Kalkulierte Morde*, 46ff, 276–92 and 668–83, and his *Krieg, Ernährung, Völkermord: Forschungen zur deutschen Vernichtungspolitik im Zweiten Weltkrieg*, Hamburg, 1998, 15–16; in the Białystok district of Poland, the German practice was much the same: see Madajczyk, *Die Okkupationspolitik Nazideutschlands*, 300, citing Kazimierz Wyka, *Życie na niby: Szkice z lat 1939–1945*, Warsaw, 1957, 129ff.; and Gross, 'A Tangled Web', 87–92.
48. On living off the land, Bartov, *Hitler's Army*, 130–5; packets home, Eiber, '". . . Ein bisschen die Wahrheit"', 71–3 and 75–6: 20 July 1941 and 7 Sept. 1941; and see also letters of Karl Kretschmer, 27 Sept.–19 Oct. 1942 in Klee, Dressen and Riess, *'The Good Old Days'*, 163–71.
49. Szarota, *Warschau unter dem Hakenkreuz*, 147–8; David, *A Square of Sky*, 161; Hohenstein, *Wartheländisches Tagebuch*, 212–13: 11 Nov. 1941.
50. Cinema audiences, Steinert, *Hitlers Krieg und die Deutschen*, 211; deaths of prisoners of war, Christian Streit, *Keine Kameraden*; temporary fall in civilian rations, Noakes, *Nazism*, 4, 514–18: but German rations did not drop below 2,000 calories until the spring of 1945.
51. On Poland, Madajczyk, *Die Okkupationspolitik Nazideutschlands*, 255–8, 268–70 and 283–7; on Belorussia, Gerlach, *Kalkulierte Morde*, 276–92; effect of agricultural levies in Eastern Europe, Kaser and Radice, *The Economic History of Eastern Europe*, 2, 371–81 and 393–7; on France, Robert Gildea, *Marianne in Chains: In Search of the German Occupation, 1940–45*, London, 2003, 109–33.
52. Adelson, *The Diary of Dawid Sierakowiak*, 112–43: esp. 19 and 29 July, 8, 24 and 31 Aug., 26 Sept., 6, 9, 12–23 Oct. 1941; Avraham Barkai, 'Between East and West: Jews from Germany in the Łódź Ghetto', *Yad Vashem Studies*, 16, 1984, 275; Sinti and Roma camp, Dobroszycki, *The Chronicle of the*

Łódź Ghetto, 80–103: Nov. and Dec. 1941; Adleson and Lapides, *Łódź Ghetto*, 172–92; Corni, *Hitler's Ghettos*, 179–85.

53. Georg Lilienthal, *Der 'Lebensborn e.V.': Ein Instrument nationalsozialistischer Rassenpolitik*, Frankfurt, 1993, 219–21, citing Himmler's orders to Lorenz and Heydrich of 11 July 1941, and speech of 16 Sept. 1942; Pflaum's report is from 19 July 1942; on the 'tit for tat' link between the deportation of the Volga Germans and the German Jews, see Mark Roseman, *The Villa, the Lake, the Meeting: Wannsee and the Final Solution*, London, 2002, 41.
54. Lilienthal, *Der 'Lebensborn e.V.'*, 209 n. 52 and 215; Czesław Madajczyk (ed.), *Zamojszczyzna – Sonderlaboratorium SS: Zbiór dokumentów polskich i niemieckich z okresu okupacji hitlerowskiej*, 2, Warsaw, 1977, 1, 14, and 2, 9, 95–7 and 189–91; and Madajczyk, *Die Okkupationspolitik Nazideutschlands*, 422–9 and 531.
55. Chiari, *Alltag hinter der Front*, 197–8; Clarissa Henry and Marc Hillel, *Children of the SS*, Hutchinson, 1976, 239–40; Lilienthal, *Der 'Lebensborn e.V.'*, 212–15; Hrabar, Tokarz and Wilczur, *Kinder im Krieg*, 232–3; Roman Hrabar, *Hitlerowski rabunek dzieci polskich: Uprowadzenie i germanizacja dzieci polskich w latach 1939–1945*, Katowice, 1960; Sosnowski, *The Tragedy of Children under Nazi Rule*, annex 15.
56. Sosnowski, *The Tragedy of Children under Nazi Rule*, annexe 22, 306–7; Lilienthal, *Der 'Lebensborn e.V.'*, 216; 'die gut rassigen Kinder': Himmler to Sollmann, 21 June 1943 in Helmut Heiber (ed.), *Reichsführer! . . . Briefe an und von Himmler*, Stuttgart, 1968, 214; Hrabar, Tokarz and Wilczur, *Kinder im Krieg*, 87; Michael Leapman, *Witnesses to War: Eight True-Life Stories of Nazi Persecution*, London, 2000, 106.
57. Macardle, *Children of Europe*, 235–6 and 238–40.
58. Henryk Tycner, 'Grupa doktora Franciszka Witaszka' in *Przegląd Lekarski*, no. 1, 1967, cited in Madajczyk, *Die Okkupationspolitik Nazideutschlands*, 473 n. 56; see also the interview account in Catrine Clay and Michael Leapman, *Master Race: The Lebensborn Experiment in Nazi Germany*, London 1995, 115–17.
59. Clay and Leapman, *Master Race*, 119–23 for a fascinating interview account. As in many interviews, the interviewee makes mistakes with dates and Michelowski cannot have arrived in Oberweis before it opened in September 1943; nor was the camp run by 'SS guards', although it probably felt like that: Lilienthal, *Der 'Lebensborn e.V.'*, 211 and 57.
60. KA 2073, Ilse-W. P., 'KLV-Tagebuch', 25 Oct. 1941.
61. Ibid., 16 and 22 June 1941.
62. Teenage civilian deaths in the First World War, Jay Winter and Jean-Louis Robert (eds), *Capital Cities at War: Paris, London, Berlin 1914–1919*, Cambridge, 1997, 487–523; also Avner Offer, *The First World War: An Agrarian Interpretation*, Oxford, 1989.

第六章

1. 'Jäger Report' in Klee, Dressen and Riess, *'The Good Old Days'*, 46–58; Christian Gerlach, 'Die Wannsee-Konferenz, das Schicksal der deutschen Juden und Hitlers politische Grundsatzentscheidung, alle Juden Europas zu ermorden', *Werkstattgeschichte*, 18, 1997, 7–44; Longerich, *Politik der Vernichtung*, 419–72; Roseman, *The Villa, the Lake, the Meeting*; Christopher

Browning, 'Nazi Policy: Decisions for the Final Solution' in his *Nazi Policy, Jewish Workers, German Killers*, Cambridge, 2000, 26–57.
2. Goebbels, *Tagebücher*, 2.2: 13 Dec. 1941; Gerlach, 'Die Wannsee-Konferenz', 25; Hitler, *Reden und Proklamationen, 1932–1945*, 1057–8 and 1663; Kershaw, *The 'Hitler Myth'*, 243–4.
3. Frank, cited in Gerlach, *Krieg, Ernährung, Völkermord*, 122; Roseman, *The Villa, the Lake, the Meeting*, 44–8; on the 'Operation Reinhard' death camps, see Yitzhak Arad, *Belzec, Sobibor, Treblinka: The Operation Reinhard Death Camps*, Bloomington, 1987.
4. Roseman, *The Villa, the Lake, the Meeting*, 50, 84 and 112.
5. Adelson, *The Diary of Dawid Sierakowiak*, 131, 135 and 138: 24 and 30 Sept., and 10 Oct. 1941; Dobroszycki, *The Chronicle of the Lódź Ghetto*, 244: 28 Aug. 1942; Corni, *Hitler's Ghettos*, 177–8.
6. Yitzhak Arad, *Ghetto in Flames: The Struggle and Destruction of the Jews in Vilna in the Holocaust*, New York, 1982, 101–19.
7. Translation by Shirli Gilbert of 'Es iz geven a zumer-tog', text by Rikle Glezer, music based on Yiddish theatre song 'Papirosn' (Cigarettes), composed by Herman Yablokoff, Yiddish version in Kaczerginski and Leivick, *Lider fun di getos un lagern*, 7–8.
8. See Shirli Gilbert, *Music in the Holocaust: Confronting Life in the Nazi Ghettos and Camps*, Oxford, 2005, chapter 2, for a fascinating account of musical life in the Vilna ghetto; on the shootings at Ponar, see Hermann Kruk, *The Last Days of the Jerusalem of Lithuania: Chronicle from the Vilna Ghetto and the Camps, 1939–1944*, Benjamin Harshav (ed.), New Haven and London, 2002, 88–93: 4 Sept. 1941; Arad, *Ghetto in Flames*, 75–7 and 149–58; Klee, Dressen and Riess, *'The Good Old Days'*, 38–45; Yitskhok Rudashevski, *The Diary of the Vilna Ghetto: June 1941–April 1943*, Tel Aviv, 1973, 43–6.
9. Marc Dvorjetski, 'Adjustment of Detainees to Camp and Ghetto Life and Their Subsequent Readjustment to Normal Society', *Yad Vashem Studies*, 5, 1963, 198; see also Eisen, *Children and Play in the Holocaust*, 76–8; on Bruno Kittel, see Arad, *Ghetto in Flames*, 368.
10. Rudashevski, *The Diary of the Vilna Ghetto*, 113: 28 Dec. 1942; 115–16: 1 Jan. 1943; see also 99: 26 Nov. 1942; 126–7: 27 Jan. 1943, visits the ghetto furniture workshop and finds that the adult workers keep the children in line by threatening them with 'Dear Children, Murer will come and make a fuss'; Arad, *Ghetto in Flames*, 304–5; Eisen, *Children and Play in the Holocaust*, 77: based on testimony of Tzvia Kuretzka.
11. Donald Niewyk (ed.), *Fresh Wounds: Early Narratives of Holocaust Survival*, Chapel Hill, 1998, 176; Adelson, *The Diary of Dawid Sierakowiak*, 142, 161–2 and 258: 19 Oct. 1941, 1–2 May 1942 and 15 Mar 1943; Corni, *Hitler's Ghettos*, 179–82; on ignorance and knowledge within the ghettos during Mar.–Aug. 1942, see Arad, *Belzec, Sobibor, Treblinka*, 241–4.
12. Dobroszycki, *Chronicle of the Lodz Ghetto*, xxiii–xxv, xxxiv–xxxvi, 128 and 133; Hilberg, *Destruction of the European Jews*, 205–214; anon. girl in Zapruder, *Salvaged Pages*, 227–9 and 231–8: 27 Feb.–12 Mar. 1942, 231–8.
13. Adelson, *The Diary of Dawid Sierakowiak*, 212 and 218–20: 1 and 5 Sept. 1942; see also Dobroszycki, *Chronicle of the Lodz Ghetto*, 248–52, and Zelkowicz, 'In these nightmarish days' in Adelson and Lapides, *Lódź Ghetto*, 320–8 and 336–47.
14. Adelson, *The Diary of Dawid Sierakowiak*, 226 and 221: 6 Sept. 1942.

15. Adelson and Lapides, *Lódź Ghetto*, 328–31.
16. Recounted by Ettie's nurse, in Sheva Glas-Wiener, *Children of the Ghetto*, Melbourne, 1983, 86; also cited in Eisen, *Children and Play in the Holocaust*, 76.
17. Berg, *Warsaw Ghetto*, 68–9: 12 June 1941; also testimonies in Sakowska, *Archiwum Ringelbluma*, 2, 46–8.
18. Janusz Korczak, *Ghetto Diary*, New Haven and London, 1978, 55–6: 29 May 1942.
19. Betty Lifton, *The King of Children: The Life and Death of Janusz Korczak*, New York, 1988, esp. 56–64 and 286–98.
20. Ibid., 295–7 and 308.
21. Ibid., 300–5.
22. Ibid., 301–3; Korczak, *Ghetto Diary*, 65, 76 and 84–5: n.d.
23. Hilberg, Staron and Kermisz, *The Warsaw Diary of Adam Czerniakow*, 352–3: 10 and 14 May 1942.
24. Ibid., 363–4: 7 June 1942; Lifton, *The King of Children*, 311–12.
25. Hilberg, Staron and Kermisz, *The Warsaw Diary of Adam Czerniakow*, 374: 5 and 12 July 1942.
26. Ibid., introduction, 61 and 376–7: 8 July 1942.
27. Katsh, *The Diary of Chaim Kaplan*, 375–6: 16 July 1942; Hilberg, Staron and Kermisz, *The Warsaw Diary of Adam Czerniakow*, 381–3: 16–20 July 1942; Berg, *Warsaw Diary*, 159: 16 July 1942.
28. Hilberg, Staron and Kermisz, *The Warsaw Diary of Adam Czerniakow*, introduction, 63–4.
29. Katsh, *The Diary of Chaim Kaplan*, 360, 369–72 and 379: 25 June, 10–12 and 22 July 1942. On 17 June, Emmanuel Ringelblum had also heard news of the mass gassings and was unsure how to make sense of them: see, Hilberg, Staron and Kermisz, *The Warsaw Diary of Adam Czerniakow*, introduction, 62.
30. Cited in Nora Levin, *The Holocaust: The Destruction of European Jewry, 1933–1945*, New York, 1968, 324–5.
31. For the following account, Lifton, *The King of Children*, 323–4, 338–45 and 348.
32. Ibid., 106–11.
33. David, *A Square of Sky*, 184–6; on work brigades outside the ghetto in this period, Paulsson, *Secret City*, 65–6.
34. Ibid., 79 and further details in his 'Hiding in Warsaw: The Jews on the "Aryan Side" in the Polish Capital, 1940–1945', D. Phil. thesis, Oxford, 1998, 278; Berg, *Warsaw Diary*, 208–10: 17 Dec. 1942.
35. Translated by Shirli Gilbert from the Yiddish, 'Shlof, mayn kind', music and text by M. Shenker, in Kaczerginski and Leivick, *Lider fun di getos un lagern*, 236.
36. Madajczyk, *Die Okkupationspolitik Nazideutschlands*, 254 and 257; Paulsson, *Secret City*, 73–4.
37. Paulsson, *Secret City*, 80–2.
38. Ibid., 53–73.
39. David, *A Square of Sky*, 214–22.
40. Ringelblum, *Polish–Jewish Relations*, 144–5; Paulsson, *Secret City*, 105–11; Nelly S. Toll, *Behind the Secret Window: A Memoir of a Hidden Childhood During World War Two*, New York, 1993, 32–41; see also YVA 0.33 1374 for her MS memoir.

41. Janina David, *A Touch of Earth: A Wartime Childhood*, London, 1966, 8–9; Paulsson, *Secret City*, 49–53.
42. Ringelblum, *Polish–Jewish Relations*, 140–4.
43. Toll, *Behind the Secret Window*, 79–97 and 102.
44. Ibid., 126.
45. See testimonies of Regina Rück, b. 15 July 1935; Maria Kopel, b. 1932; Izak Klajman, b. 10 June 1934; and Dawid Wulf, b. 23 Nov. 1936 in Maria Hochberg-Mariańska and Noe Grüss (eds), *The Children Accuse*, London, 1996, 85, 122, 130 and 171–9; Eisen, *Children and Play in the Holocaust*, 75.
46. Zygmunt Klukowski, diary for 4 Nov. 1942, cited in Gross, 'A Tangled Web', 91 and see 87–92; testimony of Irena Schnitzer, b. 1938; and Fryda Koch, b. 12 Sept. 1932 in Hochberg-Mariańska and Grüss, *The Children Accuse*, 98 and 22; rumours of extermination plans during the Zamość clearances, Madajczyk, *Die Okkupationspolitik Nazideutschlands*, 427, and Dr Wilhelm Hagen to Adolf Hitler, 7 Dec. 1942 in Sosnowski, *The Tragedy of Children under Nazi Rule*, annexe 29A, 317–20.
47. Przybylska, *Journal de Wanda*, 28–9, 40–1: 1, 17 and 21 Aug. 1942.
48. Izak Klajman, in Hochberg-Mariańska and Grüss, *The Children Accuse*, 127–31; discussed in Gross, 'A Tangled Web', 84; see also testimony of Leon Majblum, b. 14 Dec. 1930; and Fryda Koch, in Hochberg-Mariańska and Grüss, *The Children Accuse*, 26 and 91–2.
49. See the fascinating analysis of this network in Paulsson, *Secret City*, 44–54 and chapter 4; and Bernward Dörner, 'Justiz und Judenmord: Todesurteile gegen Judenhelfer in Polen und der Tschechoslowakei 1942–1944' in Norbert Frei, Sybille Steinbacher and Bernd Wagner (eds), *Ausbeutung, Vernichtung, Öffentlichkeit: Neue Studien zur nationalsozialistischen Lagerpolitik*, Munich, 2000, 249–63.
50. Przybylska, *Journal de Wanda*, 59–62: 24 Feb., 11 and 29 Mar. and 23 June 1943.
51. Joseph Ziemian, *The Cigarette Sellers of Three Crosses Square*, London, 1970, 10–29; Paulsson, *Secret City*, 125–6; see also notes in Władysław Bartoszewski and Zofia Lewin (eds), *Righteous among Nations: How Poles Helped the Jews, 1939–45*, London, 1969, 420–1.
52. Ziemian, *The Cigarette Sellers of Three Crosses Square*, 77 and 80–2.
53. Ibid., 69–70, 149, 63–5, 130–1 and 19–21.
54. Paulsson, *Secret City*, 101–4.
55. Numbers and finance, Paulsson, *Secret City*, 206–10; Bartoszewski and Lewin, *Righteous among Nations*, 420.
56. David, *A Touch of Earth*, 11 and 18–25.
57. Ibid., 24–5 and 15–17; and letter to the author, 24 Aug. 2005.
58. Testimony of Zygmunt Weinreb, b. 26 Nov. 1935, in Hochberg-Mariańska and Grüss, *The Children Accuse*, 114.
59. David, *A Touch of Earth*, 27–104.
60. Paulsson, *Secret City*, 87–8, citing Ringelblum's diary for 14 Dec. 1942; Ringelblum, *Polish–Jewish Relations*, 150–1, a posthumously edited account, puts a different gloss on the failure of this attempted rescue, putting the onus on the Church, whereas the diary entry suggests that it was the Jewish side which rejected the offer. For Jewish children's attraction to the figure of the Virgin Mary, see David, *A Touch of Earth*, 120–2; Saul Friedländer, *When*

Memory Comes, New York, 1979, 120–2; and see Sue Vice, *Children Writing the Holocaust*, London, 2004, 81–100.

第七章

1. Yehuda Bacon, or Juda Bakon, b. 28 July 1929, deported Mährisch-Ostrau to Theresienstadt, 26 Sept. 1942, and deported to Auschwitz-Birkenau, 15 Dec. 1943: see Miroslav Kárný et al. (eds), *Terezínská Pamětní Kniha*, 2, Prague, 1995, 971; YVA 0.3 1202, Yehuda Bacon interviews with Chaim Mass, Jerusalem, 13 Feb. 1959, 13–14 and DöW 13243 with Ben-David Gershon, Jerusalem, 17 Nov. 1964, 29–30; Saul Friedman (ed.), *The Terezin Diary of Gonda Redlich*, Lexington, Kentucky, 1992, 137–8: 19 Dec. 1943; Miroslav Kárný, 'The Genocide of the Czech Jews' in Miroslav Kárný et al., *Terezín Memorial Book: Jewish Victims of Nazi Deportations from Bohemia and Moravia 1941–1945: A Guide to the Czech Original with a Glossary of Czech Terms Used in the Lists*, Prague, 1996, 69–70, and his 'Das Theresienstädter Familienlager in Birkenau', *Judaica Bohemiae*, 15/1, 1979, 3–26.

2. DöW 13243, Bacon, interview with Ben-David Gershon, Jerusalem, 17 Nov. 1964, 17, 24, 68. There is a large literature on Theresienstadt: see Hans Günther Adler, *Theresienstadt, 1941–1945: Das Antlitz einer Zwangsgemeinschaft* (2nd edn), Tübingen, 1960; Miroslav Kárný, Vojtěch Blodig and Margita Kárná (eds), *Theresienstadt in der 'Endlösung der Judenfrage'*, Prague, 1992; Miroslav Kárný and Margita Kárná, 'Kinder in Theresienstadt', *Dachauer Hefte*, 9, 1993, 14–31; on the Theresienstadt artists, see Leo Haas, 'The Affair of the Painters of Terezín' in Massachusetts College of Arts (ed.), *Seeing through 'Paradise': Artists and the Terezín Concentration Camp*, Boston, 1991; Gerald Green, *The Artists of Terezín*, New York, 1978; Památník Terezín (ed.), *Leo Haas*, Terezín, 1969; also Památník Terezín (ed.), *Arts in Terezín, 1941–1945*, Terezín, 1973; Wolf Wagner, *Der Hölle entronnen: Stationen eines Lebens: Eine Biographie des Malers und Graphikers Leo Haas*, Berlin, 1987; Karl Braun, 'Peter Kien oder Ästhetik als Widerstand' in Miroslav Kárný, Raimund Kemper and Margita Kárná (eds), *Theresienstädter Studien und Dokumente*, Prague, 1995, 155–74; on musical life and children, see Wiener Library, K4H, Theresienstadt, Alice Herz-Sommer MS, 'A Memoir'; Victor Ullmann wrote two appreciations of her performances: see Victor Ullmann, *26 Kritiken über musikalische Veranstaltungen in Theresienstadt*, Hamburg, 1993, 61, 84; Joža Karas, *Music in Terezín, 1941–1945*, New York, 1985; JMPTC, 318, for material on cabarets and the children's opera *Brundibar*; JMPTC, 326/67c, for text and music of Carlo and Erika Taube, 'Ein jüdisches Kind'; JMPTC, 326/87b, Erika Taube, 'Theresienstädter Skizzenbuch: Gedanken im Ghetto'; Ilse Weber's poetry has been published as Ilse Weber, *In deinen Mauern wohnt das Leid: Gedichte aus dem KZ Theresienstadt*, Gerlingen, 1991. See JMPTC, 305, for the festival programme of the German home L 414, 4–8 Sept. 1943. See also the published collection of songs and satires in Ulrike Migdal, *Und die Musik spielt dazu: Chansons und Satirien aus dem KZ Theresienstadt*, Munich, 1986.

3. Kárný, 'The Genocide of the Czech Jews', 40–4.

4. Ibid., 49–58; Adler, *Theresienstadt*, 299–300 and 720–2. The average age of death never fell below sixty-three; after Jan. 1942, and for most of the time, it was over seventy: ibid., 527. Aggregate demographic statistics are as

follows: 141,184 people were deported to Theresienstadt; 33,456 died there; 88,202 were deported further (mostly to their deaths in Auschwitz-Birkenau); 1,654 were released prior to liberation; 464 escaped; 276 were arrested (mostly killed in the small fortress); and there were 16,832 survivors on liberation.

5. Kárný, 'The Genocide of the Czech Jews', 54–8; Roseman, *The Villa, the Lake, the Meeting*, appendix, 113; Anita Franková, 'Die Struktur der aus dem Ghetto Theresienstadt zusammengestellten Transporte (1942–1944)', *Judaica Bohemiae*, 25/2, 1989, 63–81.
6. Kárný, 'The Genocide of the Czech Jews', 64–8 and 73–4; Wildt, *Generation des Unbedingten*, 718–24; and for an account based on British and US intelligence which plays up the role of Himmler's masseur, Felix Kersten, see John Waller, *The Devil's Doctor: Felix Kersten and the Secret Plot to Turn Himmler against Hitler*, New York, 2002.
7. Kárný, 'The Genocide of the Czech Jews', 66, 70–1 and 74–5.
8. Heinrich Himmler, *Die Geheimreden 1933 bis 1945*, Bradley Smith and Agnes Peterson (eds), Frankfurt, 1974, 162–83 and 202–5: speeches to *Reich*- and *Gauleiter* at Posen, 6 Oct. 1943 and to the generals at Sonthofen, 5 and 24 May and 21 June 1944; Wildt, *Generation des Unbedingten*, 712–18; Randolph Braham, *The Politics of Genocide: The Holocaust in Hungary*, New York, 1994; Hans Safrian, *Die Eichmann-Männer*, Vienna, 1993; Christian Gerlach and Götz Aly, *Das letzte Kapitel: Der Mord an den ungarischen Juden 1944–1945*, Frankfurt, 2004; on the Slovak rising, see John Erickson, *The Road to Berlin: Stalin's War with Germany*, 2, London, 1983, 290–307; Richard Breitman, 'A Deal with the Nazi Dictatorship? Himmler's Alleged Peace Emissaries in Autumn 1943', *Journal of Contemporary History*, 30, 1995, 411–30; Masur in Leni Yahil, *The Holocaust: The Fate of European Jewry, 1932–1945*, Oxford, 1990, 545.
9. JMPTC, 304, Albert Fischer MS, report on the first year of L417, the Czech boys' home; Marie Rút Křížková, Kurt Jiří Kotouč and Zdeněk Ornest (eds), *We Are Children Just the Same: Vedem, the Secret Magazine of the Boys of Terezín*, Philadelphia, 1995, 51–2; Friedman, *The Terezin Diary of Gonda Redlich*, 5 and 7: 9 and 14 Jan. 1942; for Czerniaków's belated attempts to allocate special rations to children, see Hilberg, Staron and Kermisz, *The Warsaw Diary of Adam Czerniakow*, 362 and 267–9: 2, 15 and 22 June 1942, but in practice, children in the orphanages were kept on starvation rations, while the administrators made generous allocations to themselves: Ringelblum, *Polish–Jewish Relations*, 210; in Łódź, Rumkowski did periodically issue ration supplements to children: e.g., Adelson, *The Diary of Dawid Sierakowiak*, 115: 27 July 1942, and Adelson and Lapides, *Lódz Ghetto*, 30–1.
10. See Adler, *Theresienstadt*, 315; as late as 20 March 1945 a new children's home was established by order of the SS to impress Red Cross inspectors that nothing had changed since their previous visit in the summer of 1944: Hans Günther Adler, *Die verheimlichte Wahrheit: Theresienstädter Dokumente*, Tübingen, 1958, 222–4. Willy Groag became the head of this home and the last head of the *Jugendfürsorge* in Theresienstadt: see JMPTC, 343, 88–9, Willy Groag interview with Ben-David Gershon, Kibbutz Maanith, 17 Oct. 1965.
11. Yehuda Bacon, 'Můj život v Terezíně' ('My Life in Terezín'), MS, Jerusalem, 1947, cited in German translation in Alder, *Theresienstadt*, 553. The teachers

even issued certificates and diplomas: Jacob Jacobson and David Cohen, *Terezín: The Daily Life, 1943–45*, London, 1946.

12. Helga Pollak, diary entry for 6 May 1943, in František Ehrmann (ed.), *Terezin*, Prague, 1965, 103. Two autobiographical poems by German boys (both with Jewish fathers) survive on the plight of the *Mischlinge*: JMPTC, 325, anon.; and especially the diaries of Eva Ginzová and Petr Ginz, in Zapruder, *Salvaged Pages*, 160–89. On friendships, see also Ruth Klüger, *Weiter Leben: Eine Jugend*, Göttingen, 1992, 88–90 and 102: she even thought that the close emotional ties she developed in Theresienstadt cured her of the nervous ticks which she put down to her solitary childhood in Vienna. Zdeněk Ohrenstein (Ornest) and Hanus Hachenburg, two of the contributors to *Vedem*, also became very close friends from their time in the Prague orphanage until they were separated by deportation from Theresienstadt: Křížková, Kotouč and Ornest, *We Are Children Just the Same*, 113. On Christian worship in Theresienstadt, see Clara Eisenkraft, *Damals in Theresienstadt: Erlebnisse einer Judenchristin*, Wuppertal, 1977, 48–54; also Stadtarchiv Munich, Familiennachlass 672/2, Karin Vriesländer MS, 'K.-Z. Theresienstadt'.

13. On Eisinger, see Křížková, Kotouč and Ornest, *We Are Children Just the Same*, 40. The Jews of the ghetto were ordered not to doff their hats any longer in preparation for the inspection visit of the International Red Cross in 1944; Helga Pollak interview, in Debórah Dwork, *Children with a Star: Jewish Youth in Nazi Europe*, New Haven, 1991, 128; M. Kryl, 'Das Tagebuch Egon Redlichs' in Kárný, Blodig and Kárná, *Theresienstadt in der 'Endlösung der Judenfrage'*, 152–3. In general, see Nili Keren, 'Ein pädagogisches Poem', in ibid., 157–8; Ruth Bondy, *'Elder of the Jews': Jakob Edelstein of Theresienstadt*, New York, 1989.

14. Bacon, 'Můj život v Terezíně', in Adler, *Theresienstadt*, 552, and YVA 0.3 1202, Bacon interview with Chaim Mass, Jerusalem, 13 Feb. 1959, 14; Křížková, Kotouč and Ornest, *We Are Children Just the Same*, 35 and 160–1; for the diaries of Petr Ginz and his sister Eva as well as a short biographical sketch, see Zapruder, *Salvaged Pages*, 160–89; on conflicts between Germans and Czechs, as well as between Czech- and German-speakers from the 'Protectorate': Ruth Schwertfeger, *Women of Theresienstadt*, New York, 1989, 33–8; the Czech children, even from the more German-orientated communities of Prague and Brno, would have mostly been educated in Czech by the early 1930s: Adler, *Theresienstadt*, 302–3; Hillel J. Kieval, *The Making of Czech Jewry: National Conflict and Jewish Society in Bohemia, 1870–1918*, New York, 1988, 40–6. 'Shkid' was an acronym for Shkola Imeni Dostoyevskovo (Dostoevsky School), a secret kept by the boys and based on the title of one of Eisinger's favourite books, an account of the Petrograd original by two of the boys who had belonged to it.

15. On Friedl Dicker-Brandeis's work, see especially the outstanding exhibition catalogues of Elena Makarova, *From Bauhaus to Terezin: Friedl Dicker-Brandeis and Her Pupils*, Jerusalem, 1990; Stadt Frankfurt, *Vom Bauhaus nach Terezin: Friedl Dicker-Brandeis und die Kinderzeichnungen aus dem Ghetto-Lager Theresienstadt*, Frankfurt, 1991; see also Edith Kramer, 'Erinnerungen an Friedl Dicker-Brandeis', *Mit der Zieharmonika* (special issue, *Zeitschrift der Theodor-Kramer-Gesellschaft*, 3, Sept. 1988), 1–2. Vilem Benda's memoirs are in JMPTC, 343/5; YVA and DöW, Elena Makarova

MS, 1990, 'From Bauhaus to Terezín: Friedl Dicker-Brandeis and her Pupils'; State Jewish Museum in Prague (ed.), *Friedl Dicker-Brandeis, 1898–1944*, Prague, 1988; on the children's art, see Nicholas Stargardt, 'Children's Art of the Holocaust', *Past and Present*, 161, 1998, 192–235.

16. Inge Auerbacher, *I Am a Star: Child of the Holocaust*, New York, 1986, 47.
17. JMPTC, 129.702, Věra Würzelová: b. 10 Dec. 1930; deported to Theresienstadt 13 Aug. 1943; survived; pencil; JMPTC, 129.204, Liliane Franklová: b. 12 Jan. 1931; deported from Brno to Theresienstadt 15 Dec. 1941; deported to Auschwitz 19 Oct. 1944; pencil. The seashore would have had fairy-tale connotations for children growing up in a landlocked country; so, in Ruth Klaubaufová's drawing of a house and garden, the children play just outside the garden fence on the seashore: JMPTC, 129.013.
18. Norbert Troller, *Theresienstadt: Hitler's Gift to the Jews*, Chapel Hill, 1991, 93–5, 119–21, 133; Adler, *Theresienstadt*, 368–77.
19. On the discussion within the Council of Elders over whether to care for the young or the old, see JMPTC, Memories, 343/97, Zeev Scheck, 'Kinder in Theresienstadt: Jugendfürsorge des Ältestenrates', MS; Kárný, 'The Genocide of the Czech Jews', 54–8 and 68.
20. Troller, *Theresienstadt*, 94; Adler, *Theresienstadt*, 299–300. For a collection of women's fantasy recipes, see Cara De Silva (ed.), *In Memory's Kitchen: A Legacy from the Women of Terezín*, Northvale, 1996; also, in general, Elie Cohen, *Human Behaviour in the Concentration Camp*, London, 1988, 131–40.
21. Martha Glass, *'Jeder Tag in Theresin ist ein Geschenk': Die Theresienstädter Tagebücher einer Hamburger Jüdin 1943–1945*, Barbara Müller-Wesemann (ed.), Hamburg, 1996.
22. YVA 0.3 1202, Bacon interview with Chaim Mass, Jerusalem, 13 Feb. 1959, 16. Anna Kovanicová (later Hyndráková), who was fourteen when she was deported to Theresienstadt and entered the Czech girls home, affirms that what made the homes 'the best thing Terezín could have provided for us in the ghetto environment' was that 'we young people lived together without closer contact with the old, sick and wretched': Anita Franková, Anna Hyndráková, Věra Hájková and Františka Faktorová, *The World without Human Dimensions: Four Women's Memories*, Prague, 1991, 157; for children outside the homes, see the anonymous girl's account of staying in her grandmother's room, cited in Adler, *Theresienstadt*, 557–8. Stiassny coined a 'Slogan of the Day: The Young Help the Aged': see Křížková, Kotouč and Ornest, *We Are Children Just the Same*, 137.
23. JMPTC, 129.706, Ilona Weissová; b. 6 Mar. 1932; deported from Prague to Theresienstadt 14 Dec. 1941; deported to Auschwitz 15 May 1944; pencil. *Zmrzlin(a)* is ice cream; *čokoláda* chocolate; *oŕisky* nuts; *sardinky* sardines; *med* honey; *bonbony* sweets; *cukr* sugar; *mléko* milk; *Vztup do země blahobytu. Zaplat vtzup 1 Kc* means 'Entry to fantasy land. Entry charge 1 Crown'. On provisioning, see Adler, *Theresienstadt*, 358–63. For a general survey of this motif, see Dieter Richter, *Schlaraffenland: Geschichte einer populären Phantasie*, Frankfurt, 1989, esp. 94–104.
24. Klüger, *Weiter Leben*, 87; Susan Cernyak-Spatz summed it up simply: 'I don't think I ever became so good a cook as I was with my mouth'; cited in Esther Katz and Joan Ringelbaum (eds), *Women Surviving the Holocaust*, New York, 1983, 153.

25. JMPTC, 129.705, Maria Mühlstein(ová): b. 31 Mar. 1932; deported from Prague to Theresienstadt 17 Dec. 1941; deported to Auschwitz 16 Oct. 1944; pencil. Ghetto policemen feature in a number of other drawings: notably, a full-scale watercolour: JMPTC, 129.186, anon.; with a woman who is wearing the yellow star: JMPTC, 125.426, Jiří Beutler; directing non-existent traffic: JMPTC, 121.991, anon.; on a desert island with palm trees and a fantastical animal with the body and head of a cow and camel's hump: JMPTC, 137.669, Gabi Freiová. See also the caricature in *Vedem*, complete with Louis Napoleon moustache and beard and spectacles: Archive, Terezín Memorial, A 1317, *Vedem*, 12 Mar. 1944, 531.

26. For a German example in this style, see Karin Isolde Lehmann, aged twelve, 'Buntes Bild und frisches Leben!', 1945: Hartmut Lehmann, family papers, Göttingen.

27. JMPTC, 129.098, Edita Bikková: b. 9 May 1933; deported to Theresienstadt 24 Oct. 1942; deported to Auschwitz 23 Oct. 1944; pencil and crayon. Although most of the children came from largely secular and assimilated backgrounds, many of their families had continued to celebrate the Jewish festivals; the festival of Passover also gained a special meaning in communities hoping that this time they might survive and escape their bondage, and gave rise to a number of pictures of the Seder: JMPTC, 133.418, Hana Wajlová, and 174.074, Berta Kohnová.

28. JMPTC, 121.899, Jiřina Steinerová: b. 20 Jan. 1930; deported to Theresienstadt 12 Nov. 1942; deported to Auschwitz 4 Oct. 1944; Heim 14 (L 414?); pencil.

29. JMPTC, 129.075, Zuzana Winterová: b. 27 Jan. 1933; deported to Theresienstadt 4 Apr. 1942; deported to Auschwitz 4 Oct. 1944; pencil. JMPTC, Memories 343/95, Willy Groag interview with Ben-David Gershon, Kibbutz Maanith, 17 Oct. 1965.

30. YVA 0.3 1202, Bacon interview with Chaim Mass, Jerusalem, 13 Feb. 1959, 21-2 and 27; Eva Ginzová in Zapruder, *Salvaged Pages*, 175 and 180: 24 June and 28 Sept. 1944; see also Friedman, *The Terezin Diary of Gonda Redlich*, 10 and 14 Nov. 1943, 134-5.

31. After the deportations of Sept. and Oct. 1944, only 819 children were left. This figure had virtually doubled by May 1945, largely due to the arrival of further transports of Slovak Jews, as well as the survivors of evacuation and death marches: Adler, *Theresienstadt, 1941-1945*, 1960, 315; JMPTC, Memoires 343/95, Groag interview with Ben-David Gershon, Kibbutz Maanith, 17 Oct. 1965.

32. Bacon, 30 Oct. 1964 testimony to the Frankfurt trial of the Auschwitz SS, in Inge Deutschkron, ... *Denn ihrer war die Hölle: Kinder in Gettos und Lagern*, Cologne, 1985, 65, and YVA 0.3 1202, interview with Chaim Mass, Jerusalem, 13 Feb. 1959, 22-4. The transports of Hungarian Jews began in April 1944, three months before the dissolution of the 'family camp': see Ruth Klüger, *Weiter Leben*, 121-2; Filip Müller, *Eyewitness Auschwitz: Three Years in the Gas Chambers*, Susanne Flatauer (ed.), Chicago, 1979, 123-64; Serge Klarsfeld (ed.), *The Auschwitz Album: Lili Jacob's Album*, New York, 1980; Deutschkron, ... *Denn ihrer war die Hölle*, 105-6, 114, and 131-5; Gerlach and Aly, *Das letzte Kapitel*, 186-239.

33. Yehuda Bacon, video interview in Terezín Foundation, *Terezín Diary*; and

DöW 13243, interview with Ben-David Gershon, Jerusalem, 17 Nov. 1964, 61; Zapruder, *Salvaged Pages*, 166.
34. DöW 13243, Bacon, interview with Ben-David Gershon, Jerusalem, 17 Nov. 1964, 34–7; the 'family camp' was in B2B, with the women's camp (B2C) on one side from 1944, and the quarantine camp (B2A) on the other. At one end ran the camp road, while the infamous ramp was built as an extension to the railway line at the other: see Müller, *Eyewitness Auschwitz*, 175.
35. DöW 13243, Bacon, interview with Ben-David Gershon, Jerusalem, 17 Nov. 1964, 45; JMPTC, 343, 54–8, Willy Groag interview with Ben-David Gershon, 17 Oct. 1965; JMPTC, 343, Elisabeth Kuerti, 'In Memoriam Fredy Hirsch!', MS, 1990.
36. DöW 13243, Bacon interview with Ben-David Gershon, Jerusalem, 17 Nov. 1964, 46; Otto Dov Kulka, evidence given on 30 July 1964 at the Auschwitz trial, reprinted in Deutschkron, . . . *Denn ihrer war die Hölle*, 80; for his later work, see Otto Dov Kulka (ed.), *Judaism and Christianity under the Impact of National Socialism*, Jerusalem, 1987; and (ed.), *Deutsches Judentum unter dem Nationalsozialismus*, Tübingen, 1997; and (ed.), *Die Juden in den geheimen NS-Stimmungsberichten 1933–1945*, Düsseldorf, 2004. For testimony about the child-friendly side of particular SS men, see Deutschkron, . . . *Denn ihrer war die Hölle*, 34, 40–1 and 59, 117; and DöW 13243, Bacon, interview with Ben-David Gershon, Jerusalem, 17 Nov. 1964, 47–8.
37. YVA 0.3 1202, Bacon interview with Chaim Mass, Jerusalem, 13 Feb. 1959, 16; Hanna Hoffmann-Fischel report for Yad Vashem, reprinted in Deutschkron, . . . *Denn ihrer war die Hölle*, 50–1.
38. Ibid., reprinted in Deutschkron, . . . *Denn ihrer war die Hölle*, 54.
39. DöW 13243, Bacon, interview with Ben-David Gershon, Jerusalem, 17 Nov. 1964, 40 and 43; Hoffmann-Fischel in Deutschkron, . . . *Denn ihrer war die Hölle*, 53–4.
40. YVA 0.3 1202, Bacon, interview with Chaim Mass, Jerusalem, 13 Feb. 1959, 17 and DöW 13243, interview with Ben-David Gershon, Jerusalem, 17 Nov. 1964, 49; Hoffmann-Fischel in Deutschkron, . . . *Denn ihrer war die Hölle*, 51.
41. Hoffmann-Fischel in Deutschkron, . . . *Denn ihrer war die Hölle*, 54.
42. Cupik must have been a nickname: he does not appear in Kárný et al., *Terezínská Pamětní Kniha*, 2 vols, Prague, 1995; DöW 13243, Bacon calls Heydebreck 'Heidelberg', interview with Ben-David Gershon, Jerusalem, 17 Nov. 1964, 50; Hoffmann-Fischel, 'Heidebrück', in Deutschkron, . . . *Denn ihrer war die Hölle*, 55.
43. Kulka in Deutschkron, . . . *Denn ihrer war die Hölle*, 57.
44. Müller, *Eyewitness Auschwitz*, 107–11.
45. Ibid., 111–14: I have followed the Czech spelling of her name.
46. Ibid., 117–19.
47. DöW 13243, Bacon, interview with Ben-David Gershon, Jerusalem, 17 Nov. 1964, 51–2.
48. Anna Hyndráková-Kovanicová, 'Letter to my children', *The World without Human Dimensions*, 162.
49. Salmen Gradowski in Miroslav Kárný, 'Eine neue Quelle zur Geschichte der tragischen Nacht vom 8. März 1944', *Judaica Bohemiae*, 25/1, 1989, 53–6; Müller, *Eyewitness Auschwitz*, 120–2.

50. Miroslav Kárný, 'The Vrba and Wetzler Report' in Yisrael Gutman and Michael Berenbaum (eds), *Anatomy of the Auschwitz Death Camp*, Bloomington, Ind., 1994, 553–68.
51. Bankier, *The Germans and the Final Solution*, 113–14; Ursula von Kardorff, *Berliner Aufzeichnungen: Aus den Jahren 1942 bis 1945*, Munich, 1962, 228: 27 Dec. 1944; for Lederer, see Miroslav Kárný, 'Ergebnisse und Aufgaben der Theresienstädter Historiographie' in Kárný, Blodig and Kárná, *Theresienstadt in der 'Endlösung der Judenfrage'*, 34–5. News also spread from the locality – and, although Birkenau was meant to be isolated, the nearby town of Auschwitz was within the Wartheland and designated for German settlement: see Bernd Wagner, 'Gerüchte, Wissen, Verdrängung: Die IG Auschwitz und das Vernichtungslager Birkenau' in Frei, Steinbacher and Wagner, *Ausbeutung, Vernichtung, Öffentlichkeit*, 231–48; and Sybille Steinbacher, *'Musterstadt' Auschwitz: Germanisierungspolitik und Judenmord in Oberschlesien*, Munich, 2000, 178–94.
52. Details of the visit, Kárný, 'The Genocide of the Czech Jews', 74–5.
53. Klüger, *Weiter Leben*, 129–33; Hyndráková-Kovanicová, 'Letter to my children', 163–4; DöW 13243, Bacon, interview with Ben-David Gershon, Jerusalem, 17 Nov. 1964, 55–6.
54. Kulka, in Deutschkron, . . . *Denn ihrer war die Hölle*, 59.
55. DöW 13243, interview with Ben-David Gershon, Jerusalem, 17 Nov. 1964, 57.
56. YVA 0.3 1202, Bacon interviews with Chaim Mass, Jerusalem, 13 Feb. 1959, 34, and DöW 13243, with Ben-David Gershon, Jerusalem, 17 Nov. 1964, 57.
57. YVA 0.3 1202, Bacon interviews with Chaim Mass, Jerusalem, 13 Feb. 1959, 44, and DöW 13243, with Ben-David Gershon, Jerusalem, 17 Nov. 1964, 60.
58. YVA 0.3 1202, Bacon interviews with Chaim Mass, Jerusalem, 13 Feb. 1959, 50–1, and DöW 13243, with Ben-David Gershon, Jerusalem, 17 Nov. 1964, 58.
59. YVA 0.3 1202, Bacon interview with Chaim Mass, Jerusalem, 13 Feb. 1959, 39; see Beno Kaufmann and Zdeněk Taussig, 'Something about the Crematorium', 1943, and Petr Ginz, 'Rambles through Terezín', 1943, in Křížková, Kotouč and Ornest, *We Are Children Just the Same*, 85–7.
60. YVA 0.3 1202, Bacon interviews with Chaim Mass, Jerusalem, 13 Feb. 1959, 21 and 40, and DöW 13243, with Ben-David Gershon, Jerusalem, 17 Nov. 1964, 15.
61. YVA 0.3 1202, Bacon interview with Chaim Mass, Jerusalem, 13 Feb. 1959, 47. The next seven lines are deleted from the transcript.
62. DöW 13243, interview with Ben-David Gershon, Jerusalem, 17 Nov. 1964, 68.
63. YVA 0.3 1202, Bacon interviews with Chaim Mass, Jerusalem, 13 Feb. 1959, 44, and DöW 13243, with Ben-David Gershon, Jerusalem, 17 Nov. 1964, 60; Kárný, 'The Genocide of the Czech Jews', 79.
64. Andrzej Strzelecki, *Endphase des KL Auschwitz: Evakuierung, Liquidierung und Befreiung des Lagers*, Oświęcim-Brzezinka, 1995, 89–92; DöW 13243, Bacon, interview with Ben-David Gershon, Jerusalem, 17 Nov. 1964, 60–3; Müller, *Eyewitness Auschwitz*, 161–5.

第八章
1. KA 4709/2, Klaus S., b. 1926, 'Gomorrah. Bericht über die Luftangriffe auf Hamburg Juli/August 1943', MS, Hamburg, 1993, based on diary and letters to his mother: 25 July 1943. For statistics and background, see Groehler, *Bombenkrieg gegen Deutschland*, 106–21; also Martin Middlebrook, *The Battle of Hamburg: Allied Bomber Forces against a German City in 1943*, London, 1980; Friedrich, *Der Brand*, 192–5.
2. Institut für Geschichte und Biographie, Aussenstelle der Fernuniversität Hagen, Lüdenscheid, Lothar C., diary, 3 June 1943. KA 4709/2, Klaus S., letter to mother, 1 Aug. 1943.
3. KA 4709/2, Klaus S., letters to mother, 28, 30 and 31 July, 1 and 10 Aug. 1943.
4. Ibid., letter to mother, 31 July 1943; Police President of Hamburg, in Noakes, *Nazism*, 4, 554–7.
5. KA 4709/2, Klaus S., letter to mother, 11 Aug. 1943. Sixteen-year-olds were called up to the *Flak* for the first time by a decree issued on 26 Jan. 1943: Jahnke and Buddrus, *Deutsche Jugend 1933–1945*, 359–61; see also the oral history project of Rolf Schörken, *Luftwaffenhelfer und Drittes Reich: Die Entstehung eines politischen Bewusstseins*, Stuttgart, 1984, 101–61; for a study by a former *Flakhelfer*, see Hans-Dietrich Nicolaisen, *Der Einsatz der Luftwaffen- und Marinehelfer im 2. Weltkrieg: Darstellung und Dokumentation*, Büsum, 1981, 168–96; Eggert, *Der Krieg frisst eine Schule*, 104–24; Hans Joachim M., born 1930, cited in Arbeitsgruppe Pädagogisches Museum, *Heil Hitler, Herr Lehrer*, 180; KA 2554, Werner K., '20 Monate Luftwaffenhelfer: Tagebücher 5. Januar 1944–20. August 1945'.
6. Interview, May 1992 with Pavel Vasilievich Pavlenko, in Herbert Diercks (ed.), *Verschleppt nach Deutschland! Jugendliche Häftlinge des KZ Neuengamme aus der Sowjetunion erinnern sich*, Bremen, 2000, 97. Bericht des Polizeipräsidenten, in Noakes, *Nazism*, 4, 557; see Hans Joachim Schröder, *Die gestohlenen Jahre: Erzählgeschichten und Geschichtserzählung im Interview: Der Zweite Weltkrieg aus der Sicht ehemaliger Mannschaftssoldaten*, Tübingen, 1992, 756–60 and 768–9; Siegfried Gräff, *Tod im Luftangriff: Ergebnisse pathologisch-anatomischer Untersuchungen anlässlich der Angriffe auf Hamburg in den Jahren 1943–45*, Hamburg, 1948, 111 and 116; also Dörr, 'Wer die Zeit nicht miterlebt hat . . .', 2, 276, Roswitha N (1924) for later raids on Stuttgart.
7. Ruth Klein's testimony on looking for her parents after the Heilbronn firestorm of 4 Dec. 1944, in Werkstattgruppe der Frauen für Frieden/Heilbronn (eds), *Heimatfront: Wir überlebten*, Stuttgart, 1985, 214; cited in Dörr, 'Wer die Zeit nicht miterlebt hat . . .', 2, 277–8; and Schröder, *Die gestohlenene Jahre*, 753ff, on soldiers from Hamburg getting lost in their own neighbourhoods.
8. See Groehler, *Bombenkrieg gegen Deutschland*, 119–20; public reactions, Boberach, *Meldungen aus dem Reich*, 14, 5619–21: 16 Aug. 1943; Steinert, *Hitlers Krieg und die Deutschen*, 397–9; supplements and compensation, Noakes, *Nazism*, 4, 558–65; looted Jewish property, Frank Bajohr, *'Aryanisation' in Hamburg: The Economic Exclusion of the Jews and the Confiscation of their Property in Nazi Germany*, Oxford, 2002, 277–82 and 284 n. 34.
9. Harris to Churchill, 3 Nov. 1943, in Charles Webster and Noble Frankland,

The Strategic Air Offensive against Germany, 2, London, 1961, 190; Richard Overy, *Why the Allies Won*, London, 1995, 120–4; Friedrich, *Der Brand*, 92–121; see also critical appraisal of Friedrich in Lothar Kettenacker (ed.), *Ein Volk von Opfern: Die neue Debatte um den Bombenkrieg 1940–45*, Berlin, 2003; on the disastrous Nuremberg raids, see Martin Middlebrook, *The Nuremberg Raid, 30–31 March 1944*, London, 1973.

10. Fear, RA, Burg-Gymnasium Essen, UII/522, anon., b. 1940, 24 Feb. 1956, 1; Burg-Gymnasium Essen, UII/545, 1; Burg-Gymnasium Essen, UII/542, 1; Burg-Gymnasium Essen, UII/548, 1; Berufschule Essen, UI, no number, 1; Luisen-Schule Essen, UI, no number, 1; KA 3187b, Karl-Heinz B., b. 1927, d. 1984, Bismarck-Schule, Schulheft Klasse 4b, Deutsch: 'Flieger über Bochum': 14 May 1942; KA 4145, Ute R., 'Wolke Pink sieben' (MS), 2. Carrying packs, RA, Burg-Gymnasium Essen, anon. (boy), b. 1939, UII/545, 1, and Luisen-Schule Essen, anon. (girl) UI; sleeping in shelters, Luisen-Schule Essen, UI, no number, 2; Luisen-Schule Essen, UI, no number, 1–2; St Nicholas in the bunker, Burg-Gymnasium Essen UII/549, 1; learning to walk in the cellar, Luisen-Schule Essen, UI, no number, 3; being cheered by children's play, see Dörr, *'Wer die Zeit nicht miterlebt hat . . .'*, 2, 253.
11. RA, Goetheschule Essen, UI/6, 1; Burg-Gymnasium Essen UII/521, 1.
12. Boberach, *Meldungen aus dem Reich*, 17, 6522, 11 May 1944.
13. RA, Burg-Gymnasium Essen, UII/516, anon. 16 years, 14 Feb. 1956, 1.
14. Praying in bunker, RA, Berufschule M2/6, 16 years, 21 Jan. 1956, 1; sounds in Gröschner, *Ich schlug meiner Mutter die brennenden Funken ab*, 35. Even in Berlin, where about a quarter of all German bunkers were built in the programme after the raids on Hamburg, there was capacity for only about 10 per cent of the city's population: Groehler, *Bombenkrieg gegen Deutschland*, 238–54.
15. Liselotte G., in Hammer and zur Nieden, *Sehr selten habe ich geweint*, 288: 29 Dec. 1943. Her confirmation was on *Heldengedenktag*: see entry for 20 Mar. 1943.
16. Ibid., 288: 29 Dec. 1943.
17. Ibid., 283–4: 24 Nov. 1943.
18. Groehler, *Bombenkrieg gegen Deutschland*, 183; see also Martin Middlebrook, *The Berlin Raids: RAF Bomber Command Winter 1943–44*, London, 1988.
19. Alan W. Cooper, *Bombers over Berlin: The RAF Offensive, November 1943–March 1944*, Wellingborough, Northants, 1985 and 1989, 114; Liselotte G., in Hammer and zur Nieden, *Sehr selten habe ich geweint*, 285: 24 Dec. 1943.
20. Liselotte G. in Hammer and zur Nieden, *Sehr selten habe ich geweint*, 285: 24 Dec. 1943.
21. Ibid., 287–91: 29 Dec. 1943 and 3 Jan. 1944.
22. Adults' fear and tales to children, see RA, Burg-Gymnasium Essen, UII/552, 16 years, b. 1940, 24 Feb. 1956, 1; Luisen-Schule Essen, UI/7, 1 and 3–4; Burg-Gymnasium Essen UI/522, 17 years, 24 Feb. 1956, 2; Goetheschule Essen, OII/2, 1–5; Burg-Gymnasium Essen, UII/519, 18 years, 24 Feb. 1956, 1; Luisen-Schule Essen, UI/11, 5; Luisen-Schule Essen, UI/6, 18 years, 16 Jan. 1956, 1; Marion to her father, in Lange and Burkard, *'Abends wenn wir essen fehlt uns immer einer'*, 185: 3 Dec. 1943; dug from rubble, RA, Berufsschule Essen, M2/2, 1–2.
23. RA, Luisen-Schule Essen, UI/7, 9, (Sigrid M., 20 Jan. 1956; b. 1939).

24. For Queen Luise, see RA, Goetheschule Essen, UI/1, 23 Jan. 1956, 3; finding a shoe, see RA, Luisen-Schule Essen, UI/5, 5; RA, Goetheschule Essen UI/3, 6: cannot imagine that all the toys have been destroyed along with the family home.
25. Uwe Timm, *Am Beispiel meines Bruders*, 27 and 37–40: letter from father, 6 Aug., and from Karl-Heinz, 11 Aug. 1943.
26. Harald H., MS, 3: I am grateful to the late W. G. Sebald for sending this to me.
27. RA, Goetheschule Essen, OII, anon. b. 1938, 1; Goetheschule Essen UI/3, 5; RA, Luisen-Schule Essen, UI, no number, Sabine K., 20 Jan. 1956, 2.
28. Kardorff, *Berliner Aufzeichnungen*, 159: 21 June 1944 on Berlin, the swirling clouds of dust and flames as resembling 'purgatory in medieval paintings' and 'all the same having a wild beauty'.
29. Institut für Geschichte und Biographie, Aussenstelle der Fernuniversität Hagen, Lüdenscheid, Lothar C., diary, 30 May 1943; *Flak* fragments, Harald H., MS, 1; 'Stuka' game, RA, Luisen-Schule Essen, UI/ no number, anon. 19 years, 16 Jan. 1956, 2–3.
30. Interview with Pavlenko in Diercks, *Verschleppt nach Deutschland*, 97; RA, Luisen-Schule Essen UI/12, Marie-Luise K., 20 Jan. 1956, 1–2.
31. RA, Berufschule Essen, anon., 16 years, 21 Jan. 1956, M2/6, 1; on air raids and crime, see Wagner, *Volksgemeinschaft ohne Verbrecher*, 316–29.
32. Boberach, *Meldungen aus dem Reich*, 15, 6071–8: 29 Nov. 1943; see also Herbert, *Hitler's Foreign Workers*, 329 and 360–5; Wachsmann, *Hitler's Prisons*, 211 and 221–2; Alexei Antonovich Kutko, interview, Sept. 1993 in Diercks, *Verschleppt nach Deutschland*, 67. See also, Leonid Michailovich Dospechov, Archiv der Gedenkstätte Neuengamme 2.8/1205 Kat. 1.
33. Klimenti Ivanovich Baidak, in Archiv der Gedenkstätte Neuengamme, Ng.2.8./ 1247 Kat. 1. Letter from a French worker in Herbert, *Hitler's Foreign Workers*, 322.
34. Theilen, *Edelweisspiraten*, 26–90; Peukert, *Inside Nazi Germany*, 160–5.
35. Song of the Navajos in Peukert, *Inside Nazi Germany*, 158.
36. See Richard Overy, 'Barbarisch aber sinnvoll' in Kettenacker, *Ein Volk von Opfern?*, 183–7; Groehler, *Bombenkrieg gegen Deutschland*, 190–5; Webster and Frankland, *The Strategic Air Offensive against Germany*, 2, 198–211 and 3, 9–41, for the reluctant subordination of Bomber Command in April 1944 to preparations for the land invasion.
37. Steinert, *Hitlers Krieg und die Deutschen*, 404–24; Wachsmann, *Hitler's Prisons*, 211–12 and 218–26; Overy, *Why the Allies Won*, 90–7 and 129.
38. Groehler, *Bombenkrieg gegen Deutschland*, 238–54.
39. KA 3214 Anna-Matilda M., Klasse 4, 1943–4: Schulhefte 6/7 (Luftschutz).
40. Inge Reininghaus from Hagen, in Sollbach, *Heimat Ade*, 135; see also Steinert, *Hitlers Krieg und die Deutschen*, 425; Boberach, *Meldungen aus dem Reich*, 14, 5643–6: 19 Aug. 1943.
41. Boberach, *Meldungen aus dem Reich*, 14, 5643–6: 19 Aug. 1943.
42. 'Das Bunte Urselbuch: Familienchronik eines Lehrers für seine Tochter' in Hammer and zur Nieden, *Sehr selten habe ich geweint*, 428: 9–10 Feb. 1943: 'Flieger-Anst [sic]!' Battle for the Ruhr, see Groehler, *Bombenkrieg gegen Deutschland*, 92–105; Klemperer, *To the Bitter End*, 2, 269–70 and 354: 27 and 31 Dec. 1943, and 16 Oct. 1944; Maria P. in Mendel, *Zwangsarbeit im Kinderzimmer*, 67.

43. Liselotte G., in Hammer and zur Nieden, *Sehr selten habe ich geweint*, 288–92: 2–4 Jan. 1944; Boberach, *Meldungen aus dem Reich*, 15, 5885–7: 18 Oct. 1943; Steinert, *Hitlers Krieg und die Deutschen*, 362–72 and 420–4; Noakes, *Nazism*, 4, 467, 498–501 and 567–71.
44. Hitler, *Reden und Proklamationen, 1932–1945*, 2, 1999–2002 and 2050–9: 21 Mar. and 8 Nov. 1943.
45. Steinert, *Hitlers Krieg und die Deutschen*, 421–2; Boberach, *Meldungen aus dem Reich*, 15, 5987–9: 11 Nov. 1943.
46. Liselotte G., in Hammer and zur Nieden, *Sehr selten habe ich geweint*, 282: 8. Nov. 1943. Other references by Hitler to not repeating '1918', see Hitler, *Reden und Proklamtionen*, 2, 1316: speech to Reichstag, 1 Sept. 1939; see also Kershaw, *Hitler*, 1, 104 and 2, 609, 747, 754; clergy unable to counter desire for retaliation even in the Rhineland and Westphalia, Boberach, *Meldungen aus dem Reich*, 15, 5886: 18 Oct. 1943.
47. Both jokes, Boberach, *Meldungen aus dem Reich*, 15, 6187: 27 Dec. 1943.
48. Ibid., 13, 5217: 6 May 1943.
49. See Steinert, *Hitlers Krieg und die Deutschen*, 260–1. Here, BA, R55, 571, 46: Kurt L., 18 May 1944; BA, R55, 571, 145: 4 June 1944, Irma J; BA, R55, 571, 240: K. von N.
50. BA, R55, 571, 123–6: Georg R., 1 June 1944.
51. DLA, Edgar P., b. 15 Sept. 1935, 'Die Russenzeit – ein Zeitzeugnis', MS, 1995, 9–10.
52. See Klemperer, *To the Bitter End*, 289 and 291: 12 and 19 Mar. 1944, and his *The Language of the Third Reich: LTI – Lingua Tertii Imperii: A Philologist's Notebook*, London, 2000, 172–81. On mixed reactions to anti-Semitism until 1939, see Friedländer, *Nazi Germany and the Jews*, 1; on *Kristallnacht* in Franconia, see Wildt, 'Gewalt gegen Juden in Deutschland'.
53. See Bankier, *The Germans and the Final Solution*, 145 and 147, and his 'German Public Awareness of the Final Solution' in David Cesarani (ed.), *The Final Solution: Origins and Implementation*, London, 1994, 215–27, citing Hermann Hirsch in *Stuttgarter NS-Kurier*, 2 Sept. 1943; also Klaus Schickert, 'Kriegsschauplatz Israel' in the Hitler Youth journal *Wille und Macht* for Sept./Oct. 1943; Noakes, *Nazism*, 4, 496–8; Kershaw, *Popular Opinion and Political Dissent*, 369; Frank Trommler, '"Deutschlands Sieg oder Untergang": Perspektiven aus dem Dritten Reich auf die Nachkriegsentwicklung' in Thomas Koebner, Gert Sautermeister and Sigrid Schneider (eds), *Deutschland nach Hitler*, Opladen, 1987, 214–28. Lothar de la Camp, cited in Renate Hauschild-Thiessen (ed.), *Die Hamburger Katastrophe vom Sommer 1943 in Augenzeugenberichten*, Hamburg, 1993, 230: 28 July 1943; Kardorff, *Berliner Aufzeichnungen*, 40: 3 Mar. 1943.
54. Bankier, 'German Public Awareness of the Final Solution', 216, based on American Intelligence reports from the 12th Army Group.
55. Kock, *'Der Führer sorgt für unsere Kinder . . .'*, 213–25 and 253–5.
56. KA 2808/1, Renate S., b. 1931, 'Ein Schloss voll kleiner Mädchen: Erinnerungen an die Kinderlandverschickung 1943–1945', MS, 2–16.
57. Erwin Ebeling, Inge Reininghaus and report by the rector of a school from Hagen, in Sollbach, *Heimat Ade*, 13, 41, 52 n. 180, 135 and 154–9.
58. Gisela Schwartz (née Vedder) in Sollbach, *Heimat Ade*, 144–5; Boberach, *Meldungen aus dem Reich*, 14, 5643–6: 19 Aug. 1943.
59. Kock, *'Der Führer sorgt für unsere Kinder . . .'*, 218–19, 223–5, 242–4 and

255; Sollbach, *Heimat Ade*, 11–12; Boberach, *Meldungen aus dem Reich*, 15, 5827: 30 Sept. 1943; private arrangements to go to Nauen rather than Zakopane with her school, see Christa G., interview in Gröschner, *Ich schlug meiner Mutter die brennenden Funken ab*, 353–4.

60. Peter Groote and bed-wetting cases in Sollbach, *Heimat Ade*, 36–7 and 51 n. 155; for tales of British children, see Starns and Parsons, 'Against Their Will: The Use and Abuse of British Children during the Second World War' and Parsons, *'I'll Take that One'*.

61. Sollbach, *Heimat Ade*, 25–6 and 29. When the *Gauleiter*'s order was repeated and printed in the press the next day, the grumbling in the streets and shops got louder. See also Boberach, *Meldungen aus dem Reich*, 14, 5643–6 and 15, 6029–31: 19 Aug. and 18 Nov. 1943.

62. Günter Kühnholz, in Sollbach, *Heimat Ade*, 145–7; KA 3221, Friedrich H., 'Reiseheft aus Ungarn 1943', MS, 20 June 1943; KA 2788/1, Karl L., b. 7 Sept. 1936, letters to mother, 13 July and 30 June 1944.

63. Birthe Kundrus, *Kriegerfrauen: Familienpolitik und Geschlechterverhältnisse im Ersten und Zweiten Weltkrieg*, Hamburg, 1995, 261 and 271; Jill Stephenson, '"Emancipation" and Its Problems: War and Society in Württemberg, 1939–45', *European History Quarterly*, 17, 1987, 358–60; also Gerda Szepansky (ed.), *Blitzmädel, Heldenmutter, Kriegerwitwe: Frauenleben im Zweiten Weltkrieg*, Frankfurt, 1986.

64. Noakes, *Nazism*, 4, 502–3; Lacey, *Feminine Frequencies*, 129–30; Liselotte G. in Hammer and zur Nieden, *Sehr selten habe ich geweint*, 293–4: 5 Feb. 1944.

第九章

1. Erickson, *The Road to Berlin*, 198–247 and 326–7; Weinberg, *A World at Arms*, 675–707; 750–1 and 757–65.

2. Overmans, *Deutsche militärische Verluste im zweiten Weltkrieg*, 238–43 and 277–83.

3. July plotters, see Hans Mommsen, 'Gesellschaftsbild und Verfassungspläne des deutschen Widerstandes', in his *Alternative zu Hitler*, Munich, 2000, 53–158; Boberach, *Meldungen aus dem Reich*, 17, 6576–81, 6595–600: 8, 19 and 25 June 1944; but by 28 June the V-1 rockets had already disappointed: 6613–21; 6626–30: 28 and 29 June, and 6 July 1944; Klaus-Dieter Henke, *Die amerikanische Besetzung Deutschlands*, Munich, 1995, 316–17; Steinert, *Hitlers Krieg und die Deutschen*, 455–98, 509–12 and 527–31; see also *Wehrmacht* reports for Berlin in Wolfram Wette, Ricarda Bremer and Detlef Vogel (eds), *Das letzte halbe Jahr: Stimmungsberichte der Wehrmachtpropaganda 1944/45*, Essen, 2001, 127–98: 10 Oct.–31 Dec. 1944.

4. Groehler, *Bombenkrieg gegen Deutschland*, 316–20 and 370–81. All statistics for the numbers of civilians killed are still the subject of political controversy: Groehler bases his on aggregating the numbers reported by the police for different cities; then using test cases to calculate the scale of under-reporting at this point in the war and adjusting the overall numbers accordingly. Similar procedures have been used for estimating numbers of military executions and also of civilians who died in, or fleeing from, the eastern provinces: see Overmans, *Deutsche militärische Verluste im zweiten Weltkrieg*, 300–1; Messerschmidt and Wüllner, *Die Wehrmachtjustiz im Dienste des Nationalsozialismus*, 63–89.

5. Verdict, Duisburg Provincial Court, 14 June 1950 in Fritz Bauer, Karl Dietrich

Bracher and H. H. Fuchs (eds), *Justiz und NS-Verbrechen: Sammlung deutscher Strafurteile wegen nationalsozialistischer Tötungsverbrechen 1945–1966*, 6, Amsterdam, 1971, no. 219; also in Herbert, *Hitler's Foreign Workers*, 362 and see 366–9; Theilen, *Edelweisspiraten*, 82–141; Peukert, *Inside Nazi Germany*, 160–5.

6. On the US Air Force's targeting of the transport system, Groehler, *Bombenkrieg gegen Deutschland*, 356–8 and 364–5 and 369–70; extension to dive-bombers, Conrad Crane, *Bombs, Cities, and Civilians: American Airpower Strategy in World War II*, Lawrence, Kansas, 1993, 111; civilian experience, Dörr, 'Wer die Zeit nicht miterlebt hat . . .', 2, 296–8.

7. DLA, Helga F., 'Bericht eines 10-jährigen Kindes zur Zeit des 2. Weltkrieges', MS, 1986, 27; RA, Luisen-Schule Essen, Ul/1, 17 years, 16 Jan. 1956.

8. Wachsmann, *Hitler's Prisons*, 222; Bernward Dörner, *'Heimtücke': Das Gesetz als Waffe: Kontrolle, Abschreckung und Verfolgung in Deutschland 1933–1945*, Paderborn, 1998, 144–5.

9. Military developments, Weinberg, *A World at Arms*, 690–702 and 760–3; foreign boys as SS and anti-aircraft auxiliaries, Gerlach, *Kalkulierte Morde*, 1089–91; David K. Yelton, *Hitler's Volkssturm: The Nazi Militia and the Fall of Germany, 1944–1945*, Lawrence, Kansas, 2002, 120–1.

10. Richard Bessel, *Nazism and War*, London, 2004; Gerhard Hirschfeld and Irina Renz (eds), *Besiegt und Befreit: Stimmen vom Kriegsende 1945*, Gerlingen, 1995; Kershaw, *Hitler*, 2, 713–15; Volkssturm decree in Noakes, *Nazism*, 4, 643–4.

11. Yelton, *Hitler's Volkssturm*, 120; Rudolf Semmler, *Goebbels: The Man next to Hitler*, London, 1947, 163–4; 'poetic truth' in Noakes, *Nazism*, 4, 496.

12. For children's games, see chapter 5 above; on 11th Guards Army, see Manfred Zeidler, *Kriegsende im Osten: Die Rote Armee und die Besetzung Deutschlands östlich von Oder und Neisse 1944/45*, Munich, 1996, 150.

13. Stuttgart Security Police, in Noakes, *Nazism*, 4, 652: 6 Nov. 1944.

14. Dörr, 'Wer die Zeit nicht miterlebt hat . . .', 2, 270–6 and 285; Friedrich, *Der Brand*, 335–40; Wette, Bremer and Vogel, *Das letzte halbe Jahr*, 163–4: Berlin, 20–26 Nov. 1944.

15. On the establishment of the Volkssturm and Himmler's speech of 18 Oct. 1944, see Noakes, *Nazism*, 4, 643–7; see also Yelton, *Hitler's Volkssturm*; Karl Heinz Jahnke, *Hitlers letztes Aufgebot: Deutsche Jugend im sechsten Kriegsjahr 1944/45*, Essen, 1993.

16. KA 2788/2, Karl L., letters from his brother Kurt to his mother, 22 Oct. 1944; Bergau, *Der Junge von der Bernsteinküste*, 97–107.

17. KA 4448, Monika Schypulla, letters to father, 9 July and 18 Sept. 1944; father to Monika, 29 Sept. 1944 and 10 Jan. 1945.

18. On the military campaign, see Erickson, *The Road to Berlin*, 450, 457–8, 462, 471–2.

19. For mass flight, see esp. Bundesministerium für Vertriebene (ed.), *Die Vertreibung der deutschen Bevölkerung aus den Gebieten östlich der Oder-Neisse*, 1–3, (reprinted) Augsburg, 1993; and for critical appraisals of this project, Matthias Beer, 'Im Spannungsfeld von Politik und Zeitgeschichte: Das Grossforschungsprojekt "Dokumentation der Deutschen aus Ost-Mitteleuropa"', *Vierteljahrshefte für Zeitgeschichte*, 49, 1998, 345–89; Moeller, *War Stories*, 51–87; Breslau as fortress, see Norman Davies and

Roger Moorhouse, *Microcosm: Portrait of a Central European City*, London, 2002, 13–37.
20. Theodor Schieder, 'Einleitende Darstellung' in Bundesministerium für Vertriebene, *Die Vertreibung der deutschen Bevölkerung aus den Gebieten östlich der Oder-Neisse*, 52–3E.
21. Strzelecki, *Endphase des KL Auschwitz*, 155–6 and 308; DöW 13243, Bacon, interview with Ben-David Gershon, 17 Nov. 1964, 63–4; Müller, *Eyewitness Auschwitz*, 166.
22. Strzelecki, *Endphase des KL Auschwitz*, 144–7 and 169–70.
23. Ibid., 188–9, citing Janina Komenda, 1947 testimony, in her *Lager Brzezinka*, Warsaw, 1986, 136.
24. Strzelecki, *Endphase des KL* Auschwitz, 216–18.
25. Ibid., 218; Müller, *Eyewitness Auschwitz*, 167; DöW 13243, Bacon, interview with Ben-David Gershon, 17 Nov. 1964, 64.
26. KA 2084, Gero H., letters to parents, 22 and 26 Jan. 1945.
27. KA 2808/1, Renate S., 'Ein Schloss voll kleiner Mädchen: Erinnerungen an die Kinderlandverschickung 1943–1945', MS; and see KA 3666/3, Gisela G., b. 1933, memoir, 1981.
28. KA 359, Jürgen I., b. 1935, memoir.
29. Gève, *Youth in Chains*, 190–1.
30. Haffner, in Strzelecki, *Endphase des KL Auschwitz*, 141–6; Erickson, *The Road to Berlin*, 238–9 and 471–2; Anna Wiśniewska and Czesław Rajca, *Majdanek: The Concentration Camp of Lublin*, Lublin, 1997, esp. 44–51, 61–5 and 72; Norman Naimark, *The Russians in Germany: A History of the Soviet Zone of Occupation, 1945–1949*, Cambridge, Mass., 1995, 77–8; Alexander Werth, *Russia at War*, New York, 1964, 884–99.
31. East Prussian campaign, see Erickson, *Road to Berlin*, 465–70 and 517–23; Beevor, *Berlin*, 49–51 and 115–22.
32. Swetlana Alexiejewitsch, *Der Krieg hat kein weibliches Gesicht*, Hamburg, 1989, 112; Zeidler, *Kriegsende im Osten*, 150–2; Soviet losses, ibid., 152, and Glantz and House, *When Titans Clashed*, Table B, 299–300.
33. Uspensky, diary, 24 and 27 Jan. 1945, in Zeidler, *Kriegsende im Osten*, 139–40.
34. KA 1920, Charlotte K., b. 1930, memoir MS; the best known of these cases is Marion Gräfin von Dönhoff, *Namen, die keiner mehr nennt: Ostpreussen – Menschen und Geschichte*, Düsseldorf, 1962, though most of her villagers returned home.
35. Erickson, *The Road to Berlin*, 463–70.
36. Hermann Fischer in Wolfgang Benz, *Die Vertreibung der Deutschen aus dem Osten: Ursachen, Ereignisse, Folgen*, Frankfurt, 1985, 106–9: letter 28 Nov. 1946.
37. Zeidler, *Kriegsende im Osten*, 154 and 159.
38. Erickson, *The Road to Berlin*, 463–70; Lore Ehrich in Theodor Schieder (ed.), *The Expulsion of the German Population from the Territories East of the Oder-Neisse-Line*, Bonn, n.d., 135–43.
39. KA 2693/8, Dorothea D., MS, 3–15.
40. For numbers, see Schieder, *The Expulsion of the German Population*, 33; Erickson, *The Road to Berlin*, 470; KA 905, Elisabeth S., diary and memoir, 15 Jan. 1945; Bergau, *Der Junge von der Bernsteinküste*, 108 and 126–7.
41. The main documents are to be found in Shmuel Krakowski, 'Massacre of

Jewish Prisoners on the Samland Peninsula – Documents', *Yad Vashem Studies*, 24, 1994, 349–87; see also Daniel Blatman, 'Die Todesmärsche – Entscheidungsträger, Mörder und Opfer' in Ulrich Herbert, Karin Orth and Christoph Dieckmann (eds), *Die nationalsozialistischen Konzentrationslager – Entwicklung und Struktur*, 2, Göttingen, 1998, 1063–92; Bergau, *Der Junge von der Bernsteinküste*, 108–9.

42. Blatman, 'Die Todesmärsche'; Orth, *Das System der nationalsozialistischen Konzentrationslager*, 283; Erickson, *The Road to Berlin*, 469–70; Bergau, *Der Junge von der Bernsteinküste*, 111–15.
43. Krakowski, 'Massacre of Jewish Prisoners on the Samland Peninsula' and Bergau, *Der Junge von der Bernsteinküste*, 'Anhang', 249–75.
44. Maj. Gen. Kazbintsev (head of Political Directorate, 3rd Belorussian Front), 8 Feb. 1945 in Krakowski, 'Massacre of Jewish Prisoners on the Samland Peninsula', 367–8; soldier's letter, and Uspensky, diary, 2 and 7 Feb. 1945 in Zeidler, *Kriegsende im Osten*, 140 and 154.
45. KA 905, Elisabeth S., diary and memoir, 4 Feb. 1945, and Bergau, *Der Junge von der Bernsteinküste*, 115–19.
46. Schieder, 'Einleitende Darstellung' in Bundesministerium für Vertriebene, *Die Vertreibung der deutschen Bevölkerung aus den Gebieten östlich der Oder-Neisse*, 41–51E.
47. Herbert Hagener and Erwin Ebeling in Sollbach, *Heimat Ade*, 13–14 and 158–9.
48. Schieder, 'Einleitende Darstellung'; Bergau, *Der Junge von der Bernsteinküste*, 119–21.
49. Boberach, *Meldungen aus dem Reich*, 17, 6732–40: 28 Mar. and final and incomplete report for the end of Mar. 1945.
50. Wolfgang Werner, *'Bleib übrig': Deutsche Arbeiter in der nationalsozialistischen Kriegswirtschaft*, Düsseldorf, 1983, 341.
51. Kardorff, *Berliner Aufzeichnungen*, 242: 3 Feb. 1945; Groehler, *Bombenkrieg gegen Deutschland*, 397–8; civilian morale, Wette, Bremer and Vogel, *Das letzte halbe Jahr*, 14–27 Feb. 1945: 251–93.
52. On Kolberg, Welch, *Propaganda and the German Cinema*, 221–37.
53. KA 3186, Ruth Reimann.
54. Liselotte G. in Hammer and zur Nieden, *Sehr selten habe ich geweint*, 289–90: 2 Jan. 1944.
55. KA 3186, Ruth Reimann. On this generation's willingness to go on believing in victory, see also Rosenthal, *Die Hitlerjugend-Generation*, 88–93 and 320–6.

第十章

1. Marianne Peyinghaus, letter to her parents, 25 Mar. 1943, in her (ed.), *Stille Jahre in Gertlauken: Erinnerungen an Ostpreussen*, Berlin, 1988, 92; on *Hitlerjunge Quex*, see Welch, *Propaganda and the German Cinema*, 59–74; slogan from the *Deutscher Ehrenhain für die Helden von 1914/18*, Leipzig, 1931, 7–8; Klaus Latzel, *Vom Sterben im Krieg: Wandlungen in der Einstellung zum Soldatentod vom Siebenjährigen Krieg bis zum II. Weltkrieg*, Warendorf, 1988, 68–92.
2. See Jahnke, *Hitlers letztes Aufgebot*; Jahnke and Buddrus, *Deutsche Jugend 1933–1945*, 386, 392–3 and 400–1; Schörken, *Luftwaffenhelfer und Drittes Reich*, 101; and for a whole class of volunteers in Genthin near Magdeburg, see KA 26, Detlev S., MS, 14.

3. On the student volunteers of 1914, see George Mosse, *Fallen Soldiers: Reshaping the Memory of the World Wars*, New York and Oxford, 1990, 53–80.
4. KA 1997, Werner K., '20 Monate Luftwaffenhelfer: Tagebücher 5. Januar 1944–20. August 1945', 144–5 and 150: 21 and 30 Jan. 1945; similar transition in KA 920, Walter S., 'Mein Tagebuch', 15 Sept.–3 Nov. 1944; Stehkämpfer in Johannes Steinhoff, Peter Pechel and Dennis Showalter, *Voices from the Third Reich: An Oral History*, London, 1991, 362; Arno Klönne, *Gegen den Strom: Bericht über den Jugendwiderstand im Dritten Reich*, Frankfurt, 1958, 143–4; Beevor, *Berlin*, 181.
5. Yelton, *Hitler's Volkssturm*, 105–18.
6. *Niederdeutsche Beobachter*, 8 Feb. 1945, in Jahnke and Buddrus, *Deutsche Jugend 1933–1945*, 404; Yelton, *Hitler's Volkssturm*, 119–31.
7. KA 4025, Heinz M., b. 1928, 'Die Pestbeule: Autobiographische Erinnerungen der Kriegs- und Vorkriegszeit', MS, 195–205.
8. KA 89, Rudi Brill, 'Fronthelfer der HJ', private printing, Bexback, n.d., 3–5 Mar. 1945.
9. Kershaw, *Hitler*, 2, 737–47, 756–8 and 777–85; for an interesting interpretation stressing the element of intentional destruction and self-destruction, see Bernd Wegner, 'Hitler, der Zweite Weltkrieg und die Choreographie des Untergangs', *Geschichte und Gesellschaft*, 26/3, 2000, 493–518.
10. Hitler and the *Gauleiter*, Kershaw, *Hitler*, 2, 779–80; Goebbels to his staff at the Propaganda Ministry, 17 Apr. 1945 in Welch, *Propaganda and the German Cinema*, 234.
11. Kershaw, *Hitler*, 2, 781; Boberach, *Meldungen aus dem Reich*, 17, 6733–4. Letter to Goebbels in BA, R55/578, 210: 25 Oct. 1944, Hans H., Direktor der Staatl. Ingenieurschule in Kaiserslautern und Parteigenosse; BA R55/577, 232–5: 27 Jan. 1945, A. M.
12. Henke, *Die amerikanische Besetzung Deutschlands*, 399–400; Weinberg, *A World at Arms*, 810–14; Lothar Gruchmann, *Der Zweite Weltkrieg: Kriegführung und Politik*, Munich, 1995, 436–43; Winter, 'Verlegt nach Hadamar', 166; Ludwig Heinrich Lohne, interview in Sick, *'Euthanasie' im Nationalsozialismus*, 88–9; death rates in asylums, Faulstich, *Hungersterben in der Psychiatrie*, 583–4, 661–717.
13. Ayass, *Das Arbeitshaus Breitenau*, 328–34; Richter, *Breitenau*, 206–15; case files, e.g. LWV 2/7775, Waltraud B., LWV 2/8356, Sonja H., and LWV 2/8194, Anna G.
14. KA 3359, Hella K., Hanover, 'Zwischen Mistbeetfenster und Bombentrichter', MS, 27; Gellately, *Backing Hitler*, 239; Bauer and Bracher, *Justiz und NS-Verbrechen*, 9, 118–28; for a graphic account, see Gerhard Schreiber, *Die italienischen Militärinternierten im deutschen Machtbereich 1943–1945: Verraten – verachtet – vergessen*, Munich, 1990, 563–72; Oberhausen case, in Bauer and Bracher, *Justiz und NS-Verbrechen*, 7, 415–23, and also in Herbert, *Hitler's Foreign Workers*, 363.
15. Gellately, *Backing Hitler*, 230; Kershaw, *Hitler*, 2, 778; Steinert, *Hitlers Krieg und die Deutschen*, 541 and 558–60.
16. See Henke, *Die amerikanische Besetzung Deutschlands*, 844–6; Noakes, *Nazism*, 4, 650–7; Bessel, *Nazism and War*; Hirschfeld and Renz, *Besiegt und befreit*; for an analysis of overall numbers of capital punishment under civil jurisdiction, see Wachsmann, *Hitler's Prisons*, 314–18 and 402–3; for

military executions, see Messerschmidt and Wüllner, *Die Wehrmachtjustiz im Dienste des Nationalsozialismus*, 63–89, who estimate that some 33,000 soldiers were executed during the war; Welch, '"Harsh but just"? German Military Justice in the Second World War'; casualties, Overmans, *Deutsche militärische Verluste im Zweiten Weltkrieg*, 238–43.

17. Mothers fetching boys home, KA 3359, Hella K., 'Zwischen Mistbeetfenster und Bombentrichter', 29; in action, Yelton, *Hitler's Volkssturm*, 137–48; Henke, *Die amerikanische Besetzung Deutschlands*, 954–8.
18. KA 3359, Hella K., 'Zwischen Mistbeetfenster und Bombentrichter', 31–5; KA 89, Rudi Brill, 'Fronthelfer der HJ', 20 Mar. 1945.
19. KA 53, Jürgen H., b. July 1929, 29 Mar.–19 May 1945; KA 4025, Heinz M., 'Die Pestbeule', 206–13.
20. KA 3214, Anna-Matilda M., Schulhefte, 16 Mar. 1945, 'Vorfrühling' and letter to Walter Kempowski, 26 Mar. 1992; KA 4709/1, Agnes S., diary, 'Lüneburger Heide 1945', 18 Mar.–16 Apr. 1945.
21. Stalin to Roosevelt, 7 Apr. 1945, in Erickson, *Road to Berlin*, 540–1.
22. Morale in Berlin, in Wette, Bremer and Vogel, *Das letzte halbe Jahr*, 277–9 and 317: 22 Feb. and 19 Mar. 1945; Steinert, *Hitlers Krieg und die Deutschen*, 552, citing the Propaganda Ministry report for 21 Feb. 1945; Spandau garrison and executions, Messerschmidt and Wüllner, *Die Wehrmachtjustiz im Dienste des Nationalsozialismus*, 86.
23. Liselotte G. in Hammer and zur Nieden, *Sehr selten habe ich geweint*, 309: 12 Apr. 1945. For her earlier knowledge about the murder of the Jews, see ibid., 278–9: 31 Aug. 1943 and chapter 5 above.
24. Ibid., 307–9: 12 Apr. 1945; for a masterful account of the battle for Berlin, see Beevor, *Berlin*, here 177–80; also Erich Kuby, *The Russians and Berlin, 1945*, London, 1968.
25. Liselotte G. in Hammer and zur Nieden, *Sehr selten habe ich geweint*, 310: 17 Apr. 1945.
26. Ibid., 20 Apr. 1945; Kuby, *The Russians and Berlin*, 96–7; Kershaw, *Hitler*, 2, 798.
27. Helga M., interviews with author, Göttingen, May 1998 and Aug. 2004.
28. 'Das bunte Urselbuch' in Hammer and zur Nieden, *Sehr selten habe ich geweint*, 436–7: 11 and 4 Apr. 1945.
29. Ibid., 437: 16 Apr. 1945; Karl Damm, b. 10 Feb. 1927, in Steinhoff, Pechel and Showalter, *Voices from the Third Reich*, 352–4.
30. 'Das bunte Urselbuch' in Hammer and zur Nieden, *Sehr selten habe ich geweint*, 438 and 440–1: 1 July 1945 and letter of 10 Sept. 1945.
31. Yelton, *Hitler's Volkssturm*, 126–7; Beevor, *Berlin*, 287–8; *Völkischer Beobachter*, 20 Apr. 1945; Gröschner, *Ich schlug meiner Mutter die brennenden Funken ab*, 83 and 226: Günther S., Stargarder Str. 47, 6. Klasse, 1946.
32. Rudolf Vilter, b. Jan. 1929, in Steinhoff, Pechel and Showalter, *Voices from the Third Reich*, 355; Gröschner, *Ich schlug meiner Mutter die brennenden Funken ab*, 122–3: Erwin P., Gleimstr., 61; 116–17: Ursula K., Gleimstr., 7. Klasse.
33. Gröschner, *Ich schlug meiner Mutter die brennenden Funken ab*, 185–6: Helga R., Klasse 7, and Renate R., Klasse 5, Hochmeister Str. 29.
34. Ibid., 185–6: Helga R., Klasse 7: 21 Apr. 1945. Ibid., 229: Helga M., Prenzlauer Allee 32.

35. *The Magic Flute*, see *Völkischer Beobachter*, 21 Apr. 1945; KA 3697, Hertha von Gebhardt, b. 1896, diary: 23 Apr. 1945.
36. KA 3697, Gebhardt diary: 24 Apr. 1945; Lothar Loewe, b. 1929, in Steinhoff, Pechel and Showalter, *Voices from the Third Reich*, 347–8.
37. Gröschner, *Ich schlug meiner Mutter die brennenden Funken ab*, 114: Siegried B. (6. Klasse) from Korsörer Str.; 157: Hans Joachim S., Schivelbeinerstr. 7, 7. Klasse; Beevor, *Berlin*, 283–4.
38. KA 3697, Gebhardt, diary: 24 Apr. 1945.
39. Gröschner, *Ich schlug meiner Mutter die brennenden Funken ab*, 143–5: Ingeborg D., Krügerstr., Mädchenmittelschule II, 5. Klasse: 144. See 146, for a similar tale on the same day from Ingrid H., Kuglerstr. 77, 22. Oberschule; Soviet rationing policy, see Kuby, *The Russians and Berlin*, 291–6.
40. KA 3697, Gebhardt, diary: 26 Apr. 45.
41. Interview in Gröschner, *Ich schlug meiner Mutter die brennenden Funken ab*, 347–53:
42. *Niederdeutsche Beobachter*, 27 Apr. 1945, in Jahnke and Buddrus, *Deutsche Jugend 1933–1945*, 410; Tony Le Tissier, *The Battle of Berlin 1945*, London, 1988, 161; Erickson, *The Road to Berlin*, 604.
43. Gerhard Boldt, *Die letzten Tage der Reichskanzlei*, Hamburg, 1947, 156 and 188–9; see also Le Tissier, *The Battle of Berlin 1945*, 198; Arthur Axmann, 'Das kann doch nicht das Ende sein': Hitlers letzter Reichsjugendführer erinnert sich, Koblenz, 1995, 422–45.
44. Beevor, *Berlin*, 356, 365 and 377–8; Rudolf Vilter in Steinhoff, Pechel and Showalter, *Voices from the Third Reich*, 355–6.
45. Gröschner, *Ich schlug meiner Mutter die brennenden Funken ab*, 157–8: Hans Joachim S., Schivelbeinerstr. 7, 7. Klasse; 208: Jutta P., Allensteiner Str. 12, 3. Klasse.
46. Ibid., 147–9: Christa B., Dänenstr. 1, Mädchenmittelschule II, 4. Klasse.
47. Ibid., 242: R., 6. Klasse Volksschule; 244: Wolfgang S., 6. Klasse; 245–6: Liselotte J., 13 years; 244–5: Walter B., 8. Klasse.
48. Loewe in Steinhoff, Pechel and Showalter, *Voices from the Third Reich*, 348–51; Le Tissier, *The Battle of Berlin*, 214–15; Beevor, *Berlin*, 384–5; for casualties, see Glantz and House, *When Titans Clashed*, 269–71; and Overmans, *Deutsche militärische Verluste im Zweiten Weltkrieg*, 234.
49. DöW 13243, Bacon, interview with Ben-David Gershon, 17 Nov. 1964, 65; Müller, *Eyewitness Auschwitz*, 169–71.

第十一章

1. DLA, Edgar P., 'Die Russenzeit – ein Zeitzeugnis', 14–16; RA, Luisen-Schule Essen, UI/[4], 3–4.
2. RA, Goetheschule Essen, UI/[2], 2–4.
3. Kuby, *The Russians and Berlin*, 226 and 283; Sander and Johr, *BeFreier und Befreite*, 55–6: another 2,000 killed themselves in the rest of the year; I am grateful to Christian Goeschel for letting me see the first fruits of his doctoral research on 'Suicide at the end of the Third Reich'.
4. DLA, Karl P., b. 22 Dec. 1939, 'Hunger – Krieg und Kinderjahre!', MS, 1992, 19; DLA, Karl K., b. 1931, 'Kindheit und Jugend im Bergknappendorf Grünbach am Sch.', MS, 1995, 50–1: his father was able to talk to the soldier in Czech; interview with Renate N., b. 1931, 8. Klasse, in Gröschner, *Ich schlug meiner Mutter die brennenden Funken ab*, 345–7.

5. Lieselotte G., diary, 30 Apr. 1945, cited in Reinhard Rürup (ed.), *Berlin 1945: Eine Dokumentation*, Berlin, 1995, 134; this entry does appear in the version of her diary in Hammer and zur Nieden, *Sehr selten habe ich geweint*, 312–13; KA 3697, Hertha von Gebhardt, diary: 27 and 28 Apr. 1945; Kardorff, *Berliner Aufzeichnungen*, 312–14: 23 Sept. 1945; Margaret Boveri, *Tage des Überlebens: Berlin 1945*, Munich, 1968, 119: 6 May 1945; Sander and Johr, *BeFreier und Befreite*, 25–7.
6. Naimark, *The Russians in Germany*, 69–140; Andrea Petö, 'Memory and the Narrative of Rape in Budapest and Vienna in 1945' in Bessel and Schumann, *Life after Death*, 129–48; Irene Bandhauer Schöffmann and Ela Hornung, 'Vom "Dritten Reich" zur Zweiten Republik: Frauen im Wien der Nachkriegszeit' in David F. Good, Margarete Grandner and Mary Jo Maynes (eds), *Frauen in Österreich: Beiträge zu ihrer Situation im 19. und 20. Jahrhundert*, Vienna, 1994, 232–3; Sander and Johr, *BeFreier und Befreite*, 48–51, calculate that a minimum of 110,000 women were raped in Berlin, many more than once, but also argue that there was a tendency among their interviewees to exaggerate the scale of rapes; on rumours of other neighbourhoods, see KA 3697, Gebhardt, diary, 29 and 30 Apr. 1945; see also Anneliese H., diary, 28 Apr. 1945 in Kuby, *The Russians and Berlin*, 224 and 278–9; Boveri, *Tage des Überlebens*, 118–19.
7. Gröschner, *Ich schlug meiner Mutter die brennenden Funken ab*, 215–17: Liane H., Bötzowstr. 57; 94–6: Werner W., 8. Klasse, Schivelbeiner Str. 19; 146: Ingrid H., Kuglerstr. 77; 345–7: Renate N., b. 1931, 8. Klasse; 355: interview with Christa J., b. 1931, Göhrener Str. 3.
8. RA, Luisen-Schule Essen, anon., UI/ no no., 3–4; DLA, Hermine D., b. 28 Aug. 1931, 'Auch deine Oma war ein Kind', MS, n.d., 42.
9. DLA, Hermann G., b. 24 Oct. 1937, 'Reminiszensen', MS, 1997, 7–8.
10. Ibid., 8–9.
11. Boveri, *Tage des Überlebens*, 119: 6 May 1945; anon., *Eine Frau in Berlin: Tagebuchaufzeichnungen*, Geneva and Frankfurt, 1959, 113 and 220.
12. On CDU propaganda, see Ingrid Schmidt-Harzbach, 'Eine Woche im April' in Sander and Johr, *BeFreier und Befreite*, 35; attitudes in Ruhr and Bavaria, Niethammer, 'Privat – Wirtschaft: Erinnerungsfragmente einer anderen Umerziehung', 29–34; Elizabeth Heineman, 'The Hour of the Woman: Memories of Germany's "Crisis Years" and West German National Identity' in Schissler, *The Miracle Years*, 31 and 38–43; on rejection of racist and anti-Semitic strains of American anti-Communism in 1950s West Germany, see Thomas Mergel, 'Der mediale Stil der "Sachlichkeit": Die gebremste Amerikanisierung des Wahlkampfs in der alten Bundesrepublik' in Bernd Weisbrod (ed.), *Die Politik der Öffentlichkeit – die Öffentlichkeit der Politik: Politische Medialisierung in der Geschichte der Bundesrepublik*, Göttingen, 2003, 29–53.
13. Refused compensation, see Elizabeth Heineman, 'The Hour of the Woman', 32; for women's reluctance to talk, see Petö, 'Memory and the Narrative of Rape in Budapest and Vienna in 1945', 133–4 and 138; Irene Bandhauer Schöffmann and Ela Hornung, 'Vom "Dritten Reich" zur Zweiten Republik', 232–3; also Marianna Baumgartner, 'Zwischen Mythos und Realität: Die Nachkriegsvergewaltigungen im sowjetisch besetzten Mostviertel', *Unsere Heimat: Zeitschrift für Landeskunde von Niederösterreich*, 64/2, 1993, 73–108; Sibylle Meyer and Eva Schulze, '"Als wir wieder zusammen waren,

ging der Krieg im Kleinen weiter"': Frauen, Männer und Familien in Berlin der vierziger Jahre' in Niethammer and von Plato, 'Wir kriegen jetzt andere Zeiten', 314.
14. Timm, *Am Beispiel meines Bruders*, 68–9.
15. DLA, Helga G., b. 29 Dec. 1939, 'Meine Kindheit in P', MS, 1994/5, 11; DLA, Helga F., 'Bericht eines 10-jährigen Kindes zur Zeit des 2. Weltkrieges', MS, 1986, 29–30.
16. Burning own books, DLA, Edgar P., 'Die Russenzeit – ein Zeitzeugnis', MS, 1995, 17; flags on May Day, DLA, Karl P., 'Hunger – Krieg und Kinderjahre!', MS, 1992, 25; not wanting to take off insignia, Lothar C., interview, 26 Mar. 1999, Institut für Geschichte und Biographie, Aussenstelle der Fernuniversität Hagen, Lüdenscheid; turning old 88mm cannons into diving boards, DLA, Imo-Eberhard I., b. 24 Apr. 1934, 'Die Flucht nach Tirol', MS, 1995, 37–8; serious accidents from playing with unexploded ammunition, Hermann G., 'Reminiszenzen', MS, 1997, 6; DLA, Gottlieb G., b. 27 Aug. 1933, '1933–????' [sic], MS, 1989, 45; KA 89, Rudi Brill, 'Fronthelfer der HJ', Bexback, n.d., 17–18 May 1945.
17. Biess, 'Survivors of Totalitarianism', 59–61; Dagmar Herzog, 'Desperately Seeking Normality: Sex and Marriage in the Wake of the War' in Bessel and Schumann, *Life after Death*, 177–8; Beate Uhse, 1919–2001, started selling a calendar with contraceptive advice in 1948, before establishing a business in 1951: Burt Herman, AP Berlin, 18 July 2001, obituary.
18. Christa J., interview, in Gröschner, *Ich schlug meiner Mutter die brennenden Funken ab*, 353–8.
19. Interviews with Helga M., May 1998 and Aug. 2004.
20. Meyer and Schulze, '"Als wir wieder zusammen waren, ging der Krieg im Kleinen weiter"', 316–19.
21. Ibid.; Thomas Grotum, *Die Halbstarken; Zur Geschichte einer Jugendkultur der 50er Jahre*, Frankfurt, 1994, 54, 64–9; Christoph Klessmann, *Die doppelte Staatsgründung: Deutsche Geschichte 1945–1955*, Göttingen, 1991, 366–9; Klaus-Jörg Ruhl, *Frauen in der Nachkriegszeit 1945–1963*, Munich, 1988; Ulla Roberts, *Starke Mütter – ferne Väter: Töchter reflektieren ihre Kindheit im Nationalsozialismus und in der Nachkriegszeit*, Frankfurt, 1994; Robert Moeller, *Protecting Motherhood: Women and the Family in the Politics of Postwar West Germany*, Berkeley, 1993; Hanna Schissler, '"Normalization" as Project: Some Thoughts on Gender Relations in West Germany during the 1950s' in her *The Miracle Years*, 359–75; Merith Niehuss, *Familie, Frau und Gesellschaft: Studien zur Strukturgeschichte der Familie in Westdeutschland 1945–1960*, Göttingen, 2001.
22. Helga M., interviews with author, May 1998 and Aug. 2004.
23. Victor Gollancz, *In Darkest Germany: The Record of a Visit*, London, 1947, 65–6; on the bombing of Jülich, see Friedrich, *Der Brand*, 143–5.
24. Gollancz, *In Darkest Germany*, 18–19 and 94–8.
25. Macardle, *Children of Europe*, 289; Klessmann, *Die doppelte Staatsgründung*, 47–8; 'Ascension pass' in Heineman, 'The hour of the Woman', 32.
26. Some schools in Berlin reopened in May, even though 2,474 of Berlin's remaining 5,000 teachers were barred as members of the Nazi Party: Kuby, *The Russians and Berlin*, 318–21; also Grotum, *Die Halbstarken*, 45–6:

school meals were introduced in the British and then the American Zones in 1946 and 1947. See also RA, Berufsschule Essen, M2/3; Gröschner, *Ich schlug meiner Mutter die brennenden Funken ab*, 255-7 and 262-3: Christa J.; Horst S., Greifenhagener Str. 53.
27. RA, Berufsschule Essen UI, Heinz B., 10 June 1956; Berufsschule Essen, anon., M2/3; Goetheschule Essen, anon., b. 1937; Burg-Gymnasium Essen, UII, anon.; Burg-Gymnasium Essen, UI, anon., 21 Feb. 1956.
28. Gries, *Die Rationen-Gesellschaft*, 27.
29. Norman Naimark, *Fires of Hatred: Ethnic Cleansing in Twentieth-Century Europe*, Cambridge, Mass., 2001, 108-38; Andreas Hofmann, *Nachkriegszeit in Schlesien: Gesellschafts- und Bevölkerungspolitik in den polnischen Siedlungsgebieten 1945-1948*, Cologne, 2000; report of a housing inspector in Bielefeld, 27 July 1946, in Klessmann, *Die doppelte Staatsgründung*, 358-9; on conflicts between locals and refugees, see also Rainer Schulze (ed.), *Unruhige Zeiten: Erlebnisberichte aus dem Landkreis Celle 1945-1949*, Munich, 1990; and his (ed.) *Zwischen Heimat und Zuhause: Deutsche Flüchtlinge und Vertriebene in (West-)Deutschland 1945-2000*, Osnabrück, 2001.
30. KA 3915, Johannes W., 'Die Familie B. 1945/46 in Briefen und Dokumenten', MS, Frau B. to Dr Otto B., Kneese, 10 Dec. 1945; Ingrid B. to father, Kneese, 10 Dec. 1945. For other accounts of the expulsions through children's eyes, see Alena Wagnerová, *1945 waren sie Kinder: Flucht und Vertreibung im Leben einer Generation*, Cologne, 1990.
31. Meyer and Schulze, '"Als wir wieder zusammen waren, ging der Krieg im Kleinen weiter"', 315-19; Jürgen Zinnecker, *Jugendkultur 1940-1985*, Opladen, 1987, 67; dividing the bread, DLA, Annelies G., b. 25 May 1931, 'Vater, Mutter und ich', MS, 71; KA 4622, Peter Laudan, 'Gefährdete Spiele', b. 1935, 34.
32. KA 4622, Peter Laudan, 'Gefährdete Spiele', 34-5.
33. Macardle, *Children of Europe*, 287, citing *International Child Welfare Review*, 2, 1948, 3; Klessmann, *Die doppelte Staatsgründung*, 50-1; Sibylle Meyer and Eva Schulze, *Wie wir das alles geschafft haben: Alleinstehende Frauen berichten über ihr Leben nach 1945*, Munich, 1985, 100-1; Jörg Roesler, 'The Black Market in Post-war Berlin and the Methods Used to Counteract It', *German History*, 7/1, 1989, 92-107.
34. Meyer and Schulze, *Wie wir das alles geschafft haben*, 103-8; A. L. Lloyd, 'Germany's Child Smugglers', *Picture Post*, 4 Oct. 1947, cited in Macardle, *Children of Europe*, 287-8.
35. Sosnowski, *The Tragedy of Children under Nazi Rule*, 167-71.
36. In general, see Thérèse Brosse, *War-Handicapped Children: Report on the European Situation*, Paris, 1950, 77-100, and Sosnowski, *The Tragedy of Children under Nazi Rule*, 175-84; for Breitenau cases, see LWV 2/4379, Hella W., b. 28 Jan. 1932, Amtsgericht Rotenburg/Fulda, 9: 1 Aug. 1946; LWV 2/4743, Elfriede D., b. 9 Apr. 1930, 15; LWV 2/4239 and 4251, Gerda H., b. 7 May 1932; numbers in Ayass, *Das Arbeitshaus Breitenau*, 327 and 336.
37. Looking to forced labourers for protection from the Red Army, see Bundesministerium für Vertriebene, *Dokumentation der Vertreibung*, 1, 199-200 and 205-6; and Moeller, *War Stories*, 81; KA 3666/1, Gisela G., b. 15 July 1933, diary: 26 Apr., 12, 26 and 27 May and 6-27 June 1945.

Muggings were up 800–1,200 per cent in 1946 compared with 1928, the last year of pre-war Weimar stability, a year chosen also to avoid falsified police data from the Nazi period: Wolfgang Jacobmeyer, *Vom Zwangsarbeiter zum heimatlosen Ausländer: Die Displaced Persons in Westdeutschland 1945–1951*, Göttingen, 1985, 46–50 and 204–15; Herbert, *Hitler's Foreign Workers*, 378–80; and his 'Apartheid nebenan', in Lutz Niethammer (ed.), *'Die Jahre weiss man nicht, wo man die heute hinsetzen soll': Faschismuserfahrungen im Ruhrgebiet*, Berlin, 1983, 258–62.
38. Judgement and similar cases in Richard J. Evans, *Rituals of Retribution: Capital Punishment in Germany, 1600–1987*, Oxford, 1996, 750–5; Jacobmeyer, *Vom Zwangsarbeiter zum heimatlosen Ausländer*, 212–14, 217, 211 and 224–31.
39. KA 3088, Nachlass Richard W., essays from a school in Tegel where he taught: e.g., Renate N. and D.H.; Gröschner, *Ich schlug meiner Mutter die brennenden Funken ab*, 255–7: Christa J., b. 1931, Göhrener Str. 3, Mädchenoberschule, 5. Klasse; and 215–17: Liane H., Bötzowstr. 57.
40. Gröschner, *Ich schlug meiner Mutter die brennenden Funken ab*, 20–1; 258–9: Christel B., Winsstr. 16, Mädchenoberschule, 7. Klasse; and 199–201: Hans H., Diesterwegstr. 7.
41. Hansjörg Riechert, *Im Schatten von Auschwitz: Die nationalsozialistische Sterilisationspolitik gegenüber Sinti und Roma*, Münster, 1995, 124–6; Gilad Margalit, *Germany and Its Gypsies: A Post-Auschwitz Ordeal*, Madison, WI, 2002, 83–142.
42. See chapter 2 above and Krausnick, *Auf Wiedersehen im Himmel*, 77–135.
43. Yara-Colette Lemke Muniz de Faria, *Zwischen Fürsorge und Ausgrenzung: Afrodeutsche 'Besatzungskinder' im Nachkriegsdeutschland*, Berlin, 2002; Heide Fehrenbach, 'Of German Mothers and "Negermischlingskinder"': Race, Sex, and the Postwar Nation' in Schissler, *The Miracle Years*, 164–86; Maria Höhn, *GIs and Fräuleins: The German–American Encounter in 1950s West Germany*, Chapel Hill, NC, 2002.
44. For this and the Brno expulsions, see Naimark, *Fires of Hatred*, 114–36; Theodor Schieder, 'Introduction' in his *The Expulsion of the German Population*, 69–94; Alena Wagnerová, *1945 waren sie Kinder*; Alois Harasko, 'Die Vertreibung der Sudetendeutschen: Sechs Erlebnisberichte' in Benz, *Die Vertreibung der Deutschen aus dem Osten*, 109–11; Bundesministerium für Vertriebene, *Dokumentation der Vertreibung*, 2, 158, 202, 210 and 330–1; Alfred-Maurice de Zayas, *A Terrible Revenge: The Ethnic Cleansing of the East European Germans, 1944–1950*, New York, 1994, 86; Enno S. in KA 3245, anon., diary, 1 Mar.–9 July 1945: 6 and 17 May 1945.
45. KA 1110/3, Monika T., 'Meiner lieben Mutter, zum Geburstag 1949'; KA 4058, Hans-Jürgen S.; see also KA 1759 for an East Prussian example; Moeller, *War Stories*, chapter 3.
46. Poll in Anna Merritt and Richard Merritt (eds), *Public Opinion in Occupied Germany: The OMGUS Surveys, 1945–1949*, Urbana, 1970, 18–21; Moeller, *War Stories*, chapter 3, esp. 72–81; Beer, 'Im Spannungsfeld von Politik und Zeitgeschichte: Das Grossforschungsprojekt "Dokumentation der Deutschen aus Ost-Mitteleuropa"'.
47. On sociological surveys, see Volker Ackermann, 'Das Schweigen der Flüchtlingskinder: Psychische Folgen von Krieg, Flucht and Vertreibung bei

den Deutschen nach 1945', *Geschichte und Gesellschaft*, 30/3, 2004, 434–64; I am grateful to Svenja Goltermann for sharing the details of Margarete's case, which she offers a different interpretation of in her forthcoming essay, 'The Imagination of Disaster'; the case is from Hauptarchiv der von Bodelschwinghschen Anstalten Bethel, Bestand Kidron, 4124.

48. The researchers themselves represented the whole range from American-inspired opinion research to Nazi academics working with crude social Darwinist ideas: see Ackermann, 'Das Schweigen der Flüchtlingskinder', 447–52.

49. Overmans, *Deutsche militärische Verluste im zweiten Weltkrieg*, 228–39 and, for a recalculation of the official estimates of deaths of civilians in the East in the light of military losses from the same territories, 298–9; Groehler, *Bombenkrieg gegen Deutschland*, 316–20.

50. Statistics in Grotum, *Die Halbstarken*, 47; Wolfgang Hempel in Schulz, Radebold and Reulecke, *Söhne ohne Väter*, 31–2 and 88–9; Alf Lüdtke, 'Histories of Mourning: Flowers and Stones for the War Dead, Confusion for the Living – Vignettes from East and West Germany' in Gerald Sider and Gavin Smith (eds), *Between History and Histories: The Making of Silences and Commemorations*, Toronto, 1977, 149–79.

51. Neil Gregor, '"Is He still Alive, or Long since Dead?": Loss, Absence and Remembrance in Nuremberg, 1945–1956', *German History*, 21/2, 2003, 186–91. See also Albrecht Lehmann, *Gefangenschaft und Heimkehr: Deutsche Kriegsgefangene in der Sowjetunion*, Munich, 1986, 115–17; Moeller, *War Stories*, chapter 4; Annette Kaminsky (ed.), *Heimkehr 1948: Geschichte und Schicksale deutscher Kriegsgefangener*, Munich, 1998.

52. Bergau, *Der Junge von der Bernsteinküste*, 125–82; KA 4025, Heinz M., 'Die Pestbeule: Autobiographische Erinnerungen der Kriegs- und Vorkriegszeit'; KA 1997, Werner K., '20 Monate Luftwaffenhelfer: Tagebücher 5. Januar 1944–20. August 1945', 19 Aug. 1945; only two of the 1,358 essays collected in Prenzlauer Berg schools in 1946 were written by boys who had served in the *Volkssturm*: Gröschner, *Ich schlug meiner Mutter die brennenden Funken ab*, 12 and 17; on the Hitler Youth generation in post-war East and West Germany, see Alexander von Plato, 'The Hitler Youth Generation and Its Role in the Two Post-war German States' in Roseman, *Generations in Conflict*, 210–26; Bude, *Deutsche Karrieren*.

53. Overmans, *Deutsche militärische Verluste*, 300–1, and 231 and 286; 'Kriegsgefangene und Wehrmachtsvermisste aus Hessen: Vorläufige Ergebnisse der amtlichen Registrierung vom 20.–30. Juni 1947', *Staat und Wirtschaft in Hessen: Statistische Mitteilungen*, 2 (1947), no. 4, 110–12; Burkhart Müller-Hillebrand, *Das Heer 1933–1945*, 3, *Der Zweifrontenkrieg*, Darmstadt, 1969, 263; Arthur Lee Smith, *Die 'vermisste Million': Zum Schicksal deutscher Kriegsgefangener nach dem zweiten Weltkrieg*, Munich, 1992, 62–4; Kurt W. Böhme, *Gesucht wird . . . Die dramatische Geschichte des Suchdienstes*, Munich, 1965, 115 and 234–7.

54. Knoch, *Die Tat als Bild*, 314–23; Moeller, *War Stories*, chapter 4 and figs 11–16; Biess, 'Survivors of Totalitarianism', 57–82, and 63 for letter by Frau R.

55. Liselotte G. in Hammer and zur Nieden, *Sehr selten habe ich geweint*, 314–16: 17 May 1945.

56. Ibid., 316: 17 May 1945.

57. For Aachen in Sept.–Dec. 1944, see Bankier, 'German Public Awareness of the Final Solution', 216; Klessmann, *Die doppelte Staatsgründung*, 372–4: doc. 25, 'Bericht des amerikanischen Geheimdienstes über die Einstellung der deutschen Bevölkerung in der US-Zone', 12 Aug. 1945; Moeller, *War Stories*, 25–49 and 78–9; Anna Merritt and Richard Merritt (eds), *Public Opinion in Semisovereign Germany: The HICOG Surveys, 1949–1955*, Urbana, 1980, 9; on the restitution payments to Israel, see Frank Stern, *The Whitewashing of the Yellow Badge: Antisemitism and Philosemitism in Postwar Germany*, Oxford, 1992, 352, 367 and 382; Constantin Goschler (ed.), *Wiedergutmachung: Westdeutschland und die Verfolgten des Nationalsozialismus (1950–1954)*, Munich, 1992, 257–85; on the Law to Equalise Burdens, see Hans Günther Hockerts, 'Integration der Gesellschaft: Gründungskrise und Sozialpolitik in der frühen Bundesrepublik', *Zeitschrift für Sozialreform*, 32, 1986, 25–41; Michael Hughes, *Shouldering the Burdens of Defeat: West Germany and the Reconstruction of Social Justice*, Chapel Hill, NC, 1999.
58. Mommsen, 'Gesellschaftsbild und Verfassungspläne des deutschen Widerstandes'; Richard Overy, *Interrogations: The Nazi Elite in Allied Hands, 1945*, London, 2001.
59. Merritt and Merritt, *Public Opinion in Occupied Germany*, 32–3; Knoch, *Die Tat als Bild*, 356–425; Hans Wagener, 'Soldaten zwischen Gehorsam und Gewissen: Kriegsromane und Kriegstagebücher' in his (ed.), *Gegenwartsliteratur und Drittes Reich: Deutsche Autoren in der Auseinandersetzung mit der Vergangenheit*, Stuttgart, 1977, 241–64.
60. KA 4500/68, Alfred M., notice, Aug. 1949; wearing mourning, see Alfred M., letter to Walter Kempowski, 15 May 1996. See also Sabine Behrenbeck, 'Between Pain and Silence: Remembering the Victims of Violence in Germany after 1949' in Bessel and Schumann, *Life after Death*, 37–64; Elisabeth Domansky and Jutta de Jong, *Der lange Schatten des Krieges: Deutsche Lebens-Geschichten nach 1945*, Münster, 2000; and Domansky, 'A Lost War: World War Two in Post-war German Memory' in Alvin Rosenfeld (ed.), *Thinking about the Holocaust after Half a Century*, Bloomington, 1997, 233–72.
61. Siegfried Bork, *Missbrauch der Sprache: Tendenzen nationalsozialistischer Sprachregelung*, Bern, 1970, 99. Richard Sheppard has pointed out that 'Die Aktion' and 'Der Sturm' re-entered German culture via an unlikely route: the rediscovery of Expressionism: see the catalogue, *Expressionismus: Literatur und Kunst 1910–1923: Eine Ausstellung des deutschen Literaturarchivs im Schiller-Nationalmuseum Marbach a. N.*, Marbach, 1960.
62. Konrad Ehlich, 'Über den Faschismus sprechen – Analyse und Diskurs' in his (ed.) *Sprache im Faschismus*, Frankfurt, 1989, 7–34; Dolf Sternberger, Gerhard Storz and W. E. Süsking, *Aus dem Wörterbuch des Unmenschen*, Hamburg, 1968, 31–6, 45–50, 57–63, 109–13 and 168–72.
63. See use of these essays made in chapters 8–11 above; on the creation of the collection, see Heinz Abels, Heinz-Hermann Krüger and Hartmut Rohrman, '"Jugend im Erziehungsfeld": Schüleraufsätze aus den fünfziger Jahren im Roessler-Archiv', *BIOS*, 1, 1989, 139–50; on unpopularity of rearmament among the young, see Alan McDougall, *Youth Politics in East Germany: The Free German Youth Movement, 1946–1968*, Oxford, 2004, 27–33; Grotum, *Die Halbstarken*, 47; see also Uta Poiger, *Jazz, Rock and Rebels: Cold War Politics and American Culture in a Divided Germany*, Berkeley, 2000.

64. Reading in Schulz, Radebold and Reulecke, *Söhne ohne Väter*, 50–5; Manfred Gregor, *Die Brücke*, Munich, 1958; Hans Hellmut Kirst, *08/15: In der Kaserne, Im Krieg, Bis zum Ende: Gesamtausgabe der Trilogie*, Munich, 2001; Albrecht Goes, *Unruhige Nacht*, Hamburg, 1951; Holger Klein, *The Second World War in Fiction*, London, 1984; Wagener, 'Soldaten zwischen Gehorsam und Gewissen'; Knoch, *Die Tat als Bild*, 372–85; Jochen Pfeifer, *Der deutsche Kriegsroman 1945–1960: Ein Versuch zur Vermittlung von Literatur und Sozialgeschichte*, Königstein, 1981; Keith Bullivant and C. Jane Rice, 'Reconstruction and Integration: The Culture of West German Stabilization 1945–1968' in Rob Burns (ed.), *German Cultural Studies: An Introduction*, Oxford, 1995, 225–7.
65. Timm, *Am Beispiel meines Bruders*, 11–16, 57–60, 63–4, 70, 75–6, 89–90, 97–9 and 151.
66. Helmut Schelsky, *Die skeptische Generation: Eine Soziologie der deutschen Jugend*, Düsseldorf, 1957; also Franz-Werner Kersting, 'Helmut Schelskys "Skeptische Generation" von 1957', *Vierteljahrshefte für Zeitgeschichte*, 50, 2002, 465–95.

第十二章

1. Angelika Königseder, *Flucht nach Berlin: Jüdische Displaced Persons 1945–1948*, Berlin, 1998, 164–5; YIVO archives, Leo W. Schwarz Papers, 481, press release of the Central Komitet fun di bafrajte Jidn in der amerikaner zone, Department of Public Relations, Munich, 26 Sept. 1947; Menuhin was much criticised in the USA and Israel for championing Furtwängler and also gives a more positive account of this encounter in his memoirs: see Yehudi Menuhin, *Unfinished Journey*, London, 2001, 230–6; Sam Shirakawa, *The Devil's Music Master: The Controversial Life and Career of Wilhelm Furtwängler*, Oxford, 1992, 345–55.
2. Angelika Königseder and Juliane Wetzel, *Lebensmut im Wartesaal: Die jüdischen DPs (Displaced Persons) im Nachkriegsdeutschland*, Frankfurt, 1994, 25, 42 and 47–53.
3. On conflicts between Poles and Jews in Bergen-Belsen, see United Nations Archives, UNRRA, PAG 4/4.2: 82 (S-0524-0106): Office of the Historian, Monographs, DP BR 12, History of Child Welfare Sources, 'Section "F" Repatriation and resettlement of unaccompanied children'; Königseder and Wetzel, *Lebensmut im Wartesaal*, 47, the British numbers were for June 1946; YIVO Archives, Leo W. Schwartz Papers, 54, 89 and 92: Leo W. Schwartz, 'Report on AJDC program in the American Zone' 12 Jan. 1947; Susan Pettiss, 'Report on Jewish infiltree children' and 'Children in German homes and institutions whose nationality is not yet finally established'.
4. YIVO Archives, Leo W. Schwartz Papers, 87, 'Displaced Persons, 1945–1946: Office of the Chief Historian European Command', 61–2; Königseder and Wetzel, *Lebensmut im Wartesaal*, 138; Jacobmeyer, *Vom Zwangsarbeiter zum heimatlosen Ausländer*, 193–4.
5. YIVO Archives, Leo W. Schwartz Papers, 520 and 89, American Joint Distribution Committee (AJDC) Berlin, 'Quarterly Report for the period April 1 to June 30 1947' and Susan Pettiss, 'Report on Jewish infiltree children'.
6. I am grateful to Juliane Wetzel for making the following material available to me: YIVO Archives, DP Collection, Germany, folder 2212, Central

Information Office London: Miriam Warburg, 'Conditions of Jewish children in a Bavarian rehabilitation camp'.
7. Ibid.
8. Ibid.; Königseder and Wetzel, *Lebensmut im Wartesaal*, 110, citing Marie Syrkin, *The State of the Jews*, Washington, 1980, 21–2; on Landsberg, see Angelika Eder, *Flüchtige Heimat: Jüdische Displaced Persons in Landsberg am Lech 1945 bis 1950*, Munich, 1998; Miriam Warburg on a mother being reunited with a daughter she threw from a deportation train from Łódź, Warburg, 'Personal Experiences of camp inmates at D.P. Center of Foehrenwald, Bavaria', *Jews in Europe Today*, 2, Feb. 1946.
9. Sosnowski, *The Tragedy of Children under Nazi Rule*, 172.
10. United Nations Archives, UNRRA, PAG 4/1.1.3.5.6.2: 13 (S-0518-798): Bureau of Administration, Administrative Services Division, Records Section, Central Registry, Registry files (1944–9), Mission files, German Mission, Monthy Narrative Report 46/271, Oct. 1946, Eileen Blackey, 'Minutes of Inter-zonal conference on child search and repatriation, October 16, 17 and 18, 1946'; United Nations Archives, UNRRA, PAG 4/4.2: 82 (S-0524-0106): Office of the Historian, Monographs, DP BR 21A, Michael Sorensen, 'Some observations at the conclusion of six months of child search and investigation', 8 Aug. 1946; United Nations Archives, UNRRA, PAG 4/4.2: 84 (S-0524-0108): Office of the Historian, Monographs, DP BR 32, North Rhine-Westphalia, Miss E. Dunkel, 'Memorandum on child search', 13 June 1947, 460 UNRRA HQ and Brigadier T. J. King, UNRRA Regional Director, North Rhine-Westfalia, 'Unofficial Report for Miss H. Pollak'.
11. Drolshagen, *Nicht ungeschoren davonkommen*; Virgili, *Shorn Women*; Kjendsli, *Kinder der Schande*; Polish claims, Hrabar, Tokarz and Wilczur, *Kinder im Krieg*, 240–4 and 331–5; Sosnowski, *The Tragedy of Children under Nazi Rule*, 52–3; Clay and Leapman, *Master Race*, 128, citing a June 1948 article in the newspaper
Życie Warszawy.
12. Macardle, *Children of Europe*, 233–4.
13. United Nations Archives, PAG 4/1.1.3.5.6.2: 131 (S-0518-798): UNRRA, Bureau of Administration, Administrative Services Division, Records Section, Central Registry, Registry files (1944–9), Mission files, German Mission, Monthly Narrative Report 46/271, Nov. 1946, Eileen Blackey, 'Report of trip to Poland, 19–27 November 1946'.
14. See the case of Alojzy Twardecki, alias Alfred Binderberger, in Clay and Leapman, *Master Race*, 105–14.
15. See Tycner, 'Grupa doktora Franciszka Witaszka', cited in Madajczyk, *Die Okkupationspolitik Nazideutschlands*, 473 n. 56; Clay and Leapman, *Master Race*, 118–19.
16. Clay and Leapman, *Master Race*, 159–76.
17. Sosnowski, *The Tragedy of Children under Nazi Rule*, annexe 22, 306–7; Lilienthal, *Der 'Lebensborn e.V.'*, 216; Hrabar, Tokarz and Wilczur, *Kinder im Krieg*, 87; Leapman, *Witnesses to War*, 106; Macardle, *Children of Europe*, 235, 238–40 and 296.
18. United Nations Archives, UNRRA, PAG 4/4.2: 84 (UN, S-0524–0108): Office of the Historian, Monographs, DP BR 32, North Rhine-Westphalia, Dunkel, 'Memorandum on child search'; United Nations Archives, PAG 4/1.1.3.5.6.2: 13 (S-0518-798): UNRRA, Bureau of Administration,

Administrative Services Division, Records Section, Central Registry, Registry files (1944–9), Mission files, German Mission, Monthly Narrative Report 46/271, Oct. 1946, Blackey, 'Minutes of Inter-zonal conference on child search and repatriation, October 16, 17 and 18, 1946'; Clay and Leapman, *Master Race*, 128–30.

19. Aitchison, *Caught in the Crossfire*, 66–8 and 197–9.
20. David, *A Touch of Earth*, 162–90.
21. Ibid., 192–3 and 206.
22. Ibid.
23. Martin Gilbert, *The Boys: Triumph over Adversity*, London, 1996, 254–86.
24. Anna Freud and Dorothy Burlingham, *Heimatlose Kinder*, Frankfurt, 1982, 191, and her 1951 essay, 'An Experiment in Group Upbringing' in *The Writings of Anna Freud*, 4, 1968, New York, 163–229. For the children's later lives, see Gilbert, *The Boys*, 286, and Sarah Moskovitz, *Love despite Hate: Child Survivors of the Holocaust and Their Adult Lives*, New York, 1983.
25. Anna Freud, 'Child Observation and Prediction of Development: A Memorial Lecture in Honour of Ernst Kris', in *The Writings of Anna Freud*, 5, 133.
26. Warburg, 'Personal Experiences of camp inmates at D.P. Center of Foehrenwald, Bavaria', 2. The major statement of Anna Freud's position is in her *Ego and the Mechanisms of Defence*, London, 1936; for a brief introduction to the Freud–Klein debate, see 'Ego psychology' in R. D. Hinshelwood, *A Dictionary of Kleinian Thought*, London, 1989, 286–95. Anna Freud's theory that a child deprived of parents early on only encounters difficulties later, during latency and adolescence, in forming any secure and stable sense of self has influenced some subsequent writing in this field: see Edith Ludowyk Gyomroi, 'The Analysis of a Young Concentration Camp Victim', *The Psychoanalytic Study of the Child*, 18, 1963, 484–510; Flora Hogman, 'Displaced Jewish Children during World War II: How They Coped', *Journal of Humanistic Psychology*, 23, 1983, 51–67. For discussions among directors of children's homes, see Thérèse Brosse, *Homeless Children: Report of the Proceedings of the Conference of Directors of the Children's Communities, Trogen, Switzerland*, Paris, 1950, 22, 27 and 43–4; John Bowlby's study of 200 British children under twelve, who had war-related problems, concluded that in one-third of cases evacuation rather than bombing was the cause: John Bowlby, *Child Care and the Growth of Love*, London, 1965, 42; for similar views among German specialists working with German refugee children, see Ackermann, 'Das Schweigen der Flüchtlingskinder', 447–57.
27. Thomas Gève, *Es gibt hier keine Kinder: Auschwitz, Gross-Rosen, Buchenwald: Zeichnungen eines kindlichen Historikers*, Volkhard Knigge (ed.), Göttingen, 1997, 10–11; interview with the author, Southampton, Jan. 2003.
28. Gève, interview with the author, Southampton, Jan. 2003.
29. Gève, *Youth in Chains*, 18; and see chapter 1 above.
30. Kalman Landau, reproduced in *Du* magazine, Mar. 1946.
31. Landau, 'Krematorium', *Du* magazine, Mar. 1946; Gève, 'Auschwitzer Mordkammer', no. 35, in Yad Vashem Art Museum: also in Gève, *Es gibt hier keine Kinder*, 91. See 'Rambles in Terezin' in Křížková, Kotouč and Ornest, *We Are Children Just the Same*, 85–6.
32. Thomas Gève, interview with author and lecture, Southampton, Jan. 2003.
33. Yehuda Bacon, 'Portrait of K. Fuhrman', 1945, Beit Lohamei Haghetaot,

Museum no. 704; 'In Memory of the Czech Transport to the Gas Chambers', 1945, charcoal on paper, on loan to the Yad Vashem Art Museum; for his trial testimony in Frankfurt, see Fritz Bauer Institut (ed.), *Auschwitz-Prozess 4 Ks 2/63 Frankfurt am Main*, Ghent, 2004, 651–3; DöW 13243 Bacon interview with Ben-David Gershon, Jerusalem, 17 Nov. 1964, 68. Bacon may have already been developing some of the ideas for this portrait of his father before the 'family camp' was dissolved: he describes drawing a hand clenched like a claw above the smoking crematorium: ibid., 46–7.

34. Kitty Hart, *Return to Auschwitz: The Remarkable Story of a Girl who Survived the Holocaust*, London, 1983, 14; on silence in the 1950s and 1960s, see Kushner, *The Holocaust and the Liberal Imagination*; and Novick, *The Holocaust and Collective Memory*; for some of the testimonies collected by the Central Jewish Historical Commission in Poland – from 1947, the Jewish Historical Institute in Warsaw – see Hochberg-Mariańska and Grüss, *The Children Accuse*; see also, Natalia Aleksiun, 'Polish Historiography of the Holocaust – Between Silence and Public Debate', *German History*, 22/3, 2004, 406–32; Ilana Tahan, *Memorial Volumes to Jewish Communities Destroyed in the Holocaust: A Bibliography of British Library Holdings*, London, 2003; and for a selection, see Jack Kugelmass and Jonathan Boyarin (eds), *From a Ruined Garden: The Memorial Books of Polish Jewry*, New York, 1983.

35. Davies and Moorhouse, *Microcosm*, 417–44; Gregor Thum, *Die fremde Stadt: Breslau 1945*, Berlin, 2003; Bohdan Kordan, 'Making Borders Stick: Population Transfer and Resettlement in the Trans-Curzon Territories, 1944–1949', *International Migration Review*, 31, no. 3 (1997), 704–20.

36. Lagrou, *The Legacy of Nazi Occupation in Western Europe*; Dmitrów, *Niemcy i okupacja hitlerowska w oczach Polaków*; Steinlauf, *Bondage to the Dead*; Sosnowski, *The Tragedy of Children under Nazi Rule*, 165–7.

37. Zdzislow Grot and Wincenty Ostrowski, *Wspomnienia młodzieży wielkopolskiej z lat okupacji niemieckiej 1939–1945*, Poznań, 1946, cited in Sosnowski, *The Tragedy of Children under Nazi Rule*, 166; Kamiński, *Kamienie na szaniec*; *Przekrój*, 43, 50–8, 1946; Stephan Szuman, 'La guerre et l'occupation dans les dessins des enfants polonais', *Sauvegarde*, 4, 1949, 28–57; *Berliner Zeitung*, 27 Oct. 1945, cited in Wilfrid Ranke et al. (eds), *Kultur, Pajoks und Care-Pakete: Eine Berliner Chronik 1945–49*, Berlin, 1990, 86–7.

38. Brosse, *War-Handicapped Children*, 19–20 and 77–100; Sosnowski, *The Tragedy of Children under Nazi Rule*, 165–7; Helena Radomska-Strzemecka, 'Okupacja w oczach młodzieży' in Józef Wnuk and Helena Radomska-Strzemecka, *Dzieci polskie oskarżają (1939–1945)*, Warsaw, 1961, 195–379.

39. DöW, MS, Nina Weilová, 'Erinnerungen', 13 and 25; see also chapter 7 above.

40. On the memorial discussion, see Peter Reichel, *Politik mit der Erinnerung: Gedächtnisorte im Streit um die nationalsozialistische Vergangenheit*, Munich and Vienna, 1995; and more generally, see Etienne François and Hagen Schulze (eds), *Deutsche Erinnerungsorte*, 1–3, Munich, 2002; James Young, *The Texture of Memory: Holocaust Memorials and Meaning*, New Haven and London, 1993.

41. Dinora Pines, 'Working with Women Survivors of the Holocaust' in her *A Woman's Unconscious Use of Her Body: A Psychoanalytical Perspective*,

London, 1993, 178–204; Primo Levi, *If This Is Man and The Truce*, London, 1987.
42. Anita Franková, b. 13 July 1930, deported to Theresienstadt 3 Aug. 1942, deported to Auschwitz 18 Dec. 1943, interview with the author, Prague, Apr. 1994, and letter to author, 11 Nov. 2004; see Kárný et al., *Terezínská Pamětní Kniha*, 863.
43. Klemperer, *To the Bitter End*, 2, 387–96: 13–24 Feb. 1945; RA, Burg-Gymnasium Essen, UII/522, anon., 2. See RA, Burg-Gymnasium Essen, UI/641, 2, for a similar record of the excitement of watching the bombing of Essen from a village 20 kilometres away. On Dresden, see also Götz Bergander, *Dresden im Luftkrieg: Vorgeschichte – Zerstörung – Folgen*, Cologne, 1977, 148–95 and 290–2; for destruction of home, see Marion to her father, in Lange and Burkard, '*Abends wenn wir essen fehlt uns immer einer*', 185: 3 Dec. 1943; RA, Berufsschule Essen, M2/2, 1–2; Gröschner, *Ich schlug meiner Mutter die brennenden Funken ab*, 147–9: Christa B., Dänenstr. 1, Mädchenmittelschule II, 4; YVA o.3 1202 Bacon interviews with Chaim Mass, Jerusalem, 13 Feb. 1959, 17 and 44, and DöW 13243 with Ben-David Gershon, Jerusalem, 17 Nov. 1964, 49 and 60.
44. Timm, *Am Beispiel meines Bruders*, 37–8.
45. Niethammer, *Ego-Histoire?*, 184–5 and 188–91.
46. Ibid.; DLA, Karl P., 'Hunger – Krieg und Kinderjahre!', 12.
47. Passerini, 'Work Ideology and Consensus under Italian Fascism'; Reinhard Sieder, 'A Hitler Youth from a Respectable Family' in Daniel Bertaux and Paul Thompson (eds), *International Yearbook of Oral History and Life Stories*, 2, *Between Generations: Family Models, Myths, and Memories*, Oxford, 1993, 99–120; Rosenthal, *Erlebte und erzählte Lebensgeschichte*; Ulrich Herbert, 'Good Times, Bad Times: Memories of the Third Reich' in Richard Bessel (ed.), *Life in the Third Reich*, Oxford, 1987, 97–110; Michelle Mouton and Helena Pohlandt-McCormick, 'Boundary Crossings: Oral History of Nazi Germany and Apartheid South Africa – A Comparative Perspective', *History Workshop Journal*, 48, Autumn 1999, 41–63; Lawrence Langer, *Holocaust Testimonies: The Ruins of Memory*, New Haven, 1991; and more generally on this open-ended question, see esp. Portelli, 'The Death of Luigi Trastulli: Memory and the Event'; and Figlio, 'Oral History and the Unconscious'; Lothar C., interview with Alexander von Plato and the author, 26 Mar. 1999, Institut für Geschichte und Biographie, Aussenstelle der Fernuniversität Hagen, Lüdenscheid.
48. Hans Medick, b. 1939, interviews with the author in Göttingen, Mar. 1998 and Aug. 2001.
49. KA 2035, Wilhelm Körner., b. 1929, letter to Walter Kempowski, 14 Oct. 1987; also letter to the author, 29 Oct. 2004; diary for 23 Mar. 1942–29 May 1947: 16 May 1945.
50. Harald Welzer, Sabine Moller and Karoline Tschuggnall, '*Opa war kein Nazi*': *Nationalsozialismus und Holocaust im Familiengedächtnis*, Frankfurt, 2002; also Westernhagen, *Die Kinder der Täter*; and Bar-On, *Legacy of Silence*.
51. Anneliese H.'s diary, 1 May 1945, in Kuby, *The Russians and Berlin*, 226.
52. Anne Frank, *Das Tagebuch der Anne Frank: 14. Juni 1942–1. August 1944*, Frankfurt, 1955; Alvin Rosenfeld, 'Popularization and Memory: The Case of Anne Frank' in Peter Hayes (ed.), *Lessons and Legacies: The Meaning of the Holocaust in a Changing World*, Evanston, Ill., 1991,

243–78; Anat Feinberg, *Wiedergutmachung im Programm: Jüdisches Schicksal im deutschen Nachkriegsdrama*, Cologne, 1988, 17–18.
53. Heinrich Böll, *Wo warst du, Adam?*, Frankfurt, 1959; Uwe Johnson, *Mutmassungen über Jakob*, Frankfurt, 1959; Günter Grass, *Hundejahre*, Neuwied, 1963; see Elizabeth Boa and J. H. Reid, *Critical Strategies: German Fiction in the Twentieth Century*, London, 1972.
54. For Rudolf W., see chapter 1, and for Walb, see introduction above.
55. Dr Walter Robert Corti (1910–90). The village still exists, caring for the orphans of international conflicts and victims of Aids.
56. Volkhard Knigge, 'With the eyes of a child historian and engineer' in Gève, *Es gibt hier keine Kinder*, 29–34, citing the diary of Lieselott Walz; Ian Serraillier, *The Silver Sword*, London, 1956, 183–7.
57. Dr Marie Meierhofer (1909–98) in Brosse, *Homeless Children*, 26–7, 30–2 and 43–4; Macardle, *Children of Europe*, 253–4.

地名对照表

德波对照

Allenstein	Olsztyn	Kalisch	Kalisz
Auschwitz	Oświęcim	Kamin	Kamień Krajeński
Bad Polzin	Połczyn Zdrój	Kattowitz	Katowice
Beuthen	Bytom	Kirchberg	Wiśniowa Góra
Birkenau	Brzezinka	Königsau	Równe/Rivne
Braunsberg	Braniewo		(Ukrainian)
Breslau	Wrocław	Königsberg	Królewiec/
Brest-Litovsk	Brześć Litewski		Kaliningrad
(Russian)			(Russian)
Brieg	Brzeg	Kolberg	Kołobrzeg
Brockau	Brochów [now	Konitz	Chojnice
	Wrocław-Brochów]	Kremsier	Kromeriz (Czech)
Bromberg	Bydgoszcz	Kulmhof	Chełmno
Brünn	Bezrzecze [now	Küstrin	Kostrzyn
	Szczecin-Bezrzecze]	Lemberg	Lwów/Lviv
Cosel	Koźle		(Ukrainian)/Lvov
Danzig	Gdańsk		(Russian)
Dirschau	Tczew	Leobschütz	Glubczyce
Elbing	Elbląg	Liegnitz	Legnica
Freystadt	Kożuchów (Śląsk)	Lodsch/	Łódź
Frisches Haff	Zalew Wiślany	Litzmannstadt	
Gerdauen	Schelesnidoroschni	Loslau	Wodzisław Śląski
	(Russian)	Mährisch-Ostrau	Moravská Ostrava
Gleiwitz	Gliwice		(Czech)
Glogau	Głogów	Marienburg	Malbork
Gotenhafen/Gdingen	Gdynia	Marienwerder	Kwidzyń
Graudenz	Grudziądz	Märkisch Friedland	Mirosławiec
Gumbinnen	Gusew (Russian)	Mohrungen	Morąg
Heiligenbeil	Mamonowo (Russian)	Neisse	Nysa (river)
Hela	Hel	Neustadt	Prudnik
Hindenburg	Zabrze	Neutief	Kosa (Russian)
Hohensalza	Inowrocław	Oder	Odra (river)
Kahlberg	Krynica Morska	Oppeln	Opole

Osterode	Ostróda	Stolp	Słupsk
Palmnicken	Jantarny (Russia)	Stutthof	Sztutowo
Pillau	Pilawa/Baltijsk (Russian)	Theresienstadt	Terezín (Czech)
		Thorn	Toruń
Posen	Poznań	Tolkemit	Tolkmicko
Preussisch Holland	Pasłęk	Tschenstochau	Częstochowa
Puschkau	Pastuchów	Turck	Turek
Pyritz	Pyrzyce	Vilnius (Lithuanian)	Wilno (Polish)/Vilna (Yiddish)
Rastenburg	Kętrzyn		
Ratibor	Racibórz	Warthe	Warta (river)
Reppen	Rzepin	Wehlau	Welawa/Znamiensk (Russian)
Rügenwalde	Darłowo		
Schippenbeil	Sępopol	Zempelburg	Sępolno Krajeńskie
Schweidnitz	Świdnica	Zichenau	Ciechanów
Schwetz	Świecie	Züllichau	Sulechów
Stettin	Szczecin		

波德对照

Bezrzecze	Brünn	Mamonowo (Russian)	Heiligenbeil
Braniewo	Braunsberg	Mirosławiec	Märkisch Friedland
Brochów	Brockau	Morąg	Mohrungen
Brzeg	Brieg	Moravská Ostrava (Czech)	Mährisch-Ostrau
Brześć Litewski	Brest-Litovsk (Russian)	Nysa	Neisse (river)
Brzezinka	Birkenau	Odra	Oder (river)
Bydgoszcz	Bromberg	Olsztyn	Allenstein rau
Bytom	Beuthen	Opole	Oppeln
Chełmno	Kulmhof	Ostróda	Osterode
Chojnice	Konitz	Oświęcim	Auschwitz
Ciechanów	Zichenau	Pasłęk	Prussian Holland
Częstochowa	Tschenstochau	Pastuchów	Puschkau
Darłowo	Rügenwalde	Pilawa	Pillau/Baltijsk (Russian)
Elbląg	Elbing		
Gdańsk	Danzig	Połczyn Zdrój	Bad Polzin
Gdynia	Gotenhafen/Gdingen	Poznań	Posen
Gliwice	Gleiwitz	Pyrzyce	Pyritz
Głogów	Glogau	Racibórz	Ratibor
Grudziądz	Graudenz	Rzepin	Reppen
Gusew (Russian)	Gumbinnen	Równe	Königsau/Rivne (Ukrainian)
Hel	Hela		
Inowrocław	Hohensalza	Sępolno Krajeńskie	Zempelburg
Jantarny (Russian)	Palmnicken		
Kalisz	Kalisch	Sępopol	Schippenbeil
Kamień Krajeński	Kamin	Sulechów	Züllichau
Katowice	Kattowitz	Szczecin	Stettin
Kętrzyn	Rastenburg	Sztutowo	Stutthof
Kołobrzeg	Kolberg	Świdnica	Schweidnitz
Kosa (Russia)	Neutief	Świecie	Schwetz
Kostrzyn	Küstrin	Tczew	Dirschau
Kożuchów (Śląsk)	Freystadt	Terezín (Czech)	Theresienstadt
Kromeriz (Czech)	Kremsier	Tolkmicko	Tolkemit
Królewiec	Königsberg/Kaliningrad (Russian)	Toruń	Thorn
		Turek	Turck
		Welawa	Wehlau/Znamiensk (Russian)
Krynica Morska	Kahlberg		
Kwidzyń	Marienwerder	Wilno	Vilnius (Lithuanian)/Vilna (Yiddish)
Legnica	Liegnitz		
Łódź	Lodsch/Litzmannstadt	Wiśniowa Góra	Kirchberg
		Wodzisław Śląski	Loslau
Lwów	Lemberg/Lviv (Ukrainian)/Lvov (Russian)	Wrocław	Breslau
		Zabrze	Hindenburg
Malbork	Marienburg	Zalew Wiślany	Frisches Haff

致　谢

　　1994年春，我参观了布拉格的犹太人博物馆，我的本意是调研该馆从特莱西恩施塔特集中营搜集的纳粹时期生活在犹太人区的孩子们的画作。此前一年，我曾在布拉格一个小型展会上见过其中一些画作，内容涉及屠杀捷克犹太人，我还在该馆的刊物上见识过其他一些画作。当时我不清楚那些画作的数量和种类，其中一些绘制在可再生包装纸上，另一些绘制在早年的捷克报表上，标注的日期为战前，当时那座小城还是军事驻地。博物馆里的画作不像我见过的复制品那么鲜亮，显而易见，当年生活在犹太人区的孩子们手头缺少表达特定感情的色彩颜料，而参观者很容易忽略这一点。孩子们对日常生活见闻的素描让我驻足和沉思良久，那里的大多数画作从未在其他地方展示过。若想知道这些画作表达的意境，我必须进一步充分了解当年深陷其中的孩子们的各种生活状况。对布拉格的安妮塔·弗兰科娃（Anita Franková）和特雷津的埃里克·波拉克（Erik Polák）来说，帮助我查找犹太人区的档案材料不过是举手之劳，两位学者都是当年的幸存者。

　　从孩子的视角记述历史，这究竟意味着什么，前边说的第一次调研让我确信，这么做是值得的。另外，我还想弄清楚，生活在纳粹德国同一时期的其他孩子群会留下什么样的遗存。1997年到1998年，趁着年假，我在德国待了一年，那次机会让我有了新的认识。

一些线索无果而终，例如：大量阅读20世纪三四十年代的交警档案，试图从涉及孩子们的道路交通事故中查出他们怎样玩耍，以印证许多记录翔实的回忆录提到的某件事，这么做实在费力不讨好。一些"偶遇"反而让我收获满满，比方说"管教院"的一些案例，还有小说家瓦尔特·肯波夫斯基（Walter Kempowski）经年累月收集的大量私人藏品。无论我走到哪里，总能得到慷慨的帮助，也总会引起人们的好奇：这个人明摆着不是德国人，也不属于战时是孩子的那代人，他为何要四处打听这类事！许多年长的德国同事会主动与我分享他们童年的记忆，这些都印在了我的脑海里，常常帮助我想起当年查阅的那些资料。与家人长期分离期间，少管所的孩子们，或依据战时疏散令遭散的孩子们，他们会写信给父母，阅读这样的家信，难免会让人疑惑，维持家庭关系究竟有什么意义。从一开始，每当我陷入这种困惑，儿子阿南德（Anand）就是我的大救星，他的激励不止一次让我实现了巨大的跨越。

　　我是有意选择解开一个历史的结，这方面没有先例可循，我心里清楚，这么做会耗费大量时间。此事的成功，有赖于一大批机构和组织的援手，在此我谨致谢意。中欧大学（Central European University）提供了我在布拉格期间的食宿，澳大利亚国立大学资助我访问了堪培拉，亚历山大·冯·洪堡基金会（Alexander von Humboldt Foundation）资助我在马克斯·普朗克历史研究所（Max Planck Institute for History）和哥廷根大学（University in Gottingen）做了一年研究。伦敦大学皇家霍洛威学院（Royal Holloway）、牛津大学莫德林学院（Magdalen College）、现代历史学院（Faculty of Modern History）均给我批了公休假，更重要的是，我还得到艺术和人文研究会的资助，让我得到充裕的时间起草本书。英国国家学术院提供了一年的研究经费，使我完成了厚厚一摞初稿。在此我还要感谢《过去与现在》（Past & Present）杂志的编辑，我在该杂志首发了一篇关于大屠杀期间孩子艺术的文章，经他们允许，我得以使用该文的材料。

　　像所有长篇大论一样，本书书稿经多次修改，同时我也得到许多人的鼓励。在英国、澳大利亚、德国、以色列、瑞士、奥地利等地，我与学生、同事和朋友们交流，这拓宽了我对纳粹时期以及童趣历史的了解，让我增添了许多见闻，例如哪些问题能从史料中找到解答，哪些问题暂时无解。在此，我要特别感谢下列人士，希望他们能从本书正文里认出与自己有关的内容。他们是：林恩·艾布拉姆斯（Lynn Abrams）、夏洛特·阿佩尔（Charlotte Appel）、斯特凡·贝格尔（Stefan Berger）、理查德·博斯沃斯（Richard Bosworth）、鲁特·博蒂盖默（Ruth Bottigheimer）、劳伦斯·布劳克里斯（Laurence Brockliss）、凯瑟琳·克拉克（Catherine Clarke）、马丁·康韦（Martin Conway）、马丁·德安（Martin Dean）、宁·德康宁－史密斯（Ning de Conning-Smith）、尼尔·弗格森（Niall Ferguson）、凯特琳·菲茨赫伯特（Katrin Fitzherbert）、朱莉安妮·福斯特（Juliane Fürst）、玛丽·弗布鲁克（Mary Fulbrook）、索尔·弗里德兰德（Saul Friedländer）、罗伯特·吉尔德（Robert Gildea）、海伦·格雷厄姆（Helen Graham）、阿比盖尔·格林（Abigail Green）、尤恩·格林（Ewen Green）、瓦伦丁·格勒布纳（Valentin Groebner）、阿蒂娜·格罗斯曼（Atina Grossmann）、丽贝卡·哈贝马斯（Rebekka Habermas）、克丽丝塔·海穆勒（Christa Hämmerle）、安东尼·哈里斯（Anthony Harris）、丽兹·哈维（Liz Harvey）、保拉·希尔（Paula Hill）、格哈德·赫希菲尔德（Gerhard Hirschfeld）、伊戈尔（伊加尔）·霍夫纳（Yigal Hoffner）、格奥尔格·伊格尔斯和威尔玛·伊格尔斯（Georg and Wilma Iggers）、伊恩·克肖（Ian Kershaw）、哈特穆特·莱曼和茜尔克·莱曼（Hartmut and Silke Lehmann）、彼得·隆格里希（Peter Longerich）、温迪·洛厄（Wendy Lower）、黑尔佳·吕德克和阿尔夫·吕德克（Helga and Alf Lüdtke）、佩特拉·鲁兹（Petra Lutz）、盖伊·马夏尔（Guy Marchal）、汉斯·梅迪科（Hans Medick）、汉斯·莫姆森（Hans Mommsen）、约翰·奈廷格尔（John Nightingale）、杰里米·诺克斯（Jeremy Noakes）、比尔·诺瓦克（Bill Nowak）、理查德·奥弗里（Richard Overy）、约翰尼斯·保尔曼（Johannes Paulmann）、丹尼尔·皮克（Daniel Pick）、亚

历山大·冯·柏拉图（Alexander von Plato）、哈特穆特·博格·冯·斯特拉德曼（Hartmut Pogge von Strandmann）、迈克·罗珀（Mike Roper）、尤林卡·鲁布莱克（Ulinka Rublack）、戴维·萨宾（David Sabean）、凯伦·舍恩沃德（Karen Schönwälder）、莱因哈德·西德尔（Reinhard Sieder）、佳雷斯·斯泰德曼·琼斯（Gareth Stedman Jones）、威利鲍尔德·斯坦梅茨（Willibald Steinmetz）、科纳利·厄斯本（Cornelie Usborne）、尼克·沃克斯曼（Nik Wachsmann）、汤姆·韦伯（Tom Weber）、保罗·维恩德林（Paul Weindling）。珍妮·卡普兰（Jane Caplan）、理查德·埃文斯（Richard Evans）、吉安·兰贝茨（Jan Lambertz）、亚当·图兹（Adam Tooze）四人对本书手稿各章各节给予了充分点评，吉安·兰贝茨还与我分享了她在联合国档案库做研究期间找到的资料。假如我父亲仍然在世，并且借助我的眼睛观察他成长在其中的世界的一些局部，定会让他生出异样的感觉。不过，我父母毕生都在研究他国文化，基于此，我有最坚实的理由相信，这样的学术探索定会让人受益终生。

　　本书得以出版，下列档案管理员和图书馆员的帮助功不可没，尤其是布拉格的安妮塔·弗兰科娃和米谢拉·哈伊科娃（Michaela Hájková）、伦敦的安娜－玛利亚·克劳坎德·克里斯托弗·舍恩伯格（Anna-Maria Klaukand Christoph Schonberger）、维也纳（Vienna）的京特·米勒（Günter Müller）、卡塞尔（Kassel）的克里斯蒂娜·万尼雅（Christina Vanja）、柏林（Berlin）的彼得·威德曼（Peter Widmann）。在此我尤其感谢瓦尔特·肯波夫斯基和希尔德加德·肯波夫斯基（Hildegard Kempowski）夫妇，他们家的大门随时向我敞开，以便我查阅他们收藏的价值无量的私人档案，我在那里还得到迪克·亨佩尔（Dierk Hempel）的协助。我曾经的博士生雪莉·吉尔伯特（Shirli Gilbert）出版了研究犹太人区和集中营音乐的作品，我从中获益匪浅；她还采集和翻译了一些意第绪语歌曲，我通读了她的手稿，引用了部分内容。写作本书后期阶段，索菲亚·斯坦普罗斯卡（Zofia Stemplowska）帮助我整理的波兰语资料让我获益良多，她还帮我编辑了地名列表。朱利娅·冯·德姆·克内塞贝克（Julia von dem Knesebeck）和安娜·门格（Anna Menge）帮助我完成了最后一些德文材料，后者还从我的笔记里帮我整理出了参考书目表。另外，安娜·门格、索菲亚·斯坦普罗斯卡、索菲亚和阿比盖尔·坎德拉斯（Abigael Candelas）三人全都帮助我核实了最终手稿。

力推本书的克莱尔·亚历山大（Clare Alexander）是我的出版经纪人，他这辈子见识过各种各样的手稿和作家，从中积累了大智慧，仅凭直觉，他就洞悉了我创作本书的意图。萨莉·莱利（Sally Riley）负责寻找愿意将本书译成外文的出版商，而她也乐在其中。各位编辑都非常努力，乔纳森·凯普（Jonathan Cape）出版社的威尔·苏尔金（Will Sulkin）和约尔格·亨斯根（Jörg Hensgen）对书籍爱不释手，我们之间的争论和思想碰撞从本书开篇贯穿到最后一条索引，堪称一次完美的合作。凡遇问题，罗萨琳德·波特（Rosalind Porter）总会穷追不舍，伊尔莎·雅德利（Ilsa Yardley）则在文字编排方面全副身心投入，而出版社的汤姆·德雷克-李（Tom Drake-Lee）在解决棘手问题时总是游刃有余。

对我来说，完成第一本书的手稿后，请他人试读"完稿"，我实在难于启齿，而本书手稿完成之际，我已经有幸拥有众多自告奋勇通读作品的朋友，他们是：罗莎蒙德·巴特利特（Rosamund Bartlett）、迪克·贝塞尔（Dick Bessel）、艾蒂安·弗朗索瓦（Etienne François）、鲁特·哈里斯（Ruth Harris）、海因茨·卢巴兹（Heinz Lubasz）、伊恩·皮尔斯（Iain Pears）、琳达尔·罗珀（Lyndal Roper）、马克·罗斯曼（Mark Roseman）、理查德·谢泼德（Richard Sheppard）、贝恩德·魏斯布罗德（Bernd Weisbrod），他们每个人都身怀独门绝技，却技不压人，他们勇于协助我挑错，每个人都表现得很棒。他们都助了我一臂之力，向我指出，因为第二次世界大战或纳粹主义背景的形势变化要改变叙述时，别忘了把孩子们放到首位。我心里清楚，如果没有他们的点评，本书会比读者见到的糟糕许多；如果没有他们的友谊和"怂恿"，我真有可能不会对终稿补上最后一刀。

最后,我还要再次向鲁特·博蒂盖默、伊恩·皮尔斯、琳达尔·罗珀表示感谢,过去十年,他们读到和听到了太多同一时期的历史,这并非出自他们本意,他们却帮着我完成了希望的记述。手稿刚杀青那会儿,我曾有过担心,根据孩子们的体验恐难书写出"真正的"历史。搭档琳达尔·罗珀适时给了我最好的建议:既是心有所愿,不妨听从召唤。随后那些年,我从她那里学到的东西,已经远超"谢"字的承载。长期以来,琳达尔·罗珀,以及我儿子阿南德和萨姆(Sam)一直在提醒我,孩子们会用全新的眼光看待世界,在此,我谨以本书表达对他们的谢意。

译者的话

衷心感谢三联书店信任我，让我承担重任翻译本书。这是我与三联书店合作的第七本书。

拿到本书原文时，编辑告诉我，这是根据第二次世界大战时期孩子们的经历撰写的史书，也是世界上第一本专门描述"二战"中的孩子的史书。是不是世上同类书中第一本，我不知道。浏览完原文，我当即告诉编辑，本书不是专门描述"二战"中的孩子的史书，而是一本极具特色的关于那段历史的史书，直接描述孩子的内容仅占全书篇幅的一部分。本书主要有以下几个特点：

一、本书包含的信息量可谓巨大，全书不过30多万字，在篇幅如此有限的一本书里，作者融入了大量"二战"中的人物和事件。尽管如此，在有限的空间里，所有人物和事件排列有序，前后照应，没有半点拥挤或凌乱。而且，关于孩子们的史料和史实，基本都是第一手，部分为全新。阅读本书时，即便对"二战"史了若指掌的读者，也不会有似曾相识的感觉。

二、本书文笔极其与众不同，从原文看，作者的行文有点儿特立独行，全书看似通俗，细细品味，一点儿不通俗！翻译过程中，我常常怀疑作者不是英语语境土生土长的人。可是，翻译过半，我又不自觉地推翻了前述怀疑，反倒觉得作者的文笔"细思极恐""没毛病"（当今流行语）！我只得认为，创作本书过程中，作者存心想表现出与众不同,诚如大匠运斤,任意挥洒,旁人怎么看都找不出斧凿痕!以前讲授翻译课时,我经常对学生们说:翻译绝不能有自己的特点,翻译必须亦步亦趋,紧贴原著的特点。翻译本书过程中,我常常暗自慨叹,"紧贴"这部原著的特点,难,且不是一般的难!

三、本书旁征博引,不过,正是这方面,本书与其他史书截然不同。绝大多数史书记述的都是大人物、大事件,往往会用史诗般的场面展现恢宏的历史画卷,而本书讲述的多为小人物、小事件,甚至日常生活中的鸡毛蒜皮,特别贴近普通人的真实生活。作者显然是在放低姿态,借广大名不见经传的普通人的真实经历,让读者换一个角度窥探那段熟悉的历史。

借本书出版之际,我还要感谢南希·埃尔温斯(Nancy Owens)女士和詹姆斯·梅(James May)先生。自20世纪90年代中上旬起,我与他们合作了二十年。那一时期,几乎每个工作日,我都要借助英文与他们频繁交流和大量交流!若不是因为那段经历,我对英文的领悟必定远不如今天这般深刻,我的译文也远不会像读者今天所见的贴近原文。

译文中凡有不妥,望读者不吝宽容。

译者于 2020 年 5 月

新知文库

01 《证据：历史上最具争议的法医学案例》[美] 科林·埃文斯 著　毕小青 译
02 《香料传奇：一部由诱惑衍生的历史》[澳] 杰克·特纳 著　周子平 译
03 《查理曼大帝的桌布：一部开胃的宴会史》[英] 尼科拉·弗莱彻 著　李响 译
04 《改变西方世界的 26 个字母》[英] 约翰·曼 著　江正文 译
05 《破解古埃及：一场激烈的智力竞争》[英] 莱斯利·罗伊·亚京斯 著　黄中宪 译
06 《狗智慧：它们在想什么》[加] 斯坦利·科伦 著　江天帆、马云霏 译
07 《狗故事：人类历史上狗的爪印》[加] 斯坦利·科伦 著　江天帆 译
08 《血液的故事》[美] 比尔·海斯 著　郎可华 译　张铁梅 校
09 《君主制的历史》[美] 布伦达·拉尔夫·刘易斯 著　荣予、方力维 译
10 《人类基因的历史地图》[美] 史蒂夫·奥尔森 著　霍达文 译
11 《隐疾：名人与人格障碍》[德] 博尔温·班德洛 著　麦湛雄 译
12 《逼近的瘟疫》[美] 劳里·加勒特 著　杨岐鸣、杨宁 译
13 《颜色的故事》[英] 维多利亚·芬利 著　姚芸竹 译
14 《我不是杀人犯》[法] 弗雷德里克·肖索依 著　孟晖 译
15 《说谎：揭穿商业、政治与婚姻中的骗局》[美] 保罗·埃克曼 著　邓伯宸 译　徐国强 校
16 《蛛丝马迹：犯罪现场专家讲述的故事》[美] 康妮·弗莱彻 著　毕小青 译
17 《战争的果实：军事冲突如何加速科技创新》[美] 迈克尔·怀特 著　卢欣渝 译
18 《最早发现北美洲的中国移民》[加] 保罗·夏亚松 著　暴永宁 译
19 《私密的神话：梦之解析》[英] 安东尼·史蒂文斯 著　薛绚 译
20 《生物武器：从国家赞助的研制计划到当代生物恐怖活动》[美] 珍妮·吉耶曼 著　周子平 译
21 《疯狂实验史》[瑞士] 雷托·U. 施奈德 著　许阳 译
22 《智商测试：一段闪光的历史，一个失色的点子》[美] 斯蒂芬·默多克 著　卢欣渝 译
23 《第三帝国的艺术博物馆：希特勒与"林茨特别任务"》[德] 哈恩斯 – 克里斯蒂安·罗尔 著　孙书柱、刘英兰 译
24 《茶：嗜好、开拓与帝国》[英] 罗伊·莫克塞姆 著　毕小青 译
25 《路西法效应：好人是如何变成恶魔的》[美] 菲利普·津巴多 著　孙佩妏、陈雅馨 译
26 《阿司匹林传奇》[英] 迪尔米德·杰弗里斯 著　暴永宁、王惠 译

27 《美味欺诈：食品造假与打假的历史》[英]比·威尔逊 著　周继岚 译
28 《英国人的言行潜规则》[英]凯特·福克斯 著　姚芸竹 译
29 《战争的文化》[以]马丁·范克勒韦尔德 著　李阳 译
30 《大背叛：科学中的欺诈》[美]霍勒斯·弗里兰·贾德森 著　张铁梅、徐国强 译
31 《多重宇宙：一个世界太少了？》[德]托比阿斯·胡阿特、马克斯·劳讷 著　车云 译
32 《现代医学的偶然发现》[美]默顿·迈耶斯 著　周子平 译
33 《咖啡机中的间谍：个人隐私的终结》[英]吉隆·奥哈拉、奈杰尔·沙德博尔特 著　毕小青 译
34 《洞穴奇案》[美]彼得·萨伯 著　陈福勇、张世泰 译
35 《权力的餐桌：从古希腊宴会到爱丽舍宫》[法]让-马克·阿尔贝 著　刘可有、刘惠杰 译
36 《致命元素：毒药的历史》[英]约翰·埃姆斯利 著　毕小青 译
37 《神祇、陵墓与学者：考古学传奇》[德]C.W.策拉姆 著　张芸、孟薇 译
38 《谋杀手段：用刑侦科学破解致命罪案》[德]马克·贝内克 著　李响 译
39 《为什么不杀光？种族大屠杀的反思》[美]丹尼尔·希罗、克拉克·麦考利 著　薛绚 译
40 《伊索尔德的魔汤：春药的文化史》[德]克劳迪娅·米勒-埃贝林、克里斯蒂安·拉奇 著　王泰智、沈惠珠 译
41 《错引耶稣：〈圣经〉传抄、更改的内幕》[美]巴特·埃尔曼 著　黄恩邻 译
42 《百变小红帽：一则童话中的性、道德及演变》[美]凯瑟琳·奥兰丝汀 著　杨淑智 译
43 《穆斯林发现欧洲：天下大国的视野转换》[英]伯纳德·刘易斯 著　李中文 译
44 《烟火撩人：香烟的历史》[法]迪迪埃·努里松 著　陈睿、李欣 译
45 《菜单中的秘密：爱丽舍宫的飨宴》[日]西川惠 著　尤可欣 译
46 《气候创造历史》[瑞士]许靖华 著　甘锡安 译
47 《特权：哈佛与统治阶层的教育》[美]罗斯·格雷戈里·多塞特 著　珍栎 译
48 《死亡晚餐派对：真实医学探案故事集》[美]乔纳森·埃德罗 著　江孟蓉 译
49 《重返人类演化现场》[美]奇普·沃尔特 著　蔡承志 译
50 《破窗效应：失序世界的关键影响力》[美]乔治·凯林、凯瑟琳·科尔斯 著　陈智文 译
51 《违童之愿：冷战时期美国儿童医学实验秘史》[美]艾伦·M.霍恩布鲁姆、朱迪斯·L.纽曼、格雷戈里·J.多贝尔 著　丁立松 译
52 《活着有多久：关于死亡的科学和哲学》[加]理查德·贝利沃、丹尼斯·金格拉斯 著　白紫阳 译
53 《疯狂实验史Ⅱ》[瑞士]雷托·U.施奈德 著　郭鑫、姚敏多 译

54	《猿形毕露：从猩猩看人类的权力、暴力、爱与性》[美] 弗朗斯·德瓦尔 著　陈信宏 译
55	《正常的另一面：美貌、信任与养育的生物学》[美] 乔丹·斯莫勒 著　郑嬿 译
56	《奇妙的尘埃》[美] 汉娜·霍姆斯 著　陈芝仪 译
57	《卡路里与束身衣：跨越两千年的节食史》[英] 路易丝·福克斯克罗夫特 著　王以勤 译
58	《哈希的故事：世界上最具暴利的毒品业内幕》[英] 温斯利·克拉克森 著　珍栎 译
59	《黑色盛宴：嗜血动物的奇异生活》[美] 比尔·舒特 著　帕特里曼·J.温 绘图　赵越 译
60	《城市的故事》[美] 约翰·里德 著　郝笑丛 译
61	《树荫的温柔：亘古人类激情之源》[法] 阿兰·科尔班 著　苜蓿 译
62	《水果猎人：关于自然、冒险、商业与痴迷的故事》[加] 亚当·李斯·格尔纳 著　于是 译
63	《囚徒、情人与间谍：古今隐形墨水的故事》[美] 克里斯蒂·马克拉奇斯 著　张哲、师小涵 译
64	《欧洲王室另类史》[美] 迈克尔·法夸尔 著　康怡 译
65	《致命药瘾：让人沉迷的食品和药物》[美] 辛西娅·库恩等 著　林慧珍、关莹 译
66	《拉丁文帝国》[法] 弗朗索瓦·瓦克 著　陈绮文 译
67	《欲望之石：权力、谎言与爱情交织的钻石梦》[美] 汤姆·佐尔纳 著　麦慧芬 译
68	《女人的起源》[英] 伊莲·摩根 著　刘筠 译
69	《蒙娜丽莎传奇：新发现破解终极谜团》[美] 让－皮埃尔·伊斯鲍茨、克里斯托弗·希斯·布朗 著　陈薇薇 译
70	《无人读过的书：哥白尼〈天体运行论〉追寻记》[美] 欧文·金格里奇 著　王今、徐国强 译
71	《人类时代：被我们改变的世界》[美] 黛安娜·阿克曼 著　伍秋玉、澄影、王丹 译
72	《大气：万物的起源》[英] 加布里埃尔·沃克 著　蔡承志 译
73	《碳时代：文明与毁灭》[美] 埃里克·罗斯顿 著　吴妍仪 译
74	《一念之差：关于风险的故事与数字》[英] 迈克尔·布拉斯兰德、戴维·施皮格哈尔特 著　威治 译
75	《脂肪：文化与物质性》[美] 克里斯托弗·E.福思、艾莉森·利奇 编著　李黎、丁立松 译
76	《笑的科学：解开笑与幽默感背后的大脑谜团》[美] 斯科特·威姆斯 著　刘书维 译
77	《黑丝路：从里海到伦敦的石油溯源之旅》[英] 詹姆斯·马里奥特、米卡·米尼奥-帕卢埃洛 著　黄煜文 译
78	《通向世界尽头：跨西伯利亚大铁路的故事》[英] 克里斯蒂安·沃尔玛 著　李阳 译
79	《生命的关键决定：从医生做主到患者赋权》[美] 彼得·于贝尔 著　张琼懿 译
80	《艺术侦探：找寻失踪艺术瑰宝的故事》[英] 菲利普·莫尔德 著　李欣 译

81	《共病时代：动物疾病与人类健康的惊人联系》[美]芭芭拉·纳特森－霍洛威茨、凯瑟琳·鲍尔斯 著　陈筱婉 译
82	《巴黎浪漫吗？——关于法国人的传闻与真相》[英]皮乌·玛丽·伊特韦尔 著　李阳 译
83	《时尚与恋物主义：紧身褡、束腰术及其他体形塑造法》[美]戴维·孔兹 著　珍栎 译
84	《上穷碧落：热气球的故事》[英]理查德·霍姆斯 著　暴永宁 译
85	《贵族：历史与传承》[法]埃里克·芒雄－里高 著　彭禄娴 译
86	《纸影寻踪：旷世发明的传奇之旅》[英]亚历山大·门罗 著　史先涛 译
87	《吃的大冒险：烹饪猎人笔记》[美]罗布·沃乐什 著　薛绚 译
88	《南极洲：一片神秘的大陆》[英]加布里埃尔·沃克 著　蒋功艳、岳玉庆 译
89	《民间传说与日本人的心灵》[日]河合隼雄 著　范作申 译
90	《象牙维京人：刘易斯棋中的北欧历史与神话》[美]南希·玛丽·布朗 著　赵越 译
91	《食物的心机：过敏的历史》[英]马修·史密斯 著　伊玉岩 译
92	《当世界又老又穷：全球老龄化大冲击》[美]泰德·菲什曼 著　黄煜文 译
93	《神话与日本人的心灵》[日]河合隼雄 著　王华 译
94	《度量世界：探索绝对度量衡体系的历史》[美]罗伯特·P.克里斯 著　卢欣渝 译
95	《绿色宝藏：英国皇家植物园史话》[英]凯茜·威利斯、卡罗琳·弗里 著　珍栎 译
96	《牛顿与伪币制造者：科学巨匠鲜为人知的侦探生涯》[美]托马斯·利文森 著　周子平 译
97	《音乐如何可能？》[法]弗朗西斯·沃尔夫 著　白紫阳 译
98	《改变世界的七种花》[英]詹妮弗·波特 著　赵丽洁、刘佳 译
99	《伦敦的崛起：五个人重塑一座城》[英]利奥·霍利斯 著　宋美莹 译
100	《来自中国的礼物：大熊猫与人类相遇的一百年》[英]亨利·尼科尔斯 著　黄建强 译
101	《筷子：饮食与文化》[美]王晴佳 著　汪精玲 译
102	《天生恶魔？：纽伦堡审判与罗夏墨迹测验》[美]乔尔·迪姆斯代尔 著　史先涛 译
103	《告别伊甸园：多偶制怎样改变了我们的生活》[美]戴维·巴拉什 著　吴宝沛 译
104	《第一口：饮食习惯的真相》[英]比·威尔逊 著　唐海娇 译
105	《蜂房：蜜蜂与人类的故事》[英]比·威尔逊 著　暴永宁 译
106	《过敏大流行：微生物的消失与免疫系统的永恒之战》[美]莫伊塞斯·贝拉斯克斯－曼诺夫 著　李黎、丁立松 译
107	《饭局的起源：我们为什么喜欢分享食物》[英]马丁·琼斯 著　陈雪香 译　方辉 审校
108	《金钱的智慧》[法]帕斯卡尔·布吕克内 著　张叶、陈雪乔 译　张新木 校
109	《杀人执照：情报机构的暗杀行动》[德]埃格蒙特·科赫 著　张芸、孔令逊 译

110 《圣安布罗焦的修女们:一个真实的故事》[德]胡贝特·沃尔夫 著　徐逸群 译

111 《细菌》[德]汉诺·夏里修斯 里夏德·弗里贝 著　许嫚红 译

112 《千丝万缕:头发的隐秘生活》[英]爱玛·塔罗 著　郑嬿 译

113 《香水史诗》[法]伊丽莎白·德·费多 著　彭禄娴 译

114 《微生物改变命运:人类超级有机体的健康革命》[美]罗德尼·迪塔特 著　李秦川 译

115 《离开荒野:狗猫牛马的驯养史》[美]加文·艾林格 著　赵越 译

116 《不生不熟:发酵食物的文明史》[法]玛丽-克莱尔·弗雷德里克 著　冷碧莹 译

117 《好奇年代:英国科学浪漫史》[英]理查德·霍姆斯 著　暴永宁 译

118 《极度深寒:地球最冷地域的极限冒险》[英]雷纳夫·法恩斯 著　蒋功艳、岳玉庆 译

119 《时尚的精髓:法国路易十四时代的优雅品位及奢侈生活》[美]琼·德让 著　杨冀 译

120 《地狱与良伴:西班牙内战及其造就的世界》[美]理查德·罗兹 著　李阳 译

121 《骗局:历史上的骗子、赝品和诡计》[美]迈克尔·法夸尔 著　康怡 译

122 《丛林:澳大利亚内陆文明之旅》[澳]唐·沃森 著　李景艳 译

123 《书的大历史:六千年的演化与变迁》[英]基思·休斯敦 著　伊玉岩、邵慧敏 译

124 《战疫:传染病能否根除?》[美]南希·丽思·斯特潘 著　郭骏、赵谊 译

125 《伦敦的石头:十二座建筑塑名城》[英]利奥·霍利斯 著　罗隽、何晓昕、鲍捷 译

126 《自愈之路:开创癌症免疫疗法的科学家们》[美]尼尔·卡纳万 著　贾颋 译

127 《智能简史》[韩]李大烈 著　张之昊 译

128 《家的起源:西方居所五百年》[英]朱迪丝·弗兰德斯 著　珍栎 译

129 《深解地球》[英]马丁·拉德威克 著　史先涛 译

130 《丘吉尔的原子弹:一部科学、战争与政治的秘史》[英]格雷厄姆·法米罗 著　刘晓 译

131 《亲历纳粹:见证战争的孩子们》[英]尼古拉斯·斯塔加特 著　卢欣渝 译